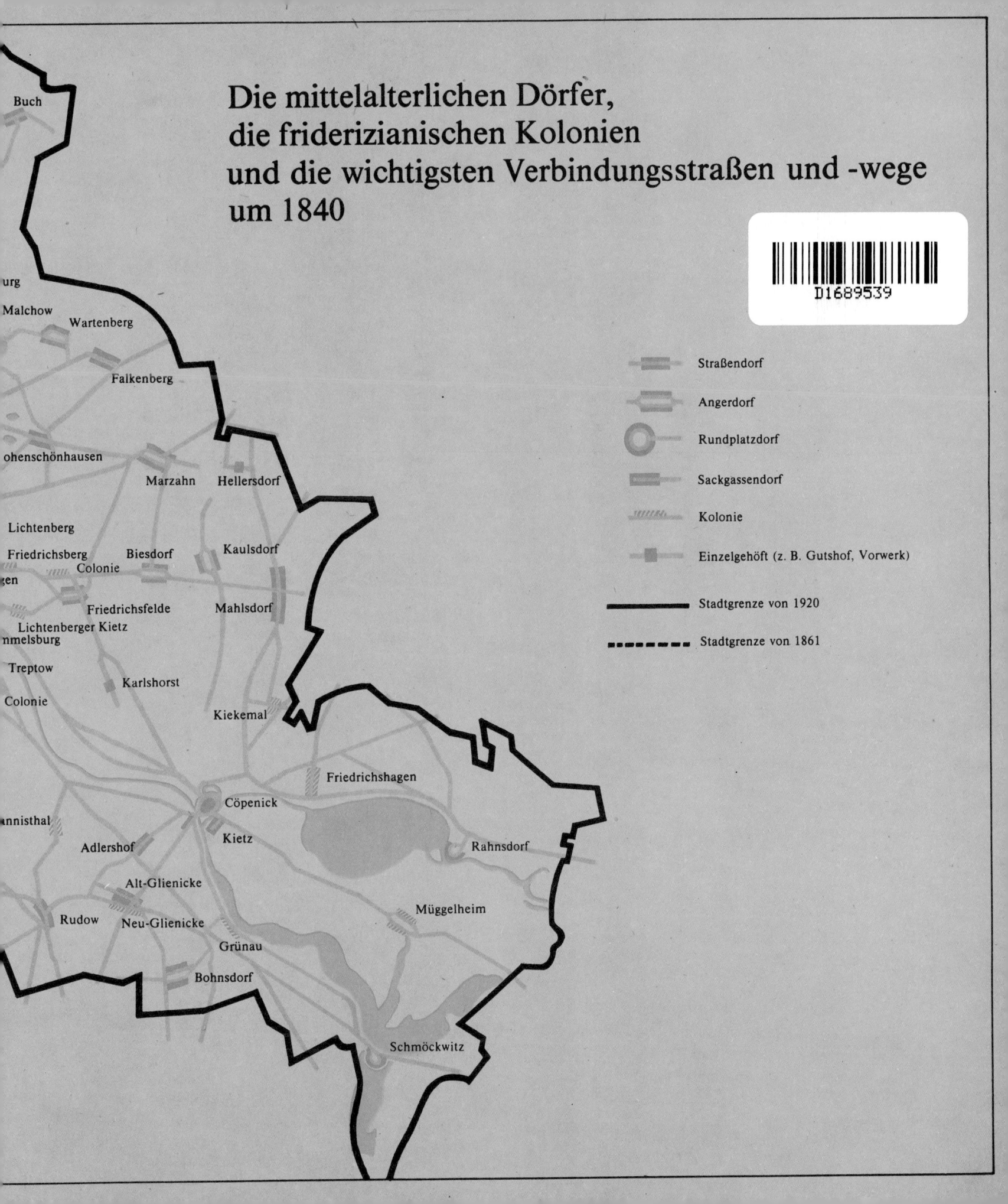

Die mittelalterlichen Dörfer, die friderizianischen Kolonien und die wichtigsten Verbindungsstraßen und -wege um 1840

- Straßendorf
- Angerdorf
- Rundplatzdorf
- Sackgassendorf
- Kolonie
- Einzelgehöft (z. B. Gutshof, Vorwerk)
- ——— Stadtgrenze von 1920
- -------- Stadtgrenze von 1861

Buch, Malchow, Wartenberg, Falkenberg, Hohenschönhausen, Marzahn, Hellersdorf, Lichtenberg, Friedrichsberg, Biesdorf, Kaulsdorf, Colonie, Friedrichsfelde, Mahlsdorf, Lichtenberger Kietz, Stralau/Rummelsburg, Treptow, Karlshorst, Colonie, Kiekemal, Johannisthal, Adlershof, Cöpenick, Kietz, Friedrichshagen, Rahnsdorf, Alt-Glienicke, Müggelheim, Rudow, Neu-Glienicke, Grünau, Bohnsdorf, Schmöckwitz

Hans-Jürgen Rach · Die Dörfer in Berlin

Herausgeber:

Akademie der Wissenschaften der DDR
Zentralinstitut für Geschichte
Wissenschaftsbereich Kulturgeschichte/Volkskunde

Hans-Jürgen Rach

Die Dörfer in Berlin

Ein Handbuch
der ehemaligen Landgemeinden
im Stadtgebiet von Berlin

VEB Verlag für Bauwesen · Berlin

Inhalt

Vorwort   5
Einleitung   7
Katalog der einzelnen Landgemeinden
und Gutsbezirke   15
Sachworterläuterungen   379
Literaturverzeichnis   385
Orts- und Ortsteilregister   388
Abbildungsnachweis   391

ISBN 3-345-00243-4
© VEB Verlag für Bauwesen · Berlin · DDR · 1988

Vorwort

Das vorliegende Handbuch zur Geschichte und baulichen Entwicklung der einzelnen nach Berlin eingegliederten ländlichen Siedlungen bis 1920 beruht in seinen allgemein-historischen Abschnitten ausschließlich auf Literaturstudien, insbesondere auf den zuständigen Bänden des außerordentlich gründlichen „Historischen Ortslexikons für Brandenburg", die L. Enders, zum Teil unter Mitarbeit von M. Beck, zusammenstellte [19, 20, 21]. Eigene Archivforschungen konnten nicht angestellt werden. Die Bauten in den einstigen Landgemeinden und Gutsbezirken wurden dagegen fast alle aufgesucht, in Einzelfällen sogar vermessen und dokumentiert.

Die Darstellungen zur Geschichte und die einzelnen ausgewählten Bauten sind nicht nach der heutigen Zugehörigkeit zu den verschiedenen Verwaltungseinheiten zusammengefaßt, sondern den ehemals eigenständigen Siedlungen direkt zugeordnet. Ein eigenes Stichwort haben erhalten: alle bis 1920 selbständigen Landgemeinden, alle bis 1920 selbständigen und nicht an ein Dorf gebundenen Gutsbezirke (mit Ausnahme von Berlin-Schloß), alle bis 1920 bestehenden Städte, die aus ehemaligen Dörfern hervorgegangen waren, alle vor 1920 in andere Gemeinden eingegliederten, einst selbständigen Dörfer und die wichtigsten der selbständigen Kolonien, die bereits vor 1920 in andere Gemeinden eingegliedert wurden. Außerdem wurde der Gutsbezirk Düppel, erst ab 1928 zu Berlin gehörend, miteinbezogen, da er mit den ihn umgebenden Landgemeinden historisch und territorial aufs engste verbunden war.

Die Namen entsprechen der heutigen Schreibweise. Bei Namensänderungen werden die Orte zunächst bei den älteren Bezeichnungen vorgestellt und nach der Umbenennung unter dem neuen Namen behandelt. Alle Vorwerke und sonstigen unselbständigen Ortsteile werden in den jeweiligen Gemeinden behandelt, denen sie zugehörten und auf die im Stichwort verwiesen wird.

Die Entstehung des Buches erfuhr mannigfache Unterstützung. R. Koppe, Leiter des Meßbildarchives am Institut für Denkmalpflege, und J. Seewald, Mitarbeiterin der Abteilung Denkmalpflege beim Magistrat von Berlin, halfen uneigennützig bei der Beschaffung historischen Bildmaterials. M. Rohde und M. Dettloff trugen durch die Anfertigung von zahlreichen Fotos und Reproduktionen maßgeblich zum Gelingen des Werkes bei. Prof. Dr. I. Materna und Dr. E. Badstübner unterstützten durch ihre konstruktiv-kritischen Hinweise wesentlich die Arbeit. Ihnen allen und der Lektorin R. Marschallek für die Geduld mit dem Autor sei ausdrücklich gedankt.

Abb. 1 Ein landwirtschaftlich genutztes Gehöft auf der städtischen Flur Berlins (nördlich des Königstores). Lithographie von Carl Stallknecht, 1844

Einleitung

Obwohl die Mehrzahl der mittelalterlichen Dörfer im Berliner Raum erst im Landbuch Kaiser Karls IV. aus dem Jahre 1375 erstmalig erwähnt wird, so sind sie doch in jedem Falle älter, vielleicht sogar vor den Städten Berlin und Cölln gegründet worden. Das Berlin-Jubiläum 1987 war somit formal kein zwingender Anlaß, die vorliegende Arbeit, die der Geschichte und der baulichen Entwicklung der einzelnen Landgemeinden und Gutsbezirke, die 1920 der „neuen Stadtgemeinde Berlin" eingegliedert wurden, gewidmet ist, zu diesem Zeitpunkt erscheinen zu lassen. Andererseits sind wesentliche Entwicklungsprozesse schon der kurfürstlichen und der königlichen Residenzstadt, aber erst recht der 1871 zur Reichshauptstadt erhobenen Metropole ohne das engere Umland nur unvollkommen erklärbar und in vielen Fällen völlig unverständlich. Spezifische Merkmale der nach 1920 zu Bezirken der Stadt Berlin gewordenen einst ländlichen Regionen hatten sich bereits vorher herausgebildet und wirkten noch lange nach. Dennoch ist es eine auffallende Tatsache, daß das 1920 ins Berliner Stadtgebiet einbezogene ehemalige Umland bisher kaum die seiner Bedeutung entsprechende Würdigung gefunden hat, trotz der umfangreichen lokalgeschichtlichen Literatur und verschiedener verdienstvoller, das gesamte Umfeld erfassender Veröffentlichungen, wie der Überschau von H. Winz [109], des Handbuches von G. Heinrich [40] und des Versuches einer Analyse zur Entstehung der Berliner Stadtlandschaft bis zum Beginn des 20. Jahrhunderts von F. Escher [24].

Die vorliegende kurzfristig fertiggestellte Übersichtsdarstellung kann diese offensichtliche Forschungslücke natürlich nicht annähernd ausfüllen, zumal sie aus der Feder eines Volkskundlers stammt, dessen vorrangiges Interesse den spezifischen Erscheinungsformen und Entwicklungstendenzen in der Geschichte der Lebensweise der werktätigen Klassen und Schichten und in besonderem Maße ihrer Bau- und Wohnweise im 18./19. Jahrhundert gilt. Um dieses aber im Berliner Raum möglichst konkret erfassen zu können, war eine Bestandsaufnahme erforderlich, die als Grundlage weiterer entsprechender Forschungen dienen soll. Wenn sie darüber hinaus die Vielfältigkeit der verschiedenen lokalen Entwicklungsprozesse verdeutlichen hilft und zur weiteren Beschäftigung mit der Geschichte der einzelnen Ortsteile anregen sollte, hätte sie einen weiteren Sinn erfüllt.

Als die verfassunggebende Preußische Landesversammlung am 27. April 1920 das „Gesetz über die Bildung einer neuen Stadtgemeinde Berlin" beschloß, bezog sie in den neuen Kommunalverband außer Berlin 7 weitere Stadt- und 59 Landgemeinden sowie 27 Gutsbezirke ein. Es waren dies die Städte „Charlottenburg, Cöpenick, Berlin-Lichtenberg, Neukölln, Berlin-Schöneberg, Spandau und Berlin-Wilmersdorf", die Landgemeinden „Adlershof, Altglienicke, Biesdorf, Blankenburg, Blankenfelde, Bohnsdorf, Berlin-Britz, Buch, Berlin-Buchholz, Buckow, Cladow, Falkenberg, Berlin-Friedenau, Berlin-Friedrichsfelde, Friedrichshagen, Gatow, Grünau, Berlin-Grunewald, Heiligensee, Berlin-Heinersdorf, Hermsdorf bei Berlin, Berlin-Hohenschönhausen, Berlin-Johannisthal, Karow, Kaulsdorf, Berlin-Lankwitz, Lichtenrade, Berlin-Lichterfelde, Lübars, Mahlsdorf, Malchow, Berlin-Mariendorf, Berlin-Marienfelde, Marzahn, Müggelheim, Berlin-Niederschöneweide, Berlin-Niederschönhausen, Nikolassee, Berlin-Oberschöneweide, Berlin-Pankow, Pichelsdorf, Rahnsdorf, Berlin-Reinickendorf, Berlin-Rosenthal, Rudow, Berlin-Schmargendorf, Schmöckwitz, Staaken, Berlin-Steglitz, Berlin-Stralau, Berlin-Tegel, Berlin-Tempelhof, Tiefwerder, Berlin-Treptow, Wannsee, Wartenberg, Berlin-Weißensee, Berlin-Wittenau und Zehlendorf" sowie die Gutsbezirke „Berlin-Schloß, Biesdorf, Blankenburg, Blankenfelde, Buch, Cöpenick-Forst, Berlin-Dahlem, Falkenberg, Frohnau, Grünau-Dahmer-Forst, Grunewald-Forst, Heerstraße, Hellersdorf mit Wuhlgarten, Klein-Glienicke-Forst, Malchow, Niederschönhausen mit Schönholz, Pfaueninsel, Pichelswerder, Plötzensee, Potsdamer Forst (nördlicher Teil bis zum Griebnitzsee und Kohlhasenbrück), Berlin-Rosenthal, Spandau-Zitadelle, Jungfernheide, Tegel-Forst-Nord, Tegel-Schloß, Wartenberg, Wuhlheide."

Unter den 7 eingegliederten Stadtgemeinden befanden sich 2, die bereits im Mittelalter Stadtrecht besaßen, Köpenick und Spandau, eine, die 1705 mit Stadtrecht ausgestattet wurde, Charlottenburg, und 3, die aus ehemaligen Landgemeinden hervorgegangen sind, Lichtenberg, Schöneberg und Wilmersdorf. Während die letztgenannten einstigen Dörfer selbstverständlich in den Katalog der ländlichen Siedlungen aufgenommen wurden, werden bei Charlottenburg nur das vorausgegangene Dorf Lützow und bei Köpenick und Spandau lediglich die bereits vor 1920 in diese Städte einbezogenen, zuvor selbständigen Gemeinde- und Gutsbezirke behandelt. Völlig ausgespart bleibt dagegen die dem neuen Kommunalverband den Namen gebende Siedlung Berlin, da sie – ebenso wie Cölln – offenbar niemals als Dorf bestanden hat, sondern von vornherein als Stadt angelegt worden ist. Bereits bei ihren ersten Erwähnungen – Cölln im Jahre 1237 und Berlin im Jahre 1244 – treten sie uns als vollausgebildete Städte entgegen.

Gemeinsam mit den vor den Toren, aber noch auf städtischer Flur angelegten, anfangs selbständigen Neustädten Friedrichswerder (seit 1662), Dorotheenstadt (seit 1668) und Friedrichstadt (seit 1688) bildeten sie ab 1709 die Königstadt Berlin. In den Jahren 1861 und 1879 kamen ferner die auf der städtischen Flur gelegenen, seit 1808 aber nicht mehr zu Berlin gehörenden Stralauer, Rosenthaler und andere Vorstädte mit den ebenfalls zeitweise eigenständigen vorstädtischen Siedlungen Wedding und Moabit sowie Teile der Gemeinden Schöneberg, Tempelhof und Lichtenberg hinzu. Eigenständige Dörfer wurden jedoch nicht eingemeindet. Auch der 1911 gebildete „Zweckverband Groß-Berlin" stellte mit dem Umland nur eine lockere administrative Verbindung her. Ehemals ländliche Siedlungen kamen also erst mit der Bildung der Einheitsgemeinde im Jahre 1920 in das neue Stadtgebiet von Berlin, das nun mit etwa 87 000 Hektar etwa vierzehnmal so groß war wie die ursprünglich nur 6300 Hektar umfassende alte Stadt Berlin.

Der gesamte Berliner Raum war, wie die mehr oder weniger zahlreichen archäologischen Funde aus der mittleren Steinzeit, der Bronze- und Eisenzeit belegen, bereits frühzeitig besiedelt. Eine Siedlungskontinuität scheint jedoch bis in die „römische Kaiserzeit" nicht vorhanden gewesen zu sein. So verließen beispielsweise Ende des 2. Jahrhunderts der germanische Stamm der Semnonen und Ende des 4. Jahrhunderts der nachfolgende Stamm der Burgunder wieder dieses Gebiet. Erst seitdem slawische Stämme im 7. Jahrhundert in den Raum zwischen mittlerer Oder und mittlerer Elbe einwanderten, trat ein Wandel ein. Einige der von ihnen bevorzugten Siedelplätze in den Tälern entlang den Flüssen und Bächen, in deren unmittelbarer Nähe sie auch ihre Burgen errichteten, blieben seitdem ständig genutzt. Zu diesen gehörten die bereits im 7. Jahrhundert entstandenen Anlagen an den strategisch bedeutsamen Einmündungen der Dahme in die Spree, in Köpenick [48] und der Spree in die Havel, in Spandau [68], sowie etwas später – Anfang des 8. Jahrhunderts – an der Panke in Blankenburg [95]. Hinzu kamen etliche dörfliche Ansiedlungen, die im Gebiet des Stammes der Heveller mit den Zentren Brandenburg und Spandau überwiegend in Havelnähe angelegt wurden. Für das von den Sprewanen besiedelte Territorium mit Köpenick als Mittelpunkt konnten dagegen neben Niederlassungen am Spree- und Dahmelauf auch solche auf den Höhen des Barnims, beispielsweise in Kaulsdorf, Mahlsdorf und Marzahn, nachgewiesen werden.

Obwohl bereits seit dem 10. Jahrhundert Auseinandersetzungen zwischen diesen slawischen und deutschen Feudalgewalten nachweisbar sind, bildeten dennoch mindestens bis etwa 1180 die slawischen Stämme das dominierende Ethnikum auf den Höhen des Teltows und des Barnims sowie in den sie durchziehenden Tälern. Erst gegen Ende des 12. Jahrhunderts begann unter Führung verschiedener Feudalgewalten die etappenweise Besiedlung der bereits kultivierten und vor allem der zuvor noch nicht genutzten Ländereien durch deutsche Siedler. Eine wesentliche Ursache dafür war unter anderem das um 1150 in verschiedenen Gebieten Mitteleuropas erreichte Anwachsen der bäuerlichen Produktion, das zu Veränderungen in den ökonomischen und demographischen Verhältnissen und schließlich zu verstärkten Expansionsbemühungen der jeweiligen Feudalgewalten führte, die ihre Macht erweitern wollten. Das Berliner Gebiet betreffend, beteiligten sich seit etwa 1180 offenbar mehrere, teils rivalisierende Kräfte: von Westen her die askanischen Markgrafen, aus südwestlicher Richtung die Erzbischöfe von Magdeburg und von Südosten die Wettiner Markgrafen von Meißen [4]. Bereits 1245 befand sich jedoch die gesamte Mark Brandenburg in der Hand des brandenburgischen (askanischen) Markgrafen.

Nicht minder bedeutsam und für die folgende Darstellung sogar gewichtiger war indes, daß im Zuge dieser Machtausdehnung eine Vielzahl neuer Dörfer entstand. Wurden in den zuvor von den Slawen genutzten Regionen, insbesondere an der unteren Dahme und Spree sowie an der mittleren Havel, die vorgefundene sozial-ökonomische und ethnische Struktur zunächst offenbar beibehalten und selbst Neugründungen den überlieferten Traditionen angeschlossen, wurden die Rodungsdörfer unter Aufsicht eines Lokators (zumeist eines Ministerialen oder Angehörigen des Ritterstandes) bzw. eines vom Landesherrn bestellten Schulzen nach eigenen Prinzipien angelegt. Das gerodete Land unterteilte man, den Bedürfnissen der allgemein üblichen Dreifelderwirtschaft entsprechend, in 3 Gewanne, die wiederum aus so vielen Streifen bestanden, wie es Hufen im Ort gab. Eine Hufe umfaßte in der Regel so viel Land, wie eine Familie zu ihrer eigenen Ernährung benötigte und auch selbst bewirtschaften konnte. Unter Berücksichtigung der unterschiedlichen Ackerbonität ergaben sich im Berliner Raum Hufengrößen zwischen 7 und 13 1/2 Hektar [61]. Später verstand man unter einer Hufe zumeist 30 (magdeburgische) Morgen, also eine Fläche von etwa 7,66 Hektar [69].

Zwar ist die genaue Zahl der Hufen zum Zeitpunkt der Dorfgründungen nicht bekannt, doch wird im allgemeinen angenommen, daß die erste gründliche Erfassung fast aller brandenburgischen Dörfer, das Landbuch Kaiser Karls IV. aus dem Jahre 1375, noch deutlich die ursprünglichen Verhältnisse widerspiegelt. Nach dieser Quelle schwankte die Hufenzahl von Ort zu Ort erheblich. Abgesehen von jenen Siedlungen, die überhaupt kein Ackerland besaßen, wie Pichelsdorf, Rahnsdorf, Schmöckwitz und Stralau, reichte zu diesem Zeitpunkt die Spannbreite in den später nach Berlin eingemeindeten Dörfern von 7 (Klein-Glienicke) bis 104 (Rosenfelde/Friedrichsfelde). In der Mehrzahl betrug die Hufenzahl 40 bis 60. Die Zahl der Wirtschaften war jedoch viel geringer, da die Schulzenhöfe mindestens mit 4, die Adelssitze der Lokatoren vielfach sogar mit 6, 8 und mehr Hufen ausgestattet waren. Zudem erhielten die Pfarren auf dem Teltow 2 bis 4, auf dem Barnim fast durchweg 4 Hufen (eine außerdem die Kirche). Aber auch die Höfe der Bauern, der sogenannten Hüfner, umfaßten stets mehr als eine Hufe, häufig sogar 3 und 4.

Auf dem Teltow und in dessen Randzonen im Süden von Berlin waren 70 bis 80 Dörfer mit etwa 2800 Hufen, auf dem Barnim und in dessen Randgebieten mehr als 170 Orte mit etwa 3600 Hufen, insgesamt also über 250 Dörfer mit ungefähr 64 000 Hektar Ackerland angelegt worden [49]. Zwar hatten der Adel und die Schulzen auf dem Teltow etwa 15 Prozent und auf dem Barnim mehr als 30 Prozent dieser Ländereien im Besitz, auch verfügte die Geistlichkeit über einen Anteil von etwa 15 Prozent, doch bewirtschafteten immerhin noch 3000 bis 4000 neu angesiedelte Bauern etwa 2 Drittel der gerodeten Ackerfläche. Allein in diesen Angaben werden sowohl das Ausmaß der geleisteten Rodungsarbeiten als auch eine Besonderheit der feudalen deutschen Ostexpansion deutlich, denn der erobernde Adel beutete nicht nur die vorgefundene slawische Bevölkerung aus, sondern er zog auch erheblichen Gewinn durch eine Ansiedlung deutscher Bauern. Dieser von den deutschen und teilweise auch den slawischen Bauern vollzogene Landesausbau stellt eine beachtliche Leistung dar und unterstreicht zugleich den zwiespältigen Charakter der feudalen deutschen Ostexpansion: „Als ganzes geprägt vom Bereicherungs- und Machtstreben des Feudaladels auf Kosten anderer Adliger und anderer Völker, war sie zugleich eine schöpferische, organisatorische und ökonomische Leistung der daran beteiligten Schichten des Volkes. Die slawischen Bewohner wurden zumeist in diesen Prozeß einbezogen und trugen folglich auch zu den damit verbundenen Leistungen des Landesausbaus bei [4]."

Über die Siedlungsformen der slawischen Dörfer im Berliner Raum ist relativ wenig bekannt. Die wohl einzige, zumindest aber die dominierende Form scheint das Haufendorf gewesen zu sein. Dies bestätigen die Ausgrabungen in Mahlsdorf, wo die vorgefundene Siedlung, die in das 8. bis 10. Jahrhundert datiert wurde, diesem Typus ziemlich eindeutig zuzuordnen war, und in Kaulsdorf. Hier standen die Häuser der jungslawischen Siedlung, die vom späten 10. bis ins 12. Jahrhundert genutzt wurde, zwar in 2 lockeren Reihen, doch war weder eine klare Gliederung noch ein Weg zwischen den beiden Reihen erkennbar [17]. Zuverlässige Befunde für Rundplatz, Sackgassen- oder Reihendörfer aus der Zeit vor der feudalen deutschen Ostexpansion fehlen. Lediglich eine ins frühe 13. Jahrhundert datierte Siedlung, die in Zehlendorf ausgegraben wurde, wies eine Struktur, und zwar eine hufeisenförmige Anlage auf [30]. Diese offensichtlich unter dem Einfluß eines Lokators entstandene Siedlung, die bald wüst lag und später in das Dorf Zehlendorf einbezogen wurde, stellt aber keinen eindeutigen Beleg für eine alte slawische Siedlungsweise dar, sondern deutet bereits auf Formen der Kolonisationszeit hin.

Dennoch ist zu beachten, daß gerade jene Dörfer, die eine von den üblichen Normen abweichende Rechtslage aufwiesen, nur wenig oder gar kein Land besaßen und offenbar gänzlich oder überwiegend von Slawen bewohnt waren, ebenfalls eine von den anderen Dörfern abweichende Siedlungsform besaßen. Solche sind die Rundplatzdörfer Rahnsdorf und Schmöckwitz, die Sackgassendörfer Hermsdorf und Pichelsdorf sowie Kietz bei Köpenick und Stralau, die als Zeilendörfer bezeichnet werden können. Aber auch Stolpe, Tegel und Klein-Glienicke weichen von den sonst dominierenden Anger- und Straßendörfern ab. Trotz aller Unterschiede im Detail – beispielsweise besaßen Pichelsdorf, Rahnsdorf, Schmöckwitz und Stralau zunächst keinerlei Feldmark, die anderen genannten Orte jedoch eine, wenn auch relativ kleine Feldmark – gehen bei allen diesen Dörfern die Besonderheiten vermutlich auf slawische Traditionen zurück. Sicherlich würden bei weiteren Untersuchungen bestehender Dörfer ebenfalls slawische Vorläufer oder Einflüsse nachgewiesen werden können. Denkbar wäre dies etwa in den Sackgassendörfern Blankenburg, Schönow und Wilmersdorf, ferner in den Straßendörfern Buch und Rudow sowie im Angerdorf Wartenberg und in anderen Orten.

Die meisten Dörfer sind jedoch Neugründungen, die zumeist in Form von Angerdörfern [87], z. T. aber auch als Straßendörfer angelegt wurden. Beide Siedlungsformen sind gekennzeichnet durch einen das Dorf durchlaufenden Weg, der sich im Falle der Angerdörfer am Dorfeingang gabelt, den zentral im Dorf gelegenen, zumeist spindelförmigen Platz umrahmt und am Dorfende wieder vereint. Dieser Dorfplatz, der Anger, häufig mit einem Teich, war meistens eine freie Fläche, die höchstens mit einer Kirche einschließlich Friedhof und einigen wenigen Gemeindehäusern bebaut war. Die Gehöfte der Bauern und der Kossäten befanden sich stets an den Außenseiten der Wege, wobei die Adels- und Lehnschulzengüter ebenso wie die Vollbauernhöfe zumeist in der Mitte des Dorfes und in der Nähe der Kirche lagen, während die Kossätenstellen und die später hinzukommenden Büdnereien oder Häuslerstellen sich zumeist zu beiden Seiten in Richtung Ortsausgang anschlossen. Eine ähnliche „Rangordnung" war in den Straßendörfern anzutreffen. Die Größe des Angers war sehr unterschiedlich, wird sich im Verlaufe der Geschichte – etwa im Zusammenhang mit der Herausbildung einer Gutswirtschaft oder als Folge des Dreißigjährigen Krieges – auch mehrfach etwas modifiziert haben, blieb jedoch im wesentlichen bis ins 19. Jahrhundert erhalten. Es ist anzunehmen, daß die in den 30er/40er Jahren des 19. Jahrhunderts angefertigten Ur-Meßtischblätter die ursprünglichen mittelalterlichen Siedlungsformen noch ziemlich genau widerspiegeln. Nach diesen Unterlagen und Beobachtungen in den bis heute erhaltenen Dorfkernen wären als Angerdorf einzustufen: Biesdorf, Bohnsdorf, Britz, Buchholz, Buckow, Dahlem, Dalldorf, Friedrichsfelde, Heiligensee, Heinersdorf, Kaulsdorf, Kladow, Lankwitz, Lichtenberg, Lichtenrade, Lichterfelde, Lübars, Lützow, Marienfelde, Marzahn, Niederschönhausen, Pankow, Reinickendorf, Rixdorf, Rosenthal, Schmargendorf, Schöneberg, Staaken, Tempelhof, Wartenberg und Zehlendorf. Zu den Straßendörfern gehören: Altglienicke, Blankenfelde, Buch, Falkenberg, Gatow, Giesensdorf, Hohenschönhausen, Karow, Mahlsdorf, Malchow, Mariendorf, Steglitz und Weißensee.

Die genannten mittelalterlichen Siedlungen blieben bis zur Eingemeindung erhalten, andere waren frühzeitig wieder aufgegeben worden, wie Kasow im Gebiet von Charlottenburg, oder haben die spätmittelalterliche Agrarkrise nur als Relikt überstanden, wie Klein-Glienicke oder Hellersdorf. Dieser Bestand blieb im wesentlichen bis ins 18. Jahrhundert konstant. Erst danach kamen im Rahmen der Peuplierungsbemühungen Friedrichs II. neue Siedlungen hinzu, die entweder im Anschluß an bestehende Dörfer – teils sogar in sie hinein wie Neu-Marzahn – oder in bisher nicht oder nur mit Einzelhöfen bebauten Waldgebieten angelegt wurden. Trotz ihres unterschiedlichen Charakters seien die seit 1920 im Berliner Stadtgebiet gelegenen Kolonien undifferenziert und nur dem Alphabet folgend aufgeführt: Adlershof-Süßengrund, Böhmisch-Rixdorf (schon 1737), Friedrichsberg, Friedrichshagen, Grünau, Johannisthal, Kiekemal, Lichtenberger Kietz, Moabit, Müggelheim, Neu-Bohnsdorf, (Neu-)Friedrichsfelde, Neu-Glienicke, Neu-Marzahn, Neu-Schöneberg, Neu-Zehlendorf, Schönerlinde, Schönholz, Schulzendorf, Treptow, Vogtland und Wedding.

Vereinzelt entstanden auch noch zu Beginn des 19. Jahrhunderts in der Nähe bestehender Dörfer oder Gutsbezirke einige kleine Kolonien, z. B. Boxhagen nach 1801, Neu-Lichterfelde nach 1826, Neu-Moabit nach 1818 und Neu-Steglitz nach 1848, doch bildeten sich bedeutende Kolonien erst wieder Ende des 19. Jahrhunderts heraus, die entweder reinen Wohncharakter besaßen, wie beispielsweise Friedenau, Grunewald und Nikolassee, oder Industriesiedlungen waren, die aber ebenfalls mit Miethäusern durchsetzt waren, wie etwa Ober- und Niederschöneweide. Nicht alle dieser Kolonien erreichten den Rang einer selbständigen Landgemeinde, etliche, wie Waidmannslust und Wilhelmshagen, blieben Ortsteil anderer Gemeinden.

Landgemeinde ist ein juristisch-verwaltungsrechtlicher Begriff, der durch die Preußische Landgemeindeordnung vom 3. Juli 1891 eingeführt wurde. Er kennzeichnete jene selbständigen ländlichen Siedlungen, die seit der Kreisordnung vom 13. Dezember 1872 die Befugnis hatten, die ihren Ort betreffenden Angelegenheiten im Rahmen der geltenden staatlichen Gesetze durch selbstgewählte, zunächst ehrenamtliche Gemeindevertreter – Gemeindevorsteher und Schöffen – zu regeln. Der Gemeindevorsteher war gleichzeitig Organ der Polizeiverwaltung mit allen damit verbundenen Befugnissen und Obliegenheiten. Dies war unabhängig von der ökonomischen Struktur, egal also, ob die Landwirtschaft oder die Industrie vorherrschte, und auch unabhängig von der Einwohnerzahl. Die Umwandlung der ehrenamtlichen Gemeindevorsteher in besoldete Gemeindeangestellte – Bürgermeister und andere Verwaltungsbeamte – oblag der Gemeindeversammlung, in größeren Orten der Gemeindevertretung.

Den Grund- und Gutsherrschaften waren mit der Kreisordnung von 1872 die zuvor jahrhundertelang ausgeübte Ortspolizeigewalt und die damit verbundene Aufsichtspflicht über die Gemeinden sowie das Recht, den Schulzen und die Schöffen zu benennen, entzogen. Es gelang ihnen jedoch größtenteils, diese noch aus der Feudalzeit stammende Machtstruktur auf ihrem eigenen Grundbesitz zu bewahren. In diesen selbständigen *Gutsbezirken* nahm der Gutsbesitzer oder ein Stellvertreter die für die Gemeinden geltenden öffentlichen Rechte und Pflichten wahr. Es konnte sich dabei um den Teil einer größeren ländlichen Siedlung, deren Namen er ebenfalls weiterhin führte, oder um ein völlig eigenständiges Territorium handeln.

Die Umwandlung der zuvor als Dorf bezeichneten und nahezu ausschließlich von der Landwirtschaft oder der Fischerei geprägten ländlichen Siedlungen in eine Gemeinde war jedoch bereits zu Beginn des 19. Jahrhunderts eingeleitet worden. Wichtige Grundlagen waren die Städteordnung vom 19. November 1808, die bürgerlichen Agrarreformen mit den Gesetzen und Verordnungen von 1807, 1811, 1816 und 1821 sowie die Einführung der Gewerbefreiheit in Preußen durch die Gesetze vom 2. November 1810 und 7. September 1811. Sie ermöglichten die schon bis zur Mitte des 19. Jahrhunderts mehr oder weniger weit vorangeschrittene Veränderung in der ökonomischen und sozialen Struktur in den Dörfern auch des Berliner Umlandes.

Die Tatsache, daß die im 18. Jahrhundert angelegten ländlichen Siedlungen als *Kolonie* bezeichnet wurden, erklärt sich nicht aus einem unterschiedlichen rechtlichen Status gegenüber der Kategorie Dorf. Sie ergab sich eher daraus, daß diese Ansiedlungen – was Kolonie ja wörtlich bedeutet – zumeist auf dem Territorium bereits bestehender Dörfer entstanden. Ihnen wurde mindestens zeitweise, vielfach sogar bis zur Eingemeindung eine eigenständige Verwaltung zugestanden. Sie waren den Dörfern bzw. den späteren Gemeinden rechtlich vollkommen gleichgestellt.

Etwas anders verhielt es sich mit den sogenannten *Etablissements*, die sich als einzeln gelegene Niederlassungen zumeist gewerblicher Struktur ebenfalls im Gebiet bereits bestehender älterer Verwaltungsgebiete befanden, diesen jedoch zugehörten, auch wenn sie bei Zählungen und anderen Gelegenheiten gesondert erfaßt wurden. Nur wenn dieser Kristallisationspunkt zum Zentrum einer größeren Ansiedlung wurde und die Verwaltung immer komplizierter geworden war, erhob man sie zu Landgemeinden.

Ähnlich lagen die Verhältnisse bei den jüngeren *Landhaus- und Villen-Kolonien*, die zumeist Bestandteil der älteren Siedlungen blieben, auf deren Territorium sie entstanden. Die Herauslösung aus der alten Gemeinde erfolgte relativ selten. Sie war dann Ausdruck einer bewußten Abkehr von dem einst ländlichen Vorläufer und stand zumeist im Dienste ihrer Bewohner, die sich steuermäßige oder andere Vorteile erhofften.

Der im Verlaufe des 19. Jahrhunderts vollzogene Übergang vom Dorf zur Gemeinde hatte im Berliner Raum und speziell bei den später eingegliederten Landgemeinden Strukturwandlungen in sehr unterschiedlichem Maße zur Folge. Blieb beispielsweise in Falkenberg, Malchow, Marzahn, Müggelheim und Wartenberg, aber auch in Blankenburg, Blankenfelde, Karow und anderen Orten die Landwirtschaft bis zur Eingemeindung der bestimmende Wirtschaftszweig, so hatten insbesondere die stadtnahen einstigen Dörfer wie Lichtenberg, Rixdorf/Neukölln, Schöneberg und Wilmersdorf ihren agrarischen Charakter bereits vollkommen verloren. Es waren großstädtische Industrie- und Wohnsiedlungen geworden. Unter Einschluß der sich allerdings ebenfalls stark vergrößernden Städte Charlottenburg und Spandau sowie der im geringeren Maße gewachsenen Stadt Köpenick hatten die einst ländlichen Bezirke bis 1919 etwa die gleiche Einwohnerzahl wie die Stadt Berlin in ihren alten Grenzen. Der Anteil an der Gesamtbevölkerung des seit 1920 zu Berlin gehörenden Gebietes betrug 1871 erst 11,3, 1900 aber schon 30,2 und 1919 schließlich 49,9 Prozent [111].

Es gibt wohl kaum ein deutlicheres Zeichen für das Zusammenwachsen Berlins mit seinem Umland, das bereits 1920 allerdings weit über das damals gebildete neue Stadtgebiet hinausreichte. Es umfaßte mindestens den Kranz kleinerer Städte wie Bernau, Fürstenwalde, Königs Wusterhausen, Oranienburg, Potsdam und Teltow sowie etliche dazwischenliegende Gemeinden. Eine Vielzahl von Arbeitskräften wohnte außerhalb Berlins und arbeitete in der Stadt oder sogar nur in deren Vororten. Der Ende des 19. Jahrhunderts entstandene Begriff des „Rucksack-Berliners" kennzeichnete nicht den Zugezogenen, sondern den Nichtzugezogenen.

Die engen Beziehungen zwischen Berlin und dem Umland waren jedoch weit umfangreicher. So war es für das Funktionieren einer Großstadt erforderlich, bestimmte Einrichtungen in die vorgelagerten Orte zu verlagern. Dazu gehörten die einen großen, in der Stadt nicht vorhandenen Raum einnehmenden Rieselfelder, ferner die Friedhöfe, Gefängnisse, Kasernen, Krankenhäuser und Heilstätten, aber auch Wasser-, Gas- und Elektrizitätswerke. Diese in den verschiedenen Gemeinden mindestens anfangs als Fremdkörper empfundenen Einrichtungen mußten erreichbar sein, also kamen verbesserte Verbindungswege und Bahnhöfe an die die Feldmark ohnehin durchschneidenden Bahnlinien hinzu. Nicht selten folgten mehr oder weniger große Wohngebiete. In diesen Orten kann von einer Urbanisierung von außen, von einer direkt durch Berlin bewirkten Verstädterung der ländlichen Siedlungen gesprochen werden.

Andererseits war die Stadt auf die Versorgung mit landwirtschaftlichen Erzeugnissen angewiesen, was zu einer bedeutenden Intensivierung und Spezialisierung der agrarischen Produktion und nicht selten zu einem beachtlichen Reichtum bei der landbesitzenden Dorfbevölkerung führte. Hinzu kam die dringend benötigte Belieferung mit Natureis aus den Seen des Umlandes für die Industrie, vor allem die Brauereien, und die zahllosen Haushalte. Hinzu kam aber auch der von der großstädtischen Bevölkerung in immer größerem Maße angemeldete Bedarf an Erholungsgebieten mit entsprechenden gastronomischen Einrichtungen und nicht zuletzt der Bedarf an günstigen Industriestandorten für die in der Stadt eingeengten Fabriken sowie Bauplatz für größere Wohnsiedlungen. Die Erfüllung dieser zwar auch mit der Großstadt eng verknüpften, aber doch nicht direkt durch sie veranlaßten Bedürfnisse führte zu einer Urbanisierung von innen, zu einer nur indirekt durch Berlin bewirkten Verstädterung. Die meisten Gemeinden legten selbst großen Wert darauf, mit städtischen Elementen wie Leitungswasser, Gas und Elektrizität sowie Kanalisation, Straßenpflaster, Straßenbeleuchtung u. dgl. versorgt zu sein. Die Modifizierungen in den einzelnen Gemeinden ergaben sich daraus, welcher Aspekt, Industriestandort oder Erholungsgebiet, Versorgungsgebiet oder Wohnsiedlung, das Übergewicht hatte. Dementsprechend waren die Intensität und das Tempo der Veränderungen, die mehr oder weniger lange Bewahrung dörflich-agrarischer Elemente einschließlich der Bauten.

Neben einer gedrängten Darstellung zur Entwicklung der einzelnen Landgemeinden und Gutsbezirke ist es Anliegen dieser Veröffentlichung, anhand einzelner für die Geschichte der Orte wichtiger baulicher Zeugnisse die Wandlungen zu veranschaulichen. Dabei werden zwar stets auch die ältesten Dokumente, die Siedlungsform und die Dorfkirche, herangezogen, doch stehen unzweifelhaft die Bauten aus dem 18./19. Jahrhundert im Mittelpunkt. Sie verkörpern in eindrucksvoller Weise die mit der Herausbildung des Ballungsgebietes Berlin verbundenen Veränderungen. Angestrebt wurde aber kein Inventar, sondern eine Sammlung charakteristischer Beispiele, die – auch wenn sie nicht mehr vorhanden sind – die Spezifik der baulichen Strukturen in den einzelnen Zeitabschnitten der Gemeinden verdeutlichen.

Eine ursprünglich geplante zusammenfassende siedlungs- und baugeschichtliche Übersicht, die trotz der zahlreichen lokalen Besonderheiten die allgemeingültigen Entwicklungstendenzen herausstellen und ausführlich kommentieren sollte, muß in Anbetracht der Tatsache, daß die Darstellung der Ortsgeschichten und die Dokumentation der Bauten einen nicht vorhersehbaren Umfang annahmen, einer gesonderten Studie vorbehalten bleiben. Im Interesse des besseren Verstehens seien lediglich einige kurze Bemerkungen zu einem Teilgebiet ländlichen Bauens, zur älteren Volksarchitektur in der Mark Brandenburg und speziell im Berliner Raum gemacht.

Mit Ausnahme der Kirchen, einzelner Gebäude der Gutshöfe und stellenweise der Schmieden wurden bis zum Anfang des 18. Jahrhunderts alle ländlichen Bauten aus Fachwerk errichtet, dessen Gefache mit Lehmstaken gefüllt waren. Erst um 1750 und verstärkt ab etwa 1790 ging man dazu über, die Gefache mit Ziegelstein auszusetzen. Unter den Wohnhäusern dominierte anfangs jene Form, die durch einen vom Vorder- zum Hintergiebel durchlaufenden Flur charakterisiert wurde, an dessen Vorderseite die Wohnstuben und an dessen hinterem Ende die Stallungen lagen. Es wird heute als *Märkisches Mittelflurhaus* (ehemals auch als Dielenhaus) bezeichnet.

Seit den 30er Jahren des 18. Jahrhunderts, verstärkt durch die friderizianischen Kolonistenbauten und besonders unterstützt durch die Propagierung der preußischen Landbauschule unter D. Gilly seit dem Ende des 18. Jahrhunderts, kam als zweiter Haustyp das quergegliederte *Mitteldeutsche Ernhaus* hinzu, dessen Flur das Gebäude von der vorderen zur hinteren Traufseite durchlief. Anfangs ebenfalls aus Lehmfachwerk, wurde nach einer kurzen Periode des Ziegelfachwerks seit etwa 1800 die Verwendung des Ziegelmauerwerks immer häufiger. Diese Massivbauten versah man entweder mit gar keinem oder einem einfachen Glattputz, seit den 20er/30er Jahren des 19. Jahrhunderts jedoch häufig mit einer Putzquaderung, in erster Linie freilich bei den Gebäuden der größeren Bauern.

Dieses schlichte, dem Naturstein nachempfundene und von der Gillyschen Schule ebenfalls propagierte Muster genügte schon bald nach der Mitte des 19. Jahrhunderts den teilweise reich gewordenen Bauern und anderen Dorfbewohnern nicht mehr. Sie bemühten sich um die Verwendung spätklassizistischen plastischen Zierats, der seit den 70er/80er Jahren an fast keiner Fassade damals errichteter Häuser fehlte. Er wurde häufig auch älteren Gebäuden im Zuge eines Umbaues – etwa dem Ersetzen der alten Fachwerkwand durch eine massive Ziegelmauer – vorgeblendet. Dennoch behielten diese Bauten, auch wenn sie jetzt häufig unterkellert wurden, die traditionelle Quergliederung bei. Allerdings verlor der straßenseitige, oft über eine repräsentative Treppe zugängliche Eingang seine eigentliche Funktion und wurde nur zu besonderen Anlässen geöffnet. Der normale Zugang erfolgte durch die hofseitige Tür.

Erst gegen Ende des 19. Jahrhunderts trat ein weiterer Wandel ein. Insbesondere die großen und andere reiche Bauern ließen sich Wohnhäuser errichten, die entweder nach dem Vorbild der Gutshäuser einen Längsflur, allerdings mit mindestens einem traufseitigen Zugang erhielten oder städtischen Villen nachempfunden waren. Sie wurden häufig noch mit spätklassizistischen, eklektizistischen oder anderen der Mode entsprechenden Schmuckelementen ausgestattet, die zur gleichen Zeit in den Städten verwendet wurden. Nicht selten sprach man allein aufgrund dieser Tatsache von einer „Verstädterung", von der Übernahme städtischer Elemente ins Dorf. Diese Feststellungen treffen jedoch nicht den Kern, das Wesen dieser Entwicklung. Die Häuser waren ein charakteristischer Bestandteil der der Zeit entsprechenden ländlichen Bauten, die auch in anderen Landschaften und oft weit von den Städten entfernt entstehen konnten [80]. Die oft gleichzeitig einsetzende Verstädterung äußerte sich in ganz anderen Bauformen.

So wie sich das äußere Erscheinungsbild der Bauernhäuser grundsätzlich gewandelt hatte, so veränderte sich im gleichen Zeitraum ihre innere Struktur, wie am Beispiel der Feuerungsanlagen und der Raumordnung gezeigt werden soll. Noch zu Beginn des 18. Jahrhunderts besaßen die meisten ländlichen Wohnhäuser keinen Schornstein, waren also sogenannte Rauchhäuser. Dementsprechend mußten wegen der Gefahr der Entzündung des Strohdaches die Wände höher als bei den späteren zumeist einstöckigen Gebäuden sein. Die Feuerstelle lag bei beiden Haustypen stets in der Mitte des Hauses, war Bestandteil des Hausflures, der an dieser Stelle bis zum Dachfirst offen war. Die seit 1702 feuerpolizeilich geforderte Anlage eines Rauchschlotes erfolgte bis zur Mitte des 18. Jahrhunderts fast ausschließlich in Fachwerk, erst dann ging man allmählich zur Errichtung aus ungebrannten Lehmsteinen oder Ziegelsteinen über. Dieser sich trichterförmig nach oben verjüngende Rauchschlot, der auf den beiden Wänden des Flures und den seitdem für den besseren Zug erforderlichen Querwänden ruhte, ermöglichte nun einen besseren Rauchabzug. Dadurch konnte die Wandhöhe verringert oder bei deren Beibehaltung eine bessere Nutzung des oberen Dachraumes eingeleitet werden. Gleichzeitig entstand mit der fensterlosen *Schwarzen Küche* jedoch ein Raum, der zwar eine ideale und überaus wichtige Räucherkammer besaß, ansonsten aber nur unter erheblichen Belastungen zum Kochen und Essenbereiten genutzt werden konnte.

Den entscheidenden Wandel leitete erst eine 1822 erlassene Verordnung ein, nach der es gestattet war, enge Schornsteinrohre (bis zu 6 Zoll Durchmesser) anzulegen. Die seitdem übliche Verkleinerung des Rauchfanges über dem offenen Herdfeuer und der direkte Anschluß der Öfen an die Schornsteine erlaubte jetzt erst eine wirkliche Nutzung des Küchenraumes, der seitdem immer häufiger aus der Flurzone in die Wohnzone verlegt wurde. Wo dies nicht gelang, d. h., wo die finanziellen Möglichkeiten diesen Umbau nicht zuließen, behielt man die alte Anlage noch bis weit ins 19. Jahrhundert bei und schuf erst seit den 80er/90er Jahren durch das Einziehen einer Decke, einer sogenannten Preußischen Kappe, und eines kleinen Schornsteines, der den Rauch über die Decke führte, einen nun ebenfalls rauchfreien Küchenraum.

Mit der Übernahme eines oder mehrerer enger Schornsteine wurde zudem eine Änderung der alten Raumordnung möglich. Die ehemals unheizbaren Außenkammern konnten zu heizbaren Stuben umgestaltet werden, die Kammern im Dachgeschoß und die Räume des Obergeschosses – soweit es überhaupt vorhanden war – konnten an die Schornsteine angeschlossen werden. Die Veränderungen in der Raumordnung und -nutzung ergaben sich jedoch nicht nur aus den veränderten technologischen Möglichkeiten. Sie ergaben sich in gleichem Maße aus den neuen sozialökonomischen Verhältnissen. Mit der zwar teuer bezahlten, aber ganz neue Kräfte in der agrarischen Produktion freisetzenden Befreiung aus der feudalen Abhängigkeit gelang es relativ schnell den größeren, bald auch den mittleren und im Berliner Raum vielfach sogar den kleineren Bauern, ihre Produktion zu steigern und teilweise erhebliche Mittel zu erwirtschaften. So wurden die mehrfach immer noch in den Wohnhäusern untergebrachten Teile des Stalles in größere, separate Stallgebäude verlegt und der Wohnraum sowohl der wirtschaftenden Bauernfamilie als auch der Altsitzer und der Innenausbau erheblich verbessert.

Mehrfach wurde dieser Wandel durch einen Neubau erreicht; bei den meisten und vor allem den weniger begüterten Dorfbewohnern gelang dies nur durch nach und nach erfolgte Umbauten. Nicht zufällig sind die älteren erhalten gebliebenen Bauten gerade diesen Schichten, den ehemaligen kleinen Kossäten, Büdnern und Häuslern, zuzuordnen. Zwar existieren gegenwärtig kaum noch originalgetreu erhaltene Wohnhäuser aus Fachwerk mit Strohdächern, doch sind immerhin einzelne Elemente in den teilweise erheblich veränderten Gebäuden bewahrt worden. So besitzen noch heute nicht wenige das spätestens um die Mitte des 19. Jahrhunderts, gewöhnlich jedoch früher errichtete Kehlbalkensparrendach, das meistens von einem einfachen oder einem doppelt stehenden Stuhl gestützt wird, vereinzelt aber sogar noch den älteren, für ein Strohdach vollkommen ausreichenden Märkischen Längsverband [83] aufweist. Seit etwa 1840/50 werden dann Mischkonstruktionen, sogenannte Pfettensparrendächer, seit den 70er/80er Jahren fast ausschließlich Pfettendächer verwandt, die nun häufig mit Schiefer gedeckt werden.

Ähnliche, noch unter dörflich-agrarischen Verhältnissen vollzogene Wandlungen wären bei den Landarbeiterkaten [78, 79], bei den Ställen, Scheunen und anderen Wirtschaftsgebäuden, aber auch bei den Schulen, Schmieden, Backöfen, Spritzenhäusern und anderen Gemeindebauten herauszustellen, doch sollen diese einer ausführlicheren Analyse vorbehalten bleiben, die dann auch die für die Verstädterungsphase charakteristischen Bauten einbeziehen müßte.

Der nachfolgende Katalogteil informiert zwar nur über die Geschichte und wesentliche bauliche Entwicklungsetappen der einzelnen Landgemeinden und Gutsbezirke bis zu ihrer Eingliederung nach Berlin, dennoch müssen zum besseren Verständnis des Textes einige wenige Bemerkungen zur Nachfolgezeit vorangestellt werden. Die im Jahre 1920 gebildete neue Stadtgemeinde Berlin untergliederte sich seitdem in 20 Verwaltungsbezirke, von denen heute 12 auf dem Territorium von Berlin (West) liegen. Es sind dies die Verwaltungsbezirke Charlottenburg, Kreuzberg, Neukölln, Reinickendorf, Schöneberg, Spandau, Steglitz, Tempelhof, Tiergarten, Wedding, Wilmersdorf und Zehlendorf. Diese Struktureinheiten wurden in ihrer Gliederung – abgesehen von geringfügigen Modifikationen – bis heute kaum verändert.

Die anderen 8 Verwaltungsbezirke, die heute zu Berlin – Hauptstadt der DDR gehören und seit 1952 Stadtbezirke genannt werden, erlebten indes mehrere Neuregelungen. In ihrem Umfang unverändert blieben die Stadtbezirke Friedrichshain, Köpenick, Mitte, Prenzlauer Berg und Treptow. Im Jahre 1979 schieden Biesdorf, Hellersdorf, Kaulsdorf, Mahlsdorf und Marzahn aus dem Stadtbezirk Lichtenberg aus und bildeten seitdem einen eigenen Stadtbezirk Marzahn. Bereits 1986 wurden Hellersdorf, Kaulsdorf und Mahlsdorf jedoch aus diesem wieder herausgelöst und zu einem selbständigen Stadtbezirk Hellersdorf erhoben. Seit dem gleichen Jahr bilden die Ortsteile Falkenberg, Hohenschönhausen, Malchow und Wartenberg den Stadtbezirk Hohenschönhausen und schieden damit aus dem Stadtbezirk Weißensee aus, dem seitdem die zuvor zum Stadtbezirk Pankow gehörenden Ortsteile Blankenburg, Heinersdorf und Karow zugeordnet wurden.

Die Zuordnung der einzelnen Ortsteile zu den jeweiligen Verwaltungsbezirken von Berlin (West) oder den jeweiligen Stadtbezirken von Berlin – Hauptstadt der DDR erfolgt nach dem gegenwärtigen Stand ihrer Zugehörigkeit.

Katalog der einzelnen Landgemeinden und Gutsbezirke

Adlershof
Stadtbezirk Treptow

Entwicklung der Einwohnerzahlen von Adlershof (mit Süßengrund)

Jahr	Einwohner
1772	81
1801	65
1817	56
1840	86
1858	107
1871	198
1875	322
1880	344
1885	743
1890	3 346
1895	5 591
1900	8 006
1905	9 114
1910	10 645
1919	12 655

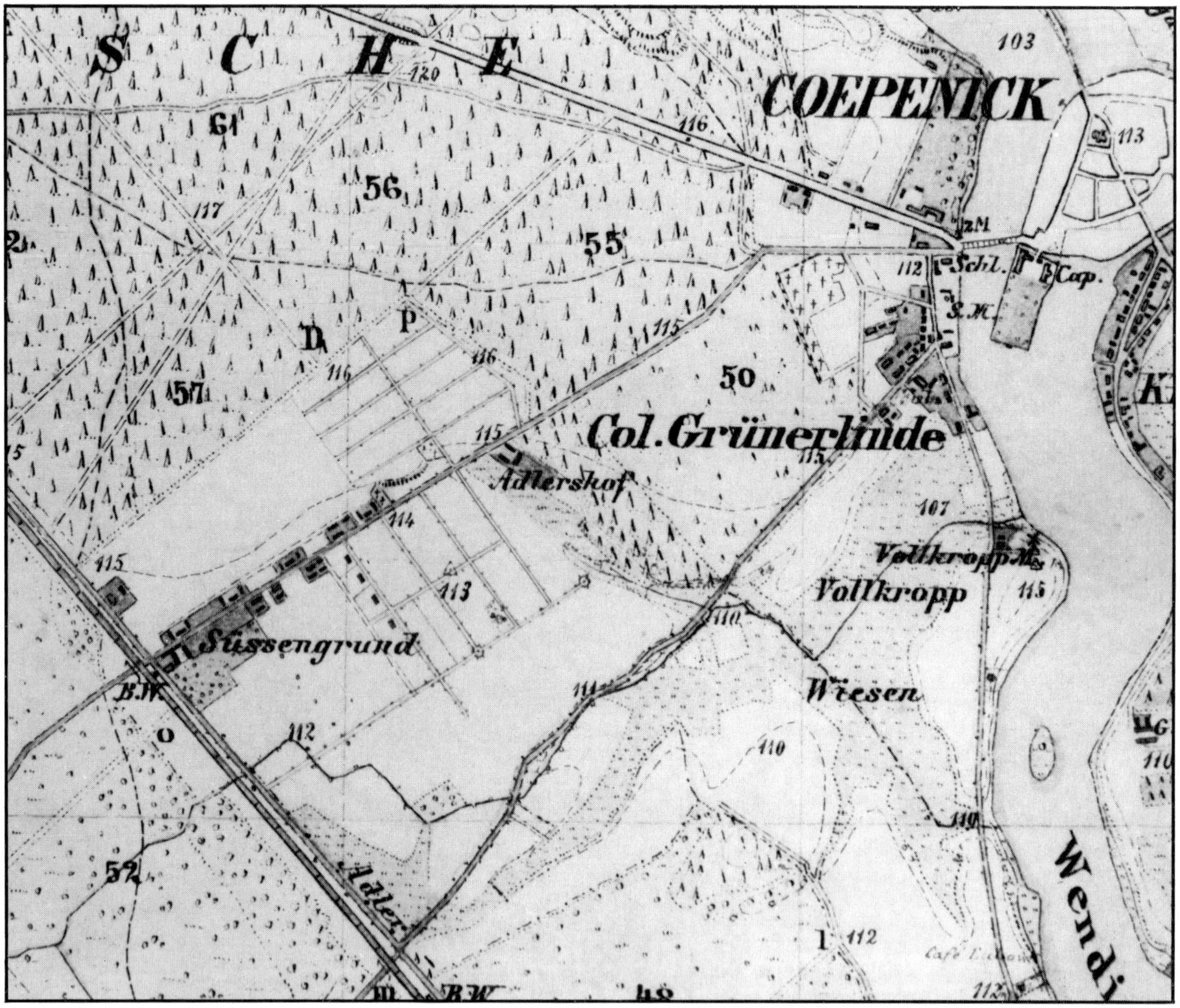

Abb. 2
Ausschnitt aus dem Ur-Meßtischblatt Nr. 1909 von 1869

Die bis zum Jahre 1920 zum Kreis Teltow gehörende Landgemeinde ist eine junge Siedlung. Sie entstand erst im Jahre 1753, als der Berliner Lampenkommissar und Entrepreneur Sieweke die Genehmigung von der Kriegs- und Domänenkammer erhielt, auf einem zuvor zu Köpenick gehörenden, vor Überschwemmungen relativ sicheren und bis dahin unbebauten Gelände, dem sogenannten Süßen Grund, ein Erbzinsgut mit Kolonie anzulegen, 1754 erstmals „Adlershoff" genannt. Im gleichen Jahr entstanden das Vorwerk Adlershof und die Kolonie *Süßengrund* mit 4 Doppelhäusern für 8 Büdnerfamilien. 1772 konnten bereits 81 Einwohner gezählt werden. Dann stagnierte jedoch die Entwicklung bis zur Mitte des 19. Jh.

Erst nach der Auflösung des Gutsbezirkes Adlershof-Süßengrund und der Bildung der Gemeinde Adlershof im Jahre 1879 verstärkte sich der Zuzug wieder. Begünstigt wurde dieser dadurch, daß die „Baugesellschaft Adlershof-Grünau" im Jahre 1874 die Station Adlershof-Altglienicke an der von Berlin über Königs Wusterhausen nach Görlitz führenden Bahn anlegte. Zwar entstanden auch im Ort schon vor der Eingemeindung einige kleinere Industriebetriebe, doch die Mehrzahl der Bewohner pendelte in die benachbarten Industriestandorte – vor allem nach Ober- und Niederschöneweide – und nach Berlin aus.

Adlershof wurde bereits seit 1902 vom Kraftwerk Oberspree in Oberschöneweide mit Elektrizität und von einem gemeinsam mit Grünau und Altglienicke errichteten Wasserwerk mit Wasser versorgt. Die Kanalisation entstand, nachdem man 1902 gemeinsam mit Niederschöneweide, Grünau, Johannisthal und Altglienicke Bauernländereien in Groß-Ziethen erworben hatte.

Während von dem 1753 angelegten Erbzinsgut Adlershof keinerlei Bauten erhalten geblieben sind, kann man sich von den Häusern der „Colonie Süßengrund" noch einen ungefähren Eindruck verschaffen. Zwar wurden die meisten Gebäude, die in der Nähe des 1874 eingeweihten Bahnhofs standen (Abb. 2), seit dem Ende des 19. Jh. durch mehrstöckige Mietshäuser ersetzt, doch vermittelt das inzwischen unterfangene und zu einem Laden umgebaute Haus Dörpfeldstraße 28 durchaus noch ein Bild von der Kleinheit der damaligen Kolonistenhäuser, in denen jede der 2 Büdnerfamilien eine Hälfte, also eine Stube, Kammer und Küche nutzen konnte. Aus der Bauzeit scheint noch das durch Leersparren verstärkte Sparrendach zu stammen, das durch einen doppelt stehenden Stuhl gestützt wird und inzwischen längst ein Ziegeldach anstelle des ehemaligen Strohdachs trägt. Als der Bedarf an Wohnraum Ende des 19. Jh. sprunghaft stieg, richtete man unter dem Dach 2 Stuben ein, die vermietet wurden (Abb. 3).

Obwohl 1858 in der Kolonie und im Gut insgesamt 14 Pferde, 38 Rinder und 160 Schafe gehalten wurden, kam es über Ansätze zur Ausprägung eines Dorfes nicht hinaus. Vielmehr entwickelte sich die Landgemeinde seit den 80er Jahren des 19. Jh. schnell zu einem beliebten Wohnort für Arbeiter und Angestellte der umliegenden Fabriken. Neben dem durch Bau- und Grundstücksspekulanten getragenen freien Mietshausbau, der teils klein-, teils großstädtische Züge trug, entstand zwischen 1888 und 1889 auch eine von der „Berliner Baugenossenschaft" errichtete Arbeitersiedlung, deren schlichte Backsteinarchitektur eindeutig sozialreformerische Bemühungen repräsentiert. Wie in dem Haus Genossenschaftsstraße 48 (Abb. 4) standen jedem Mieter der Zweifamilienhäuser 2 Stuben, eine Kammer und eine Küche sowie ein Kellerraum zur Verfügung. Anschluß an das Wasser- und Kanalisationsnetz erhielten die Gebäude erst um 1908/10.

Mußten die Kinder ehemals die Schule in Köpenick besuchen, so konnten sie seit 1890 im gemeindeeigenen Gebäude unterrichtet werden. 1891 standen den 510 Jungen und Mädchen, die auf 9 Klassen verteilt waren, 6 Räume in der neuerrichteten Schule zur Verfügung (Abb. 5).

Der Ort, in dem Ende des 19. Jh. von den Bewohnern noch immer etwas Vieh gehalten wurde, z. B. 17 Pferde, 12 Rinder, 7 Schweine, 15 Ziegen und ein Schaf im Jahre 1883, mauserte sich schnell zu einem städtischen Vorort, in dem sich neben mehreren kleinen Fabriken, wie einer chemischen und

Abb. 3
Ehemaliges Kolonistenhaus, Umbau um 1890, Dörpfeldstraße 28

Abb. 4
Wohnbauten der Siedlung der Berliner Baugenossenschaft, 1888/89, Genossenschaftsstraße 48

einer Filzfabrik, bald auch zahlreiche Kaufleute und Gewerbetreibende niederließen. Bis 1894 hatten sich hier sogar 2 Ärzte und eine Apotheke etabliert.

Der Grundstein für die erste und einzige Kirche wurde allerdings erst am 18. 8. 1899 gelegt. Der unter der Leitung von R. Leibnitz entstandene und am 17. 11. 1900 eingeweihte Bau mit einem 56 Meter hohen Turm bietet etwa 1000 Personen Platz. Diese überwiegend aus Backstein und teilweise aus Kalkstein errichtete, im neoromanisch-neogotischen Mischstil gehaltene Verklärungskirche in der Arndtstraße hat beide Weltkriege nahezu unversehrt überstanden (Abb. 6).

Aus der Mitte des 18. Jh. entstandenen kleinen Siedlung, die anfangs nur reichlich 100 Hektar, um 1900 aber bereits mehr als 142 und nach der 1903 erfolgten Eingliederung eines Großteils des Königlichen Forstes Grünau schließlich mehr als 650 Hektar umfaßte, hatte sich in den letzten 50 Jahren vor der Eingemeindung ein beachtenswerter städtischer Vorort entwickelt, der trotz seiner recht großen Entfernung von Berlin und der verwaltungsmäßigen Eigenständigkeit schon 1920 mit den benachbarten Industriegebieten und der Stadt relativ eng verbunden war.

Abb. 5
Erste Gemeindeschule, 1889/90, Dörpfeldstraße 54/56

Abb. 6 Verklärungskirche, 1899/1900, Arndtstraße

Alsen, siehe Stolpe

Alt-Bohnsdorf, siehe Bohnsdorf

Altglienicke
Stadtbezirk Treptow

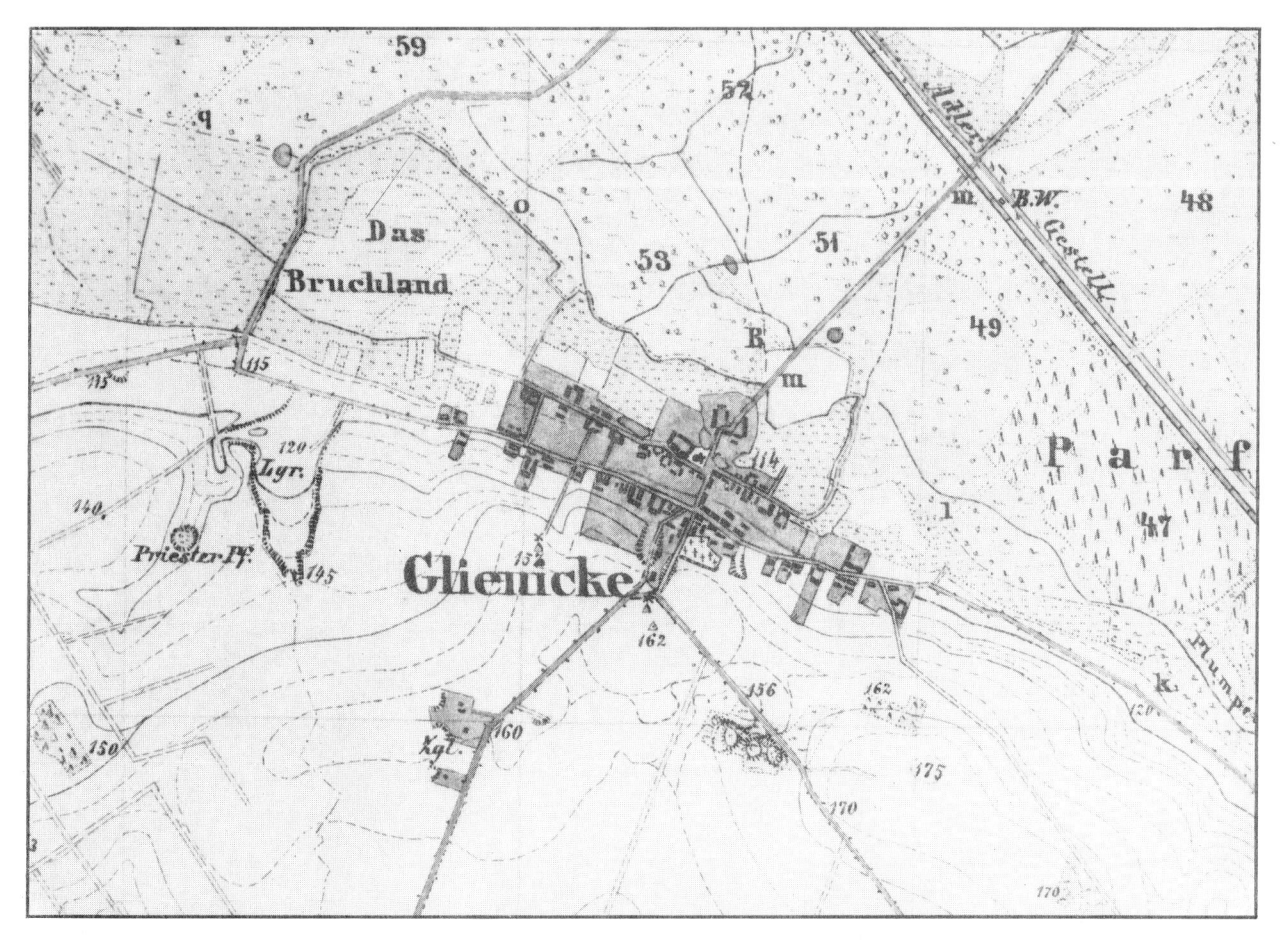

Entwicklung der Einwohnerzahlen von Altglienicke

Jahr	Einwohner
1734	147
1772	233
1801	378
1817	269
1840	456
1858	869
1871	1 300
1875	1 482
1880	1 666
1885	1 974
1890	2 768
1895	3 273
1900	3 751
1905	3 935
1910	4 066
1919	5 028

Abb. 7
Ausschnitt aus dem Ur-Meßtischblatt Nr. 1909 von 1869

Die im Jahre 1893 aus der Zusammenlegung von Alt- und Neu-Glienicke entstandene Gemeinde gehörte bis 1920 zum Kreis Teltow. Altglienicke (bis 1817 *Glienicke)* wurde erstmals 1375 im Landbuch Kaiser Karls IV. (Glinik, Glyneke) erwähnt. Von den damals genannten 49 Hufen besaßen je 16 freie Hufen die Familien Muslof und Berktzow sowie 4 Hufen der Pfarrer, so daß von den 12 Kossätenhöfen und vom Krug lediglich die verbliebenen 13 Hufen bewirtschaftet werden konnten.

Das sich im Verlaufe des 15./17. Jh. herausbildende Rittergut wurde 1677 durch Kurprinz Friedrich für das Schatullamt Köpenick erworben und gehörte seitdem als Vorwerk (mit 31 Hufen) zum Amt Köpenick bzw. ab 1811 zum Amt Mühlenhof in Berlin. Für das Dorf wurden 1624 u. a. genannt: ein Hüfner, 15 Kossäten, ein Hirte, ein Pachtschäfer mit Schäferknechten und ein Laufschmied. Davon lagen 1688 noch immer 9 Kossätenstellen „wüst", die aber vom Arrendator des Vorwerks mitgenutzt und erst 1752 teilweise wieder mit inländischen Untertanen besetzt wurden. 1756 konnten neben einem Bauernhof, 8 alten, 5 neuen und einer Halb-Kossätenstelle (Schmied) noch 4 Büdnereien, 11 Tagelöhnerwohnungen und 13 1/2 Paar Einlieger registriert werden.

Unter Verwendung großer Teile der Gutsackerfläche entstand seit 1763 die Kolonie *Neu-Glienicke*, deren Bewohner – 8 Bauern und 4 Kossäten – größtenteils aus der Rheinpfalz kamen, so daß sich die

Altglienicke

Abb. 8
Dorfkirche von 1757/59,
1894 abgebrochen

Abb. 9
Bäuerliches Wohnhaus,
um 1820,
Semmelweisstraße 11

Einwohnerzahl relativ schnell in beiden Dörfern erhöhte. Im Jahre 1840 lebten in den 34 Wohnhäusern Altglienickes 263 und in den 26 Wohngebäuden Neu-Glienickes 193 Personen.

Einen weiteren Zuwachs erfuhr Altglienicke durch das 1845 auf seiner Flur angelegte Etablissement *Falkenberg*, wo 1858 zwar erst 12, 1895 aber bereits 68 Einwohner gezählt wurden.

Auffallend ist die große Bevölkerungszunahme Alt- und Neu-Glienickes bereits seit der Mitte des 19. Jh. Lebten in beiden Dörfern im Jahre 1840 erst 456 Personen, so waren es 1858 schon 869 und 1871 gar 1300 Einwohner. Das relativ frühe Wachstum mag darin begründet sein, daß der Ort durch das Vorhandensein verschiedener Gewerbe (z. B. einer Windmühle seit mindestens 1541) im agrarischen Umland zu einem Zentraldorf geworden war, in dem sich 1858 bereits 2 Goldschmiede-, 2 Schuhmacher-, ein Stellmacher-, ein Fleischer-, ein Bäcker- und ein Schneidermeister mit etlichen Gesellen und Lehrlingen sowie mehrere Krämer, Gastwirte und selbst 2 Musikanten niedergelassen hatten. 1860 werden ferner eine Ziegelei und 2 Getreidemühlen genannt.

Im letzten Drittel des 19. Jh. vergrößerte sich die Zahl der hier wohnenden Arbeiter rasch. Bereits 1858 werden außer den 42 Knechten und Mägden sowie den 6 Tagelöhnern in beiden Dörfern insgesamt 208 Arbeiter genannt. Im Jahre 1908 heißt es von Altglienicke, daß „selbst der rein dörfliche Teil des Ortes ... schon allmählich mit großen Mietshäusern durchsetzt [war] und ... städtischen Charakter" annahm [16]. Damals fuhren stündlich Omnibusse von der Kirche zum Bahnhof Altglienicke-Adlershof und nach Grünau. Eine gewisse Sonderentwicklung nahm der Ortsteil Falkenberg, der durch die „Terraingesellschaft Alt-Glienicke" weitgehend villenmäßiger Bebauung vorbehalten blieb und an dessen Rande in den Jahren 1913/15 die von B. Taut entworfene „Tuschkasten-Siedlung" entstand.

Von dem frühzeitig entstandenen Rittergut, dem späteren königlichen Vorwerk, haben sich keinerlei ältere bauliche Zeugnisse erhalten. Unbekannt ist das Aussehen sowohl des 1417 genannten adligen Wohnhofs als auch des 1704 erwähnten, für den Pächter errichteten neuen Hauses, das den ganz baufälligen dreigeschossigen Vorgängerbau ablöste. Die damals angegebenen Gebinde der Ställe und Scheunen deuten auf Fachwerkbauten, doch sind auch diese später abgebrochen oder durch kleinere Massivbauten ersetzt worden. Eine wesentliche Zäsur bildete fraglos die 1751 eingeleitete Wiederbesetzung mehrerer wüster Kossätenstellen, denen wie den Kolonisten der 1763 im Anschluß an das alte Straßendorf angelegten Siedlung Neu-Glienicke (Abb. 7) Ackerland des aufgeteilten Gutes zugewiesen wurde.

Da man auch den 1757/59 anstelle einer mittelalterlichen Kirche errichteten barocken Kirchenbau (Abb. 8) 1894/95 durch einen Neubau ersetzte, stellen einige dieser neuen Bauern- und Kossätenhöfe heute die ältesten Bauwerke im Ort dar. Hervorgehoben zu werden verdient u. a. aus dem alten Dorf das Gehöft Semmelweisstraße 11, dessen eingeschossiges Wohnhaus trotz der in jüngster Zeit vergrößerten Fenster noch recht klar den Zustand eines bäuerlichen Wohnhauses um 1820 repräsentiert (Abb. 9). Obwohl vorerst noch nicht zu entscheiden ist, ob es sich um einen erst Anfang des 19. Jh. unterfangenen ehemaligen Fachwerk- oder einen ursprünglichen Massivbau handelt, so verdeutlicht es dennoch anschaulich die Wohnverhältnisse eines Bauern dieser Zeit. Das als Typ dem Mitteldeutschen Ernhaus zuzurechnende Gebäude wird durch einen das Gebäude querdurchlaufenden Flur charakterisiert, in dessen Mitte sich einst die Schwarze Küche mit einem offenen Schornstein befand. Zu beiden Seiten lagen stets ausschließlich Wohnräume, von denen die größeren durch die jüngere, den Hof bewirtschaftende Bauernfamilie und die kleineren als Altenteil genutzt wurden. Die beachtliche Tiefe des Hauses, das mit einem Kehlbalkensparrendach und doppelt stehendem Stuhl ausgestattet ist, ermöglichte im Dachraum den Ausbau mindestens einer größeren, zunächst allerdings nicht heizbaren Giebelstube. Das ehemals an beiden Giebeln mit einem Krüppelwalm versehene Dach war offenbar niemals mit Stroh oder Rohr, sondern stets mit Ziegeln (Biberschwänzen) gedeckt. Von der ursprünglichen Putzquaderung sind nur noch Teile seitlich der ebenfalls erneuerten Haustür erhalten. Die Ställe und die Scheune des Vierseithofes entstammen den letzten Jahrzehnten des 19. Jh. Sie repräsentieren die Verhältnisse eines bereits voll nach rationellen Prinzipien wirtschaftenden großbäuerlichen Betriebes, deren sogenannte Maurermeisterarchitektur durch ungeputzte Backsteinbauten mit ornamentalen Ziersetzungen entlang den Außenmauern gekennzeichnet sind. Ein relativ frühes Beispiel dieses Gestaltungsprinzips stellt der um 1850/60 unter Einbeziehung der Feldsteinmauer eines Vorgängerbaues errichtete Stall im Gehöft Nr. 37 der gleichen Straße dar (Abb. 10).

Einen offenbar noch älteren, aber bereits in wesentlichen Teilen veränderten Zustand deutet das einstöckige Wohnhaus einer ehemaligen Kossätenstelle in der Besenbinderstraße 15 an. Es steht, wie im 17./18. Jh. allgemein üblich und bis zum Beginn des 19. Jh. häufig, noch mit dem Giebel zur Straße, ist allerdings bereits quer aufgeschlossen und war, wie aus der Dachkonstruktion zu schließen ist, ehemals mit Stroh oder Rohr gedeckt. Im allgemeinen wurde bei den friderizianischen Siedlungen jedoch die Traufstellung bevorzugt. Zeugnisse dieser Haltung stellen die recht zahlreich erhaltenen, allerdings erheblich veränderten Gebäude der ehemaligen Kolonie Neu-Glienicke in der Grünauer Straße dar (Abb. 11).

Als weiteres bemerkenswertes Dokument für die Geschichte des Ortes ist das Haus in der Rudower Straße 41 zu beachten, das durch seine großen achtteiligen Fenster auffällt. Es war einst die einklassige Dorfschule, die um 1830 errichtet und später – nach dem Neubau von 1890 in der Rudower Straße – an einen Handwerker verkauft wurde. Es ist dies eine der ältesten, nahezu unversehrt erhaltenen Dorfschulen im Stadtgebiet von Berlin (Abb. 12).

Aus einem ehemaligen Tagelöhnerhaus des Vorwerks könnte das spätere Arbeiterhaus eines Großbauern in der Rudower Straße 81 hervorgegangen sein. Es läßt trotz mancher Modernisierungen noch recht klar die ursprüngliche Gliederung erkennen: Jeweils 2 Familien nutzten einen der 2 straßenseiti-

Abb. 10
Stall eines Bauernhofes, um 1850, Semmelweisstraße 37

Abb. 11
Kolonistenhaus, um 1765, Grünauer Straße 22. Aufnahme um 1900

Abb. 12 Ehemalige Dorfschule, um 1830, Rudower Straße 41. Aufnahme von 1983

Abb. 13 Dorfkirche, erbaut 1894/95, Semmelweis-/Ecke Köpenicker Straße

gen oder 2 hofseitigen Eingänge, den anschließenden kleinen Flur und die dahinterliegende Schwarze Küche gemeinsam und gelangten vom Flur aus in ihre seitlich davon gelegene einzige Stube. Insgesamt hatten also einst 8 Familien in dieser Kate zu hausen, bevor um 1890 ein Umbau und eine Reduzierung der Bewohnerzahl vorgenommen wurde.

Seit den 80er Jahren setzte verstärkt der Bau von drei- und vierstöckigen Mietshäusern, insbesondere im Gebiet der Rudower Straße, ein, und es entstand ein Straßenbild, das durch den Wechsel älterer kleiner und neuerer großer Wohnbauten geprägt wurde. Eine gewisse Konzentration von Wohn- und Geschäftshäusern bildete sich um die Kirche heraus, für die nach der Vereinigung von Alt- und Neu-Glienicke am 18. 7. 1894 der Grundstein gelegt werden konnte. Der von den Architekten Bohl, Schaller und L. v. Tiedemann entworfene, am 10. 11. 1895 eingeweihte Sakralbau aus Backstein prägt seitdem das Ortsbild nicht unwesentlich (Abb. 13).

Nach einer gewissen Stagnationsperiode verstärkte sich der Wohnungsbau ab 1910 wieder etwas. Er war jetzt aber weniger durch den großen Mietshausbau, sondern mehr durch die im größerem Umfange betriebene Anlage von Landhäusern und Kleinsiedlungen am Rande des alten Dorfkernes in Richtung Grünau, im Ortsteil Falkenberg, gekennzeichnet. So entstanden in diesem Gebiet, das laut Ortsstatut schon vor 1905 der villenmäßigen Bebauung vorbehalten blieb, neben etlichen Ein- und Zweifamilienhäusern (u. a. das von H. Tessenow entworfene Gebäude Am Falkenberg 119) die „Kleinhaussiedlung Altglienicke" und die „Siedlung Falkenberg". Erstere, vom Architektenbüro Bel & Clemert begründet und durch H. Muthesius erweitert, befindet sich Germanenstraße 80/84 und Preußenstraße 41/47. Letztere von B. Taut entworfene, aber nicht vollendete Siedlung liegt nahe dem Bahnhof Grünau. Auch ohne das geplante Volkshaus gewann der aus zweigeschossigen Reihenhäusern bestehende Komplex Akazienhof 1/26, Am Falkenberg 118/120 und Gartenstadtweg 16/99 nicht nur wegen der verwendeten Farbgebung, im Volksmund „Tuschkastensiedlung" genannt, eine beachtliche Popularität (Abb. 14).

Von nicht zu unterschätzender Bedeutung für die Entwicklung des Ortes war die Tatsache, daß bereits 1904 der Anschluß an das Elektrizitätsnetz gelang und 1908 eine eigene Gasanstalt eingeweiht werden konnte. Die Wasserversorgung erreichte Altglienicke mit Hilfe eines 1905 gegründeten Zweckverbandes, dem auch die Gemeinden Adlershof und Grünau angehörten. Das Wasserwerk konnte nach der Eingemeindung 1920 stillgelegt werden. Der 1905/06 errichtete Wasserturm, in dem seit 1914 auch Gottesdienste für die Bewohner des Ortsteils Falkenberg abgehalten wurden, blieb jedoch noch eine geraume Zeit weiter in Funktion (Abb. 15). Wenngleich die Mitte des 19. Jh. errungene Sonderstellung im Rahmen des noch von der Landwirtschaft geprägten Umlandes auch nicht gehalten werden konnte, so war die Gemeinde mit ihren verschiedenen Siedlungsteilen und kommunalen Einrichtungen für die sich herausbildende Großstadtgemeinde doch von beachtlichem Interesse.

Abb. 14 Reihenhäuser der Siedlung Falkenberg, 1913, Akazienhof

Abb. 15 Wasserturm, 1905/06

Alt-Moabit, siehe Moabit

Alt-Schöneberg, siehe Schöneberg

Baumschulenweg, siehe Treptow

Biesdorf
Stadtbezirk Marzahn

Entwicklung der Einwohnerzahlen von Biesdorf

Jahr	Einwohner
1734	252
1772	253
1801	288
1817	281
1840	395
1858	603
1871	717
1875	847
1880	724
1885	719
1890	768
1895	914
1900	1 016
1905	1 213
1910	2 251
1919	2 954

Abb. 16
Ausschnitt aus dem Ur-Meßtischblatt Nr. 1838 von 1869/71

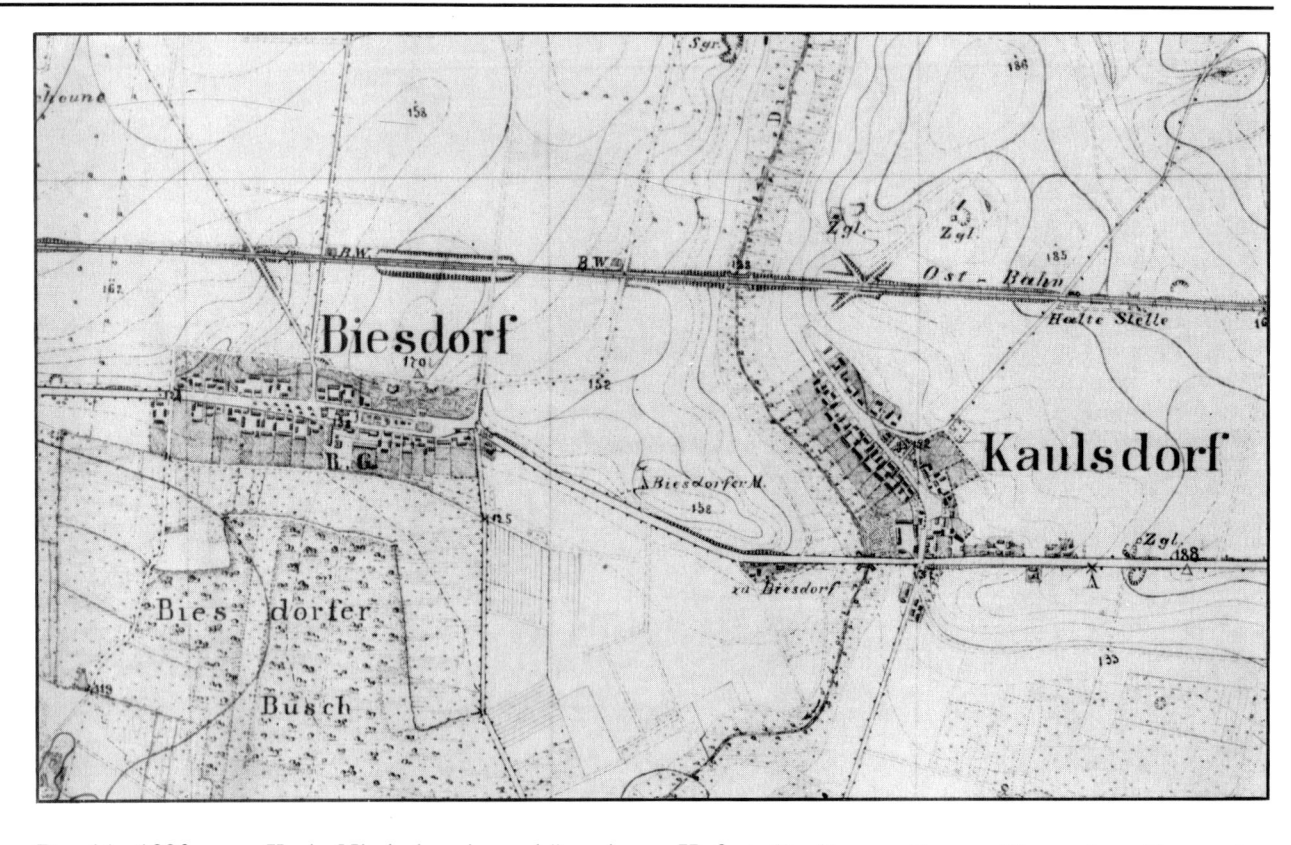

Das bis 1920 zum Kreis Niederbarnim gehörende und zu diesem Zeitpunkt noch aus 2 juristisch selbständigen Teilen, einem Gemeinde- und einem Gutsbezirk, bestehende Biesdorf bildete bis 1979 einen Ortsteil vom Stadtbezirk Lichtenberg und gehört seitdem zu dem neuen Stadtbezirk Marzahn. Biesdorf wurde erstmals im Jahre 1375 als Bysterstorff bzw. Bisterstorff erwähnt und stellte mit 62 Hufen eines der größten Dörfer im Berliner Stadtgebiet dar. Grundherrschaftlich denen v. Gröben (bis 1443), denen v. Pfuhl (bis 1665) und seitdem dem Kurfürsten gehörig, bildete sich bereits frühzeitig ein Rittergut (vor 1587) heraus, das teils als Amtsvorwerk, teils in Privatbesitz existierte.
1624 wurden 19 Hüfner, 13 Kossäten, ein Hirte, ein Schäfer, ein Schmied und Schäferknechte genannt; davon lagen nach dem Dreißigjährigen Krieg (1652) 15 Bauern- und 7 Kossätenstellen und sogar noch 1704 4 Bauern- und 3 Kossätenstellen „wüst", deren Hufen allerdings z. T. vom Vorwerk, z. T. von den Untertanen mitgenutzt wurden. Außer Krug und Schmiede wird seit dem Anfang des 18. Jh. eine Windmühle erwähnt. Obwohl nach 1750 neben den Knechten auch Einlieger, Hausleute und Büdner genannt werden, stieg die Einwohnerzahl zunächst nur gering. Erst nach 1840 vergrößerte sich die Zahl etwas. Im Jahre 1895 konnten immerhin 914 Personen, davon 873 im Gemeinde- und 41 im Gutsbezirk registriert werden.

Einen gewissen Aufschwung erbrachten dann die von der Stadt Berlin auf der angrenzenden Feldmark von Hellersdorf in den 90er Jahren errichtete Anstalt „Wuhlgarten" für Epileptiker und die Bebauung des westlich davon gelegenen Parzellierungsgebiets „Biesdorfshöhe" sowie die Kolonie Biesdorf-Süd, so daß kurz vor der Eingemeindung fast 3000 Einwohner gezählt werden konnten. Bereits zu Beginn des 20. Jh. befanden sich Gas- und

Wasseranschlüsse im Ort. Elektrizität erhielt Biesdorf jedoch erst nach 1908, Kanalisation folgte erst um 1920.

Das an der wichtigen Straße von Berlin nach Frankfurt gelegene große Angerdorf mit dem schon im 16. Jh. vorhandenen Gutshof hatte nicht nur unter den Kriegen zu leiden, es wurde zudem mehrfach Opfer verheerender Brände. So vernichtete 1680 eine Feuersbrunst zahlreiche Bauernhöfe, 1757 brannten erneut die Wohnhäuser von 5 „Unterthanen" sowie Scheunen und Ställe des Pfarrhofes und der Kirchturm ab. Die größte Brandkatastrophe ereignete sich freilich erst 1839, als nahezu das gesamte Dorf in Schutt und Asche fiel. Demzufolge existieren – abgesehen von der Dorfkirche – heute im Ort keine Bauten mehr, die älter als 150 Jahre sind.

Aber auch die Kirche, deren Außenwände noch das ins 14. Jh. datierte Granitmauerwerk aufweisen, präsentiert sich heute als ein weitgehend durch den Um- und Ausbau von 1896/97 (Turm, Apsis, Fenster) geprägter Bau, der nach den Zerstörungen von 1944 nur vereinfacht wiederaufgebaut wurde (Abb. 17). Einen Eindruck von dem offenbar nach dem Brand von 1757 errichteten Barockturm vermittelt uns allerdings die Darstellung eines Laienzeichners, des Seidenwirkers H. Wohler, dem wir etliche Abbildungen heute nicht mehr vorhandener ländlicher Kirchen in der Umgebung Berlins verdanken (Abb. 18).

Der Anger, auf dem im Jahre 1733 außer der Kirche mit dem Friedhof auch das Krug-Bauerngehöft, die Küsterei, die Schmiede und die Hirtenkate standen, wurde nach dem Brand von 1839 erneut bebaut. Allerdings blieben bis heute keine dieser Bauten erhalten, da der alte, um 1880 vergrößerte Krug und die in dieser Zeit ebenfalls modernisierte Schmiede inzwischen einer Straßenverbreiterung zum Opfer fielen. Erhalten geblieben sind allerdings mehrere Gehöfte nördlich und südlich des Angers. Zunächst einmal fällt auf, daß sämtliche Wohnhäuser traufseitig entlang der Straße standen (Abb. 16) und die Drei- oder Vierseithöfe relativ locker bebaut waren. Ferner ist bemerkenswert, daß man bereits zu diesem Zeitpunkt, also um 1830/40, offenbar alle Wohnhäuser massiv und mit einem Ziegeldach errichtete.

Einen sehr guten Einblick in die Gestaltung eines Bauernhauses dieser Art gewährte das bis vor kurzem nahezu unverändert erhalten gebliebene, inzwischen aber abgerissene Wohnhaus Alt-Biesdorf 16 (Abb. 19). Auf einem relativ hohen Sockel des zum großen Teil unterkellerten Gebäudes ruhte das Wohngeschoß, das durch einen querdurchlaufenden, aber nicht mittigen Flur erschlossen wurde. Der größere, straßenseitig durch 4 Fenster markierte Teil gehörte dem wirtschaftenden Bauern, während der kleinere als Altenteil diente. Beiden Familien stand eine eigene Küche mit Rauchfang über dem Herd zur Verfügung. Der breite, mit quadratischen Ziegelplatten belegte Flur war nicht

Abb. 17
Dorfkirche,
Zustand nach dem
vereinfachten
Wiederaufbau
von 1950/51

Abb. 18
Turm der Dorfkirche
mit dem sie umgebenden
Kirchhof.
Tuschzeichnung von
H. Wohler, 1834

Abb. 19
Wohnhaus
eines großen Bauern,
etwa 1840,
Alt-Biesdorf 16.
Aufnahme von 1983

Abb. 20
Wohnhaus
für 2 Landarbeiterfamilien,
um 1840 (Fassade
um 1880 erneuert),
Alt-Biesdorf 25.
Aufnahme von 1983

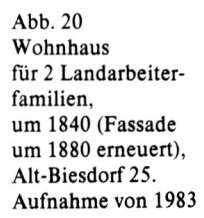

mehr durch eine Schwarze Küche im Mittelpunkt unterbrochen, hatte durchaus repräsentativen Charakter. Er wurde lediglich durch eine einfache eingeschobene Bodentreppe beeinträchtigt. Diese war allerdings erforderlich, um die beiden von vornherein heizbaren Giebelstuben, die – durch den Verzicht auf die Schwarze Küche jetzt erforderliche – Räucherkammer und den Bodenraum nutzen zu können. Die schlichte, nur mit einem Glattputz versehene traufseitige Fassade erhielt ihr Gepräge durch die Tür, die achtteiligen Fenster, die Fensterläden und die an beiden Giebelseiten bis auf die Höhe der Kehlbalken abgewalmten Dächer. Der einzige Schmuck der Giebelansichten bestand aus 2 Viertelkreis-Fenstern, die die Kammern seitlich der Giebelstuben mit etwas Licht versorgen sollten. Von den anderen gleichartigen Bauernhäusern blieben lediglich die Gebäude Alt-Biesdorf 18 und Alt-Biesdorf 26 noch bis in die Gegenwart weitgehend in ihrem ursprünglichen Zustand erhalten. Eine kleinere, aber durchaus vergleichbare Variante stellt das Wohnhaus Alt-Biesdorf 25 dar (Abb. 20). Es gehörte zunächst offenbar zu einem kleineren Bauernhof, diente dann aber als Unterkunft für Landarbeiter. Im Erdgeschoß lebten 2 Familien, denen jeweils eine Stube, eine Kammer und eine Küche mit Rauchfang zugewiesen wurden, während man die beiden Giebelstuben zunächst an ledige oder ältere Arbeitskräfte vergab und erst später, um die Abwanderung in die Stadt zu verhindern, den beiden Familien überließ.

Diesem sekundären, aber auch für frühe Landarbeiterkaten typischen Bau steht die eingentliche Arbeiterkaserne des Gutes gegenüber, die trotz mannigfacher Umbauten noch klar erkennbar ist. Es handelt sich um das zweistöckige Gebäude Alt-Biesdorf 29, das um 1860/70 errichtet wurde und mindestens 8 Familien beherbergte. Der unterkellerte, auf einem Bruchsteinsockel ruhende, verputzte Ziegelbau mit einem hohen Satteldach verkörpert eine in der Geschichte der Landarbeiterhäuser interessante Entwicklungsstufe, bei der einerseits lediglich die Aneinandersetzung und Aufstockung, also die Vervierfachung des ältesten, noch an das Mitteldeutsche Ernhaus erinnernden frühen Typs erfolgte, andererseits aber die Grundrisse modifiziert und jeder Familie bereits eine große und eine kleine Stube sowie Flur und Küche zugewiesen wurden. Von den dazugehörigen kleinen Wirtschaftsgebäuden wie Ställen, Schuppen, Aborthäuschen, ist nichts erhalten geblieben, wohl aber das für die Deputatarbeiter errichtete kleine Waschhaus aus unverputztem Backstein (Abb. 21).

Während der Wirtschaftshof des Rittergutes sich südlich des Angers auf der Höhe der Kirche befand, lag das Herrenhaus, das einstmals auch in diesen Hof eingebunden war (Abb. 22), später mit dem dazugehörigen Landschaftspark im nordöstlichen Bereich des alten Dorfkernes. Hier ließ der Freiherr v. Rüxleben, der seit 1854 Besitzer des Gutes war, im Jahre 1868 ein Schloß errichten, das 1887 W. v. Siemens und später die Stadt Berlin erwarb. Trotz einiger Kriegsschäden im Obergeschoß vermittelt es noch heute mit seinen Säulenvorhallen, Pergolen

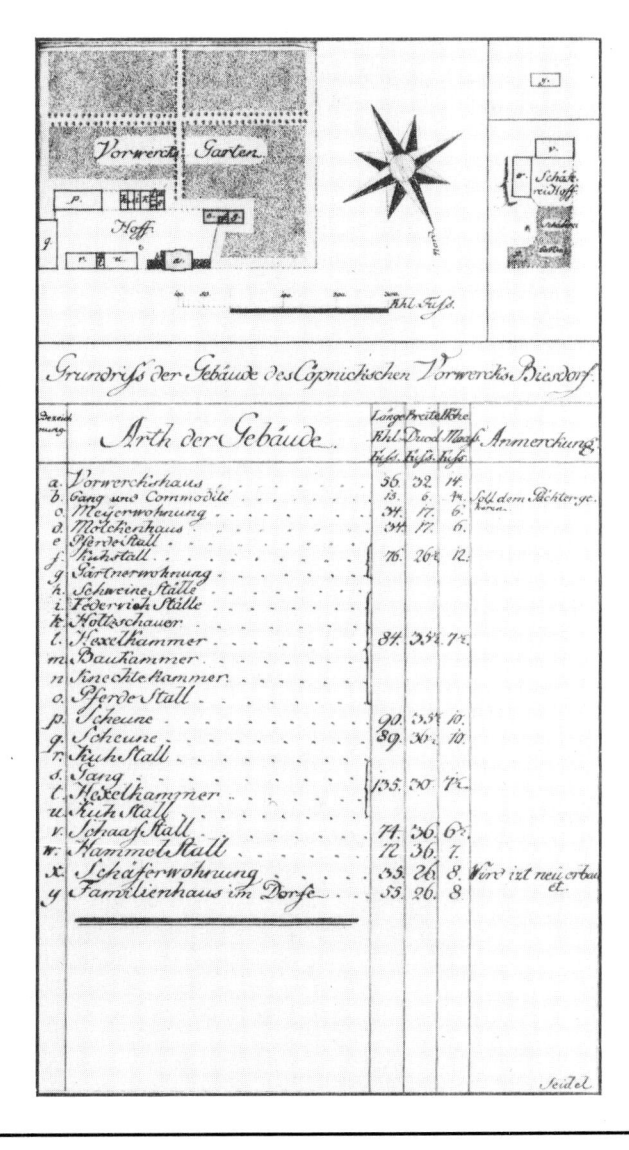

Abb. 21
Hofseitige Ansicht einer Landarbeiterkaserne, um 1860/70, mit Waschhaus (links), um 1890, Alt-Biesdorf 29. Aufnahme von 1983

Abb. 22
Lageplan der Vorwerksgebäude, um 1800

Abb. 23
Ehemaliges Schloß,
erbaut 1868,
Alt-Biesdorf 55

Abb. 24 Mietvilla in der Nähe des Bahnhofs, um 1910, Eckermannstraße 6

und vor allem dem hohen achteckigen Turm einen Eindruck von der Formensprache spätklassizistischer Architektur der Schinkel-Schule (Abb. 23).
Den entscheidenden Impuls zur Umwandlung des Guts-/Bauerndorfes in eine vorstädtische Siedlung erfuhr der Ort Ende des 19. Jh., als die Stadt Berlin eine größere Fläche des angrenzenden Hellersdorfer Gutslandes kaufte und die Anstalt „Wuhlgarten" für Epileptiker gründete. Im Gefolge dieser seit 1895 errichteten großen medizinischen Einrichtung, deren Gebäude größtenteils die in dieser Zeit häufige „Kloster-Architektur" aus Backstein aufweisen, entstand auf einem benachbarten Parzellierungsareal die Siedlung „Biesdorfshöhe", heute: Biesdorf-Nord. Sie wies neben einigen Villen und Landhäusern bald auch eine ganze Reihe Miethäuser auf und wurde durch die Anlage eines Bahnhofs 1885 an der seit 1867 bestehenden Ostbahn sowie die Einführung des Vororttarifs 1891 schnell auch von etlichen, täglich in die Stadt pendelnden Arbeitskräften bewohnt (Abb. 24).

Dennoch blieb der Ort bis zur Eingemeindung noch als relativ selbständiger Komplex im freien Felde erhalten. Die vermeintliche ländliche Idylle bewirkte Ende des 19. Jh., daß sich Tendenzen zur Ausprägung eines Ausflugsortes für die in der Berliner Enge lebenden Werktätigen bemerkbar machten. 1908 heißt es gar: „Große Gartenlokale locken allsonntäglich und auch abends zahlreiche Gäste aus Berlin herbei" [16].

Blankenburg
Stadtbezirk Weißensee

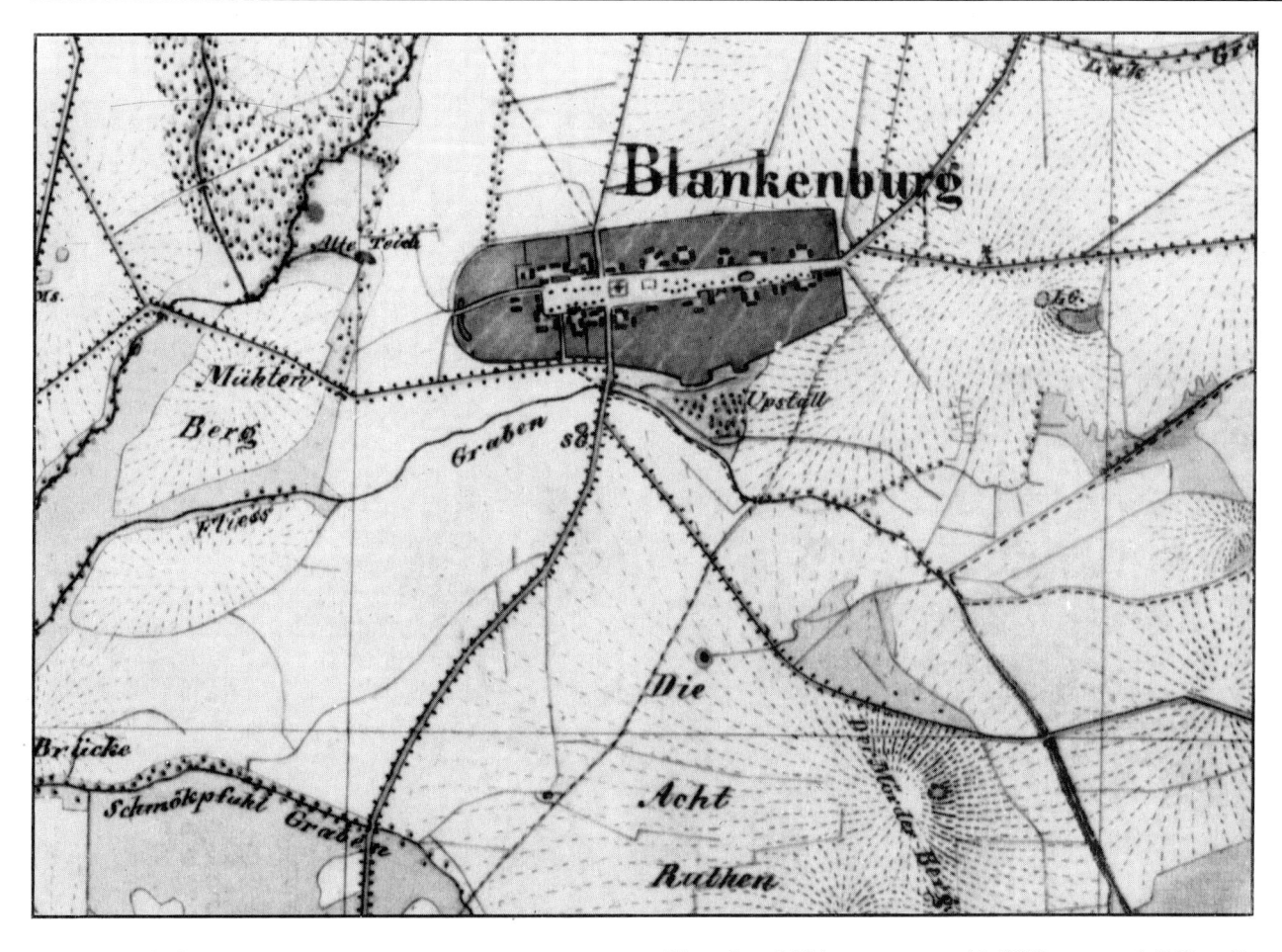

Entwicklung der Einwohnerzahlen von Blankenburg

Jahr	Einwohner
1734	146
1772	158
1801	185
1817	175
1840	237
1858	334
1871	362
1875	362
1880	397
1885	456
1890	546
1895	562
1900	647
1905	693
1910	704
1919	1 316

Abb. 25
Ausschnitt aus dem Ur-Meßtischblatt Nr. 1837 von 1835

Das bis 1920 aus einem Gemeinde- und einem Gutsbezirk bestehende Dorf gehörte bis zur Eingemeindung zum Kreis Niederbarnim. Zwar wurde die Kirche bereits um die Mitte des 13. Jh. errichtet und im Jahre 1271 ein Anselm de Blanckenborch genannt, doch stammt die erste Erwähnung des Ortes erst aus dem Jahre 1375. Bereits damals befanden sich 8 Hufen im Besitz derer v. Röbel, denen nach 1644 die v. Fuchs und später die v. Barfuß folgten (1688: 17 Ritterhufen). 1710 erwarb König Friedrich I. das Gut und unterstellte es dem Amt Niederschönhausen. Seit 1818 wieder in Privatbesitz, kaufte es 1882 die Stadt Berlin und legte auf dem Gelände ein Rieselgut an, dessen Felder eine Ausdehnung des Ortes erheblich einschränkten.

Von den 1624 genannten 11 Hüfnern und 9 Kossäten lagen 1652 noch 5 Bauern- und 5 Kossätenstellen „wüst". Seit dem Ende des 17. Jh. bis zum Ende des 19. Jh. existierten dann 9 Bauern- und 6 Kossätenhöfe. Hinzu kamen u. a. ein Krug (bereits 1375 erwähnt), eine Schmiede (erstmals 1624 genannt) und eine Windmühle (seit 1714). Insgesamt jedoch blieb der Ort – auch nach Einführung des Vororttarifs im Jahre 1891 und dem Ausbau der Strecke nach Bernau zwischen 1908 und 1914 mit neuem Bahnhof – weitgehend agrarisch geprägt und trug vor 1920 kaum (vor-)städtische Züge. Handel und Gewerbe waren wenig ausgebildet. Der Anschluß an das städtische Wasser-, Gas- und Elektrizitätsnetz erfolgte erst nach 1908. Dementsprechend gering

Abb. 26
Wohnhaus
eines kleinen Bauern,
um 1800,
Alt-Blankenburg 10

Abb. 27
Wohnhaus
eines großen Bauern,
um 1890,
Alt-Blankenburg 14

war der Bevölkerungszuwachs. So vergrößerte sich die Zahl der Einwohner von 1374 bis 1801 nur unbedeutend, erreichte auch im 19. Jh. nicht einmal 1000 Bewohner und brachte mit 1316 Dorfbewohnern im Jahre 1919 nur einen geringen Bevölkerungszuwachs für die Stadt Berlin.

Obwohl der Ort bereits 1876 eine Bahnstation erhalten hatte, begann die Ansiedlung nichtagrarischer Bevölkerung in größerem Umfange erst nach der Eingemeindung nach Berlin. Bis dahin blieb er fast ausschließlich von der Landwirtschaft geprägt. Dennoch haben sich kaum ältere dörfliche Bauten erhalten. Von dem einst großen Gut z. B. existiert nur noch das inzwischen völlig veränderte Herrenhaus, Alt-Blankenburg 3. Auch von den älteren bäuerlichen Gehöften blieb lediglich ein Wohnhaus, Alt-Blankenburg 10, übrig. Dieses inzwischen verputzte und mit neuen Fenstern versehene Gebäude verkörpert jedoch in Proportion und Raumstruktur noch recht deutlich die bis 1830/40 vielfach verwendete Form eines kleineren Bauernhauses vom Typ eines Mitteldeutschen Ernhauses (Abb. 26).

Weit häufiger sind dagegen – und das ist für die stadtnahen Dörfer durchaus charakteristisch – bäuerliche Wohn- und Wirtschaftsbauten, die zwischen 1871 und 1910 entstanden. Sie künden von einem in dieser Zeit erwirtschafteten Reichtum und lehnen sich in ihren Gestaltungselementen immer weniger an die überlieferte ländliche Bautradition an. Als eine recht frühe Variante sei das um 1885/90 errichtete Wohnhaus Alt-Blankenburg 14 genannt, dessen Grundriß durchaus noch der einst üblichen klaren Quergliederung folgt, während die Fassade bereits Elemente des Zeitgeschmacks, in diesem Falle also spätklassizistischen Zierat aufweist (Abb. 27). Es ruht auf einem etwa einen Meter hohen Sockel, ist – wie in dieser Zeit allgemein üblich – unterkellert und besitzt einen Kniestock. Das durch eine Sparren-Pfetten-Mischkonstruktion gebildete Dach ist mit Schiefer gedeckt. Weitere ähnliche und etwa zeitgleiche Beispiele sind Alt-Blankenburg 29, 31, 32 und 48. Beachtenswert ist ferner, daß auch der Standort des Wohnhauses und der Wirtschaftsgebäude, der großen Scheune und der Ställe aus unverputztem Backstein innerhalb des Gehöftes noch ganz den überlieferten Vorstellungen entspricht.

Die Wohnhäuser dagegen, die in ihren Grundrißlö-

Abb. 28 Wohnhaus eines Bauern und späteren Rentiers, um 1900, Alt-Blankenburg 16

sungen von den traditionellen Formen völlig abweichen und eher villenartigen Prinzipien folgen, fanden auch ihren Standort innerhalb des Hofes mehrfach nicht mehr wie sonst direkt entlang der Straßenflucht, sondern zumeist seitlich versetzt. Das dem Heimatstil verbundene und seit Anbeginn auch mit Mietwohnungen ausgestattete Gebäude Alt-Blankenburg 16, das sich zu Beginn des 20. Jh. ein Landwirt errichten ließ, der bald darauf seinen Acker teils verpachtete, teils verkaufte und seitdem als Rentier lebte, verkörpert diesen Trend ganz gut (Abb. 28).

Obwohl 1835 bereits in zahlreichen Gehöften das Wohnhaus mit der Traufseite zur Straße stand, dominierte zu diesem Zeitpunkt noch die Giebelstellung (Abb. 25). Ein uns allerdings nur als Foto aus dem Jahre 1909 überliefertes Beispiel belegt, daß diese Häuser mehrfach noch die Längsgliederung besessen haben. Es handelt sich in diesem Falle typologisch um ein Märkisches Mittelflurhaus, das um 1780 errichtet sein mag und – obwohl bereits stellenweise unterfangen – noch mit Rohr gedeckt war (Abb. 29).

Ebenfalls nur aus der Überlieferung bekannt, aber in seinen Resten nicht mehr nachweisbar ist die Anlage eines Lustgartens, die König Friedrich I. nach dem Kauf des Gutes veranlaßt hatte.

Zu den wichtigsten historischen Zeugnissen des Ortes gehört freilich der angerartige Platz des Sackgassendorfes selbst, der sich mit der auf ihm stehenden Kirche relativ unversehrt bis in die Gegenwart erhalten konnte. Als Ensemble mit den beiden ihn umgebenden Straßen, dem Baumbestand und der Freifläche bildet er ein wertvolles Dokument mittelalterlicher Ortsgestaltung, die sich über Jahrhunderte hinweg bis ins 20. Jh. bewährt hatte.

Der älteste Teil der Kirche ist das rechteckige, Mitte des 13. Jh. aus Granitquadern errichtete Hauptschiff, dem im 14. Jh. ein mächtiger quadratischer Turm hinzugefügt wurde. Die auf der Zeichnung von 1834 noch sichtbare barocke Laterne auf dem Zeltdach (Abb. 30) wurde bei der 1939 erfolgten Beseitigung der Ende des 19. Jh. vorgenommenen Veränderungen, z. B. der Fenster, abgetragen. Der Kirchhof, der Anfang des 19. Jh. bereits von einer Feldsteinmauer eingefaßt war, mußte in Anbetracht der wachsenden Größe des Ortes um 1900 an den damaligen Ortsrand verlegt werden.

Interesse kann ferner die Laubenkolonie beanspruchen, deren Gründung bereits auf das Jahr 1911 zurückgeht. Damals stellte Berlin an etlichen Stellen der Stadt und der Umgebung 411 Hektar kommunalen Grund und Bodens zur Anlage von Kleingärten zur Verfügung und förderte damit die Mitte des 19. Jh. von Leipzig ausgehende „Schrebergartenbewegung". Durch den Bahnhof, die Rieselfelder und nun auch die Laubenkolonie mit Berlin verbunden, blieb Blankenburg trotzdem eine vorrangig durch den Verkauf landwirtschaftlicher Produkte mit der Stadt verknüpfte Landgemeinde. Sie war vor 1920 noch nicht zu einem städtischen Vorort herangewachsen, sondern bildete ein relativ unberührtes märkisches Dorf vor den Toren der Stadt.

Abb. 29
Letztes strohgedecktes Wohnhaus,
ehemals Dorfstraße 10b.
Aufnahme von 1909

Abb. 30   Dorfkirche. Tuschzeichnung von H. Wohler, 1834

Blankenfelde
Stadtbezirk Pankow

Entwicklung
der Einwohnerzahlen
von Blankenfelde

Jahr	Einwohner
1734	143
1772	188
1801	243
1817	182
1840	230
1858	410
1871	442
1875	504
1880	513
1885	527
1890	575
1895	761
1900	854
1905	965
1910	941
1919	909

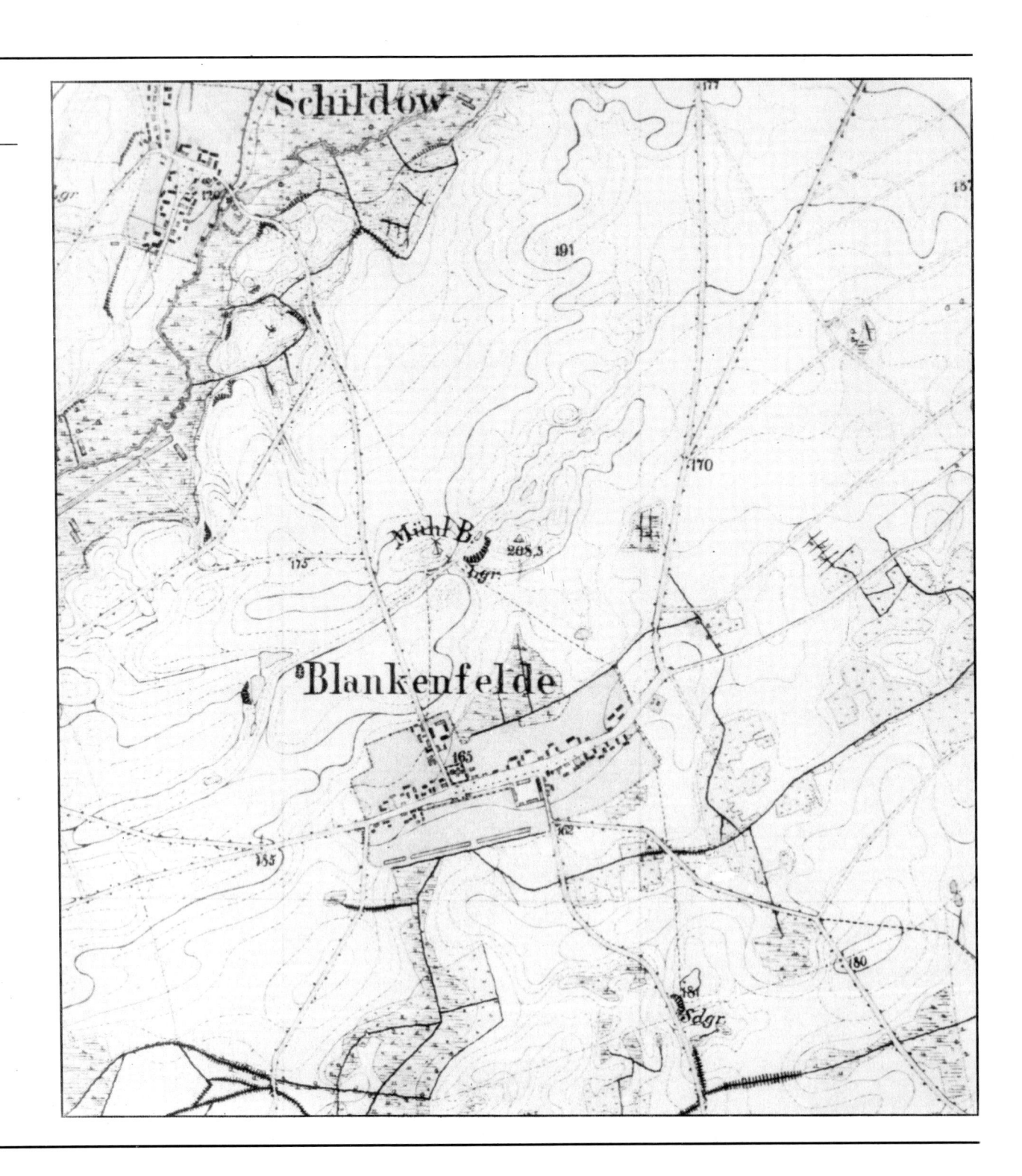

Abb. 31
Ausschnitt aus dem
Ur-Meßtischblatt
Nr. 1765 von 1871

Das bis 1920 zum Kreis Niederbarnim gehörende Dorf bestand zum Zeitpunkt der Eingemeindung aus einem Gemeindebezirk (mit dem Gut *Möllersfelde*) und einem Gutsbezirk. Der Rittersitz hatte sich im 16. Jh. herausgebildet. Besitzer war 1570 die Familie v. Barfuß, es folgten die Familien v. Arnim, v. Burgsdorf, v. Rochow, Seydel und v. Grumbkow. 1711 wurde es vom König Friedrich I. übernommen, der ein Lusthaus mit Lustgarten, ein Vorwerk mit Brennerei und Brauerei sowie andere Gebäude errichten ließ und das Dorf dem Amt Niederschönhausen unterstellte. Seit 1818 befand sich das Gut wieder in Privatbesitz (Neumann, v. Gumtau), bis es 1882 die Stadt Berlin erwarb und ein Rieselgut sowie im Gutshaus zeitweise eine Lungenheilstätte einrichtete.

Die im Jahre 1375 nachgewiesenen 54, später (1450/80) sogar 62 Hufen des Dorfes wurden im Jahre 1624 vom Gut sowie 17 Hüfnern, 9 Kossäten, einem Pachtschäfer, einem Schmied und einem Hirten bewirtschaftet. Als Folge des Dreißigjährigen Krieges waren 1652 14 Bauern- und 4 Kossätenstellen nicht mehr besetzt, und selbst 1696 gab es noch 29 „wüste" Hufen, von denen 20 der Gutspächter „unterm Pflug" hatte und die restlichen von den 9 Kossäten genutzt wurden. Im Jahre 1737 gab es 4 Bauern mit je 4 Hufen, 9 Kossäten mit je einer Hufe (davon hatte eine Stelle die Krugberechtigung), den Pfarrhof mit 4 Hufen und die Kirche mit einer Hufe sowie etliche Dorfbewohner ohne Land, z. B. den Schäfer, den Kuhhirten und den Schmied. Die restlichen 32 Hufen wurden seitdem vom Gut bzw. vom Amtsvorwerk bewirtschaftet. 1801 werden erstmals 7 Büdner, 15 Einlieger, ein Kreisgärtner

Abb. 32
Dorfkirche
nach der Rekonstruktion
von 1938/41

Abb. 33
Ehemaliges
Gemeindehirtenhaus (?),
später Arbeiterhaus, um 1780,
Schildower Straße 4

Blankenfelde

Abb. 34
Wohnhaus eines
Büdners, um 1820,
Hauptstraße 23.
Aufnahme von 1958

Abb. 35
Stall mit Kniestock
in einem großen
Bauernhof, um 1885,
Hauptstraße 43

und ein Radmacher erwähnt. 1860 existierten noch die Brennerei und eine Getreidemühle, dennoch hielt sich der Bevölkerungszuwachs in Grenzen.
Den 143 Einwohnern im Jahre 1734 standen 1801 lediglich 243 und 1858 auch erst 410 Einwohner gegenüber. Erst gegen Ende des 19. Jh. stieg die Zahl etwas schneller an. 1895 z. B. wurden 761 Personen gezählt, davon lebten 466 im Gemeinde- und 295 im Gutsbezirk. Obwohl sich zu Beginn des 20. Jh. etliche Gewerbe (Bäcker, Bauunternehmer, Brennmaterialienhändler, Fahrradhändler, Fleischer, Zimmermann u. a.) im Ort etabliert hatten, dominierte der agrarisch-dörfliche Charakter, zumal bis nach 1908 auch noch Wasser-, Gas- und Elektrizitätsanschluß sowie eine Kanalisation fehlten.

Das erstmals 1817 als „Schötzsches Etablissement" erwähnte, 1823 dann Müllersfelde und später *Möllersfelde* genannte Vorwerk war ein inmitten der Feldflur gelegenes Erbpachtgut, in dessen Gehöft im Jahre 1858 gerade 12 Einwohner lebten.

Das während des Dreißigjährigen Krieges schwer in Mitleidenschaft gezogene Straßendorf Blankenfelde wurde 1776 erneut Opfer einer großen Feuersbrunst. Nur wenige Gebäude überstanden diese Katastrophe. Dazu gehörte die Ende des 14. Jh. entstandene Feldsteinkirche (Abb. 32), die 1680 der damaligen Gutsbesitzer v. Grumbkow wieder aufbauen und verändern ließ, z. B. durch Aufrichten eines neuen, gegenüber früher niedrigeren Daches, Vergrößerung der Fenster und Anbau einer Leichenhalle. Seit der 1938/41 durchgeführten Rekonstruktion zeigt der Ostgiebel wieder die 3 ursprünglichen gotischen Fenster und die nur teilweise erhaltenen 5 Fensterblenden im Giebeldreieck. Trotz der Verlegung der in die nördlichen Nachbargemeinden führenden Straße blieb der Kirchhof bis heute erhalten, der größtenteils noch mit einer

Abb. 36 Pfarrhaus, um 1875, Hauptstraße 40

Bruchsteinmauer umgeben und mit – allerdings stark verwitterten – Sandsteineingangspfeilern der Barockzeit versehen ist.

Der Lageplan von 1871 (Abb. 31) zeigt die beherrschende Rolle des Gutsbetriebes, der den größten Teil der südlichen Straßenfront einnahm und dem sich im Westteil lediglich einige Häuslerstellen und im Ostteil mehrere Kossätengrundstücke anschlossen, während die Nordfront zumeist den Bauernhöfen vorbehalten blieb.

Zu den ältesten Gebäuden des Ortes zählt heute das noch aus dem 18. Jh. stammende, aber inzwischen mehrfach veränderte Wohnhaus Schildower Straße 4, das – schon aufgrund seiner gesonderten Lage – auf seine einstmalige Sonderfunktion verweist. Ehemals in kommunaler Hand und als Gemeindehirtenhaus genutzt, diente es seit der Mitte des 19. Jh. als Gutsarbeiterhaus für 4, später 3 Familien. Die ursprüngliche Quergliederung des einstöckigen, nicht unterkellerten Baues ist noch klar erkennbar, die ehemals vorhandene Schwarze Küche im Mitteltrakt des Flures allerdings schon seit längerem entfernt. Ein doppelt stehender Stuhl stützt das Kehlbalkensparrendach, das entsprechend der bei derartigen Bauten häufig auftretenden großen Breite ungewöhnlich hoch und heute mit Ziegeln gedeckt ist (Abb. 33).

Ansonsten dominieren, abgesehen von einigen wenigen kleinen Büdnerhäusern aus dem ersten Drittel des 19. Jh., z. B. Hauptstraße 4, 49 und 23 (Abb. 34), die Bauten des letzten Viertels des 19. Jh. Dazu gehört u. a. das Gehöft eines Bauern, Hauptstraße 43, dessen Wohnhaus zwar inzwischen von allem Zierat der Gründerzeit befreit und mit einem Glattputz versehen wurde, dessen großer, mit dem Giebel zur Straße stehender Stall aus unverputztem Backstein aber noch recht anschaulich die Situation von etwa 1885 andeutet (Abb. 35).

Zu den bis heute mit zahlreichen spätklassizistischen Schmuckelementen versehenen Wohnhäusern gehört das um 1875 errichtete zweistöckige, unterkellerte Wohnhaus des Pfarrhofes, Hauptstraße 38, das auf einem relativ hohen Sockel ruht und über eine repräsentative Freitreppe zugänglich ist (Abb. 36).

Weit mehr als von den bäuerlichen Gehöften und den Kleinstellen ist das Dorf in der Geschichte vom Gut geprägt worden. Zwar ist zu bezweifeln, ob das königliche Vorwerk nach 1711 tatsächlich in der Form, wie es eine zeitgenössische Ansicht zeigt (Abb. 37), errichtet worden ist, denn eine Ende des 18. Jh. angefertigte Bestandsaufnahme weist einen erheblich von dieser abweichenden Zustand auf (Abb. 38), doch spielte es damals und auch später dennoch eine dominierende Rolle. Das um 1850 entstandene neue Herrenhaus, Hauptstraße 38,

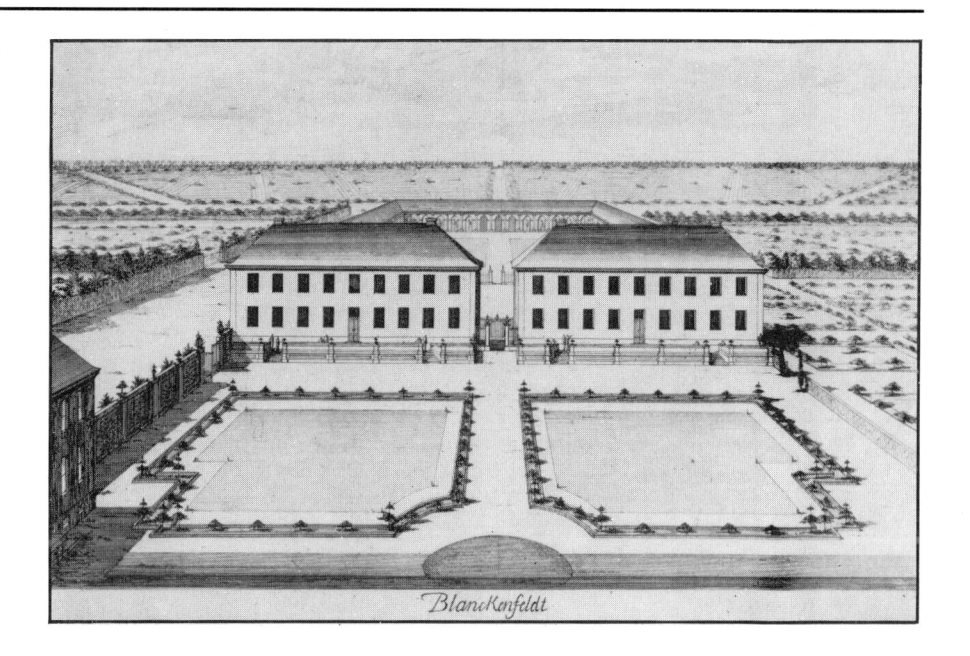

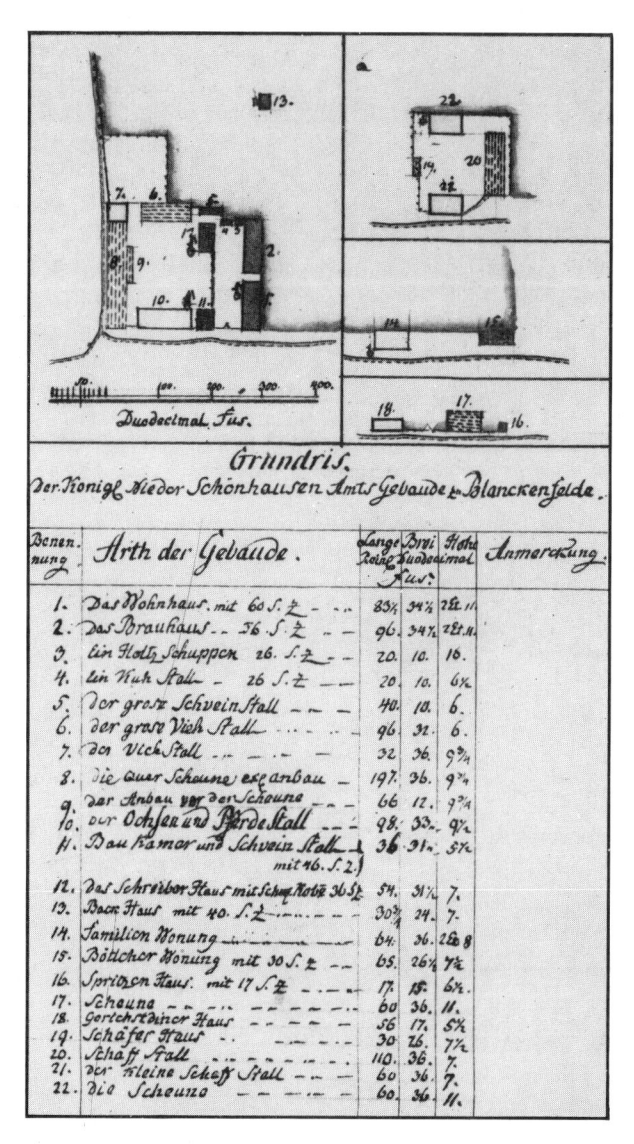

Abb. 37
Prospekt des königlichen Vorwerks, Anfang des 18. Jh.

Abb. 38
Lageplan des Vorwerks, um 1800

Blankenfelde

Abb. 39
Landarbeiterkaserne,
um 1890, Hauptstraße 47

Abb. 40
Ehemalige
Schnitterkaserne,
um 1890, Hauptstraße 59

Abb. 41 Ehemalige Dorfschmiede, um 1820, Hauptstraße 45.
Aufnahme von 1959

wurde inzwischen zwar völlig verändert, auch von den Wirtschaftsgebäuden, z. B. der Branntweinbrennerei, sind lediglich Reste bewahrt, doch zeugen die zahlreichen Unterkünfte für die Landarbeiter noch von dem einstigen Umfang des Gutsbetriebes. Zu nennen wären einmal die um 1890 errichteten großen Arbeiterkasernen, Hauptstraße 15, 17 und 47 (Abb. 39), die einen für diese Zeit erstaunlichen Standard aufwiesen. So erhielt jede Familie eine große und eine kleine Stube, eine eigene Küche und einen Keller. Die gediegenen zweistöckigen Ziegelbauten mit Drempel und Pfetten-Pappdach ersetzten die älteren Bauten jenes Typs, wie sie uns in einem Beispiel noch aus Falkenberg überliefert sind (siehe dort). Hinzuweisen wäre ferner auf die am Ortsausgang gelegene, etwa gleichaltrige Schnitterkaserne, Hauptstraße 59 (Abb. 40), in deren 2 Etagen die zumeist aus Polen angeworbenen Saisonarbeiter in mehreren saalartigen Räumen untergebracht wurden. Eine komplette Wohnung im Erdgeschoß indes blieb dem sogenannten Vizewirt, dem Aufseher und Verwalter des Hauses, vorbehalten.

An Mietshäusern, wie sie in anderen Vorortgemeinden vor 1920 entstanden, sind nur wenige anzutreffen. Der dörfliche Charakter blieb selbst nach der Eingemeindung erhalten, so daß es nicht verwundert, noch heute das aus behauenen Feldsteinen und Backsteinen errichtete Gebäude der ehemaligen Laufschmiede, Hauptstraße 45, antreffen zu können, inzwischen freilich ohne Schornstein und zum Schuppen umgebaut (Abb. 41).

Blumeshof, siehe Tegeler Forst

Böhmisch-Rixdorf
Verwaltungsbezirk Neukölln

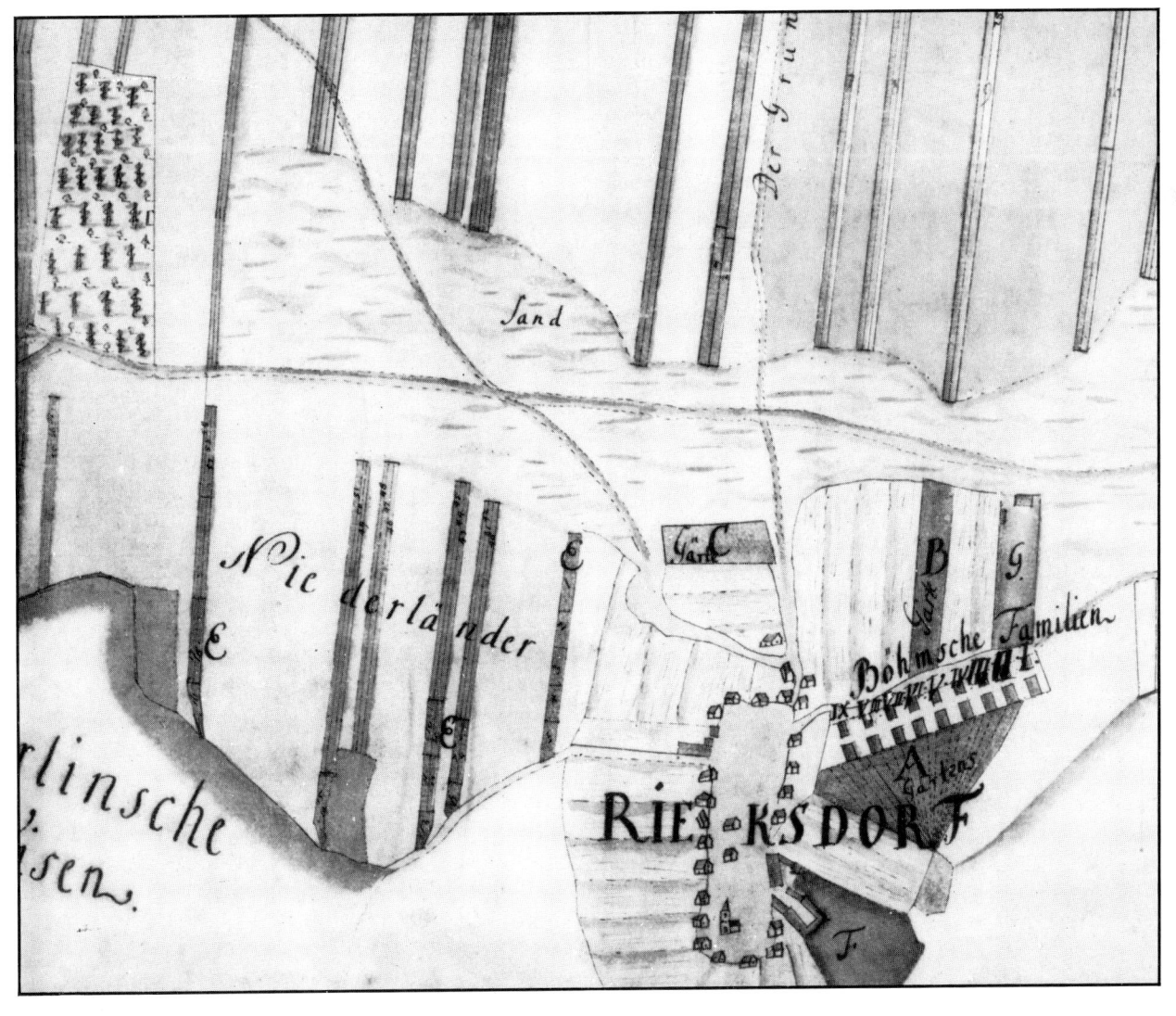

Abb. 42
Ausschnitt aus einer
Karte von Rixdorf
mit Lageplan
der böhmischen Kolonie,
1738
(Oberkante = Westen)

Entwicklung
der Einwohnerzahlen
von Böhmisch-Rixdorf

Jahr	Einwohner
1772	siehe bei Deutsch-Rixdorf
1801	319
1817	398
1840	520
1858	1 014
1871	3 317

Die ehemals zum Kreis Teltow gehörende, 1920 aber bereits als Bestandteil der Stadt Neukölln nach Berlin eingemeindete Siedlung stellt eine relativ junge Gründung dar. Diese wurde, nachdem König Friedrich Wilhelm I. im Jahre 1737 das Lehnschulzengut zu Rixdorf mit 5 Hufen gekauft hatte, im Anschluß an das alte Dorf angelegt und mit böhmischen Exulanten besetzt. In den bereits 1743 genannten 9 Doppelhäusern wohnten 1758 neben 18 böhmischen Ackerwirten zahlreiche Einlieger, denen sich bis 1801 etliche Büdner sowie 2 Krüge und verschiedene Gewerbe, z. B. mehrere Mehl- und Lohmühlen, hinzugesellten. Der Ort blühte schnell auf. Im Jahre 1840 wurden bereits 56 Wohnhäuser und nur 18 Jahre später – trotz einer großen Feuersbrunst am 28. 4. 1849 – sogar 1014 Personen gezählt. Unter diesen befanden sich neben 15 Bauernhof-Eigentümern und 4 Bauernhof-Pächtern, die insgesamt 558 Morgen Land bewirtschafteten, zahlreiche Gewerbetreibende, so 2 Schuhmachermei-

Abb. 43
Wohnhaus
für 2 Bauernfamilien,
1849/50,
Richardstraße 80/81

Abb. 44
Wohnhaus eines
mittelgroßen Bauern,
1849/50,
Richardstraße 79

ster, 2 Schlossermeister, ein Sattlermeister, ein Schneidermeister, 3 Schankwirte und mehrere Windmühlenbesitzer. Hinzu kam bereits zu diesem Zeitpunkt die hohe Zahl von 221 Arbeitern.

Von den ersten, 1737 errichteten 9 Gehöften für die 18 Bauernfamilien und Einlieger ist nichts mehr erhalten. Bekannt ist jedoch, daß sie als einseitig bebautes Zeilendorf angelegt wurden (Abb. 42), in dem alle 9 Doppel-Wohnhäuser mit dem Giebel zur Straße standen. Laut Bauanschlag war eine Länge von 48 Fuß und 6 Zoll sowie eine Tiefe von 32 Fuß vorgesehen, stets 9 Gebinde umfassend. Vermutlich waren auch die dahinterliegenden Scheunen, in denen sich kleine Wohnungen für die Einlieger befanden, und die 1748/51 errichteten 20 Büdnerstellen an einem Parallelweg hinter den Wirtschaftsgebäuden aus Fachwerk und mit Stroh gedeckt.

Nach mehreren kleinen Bränden, z. B. 1803, 1812 und 1827, vernichtete die bereits erwähnte Feuersbrunst vom 28. 4. 1849 nahezu das gesamte Dorf. Der Wiederaufbau erfolgte größtenteils in Massivbauweise, wobei gleichzeitig die Giebelstellung der Wohnhäuser aufgegeben und die Anlage mit der Traufseite entlang der Straße bevorzugt wurde. Die einzige Ausnahme bildet das bis heute erhaltene und vor einigen Jahren rekonstruierte Grundstück Richardstraße 80/81 (Abb. 43). Zwar verzichtete man hier auf das ehemalige Lehmfachwerk und verwendete statt dessen Ziegelmauerwerk, das nun al-

Abb. 45
Ehemaliges
Schul- und Anstaltshaus
der Brüdergemeine,
1753,
Kirchgasse 5

lerdings etwas höher aufgeführt wurde, so daß der dadurch entstehende Kniestock einen besseren Ausbau des Dachgeschosses ermöglichte. Doch blieb die Giebelstellung und sogar die alte Raumgliederung, Teilung des Zweifamilienhauses entlang der Firstlinie, erhalten.

Ein weiteres Beispiel für die nach dem großen Brand errichteten Gebäude stellt das Wohnhaus Richardstraße 79 dar, das offensichtlich in Anlehnung an kleinstädtische Ackerbürgerhöfe mit einer großen Tordurchfahrt, Keller und ebenfalls Drempel zum leichteren Ausbau des Dachgeschosses angelegt wurde (Abb. 44).

Die nach der Feuersbrunst von 1849 am häufigsten verwendete Form scheint jedoch der Typ gewesen zu sein, bei dem zwar die Firstschwenkung um 90° erfolgte, die alte Nutzungsstruktur mit Wohn- und Wirtschaftstrakt unter einem Dach aber zunächst noch beibehalten wurde. Ein recht anschauliches Beispiel dieser Art befindet sich noch heute in der Richardstraße 82.

Mindestens 2 Gebäude hatten den Dorfbrand offenbar nahezu unversehrt überstanden. Das eine war das 1753 errichtete und noch im gleichen Jahr eingeweihte Schul- und Amtshaus, das auch den ersten Betsaal der Brüdergemeine enthielt. Es handelt sich um den großen, zweistöckigen Massivbau Kirchgasse 5, der – 1841 und 1855 umgebaut – bis 1909 als Schule diente und jetzt, von der Denkmalpflege rekonstruiert, für Wohnzwecke genutzt wird (Abb. 45). Das andere Gebäude befindet sich Richardstraße 97 und entstand – eventuell in Nachfolge des Brandes von 1827 – Anfang der 30er Jahre des 19. Jh. als Schulneubau im Stile der Gillyschen Landbauschule mit schlichter klassizistischer Putzquaderfassade und einem in dieser Zeit stark propa-

Abb. 46
Ehemalige
böhmische Schule,
um 1830,
Richardstraße 97

Abb. 47
Hof eines
mittelgroßen Bauern,
Zustand um 1920,
Richardstraße 88

Abb. 48 Wohnhaus eines Büdners, um 1850, Richardstraße.
Aufnahme um 1910

gierten Bohlendach, dessen leichte Wölbung zur Spitztonne heute zwar auf sakrale Symbolik deutet, einst aber rein praktische, statische und Feuerschutzfunktion hatte (Abb. 46).
Obwohl einige Scheunen in der Kirchgasse bis in die Gegenwart erhalten geblieben sind, vermitteln sie doch nicht mehr den Eindruck der im 18. und 19. Jh. überwiegend durch Fachwerkbauten geprägten Wirtschaftshöfe. Relativ gut veranschaulicht indes ein Gemälde von Hof Richardstraße 88 die Situation um 1900, wo neben dem um 1890 errichteten Stall die nach 1849 entstandene Scheune recht gut erkennbar wird (Abb. 47).
Auch für die nach 1849 wieder aufgebauten Büdnerstellen wird das historische Foto eines 1923 abgerissenen Gebäudes aus der Richardstraße vorgeführt (Abb. 48), weil hier sowohl die Kleinheit als auch die damals noch notwendige Abdeckung des Schornsteins für den im Küchentrakt üblichen Rauchfang besser erkennbar sind als in dem jüngst rekonstruierten Gebäude Kirchgasse 11.
Obwohl bereits vor der Vereinigung der beiden Gemeinden Deutsch- und Böhmisch-Rixdorf am 1. 1. 1874 auch die böhmische Kolonie sich erheblich vergrößert hatte (siehe Abb. 468) und zahlreiche vorstädtische Elemente hinzukamen, werden diese Veränderungen erst im Zusammenhang mit der baulichen Entwicklung der Einheitsgemeinde Rixdorf (siehe dort) wenigstens andeutungsweise dargestellt.

Bohnsdorf
Stadtbezirk Treptow

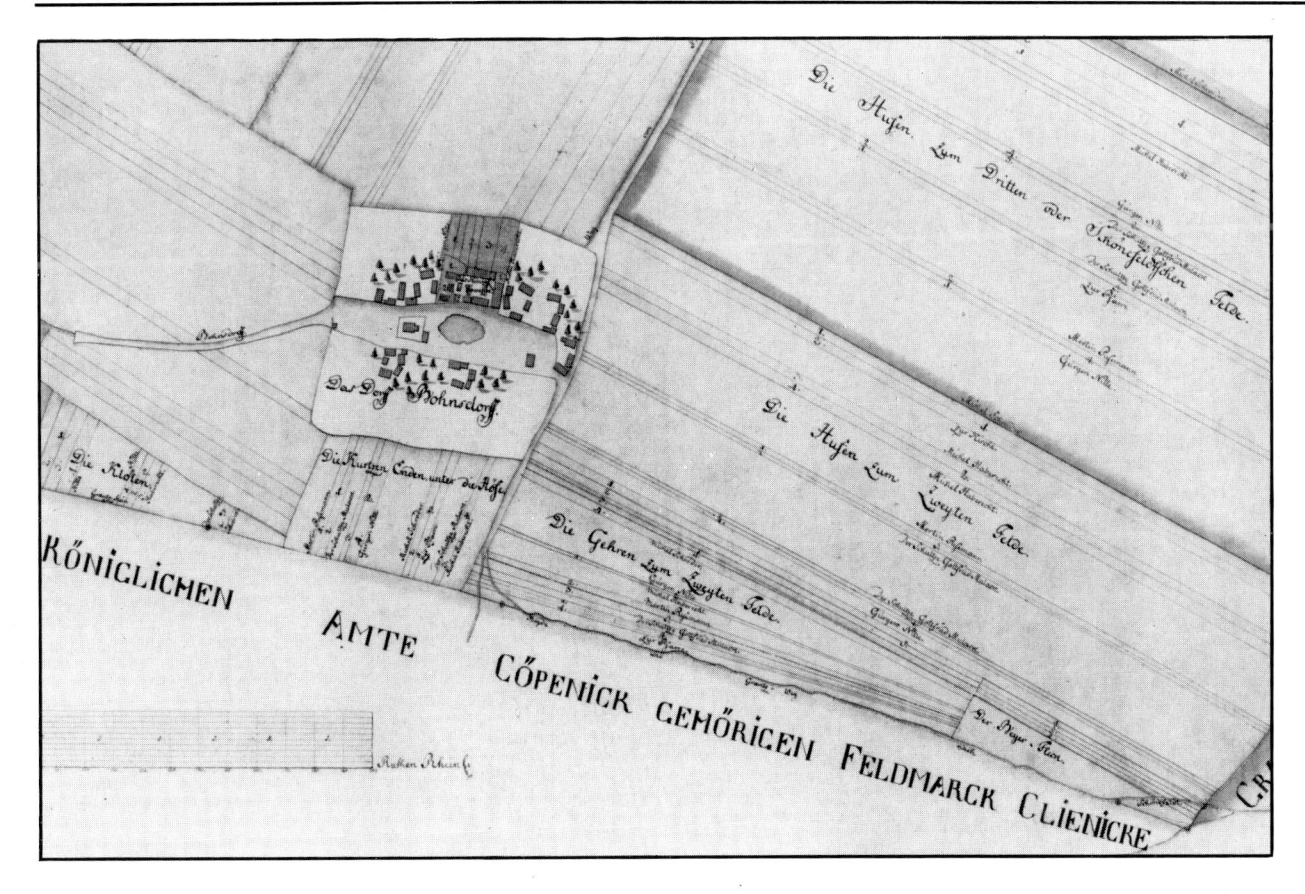

Entwicklung der Einwohnerzahlen von Bohnsdorf

Jahr	Einwohner
1734	79
1772	95
1801	103
1817	80
1840	102 + 41
1858	150 + 58
1871	238
1875	336
1880	322
1885	334
1890	373
1895	506
1900	576
1905	713
1910	964
1919	2 026

Abb. 49
Ortslageplan mit dem königlichen Vorwerk, 1763
(Oberkante = Süden)

Das im Jahre 1375 mit nur 25 Hufen ausgestattete Dorf gehörte anfangs verschiedenen Bürgerfamilien in Berlin und Cölln. Es kam 1651 in den Besitz des Großen Kurfürsten, der ein Vorwerk anlegte, das jedoch 1763 wieder aufgelöst und zur Bildung einer Kolonie *Neu-Bohnsdorf* genutzt wurde. Beide Gemeinden unterstanden bis 1811 dem Amt Köpenick, anschließend dem Amt Mühlenhof in Berlin. Den 7 Hüfnern und 2 Kossäten sowie dem Hirten und dem Laufschmied des Jahres 1624 standen nach dem Dreißigjährigen Krieg (1652) nur noch ein Schulze, 4 Bauern und 2 Kossäten gegenüber. Beide bis 1865 selbständige und dann miteinander vereinte Gemeinden entwickelten sich äußerst langsam, zählten um 1800 zusammen nur etwa 100 Einwohner. Während das zur Unterscheidung von Neu-Bohnsdorf nun *Alt-Bohnsdorf* genannte Mutterdorf bis zur Mitte des 19. Jh. wenigstens einen Zuwachs auf etwa 150 Personen erreichte, konnten 1840 für die Kolonie lediglich 41 Personen in 5 Wohnhäusern und auch 1858 nur 3 Hofeigentümer mit 13 Knechten und Mägden sowie 4 Tagelöhnern, 3 nebengewerbliche Landwirte und 9 Arbeiter, insgesamt 58 Einwohner, nachgewiesen werden.

Ein gewisser Aufschwung trat erst ein, als gegen Ende des 19. Jh. östlich des Dorfes, nahe der Grünauer Forst, die Siedlungen Falkenhorst und Falkental und am Ortsausgang einige Mietshäuser entstanden. Die im Jahre 1920 aus dem Kreis Teltow in den Berliner Verwaltungsbezirk Köpenick eingegliederte Gemeinde bildet seit 1938 einen Ortsteil im Stadtbezirk Treptow.

Wie in den meisten Dörfern des Berliner Stadtgebietes, so stellt auch hier die Dorfkirche das älteste

Abb. 50
Dorfkirche.
Aufnahme um 1935

erhaltene Bauwerk im Ort dar. Zwar mußte der mittelalterliche Vorgängerbau in den Jahren 1755/57 durch einen Neubau ersetzt werden, doch existiert im Dorf heute kein Gebäude, das älter als dieses ist. Die von J. F. Lehmann entworfene kleine Kirche erhielt 1888 einen neuen polygonalen Chor und eine kleine Eingangshalle, der an der Nordostecke angesetzte quadratische Turm im Rahmen der Renovierung 1937/39 ferner einen neuen Helm, so daß der ursprüngliche Eindruck etwas beeinträchtigt ist

(Abb. 50). Dennoch beherrscht die Kirche noch immer das Ortsbild des kleinen Angerdorfes in beträchtlichem Maße, zumal die Dorfaue mit Teich kaum bebaut ist und auch die bäuerlichen Gehöfte zumeist noch erhalten, also nicht durch größere Mietshäuser ersetzt sind.

Die Verhältnisse eines großen Bauernhofes in der Umgebung Berlins am Ende des 19. Jh. widerspiegelt anschaulich das Grundstück Dorfplatz 3. Während die beiden Seiten des Vierseithofes durch einen eineinhalbstöckigen und einen zweistöckigen Stall aus Ziegelsteinen, beide um 1890, flankiert werden, nimmt die Rückfront eine inzwischen umgebaute Scheune und die Vorderfront ein Wohnhaus auf. Im Zentrum des mit Feldsteinen gepflasterten Hofes steht ein um 1910 errichteter Taubenturm, den früher ein großer Mistberg umgab (Abb. 51). Das im Verhältnis zu den Wirtschaftsgebäuden auffällig kleine, eingeschossige, aber bereits unterkellerte Wohnhaus ist von etwa 1860. Der Grundriß lehnt sich daher noch stark an die Tradition des Mitteldeutschen Ernhauses an. Er wurde auch dann nicht angetastet, als die Straßenfassade um 1880 einen neuen, aufwendigen Schmuck und der Vorgarten einen Eisenzaun erhielt.

Eine vergleichbare kleinere Variante stellt der Vierseithof am Dorfplatz 7 dar, wo sich hinter einem bescheidenen, inzwischen freilich modernisierten Wohnhaus (Abb. 52) ein repräsentativer großer Taubenturm erhebt, der – 1894 erbaut – im Obergeschoß teilweise Fachwerk besitzt und von einem Zeltdach bekrönt wird (Abb. 53).

Vom Großbauernhof Dorfplatz 4, der einen der nicht sehr häufigen bäuerlichen Wohnhausneubau-

Abb. 51 Taubenturm eines Großbauernhofes, um 1910, Dorfplatz 3

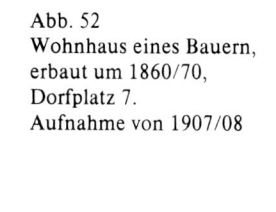

Abb. 52 Wohnhaus eines Bauern, erbaut um 1860/70, Dorfplatz 7. Aufnahme von 1907/08

Abb. 53 Taubenturm eines Bauernhofes, 1894, Dorfplatz 7

Bohnsdorf

Abb. 54
Stall eines großen
Bauernhofes,
um 1850,
Dorfplatz 9

Abb. 55
Landhaus
im Ortsteil Falkenhorst,
um 1910,
Buntzelstraße 74

Abb. 56
Wohnhäuser der
Arbeiterbaugenossenschaft
„Paradies",
1906/08,
Buntzelstraße 119/121

ten aus dem beginnenden 20. Jh. aufweist, verdient ein kleiner Stall mit Kniestock aus der Mitte des 19. Jh. Beachtung, da er mit Proportionen und Dachgestaltung, dem doppelt stehenden Stuhl und der Deckung mit Biberschwanzziegeln noch ganz der Tradition des 18. Jh. verhaftet, hinsichtlich der Fassadengestaltung aber bereits ein typischer Vertreter der „Maurermeisterarchitektur" des ausgehenden 19. Jh. ist (Abb. 54).

Von den Gebäuden des inmitten des Dorfes gelegenen königlichen Vorwerks (Abb. 49), das 1763 aufgelöst und zur Ansiedlung von reformierten Kolonisten aus der Rheinpfalz genutzt wurde, ist nichts mehr erhalten geblieben. Allerdings deuten die beiden um 1830 errichteten Wohnhäuser Buntzelstraße 135 und 136 noch auf die im Anschluß an das alte Dorf angelegte und bis 1865 selbständige Kolonie Neu-Bohnsdorf.

Bis zur Eingemeindung bestimmte die Landwirtschaft weitgehend den Charakter des Ortes, in dem bis ins 20. Jh. – wie z. B. eine Gerichtsverhandlung über eine wahrsagende „Zauberbibel" vom 2. 11. 1912 belegt – noch mancherlei Aberglaube herrschte. Er war wirklich Dorf geblieben, wenngleich seit der Jahrhundertwende auf der südöstlichen Feldmark, und zwar zunächst vor allem in der Nähe des Bahnhofs Grünau durch den Ausbau der Landhauskolonie Falkenhorst sich Züge eines städtischen Vororts auszuprägen begannen (Abb. 55).

Besondere Aufmerksamkeit verdienen die Wohnhäuser Buntzelstraße 119/121. Sie entstanden in den Jahren 1906/08 und wurden von der „Arbeiterbaugenossenschaft Paradies" errichtet, die sich bemühte, für weniger Bemittelte auf der Grundlage gemeinsamen Eigentums billige und gesunde Wohnungen in eigens dazu erbauten Vier- und Sechsfamilienhäusern herzustellen und damit der Wohnungsnot etwas abzuhelfen (Abb. 56). Weitere große Miethäuser dieser Genossenschaft folgten noch vor und auch nach der Eingemeindung in der Paradiesstraße und deren Umgebung.

So war Bohnsdorf zum Zeitpunkt der Eingemeindung ein zwar überwiegend agrarisch strukturiertes Gemeinwesen, begann aber auch schon als Wohnplatz für die in Berlin oder anderen industrialisierten Vororten tätige Bevölkerung zunehmend an Bedeutung zu gewinnen.

Borsigwalde, siehe Dalldorf

Boxhagen-Rummelsburg
Stadtbezirk Lichtenberg

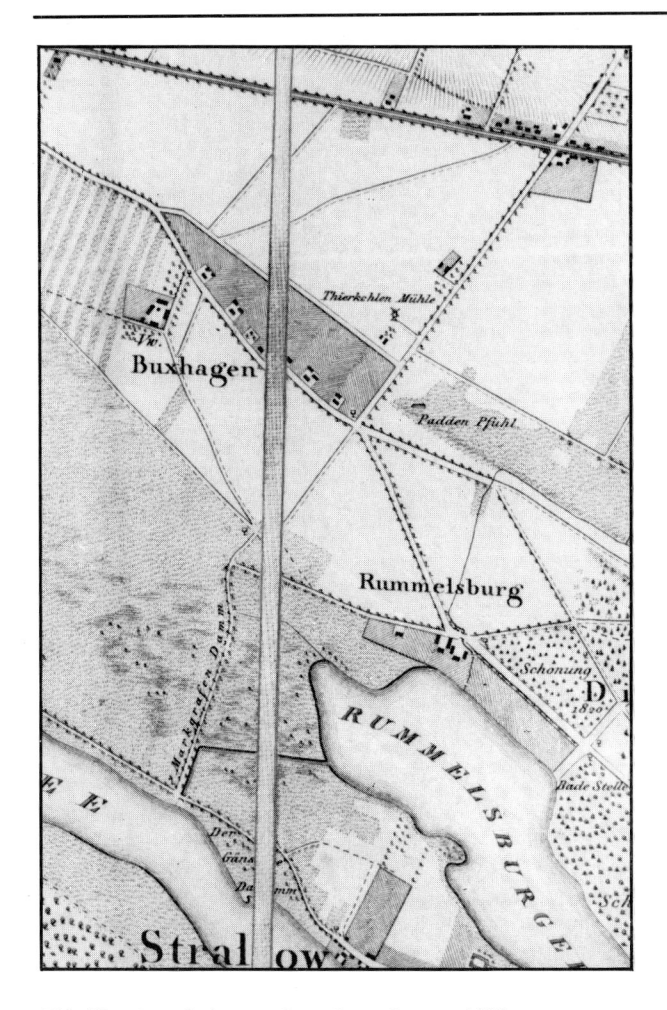

Abb. 57 Ausschnitt aus einem Lageplan von 1829

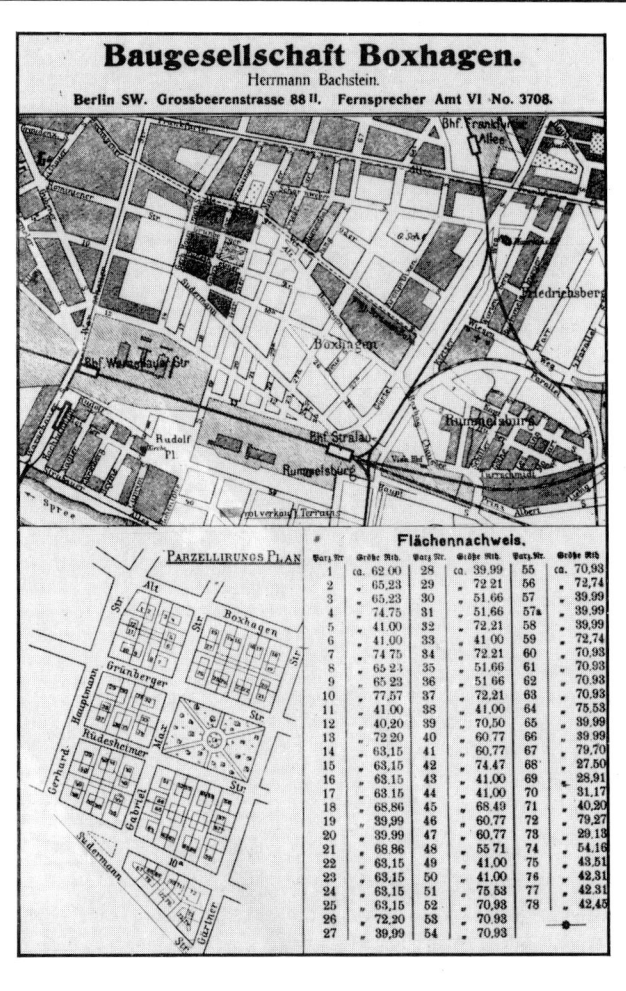

Entwicklung
der Einwohnerzahlen
von Boxhagen-
Rummelsburg

Jahr	Einwohner
	B + R
1797	8 + 29
1801	10 + 11
1840	95 + 13
1858	236 + 110
1871	1 510
1875	2 135
1880	4 204
1885	5 618
1890	11 038
1895	16 427
1900	16 884
1905	34 088

B = Boxhagen
R = Rummelsburg

Abb. 58
Parzellierungsplan der
restlichen Flurstücke
des Vorwerks Boxhagen,
um 1905

Das erstmals im Jahre 1591 genannte Vorwerk der Stadt Berlin „im Buckshagen" diente im 18. Jh. als Magistratsmeierei und Landwirtschaftsbetrieb, in dem z. B. im Jahre 1744 21 Kühe, mehrere Schweine und Federvieh gehalten wurden. Noch 1801 existierten lediglich 2 Feuerstellen, ehe dann eine Kolonie angelegt wurde und 1840 schließlich 11 Wohnhäuser gezählt wurden. Im gleichen Jahr lebten hier 95, 18 Jahre später bereits 236 Personen. 1889 wurde der Gutsbezirk Boxhagen aufgelöst und – unter Einbeziehung des Lichtenberger Kietzes mit 33 Hektar, einer Stralauer Exklave mit 17 Hektar, eines Flurstücks der Friedrichsfelder Gemeinde um den Bahnhof Rummelsburg mit 29 Hektar u. a. – die Landgemeinde Boxhagen-Rummelsburg gebildet, die sich rasch zu einem großen Wohngebiet vornehmlich proletarischer Bevölkerung entwickelte. 1912 in die 1907 zur Stadt erhobenen Siedlung Lichtenberg eingemeindet, bildete Boxhagen 1920 einen Ortsteil des Verwaltungsbezirkes Lichtenberg, der jedoch die Teile innerhalb des S-Bahn-Ringes später an den Bezirk Friedrichshain abtrat.

Als die Landgemeinde Boxhagen-Rummelsburg gebildet wurde, bestanden auf ihrem Territorium mehrere relativ unabhängige Siedlungskerne. Der

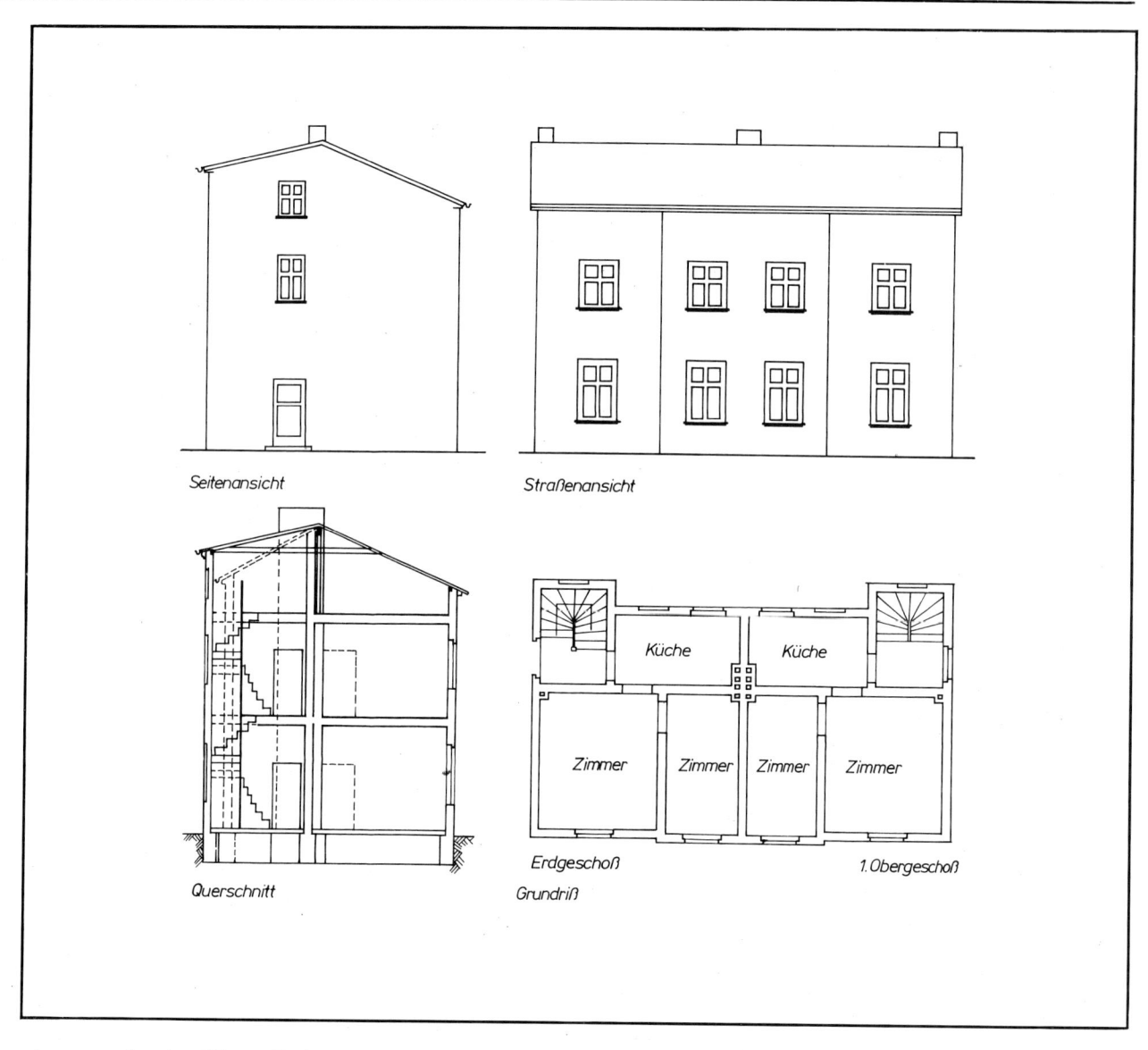

Abb. 59
Mietshaus
aus Schlackebeton,
1872,
Nöldnerstraße 19

eine war das im Westteil des ehemaligen Gutsbezirks gelegene Vorwerk mit der Anfang des 19. Jh. entstandenen kleinen Kolonie entlang der heutigen Boxhagener Straße (Abb. 57), der zweite waren die Etablissements von Rummelsburg, die zunächst als Berliner Exklave betrachtet und seit 1861 dem Gutsbezirk Boxhagen zugeordnet wurden, der dritte die von mehreren Eisenbahnlinien umgebene „Colonie Victoriastadt" auf dem Ostteil der ehemaligen Gutsfeldmark und der vierte schließlich die Kolonie Lichtenberger Kietz (siehe dort).

Das Vorwerksgehöft wurde zu Beginn des 20. Jh. abgerissen, nachdem bereits Ende des 19. Jh. auf den benachbarten Flurstücken entlang der Frankfurter Allee etliche Wohnbauten entstanden und um 1905 die restlichen Feldflächen parzelliert worden waren (Abb. 58). Um die Jahrhundertwende hatten auch die Kolonistengebäude größeren Miethäusern Platz machen müssen, so daß heute von den einst ländlichen Bauten keinerlei Zeugnisse mehr erhalten geblieben sind.

Ähnlich ist die Situation bei dem zweiten älteren Siedlungskern am Nordufer eines Nebenarms der Spree, anfangs Stralauer See, später Rummelsburger See genannt, wo weder Reste des bereits im 17. Jh. erwähnten Rats-Ziegelei-Etablissements noch Teile der im 18. Jh. errichteten Meierei Charlottenhof oder des Gasthauses Rummelsburg erhalten sind. Auch von der 1844 angelegten Dampfflohmühle mit Sohllederfabrik fehlt jede Spur. Auf diesem und dem benachbarten ehemals bewaldeten Gelände entstanden ab 1853 zunächst ein „Hilfs-Strafgefängnis", 1854/59 das große „Friedrich-Waisenhaus der Stadt Berlin" und bald darauf die „Städtische Arbeits- und Bewahranstalt". Zu dem seit 1877/79 erheblich vergrößerten Strafgefängnis gehörten seitdem auch mehrere Beamtenwohnhäuser und Arbeiterkasernen, in denen ehemalige Ge-

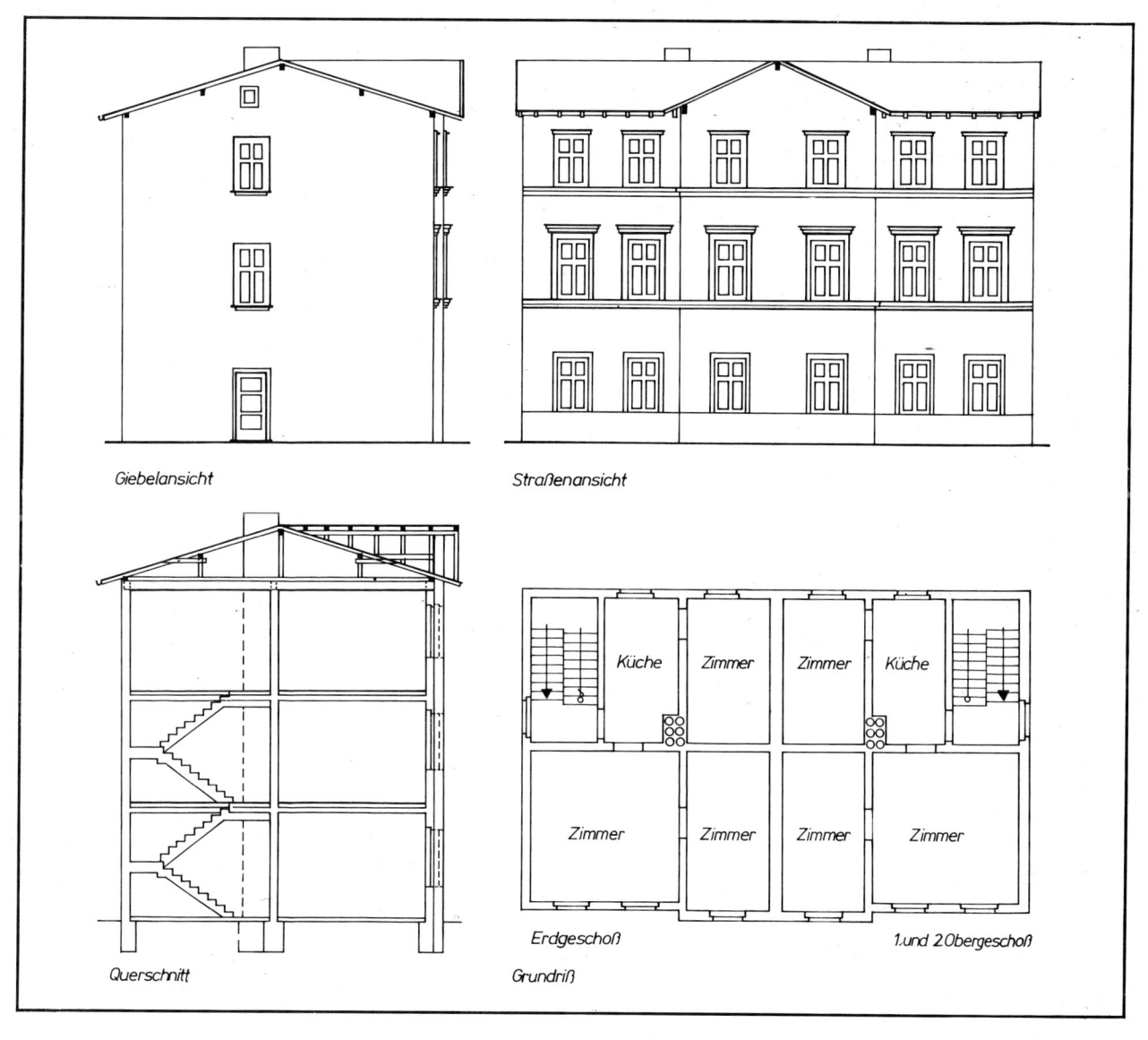

Abb. 60
Mietshaus
aus Schlackebeton,
1873,
Spittastraße 40

fangene, die in „Nachhaft" festgehalten wurden, untergebracht waren.

Den dritten Kristallisationspunkt bildete das Gebiet zwischen der 1842 eröffneten Eisenbahnlinie nach Frankfurt und der 1866 eingeweihten Ostbahn. Dieses Terrain hatte im Jahre 1872 der Fabrikant und Grundstücksspekulant A. Lehmann erworben, der es wenig später der von ihm mitbegründeten „Berliner Cement-Bau AG" weiterverkaufte. Diese Gesellschaft begann sofort mit der Parzellierung des gesamten Geländes, ließ einen Bebauungsplan erstellen und errichtete selbst binnen weniger Jahre zahlreiche Mietshäuser in der damals für Deutschland völlig neuartigen Schlackebeton-Bauweise (Abb. 59). Nach den im Jahre 1871 erfolgreich durchgeführten Versuchen mit Gußbeton entstanden zwischen 1872 und 1875 etwa 60 Betonhäuser in zumeist offener Bebauung mit dazugehörigen Nebenbauten. Von diesen Gebäuden der nun „Colonie Victoriastadt" genannten Siedlung blieben bis heute nur einige wenige erhalten, von denen das unter Wahrung der historischen Substanz restaurierte Gebäude Spittastraße 40 hervorgehoben zu werden verdient (Abb. 60).

So bahnbrechend diese „Schlackehäuser" auch waren, seit 1876 entstanden auf den noch unbebauten Nachbarparzellen nur noch Mietshäuser in der herkömmlichen Ziegelbauweise, und zwar zunächst als dreigeschossige Gebäude, wie in der Pfarrstraße (Abb. 61), später überwiegend als viergeschossige Blocks in geschlossener Bauweise. In diesem Ortsteil bildete sich das Zentrum der Gemeinde heraus, die hier 1891/92 auch die erste Kirche, eine mehr als 1000 Plätze umfassende neogotische Backsteinbasilika nach einem Entwurf von C. W. Hase, durch den Baurat M. Spitta ausführen ließ. Dieser entwarf auch die in unmittelbarer Umgebung errichteten Gebäude des Pfarrhauses, des Gemeindepflegehau-

Abb. 61
Mietshäuser
in Ziegelbauweise,
1876/80,
Pfarrstraße 119/125

Abb. 62
Erlöserkirche,
erste Kirche der
Gemeinde,
1891/92,
Nöldnerstraße

Abb. 63   Kolonistenwohnhaus der Kolonie Lichtenberger Kietz

ses und eines kleinen Krankenhauses (Abb. 62).
Der vierte Baukomplex rankte sich um die ehemalige Kolonie Lichtenberger Kietz, nahm jedoch einen größeren Aufschwung erst nach 1889 als Wohngebiet. Bis dahin hatten sich sogar einzelne der ehemaligen Kolonistenbauten erhalten (Abb. 63).
Ein alle Ortsteile durchziehendes prägendes Moment waren die zahlreichen Eisenbahnanlagen, zu denen neben den frühzeitig angelegten und mehrfach umgebauten Haltepunkten und Bahnhöfen für den Personenverkehr wie 1867 Rummelsburg, 1870 Stralau und 1882 schließlich Stralau-Rummelsburg (heute: Ostkreuz) auch etliche Wirtschaftseinrichtungen wie die 1869 angelegte Viehabladestelle und der 1877/79 entstandene Rangierbahnhof Rummelsburg gehörten. Neben den verschiedenen Bahnhöfen und Werkstätten prägten bald auch etliche Eisenbahn-Werkswohnungen den Ort (Abb. 64).
Entsprechend der Bevölkerungszunahme seit der Mitte des 19. Jh., besonders aber seit Bildung der Landgemeinde wurde der Bau etlicher kommunaler Einrichtungen erforderlich. So entstanden 1900, 1902, 1906 und 1908 mehrere, z. T. sehr große Schulen (Abb. 65). Ferner wurde 1900/01 das Rathaus um- und ausgebaut. Bis 1891 war das Büro im Hause des Gemeindevorstehers Schlicht, später in der Gemeindeschule. 1892 legte die Gemeinde ein neues Spritzenhaus nebst Steigerturm an, das man bereits 1907 durch ein neues Feuerwehrdienstgebäude und Straßenreinigungsdepot ersetzte.
1894 erwarb die Gemeinde das 1892 eingeweihte Wasserwerk eines Privatunternehmers und erweiterte es 1904/06. Im Jahre 1897 begann man mit der Anlage der Kanalisation und der Verrohrung des Kuhgrabens, der auch die Abwässer von Lichtenberg in den Rummelsburger See führte und damals „eine wahre Pestbeule für den Ort" [100] geworden war. Im gleichen Jahr erfolgte der Anschluß

Abb. 64 Werkswohnungen der Reichsbahn, 1882, Hauptstraße 24

Abb. 65
Ehemalige 70klassige
Gemeindeschule,
1908,
Marktstraße

an das Elektrizitätsnetz. Die Zuführung vom Kraftwerk Oberspree erfolgte zunächst über Leitungen auf Holzmasten, später jedoch unterirdisch. Seit den 80er Jahren hatte man zudem begonnen, die Straßen zu pflastern, die teilweise noch vorhandenen Vorgärten im Interesse einer Straßenverbreiterung nach und nach abzuschaffen und Bürgersteige anzulegen, auch erste Straßenlaternen aufzustellen. So brannten 1889 bereits 41 auf Kosten der Hauseigentümer aufgestellte Petroleumlampen in der „Victoriastadt", die – seitdem der Ort 1895 an das Berliner Gasnetz angeschlossen wurde – bald auf Gas umgestellt werden konnten.

Es hatten sich binnen weniger Jahre ausgesprochen großstädtische Züge herausgebildet, deren Hauptakzent auf den großen Wohngebieten vorwiegend proletarischer Bevölkerung, den städtischen Einrichtungen und etlichen industriellen und gewerblichen Unternehmungen lag, von denen die 1867 gegründete Anilin-Fabrik von Martius und Mendelssohn-Bartholdy, einem Vorläufer der Agfa, die 1906 von der Bleischmelze-Firma Juhl & Söhne angelegte Schrotkugelfabrik mit dem noch heute das Ortsbild prägenden 60 Meter hohen Turm in der Nöldnerstraße (Abb. 66) und die schon um 1867/68 entstandenen Norddeutschen Eiswerke besonders hervorgehoben zu werden verdienen.

Der enorme Eisbedarf des Berliner Ballungsgebietes mußte in der zweiten Hälfte des 19. Jh. überwiegend noch durch Natureis abgedeckt werden. Da der Rummelsburger See damals das reinste Wasser in der Nähe Berlins lieferte, wurden gerade hier große Mengen Eis gewonnen. In einer zeitgenössischen Quelle hieß es dazu: „Hunderte von Menschen sind vom frühen Morgen bis zum späten Abend damit beschäftigt, das durch Sägen, die von einem Pferde gezogen werden, in Tafeln geschnittene Eis bis an die Paternosterwerke heranzubringen, die es dann bis an das Dach der großen Eisschuppen befördern ..." [45]. 1886 konnte man in Rummelsburg „das Beladen der etwa 150 Transportwagen mit den 6000 Zentnern Eis, die täglich aus den Werken nach Berlin gefahren werden", bewundern. Das 1000 Quadratruten große Grundstück war 1872 mit 18 Eishäusern, Werkstätten, Dampfmaschinen und einer Eisspindfabrik ausgestattet [45]. Eiswerke mit ihren hohen Schuppen und den entsprechenden Förderanlagen gehörten zu den typisch vorstädtischen Betrieben der Zeit vor 1920.

Abb. 66
Die in die
Wohnbebauung
einbezogene
ehemalige
Schrotkugelfabrik,
1906,
Nöldnerstraße 15/16

Britz
Verwaltungsbezirk Neukölln

Entwicklung der Einwohnerzahlen von Britz

Jahr	Einwohner
1734	181
1772	248
1801	267
1817	324
1840	573
1858	1 068
1871	1 888
1875	3 201
1880	3 361
1885	4 146
1890	5 494
1895	6 844
1900	8 538
1905	9 477
1910	11 502
1919	13 477

Abb. 67
Ausschnitt aus dem Ur-Meßtischblatt Nr. 1908 von 1851

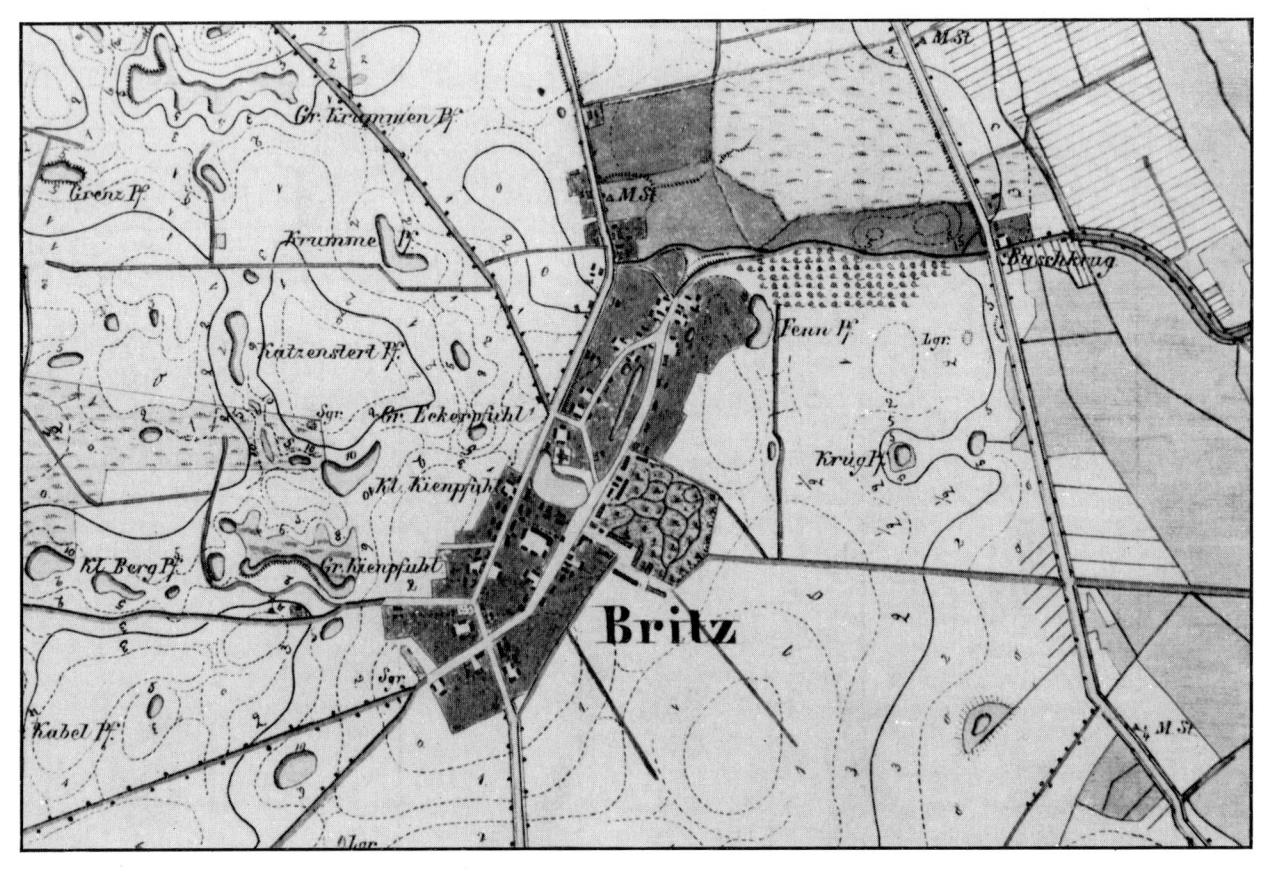

Zu den im Jahre 1375 noch Britzik, Brisk, Brysk und Brisck genannten Dorf gehörten zu diesem Zeitpunkt 58 Hufen, von denen O. Britzke 10, B. Wichhus 9 und Barfuß 8 Hufen besaßen. 1608 werden sogar 4 Rittersitze erwähnt. 1624 bewirtschafteten neben denen v. Britzke und v. Rathenow insgesamt 11 Hüfner, 9 Ganzkossäten und ein Halbkossät das Land. 1652 existierten lediglich 13 Kossäten. Alle Bauernstellen lagen wüst. 1711 gab es jedoch wieder 7 Hüfner und 8 Kossäten, 1745 sogar 10 Bauern und 8 Kossäten und 1801 schließlich 9 Bauern und 8 Kossäten (mit 27 Hufen). Nach der Separation hatten sich bis 1858 ein Gut mit 2480 Morgen sowie 19 Hofeigentümer und 15 Pächter mit insgesamt 1766 Morgen herausgebildet. Das bis Ende des 17. Jh. denen v. Britzke gehörige Gut wechselte seitdem mehrfach den Besitzer. Es waren dies seit 1699 v. Chwalkowski, seit 1707 v. Erlach, seit 1713 v. Schwerin, seit 1719 v. Ilgen und seit 1729 v. Knyphausen. Seit 1754 bis Anfang des 19. Jh. gehörte der Familie v. Hertzberg das Gut, das sich seit dieser Zeit zu einer damals viel gerühmten Musterwirtschaft entwickelte. Es folgten als Eigentümer v. Eckardstein und später J. Jouanne, bevor es 1862 der brandenburgische Landeshistoriker A. F. Riedel und 1865 die Familie Wrede erwarben.

1873 wurde der Gutsbezirk mit der Landgemeinde vereinigt, die bereits seit der Mitte des 19. Jh. eine stürmische Entwicklung genommen hatte. So kamen zu dem bereits 1375 erwähnten Krug, zur 1624 erstmals genannten Schmiede und zu den seit 1513 nachgewiesenen Mühlen zahlreiche Gewerbe hinzu. 1858 werden genannt: 10 Bäckermeister mit

Abb. 68
Ansicht des Dorfes,
um 1780.
Kupferstich nach
C. B. Rode

14 Gesellen, 3 Tischler-, 3 Schuhmacher-, 2 Schneider-, 2 Grobschmiede-, ein Schlosser-, ein Sattler- und ein Seilermeister (mit etlichen Gesellen und Lehrlingen) sowie ein Viktualienhändler, ein Krämer, ein Barbier u. a. Dementsprechend hatte sich die Einwohnerzahl entwickelt. Den 181 Dorfbewohnern des Jahres 1734 standen 1840 zwar erst 573, 1858 aber bereits 1068 (einschließlich des Gutes, der nach 1840 entstandenen Kolonie *Neu-Britz* und des Etablissements Buschkrug). Es folgte ein kontinuierliches Wachstum des Ortes, so daß zum Zeitpunkt der Ausgliederung aus dem Kreis Teltow und der Übernahme in die neue Stadtgemeinde Berlin fast 14 000 Einwohner gezählt werden konnten, darunter ein hoher Anteil von Arbeitern. Bereits 1858 wurden neben den 103 Mägden und Knechten sowie den 30 Personen Gesinde 127 Arbeiter erwähnt. Das älteste erhalten gebliebene Gebäude des Ortes ist die Dorfkirche. Sie liegt – völlig untypisch für ein Angerdorf – nicht auf der zentralen Dorfaue, sondern außerhalb des Angers am Kirchteich (Abb. 67). Ursache dieser Besonderheit war fraglos das seit 1967 durch Ausgrabungen nachgewiesene Vorhandensein eines slawischen Vorgängerdorfes in diesem Bereich. Die Kirche selbst, ein einfacher, aus grob behauenem Feldstein in der zweiten Hälfte des 13. Jh. errichteter Rechteckbau mit nahezu quadratischem Chorabschluß, wurde im Verlaufe der Geschichte mehrfach verändert. So erhielt sie bereits frühzeitig, spätestens jedoch 1689 (nach der erhaltenen Wetterfahne) auf dem damals noch portallosen Westgiebel einen hohen Turm (Abb. 68), den man im Rahmen der Renovierung von 1888 durch einen weit aufwendigeren ersetzte.

Abb. 69
Straßenseitige
Traufansicht
des Gutshauses nach
dem Umbau von 1883

Abb. 70
Blick auf den Gutshof
mit Brennerei,
um 1850

Abb. 71
Ansicht des Dorfes,
um 1790.
Zeichnung von Hennig

Damals bekamen die im 18. Jh. vergrößerten Fenster ebenso wie die Portale ihre neogotische Ausformung.

Den zweiten, das mittelalterliche Ortsbild wesentlich prägenden Komplex bildete das frühzeitig und unter Einbeziehung weiterer Freihöfe entstandene Gut. Das Anfang des 18. Jh. errichtete, um 1770 erweiterte und in einer zeitgenössischen Darstellung überlieferte große zweistöckige Herrenhaus mit Mansarddach (Abb. 68) wurde 1883 jedoch völlig umgebaut (Abb. 69) und von 1985 bis 1988 restauriert. Der Kupferstich von 1780 deutet ferner eine langgestreckte, einstöckige Kate an, in der ein Teil der zu diesem Zeitpunkt dort beschäftigten 24 Tagelöhnerfamilien untergebracht war.

Wesentlichen Anteil an der Gestaltung des Ortes hatte der damalige Gutsherr E. F. v. Hertzberg. Er führte in seinem Gutsbetrieb nicht nur neue Wirtschaftsmethoden, wie die Vierfelderwirtschaft, die

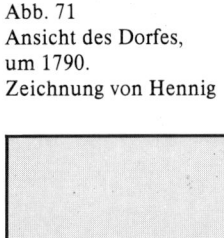

Abb. 72 Bäuerliches Wohnhaus (Märkisches Mittelflurhaus) aus der zweiten Hälfte des 18. Jh., Zustand um 1955, Alt-Britz 98

Stallfütterung, die Düngung der entwässerten Wiesen mit Asche und den Anbau der bisher nicht üblichen Feldfrüchte wie Luzerne, ein, er ließ auch neue Wirtschaftsgebäude für seine umfangreiche Schaf- und Rindviehhaltung errichten, hob bereits 1765 in friedlichem Einvernehmen die Gemengelage mit den Feldern der Bauern auf und legte eine „Bier- und Branntwein-Brauerey" an. Schließlich sorgte er für den Ausbau der beiden Durchgangsstraßen östlich und westlich des Dorfkernes, während die alte Hauptstraße zur Allee umgestaltet wurde und seitdem nur noch dem innerörtlichen Verkehr diente.

Die heute noch vorhandenen Wirtschaftsgebäude entstammen freilich erst dem 19. Jh. und verkörpern einen kapitalistischen Gutsbetrieb, der vor allem in den Jahren 1824/57 durch J. Jouanne aufgebaut und seit 1865 durch den Gutsbesitzer J. Wrede weitergeführt wurde. Zu dem durch die bürgerlichen Agrarreformen wesentlich ausgedehnten Gut – die Bauern hatten z. B. ein Drittel ihres Landes abzutreten – gehörten neben erneut vergrößerten Ställen und Scheunen sowie weiteren Arbeiterkasernen auch eine eigene Hofschmiede, eine Stellmacherei und eine ansehnliche Brennerei (Abb. 70).

Von den Gebäuden der 10 Bauern- und 8 Kossätenstellen der zweiten Hälfte des 18. Jh. ist nichts erhalten geblieben. Aus einer Beschreibung von A. F. Büsching aus dem Jahre 1775 wissen wir jedoch, daß die Häuser „nicht von Mauerwerk, sondern von hölzernem Fachwerk, geleimt [mit Lehmgefachen versehen], und mit Stroh ... gedeckt" waren [13]. Diesen Zustand deutet auch eine Dorfansicht aus dem Jahre 1790 an, der ferner zu entnehmen ist, daß die Wohnhäuser bereits Schornsteine besitzen und die Strohdächer mit sogenannten Firsthölzern befestigt sind (Abb. 71). Den Haustyp kann man al-

Abb. 73
Kleinbauernstelle
mit Wohnhaus und Stall,
um 1870,
Alt-Britz 96

lerdings nicht eindeutig erkennen. Vermutlich besaßen damals aber einige Höfe noch längsgegliederte Mittelflurhäuser, da ein Beispiel dieser älteren der beiden wichtigsten Bauernhausformen des 18. Jh. sogar noch bis in die jüngste Vergangenheit existierte, Alt-Britz 98 (Abb. 72), inzwischen freilich unterfangen und mit einem Ziegeldach versehen. Ansonsten vermittelt heute lediglich das kleine Gehöft Alt-Britz 96 noch einen Eindruck von den agrarisch geprägten Grundstücken des 19. Jh. Das um 1870 errichtete einstöckige Wohnhaus mit spätklassizistischer Putzfassade und der dazugehörige etwa gleichaltrige Backsteinstall mit Drempel und Ziegeldach sind letzte Zeugen der einst das Dorf beherrschenden Landwirtschaft (Abb. 73), abgesehen von dem teilweise bewahrten Gutshof.

Vereinzelt haben sich zwischen mehrstöckigen Mietshäusern der Zeit um 1900 jedoch einstöckige ehemalige Büdnerstellen erhalten, die seit der Mitte des 19. Jh. in großer Zahl angelegt wurden, z. B. Pätzer Straße 3 und Britzer Damm 134. Die schnelle Zunahme der Bevölkerung nach 1840 führte 1850 zum Bau einer neuen einstöckigen und bereits 1876 zu einer weiteren zweistöckigen Schule (Abb. 74). Ihnen gegenüber liegt das ebenfalls an die ehemaligen dörflichen Verhältnisse erinnernde Pfarrhaus, dessen klassizistische Fassade von etwa 1820 durch einen spätklassizistischen Verandavorbau von etwa 1860 verändert wurde.

Von erheblicher Bedeutung für die Entwicklung des Ortes war, daß sich 1864 der Gärtnereibesitzer F. Späth hier niederließ und auf einem zunächst nur 17 Morgen großen Gelände der Britzer Feldmark seine Baumschule anlegte. Der später fast 100 Hektar umfassende und bald mehr als 200 Arbeitskräfte beschäftigende Betrieb, dem Ende des 19. Jh. weitere Gartenbaubetriebe folgten, prägte seitdem

Abb. 74
Rekonstruierte
Schulgebäude
von 1850 und 1876,
Backbergstraße 37

Abb. 75
Ehemaliges Herrenhaus
der Firma Späth,
1874,
(seit 1938 zu Treptow)
Späthstraße 80/81

Abb. 77 Eingangsgebäude vom Krankenhaus, 1894/96,
Blaschkoallee 132

Abb. 76
Teil der
„Ideal"-Siedlung
von 1911/19,
Rungiusstraße 97

nicht unwesentlich einen Teil der Gemeinde. Die östlich des Teltowkanals gelegenen Gebiete mit dem 1874 errichteten Herrenhaus (Abb. 75) und dem in dieser Zeit angelegten „Arboretum" kamen 1938 zum Verwaltungsbezirk Treptow.

Andererseits hatte sich vor allem auf dem nördlichen Teil der Feldmark ein Wohngebiet herausgebildet, in dem sich überwiegend nach Rixdorf und Berlin pendelnde Arbeitskräfte niederließen. Besonders nachdem 1890 eine erste Pferdebahnlinie nach Rixdorf, zum Hermannplatz, und 1899 eine weitere Straßenbahnlinie nach Tempelhof eröffnet wurden, entstand eine Vielzahl von großen Mietshäusern, z. T. mit den üblichen Hinter- und Seitenflügeln. Eine bemerkenswerte und in die Zukunft weisende Ausnahme stellte die zwischen 1911 und 1919 errichtete Siedlung „Ideal" dar, die von der 1907 in Rixdorf gegründeten sozialreformerischen Baugenossenschaft gleichen Namens angelegt wurde (Abb. 76).

Obwohl es dem Ort erst 1902 gelang, sich an das Versorgungsnetz der Charlottenburger Wasserwerke und noch im gleichen Jahr an die Kanalisation der Stadt Schöneberg anzuschließen, trug die Gemeinde zu diesem Zeitpunkt stellenweise bereits deutlich städtische Züge, die aber auf den alten Dorfkern und die agrarisch oder gärtnerisch genutzten Gebiete erst allmählich, wenn dann auch mit markanten Elementen, übergriffen. Dazu sind die um 1885 angelegten neuen Gemeindefriedhöfe, das 1891/92 geschaffene Amtshaus mit Post, Feuerwehr und anderen kommunalen Einrichtungen sowie das 1894/96 – allerdings vom Kreis Teltow – errichtete Krankenhaus (Abb. 77) zu rechnen.

Buch
Stadtbezirk Pankow

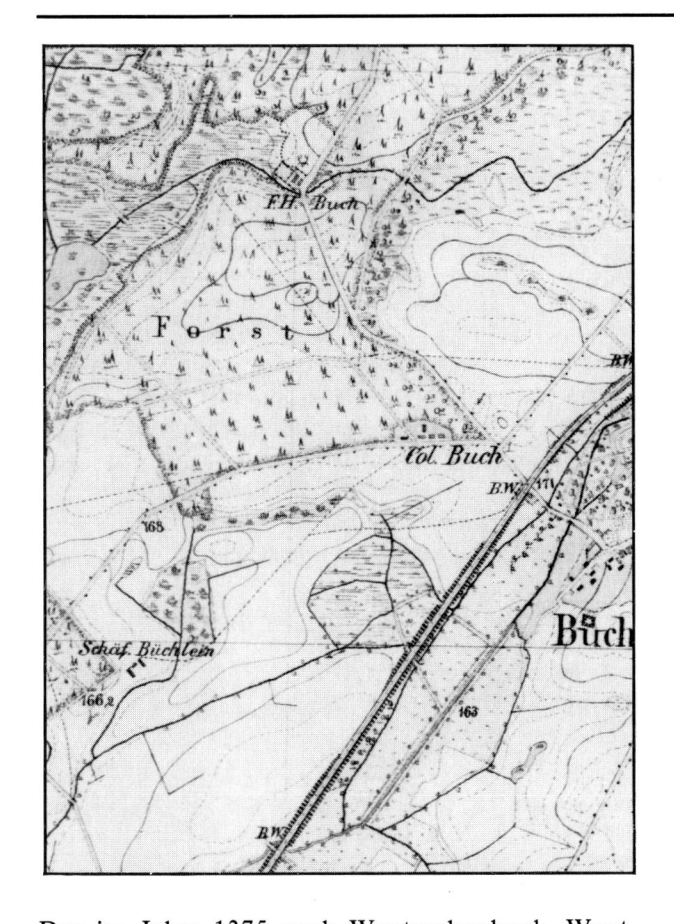

Entwicklung der Einwohnerzahlen von Buch	
Jahr	Einwohner
1734	152
1772	239
1801	228
1817	196
1840	234
1858	267
1871	260
1875	270
1880	253
1885	260
1890	271
1895	298
1900	395
1905	1 197
1910	5 286
1919	6 359

Abb. 78
Ausschnitte aus den Ur-Meßtischblättern Nr. 1765 und 1766 von 1871

Das im Jahre 1375 noch Wentzschenbuck, Wentschenbug oder Buch slavica genannte und bis 1920 zum Kreis Niederbarnim gehörende Dorf bestand zum Zeitpunkt der Eingemeindung aus einem Gemeinde- und einem Gutsbezirk. Als Grund- bzw. Gutsherrschaft werden die Familien v. Bredow, v. Röbel, v. Pöllnitz (ab 1669), v. Viereck (seit 1724) und v. Voß (seit 1761) genannt. 1898 erwarb die Stadt Berlin das Gut und errichtete seit 1899 auf den entfernter gelegenen Ackerflächen ein Rieselgut, auf dem ortsnahen Terrain verschiedene städtische Heilstätten.
Von den 40 im Jahre 1375 oder 45 seit 1450 zum Dorf gehörenden Hufen nutzten im Jahre 1624 die 10 Hüfner und 16 Kossäten insgesamt 27 Hufen, die Pfarre 4 und die Gutsherrschaft 14 Hufen. Nach dem Dreißigjährigen Krieg existierten nur noch 9 Kossäten, von denen einer, T. Danewitz, auf einem Freigut saß. Die restlichen Bauern- und Kossätenstellen wurden auch in der Nachfolgezeit nicht wieder voll besetzt; deren Ackerfläche hatte zeitweise – z. B. 1696 – jedoch der „Arrendator unterm Pflug". 1705 werden 4 Hüfner, 1745 5 Bauern und 1801 4 Ganzbauern gezählt, zu denen während des 18. Jh. stets 9 bis 10 Kossäten hinzukamen. Bis 1856 verringerte sich die Zahl der groß- und kleinbäuerlichen Wirtschaften auf 3 Bauern- und 5 Kossätenstellen.
1860 standen der Landgemeinde insgesamt 802 Morgen zur Verfügung. Das Gut nutzte dagegen (allerdings mit Flächenanteilen in Karow) 4595 Morgen, darunter 2166 Morgen Wald. Zum Gutsbezirk gehörten ferner das Forsthaus Buch und das 1818 angelegte Vorwerk *Bücklein*, das anfangs Schäferei

Buch

Abb. 79
Dorfkirche,
1731/36.
Aufnahme
von F. A. Schwartz,
1887

Büchlein genannt wurde. Bestandteil der Landgemeinde war das 1839 erstmals genannte Etablissement „Die neuen Häuser", aus dem sich später die *Kolonie Buch* entwickelte.

Obwohl bereits im Jahre 1375 eine Mühle und ein Krug, 1624 auch eine Schmiede und seit 1775 eine Ziegelscheune (1801 als Ziegelei bezeichnet) im Ort existierten, blieb Buch bis zum Ende des 19. Jh. ein kleines Guts-/Bauerndorf, dessen Einwohnerzahl sich von 152 im Jahre 1734 bis 1895 nur auf 298, davon 138 in der Landgemeinde und 160 im Gutsbezirk, erhöhte. Erst die Anlage der Heilstätten für Lungenkranke und anderer Wohlfahrtseinrichtungen mit den entsprechenden Nachfolgeeinrichtungen gab dem Ort einen bisher nicht gekannten Aufschwung, so daß kurz vor der Eingemeindung bereits mehr als 6000 Einwohner, davon 2555 im Gutsbezirk, gezählt werden konnten.

„Trotz der verhältnismäßig nur geringen Entfernung von Berlin (zwei Meilen) verrät doch nichts hier die gefährliche Nähe einer Riesenstadt. Die vornehme Abgeschlossenheit des Parkes mit seinem Schlosse, der Kirche und Erinnerungszeichen, sowie die schlichte Bewirtung, welche Buch den Wallfahrern bietet, beides hat dazu beigetragen, dieser märkischen Perle ihren vollen Glanz, ihre unberührte Jungfräulichkeit bis heute zu erhalten." So lautete die romantisierende Schilderung von A. Trinius aus dem Jahre 1889, kurz bevor mit dem Verkauf des Gutes an die Stadt Berlin eine neue Ära des Ortes begann.

Dennoch sind einige Zeugnisse der vorangegangenen Zeit, als die Landwirtschaft noch den Charakter des Straßendorfes (Abb. 78) bestimmte, bis heute erhalten geblieben. Zunächst sei auf die 1731/36 von F. W. Diterichs im Auftrage des damaligen Gutsherrn A. O. v. Viereck errichtete und im zweiten Weltkrieg teilzerstörte Kirche verwiesen, die durch ihre Prächtigkeit eine Ausnahme unter den märkischen Dorfkirchen darstellt (Abb. 79) und bis heute – trotz des nicht wiederaufgebauten Tur-

Abb. 81 Taubenturm mit Stallungen auf dem ehemaligen Gutshof, um 1800, Alt-Buch 45

Abb. 80
Detail der Südfassade
der Dorfkirche
nach dem Wiederaufbau

Abb. 82 Traufansicht des Schlosses vor dem Umbau von 1881, um 1730

Abb. 83 Ehemalige Landarbeiterkaserne, um 1870, Alt-Buch 51

mes – mit ihren aufwendigen Schmuckelementen (Abb. 80) eine das Ortsbild prägende Dominante bildet, zumal der unmittelbar anschließende Schloßpark erhalten blieb.
Von dem benachbarten Gutshof freilich existieren nur noch einige Wirtschaftsgebäude, unter denen neben einem im 18. Jh. errichteten Feldsteinstall mit Krüppelwalm – um 1880 durch einen Anbau verlängert – besonders ein um 1800 entstandener Taubenturm auffällt. Dem ein Achteck bildenden zweistöckigen Fachwerkbau sind im Erdgeschoß die Struktur wiederholende Stallungen aus Backstein vorgelagert, die teilweise auch als Abort gedient haben mögen (Abb. 81). Das 1964 wegen Baufälligkeit abgerissene Schloß war wie die Kirche im ersten Drittel des 18. Jh. angelegt worden. Unter Einbeziehung eines älteren Vorgängerbaus entstand ein schlichtes zweistöckiges Gutshaus mit hohem Walmdach, dem zwei einstöckige Seitenflügel mit Mansarddächern vorgelagert waren (Abb. 82).
Weitere Zeugnisse des Gutsbetriebes, der bis zum Ende des 19. Jh. das Geschehen im Dorf bestimmte, sind einige Landarbeiterhäuser, die zumeist – wie die zweistöckige Kaserne Alt-Buch 62/64 – inzwischen umgebaut sind, aber in einigen Beispielen – wie dem Gebäude Alt-Buch 51 – doch noch anschaulich die Wohnverhältnisse der zweiten Hälfte des 19. Jh. in einer damals geradezu als vorbildlich geltenden Landarbeiterkate für 8 Familien dokumentieren (Abb. 83).
Der schon frühzeitig erwähnte Krug befand sich seit der Mitte des 18. Jh. ebenfalls im Besitz des Gutes, wurde allerdings stets verpachtet. Im Jahre 1823 brannte er ab. Der kurz darauf errichtete Neubau, in dem später auch Th. Fontane – und zwar auf einem behelfsmäßigen Strohlager – übernachtete, ist bis in unsere Tage nahezu unversehrt erhalten geblieben. Das auf einem Sockel ruhende, unterkellerte Gebäude enthielt im Erdgeschoß die Gasträume und die Wohnung des Wirtes, während im ausgebauten Dachgeschoß die Gästekammern lagen (Abb. 84).

Abb. 84 Dorfgaststätte „Schloßkrug", 1823/24, Alt-Buch 40

Abb. 85 Wohnhaus eines Landwirts, um 1905, Alt-Buch 53

Abb. 86
Gebäude der Heilstätte
für Lungenkranke
(heute: Waldhaus),
1901/03,
Alt-Buch 74

Abb. 87
Wasserturm
der städtischen
Wohlfahrtseinrichtungen,
um 1903

Von den ohnehin wenigen bäuerlichen Gehöften ist kaum etwas erhalten geblieben, sieht man einmal von dem um 1830 errichteten und später modernisierten Bauernhaus Alt-Buch 57 und dem Grundstück eines kleinen Landwirts, Alt-Buch 53, ab, dessen anderthalbstöckiges Wohnhaus mit Schieferdach und Jugendstilfassade aus dem beginnenden 20. Jh. weniger einem Bauernhaus, sondern eher – und für diese Zeit durchaus typisch – einem kleinstädtischen Handwerkerhaus ähnelt (Abb. 85).

Etwas außerhalb, an der Rückseite des Schloßparks, lag an der Panke die alte Wassermühle, die, ebenso wie die Laufschmiede, die sich östlich des kleinen Verbindungsweges zwischen Dorf und Mühle befand, bereits Ende des 19. Jh. abgebrochen wurde. Bis in die 30er Jahre unseres Jahrhunderts stand indes am östlichen Ortsrand das strohgedeckte ehemalige Hirtenhaus, obwohl bereits 1818 die Gutsschäferei in das neu geschaffene Vorwerk Bücklein verlegt worden war.

Den ersten Einbruch der neuen Zeit stellte die 1844 erfolgte Anlage der Eisenbahnlinie von Berlin nach Bernau dar. Da aber erst 1879 ein Haltepunkt im Ort eingerichtet wurde, wirkte sich diese Neuerung bis dahin in baulicher Hinsicht kaum aus. Erst danach und in Folge der Befestigung der Straße vom Prenzlauer Tor über Heinersdorf, Karow und Buch nach Bernau seit 1878 bildeten sich kleine Ensembles mit Häuslerstelle, wie z. B. am Ortsausgang nach Karow und östlich des Haltepunkts, in der „Colonie Buch", heraus. Der entscheidende Einschnitt erfolgte jedoch erst 1898, als die Stadt Berlin das Gut kaufte, das Schloß zum Sommersitz des Oberbürgermeisters machte, den größten Teil der Flur zu Rieselfeldern umgestaltete und etliche städtische Wohlfahrtseinrichtungen anlegte, die sofort eine Reihe von Beamten- und anderen Wohnhäusern nach sich zogen, aber erst 1912/14 zum Bau der Eisenbahnüberführung und der Anlage eines Bahnhofs führten. Der erste 1899 begonnene Komplex war die von L. Hoffmann mit Stilelementen des holländischen Frühbarocks ausgestattete und aus 40 Gebäuden bestehende Anlage der Irrenanstalt (heute: Hufeland-Krankenhaus) in der Karower Straße. Es folgten ab 1901 der Bau der Heilstätte für Lungenkranke (heute: Waldhaus), Alt-Buch 74 (Abb. 86), ab 1904 die Errichtung eines Hospitals für alte Leute (heute: Ludwig-Hoffmann-Krankenhaus), Zepernicker Straße 1, und ab 1910 die Anlage einer weiteren Nervenklinik und eines Genesungsheimes (heute: Städtisches Krankenhaus), Wiltbergstraße 50. Den Bedürfnissen der Anstalten entsprechend entstanden innerhalb dieser Komplexe eine eigene Wasserversorgung (Abb. 87), eine eigene Kanalisation und sogar ein eigenes Elektrizitätswerk – Einrichtungen, die erst überflüssig wurden, als man den gesamten Ort an die städtischen Versorgungsnetze anschloß.

Buch war zum Zeitpunkt der Eingemeindung durch die städtischen Kranken- und Pflegeanstalten zwar relativ eng mit Berlin verbunden, hatte aber insgesamt kaum städtische Züge angenommen.

Buchholz
Stadtbezirk Pankow

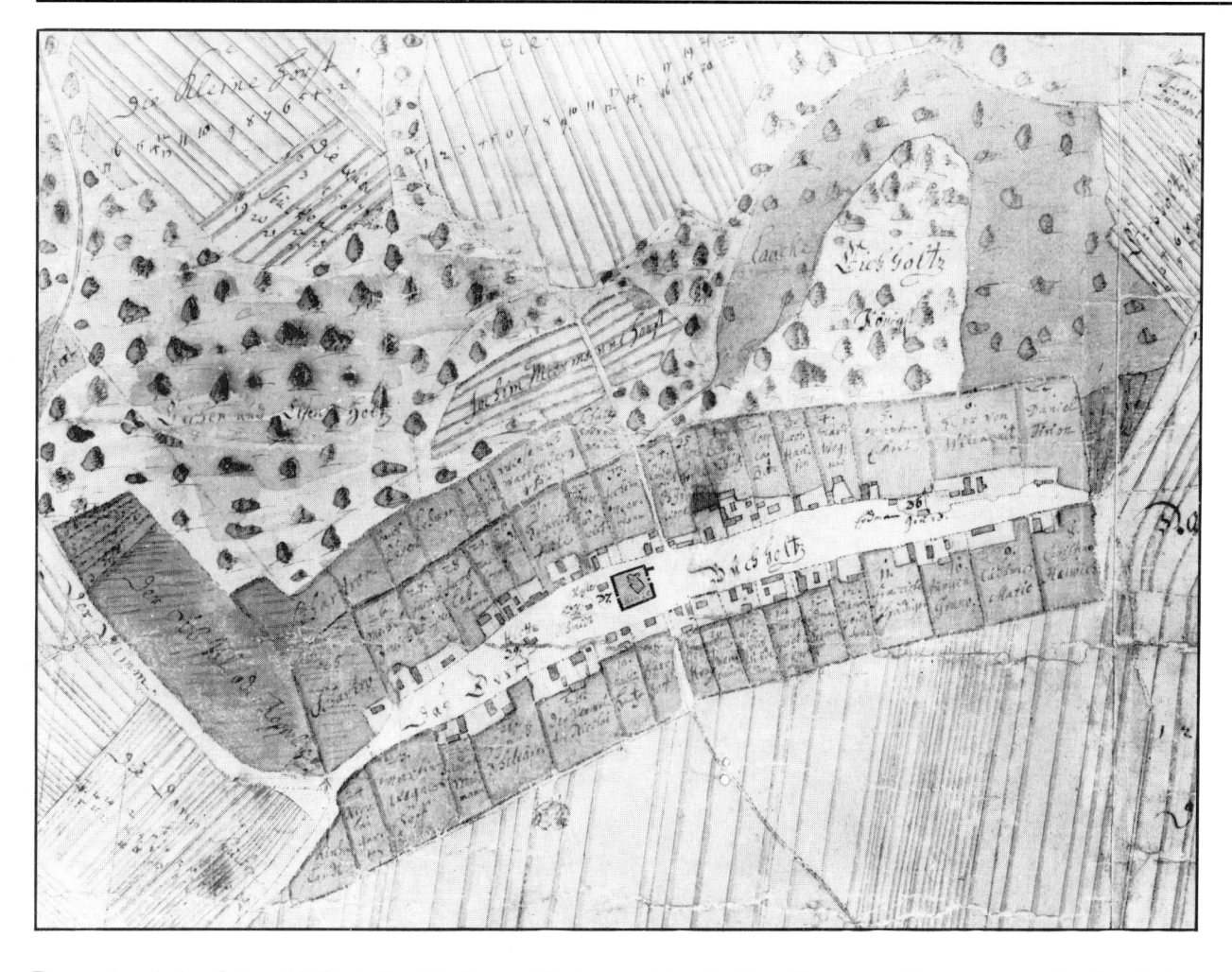

Entwicklung
der Einwohnerzahlen
von Buchholz

Jahr	Einwohner
1734	213
1772	251
1801	313
1817	334
1840	431
1858	865
1871	1 154
1875	1 442
1880	1 428
1885	1 549
1890	1 833
1895	2 534
1900	3 157
1905	4 086
1910	4 697
1919	4 906

Abb. 88
Lageplan
aus dem Jahre 1717

Das erstmals im Jahre 1242 als Buckholtz erwähnte Dorf war 1375 mit 52 Hufen ausgestattet, von denen 8 die Familie v. Bredow besaß. In der Folgezeit wechselten mehrfach die Grundherrschaften, eine Gutswirtschaft entstand jedoch nicht. 1593 wurden die 8 Ritterhufen wieder den Bauernhufen zugeschlagen.

Von den im Jahre 1624 nachgewiesenen 15 Hüfner- und 19 Kossätenstellen lagen nach dem Dreißigjährigen Krieg (1652) 7 Bauern- und 10 Kossätenstellen „wüst". Sie konnten zum großen Teil erst besetzt werden, nachdem sich im Jahre 1688 französische Kolonisten, Hugenotten, im Ort ansiedeln durften. Es waren dies vorzugsweise Landwirte und Gärtner, denen man gegen eine jährliche Pacht die benötigten Ländereien überwies. 1729 gab es 6 französische Bauern und 10 französische Kossäten. Durch die Größe der französischen Gemeinde – mit 69 Personen stellte sie im Jahre 1700 etwa ein Drittel der Dorfbevölkerung – bildete sich bald die Bezeichnung *Französisch-Buchholz* heraus, die mindestens von 1817 bis 1913 sogar die offizielle wurde. 1884 umfaßte die französisch-reformierte Kirchengemeinde immer noch 70 Mitglieder. Seit 1913 nannte sich der Ort Berlin-Buchholz, bis er 1920 aus dem Kreis Niederbarnim ausgegliedert

Buchholz

und dem Berliner Verwaltungsbezirk Pankow zugeordnet wurde.

Wenngleich die französischen Landwirte auch den Getreidebau nicht sonderlich verbessern konnten, so erweckten sie doch durch den Anbau zahlreicher hier bisher unbekannter Feldfrüchte wie Tabak, Spargel, Blumenkohl und Artischocken sowie Erfolge in der Blumenzucht bei den Einheimischen Bewunderung, teilweise sogar den Verdacht geheimer Zauberei. Wie die Grundstücke des Gärtners Ruzé in der Köpenicker Vorstadt und des Arztes Duclos in Friedrichsfelde, so wurden auch die Buchholzer Gärten bald Ziel der sonntäglichen Spaziergänge der Berliner, so daß man Buchholz bereits 1780 als „Ausflugsort" bezeichnete, wohin sich

Abb. 89
Traufansicht eines ehemaligen Kossätenwohnhauses, um 1710/20, Hauptstraße 45. Aufnahme von 1958

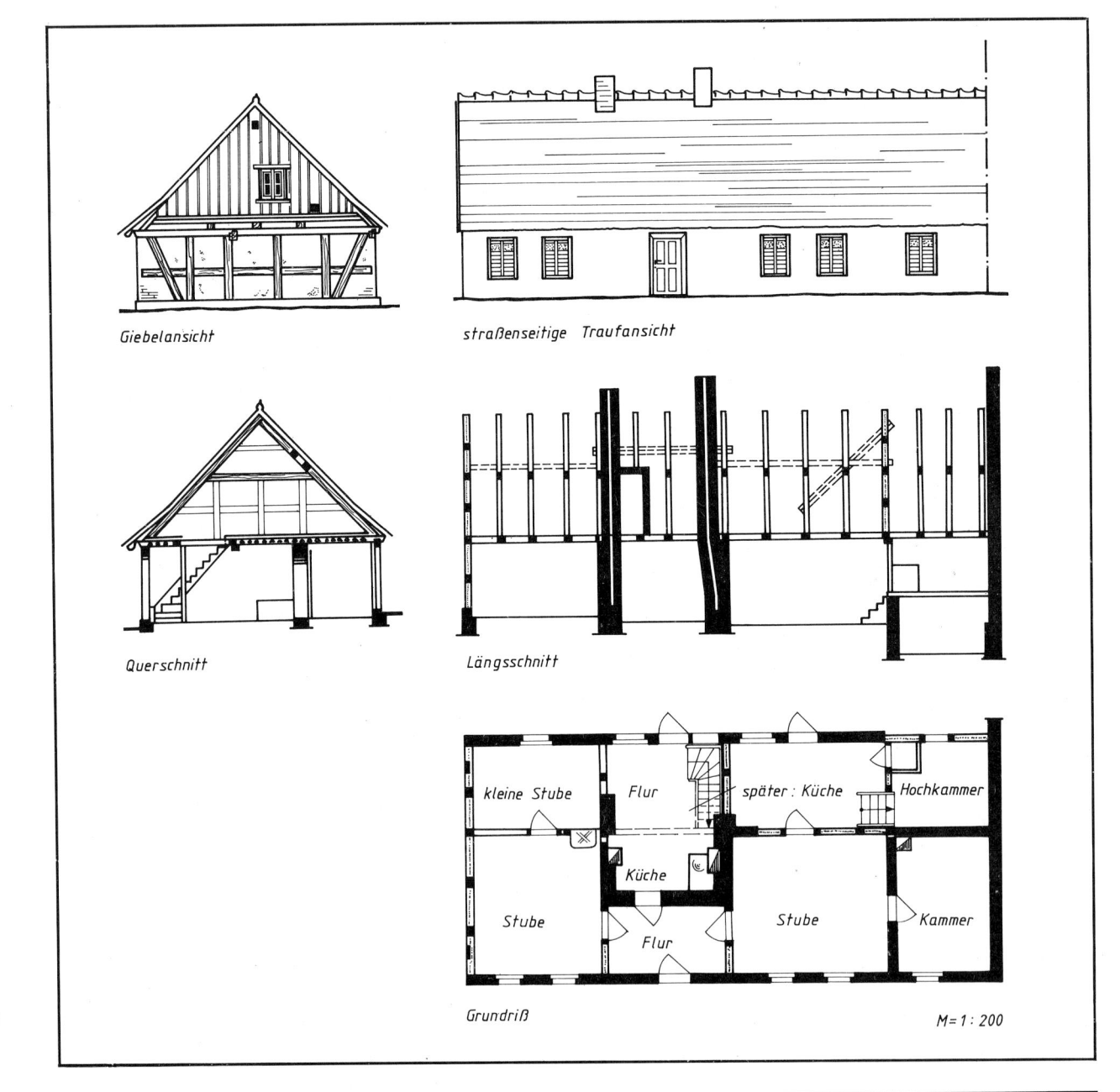

Abb. 90
Ehemaliges Kossätenwohnhaus, um 1710/20, Hauptstraße 45. Aufmaß des Zustandes von 1985 durch den Verfasser

Abb. 91 Fensterladen an einem ehemaligen Kossätenwohnhaus, um 1830, Hauptstraße 45

im Sommer viele Deutsche und Franzosen begaben, zumal außerdem 2 Gaststätten und schon frühzeitig ein französisches Café lockten.
Dennoch blieb der Ort bis Anfang des 19. Jh. ein weitgehend von der Land- und Gartenwirtschaft geprägtes Dorf, in dem 1801 an Gewerben lediglich die Krüger, ein Schmied und ein Radmacher etabliert waren. Obwohl seit den 30er Jahren und besonders seit dem Ende des 19. Jh. die Bevölkerungszahlen kontinuierlich anwuchsen, im Jahre 1900 bereits 3157 Personen in 201 Häusern und 1919 sogar 4906 Bewohner gezählt werden konnten, entwickelte sich bis zur Eingemeindung kaum ein eigenständiges klein- oder vorstädtisches Leben. Die Anlage etlicher Gartenkolonien zu Beginn des 20. Jh. auf der ehemaligen Feldmark unterstreicht die Bevorzugung der „wohl instand gehaltenen und reinlichen Ortschaft, die sich in ihrer Hauptstraße durch reiche Baumanpflanzungen auszeichnet" [16], als Wohnplatz. Der Anschluß an das Gasnetz erfolgte zwar schon vor 1908, Elektrizität, Wasser und Kanalisation kamen jedoch erst 1904 bzw. 1908 und 1913 hinzu.
Ein Lageplan von 1717 (Abb. 88) belegt, daß bereits zu Beginn des 18. Jh. im Angerdorf Buchholz ein auffallend großer Teil der Gehöfte Wohnhäuser besaß, die mit der Traufseite entlang der Straßenfront standen. Diese Tatsache könnte darin begründet sein, daß sich die französischen Refugies, die seit 1688 etliche der bis dahin noch wüst liegenden Grundstücke übernehmen durften, mindestens in diesem Punkte nicht den überlieferten märkischen Bautraditionen anschlossen. Eigene, aus der französischen ländlichen Volksarchitektur stammende Formen – z. B. hinsichtlich der Raumordnung oder Wandgestaltung – sind bisher nicht nachweisbar.

Abb. 92
Blick vom Hof
auf Stall und Remise,
um 1780/1840,
Hauptstraße 45

Abb. 93
Ehemalige Scheune
des Pfarrhofes,
um 1800,
Hauptstraße 58

Abb. 94
Wohnhaus eines
großen Bauernhofes,
um 1830/40,
Hauptstraße 48.
Aufnahme von 1958

Abb. 95 Giebelansicht der Schmiede, um 1870, Hauptstraße 42

Das älteste erhaltene, aus dem beginnenden 18. Jh. stammende Wohnhaus von einem ehemaligen Kossätenhof, Hauptstraße 45, läßt – trotz der zahlreichen inzwischen erfolgten Umbauten – vielmehr ausschließlich für die damaligen ländlichen Gebäude der Mark Brandenburg typische Konstruktionselemente erkennen. Dazu gehören die nur einmal verriegelte Fachwerkwand (Abb. 89), die Füllung der Gefache mit strohumwickelten und lehmverschmierten Staken, die von der Grundschwelle zum Dachbalken führenden Eckstreben und vor allem das Kehlbalkensparrendach mit dem von außen in die Sparren eingelassenen Märkischen Längsverband als Längsaussteifung. Zwar sind inzwischen ein Großteil der Außenwände unterfangen, die Schwarze Küche durch 2 enge Schornsteine mit einer jetzt erforderlichen Räucherkammer im Dachboden ersetzt und das ehemals stroh- oder rohrgedeckte Dach mit Ziegeln gedeckt worden, doch ist die ursprüngliche Situation noch klar erkennbar (Abb. 90). Als um 1830 das Gebäude am Südgiebel verlängert wurde, erhielt es erstmals einen unter der Hochkammer gelegenen kleinen Keller. In dieser Zeit ersetzte man auch die Fachwerkaußenwände durch verputzte Ziegelmauern und stattete die Fenster mit neuen Fensterläden aus (Abb. 91).

Bemerkenswert sind ferner die beiden zum Hof gehörenden Wirtschaftsgebäude, von denen der Stall – ein zweistöckiger Fachwerkbau aus der zweiten Hälfte des 18. Jh. – entsprechend den in dieser Zeit allgemein üblichen Prinzipien eine Seitenfront des Hofes bildet. Er wurde Ende des 19. Jh. unterfangen und mit einem Ziegeldach versehen. Ungewöhnlich indes ist die Stellung der Scheune, die hier nicht die Rückseite des Grundstückes bildet, sondern, dem Stall vorgelagert, mit dem Giebel zur Straße steht (Abb. 92). Sie wurde um 1840 als Ziegelfachwerkbau errichtet und diente später als Remise (mit Stall), hatte jedoch einen älteren Vorgängerbau, der

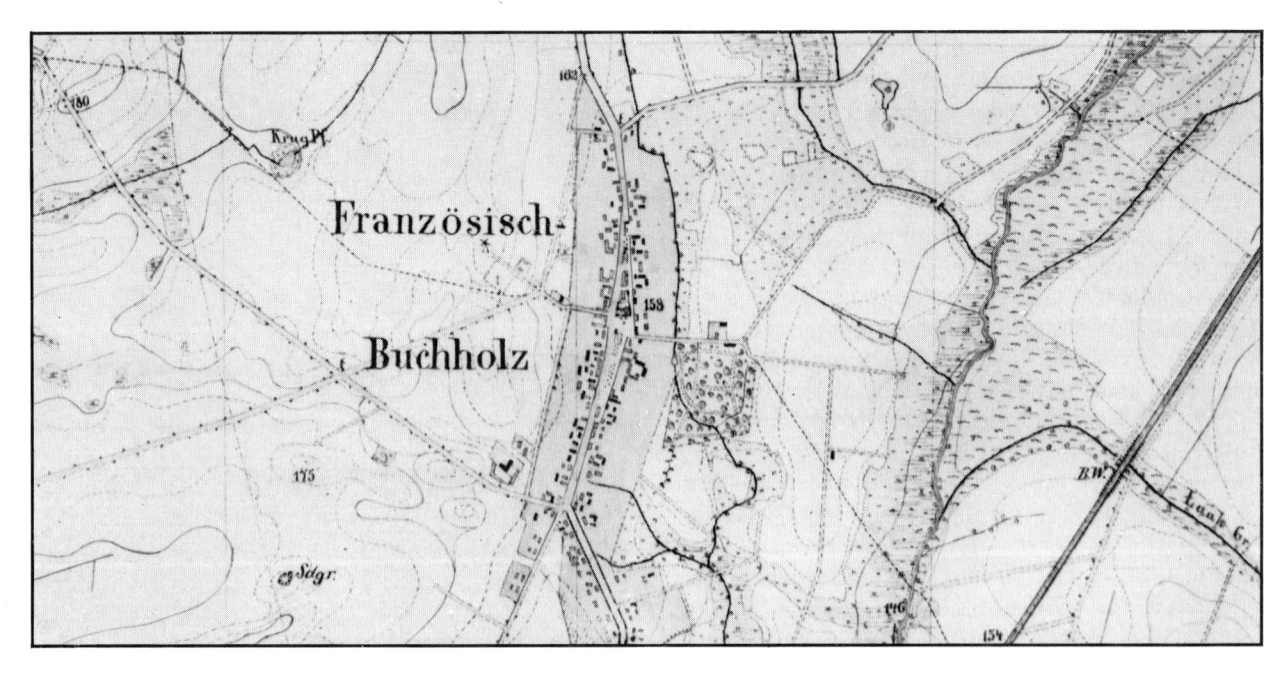

Abb. 96
Ausschnitt aus dem
Ur-Meßtischblatt
Nr. 1765 von 1871

nach einer Karte aus dem Jahre 1790 auf der Rückseite des Hofes gestanden hatte.

Die einzige im Ort noch vorhandene ältere Fachwerkscheune gehört zu dem auf dem Anger gelegenen Pfarrhof, Hauptstraße 58. Obwohl sie heute als Teil eines Kindergartens genutzt wird und dementsprechend umgebaut wurde, sind erfreulicherweise wesentliche äußere Konstruktionselemente erhalten geblieben, so daß sie auch ohne Strohdach und ohne große Toreinfahrt noch einen anschaulichen Eindruck von der Bauweise um 1800 vermittelt (Abb. 93).

Weit stärkeren Veränderungen unterlagen – vor allem in jüngster Zeit – die älteren bäuerlichen Wohnhäuser, von denen lediglich das um 1830/40 errichtete, bereits unterkellerte und mit einem Krüppelwalmdach ausgestattete Gebäude vom Hof Hauptstraße 48 noch einigermaßen deutlich die damalige Bau- und Wohnweise dokumentiert (Abb. 94).

Wie überall in den stadtnahen Dörfern, so dominieren auch hier jedoch die Bauten der zweiten Hälfte des 19. Jh., deren „Maurermeisterarchitektur" in durchaus beachtenswerten Beispielen vertreten ist. Stellvertretend für viele andere sei nur auf die ehemalige Schmiede, Hauptstraße 42, verwiesen (Abb. 95), die Ende des 18. Jh. als Gemeindeschmiede noch auf dem Anger, neben dem Küsterhaus, gelegen hatte.

Das Ende des 18. Jh. zu den größten Gemeinden im Berliner Raum zählende Dorf entwickelte sich zwar im 19. Jh. weiterhin ganz beachtlich – so verdichtete sich die Bebauung im alten Dorfkern, und eine Vielzahl weiterer kleiner Häuslerstellen entstand vor allem entlang der beiden nach Berlin führenden Straßen (Abb. 96), auch gesellten sich bald erste Mietshäuser hinzu –, doch wurde der Ort im Verlaufe des 19. Jh. von anderen verkehrsmäßig besser erschlossenen Gemeinden schnell überflügelt. Der nächstgelegene Vorortbahnhof befand sich in Blankenburg, und die Straßenbahnverbindung nach Pankow war kein Ersatz. Nach der Einwohnerzahl nahm Buchholz Mitte des 19. Jh. nur noch den 11., 1871 den 16. und 1900 gar den 27. Platz unter den eingemeindeten Dörfern ein. Trotz der kontinuierlichen, aber nicht übermäßigen Vergrößerung blieb der ländliche Charakter des Ortes weitgehend erhalten. Sichtbarer Ausdruck dafür war die bis 1920 noch immer das Ortsbild prägende Dorfkirche – ein mittelalterlicher Feldsteinbau, dessen verbretterter Dachturm im Jahre 1834 eine Wetterfahne von 1722 trug (Abb. 97), im Jahre 1852 aber abgebrochen wurde. Im Zuge dieses Umbaus erhielt die Kirche anstelle des alten Chors ein aufwendiges Querschiff aus Backsteinen mit Staffelgiebeln, Rundbogentüren und -fenstern (auch im spätromanischen Kernbau) und einen weiteren Staffelgiebel an der westlichen Eingangsfront. 1886 wurde ein quadratischer Turm an der Südseite angefügt, der bis heute alle weiteren Bauten dieses Ortsteils überragt (Abb. 98).

Abb. 97
Dorfkirche,
um 1280.
Tuschzeichnung von
H. Wohler, 1834

Abb. 98
Dorfkirche
mit den Anbauten
von 1852 und 1886

Buckow
Verwaltungsbezirk Neukölln

Entwicklung der Einwohnerzahlen von Buckow

Jahr	Einwohner
1734	162
1772	187
1801	193
1817	200
1840	250
1858	588
1871	681
1875	756
1880	838
1885	922
1890	1 016
1895	1 128
1900	1 199
1905	1 322
1910	1 812
1919	2 395

Abb. 99
Ausschnitt aus dem Ur-Meßtischblatt Nr. 1908 von 1851

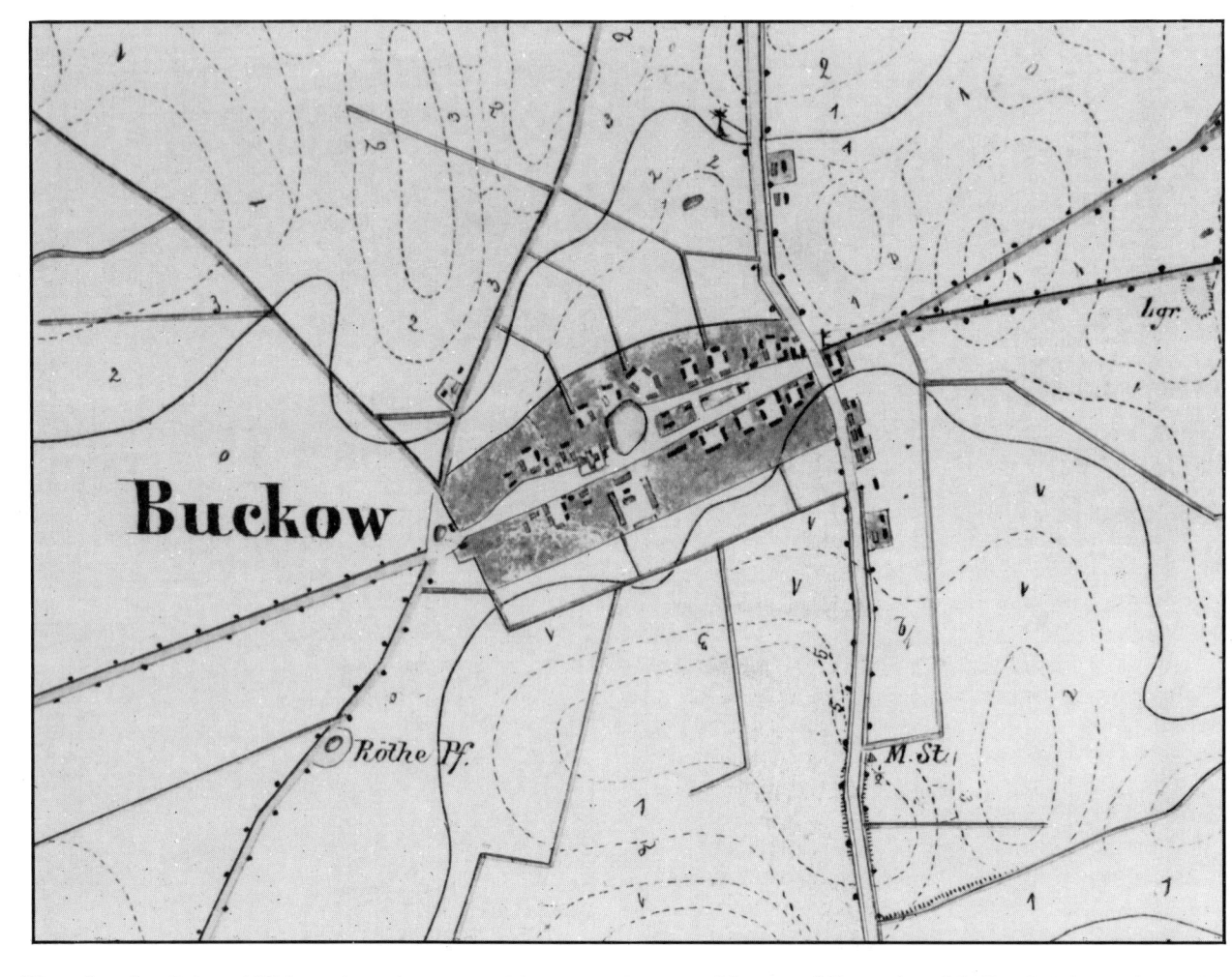

Von den im Jahre 1375 nachgewiesenen 52 $1/2$ Hufen des Dorfes waren 9 $1/2$ bzw. 10 ritterliche Freihufen, die bis ins 16. Jh. von verschiedenen Besitzern (u. a. Hogenest, v. Britzke und Flaus) genutzt und seitdem offenbar in bäuerliche Zinshufen umgewandelt wurden, so daß es nicht zur Ausbildung einer selbständigen Gutsherrschaft kam. Im Jahre 1624 werden 13 Hüfner und 5 Kossäten sowie ein Müller, ein Hirte, ein Laufschmied und ein Hirtenknecht genannt. Die Verluste durch den Dreißigjährigen Krieg scheinen gering gewesen zu sein, denn 1652 war nur eine Bauernstelle nicht besetzt. Bereits 1711 existierten wieder alle 13 Hüfner. Mindestens bis zur Mitte des 19. Jh. blieben diese 13 groß- und 4 mittelbäuerlichen Betriebe erhalten, denen sich jedoch seit Beginn des 19. Jh. einige kleinbäuerliche Wirtschaften hinzugesellten. So existierten im Jahre 1858 immerhin 10 Höfe unter 30 Morgen und 8 Höfe unter 5 Morgen.

Obwohl bereits im Jahre 1375 Krug und Mühle vorhanden waren und seit 1624 eine Schmiede im Ort nachweisbar war, errang Buckow niemals überregionale Bedeutung, wenn sich auch bis 1858 2 Bäcker-, 2 Schuhmacher-, 2 Schneider-, ein Konditor-, ein Sattler- und ein Stellmachermeister sowie ein Barbier und ein Stoffhändler angesiedelt hatten. Zwar stieg die Einwohnerzahl von 162 im Jahre 1734 auf mehr als 2000 kurz vor der Eingemeindung, doch hatte sich der Ort bis zu Beginn des 20. Jh. noch ganz seinen dörflichen Charakter bewahrt, wenn auch bereits 1908 Gas- und Wasserversorgung vorhanden und ein Elektrizitätsanschluß geplant waren.

Trotz des gerade in den Jahren zwischen 1840 und 1858 beginnenden Bevölkerungszuwachses präsentiert die Vermessung aus dem Jahre 1851 (Abb. 99) nachempfunden wurde. Lediglich auf dem Grundstück Alt-Buckow 14, einem alten Vollbauernhof, mit einem 1848 erbauten, inzwischen modernisierten einstöckigen Wohnhaus, einem Stall aus dem auslaufenden 19. Jh. und einer großen Scheune von 1906, steht noch eine alte Fachwerkscheune. Trotz einiger Ende des 19. Jh. und in den letzten Jahren erfolgten Umbauten blieben wesentliche Elemente des um 1830/40 entstandenden Baues erhalten. Dazu gehören vor allem die seit Anbeginn mit Zie-

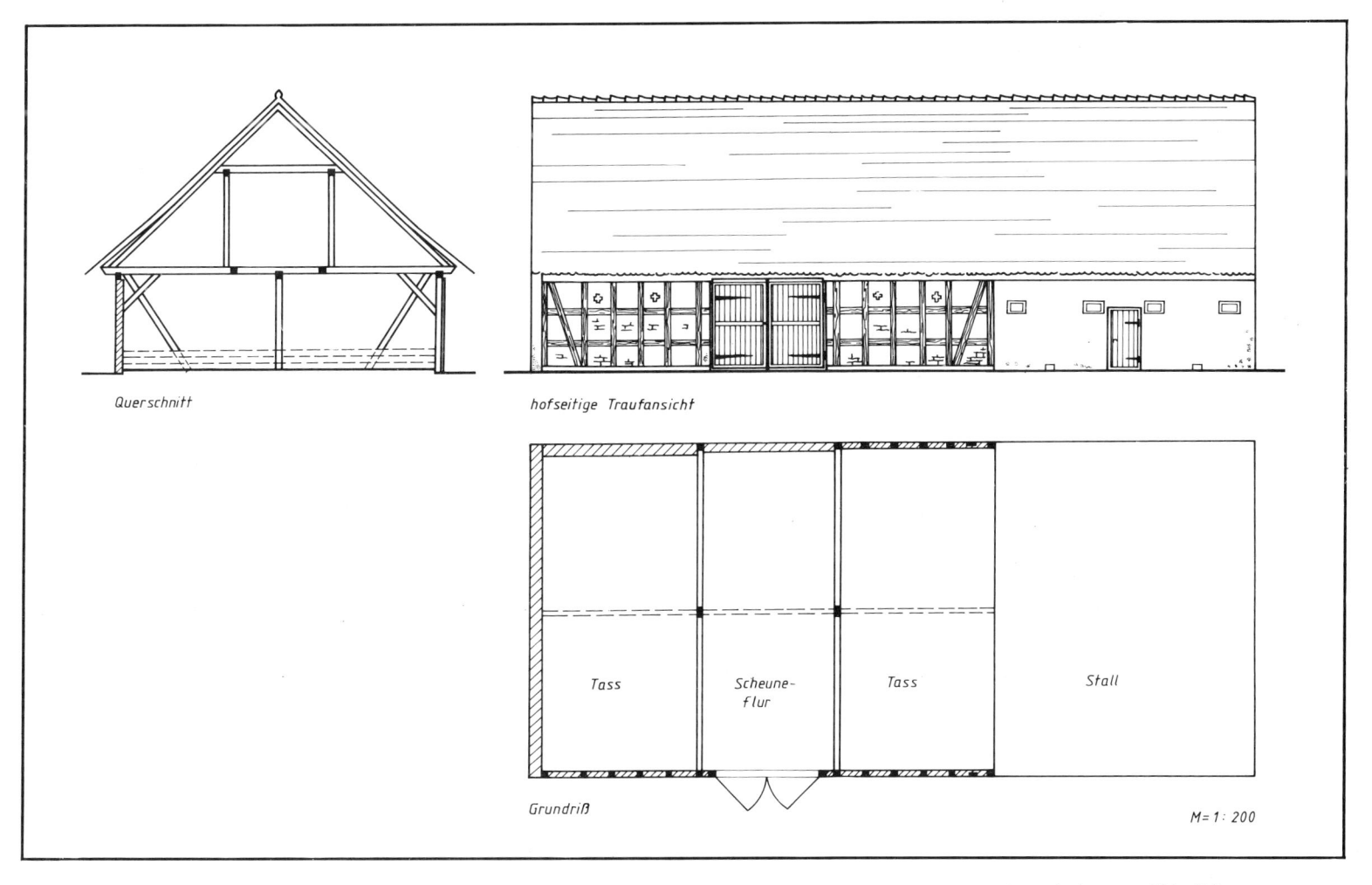

noch weitgehend typische feudale Ortsstruktur. Die beiderseits des Angers gelegenen bäuerlichen Gehöfte, der Dorfteich und die benachbarte Kirche prägen das Dorf. Lediglich entlang der den östlichen Ortseingang tangierenden Verbindungsstraße nach Britz im Norden und Groß-Ziethen im Süden sind einige Ausbauten entstanden. Von den damals zahlreichen Fachwerkbauten, die durch ihre dunkle Markierung in der Karte klar erkennbar sind, ist heute fast nichts mehr erhalten. Die auf dem Anger stehende kleine Fachwerkscheune, Alt-Buckow 21a, stellt eine gediegene Rekonstruktion dar, die den Bauprinzipien um 1800 geln ausgesetzte hofseitige Fachwerkwand und das von einem doppelt stehenden Stuhl gestützte Kehlbalkensparrendach, das offenbar niemals mit Stroh, sondern stets mit Ziegeln gedeckt war (Abb. 100). Zu den ältesten in Massivbauweise errichteten oder schon vor 1851 unterfangenen Profanbauten gehört das Wohnhaus vom Grundstück Alt-Buckow 41/43. Es ist dies ein um 1820 entstandenes einstöckiges, quergegliedertes Gebäude, das um 1900 noch ein Strohdach besessen haben soll und ursprünglich sogar – wie bei den Kleinbauernstellen dieser Zeit häufig – einen kleinen Stallteil enthalten haben könnte. Sowohl die symmetrische, fünfachsige Stra-

Abb. 100
Scheune eines großen Bauernhofes, um 1830/40, Alt-Buckow 14. Aufmaß des Zustandes von 1986 durch den Verfasser

Abb. 101 a, b Wohnhaus eines Kossäten, um 1820, Alt-Buckow 41/43, a) Hofseite

b) Straßenseite

Abb. 102 Wohnhaus eines Großbauern, um 1880, Alt-Buckow 37

ßenfassade mit Sitzbank neben der Haustür, einem darüber befindlichen Oberlichtfenster und den Fensterläden für die sechsteiligen Fenster (Abb. 101b) als auch die Rückfront mit der einfachen Brettertür und den gleichartigen Fensterläden (Abb. 101a) demonstrieren ohne jede Romantisierung die bescheidenen Lebensverhältnisse eines Kossätenhofes zu Beginn des 19. Jh., dem es um 1860/70 gelungen war, eine heute noch erhaltene kleine Backsteinscheune mit Stallteil zu errichten.

Auf die erste Hälfte des 19. Jh. verweisen ferner das um 1890 und später erneut veränderte Wohnhaus des großen Hofes Alt-Buckow 16 und das Ende des 19. Jh. unterfangene, zeitweise als „Leutehaus" genutzte Gebäude Alt-Buckow 21. Die meisten noch von der Landwirtschaft geprägten Bauten entstammen freilich dem letzten Drittel des 19. Jh. Zu den noch der Tradition märkischer Bauernhäuser verpflichteten Beispielen gehört das im ehemaligen Bauerngehöft Alt-Buckow 26 gelegene, um 1870/80 errichtete einstöckige Wohnhaus mit Drempel und Steildach. Es ist quergegliedert, unterkellert und verputzt. Die schlichte straßenseitige Fassade mit einem Stuckfries unterhalb der Traufkante strahlt sowohl Reichtum als auch Bescheidenheit aus. Aus der ländlichen Bauüberlieferung gelöst und den Villenentwürfen zeitgenössischer Architekten folgend, präsentiert sich indes das Wohnhaus vom Gehöft

Abb. 103 Stall eines Großbauernhofes, um 1860/70, Alt-Buckow 20

Abb. 104 Wohnhaus eines Gewerbetreibenden, um 1880, Alt-Buckow 19a

Abb. 105 Gasthaus „Lindengarten", um 1880, Alt-Buckow 15a

Alt-Buckow 37. Es weist von der Raumordnung und Fassadengestaltung eindeutig auf klassizistische Leitbilder, die – wie das Beispiel belegt – noch Ende des 19. Jh. in gutshausähnlichen Großbauernhäusern wirksam waren (Abb. 102).
Ausdruck der ökonomischen Entfaltung und des errungenen Wohlstandes sind ferner zahlreiche große Wirtschaftsbauten, von denen, stellvertretend für etliche weitere, nur der anderthalbstöckige Stall des ehemaligen Großbauernhofes Alt-Buckow 20 genannt werden soll, dessen Konstruktionselemente, wie der doppelt stehende Stuhl unter dem Kehlbalkensparrendach, auf eine Bauzeit um 1860/70 hindeuten. Obwohl ausschließlich der Viehhaltung, Futtermittellagerung und Unterbringung des Gesindes dienend, erhielt der unverputzte Ziegelbau zahlreiche Schmuckelemente, von denen neben den üblichen Ziersetzungen die große Rundbogenblende am Giebel besonders auffällt (Abb. 103).
Von den kleineren Landwirts- und Gewerbetreibendenstellen, die sich in der zweiten Hälfte des 19. Jh. auf dem Anger ansiedelten, verdienen hervorgehoben zu werden das mit einer prachtvollen Putzfassade versehene Wohnhaus Alt-Buckow 19a (Abb. 104), das noch aufwendigere Gebäude der Gaststätte Alt-Buckow 15a (Abb. 105), beide um 1880, und der etwas ältere kleine Hof Alt-Buckow

Abb. 106
Wohnhaus
eines Windmüllers,
um 1890,
Buckower Damm 130

Abb. 107 Rekonstruierte Holländer-Windmühle, um 1865, Buckower Damm 130

Abb. 108 Mietshaus (um 1910) neben kleinem Wohnhaus (um 1875), Johannisthaler Chaussee 438/440

13a, dessen bescheidener Stall durchaus typisch ist für die Wirtschaftsbauten weniger bemittelter Landwirtschaftsbetriebe um 1860/70.
Das außerhalb des Dorfes, auf einer kleinen Anhöhe gelegene Mühlengrundstück verkörpert mit seinen Bauten besonders anschaulich ein einst außerordentlich wichtiges ländliches Gewerbe. Das in den letzten Jahren rekonstruierte Wohnhaus von etwa 1890 (Abb. 106) widerspiegelt ebenso wie die jüngst wieder hergerichtete Holländer-Windmühle die Verhältnisse, wie sie Ende des 19. Jh. noch in zahlreichen Gemeinden auch des Berliner Umlandes zu finden waren. Die Einbindung der Mühle in ein Freigelände, das den damals üblichen Gegebenheiten mit Obstgarten und kleinem Feld nachgestaltet wurde, erhöht fraglos den Aussagewert der Anlage (Abb. 107).
Der sich zu Beginn des 20. Jh. weiter vergrößernde Ort – von 1900 bis 1919 verdoppelte sich die Einwohnerzahl auf fast 2400 – erlebte seine Bebauung vor allem entlang der Verbindungsstraßen in die Nachbargemeinden. So wurden neben den Ende des 19. Jh. entstandenen kleinen Grundstücken nun auch mehrstöckige Mietshäuser angelegt (Abb. 108). Sie nahmen jedoch niemals den Charakter des Massenwohnungsbaues mit großen Hintergebäuden und Seitenflügeln an und drangen auch nicht in den alten Dorfkern ein. Das einzige

Abb. 109 Ehemalige Dorfschule, 1850, Alt-Buckow 39

größere Gebäude war dort die zweistöckige Schule, die um 1900 als unverputzter Backsteinbau errichtet wurde (Alt-Buckow 17). Sie ersetzte einen kleinen Vorgängerbau, der später als „Evangelisches Gemeindehaus" genutzt wurde und durch seine schlichte spätklassizistische Fassade besticht (Abb. 109).
Das eindrucksvollste ältere Bauwerk ist jedoch die Dorfkirche, die wohl schon Mitte des 13. Jh. errichtet worden sein mag. Jedenfalls deuten der einfache Rechteckraum, der vorgelagerte große Westturm und das Quadermauerwerk darauf hin. Trotz der Umbauten des 15. Jh., die u. a. zur Anlage eines großen gotischen Portals an der Südseite führten, und der späteren Zeit sowie der Bombenschäden im letzten Krieg blieb der Gesamtcharakter des imposanten Baukörpers erhalten, den noch heute ein kleiner Friedhof umgibt (Abb. 110).

Abb. 110
Dorfkirche.
Tuschzeichnung von
H. Wohler, 1834

Bücklein, siehe Buch

Bürknersfelde, siehe Marzahn

Charlottenburg, siehe Lützow

Dahlem
Verwaltungsbezirk Zehlendorf

Entwicklung der Einwohnerzahlen von Dahlem

Jahr	Einwohner
1734	81
1772	98
1801	86
1817	119
1840	131
1858	165
1871	105
1875	131
1880	139
1885	149
1890	174
1895	153
1900	135
1905	1 034
1910	3 431
1919	6 244

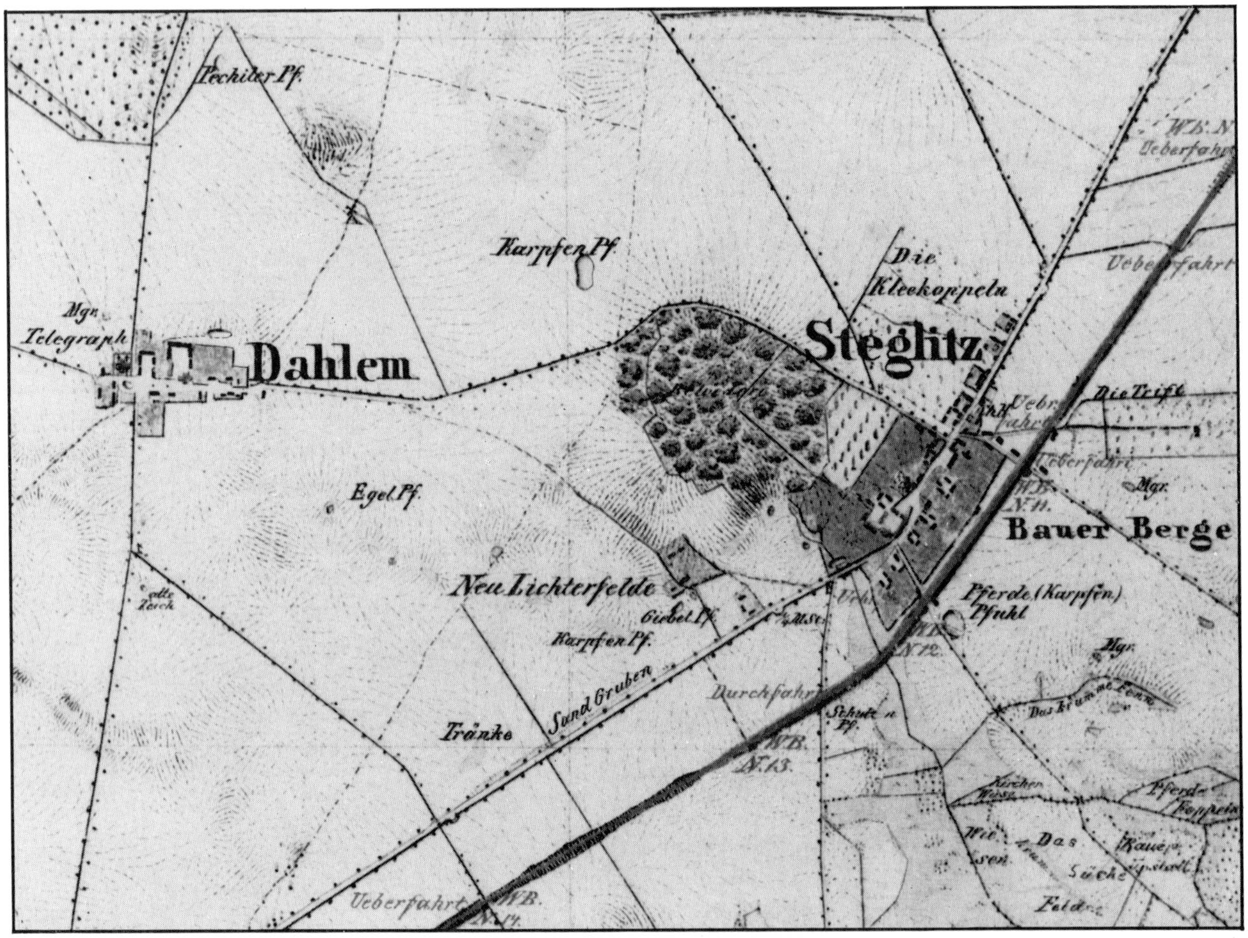

Abb. 111
Ausschnitt aus dem Ur-Meßtischblatt Nr. 1907 von 1836

Das erstmals im Jahre 1375 unter der Bezeichnung Dalm erwähnte und 1450 mit 40, 1480 sogar mit 52 Hufen ausgestattete Dorf besaß frühzeitig zahlreiche ritterliche Freihufen, deren Besitzer zunächst die Familien v. Milow, v. Spiel, v. Pfuhl und ab 1661 v. Wilmersdorf waren. Die 1624 genannten 6 Hüfner- und 4 Kossätenstellen lagen 1652 alle „wüst", wurden auch später nur teilweise wieder besetzt. Im Jahre 1688 existierten lediglich ein Schulze und 2 Kossäten. Für 1711 und 1745 sind jeweils nur 2 Hüfner und 4 Kossäten nachgewiesen.
Das sich herausbildende und vergrößernde Rittergut kam 1799 in den Besitz der Familie v. Podewils, denen ab 1804 v. Beyme und 1840 v. Gerlach folgten, bis schließlich 1841 der preußische Domänenfiskus das Gut erwarb. Seit Anfang des 19. Jh. umfaßte es die gesamte Dorfflur, da zu diesem Zeitpunkt die letzten, bis dahin noch nicht einverleibten Bauern und Kossäten nach Schmargendorf umgesetzt worden waren.
1817 lebten im Ort einschließlich des bis 1817 zum Amt Spandau gehörenden Vorwerks *Ruhleben* und des Forsthauses *Hundekehle* 119 Personen. Unter den 165 Einwohnern im Jahre 1858 befanden sich außer der Familie des königlichen Domänenpächters 16 Knechte und Mägde, 35 Tagelöhner, 4 Arbeiter und 3 Bediente sowie ein Grobschmiedemeister, ein Schankwirt und 3 Arme. Der Gutsbetrieb,

Abb. 112 Giebeldreieck über dem Gruftanbau an der Sankt-Annen-Kirche, um 1600

Abb. 113
Sankt-Annen-Kirche
mit Telegraphieturm.
Tuschzeichnung von
H. Wohler, 1834

Abb. 114
Eingang zum Eiskeller
des Gutes
auf dem Dorfanger,
1709

der 1860 immerhin 14 Wirtschaftsgebäude, darunter eine Brennerei und eine Getreidemühle, umfaßte, wurde Ende des 19. Jh. aufgegeben.
Durch die Übernahme der Oberförsterei Grunewald mit 111 Hektar des Gutsbezirkes Forst Grunewald im Jahre 1907 vergrößerte sich zwar die Gesamtfläche weiter, doch blieb der geplante Ausbau zum „akademischen Viertel" Berlins zunächst in den Anfängen stecken. Lediglich das Museum Dahlem (1912/16) und ab 1911 einige naturwissenschaftliche Institute der „Kaiser-Wilhelm-Gesellschaft zur Förderung der Wissenschaften" sowie zahlreiche Villen und Landhäuser entstanden, so daß Dahlem bei der Eingemeindung mit mehr als 6000 Einwohnern aus dem Kreis Teltow ausschied.
Da sich schon relativ früh ein großes Rittergut herausgebildet hatte und 1803 – wie gesagt – auch noch die letzten 2 Vollbauern und 3 Ganzkossäten nach Schmargendorf umgesetzt wurden, zeigt die Karte von 1836 das Angerdorf bereits in einem ziemlich desolaten Zustand. Beherrschend sind zu diesem Zeitpunkt die beiden geräumigen Gutshöfe auf der Nordseite und die westlich davon gelegene Kirche, denen sich etliche Landarbeiterkaten, vor allem auf der Südseite des Angers, hinzugesellt hatten (Abb. 111).
Von den damals erfaßten Gebäuden sind bis heute lediglich 2 erhalten geblieben. Das älteste stellt wie so oft die Dorfkirche, hier Sankt-Annen-Kirche genannt, dar, die man vermutlich Ende des 14. Jh. aus Backsteinen auf einem Sockel aus gespaltenen Feldsteinen errichtet hatte. Von den späteren Anbauten interessiert neben dem hochgotischen Chor vom Ende des 15. Jh. insbesondere die an die Südwand angesetzte Gruft, die seit 1906 als Sakristei dient, da deren Giebel noch das wohl älteste Fachwerk im Berliner Raum aufweist. Trotz mancher Erneuerungen blieb die für das 16./17. Jh. charakteristische Sparrendachkonstruktion mit der „Spitzsäule" und den Schwalbenschwanzverblattungen der beiden Streben und des unteren Riegels erhalten (Abb. 112). Zeitweise, nämlich von 1832/49, diente der 1781 angelegte Dachturm als Relaisstation der optischen Telegraphenlinie von Berlin nach Koblenz (Abb. 113).
Das zweite ältere Gebäude ist das ehemalige Her-

Abb. 115　Landarbeiterwohnhaus, um 1890, Thielallee 2/4

Abb. 116　Stallungen für jeweils 4 Landarbeiterfamilien, um 1890, Thielallee 2/4

Abb. 117　Mietvilla mit repräsentativer Fassade und Garten, um 1910, Goßlerstraße 5

renhaus. Es entstand in mindestens 4 Bauabschnitten. Ausgangspunkt war ein um 1500 errichtetes, nur etwa 15 Meter × 11 Meter großes Gutshaus, von dem bis heute noch ein spätgotischer Raum mit Sterngewölbe erhalten ist. Um 1600 erfolgten ein erster Anbau am Westgiebel, 1680 die Anlage eines Querflügels nach Süden und die Umgestaltung der Fassaden. Dieser Zustand blieb – trotz eines weiteren Anbaus von 1914 an der Westfront – bis heute bestimmend. Die dazugehörigen Wirtschaftsgebäude, die in der ersten Hälfte des 19. Jh. mit Ausnahme eines Stalles noch aus Fachwerk bestanden, sind bei der Feuersbrunst von 1904 offenbar ein Raub der Flammen geworden, und auch die danach errichteten Backsteinbauten wurden inzwischen größtenteils abgerissen oder stark verändert.

Von außerordentlichem Interesse ist ferner der auf dem Anger gelegene, ehemals zum Gut gehörende Eiskeller, den im Jahre 1709 C. H. v. Wilmersdorf anlegen ließ. Dabei handelt es sich um einen tief unter dem Erdreich liegenden runden überwölbten Raum, der nur durch eine kleine Kellertreppe zugänglich und trotz des künstlich aufgeschütteten Hügels kaum erkennbar ist (Abb. 114).

Ebenfalls auf die einst dörfliche Vergangenheit verweist der „Alte Krug", Königin-Luise-Straße 52. Der Bau kann aber wohl kaum mit der bereits 1516 genannten Krugstelle in Verbindung gebracht werden. Er deutet vielmehr auf eine um 1830 errichtete Tagelöhnerkate hin, die später zur Gastwirtschaft umfunktioniert worden ist. Äußerlich nur geringfügig verändert präsentieren sich dagegen etliche Landarbeiterhäuser, die im letzten Drittel des

Abb. 118 Eingangsportal des Gymnasiums, 1909, Königin-Luise-Straße 80/84

Abb. 119
Von den Gebrüdern Hennings entworfener U-Bahnhof Dahlem-Dorf, 1913

19. Jh. entstanden. Einen annähernden Eindruck damaliger Wohn- und Lebensbedingungen vermittelt insbesondere der Komplex Thielallee 2/4. Hier befinden sich 2 parallel zueinander angelegte einstöckige „Leutehäuser", in denen ehemals je 6 Familien untergebracht waren (Abb. 115). Hinzu kommen 4 ebenfalls um 1890 errichtete Stallgebäude, in denen jeweils 4 Familien einen kleinen Raum zur eigenen Viehhaltung und Raum zur Vorratslagerung zugewiesen bekamen (Abb. 116). Ähnlich aussagekräftig ist ferner eine erfreulich wenig veränderte Arbeiterkaserne aus der Zeit um 1900, Königin-Luise-Straße 56.

Der bis zur Jahrhundertwende fast ausschließlich durch den Betrieb der königlichen Domäne geprägte Gutsbezirk, in dem z. B. 1890 lediglich 174 Einwohner lebten, begann seit 1899/1900 sein Gesicht grundsätzlich zu verändern. Der Gutsbetrieb wurde reduziert und bald ganz eingestellt, auf einem Teil der Feldmark der ehemals in Schöneberg gelegene Botanische Garten 1899/1906 errichtet, ein ungefähr 50 Hektar großes Gelände für die Anlage staatlicher und wissenschaftlicher Institutionen abgetrennt und ab 1901 das restliche Terrain durch eine Aufteilungskommission für die Errichtung eines Villenortes erschlossen. Bis 1902 waren 10, bis 1908 schon 115 derartige Gebäude entstanden, so daß im gleichen Jahr bereits abzusehen war, daß „die Domäne Dahlem, noch vor kurzem ein wenig bekannter, kleiner Gutsbezirk ... mit seiner günstigen Lage zwischen Schmargendorf, Steglitz und dem Grunewald ... sich bald zu einer unserer vornehmsten Kolonien entwickeln wird" [16]. In der Tat entstanden seitdem bis 1914 jährlich zwischen 26 und 66, seit der Jahrhundertwende bis zur Eingemeindung 1920 insgesamt 417 Wohnhäuser. Vorherrschend waren gleichermaßen die als Einfamilienhaus genutzten Eigentumsvillen und die als Mehrfamilienhaus dienenden großen Mietvillen (Abb. 117), während die Zahl der kleineren bescheidenen Landhäuser zu diesem Zeitpunkt noch recht gering war und ausgesprochene Mietshäuser völlig fehlten.

Der damit verbundene allgemeine Bevölkerungszuwachs hatte zur Folge, daß 1905 eine eigene Gemeindeschule (Lansstraße 7/9) angelegt wurde. Die spezifische Sozialstruktur aber bewirkte, daß bereits 1909 – trotz der im Verhältnis zu den anderen Vororten noch bestehenden Kleinheit – zudem ein Lyzeum (Im Gehege 6/8) und ein Gymnasium (Königin-Luise-Straße 80/84) entstanden (Abb. 118). Ähnlich günstige Voraussetzungen erwirkten sich die finanzkräftigen und einflußreichen Bewohner auch hinsichtlich der stadttechnischen Erschließung. So wurde schon 1902 ein Vertrag mit den Charlottenburger Wasserwerken zur Lieferung von Leitungswasser abgeschlossen. Binnen weniger Jahre folgten Gas, Elektrizität, Kanalisation und 1913 sogar der Bau einer U-Bahn-Linie über Dahlem nach Zehlendorf. Das Empfangsgebäude des Bahnhofs Dahlem-Dorf, ein eindeutig dem Niederdeutschen Hallenhaus nachempfundener Bau aus Fachwerk mit Rohrdach, ist Ausdruck der agrarromantischen Vorstellung jener Vorortsbewohner, die die Vorzüge der Großstadt zwar nicht missen, aber deren Konsequenz doch aus dem Wege gehen wollten (Abb. 119).

Dalldorf
Verwaltungsbezirk Reinickendorf

Entwicklung der Einwohnerzahlen von Dalldorf

Jahr	Einwohner
1734	124
1772	136
1801	176
1817	154
1840	284
1858	497
1871	647
1875	770
1880	2 127
1885	2 648
1890	3 198
1895	3 444
1900	7 422

1905 ff. siehe Wittenau

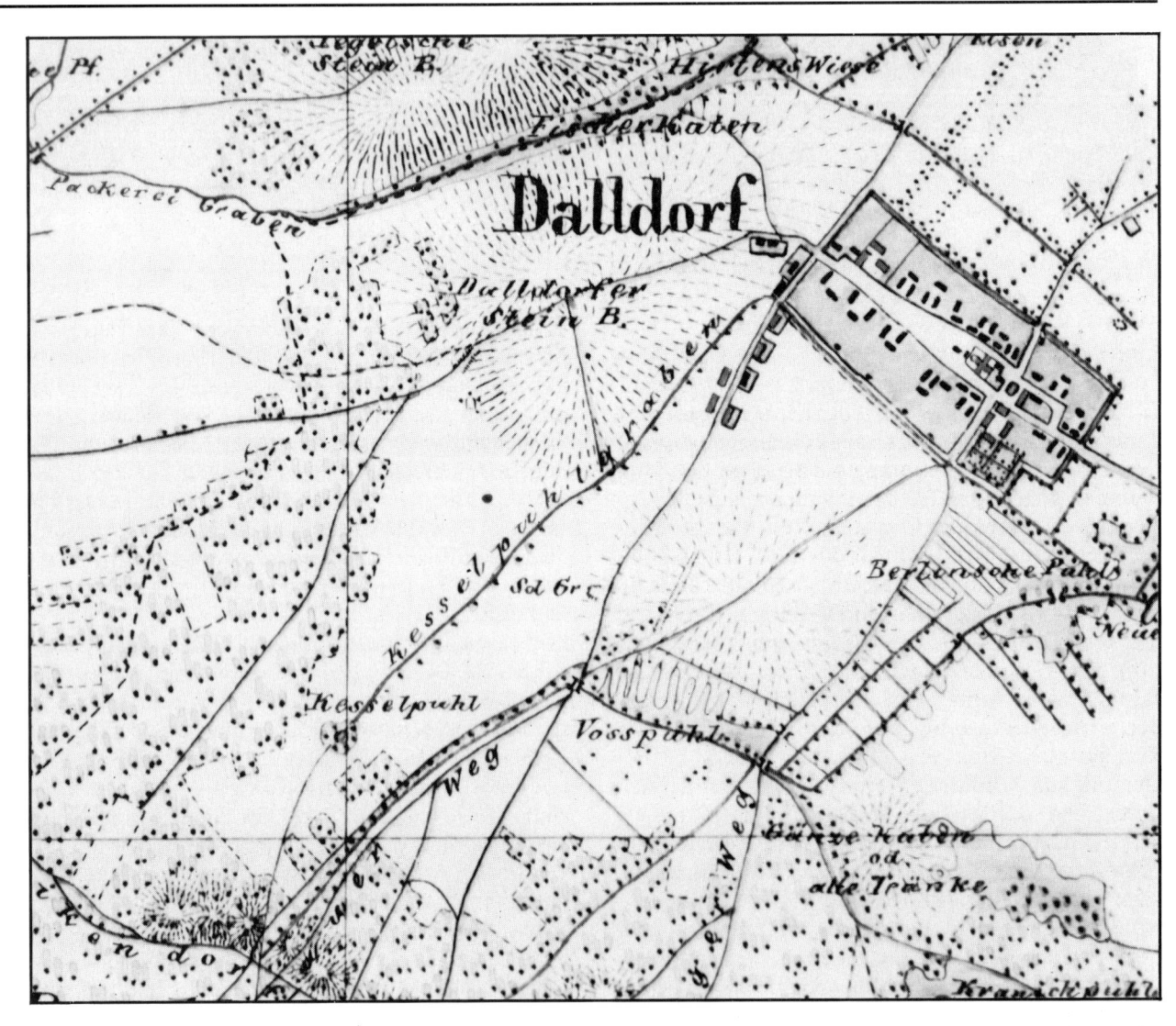

Abb. 120
Ausschnitt aus dem Ur-Meßtischblatt Nr. 1836 von 1835

Das erstmals 1322 erwähnte Dorf gehörte damals zum Benediktinerinnenkloster in Spandau. Nach dessen Säkularisation im Jahre 1558 kam es zum Amt Spandau, bis es 1658 dem der Kurfürstin Luise Henriette verliehenen Amt Oranienburg unterstellt wurde. Von 1668/1731 wieder dem Amt in Spandau zugeordnet, unterstand das Dorf ab 1731 dem Amt Niederschönhausen und ab 1811 dem Amt Mühlenhof.

Im Landbuch Kaiser Karls IV. von 1375 werden lediglich 39, in späteren Quellen jedoch weit mehr (1450 schon 55, 1527 und 1590 sogar 58, seit 1624 dann stets 57) Hufen genannt. 1624 existierten 9 Hüfner und 8 Kossäten. Infolge des Dreißigjährigen Krieges lagen 1652 2 Bauern- und 4 Kossäten-, 1664 sogar 4 Bauern- und 6 Kossätenstellen „wüst". Seit dem Ende des 17. Jh. bis ins 19. Jh. bestanden dann stets 8 Bauernhöfe, während die Zahl der Kossäten sich erst allmählich wieder auf 3 (so 1737) bzw. 4 (so 1801) erhöhte. Durch die Ansiedlung mehrerer Häusler und Einlieger in der zweiten Hälfte des 18. Jh. vergrößerte sich das Dorf, für das bereits seit 1375 ein Krug (nach dem Dreißigjährigen Krieg zeitweise nicht besetzt), seit 1450 ein Hirte und seit 1737 ein Schmied nachzuweisen sind, etwas.

Nach einem durch die napoleonische Besetzung und die anschließenden Befreiungskriege bedingten Rückgang der Bevölkerungszahl wuchs diese jedoch bald wieder, wesentlich beschleunigt durch die Ablösung der Feudallasten, die 1831 durchgeführte Separation, die Gewerbefreiheit und die Aufhebung sonstiger zeittypischer Beschränkungen. Zwar war bis 1860 außer verschiedenen Handwerksstellen lediglich ein größeres Gewerbe, eine Getreidemühle, entstanden, doch folgten bald darauf 2 größere Landverkäufe, die entscheidenden Einfluß auf die Entwicklung des Ortes haben sollten.

Der eine betraf das mit der Krugberechtigung ausgestattete Achthufengut, das um die Mitte des 18. Jh. die Forsträtin Thilo aus Tegel erworben hatte, von der es der Berlin-Kommandant v. Wylich und Lottum, danach der Landrat v. Pannwitz und zuletzt schließlich der Amtmann Seidel übernahm. Dieser verkaufte es 1869 – bis auf 100 Morgen – an den Magistrat von Berlin, der auf dem Gelände in den Jahren 1877/79 eine Irrenanstalt errichten ließ. Der zweite betraf ein 200 Morgen großes, nahe der Tegeler Feldmark gelegenes Terrain, das seit 1898 mit Werkswohnungen für die Firma Borsig bebaut und seit 1899 als *Borsigwalde* bezeichnet wurde.

Weitere Impulse verschaffte dem Ort die Anlage eines Bahnhofs im Nordosten der Feldmark, Dalldorf (Nordbahn), im Jahre 1877 und eines weiteren Haltepunkts, Dalldorf (Kremmener Bahn) südlich der Nervenklinik im Jahre 1893. Die Einwohnerzahlen stiegen beständig, allein von 1871 mit 647 Einwohnern bis 1900 auf 5433 Einwohner. Seit 1893 wurde die Irrenanstalt von den Berliner städtischen Gaswerken (Gasanstalt V in Schmargendorf), seit Oktober 1900 der gesamte Ort vom Gaswerk Tegel mit Gas versorgt. Im Jahre 1905 wurde Dalldorf in *Wittenau* umbenannt (siehe dort).

Die 150 Jahre, die seit der ersten Meßtischblatt-Aufnahme vergangen sind, brachten zwar wesentliche Veränderungen in der Bebauung der gesamten Feldmark, die damals erfaßte Angersituation blieb jedoch weitgehend erhalten (Abb. 120). Ganz anders dagegen ist die Lage bei den einzelnen Bauwerken, von denen nur wenige nahezu unversehrt überliefert sind. Zu diesen gehört die Ende des 15. Jh. errichtete Dorfkirche, die zwar 1799 einen Dachturm erhielt und mindestens seit dem ersten Drittel des 19. Jh. verbreiterte Fenster besitzt, wie eine zeitgenössische Zeichnung belegt (Abb. 121), doch in ihrer einfachen Grundstruktur und Wandgestaltung bis heute weitgehend original erhalten geblieben ist. Zu diesen gehört ferner das in der zweiten Hälfte des 18. Jh. errichtete, in der Karte von 1836 als einer der wenigen Massivbauten verzeichnete Wohnhaus vom Gehöft Alt-Wittenau 66. Es ist dies ein einstöckiges, auf einem hohen Kellersockel ruhendes, quergegliedertes Gebäude, das allein durch das Vorhandensein eines Mansarddaches auf eine Sonderfunktion verweist und vermut-

Abb. 121
Dorfkirche.
Tuschzeichnung von H. Wohler, 1834

Abb. 122
Wohnhaus zum ehemaligen Kruggut, zweite Hälfte des 18. Jh., Alt-Wittenau 66

Dalldorf

Abb. 123 a–d
Details
bäuerlicher Wohn- und
Wirtschaftsbauten
aus dem letzten Drittel
des 19. Jh.

a) Giebelansicht des Wohnhauses Alt-Wittenau 38, um 1860

b) Traufseite des Wohnhauses Alt-Wittenau 69, 1879

c) Scheune mit Ziegelziersetzungen, Alt-Wittenau 69, um 1880

d) Veranda vor dem Hauseingang des Wohnhauses Alt-Wittenau 37, um 1900

lich das Herrenhaus zum ehemaligen Kruggut darstellt (Abb. 122).
Da, wie der Ortsschulze im Jahre 1788 dem königlichen Amte berichtete, „im ganzen Dorfe lauter hölzerne Schornsteine" [112] und die meisten Dächer mit Stroh oder Rohr gedeckt waren, bestand damals ständig große Brandgefahr. 1796 vernichtete eine Feuersbrunst die Mehrzahl aller Gebäude. Von den anschließend zumeist wieder in Fachwerk errichteten Wohnhäusern, Ställen und Scheunen ist nichts

Abb. 124
Bahnhof an der
Nordbahn.
Aufnahme um 1895

original erhalten geblieben. Aus dieser Zeit stammen jedoch noch das inzwischen unterfangene einstöckige Wohnhaus mit Krüppelwalm eines Büdners, Alt-Wittenau 52, und das heute gleichfalls aus massiven Außenwänden bestehende Gebäude „Zur Dorfaue", Alt-Wittenau 56. Die meisten Fachwerkbauten mußten jedoch im Verlaufe des 19. Jh. – vor allem nach 1870/71 – Backsteinneubauten weichen. Das früheste von den erhalten gebliebenen Zeugnissen stellt das um 1860 entstandene einstöckige, unterkellerte und mit einem Kniestock versehene Wohnhaus eines Großbauernhofes, Alt-Witte-

Abb. 125
Städtische Irrenanstalt.
Aufnahme von
F. A. Schwartz, 1887

Abb. 126　Mietshäuser der Kolonie Borsigwalde, um 1905, Räuschstraße 59/61

Abb. 127　Dorfaue (Alt-Wittenau). Aufnahme um 1900

nau 38, dar, zu den aufwendigsten gehören die Gebäude Alt-Wittenau 34 und Alt-Wittenau 69, und zu den spätesten der Reichtum demonstrierenden Bauernhäuser gehört das um 1900 entstandene Wohnhaus Alt-Wittenau 37 (Abb. 123a–d).

Einen nicht zu unterschätzenden ersten Einbruch ins Dorf bedeutete die 1873 erfolgte Anlage eines Bahnhofs an der nordöstlich des Ortes vorbeiführenden Nordbahn. Bereits 1891 wurde ein zweites Gleis gelegt, noch im gleichen Jahr der Vororttarif eingeführt, die Zugfolge erheblich verdichtet, und prompt folgte eine Orientierung im Baugeschehen auf den Bahnhof zu (Abb. 124). Dieser mußte im Zusammenhang mit der 1908/10 vorgenommenen Neuverlegung der Strecke auf einen Damm völlig erneuert werden. An dem vom Bahnhof ins Dorf führenden Weg entstanden in nur wenigen Jahren etliche Häuser, so z. B. die beiden noch ganz in der spätklassizistisch-gründerzeitlichen Bauernhaustradition stehenden Gebäude Eichborndamm 277 und 279, das kleine bis 1911 genutzte Gemeindebüro mit Poststation, Eichborndamm 286, eine große zweistöckige Schule vom Anfang des 20. Jh., Eichborndamm 276/284, und bald auch dreistöckige Mietshäuser, z. B. Eichborndamm 287.

Von erheblicher Bedeutung für die Geschicke des Ortes erwies sich ferner die Anlage der Berliner Städtischen Irrenanstalt in den Jahren 1877/79. Dieser nach den Entwürfen des Stadtbaurates H. Blankenstein gestaltete große Baukomplex (Abb. 125) bildete zwar anfangs beinahe einen Fremdkörper in der Gemeinde, bewirkte jedoch bald darauf trotz seines Eigenlebens eine durchaus beachtliche Belebung. So entstand an der 1892 eröffneten sogenannten Kremmener Bahn, die unmittelbar südlich der Heilstätten vorbeiführte, ein auch für die spätere Bebauung dieses Gebietes wichtiger Haltepunkt. Die große Berliner Pferde-Eisenbahn-Gesellschaft legte in den 80er Jahren zur Berlin-Tegeler Linie eine Nebenstrecke an, die von der Scharnweberstraße zur Irrenanstalt führte, und förderte damit fraglos ebenfalls die weitere Erschließung des Ortes.

Ein dritter Einbruch erfolgte schließlich mit dem Verkauf des Heidelandes an der Tegeler Gemarkungsgrenze. Hier begann ab 1898 eine Terraingesellschaft mit dem Bau von Mietshäusern für die Arbeiter und Angestellten der benachbarten Borsigwerke (Abb. 126). Diese bald Kolonie *Borsigwalde* genannte Siedlung zählte um 1908 schon mehr als 2000 Einwohner, wurde zu diesem Zeitpunkt bereits mit Gas und Wasser versorgt, hatte größtenteils Kanalisation und besaß eine eigene vierklassige Gemeindeschule. Zwischen den Wohnblocks hatten sich zudem einzelne industrielle Unternehmungen angesiedelt, die teils unmittelbar an der

Kremmener Bahn lagen, teils mit dieser durch Gleisanschlüsse verbunden waren.
Damit waren rund um das alte Dorf etliche Siedlungskomplexe entstanden. Das alte Zentrum und die unmittelbar angrenzende Umgebung blieben zunächst jedoch weitgehend agrarisch geprägt und wenig urbanisiert, wie allein die um 1900 noch ungepflasterte Dorfaue (Abb. 127) belegt (siehe auch Wittenau).

Damm, siehe Spandau

Dreilinden, siehe Düppel

Deutsch-Rixdorf, siehe Rixdorf

Deutsch-Wilmersdorf, siehe Wilmersdorf

Düppel, Verwaltungsbezirk Zehlendorf

Um 1830 entstand im Zusammenhang mit der Separation aus einem Kolonistenhof der friderizianischen Siedlung *Neu-Zehlendorf* sowie einem Bauernhof in Zehlendorf und Teilen des Gutes Heinersdorf bei Teltow (z. B. der Heinersdorfer Heide) das Vorwerk Zehlendorf (siehe Abb. 617), das 1859 einschließlich des Waldes 2300 Morgen umfaßte. Es war seit 1833 im Besitz des Salz- und Schiffahrtsdirektors F. W. H. Bensch, von dem es 1856 der Großdestilleur C. J. A. Gilka kaufte, bis es 1859 der preußische Prinz Friedrich Carl erwarb. Dieser ließ hier ein Gestüt anlegen und 1869 in dem dazugehörigen Forst ein Jagdschloß errichten. In Anlehnung an ein älteres, aber weiterhin bestehendes Forsthaus, das zunächst (so 1791) als Heidekrug, später nach drei vor der Tür stehenden Linden bezeichnet wurde, erhielt das Schloß den Namen *Dreilinden*. Im Jahre 1865 wurde der gesamte Besitz zum Gutsbezirk erhoben und zur Erinnerung an die Schlacht bei Düppel von 1864 mit dem Namen Düppel versehen.

Über einen Gutshof kam die Siedlung jedoch kaum hinaus, obwohl seit 1838 eine Brennerei bestand und z. B. 1883 neben 50 Pferden auch 16 Rinder, 9 Schweine und 27 Ziegen gehalten wurden. Im Jahre 1900 existierten lediglich 8 Wohnhäuser, zu denen auch die kurz zuvor entstandenen und bis heute erhaltenen Tagelöhnerkaten gehörten. Es waren dies anderthalbstöckige Ziegelbauten mit Pappdach, jeweils 4 Gutsarbeiterfamilien als Unterkunft dienend. Vielmehr entwickelten sich seit den 80er Jahren des 19. Jh. auf der Gemarkung etliche separate Siedlungen, so die Villenkolonie *Wannsee*, die 1898 aus dem Gutsbezirk Düppel ausgegliedert und zur Gemeinde Wannsee geschlagen wurde, und die Siedlung *Nikolassee*, die seit 1910 eine selbständige Landgemeinde bildete. Der im Kreis Teltow gelegene Gutsbezirk wurde erst im Jahre 1928, in dem die Stadt Berlin das Gutshaus Dreilinden erwarb, eingemeindet.

Entwicklung der Einwohnerzahlen von Düppel

Jahr	Einwohner
1871	
1875	
1880	124
1885	199
1890	244
1895	300
1900	
1919	
1925	101

Eichkamp, siehe Grunewald-Forst

Eierhaus, siehe Treptow

Fahlenberg, siehe Grünau-Dahmer-Forst

Falkenberg
Stadtbezirk Hohenschönhausen

Entwicklung der Einwohnerzahlen von Falkenberg

Jahr	Einwohner
1734	107
1772	101
1801	164
1817	106
1840	201
1858	295
1871	358
1875	345
1880	434
1885	521
1890	647
1895	637
1900	602
1905	781
1910	708
1919	699

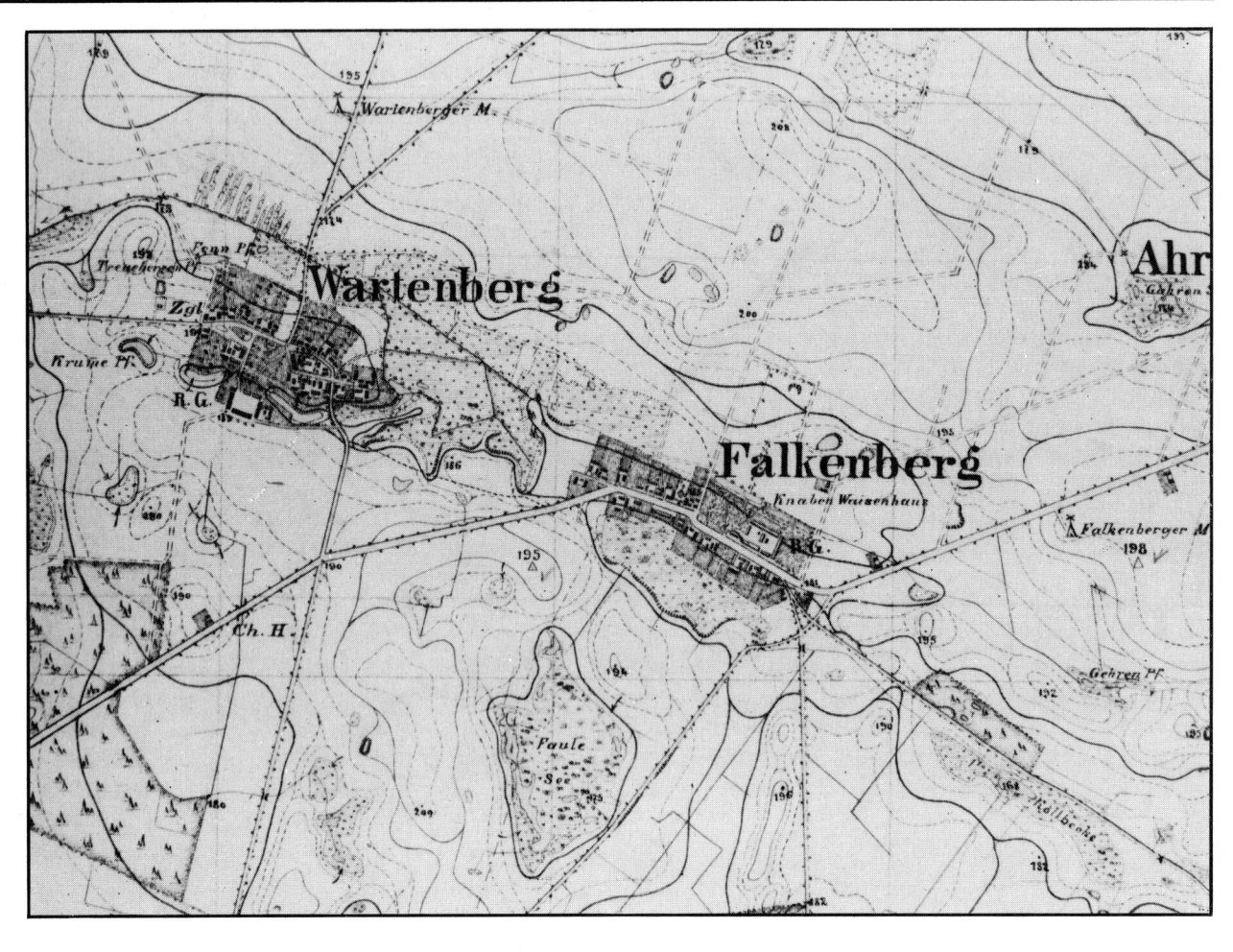

Abb. 128
Ausschnitt aus dem Ur-Meßtischblatt Nr. 1838 von 1869/71

Das bis 1920 zum Kreis Niederbarnim gehörende und zu diesem Zeitpunkt noch aus einem Gemeinde- und einem Gutsbezirk bestehende Dorf wurde 1370 erstmals erwähnt. 1375 besaß T. v. Beeren 10 der insgesamt 52 Hufen, die bis ins 16. Jh. größtenteils zinspflichtig waren. Bereits vor dem Dreißigjährigen Krieg vergrößerte sich das Gut (1574: 8, 1588: 10 und 1603: 16 Hufen), das von 1603 bis 1744 der Familie v. Löben gehörte und danach häufig seinen Besitzer wechselte. So waren dies beispielsweise 1791/97 die Familie v. Humboldt, 1797/1806 die Familie v. Hollwede, denen die Familien v. Alvensleben, v. Lippe-Detmold, Bennewitz, Kohlmetz, v. Francke, v. Bennewitz, v. Treier und seit 1843 v. Arnim folgten, bis es schließlich 1875 Stadtgut von Berlin wurde.

Den 1624 genannten 9 Hüfnern und 6 Kossäten standen 1652 zwar nur 7 Bauern, dafür aber 8 Kossäten gegenüber. Bis ins 19. Jh. blieben dann 7 Vollbauernstellen erhalten – erst um 1850 verringerte sich die Zahl auf 6 –, während die Zahl der Kossäten sich schon ab 1664 auf 5 und später auf 4 verringert hatte. Dem bereits 1375 genannten Krug und der im 17./18. Jh. mehrfach erwähnten Schmiede gesellten sich später keine weiteren Gewerbe hinzu, so daß die Einwohnerzahl zunächst stagnierte und sich erst seit dem ersten Drittel des 19. Jh. etwas vergrößerte. So standen den 106 Ein-

Falkenberg

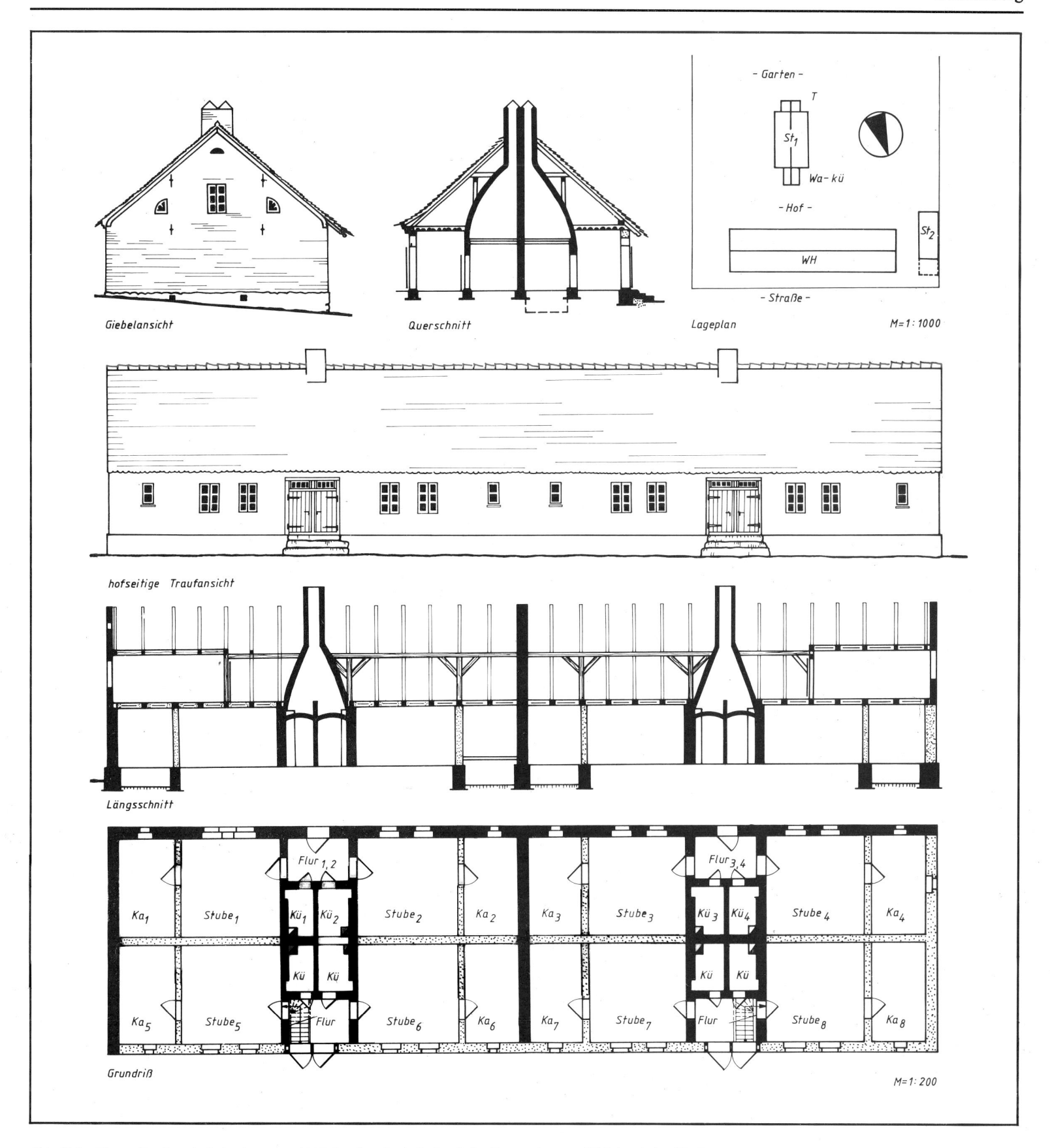

Giebelansicht Querschnitt Lageplan M=1:1000

hofseitige Traufansicht

Längsschnitt

Grundriß M=1:200

Abb. 129 Ehemalige Landarbeiterkate, um 1820, Dorfstraße 4. Aufmaß des Zustandes von 1985 durch den Verfasser

Falkenberg

Abb. 130 Ehemalige Landarbeiterkasernen, um 1890, Dorfstraße 34/36

Abb. 131 Stallungen im Hof des Komplexes der Landarbeiterkasernen, um 1890

wohnern im Jahre 1817 bereits 1840 etwa 200 und 1858 fast 300 gegenüber. 1895 lebten gar 637 Personen im Ort, davon 281 im Gutsbezirk.
Die schon um 1895 angelegte kleine Kolonie *Neu-Ahrensfelde*, die nach 1900 dem Gutsbezirk Falkenberg einverleibt wurde, brachte auch keinen nennenswerten Bevölkerungszuwachs, so daß der dörfliche und vorrangig durch das Gut geprägte Charakter des Ortes bis zur Eingemeindung erhalten blieb. Wasser-, Gas- und Elektrizitätsanschlüsse kamen ebenso wie die Kanalisation erst nach der Eingemeindung ins Dorf.
Die beherrschende Rolle des Gutes kommt allein darin zum Ausdruck, daß es mindestens seit dem beginnenden 19. Jh. etwa 2 Drittel der gesamten Feldflur umfaßte. So gehörten im Jahre 1860 von den insgesamt 3032 Morgen 1962 dem damaligen Großgrundbesitzer, während nur 1070 Morgen der restlichen Bevölkerung zur Verfügung standen. Dementsprechend prägten die Wohn- und Wirtschaftsbauten des Gutes ganz entscheidend das Ortsbild des Straßendorfes. Sie nahmen nicht nur den größten Teil der nördlichen Straßenseite ein (Abb. 128), sie befanden sich auch verstreut zwischen anderen Gehöften des Dorfes.
Ein solches Beispiel ist die Landarbeiterkate Dorfstraße 4 (Abb. 129). Es ist dies eines der bemerkenswertesten Zeugnisse landproletarischer Wohn- und Lebensverhältnisse aus der Zeit des sich herausbildenden Agrarkapitalismus im Berliner Raum. Das etwa um das Jahr 1820 entstandene, zumeist aus 14 cm × 14 cm × 30 cm großen ungebrannten Lehmsteinen errichtete, einstöckige und auf einem Feldsteinsockel ruhende Gebäude war zur Unterbringung von 8 Familien im Erdgeschoß und weiteren ledigen Arbeitskräften in den beiden Giebelstuben des Dachraumes gedacht. Jeder Familie wurden eine Stube und eine Kammer sowie ein Segment der unter dem offenen Schornstein gelegenen Schwarzen Küche zugeordnet. Unter dem etwa einen halben Meter erhöhten Fußboden der Kammern befand sich ein „Kellerloch", das durch eine Klappe in der Dielung zugänglich war und zur Vorratslagerung dienen mußte, da andere Keller oder Ställe zunächst nicht vorhanden waren. Diese entstanden erst gegen Ende des 19. Jh., nachdem die Stadt Berlin das Gut übernommen und zahlreiche neue Landarbeiterkasernen errichtet hatte. Um der Gefahr der Abwanderung in die nahe gelegene Großstadt entgegenzuwirken, begann man um 1890, diese frühe Kate zur Unterbringung vorwiegend älterer Gutsarbeiter zu nutzen und einige geringfügige Verbesserungen am Bau vorzunehmen. So begann man in jenen Jahren, die sogenannten Preußischen Kappen in die Küchen einzuziehen und die Lehm- oder Ziegelfußböden durch Dielun-

Abb. 132 Bauernhaus, um 1830, Dorfstraße 1

gen zu ersetzen. In dieser Zeit entstand auch das hofseitige Stallgebäude mit dem nördlich vorgelagerten Waschhaus und dem Abort am Südgiebel.
Die Mehrzahl der erhaltenen ehemaligen Landarbeiterkasernen entstammt freilich erst dem Ende des 19. Jh. (Abb. 130). Sie wurden als zweigeschossige Backsteinbauten mit Kniestock und pappgedeckten Pfettendächern errichtet, waren unterkellert und besaßen – durch die Verwendung enger Schornsteinröhren ermöglicht – bereits richtige Küchenräume. Trotz etlicher Modernisierungsmaßnahmen der letzten Jahre vermittelt der in unmittelbarer Nachbarschaft des Gutshofes gelegene Komplex mit seinen zahlreichen Wohn- und Stallbauten durchaus noch einen Eindruck von den damaligen Wohn- und Lebensbedingungen (Abb. 131).

Abb. 133
Ruine des Gutshauses kurz vor dem Abbruch.
Aufnahme von 1959

Abb. 134
Bauernhaus,
um 1880,
Dorfstraße 50

Falkenberg

Abb. 135   Stall eines mittelgroßen Bauernhofes, um 1880, Dorfstraße 13/14

Abb. 136   Dorfkirche nach dem Umbau von 1795, Tuschzeichnung von H. Wohler, 1834

Die vor etwa 25 Jahren abgerissene Ruine des Schlosses, das sich in unmittelbarer Nähe des Wirtschaftshofes am Rande eines kleinen Parks befand, ließ trotz der Ende des 19. Jh. erfolgten größeren Umbauten gerade in dieser Phase einige Elemente des ursprünglichen Baues recht gut erkennen. Den ältesten Teil stellte der im 18. Jh. errichtete einstöckige, mit einem Mansarddach versehene und seit dem ersten Drittel des 19. Jh. nur noch 4 Achsen umfassende Trakt dar, der sich an das um 1830 entstandene zweistöckige Hauptgebäude giebelseitig anlehnte. Dieses, ein bescheidener zweistöckiger, verputzter Ziegelbau von 5 Achsen, wies auf der einen Traufseite 5 über beide Etagen hinweglaufende Pilaster und auf der anderen einen bis zuletzt teilweise erhaltenen breiten Rankenfries auf (Abb. 133). Von den sonstigen dörflichen Bauten verdienen neben einem im ersten Drittel des 19. Jh. entstandenen, bereits als reines Wohngebäude in der Tradition des Mitteldeutschen Ernhauses errichteten, inzwischen aber veränderten ehemaligen Bauernhaus mit schlichter klassizistischer Fassade und Krüppelwalm, Dorfstraße 1 (Abb. 132), lediglich verschiedene Wohn- und Wirtschaftsbauten des ausgehenden 19. Jh. hervorgehoben zu werden. Dazu gehören die mit spätklassizistischem Zierat versehenen Putzfassaden der schiefergedeckten Wohnhäuser einiger mittelgroßer Bauernhöfe, beispielsweise Dorfstraße 51 und 50 (Abb. 134), und mehrere mit Ziegelziersetzungen ausgestattete Wirtschaftsgebäude, so die Ställe und Scheunen der Höfe Dorfstraße 13/14, 46, 50 und 51 (Abb. 135).

Eine Besonderheit des Ortes stellte seit dem Ende des 18. Jh. bis zur Sprengung durch die Waffen-SS am 21. 4. 1945 die Dorfkirche dar. Die bis 1794/95 aus einem einfachen Langhaus mit eingezogenem Chor bestehende Feldsteinkirche baute damals im Auftrage der Mutter der Gebrüder Humboldt der Berliner Baumeister P. L. Simon um. Er ließ die Fenster vergrößern, die Außenwände verputzen und legte den dem Westgiebel vorgelagerten, ebenfalls verputzten quadratischen Turm mit einem Fries über dem Eingang zur Gruft an. Die aus einem flachen Zeltdach herausragende pyramidenartige Turmspitze mit einer Wetterfahne von 1795 entsprach ebenso wie das Portal zur Erbbegräbnisstätte der Gutsbesitzerfamilie der damals verbreiteten Vorliebe für ägyptisierende Formen (Abb. 136).

Falkenberg, siehe Altglienicke

Französisch-Buchholz, siehe Buchholz

Friedenau
Verwaltungsbezirk Schöneberg

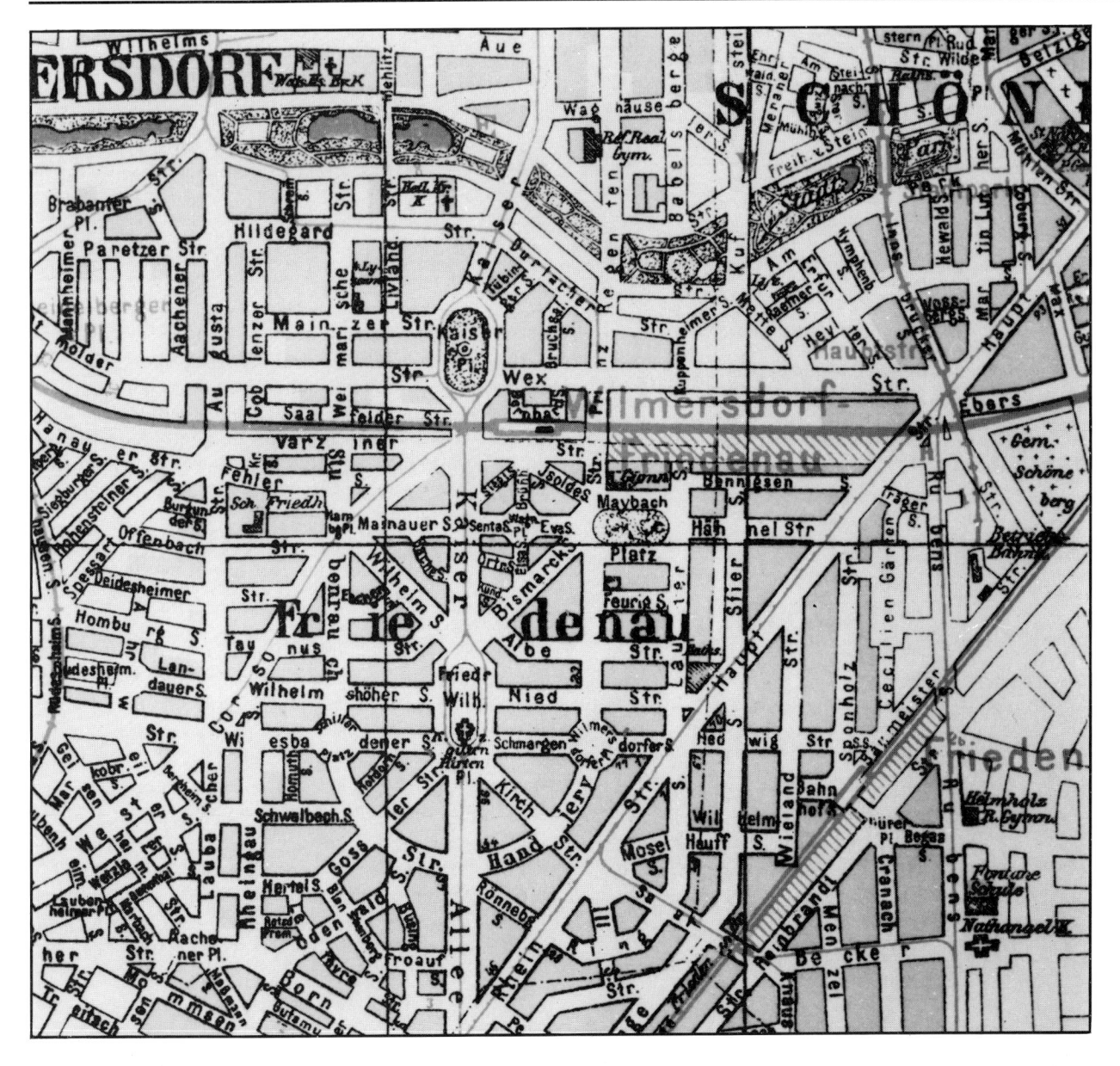

Entwicklung der Einwohnerzahlen von Friedenau

Jahr	Einwohner
1871	–
1875	1 104
1880	1 303
1885	2 137
1890	4 211
1895	7 852
1900	11 050
1905	18 011
1910	34 862
1919	43 833

Abb. 137
Ausschnitt aus „Kiessling's Großem Verkehrsplan von Berlin mit Vororten" aus dem Jahre 1919

Die bis 1920 zum Kreis Teltow gehörende und dann in das Stadtgebiet von Berlin eingegliederte Landgemeinde Friedenau wurde erst im Jahre 1874 gebildet. Sie entstand aus einer zwischen Schöneberg und Steglitz gelegenen, aber zum Gutsbezirk von Wilmersdorf gehörenden Landhauskolonie, die 1871 gegründet wurde. Sie erhielt ihren Namen nach dem 1871 abgeschlossenen Frankfurter Friedensvertrag und umfaßte anfangs nur eine Fläche von 42 Hektar, seit der Auflösung des Gutsbezirkes Wilmersdorf 1874 jedoch 141 Hektar.

Zunächst siedelten sich hier vorrangig Kapitalrent-

Friedenau

Abb. 138 Vierstöckige Mietshäuser (mit Hinterhaus), 1893, Albestraße 19/20

Abb. 139 Zweistöckige Backsteinvilla, 1886, Schnackenburgstraße 4

Abb. 140 Eines der inzwischen teilweise modernisierten Bahnhofsgebäude, 1889/91, Baumeisterstraße 4c

ner und mittlere Beamte an, doch gesellte sich bald zu den zahlreichen von Gärten umgebenen Villen und freundlichen Landhäusern der Mietswohnungsbau, so daß 1908 bereits vorauszusehen war, daß es den Vorortcharakter verlieren und „immer mehr städtisches Aussehen erhalten" würde [16]. Standen 1872 erst 12 Wohnhäuser, so waren es 1900 bereits 400. Dementsprechend sprunghaft stieg die Einwohnerzahl.

Betrachtet man die Bebauungsdichte von Friedenau im Jahre 1919 (Abb. 137), so ist kaum vorstellbar, daß der zu diesem Zeitpunkt über 40 000 Einwohner zählende Ort noch keine 50 Jahre alt war. In unglaublich kurzer Zeit hatte sich die 1871 gegründete Kolonie, 1874 zur selbständigen Gemeinde erhoben, zu einem städtischen Vorort entwickelt, in dem der drei- und viergeschossige Mietshausbau vorherrschte, obwohl der „Landerwerb- und Bauverein Berlin" in Übereinstimmung mit der Vorgabe des ehemaligen Landbesitzers, J. v. Carstenn, eine Siedlung für den „gehobenen Mittelstand" gründen wollte, in der „durch Ankauf von Land, dessen Parzellierung, Anlage von Straßen, Bau von Landhäusern usw. jedem Vereinsmitglied Gelegenheit" gegeben werden sollte, „sich ein eigenes, schuldenfreies Haus nebst Garten" zu verschaffen [39]. Und in der Tat entstanden in der nach dem Bebauungsplan des Kirchenbaumeisters J. Otzen errichteten Siedlung zunächst nur Villen und Landhäuser, bis 1875 immerhin etwa 80.

Nach einer als „Gründerkrach" bezeichneten Wirtschaftskrise, die in besonderem Maße die Bau- und Bodenspekulanten betraf, und der dadurch bedingten Stagnation folgten in den 80er Jahren in Friedenau etliche größere Mietvillen, bevor sich ab 1890/95 der Bau von drei- und bald auch viergeschossigen Mietshäusern durchsetzte. Diese erhielten allerdings nicht immer Hinterhäuser und Seitenflügel, wie es in den proletarischen Wohngebieten üblich war. Villen wurden seitdem jedoch nur noch in Ausnahmefällen errichtet. Von den ersten verputzten Villen und Landhäusern, die vielfach einstöckig, unterkellert (Souterrain) und mit ausgebautem Dachgeschoß versehen waren, sind keine unversehrt erhalten geblieben. Hin und wieder trifft man indes Beispiele für die späteren, nur teilverputzten Ziegelbauten (Abb. 139). Am häufigsten freilich sind die großen Mietshäuser der Zeit um 1900 (Abb. 138).

In Anbetracht der angestrebten Niederlassung von Beamten, Pensionären, Künstlern und Literaten sowie all denen, deren Einkommen zwar nicht allzu rasch, aber doch „in gleichem Maße als die Wohnungsmiete steigt", wie der Direktor des Gründungsvereins, D. Born, 1871 in der Vossischen Zeitung schrieb, bemühte man sich frühzeitig um eine möglichst schnelle stadttechnische Erschließung. 1886 wurde ein Vertrag mit den Charlottenburger Wasserwerken abgeschlossen, 1888 erfolgte der Anschluß an die Kanalisation, seit 1891 konnte Gas bezogen werden. Im gleichen Jahr brannten die ersten Gaslaternen auf den Straßen. 1905 schließlich nahm ein gemeindeeigenes Elektrizitätswerk seinen Betrieb auf. Der 1874 eingerichteten und 1889/91 umgebauten Haltestelle Friedenau an der Berlin–Potsdamer Strecke (Abb. 140) folgte schon 1874 ein weiterer Bahnhof, Friedenau-Wilmersdorf, an der Strecke nach Moabit, 1890/92 zum Bahnhof der Ringbahn ausgebaut. Seit 1872 verbanden zudem Pferdeomnibusse und seit 1890 Dampfstraßenbahnen – ab 1898 elektrifiziert – den Ort mit Berlin. Durch den raschen Bevölkerungszuwachs machte sich die Anlage etlicher kommunaler Einrichtungen erforderlich. So folgten der 1875 eröffneten ersten Gemeindeschule mit nur einem Lehrer bald eine größere, 1903 ein Gymnasium (Abb. 141), 1911 ein Lyzeum und danach auch mehrere Privatschulen. 1893 wurde die evangelische, 1914 eine katholische Kirche, 1917 das Rathaus und 1918 ein eigenes Postamt eingeweiht. Insbesondere das Rathaus für die nur noch 3 Jahre eigenständige Gemeinde, inmitten zahlreicher Mietshäuser gelegen, symbolisierte die schnelle Verstädterung der einst kleinen, auf Wilmersdorfer Gutsland angelegten Landhauskolonie.

Abb. 141
Erstes Gymnasium im Ort, 1901/03, Perelsplatz 6/9. Aufnahme um 1910

Friedrichsberg, Stadtbezirk Lichtenberg

Die an der Chaussee nach Frankfurt am Abzweig zum Dorf Lichtenberg gelegene Kolonie Friedrichsberg entstand bereits 1771, entwickelte sich jedoch bis zum Beginn des 19. Jh. nur schleppend. 1801 lebten dort lediglich 21 Personen, und zwar eine Gärtner-, 3 Büdner- und 2 Einliegerfamilien in Häusern mit 2 Feuerstellen. Erst in den nachfolgenden Jahrzehnten vermehrte sich die Einwohnerzahl durch die Anlage von 2 Gasthöfen sowie einer Knochenmühle und einem Ackergehöft (Müllers Hof) am Wege nach Boxhagen (siehe Abb. 287), so daß 1840 bereits 225 Einwohner gezählt werden konnten. Bis 1872 bestand hier sogar ein Landpolizeirevier des Berliner Polizeipräsidiums. Ohne jemals den Rang einer politisch selbständigen Gemeinde erhalten zu haben, ging die Kolonie Friedrichsberg in den letzten Jahrzehnten des 19. Jh. vollständig in der Gemeinde Lichtenberg auf. Die Erinnerung an die ehemalige Kolonie blieb jedoch dadurch noch lange erhalten, daß die auf ihrer Gemarkung liegende, 1890/91 zum Ringbahnhof umgebaute und erweiterte Haltestelle lange Zeit ihren Namen trug und erst 1897 in Frankfurter Allee umbenannt wurde.

Entwicklung der Einwohnerzahlen von Friedrichsberg

Jahr	Einwohner
1797	18
1801	21
1817	46
1840	225
1858	463

Friedrichsfelde
Stadtbezirk Lichtenberg

Entwicklung der Einwohnerzahlen von Friedrichsfelde

Jahr	Einwohner
1734	302
1772	283
1801	479
1817	826
1840	950
1858	1 567
1871	2 170
1875	3 078
1880	3 212
1885	3 755
1890	5 563
1895	6 829
1900	9 632
1905	14 072
1910	19 785
1919	24 404

Das bis 1699 den Namen Rosenfelde tragende und seitdem in Friedrichsfelde umbenannte Dorf wurde erstmals 1288, ein Ludewicus de Rosenvelde jedoch bereits 1265 erwähnt. Es besaß damals 104 Hufen und stellt damit das absolut größte Dorf im Berliner Stadtgebiet dar. Nach Buchholz mit 32 existierte hier mit 26 Kossäten bereits 1375 die zweitgrößte Zahl an landarmen und landlosen Dorfbewohnern. Zunächst den Markgrafen, von 1319 bis 1695 größtenteils den Städten Berlin und Cölln bzw. einzelnen Bürgern unterstehend, bildete sich seit der Mitte des 14. Jh. eine Gutswirtschaft heraus, die lange Zeit der Berliner Familie Reiche/Ryke und zuletzt – bis zu dessen Sturz 1698 – dem Marinedirektor B. Raulé gehörte. Seitdem war das Gut kurfürstliches, später königliches Vorwerk, das nach 1717 an verschiedene Nebenlinien des preußischen Königshauses, so 1717/62 an die Markgrafen Albrecht Ferdinand und Carl von Brandenburg, 1762/85 an den Prinzen Ferdinand von Preußen, zu einem kleinen Teil (45 Morgen Acker und 36 Morgen Wiese) aber auch nach 1769 an 12 Kossäten und Büdner vererbpachtet wurde, bis es 1818 die Familie v. Treskow erwarb.

Von den 1624 genannten 14 Vollbauern existierten 1664 nur noch 9 mit 61 Hufen, 1696 aber wieder 10 mit 51 Hufen, während 3 Bauernstellen mit insgesamt 15 Hufen noch „wüst" lagen. Sie wurden bis 1698 von Raulé und anschließend vom königlichen Vorwerk mitgenutzt. Seit der Mitte des 18. Jh. bis zur Mitte des 19. Jh. sind erneut 12 Bauernstellen nachgewiesen, deren Zahl sich seitdem – u. a. durch Zusammenlegungen und Landverkäufe im Rahmen verstärkter Ansiedlungen – wieder verringerte. Zwar werden schon frühzeitig einige Gewerbe genannt, z. B. 1450 ein Krug und 1624 ein Laufschmied, auch kommen um 1700 einige zum Vorwerk gehörende Einrichtungen, wie Brauhaus, Meierei, Weinpresse und Ziegelscheune, hinzu, doch bleibt der Ort bis zur Mitte des 18. Jh. rein agrarisch strukturiert trotz der großen Zahl von 302 Einwohnern schon im Jahre 1732.

Nach der bereits 1772 vollzogenen Separation des Gutslandes vom Bauernland und der Anlage der *Colonie Friedrichsfelde* an der Frankfurter Chaussee (nach 1776) verstärkte sich der Zuzug einzelner Handwerker. F. W. A. Bratring nennt 1801 beispielsweise neben dem Schmied, dem Windmüller, einem Radmacher und 3 Krügen ausdrücklich „weitere Handwerker". Der eigentliche Aufschwung setzt jedoch erst nach 1800 ein. So vergrößert sich die Einwohnerzahl bereits von 1801 bis 1840 um nahezu das Doppelte und bis 1858 sogar auf das Dreifache. 1856 werden neben 10 Bauern und 19 Kossäten immerhin 287 „andere Familien" registriert.

Die Nähe der Stadt bewirkte, daß Friedrichsfelde schnell zu einem – auch bei der in Berlin tätigen Bevölkerung – beliebten Wohnort wurde, in dem nach der Vereinigung des Gemeindebezirks mit dem Gutsbezirk im Jahre 1896 fast 7000 Menschen lebten. Bereits damals hieß es, daß der Ort im Begriff sei, „sich völlig an Berlin anzugliedern und statt des Vorortcharakters den der Großstadt anzunehmen", lediglich der Südteil der Gemeinde habe sich „ein freundliches, gartenstadtmäßiges Aussehen" bewahrt [16]. Es waren dies die Villensiedlungen auf dem Gelände des bis 1895 zum Gutsbezirk, anschließend zum Gemeindebezirk gehörenden Vorwerks *Karlshorst*, das um 1820 der Besitzer des Gutes in Friedrichsfelde, K. v. Treskow, im Südteil der Feldmark angelegt hatte.

Auf dem dazugehörigen Gelände des zunächst nur aus wenigen Gebäuden bestehenden Vorwerks mit 66 Bewohnern in den Jahren 1840 und 1858 wurde bereits 1862 das erste preußische Armeejagdrennen durchgeführt, dem bald weitere folgten. Den entscheidenden Auftrieb erfuhr die Siedlung aber erst, nachdem 1893 der „Verein für Hindernisrennen" einen großen Teil des Geländes gekauft hatte und eine Pferderennbahn anlegen ließ, die am 6. 5. 1894 eingeweiht wurde und bereits 1911 ihr 5000. Rennen erlebte. Der im Interesse der Pferdehalter 1893 angelegte Haltepunkt Karlshorst, der 1895 zum Bahnhof erweitert wurde, beflügelte den Ausbau einer Villen- und Landhauskolonie, die vor allem von der „Heimstätten-AG", einer größtenteils vom Hochadel getragenen Baugesellschaft, vorangetrieben wurde. Im März 1895 standen die ersten 8 Gebäude. Schon bald erfolgte jedoch der Bau einer großen Zahl von Mietshäusern, so daß die Einwohnerzahl dieses Ortsteils und damit des gesamten Dorfes sprunghaft stieg. Von den im Jahre 1910 registrierten 19 785 Personen lebten allein 10 150 im Ortsteil Karlshorst.

Zu den Gemeindeschulen im alten Dorf kamen weitere im Gebiet von Karlshorst (1897, 1899 und 1910) sowie eine höhere Mädchenschule und ein Gymnasium hinzu. Gas- und Elektrizitätsanschlüsse waren 1906 bereits vorhanden; 1914 wurde eine eigene Gasanstalt eingeweiht. Ferner befand sich auf Friedrichsfelder Grund und Boden ein Pumpwerk der Lichtenberger Wasserwerke, die auch den Ort mit Wasser versorgten. 1907/08 konnte die Kanalisation in Betrieb genommen werden. Friedrichsfelde kam 1920 aus dem Kreis Niederbarnim in den neuen Stadtkreis Berlin.

Ein Lageplan von 1776 (Abb. 142) verdeutlicht in eindrucksvoller Weise die dominierende Rolle des Gutes in dem großen Angerdorf, in dessen Zentrum – nahe der Kirche – sich der Wirtschaftshof befand, während das Schloß mit den dazugehörigen Nebenbauten und dem Ende des 17. Jh. angelegten Park bereits außerhalb des Dorfkernes, entlang einem nach Süden führenden Wege liegt. Die Mehrzahl der Bauern- und Kossätenhöfe ist beiderseits der Dorfaue konzentriert, nur einzelne Gebäude stehen an einem nördlich des Dorfkernes vorbeiführenden Parallelweg und an der noch weiter nördlich die Friedrichsfelder Gemarkung durchkreuzenden

Abb. 142
Lageplan von 1776

Friedrichsfelde

Abb. 143 Rekonstruiertes Schloß des Zustandes von 1786

Abb. 144 Ausschnitt aus dem Ur-Meßtischblatt Nr. 1838 von 1869/71

Straße von Berlin nach Frankfurt. Dabei dürfte es sich um verschiedene Büdner- und die ersten 6, im Jahre 1776 fertiggestellten Kolonistenstellen handeln.

Von den auf diesem Plan verzeichneten Gebäuden sind jedoch nur noch wenige erhalten. Das bedeutendste ist unbestritten das ehemalige Schloß. Es wurde 1695 in der Art eines holländischen Landhauses angelegt, bereits 1719 um beiderseits 3 auf insgesamt 11 Achsen vergrößert (siehe Abb. 142) und 1786 durch die Anlage eines Mansarddaches und eines Dreiecksgiebels über dem Mittelbau erneut verändert. Die zwischen 1970 und 1981 erfolgte Rekonstruktion, auch des aufwendigen Treppenhauses, des Festsaales und anderer Räume im Innern, präsentiert diesen Zustand (Abb. 143).

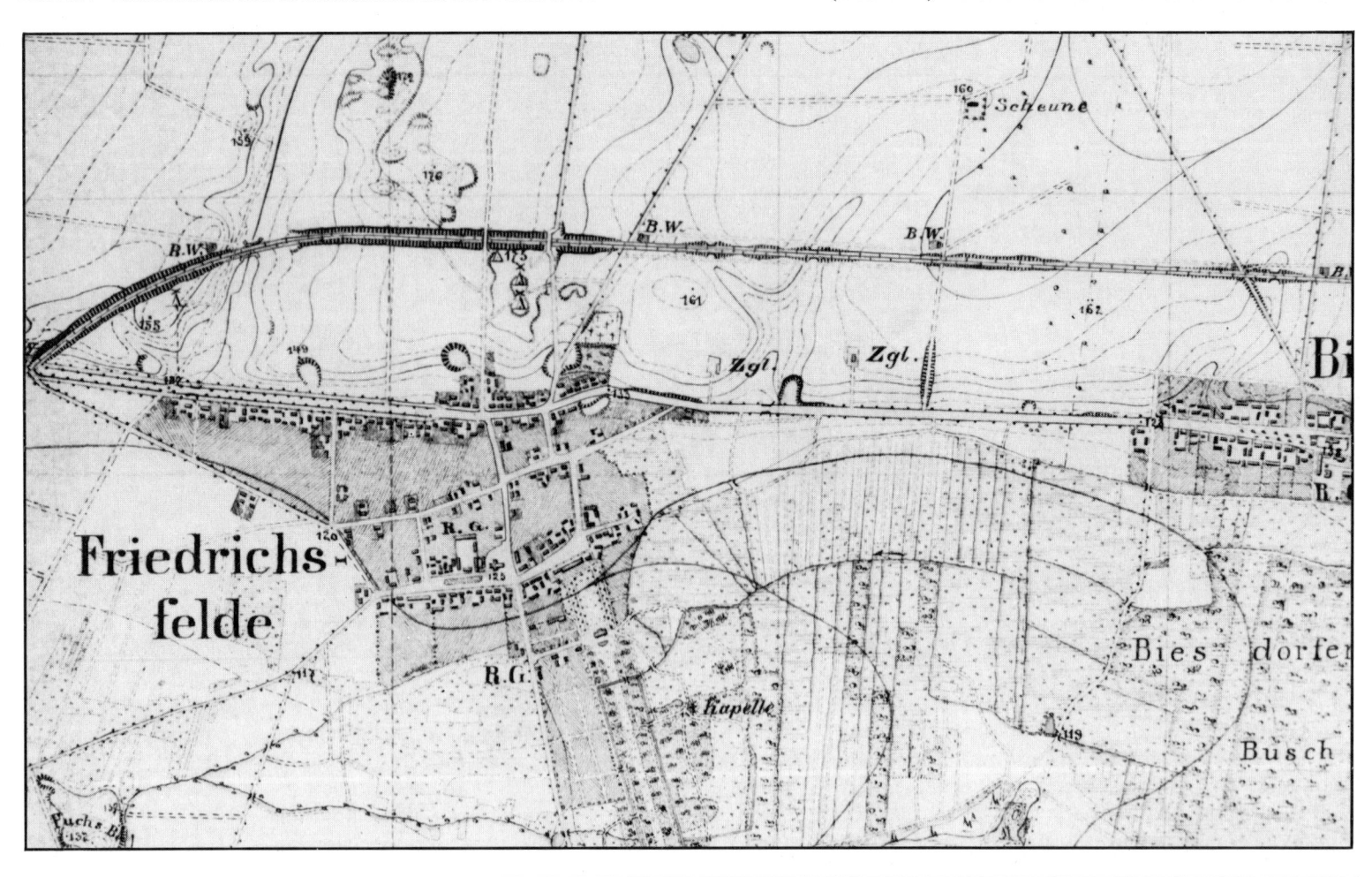

Der nach der Separation und vor allem nach den im ersten Drittel des 19. Jh. erlassenen Agrar- und Gewerbereformen sich verstärkende Zuzug von nicht primär in der Landwirtschaft tätigen Menschen bewirkte eine dichtere Bebauung – 1801 gab es 68 Feuerstellen, 1856 bereits 135 Wohnhäuser – vor allem entlang der Frankfurter Chaussee, wo sich 1871 sogar die Mehrzahl der Unterkünfte befand (Abb. 144). Hier entstanden neben den älteren eingeschossigen Bauten bald zwei- und dreigeschossige Mietshäuser, von denen sich einige, inzwischen freilich rekonstruiert und modernisiert, bis in die Gegenwart erhalten haben.

Zu diesem Zeitpunkt befanden sich im Ort neben zahlreichen Handwerkern mehrere Mühlen, 2 Ziegeleien und einige beachtenswerte Gewerbe, so bereits 1866 eine Apotheke und vor allem etliche „Restaurationslokale". Diese gäben, wie es in der Chronik von 1877 heißt, „ein beredtes Zeugniß für das stetige Aufblühen des Ortes, welcher im Laufe der Jahre ein gern gesuchter Aufenthalt der Berliner geworden ist. Besonders anziehend ist der prächtige Schloß-Park, in welchem jedem anständig Gekleideten der Eintritt unter der sehr gerechtfertigten Bedingung gestattet ist, Nichts abzupflücken, in den Wegen zu bleiben und keine Hunde mitzubringen". Das Dorf Friedrichsfelde würde sogar „als der angenehmste und geselligste Aufenthalt in der Umgebung Berlins angesehen werden können, wenn nicht die Landplage der sog. italienischen Musikanten sich auch hier eingenistet hätte ..." [10].

Trotzdem dominierte im Dorf zunächst noch die Landwirtschaft, deren Umfang allein daraus ersichtlich wird, daß beispielsweise im Jahre 1873 immer-

Abb. 145 Vierstöckige Mietshäuser am Rande des alten Dorfangers, um 1885
Alfred-Kowalke-Straße 40a/42

Abb. 146 Alte Dorfkirche vor dem Abbruch. Aufnahme von F. A. Schwartz, um 1888

Friedrichsfelde

Abb. 147
Ehemaliges
Gutsinspektorwohnhaus,
um 1830/40,
Alfred-Kowalke-
Straße 34

Abb. 148
Ehemaliges Wohnhaus
eines Großbauern,
um 1880,
Alfred-Kowalke-
Straße 39

Abb. 149
Ausschnitt aus dem
Ur-Meßtischblatt
Nr. 1909 von 1869
(Vorwerk Karlshorst)

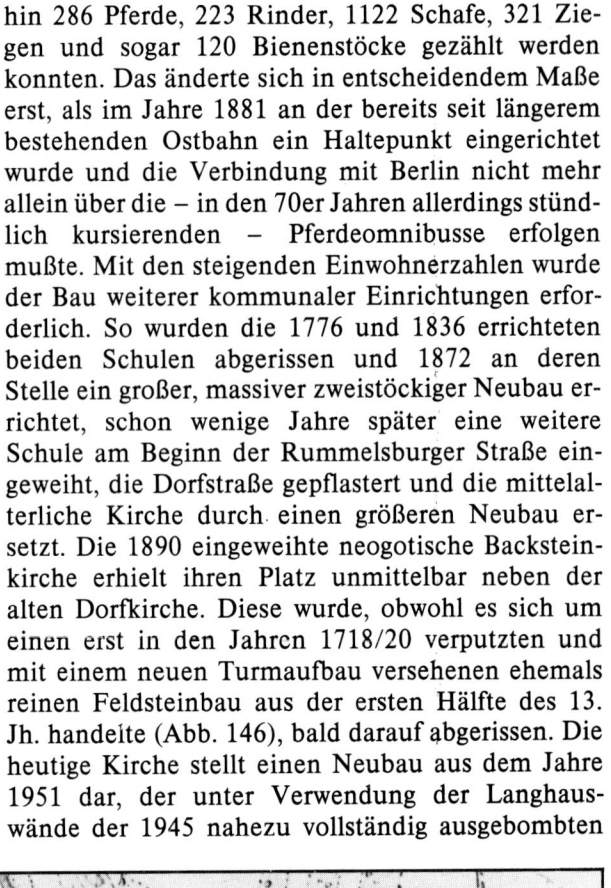

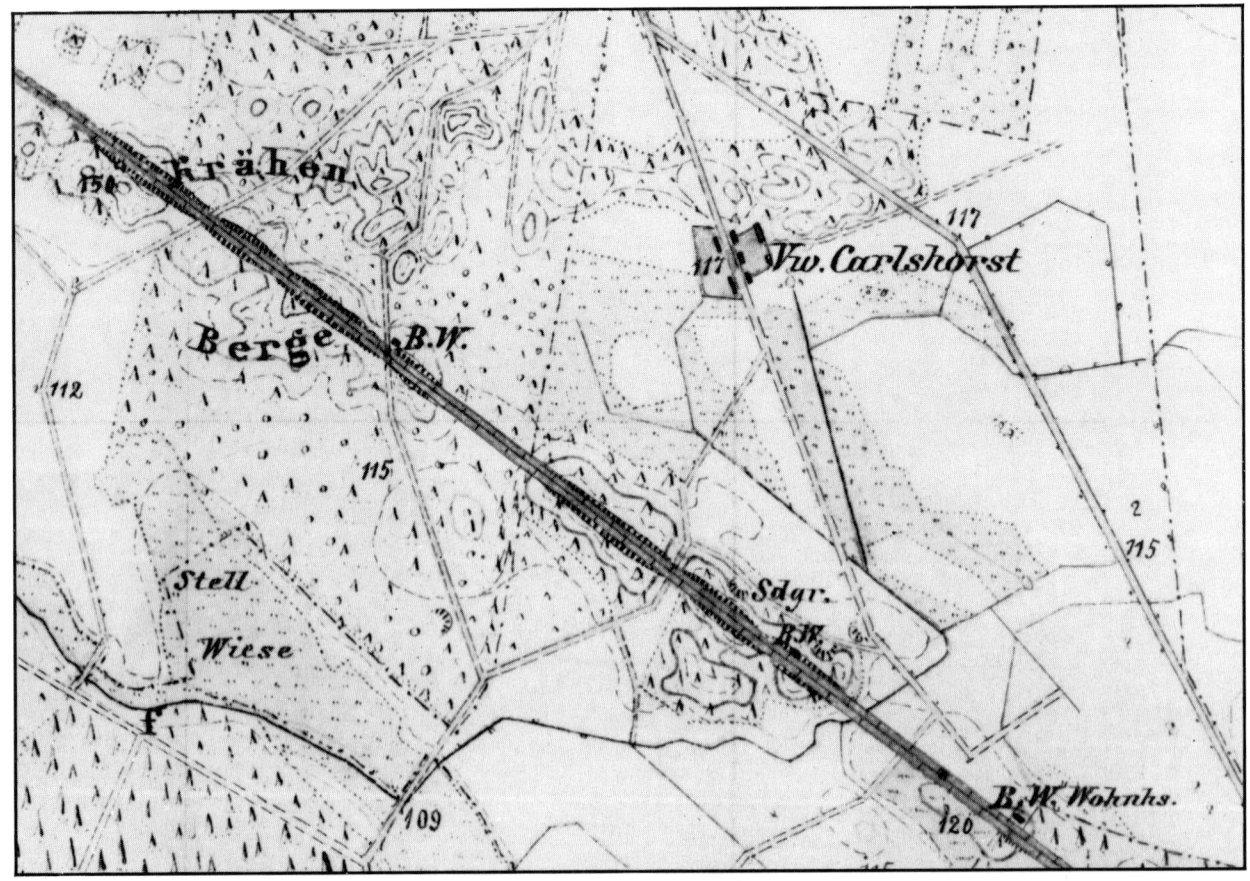

hin 286 Pferde, 223 Rinder, 1122 Schafe, 321 Ziegen und sogar 120 Bienenstöcke gezählt werden konnten. Das änderte sich in entscheidendem Maße erst, als im Jahre 1881 an der bereits seit längerem bestehenden Ostbahn ein Haltepunkt eingerichtet wurde und die Verbindung mit Berlin nicht mehr allein über die – in den 70er Jahren allerdings stündlich kursierenden – Pferdeomnibusse erfolgen mußte. Mit den steigenden Einwohnerzahlen wurde der Bau weiterer kommunaler Einrichtungen erforderlich. So wurden die 1776 und 1836 errichteten beiden Schulen abgerissen und 1872 an deren Stelle ein großer, massiver zweistöckiger Neubau errichtet, schon wenige Jahre später eine weitere Schule am Beginn der Rummelsburger Straße eingeweiht, die Dorfstraße gepflastert und die mittelalterliche Kirche durch einen größeren Neubau ersetzt. Die 1890 eingeweihte neogotische Backsteinkirche erhielt ihren Platz unmittelbar neben der alten Dorfkirche. Diese wurde, obwohl es sich um einen erst in den Jahren 1718/20 verputzten und mit einem neuen Turmaufbau versehenen ehemals reinen Feldsteinbau aus der ersten Hälfte des 13. Jh. handelte (Abb. 146), bald darauf abgerissen. Die heutige Kirche stellt einen Neubau aus dem Jahre 1951 dar, der unter Verwendung der Langhauswände der 1945 nahezu vollständig ausgebombten

Abb. 150 a–b   Gebäude des Vorwerks Karlshorst, um 1840

Abb. 151   Mietvilla im Ortsteil Karlshorst, um 1905, Wildensteiner Straße 26

Abb. 152
Mietshäuser im
Ortsteil Karlshorst.
1909/10,
Gundelfinger Straße
42 und 43

Backsteinkirche entstand. Obwohl die Bebauung der Feldmark mit drei- und viergeschossigen Mietshäusern hauptsächlich zwischen der Frankfurter Chaussee und dem alten Dorfkern, vor allem in Richtung Lichtenberg, erfolgte, drangen doch etliche derartige Bauten direkt bis an den Dorfanger heran (Abb. 145) und standen so unmittelbar neben den ein- und zweigeschossigen ländlichen Gebäuden, die aber zunächst weiterhin das alte Ortsbild bestimmten. Reste dieser einst agrarisch geprägten Gehöfte sind sogar bis heute erhalten geblieben. Das älteste Beispiel ist das um 1830/40 errichtete einstöckige, aber bereits voll unterkellerte Wohnhaus Alfred-Kowalke-Straße 34. Auf einem hohen Sockel ruhend, repräsentiert der achtachsige verputzte Ziegelbau mit seinem hohen Krüppelwalmdach – trotz der Ende des 19. Jh. vergrößerten und mit schlichten Sohlbänken und kleinen Konsolen versehenen Fenster – noch gut den Typ eines unter dem Einfluß der preußischen Landbauschule er-

Friedrichsfelde

Abb. 153
Evangelische
Pfarrkirche im
Ortsteil Karlshorst.
1909/10,
Lahnsteiner Straße 4

Abb. 154
Ortsfeuerwehr im
Ortsteil Karlshorst.
1904/05,
Dönhoffstraße 31

richteten Großbauern- oder Inspektorhauses (Abb. 147).

Selbst das um 1880 errichtete und damit bereits der nächsten Generation märkischer Bauernhäuser angehörende Wohnhaus vom Gehöft Alfred-Kowalke-Straße 39 weist in seiner strengen Symmetrie noch Anklänge an dieses Leitbild auf (Abb. 148). Zwar benutzte man in diesem Beispiel anstelle des einst üblichen Sparrendaches ein wesentlich flacheres Pfettendach und legte, um dennoch den Dachboden nutzen und Giebelstuben anlegen zu können, einen Kniestock an, doch ist die Fassade durchaus vergleichbar. Die Raumordnung indes weist erhebliche Unterschiede auf. Sie ist weniger dem traditionellen quergegliederten Haustyp verpflichtet, sondern entspricht eher den mit einem Längsflur ausgestatteten Gutshäusern dieser Zeit.

Das im Südteil der Gemarkung angelegte Vorwerk *Karlshorst* umfaßte bis 1869 lediglich 7 Wohn- und Wirtschaftsgebäude (Abb. 149). Von dem einst an der Mitte der heutigen Waldowallee gelegenen Gehöft sind zwar keinerlei bauliche Zeugnisse erhalten geblieben, doch wissen wir aus der bildlichen Überlieferung, daß es bis in die Mitte des 19. Jh. überwiegend aus Fachwerkbauten bestanden hat (Abb. 150). Für die weitere Entwicklung dieses Ortsteils wesentlicher als das Vorwerk selbst, das keinen Kristallisationspunkt für die nach 1893 entstehende Siedlung bildete, war die dazugehörige Feldmark mit der Pferderennbahn und dem Haltepunkt an der Berlin–Frankfurter Eisenbahn. Dieser war Ausgangspunkt der nachfolgenden Bebauung, die zunächst als Villenkolonie vollzogen werden sollte, bald jedoch zu einem Zentrum für zahlreiche Mietshäuser wurde, zumeist allerdings ohne Hintergebäude und Seitenflügel.

Es bildete sich binnen weniger Jahre ein Siedlungskomplex heraus, dessen Bewohner seit Anbeginn durch die Bahn eine viel engere Beziehung zum Industriestandort Boxhagen-Rummelsburg-Stralau und der Stadt Berlin oder dem im Entstehen begriffenen, nur wenige Kilometer entfernten Industrierevier Nieder- und Oberschöneweide als zum eigentlichen „Mutterdorf" Friedrichsfelde hatten.

Stellvertretend für die zahlreichen, mit mehr oder weniger großen Gärten umgebenen zweistöckigen Mietvillen sei die Anfang des 20. Jh. errichtete „Villa Emma", Wildensteiner Straße 26, genannt, die – wie die meisten Karlshorster Häuser dieser Zeit – ein hohes, für Wohnungen, Läden oder andere gewerbliche Einrichtungen nutzbares Kellergeschoß besitzt, mit Veranden oder Balkons ausgestattet ist und zudem ein wenigstens teilweise ausgebautes Dachgeschoß aufweist (Abb. 151). Eine ganz ähnliche Nutzungsstruktur ist für die meisten in geschlossener Bauweise angelegten Mietshäuser

Abb. 155 Verlegung des Druckrohres vom Wasserwerk am Müggelsee zur Station in Lichtenberg durch die Friedrichsfelder Feldmark. Aufnahme von F. A. Schwartz, 1891

typisch, trotz aller Vielfalt in der jeweiligen inneren Raumordnung und Fassadengestaltung (Abb. 152). Von den vor 1920 entstandenen kommunalen Bauten seien die 1910 eingeweihte evangelische Pfarrkirche Karlshorst und das etwa gleichaltrige Gebäude der Ortsfeuerwehr vorgestellt, die wie die 1899 eröffnete zweite Gemeindeschule, Gundelfinger Straße 10/11, aus Backsteinen errichtet wurden und vor allem durch ihre Größe den städtischen Charakter der Vorortsiedlung unterstreichen (Abb. 153 und 154).

Die Großstadt mit ihren spezifischen Erfordernissen machte sich jedoch nicht nur durch vorstädtische Wohnsiedlungen, Industrieanlagen, Friedhöfe, Eisenbahnlinien und dergleichen in den sie umgebenden Landgemeinden bemerkbar, sie durchzog auch mit etlichen Versorgungsadern deren Gemarkung. So wurde schon Ende des 19. Jh. die zentrale Wasserleitung von dem im Bau befindlichen Wasserwerk am Müggelsee zur Verteilerstation in Lichtenberg quer durch die angrenzenden, noch nicht bebauten Teile der Friedrichsfelder Flur verlegt (Abb. 155). Die Einbeziehung des Umlandes in das großstädtische Ballungsgebiet vollzog sich in vielfältigen Formen.

Friedrichshagen
Stadtbezirk Köpenick

Entwicklung der Einwohnerzahlen von Friedrichshagen

Jahr	Einwohner
1801	502
1817	461
1840	920
1852	1 172
1858	1 412
1871	2 142
1875	3 471
1880	3 616
1885	4 764
1890	7 903
1895	9 671
1900	11 288
1905	13 204
1910	14 341
1919	14 847

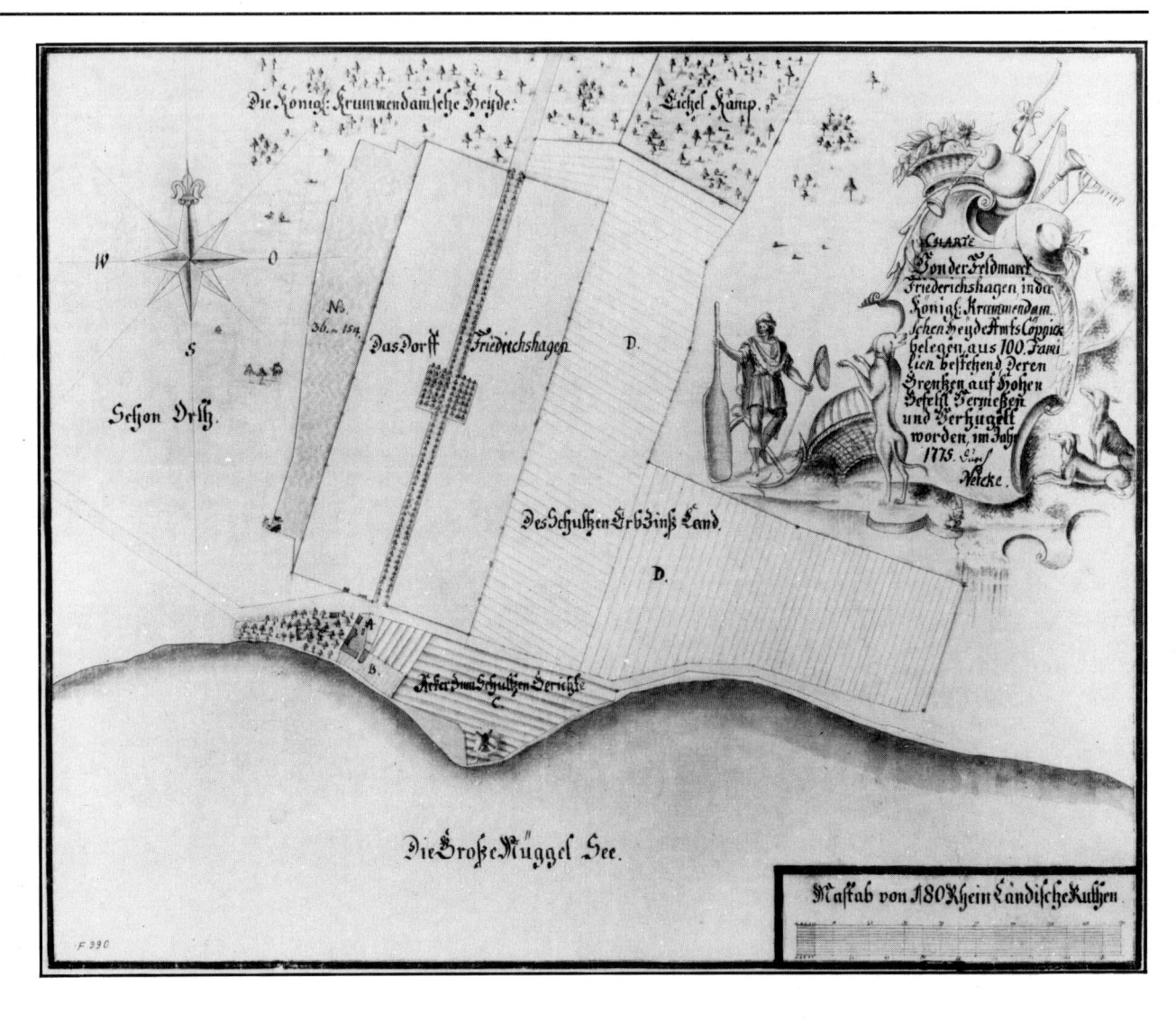

Abb. 156
Dorfstraße und Schulzengut mit dazugehöriger Feldmark im Jahre 1775

Das 1753 gegründete, 1756 aber erst zu 2 Dritteln besetzte Dorf war für 100 Spinnerfamilien vorgesehen und stellte damit eine der größten friderizianischen Siedlungen im Berliner Stadtgebiet dar. Abgesehen vom Schulzengut mit 90 Morgen Acker und 12 Morgen Wiese sowie den 8 Schöffenstellen mit je 2 Morgen Gartenland und 2 Morgen Wiese, erhielt jede Spinnerfamilie lediglich einen Morgen Gartenland und einen Morgen Wiese, mußte ihren Lebensunterhalt also in erster Linie durch gewerbliche Handarbeit verdienen. Als die Baumwollspinnerei in Heimarbeit jedoch unrentabel wurde – 1802 wurde zum letzten Male Baumwolle an den Verleger Simon nach Berlin geschickt –, mußte ein Großteil der Bevölkerung als Tagelöhner nach Köpenick oder Berlin pendeln. Demzufolge sank die Einwohnerzahl zeitweise, stieg jedoch seit der Mitte des 19. Jh. wieder an, ohne daß es eine nennenswerte Industrie oder ein anderes Gewerbe gab. Noch 1863 waren die Bewohner des Ortes „größten-

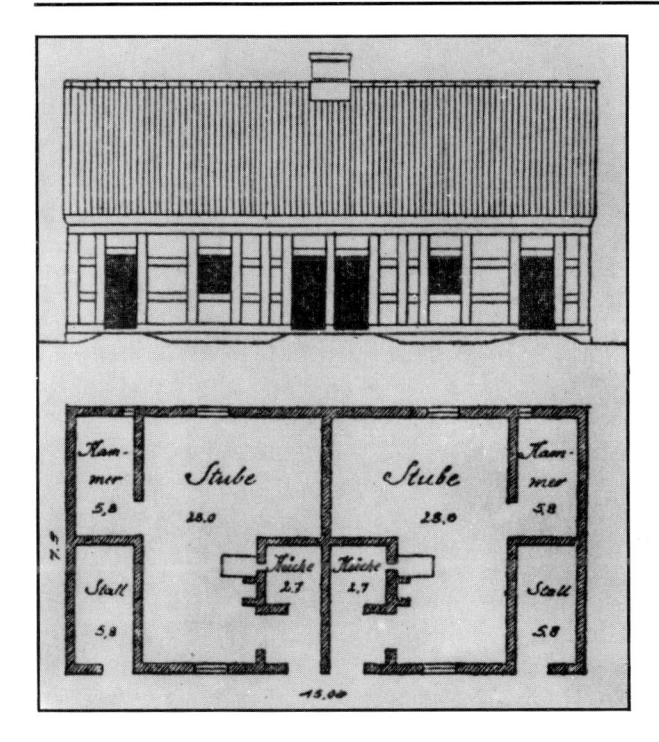

Abb. 157 Musterzeichnung des Haustyps für 2 Kolonistenfamilien

teils Maurer und Zimmerleute" [87], die – vielfach wochenweise – nach Berlin pendelten, also dort arbeiteten und in Friedrichshagen wohnten.

Erst im letzten Drittel des 19. Jh. etablierten sich hier einige Gewerbe, z. B. im Jahre 1872 eine Brauerei und seit den 80er Jahren mehrere Bronzegießereien der Familie Gladenbeck. Entscheidend für die weitere Entwicklung wurden jedoch 2 außerhalb der Gemarkungsgrenzen angelegte Einrichtungen. Die eine war das seit 1888 im Bau befindliche Berliner Wasserwerk, dessen Gelände bereits 1892 eingemeindet wurde, das aber erst seit 1904 auf der Grundlage eines Vertrages von 1902 den Ort mit Wasser versorgte. Die andere war das Bahnhofsetablissement, das im Jahre 1878 nach Friedrichshagen eingegliedert wurde. Viele Arbeitskräfte fanden schon beim Bau dieser Anlagen Beschäftigung, etliche blieben auch danach mit diesen Einrichtungen verbunden. Insbesondere der Bahnhof stellte eine wesentliche Voraussetzung für die nachfolgende Entwicklung zum Ausflugs- und Erholungsort sowie zum beliebten Wohnsitz schon vor der Ausgliederung aus dem Kreis Niederbarnim dar.

Trotz aller Mißhelligkeiten um die Gründung und den schleppenden Fortgang beim Ausbau der zunächst „Friedrichsgnade" genannten Kolonie – schon 1754, ein Jahr nach Beginn der Besiedlung, wurde der verantwortliche Leiter, der Kriegs- und Domänenrat J. F. Pfeiffer, inhaftiert; die Fertigstellung und Besetzung der Häuser zog sich bis 1767 hin – entstand schließlich doch ein planmäßig angelegtes, geradliniges Straßendorf mit einem quadratischen Platz im Zentrum, der 1775 wie der breite Hauptweg mit zahlreichen Maulbeerbäumen bepflanzt war. Hinzu kam das südlich des Ortes am Müggelsee gelegene, aus einer ehemaligen Ziegelscheune und Schankstube hervorgegangene Schulzengut, dem auch eine Windmühle zugehörte (Abb. 156).

Von den damals aus Lehmfachwerk errichteten und mit Stroh oder Rohr gedeckten 50 Doppelhäusern

Abb. 158
Der 1849 eingerichtete und bis 1899 genutzte Haltepunkt an der Berlin–Frankfurter Strecke.
Aufnahme um 1895

Abb. 159
Ausschnitt aus dem Ur-Meßtischblatt Nr. 1909 von 1869

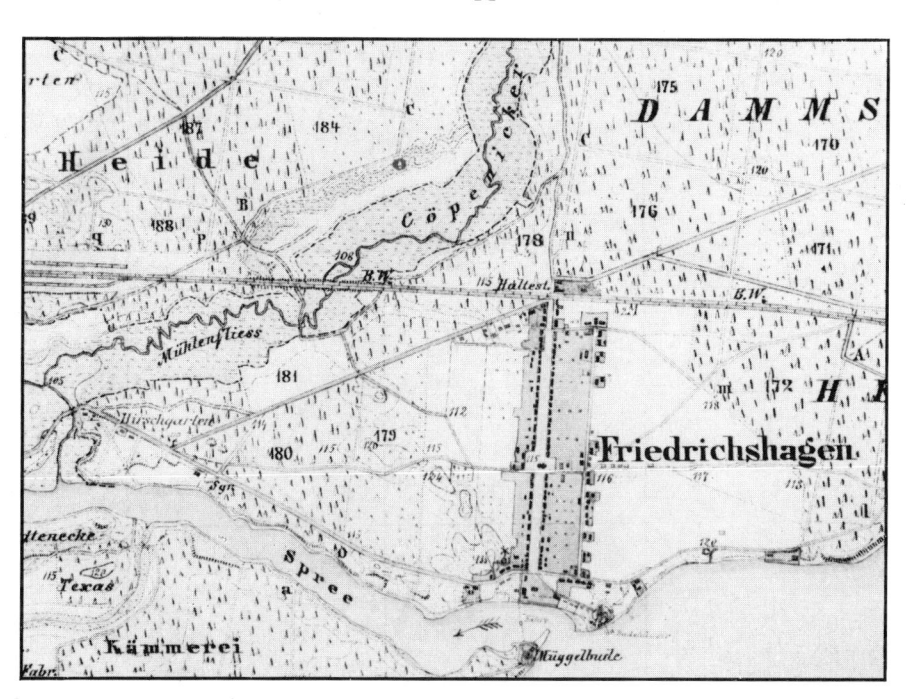

Friedrichshagen

Abb. 160
Zweistöckiges Mietshaus von etwa 1880, in dem zeitweise B. Wille zur Miete wohnte, Kastanienallee 9

Abb. 161
Gesamtansicht des Wasserwerkes am Müggelsee (erste Ausbaustufe), 1888/93

ist keines original erhalten geblieben. Das letzte Rohrdach mußte im Jahre 1897 weichen. Die Kolonistenhäuser wurden im Laufe der Zeit entweder durch größere Neubauten ersetzt oder unterfangen und dann zumeist mit einem Kniestock versehen. Dennoch sind wir aufgrund einer Musterzeichnung über den auch in anderen friderizianischen Siedlungen, wie in Schönwalde, Kreis Bernau, verwendeten Haustyp ziemlich genau informiert. Durch die beiden mittig angelegten Haustüren gelangte man jeweils in einen kleinen Flur, dem sich die unter einem gemeinsamen offenen Schornstein gelegenen Schwarzen Küchen anschlossen. Von hier aus waren die „Hinterlader-Öfen" der beiden Stuben zu heizen, die zudem einen Wandkamin, zum Aufwärmen der Speisen und vor allem für die Beleuchtung durch Kienspäne, besaßen. An den Giebeln lagen ferner eine Kammer und ein von außen zugänglicher kleiner Stall (Abb. 157). Dem ursprünglichen Zustand ist – wenigstens in Proportion und Fassadengestaltung – heute das Gebäude Bölschestraße 104 (siehe Abb. 164) noch am ähnlichsten, dessen Nachbargebäude, dreigeschossige Mietshäuser vom Ende des 19. Jh., bereits einer späteren Phase angehören.

Diese kündigte sich schon im Jahre 1849 an, als man an der 1841 eröffneten Berlin–Frankfurter Eisenbahnlinie einen Haltepunkt anlegte, begann aber eigentlich erst mit dem Ausbau eines ebenerdigen Bahnhofs im Jahre 1881 (Abb. 158) und der Aufnahme des Vorortverkehrs. Im Zusammenhang mit der Verlegung der Eisenbahntrasse auf einen Damm entstand in den Jahren 1899/1900 der heute noch existierende Bahnhof. Die frühzeitige Verbindung des Ortes mit Berlin bewirkte nicht nur eine durch den Mangel an Arbeitsplätzen verstärkte Orientierung der einheimischen Bevölkerung auf die Großstadt, sie hatte auch zur Folge, daß sich schon nach kurzer Zeit ein Strom erholungsuchender Berliner – vor allem natürlich an den Wochenenden – in Friedrichshagen einstellte, weitere gastronomische Einrichtungen, wie beispielsweise die „Müggelbude" auf der seit 1895 mit einer Fähre zu erreichenden Landzunge am gegenüberliegenden Spreeufer, und sogar erste Badehäuser entstanden. Es begann die weitere Besiedlung des Ortes mit meist kleinen Ein- und Zweifamilienhäusern, zunächst an einem Parallelweg hinter den Gärten der Kolonisten, dann auf dem einst freien Stück zwischen Dorf und Haltepunkt und schließlich im Umfeld der Badestelle nahe dem Müggelsee (Abb. 159).

Seit den 70er/80er Jahren des 19. Jh. verstärkte sich der Zuzug finanzkräftiger Bürger. Es enstanden Einfamilien- und auch Mietvillen – vielfach mit vermietbaren Räumen für Sommergäste – vornehmlich entlang der Uferzone und an 2 Parallelwegen westlich der alten Dorfstraße. Bereits 1889 war Friedrichshagen „allmählich eine Berliner Sommerfrische und endlich ein ‚Seebad' geworden. Die herrliche Lage am See, die frische erquickende Luft, welche vom Wasser und den nahen Nadelwäldern herüberströmt, eine bequeme Verbindung mit der Hauptstadt, dies alles trug dazu bei, die friderizianische Kolonie zu einem stattlichen Villenorte heranwachsen zu lassen, der alljährlich viele Hunderte Leidender und Ozonbedürftiger gastlich aufnimmt. Friedrichshagen ist sogar für gewisse Bruchteile der Berliner Bevölkerung Modesache geworden, und es ist vorgekommen, daß Geschäftsfreunde und gute Bekannte beim Anbruch der Sommerferien in Berlin gerührt Abschied vor ihrer Abreise ‚nach der See' nahmen, um sich nach acht Tagen mit verlegenem Gruße in der Lästerallee des ‚Seebades' Friedrichshagen auszuweichen ..." [86]. Die Attraktivität der Gemeinde, die allein dadurch unterstrichen wurde, daß etliche Künstler und Wissenschaftler, wie die zum Friedrichshagener Dichterkreis gehörenden Schriftsteller W. Bölsche, B. Wille und die Gebrüder Hart, hier zeitweise ihren Wohnsitz nahmen (Abb. 160), ging jedoch bald wieder etwas verloren. Zwar erhöhte sich weiterhin die Zahl der Gaststätten und Pensionen, auch entstand nördlich der Bahn am Rande des Waldes ein Kurpark mit Wandelhalle und Ausschank, so daß im Jahre 1900 etwa 2000 Kurgäste gezählt werden konnten, doch beeinträchtigte die Niederlassung mehrerer Gewerbe und nicht zuletzt der Bau des großen Berliner Wasserwerkes die Entwicklung zu einem ausgesprochenen Kurort.

Der Komplex des unter der Leitung des englischen Ingenieurs H. Gill 1888/93 beiderseits der Straße nach Rahnsdorf, in unmittelbarer Nähe des Müggelsees angelegten und nach 1894 erweiterten Städtischen Wasserwerkes (Abb. 161), damals eine der modernsten Anlagen Europas, umfaßte in erster Linie die zahlreichen Pumpen-, Filter- und Maschinenhäuser (Abb. 162) sowie etliche Verwaltungs- und Beamtenwohngebäude (Abb. 163), die durch ihre einheitlich neogotische Backsteinarchitektur und die geschlossene Ensemblebildung den Eindruck einer märkischen Klosteranlage erwecken und ein beeindruckendes architektur- und technikgeschichtliches Zeugnis darstellen. Zu ihm gehörte aber ferner bereits damals ein großes, für die Was-

Abb. 162
Maschinenhäuser A und B
des Wasserwerks
am Müggelsee.
Aufnahme von 1893

Abb. 163
Wohnhaus des Direktors
des Wasserwerkes
am Müggelsee.
Aufnahme von 1893

Friedrichshagen

Abb. 164
Dreistöckige Mietshäuser vom Ende des 19. Jh. neben umgebautem Kolonistenhaus, Bölschestraße 104/106

Abb. 165
Ehemaliger Sitz des Gemeindevorstehers (bis 1899), Breestpromenade 12

Abb. 166
Alte Dorfkirche, um 1800, 1903 abgebrochen

Abb. 167 Neues Rathaus von 1899, Bölschestraße 87

sergewinnung notwendiges Einzugsgebiet, das damit der Bebauung vorenthalten blieb.

Diese erfolgte in weit größerem Maße entlang der Straße vom Bahnhof nach Köpenick, wo neben der sich anfänglich herausbildenden Villenkolonie „Westend" seit dem Ende des 19. Jh. zahlreiche große Mietshäuser entstanden, die aber teilweise auch bis in das alte Dorf drangen und sich vielfach zwischen die nur umgebauten kleinen Kolonistenhäuser zwängten (Abb. 164). Sie drückten auch äußerlich sichtbar den schon um 1890 begonnenen Prozeß der Umwandlung des Dorfes bzw. des Kurortes in Richtung Kleinstadt aus.

Dementsprechend genügten nun für die 1871 erst 2142, Ende des 19. Jh. aber bereits mehr als 10 000 Einwohner zählende Gemeinde nicht mehr die alten öffentlichen Bauten. So ersetzte man die ehemalige Gemeindeverwaltung (Abb. 165) im Jahre 1899 durch ein repräsentatives Rathaus (Abb. 167) und die um 1800 errichtete einfache Saalkirche (Abb. 166) in den Jahren 1901/03 durch einen aufwendigen Neubau, dessen Turmspitze allerdings durch ein Unwetter am 13. 11. 1972 zerstört und danach verändert wiederaufgebaut wurde. Hinzu kamen anstelle der kleinen am Markt gelegenen Dorfschule im Jahre 1895 eine siebzehnklassige Knabenschule in der Scharnweberstraße und 1900 eine neunzehnklassige Mädchenschule, Peter-Hille-Straße. Der zunächst noch privaten höheren Mädchenschule folgte 1905 ein großes Gymnasium.

Abb. 168 Straßenzug mit zahlreichen Veranda- und Balkonausbauten, 1880 bis 1910, Ahornallee

Abb. 170
Veranda und Balkon
an einem kleinen
Wohnhaus im Ort,
um 1890,
Breestpromenade 4

Eine eigene Gasanstalt wurde angelegt, ferner schon vor 1908 ein Postamt (mit 4 Bestellgängen täglich). Seit 1904 verkehrte eine elektrische Straßenbahn zwischen Friedrichshagen und Köpenick. 1911 erhielt der Ort Anschluß an das Elektrizitätsnetz.
Trotz aller Verstädterungstendenzen ging auch nach 1900 die durch die Nähe des Sees bewirkte Spezifik des Ortes nicht ganz verloren. So gab es eine Anlegestelle für die zahlreichen Dampfschiffe, die vor allem in den Sommermonaten Spree und Müggelsee befuhren, so nahm die Zahl der Ausflugsgaststätten weiter zu, so legten der 1892 gegründete Friedrichshagener Ruderverein, der Friedrichshagener Seglerklub und der Yachtklub „Müggelsee" Boots- und Vereinshäuser an, und so zeugten die zahlreichen privaten Boots- und Sommerhäuser (Abb. 169) ebenso wie die meist aufwendigen Veranden und Balkone an ungewöhnlich vielen Häusern im gesamten Ort von der immer noch großen Zahl an Sommergästen (Abb. 168, 170, 171).

Abb. 169 Boots- und Sommerhaus, um 1910, Müggelseedamm 242

Abb. 171
Veranden an einer
Mietvilla in Wassernähe,
um 1900,
Müggelseedamm 230

Friedrichwilhelmsbrück, siehe Stolpe

Frohnau
Verwaltungsbezirk Reinickendorf

Entwicklung
der Einwohnerzahlen
von Frohnau

Jahr	Einwohner
1910	220
1919	1 190

Abb. 172
Bahnhofsgebäude
am Ludolfingerplatz,
1910

Der bis zur Eingemeindung nach Berlin zum Kreis Niederbarnim gehörende selbständige Gutsbezirk war als Villenkolonie auf dem Gelände des Gutsbezirks Stolpe seit 1909 im Entstehen begriffen und hatte bereits 1910 den Status einer selbständigen Verwaltungseinheit erreicht. Die von der „Berliner-Terrain-Zentrale" unter maßgeblicher Förderung des Fürsten v. Donnersmarck gegründete Siedlung umfaßte eine Fläche von 773,5 Hektar, darunter ein Großteil mit Wald bestandenes Gelände.

Frohnau verdient, obwohl nur 10 Jahre als selbständiger Gutsbezirk bestehend, nicht nur der Vollständigkeit halber Beachtung. Handelt es sich doch dabei um eine Siedlung, in der die vom Bürgertum akzeptierte bzw. geförderte Variante der Ende des 19. Jh. von England ausgehenden Gartenstadtbewegung verwirklicht wurde. Ohne auf die Vorzüge und Errungenschaften großstädtischer Zivilisation verzichten zu müssen, sollte für „gutbürgerliche" Bewohner ein nicht allzugroßes, in enger

Beziehung zum Land, zur Natur stehendes und einer einheitlichen Bauweise, natürlich mit individuellen Varianten, verpflichtetes geschlossenes Ensemble entstehen, das weder durch Fabriken oder sonstige gewerbliche Einrichtungen noch durch proletarische Massenquartiere „gestört" wird. Und in der Tat gelang es weitgehend, diesen Vorstellungen zu entsprechen.

So erreichte man gleich zu Beginn die Anlage eines Haltepunkts, vor allem für den Antransport der Baustoffe, an der seit 1877 bestehenden Nordbahn und bald darauf die eines Bahnhofs in dessen unmittelbarer Nachbarschaft. Er mußte allerdings von der Terraingesellschaft selbst finanziert werden. Die Einweihung fand am 1. 5. 1910 statt (Abb. 172). Schon vor der Bebauung wurden die Leitungen für Wasser und Gas entlang der projektierten Straßen verlegt, die man zum großen Teil bereits frühzeitig mit Granitbausteinen pflasterte. Wenig später folgten Elektroanschluß und Kanalisation.

Das also von vornherein vorzüglich mit allen stadttechnischen Einrichtungen versehene Gebiet wurde unter einheitlicher Leitung nach einem von den Professoren J. Brix und F. Genzmer entworfenen Bebauungsplan, der sich u. a. durch ein Netz leicht gekrümmter Straßen und etliche kleine, begrünte Plätze auszeichnete (Abb. 174), besiedelt. Im allgemeinen verzichtete man dabei auf die Verwendung der in den älteren Villenkolonien noch dominierenden historisierenden Formen und bevorzugte den wesentlich von H. Muthesius und P. Schultze-Naumburg geprägten „Landhausstil". So entstand eine Vielzahl von zumeist recht schlichten Ein- und Mehrfamilienhäusern, deren Hauptschmuck hohe, mit Gauben ausgestattete Dächer, kleine Ziergiebel, Erker und Veranden, vor allem aber große Sprossenfenster und Fensterläden darstellten und die bewußt deutschnationale Gestaltung und Gesinnung demonstrieren sollten (Abb. 173).

Abb. 173 Einfamilienhaus, um 1914, Dinkelsbühler Steig 15

Abb. 174
Der ursprüngliche Bebauungsplan, 1908/10

Gatow
Verwaltungsbezirk Spandau

Entwicklung
der Einwohnerzahlen
von Gatow

Jahr	Einwohner
1772	135
1800	167
1817	165
1840	227
1858	381
1871	399
1875	438
1880	440
1885	469
1890	565
1895	535
1900	590
1905	757
1910	735
1919	609

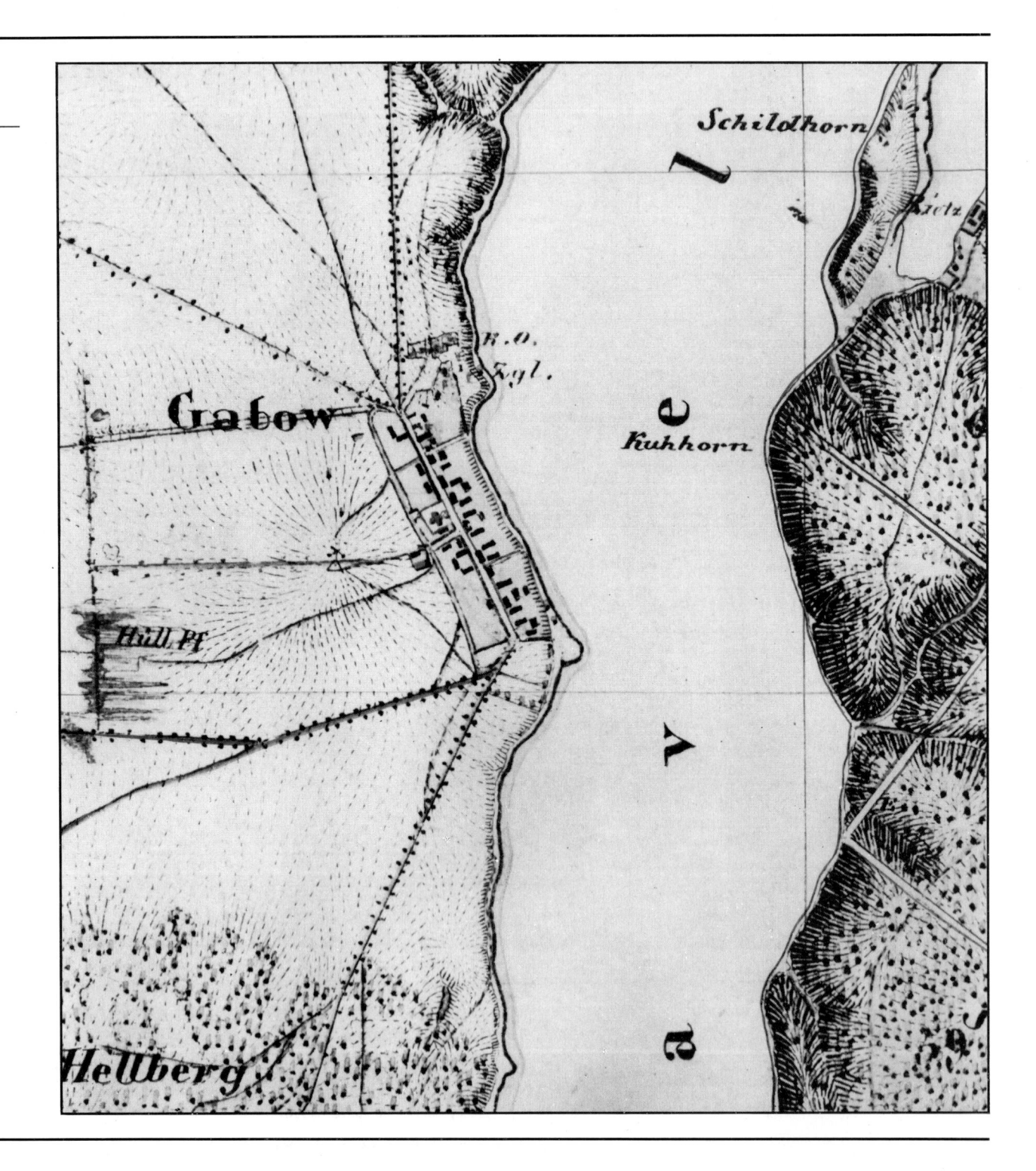

Abb. 175
Ausschnitt aus dem
Ur-Meßtischblatt
Nr. 1907 von 1836

Das bis 1920 zum Kreis Osthavelland gehörende Dorf unterstand mindestens seit dem Jahre 1258 bis zur Säkularisation 1558 dem Kloster in Spandau. Es war 1375 mit 50, 1450 sogar mit 62 Hufen ausgestattet. Von den 1590 und 1624 genannten 9 Vollbauernhöfen lag nach dem Dreißigjährigen Krieg (1652) lediglich einer „wüst", der aber von den 3 Kossäten genutzt wurde. In der Folgezeit blieb die Sozialstruktur mit 8 Bauern und 2 Kossäten (1708 und 1745) relativ konstant. Selbst am Ende des 19. Jh. gab es noch 5 Groß- und 2 Mittelbauern. Zwar kamen bereits im 18. Jh. eine Ziegelscheune (erstmals 1745 genannt), eine Schmiede (erstmals 1772 erwähnt) und ein Krug (ab 1800 nachgewiesen) hinzu, doch vergrößerte sich die Einwohnerzahl nur gering, bis 1840 lediglich auf 227.

Seit der Mitte des 19. Jh. entstanden dann allerdings eine kleine Ofenfabrik und eine Getreidemühle, auch folgten bis 1894 noch 3 Milchhändler, ein Bäcker- und ein Fleischermeister sowie eine weitere Gastwirtschaft und einige andere Gewerbe, aber ein spürbarer Aufschwung trat trotz der landschaftlich reizvollen Lage am Westufer der Havel und des zunehmenden Ausflugsverkehrs nicht ein. Bis zum Jahre 1900 stieg die Einwohnerzahl lediglich auf 590. Hinderungsgrund waren die – namentlich im Winter – schlechten Vekehrsbedingungen und die Nähe der Ende des 19. Jh. westlich des Ortes angelegten Rieselfelder, so daß der 1908 formulierte Hauptanziehungsgrund, „Villen in ungewöhnlich schöner Lage mit der Aussicht auf den Grunewald ... errichten" zu können [16], vor 1914 nur zu einer geringen Zahl von Landhäusern am Havelufer geführt hat.

Trotz einiger Neubauten ist die Anlage des Straßendorfes, wie es 1836 dokumentiert wurde (Abb. 175), noch heute klar erkennbar. Von den damals verzeichneten Gebäuden blieben allerdings nur wenige erhalten. Das mit Abstand älteste Bauwerk ist die in der Mitte des Ortes, westlich der Dorfstraße gelegene Feldsteinkirche. Sie entstammt dem beginnenden 14. Jh., wurde aber bereits im 15./16. Jh. u. a. durch die Verbreiterung des ehemals eingezogenen Chors verändert, erfuhr weitere Um- und Ausbauten seit der Mitte des 19. Jh. – 1846 den Bau eines inzwischen erneuerten Dachturmes, 1869 und 1913 weitere Anbauten am Ostgiebel – und in den Jahren 1935 und 1953 umfangreiche Restaurierungen. Dennoch vermittelt die Kirche noch heute mit dem sie umgebenden Friedhof einen überzeugenden Eindruck einer bescheidenen märkischen Dorfkirche (Abb. 176).

Das Ende des 18. Jh. errichtete kleine Stallgebäude aus Lehmfachwerk, das sich im Gehöft Alt-Gatow 65 befindet und das älteste Zeugnis ländlicher Volksarchitektur im Ort darstellt, wurde dagegen

Abb. 176
Dorfkirche
mit den Anbauten
des 19. Jh.
nach der Restaurierung
von 1953

Abb. 177
Stall-Scheune
eines Großbauernhofes,
um 1860/70,
Alt-Gatow 54

Abb. 178 Aborthäuschen mit Taubenschlag, um 1890/1900, Alt-Gatow 9/11

Abb. 179 Wohnhaus, ehemals für 2 Ofenfabrikarbeiterfamilien, um 1850/60, Bardeyweg 5

durch die jüngst, im Winterhalbjahr 1985/86, erfolgte Verbretterung weitgehend entstellt. Zwar besaß es bereits seit längerem ein Ziegeldach anstelle der ursprünglichen Stroheindeckung, doch waren die aus der Zeit um 1770/80 stammenden, nur einmal verriegelten Wände mit nahezu quadratischen Gefachen im Erdgeschoß und im etwa einen halben Meter überkragenden Obergeschoß, die Eckstreben und selbst die hölzeren Wendesäulen an einigen Stalltüren noch original erhalten.

Ansonsten stammen die meisten anderen noch von der Landwirtschaft geprägten Bauten erst aus dem letzten Drittel des 19. Jh. Noch in der Tradition des Fachwerkbaues stehend, beeindruckt der Stall vom beinahe Gutscharakter aufweisenden Großbauernhof Alt-Gatow 54, der 1894 eine Fläche von 87 Hektar aufwies. Während das zugehörige Wohnhaus von der Bauernhaustradition erheblich abweicht und bereits zu den kleinen Gutshäusern der Zeit um 1880 zu rechnen ist, entspricht dieses Wirtschaftsgebäude noch auffallend stark der Tradition märkischer ländlicher Volksbauweise. Die auf einem Steinsockel ruhenden Schwellen tragen – wie bis etwa 1840/50 allgemein üblich – zweimal verriegelte und mit Eckstreben versehene Fachwerkwände, auf deren Rähme die Deckenbalken aufgekämmt sind. Das sonst für die ältere Kehlbalkensparrendachkonstruktion typische steile Dach entsteht in diesem Falle allerdings durch eine Pfettenkonstruktion, die eigentlich erst nach 1870 im hiesigen ländlichen Bauen üblich wird und dann zumeist mit einem flachen Teerpappendach gekoppelt ist. Das Gebäude verdeutlicht in eindrucksvoller Weise den allmählichen Übergang von der bis ins erste Drittel des 19. Jh. dominierenden, weitgehend auf mündlicher Überlieferung beruhenden Bautradition zur Bauweise der auf den Baugewerkschulen ausgebildeten Zimmer- und Maurermeister (Abb. 177).

Dieser jüngeren Traditionslinie gehören zahlreiche Wohn- und Wirtschaftsgebäude im Ort an, so die um 1890 errichteten zweistöckigen Backsteinställe und die etwa gleichaltrigen Scheunen in den Gehöften Alt-Gatow 9/11 und 17/21, der Taubenturm Alt-Gatow 65 und das ehemals direkt am Misthaufen gelegene Aborthäuschen mit Taubenschlag im Dachwerk vom Gehöft Alt-Gatow 9/11 (Abb. 178). Seit der Mitte des 19. Jh. entstanden zwischen den einzelnen Bauernhöfen und am Rande des Dorfes mehrere kleine Büdnereien und Häuslerstellen, z. T. auch einzelne Doppelhäuser, in denen man entweder die Landarbeiterfamilien der großen Bauernhöfe, wie in Alt-Gatow 25/27, oder die Arbeitskräfte der Ziegelei/Ofenfabrik, Bardeyweg 5, und der städtischen Rieselfelder, Gatower Straße 303/305, unterbrachte (Abb. 179).

Abb. 180 a,b
Grundstück eines
Gewerbetreibenden
Gatower Straße 296

a) Wohnhaus,
um 1880/90

b) Seitenflügel
mit Mietwohnungen,
um 1880/90,

Die durch die Nähe der Havelgewässer hervorgerufene und Ende des 19. Jh. sich verstärkende Tendenz zur Herausbildung eines Ausflugszieles für die großstädtische Bevölkerung bewirkte, daß mehrere Gaststättenkomplexe – zumeist in Wassernähe – mit Bootsstegen, Gartenrestaurants und Saalanbauten für Vereinsfeiern und dergleichen entstanden. Erstaunlich gering blieb dagegen bis 1920 die Zahl der Villen und Landhäuser. Lediglich einige Gewerbetreibende siedelten sich an. Ein Beispiel dafür stellt das Grundstück Gatower Straße 296 dar, dessen Vorderhaus trotz des Verandavorbaus, der außergewöhnlich schmuckvollen Zwerchgiebel und der kleinen Türmchengauben eher an das Wohnhaus eines reich gewordenen Bauern erinnert als an die Villa eines Handwerkers oder Kaufmanns (Abb. 180a).

Völlig ungewöhnlich und für ein stadtfernes Dorf allerdings auch untypisch ist, daß nur die hintere und eine Seitenfront des Hofes mit Wirtschaftsgebäuden – Stallungen, Werkstätten – bebaut sind, während die vierte Seite von einem dreigeschossigen Seitenflügel mit Mietwohnungen eingenommen wird (Abb. 180b). Dieser für andere, zunehmend verstädterte Dörfer typische Vorgang blieb hier ein Einzelfall, da die nahegelegenen Rieselfelder, die schlechten Verkehrsverbindungen nach Spandau und Berlin und vor allem die fehlende Industrie eine weitere Ansiedlung von Arbeitern und anderen Werktätigen vorerst verhinderten.

Giesensdorf
Verwaltungsbezirk Steglitz

Entwicklung der Einwohnerzahlen von Giesensdorf

Jahr	Einwohner
1734	108
1772	119
1801	115
1817	107
1840	149
1858	188

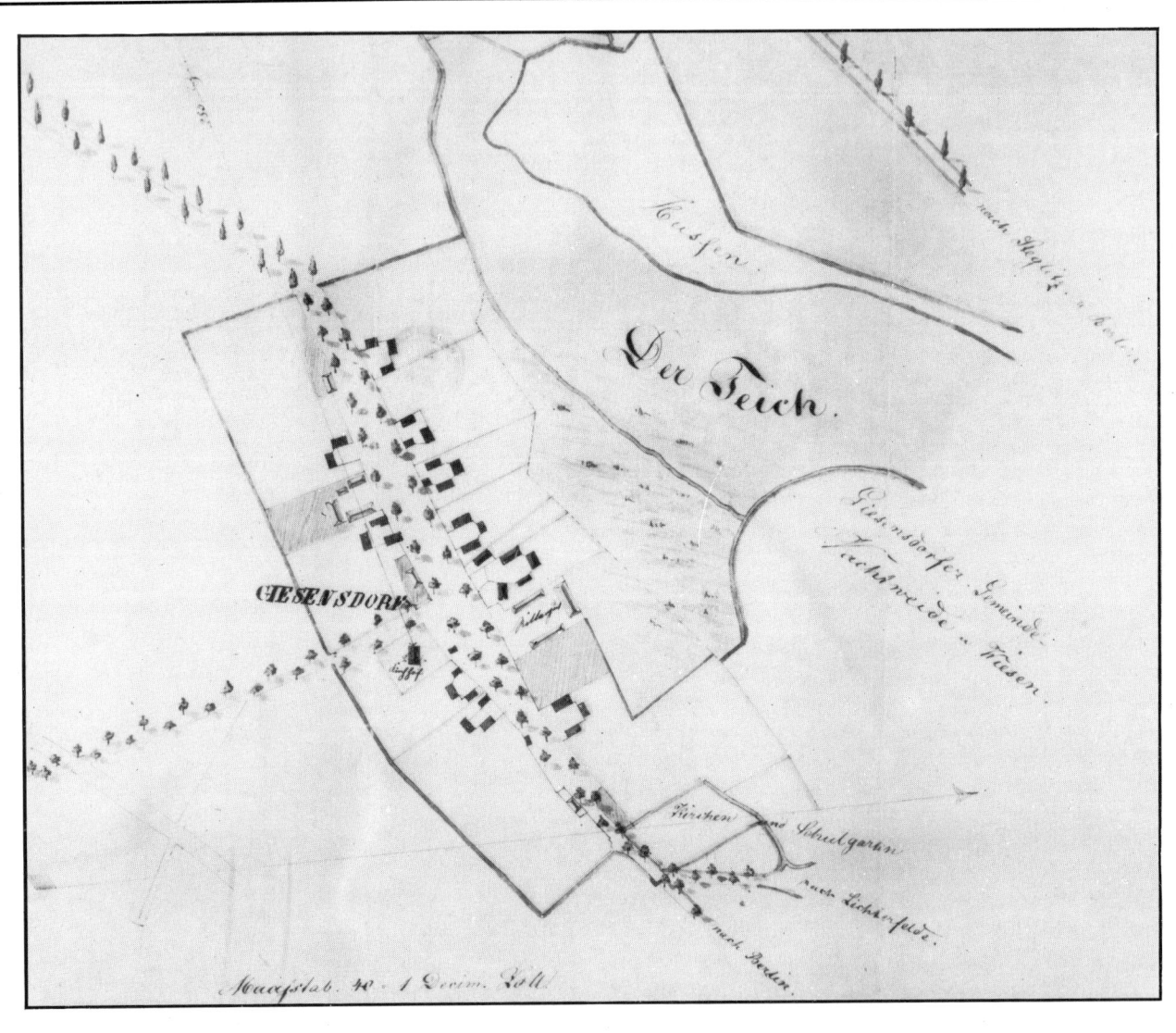

Abb. 181
Lageplan des Ortes in einer Vermessung des Jahres 1856
(Oberkante = Westen)

Das bei der Ersterwähnung im Jahre 1299 noch Ghiselbrechtstorp genannte Dorf war 1375 mit 50 Hufen ausgestattet; allerdings lag infolge der Agrarkrise des 14. Jh. die Windmühle „wüst", und die Krugstelle war nicht besetzt. Der zunächst den Markgrafen, seit etwa 1308 den Bischöfen von Brandenburg und seit dem Ende des 14. Jh. dem Kurfürsten unterstehende Ort kam spätestens 1480 an die Familie v. Gröben, die ihn bis 1792 besaß und mindestens seit dem Dreißigjährigen Krieg eine eigene Gutswirtschaft in diesem Dorf geschaffen hatte. Die seitdem häufig wechselnden Besitzer waren zunächst Adlige (1792/1803 v. Hake, danach v. Grotthus, v. Moltke u. a.), später auch Bürgerliche (z. B. 1818 Bernhard, 1861 Bohtz), bis es 1865 der Großkaufmann J. A. W. Carstenn mit 1483 Morgen erwarb. Er begann 1866 mit der Parzellierung.
Von den 1624 genannten 11 Hüfnern und einem Kossäten gab es 1652 nur noch einen Setzschulzen und 2 Bauern, dafür aber 4 Kossäten. Seit 1684 bis

ins 19. Jh. sind dann wieder 9, Mitte des 19. Jh. aber nur noch 7 Vollbauernstellen nachgewiesen. Zwar sind seit dem 17. Jh. wieder ein Schmied und seit dem 18. Jh. ein Krug belegt, doch entwickelte sich das Dorf insgesamt nur zögernd. Von 1734 bis 1858 stieg die Einwohnerzahl lediglich von 108 auf 188, davon waren 10 Arbeiter, 25 Tagelöhner und 44 Gesinde (Knechte und Mägde). Gemeinde- und Gutsbezirk Giesensdorf wurden 1877 mit dem Gutsbezirk Lichterfelde, den Carstenn 1865 ebenfalls gekauft hatte, zusammengelegt. Nach Anschluß des Gemeindebezirks Lichterfelde im Jahre 1879 entstand schließlich der Gemeindeverband „Groß-Lichterfelde", dessen Weiterentwicklung unter *Lichterfelde* behandelt wird.

1858, also nur wenige Jahre bevor J. A. W. Carstenn das Gut zum Zwecke der Parzellierung kaufte, präsentierte sich der Ort noch als ein von der Nähe der Großstadt nahezu unberührtes märkisches Dorf. Neben dem Rittergut, das 1468 Morgen Acker und 12 Morgen Gartenland bewirtschaftete, existierten noch 7 Bauern, denen insgesamt 964 Morgen Akker, 121 Morgen Wiese, 45 Morgen Weide, 9 Morgen Gartenland und 58 Morgen Wald gehörten, sowie 3 nebengewerbliche Landwirte und 2 Handwerker – Schmied und Krüger. Alle Gebäude – mit Ausnahme des außerhalb gelegenen Vorwerks Alte Schäferei – befanden sich beiderseits der breiten Dorfstraße. Nach der damals durchgeführten Vermessung (Abb. 181) besaß auffallenderweise noch kein einziges bäuerliches Gehöft ein mit der Traufseite entlang der Straße gestelltes Wohnhaus. Sie befanden sich alle in Giebelstellung, so wie es bereits in einem Plan von 1760 (Abb. 183) angedeutet wird. Der Gutshof gegenüber der Kirche indes weist ein Herrenhaus in Traufstellung, allerdings an der Rückfront des Hofes aus. Mit der Breitseite zur

Abb. 182 Scheune eines großen Bauernhofes, um 1770, mit Anbauten von etwa 1830, ehemals Berliner Straße 61. Zeichnung von H. Anker, 1903

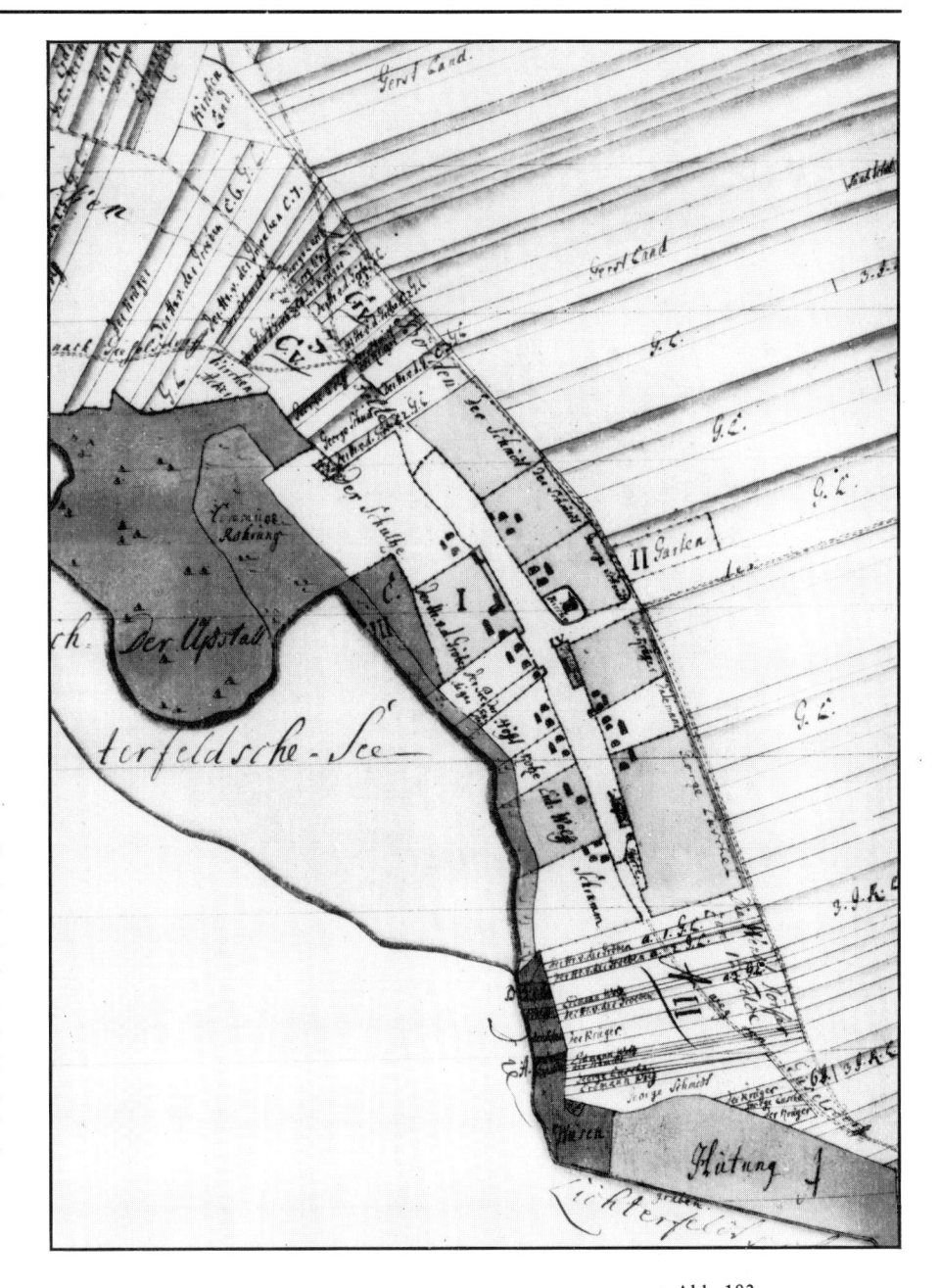

Abb. 183 Ausschnitt aus einem Lageplan des Jahres 1760 (Oberkante = Osten)

Abb. 184 Alter Pfarrhof, sämtliche Gebäude um 1750, ehemals Berliner Straße 63a. Zeichnung von H. Anker, 1903

Abb. 185
Viergeschossiges
Mietshaus,
um 1905,
Ostpreußendamm 65

Straße standen ferner die beiden Gutsarbeiterkaten. Das eine, bereits 1760 als Tagelöhnerhaus bezeichnete Gebäude befand sich an der Ecke Dorfstraße/Osdorfer Weg gegenüber der Kirche, das andere, 1760 noch als Hirtenhaus dienende lag am südlichen Ortsausgang. Das durch eine Schraffur gekennzeichnete, 1770 noch dem Bauern Chr. Dalemann gehörende Gehöft war inzwischen ebenfalls in den Besitz des Gutes übergegangen.

Von allen diesen und anderen älteren Gebäuden ist bis heute keines erhalten geblieben, obwohl einige einstöckige, allerdings aus der zweiten Hälfte des 19. Jh. stammende und inzwischen völlig veränderte Wohnhäuser (z. B. Ostpreußendamm 69, 70 und 72) noch ein wenig an die dörfliche Vergangenheit erinnern. Dennoch wissen wir aus der historischen Überlieferung etwas über den damaligen Charakter der Bauten, da U. Muhs im Jahre 1904 einige von H. Anker angefertigte Zeichnungen damals noch erhaltener älterer Bauten in seine kurze Ortsgeschichte übernahm [67].

Zum einen handelt es sich um eine große Fachwerkscheune des neben dem Gutshof gelegenen Bauernhofes (Abb. 182). Es ist offensichtlich ein Bau aus der zweiten Hälfte des 18. Jh. Beiderseits des üblichen Einfahrtstores befinden sich im ersten Drittel des 19. Jh. angefügte Stallungen und andere Wirtschaftsräume. Obwohl die Wände – wie beim Kernbau – noch völlig aus Lehmfachwerk bestehen und die Schleppdächer mit Stroh oder Rohr gedeckt sind, also ganz der traditionellen Bauweise entsprechen, so dokumentieren gerade diese für das beginnende 19. Jh. typischen Anbauten doch den bereits begonnenen Übergang zur rationellen Landwirtschaft, die zumeist mit einer vermehrten Viehhaltung verbunden war.

Zum anderen wird der alte Pfarrhof vorgestellt, der offenbar erhalten geblieben war, obwohl seit 1869/70 ein neues Pfarrhaus existierte, das 1925 umgebaut wurde und heute als evangelisches Gemeindehaus dient. Der dargestellte Hof (Abb. 184) widerspiegelt ziemlich unversehrt die Verhältnisse, wie sie bereits in einer Matrikel von 1770 beschrieben sind. Darin heißt es, daß das „Pfarrgehöft zwischen dem adeligen Hof und dem Küster belegen, 176 Berlinische Werkschuh und zwei Zoll breit" ist und „von der Straße bis an den See hinterm Pfarrgarten (gehet). Vorne nach der Straße zu ist es beheget mit einer Mauer, von Feldsteinen und Leimen gemachet und mit Holz und Erde bedeckt." Zu diesem Gehöft gehören ein nach dem Brand von 1720 errichtetes „Wohnhaus mit 2 Stuben, 5 Kammern und 1 Küche ..., die Scheune, in welcher zugleich der Schafstall und drei kleine Schweineställe, ein langer Stall, darin 1 Schweinestall, 1 Hechselkammer, der Pferdestall, der Kuh- und Kälberstall und der Hühnerstall begriffen ist, ein räumlicher Hof mit einem Brunnen, Pforte und Thorweg, ein Garten neben und hinter den Pfarrgebäuden" sowie „ein Backofen auf der Straße" [67]. In der Zeichnung scheint der Stall bereits unterfangen und die Scheune inzwischen mit Ziegelgefachen ausgestattet zu sein, dennoch sind die Ende des 18. Jh. geschaffenen und – wie so oft – bis ins 20. Jh. erhalten gebliebenen Zustände recht klar zu erkennen.

Obwohl das alte Schulhaus, in dem sich der einzige Klassenraum und die Wohnung des Küsters bzw. des Lehrers befanden, schon vor 1900 durch einen Neubau ersetzt wurde, so sei noch auf die bezeichnende Schilderung der Zustände von 1875 verwiesen. Damals stellten der Gemeindekirchenrat und der Schulvorstand folgenden Antrag: „Das an sieben verschiedenen Stellen undichte Strohdach ist mit möglichster Schonung des alten Deckmaterials auszubessern. Die total vermorschte Schalung des westlichen Giebels ist von außen durch zwei über die ganze Breite des Giebels fassende Bretter, welche an den Wandstielen zu befestigen sind, zusammenzuhalten, die zwischen den morschen Brettern bleibenden Öffnungen sind mit Bretterstücken zu vernageln, wo Nägel halten, wo dies nicht der Fall ist, ist Dichtung mit Moos oder Strohlehm anzuwenden. Die Windlatten an dem östlichen Giebel sind zu befestigen. Die Fenster der westlichen Hälfte des Hauses, die überall angefault sind, daß sie herauszufallen drohen, sind ringsum an den Rahmen mit Haarkalk zu verstreichen und durch eine Deckleiste zu befestigen. Es ist angebracht, in der Schulstube sämtliche Fensterflügel fest einzunageln und zu verkitten, bis auf einen Flügel, der zum Lüften des Zimmers dienen muß ..." [67].

Erst unter Berücksichtigung derartiger Verhältnisse, die absolut keinen Einzelfall, sondern eher die für die meisten Dörfer typischen Bedingungen darstellten, wird der große Umbruch der nachfolgenden Zeit deutlich. Schon wenige Jahre danach entstanden nicht nur zahlreiche Villen auf der an Lichterfelde angrenzenden ehemals Giesensdorfer Feldmark, sondern auch etliche große Mietshäuser drangen schon um die Jahrhundertwende bis in den alten Dorfkern vor (Abb. 185), wo heute eigentlich nur noch die kleine Feldsteinkirche, vermutlich Ende des 14. Jh. errichtet, an den einst dörflichen Charakter erinnert. Die bisher älteste bekannt gewordene Darstellung aus dem Jahre 1834 zeigt einen relativ mächtigen, verbretterten und mit einem Satteldach ausgestatteten Dachturm, der in der Folgezeit erheblich verändert, während des zweiten Weltkrieges zerstört und beim Wiederaufbau nicht wieder rekonstruiert wurde (Abb. 186).

Abb. 186
Dorfkirche.
Tuschzeichnung
von H. Wohler, 1834

Glienicke, siehe Altglienicke oder Klein-Glienicke
Groß-Lichterfelde, siehe Lichterfelde

Grünau
Stadtbezirk Köpenick

Entwicklung der Einwohnerzahlen von Grünau

Jahr	Einwohner
1772	69
1801	59
1817	58*
1840	127*
1858	138
1867	215
1871	288
1875	449
1880	552
1885	852
1890	1 231
1895	1 725
1900	2 485
1905	2 539
1910	3 004
1919	3 550

* mit Steinbinde

Abb. 187 Lageplan der Kolonie mit den ersten 4 Gehöften nahe der Unterförsterei Steinbinde im Jahre 1750 (Oberkante = Westen)

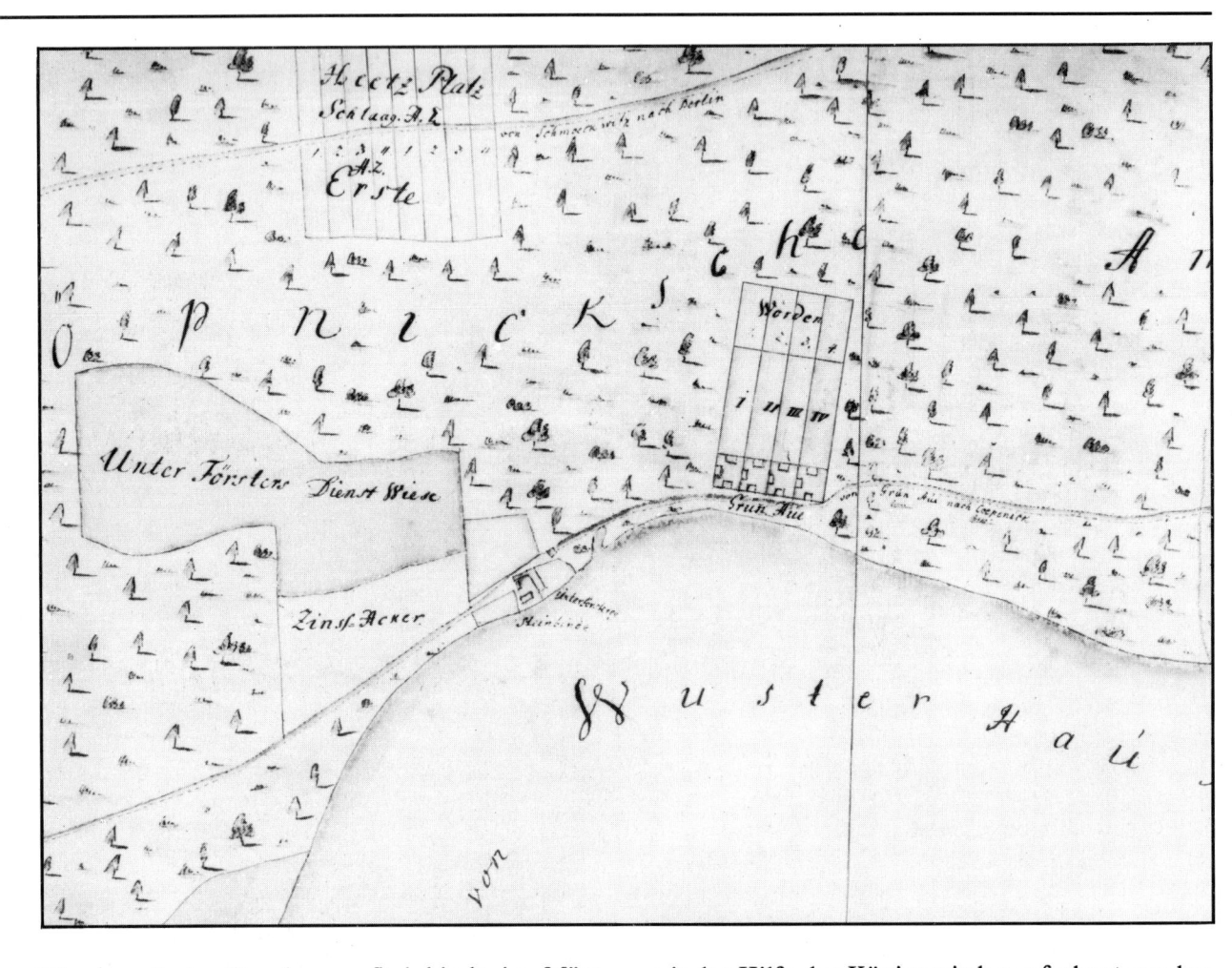

Die unweit des Forsthauses Steinbinde im März 1749 für 3, dann für 4 Kolonisten abgesteckten Parzellen waren bereits im Juli des gleichen Jahres mit 4 rohbaufertigen, aus Wohnhaus, Stall und Scheune bestehenden Gehöften besetzt. Den 4 aus der Pfalz gekommenen Siedlerfamilien wurden in der Erbverschreibung von 1754 je Hof 2 Hufen Land und 17 Morgen Wiese sowie die Hofstelle von reichlich 2 Morgen übergeben und dem Dorf der Name „Grüne Aue" übertragen. Bald schon kamen eine Büdnerstelle für einen Hirten (1750) und ein „Familien-Haus" für 4 Tagelöhnerfamilien aus Böhmen (1768) hinzu. Im Jahre 1792 brannten 2 Kolonistengehöfte vollständig ab, die jedoch noch im gleichen Jahr mit der Hilfe des Königs wieder aufgebaut wurden. Seit den 30er Jahren des 19. Jh. kamen dann einige Handwerker (Stellmacher, Maurer, Zimmermann) hinzu, so daß 1840 bereits 127 Einwohner gezählt werden konnten. Von weit größerer Bedeutung aber war, daß im Jahre 1858 die Frau des Kolonisten Jäger in einem kleinen Häuschen ein „anständiges Restaurant" einrichtete, das seitdem „den Besuch ... vieler Berliner Familien herbeiführte" [9]. Mit der Errichtung eines Haltepunkts an der Berlin–Görlitzer Eisenbahn im Jahre 1866 und einer Anlegestelle für die „Berlin–Köpenicker Dampfschiffahrts-Gesellschaft" im gleichen Jahr stieg die Attraktivität des Ortes sprunghaft, so daß Grünau schon 1875 „Gegenstand besonderer Aufmerksamkeit der Berliner wurde, welche daselbst Grundstücke erwarben und Landhäuser und Fabrikgebäude in stattlicher Form herstellten" [9]. Dementsprechend stieg die Einwohnerzahl bis zur Jahrhundertwende auf über 2000. Obwohl es im Ort im Jahre 1890 2 chemische und 2 Leimfabriken sowie eine Kalkbrennerei und bald darauf auch einige Mietshäuser gab, so dominierte doch die Bebauung mit Villen, Gaststätten und Bootshäusern, die in großer Zahl entstanden, da seit den 80er Jahren des 19. Jh. hier alljährlich große Segel- und Ruderregatten stattfanden. 1905 wurde gemeinsam mit Adlershof und Altglienicke ein Wasserwerk errichtet. Bereits 1908 waren die meisten Grundstücke an das Elektrizitäts- und Gasnetz angeschlossen und hatten Kanalisation.

Ein bereits 1750, ein Jahr nach der Gründung der Kolonie angefertigter Lageplan (Abb. 187) verdeutlicht die bescheidenen Anfänge des Ortes, der sich auch in den folgenden 100 bis 120 Jahren, wie die Karte von 1869 belegt, nur geringfügig ausgedehnt hatte (Abb. 188). Erst nach 1871 und vor allem nach der Eingemeindung des nordöstlich der Bahnlinie gelegenen, ehemals forstfiskalischen Landes

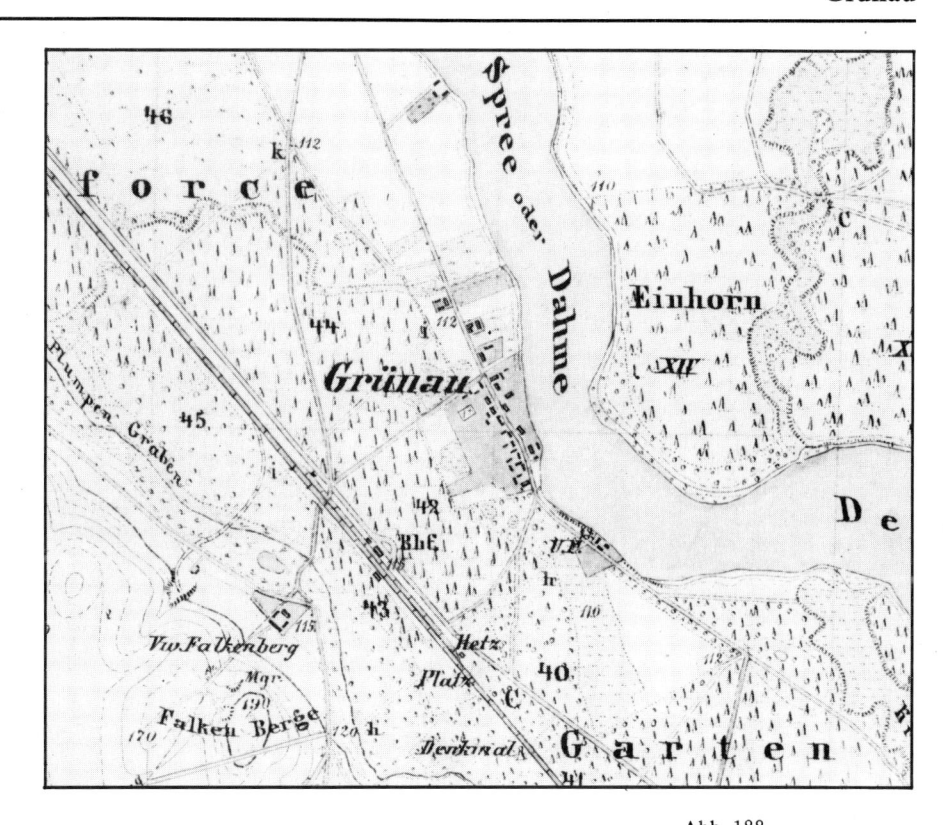

Abb. 188
Ausschnitt aus dem
Ur-Meßtischblatt
Nr. 1909 von 1869

Abb. 189
Nur teilweise
erhaltenes Wohnhaus
für 4
Tagelöhnerfamilien,
1768,
Regattastraße 152.
Aufmaß und
Rekonstruktion
des Verfassers

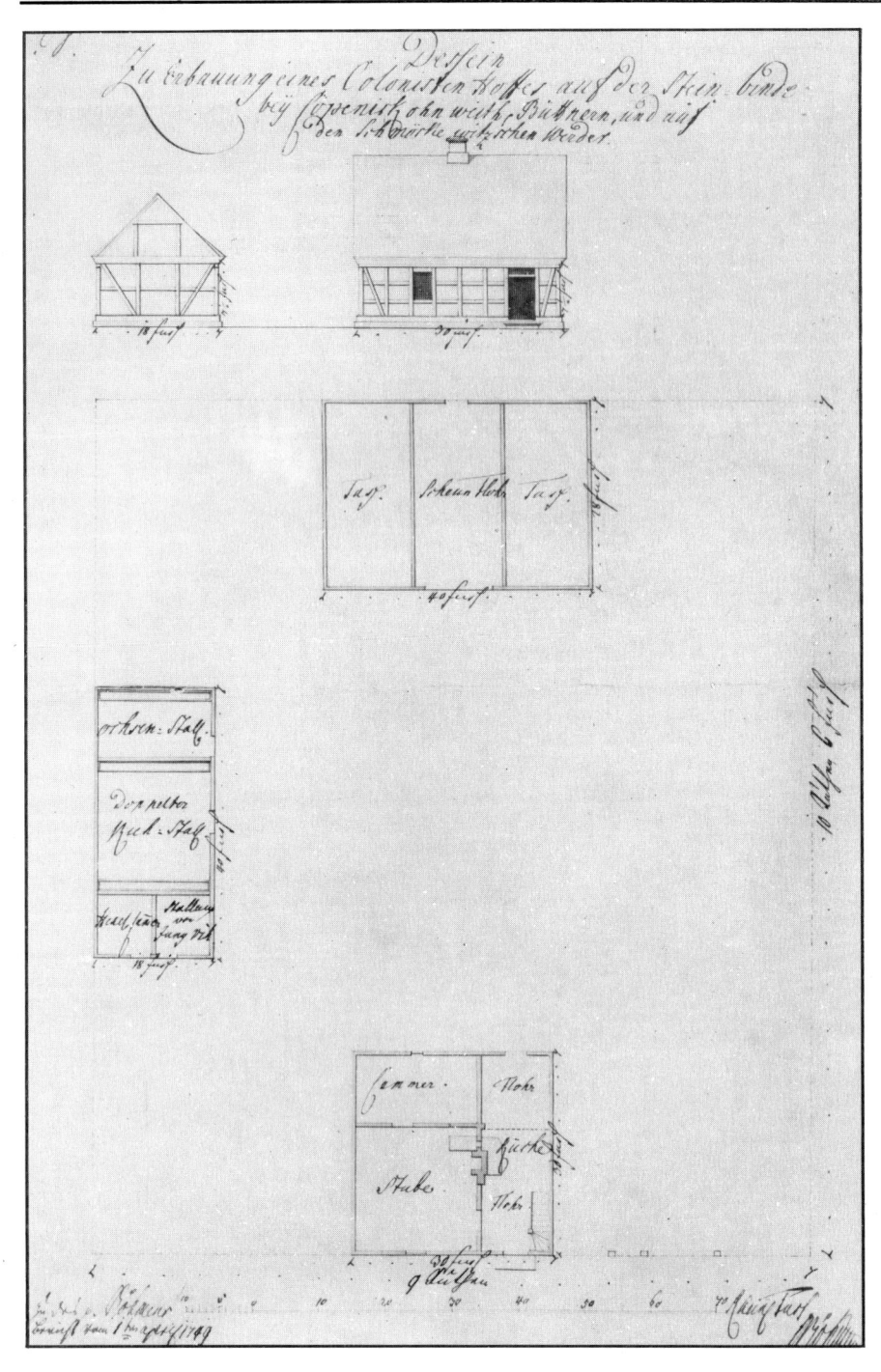

**Abb. 190
Bauplan
für ein bäuerliches
Kolonistengehöft
von 1749**

brachten böhmischen Kolonisten: „... Päden auf die Firsten zu bringen und solche recht zwischen die Rohr- und Stroh-Enden einzudrücken, ist so wenig künstlich, daß ein jeder solches anzufertigen im Stande ist, und überflüßig seyn würde, desfalls erst Leute aus Schlesien mit Kosten kommen zu lassen" [9]. 1768 wohnten 2, später, so 1788, dann 4 Familien in dem einstöckigen, mit Stroh gedeckten Fachwerkbau, in dem jeder der 4 Besitzer eine Stube und einen kleinen Stall/Kammer erhielt, während der Flur und die zentrale Schwarze Küche gemeinschaftlich zu nutzen waren.

In den 70er Jahren des 19. Jh. brach der Zimmermann Behling den ihm gehörenden vierten Teil des Hauses ab und stellte „unter Mitbenutzung des Vorgartens ein massives Wohnhaus mit Zinkdach her ... Da die übrigen, verschiedenen Besitzern gehörenden drei Viertel des Büdnerhauses mit Stroh gedeckt sind und sich noch in der ursprünglichen Bauform befinden, so bilden sie zu dem in neuestem und elegantem Style gebauten vierten Theile einen fast komischen Gegensatz" [9]. Erst Ende der 20er Jahre des 20. Jh. mußte das Stroh- einem Ziegeldach weichen. Inzwischen wurden weitere Wände durch Mauerwerk ersetzt, so daß heute nur noch ein kleiner Rest – ein Viertel des Gesamthauses – die ursprünglichen Lehmfelder der Fachwerkwände aufweist (Abb. 189).

Obwohl seit dem letzten Viertel des 19. Jh. zunehmend Villen, Ausflugslokale, stellenweise auch größere Mietsblocks und selbst etliche Fabriken das Ortsbild zu prägen begannen, so blieben dennoch einige der an sich schon wenigen bäuerlichen Gehöfte (Abb. 190) weiterhin erhalten, deren Wohn- und Wirtschaftsbauten allerdings nach 1870 größtenteils erneuert wurden. Als Beispiel mag das um 1880 errichtete, auf einem hohen Kellergeschoß ruhende, eingeschossige Wohnhaus Regattastraße 170 gelten, das trotz der aufwendigen spätklassizistischen Fenster- und Türbekrönungen, des Schieferdaches und anderer, in den älteren Bauernhäusern nicht üblicher Elemente durchaus noch Züge der traditionellen quergegliederten Bauernhausform aufweist (Abb. 191).

um 1890 setzte eine Bebauung in größerem Umfange, allerdings in recht unterschiedlichem und zumeist uneinheitlichem Maße ein.

Von den im 18. Jh. errichteten Gebäuden blieb lediglich eines, und zwar das Familienhaus von 1768 bruchstückhaft erhalten. Es entstand im Zusammenhang mit den seit 1765 verstärkten Bemühungen, 200 Tagelöhner im Kreis Teltow „anzusetzen". Ende des Jahres 1767 drängte man auf die Fertigstellung und erklärte hinsichtlich der Bedenken der damals interimistisch noch in Rixdorf unterge-

Wie die Villen und Landhäuser entstanden auch die Gaststätten nicht nur auf dem durch Aufschüttungen verbreiterten Uferstreifen entlang des Flusses, sondern auch zwischen und neben den Gehöften entlang der anfangs nur einseitig bebauten Dorfstraße. Zumeist gehörten – wie beispielsweise bei dem großen „Gesellschaftshaus" und dem Restaurant in der Büxensteinallee 2 – zu diesen Ausflugslokalen außer den üblichen Garträumen mehr oder weniger zahlreiche Gartenplätze und ein Saal für gesellige Veranstaltungen (Abb. 192).

Die vor allem auf dem eingemeindeten nördlichen

Abb. 191
Wohnhaus eines bäuerlichen ehemaligen Kolonistengehöfts, um 1880, Regattastraße 170

Abb. 192
Ausflugsgaststätte mit Vorgarten und Saalanbau, um 1905, Büxensteinallee 2

Terrain sich niederlassenden Industriebetriebe, unter denen die 1895 gegründete Brauerei mit über 100 Beschäftigten bald der größte war, bewirkten bzw. förderten den Mietshausbau. Den ersten, neben eingeschossigen Landhäusern errichteten und vielfach einzeln stehenden dreigeschossigen Miethäusern mit ausgebautem Dachgeschoß wie in der Regattastraße 122 folgten seit der Jahrhundertwende zum Teil größere Mietsblocks, die entweder durch die Aneinanderreihung mehrerer Häuser mit oft völlig unterschiedlichen Fassaden, so Regattastraße 98/100, oder als einheitliche Planung entstanden, wie z. B. der Komplex Dahmestraße 21/23 und Königsseestraße 8/10 (Abb. 193).

Infolge der dadurch erheblich gestiegenen Einwohnerzahl machte es sich erforderlich, verschiedene kommunale Bauten zu errichten. So reichte die 1871 fertiggestellte einklassige Schule, die die seit 1835 in der ehemaligen Hirtenkate untergebrachte Schulklasse ersetzt hatte, bald nicht mehr aus. 1883/84 wurde sie von immerhin 80 Knaben und 81 Mädchen besucht. 1898 konnte ein neues zweistökkiges Schulgebäude mit mehreren Klassenräumen in der Regattastraße 82/86 eingeweiht werden. Etwa zur gleichen Zeit entstand ein Verwaltungsgebäude mit Gemeindebüro in der Baderseestraße 3, 1904/06 die erste eigene Kirche an der Ecke Ko-

Abb. 193
Block mit
Mietwohnungen,
erbaut 1908
Königsseestraße 8/10

chelsee-/Eibenseestraße und das zugehörige Pfarr- und Gemeindehaus in der Baderseestraße 8. So sehr schon zu Beginn des 20. Jh. Grünau „dank seiner schönen Lage und seiner guten Verbindungen ... auf das Berliner Publikum auch als Wohnort eine große Anziehungskraft" ausübte, der Ort recht gut ausgebaut war und „viele hübsche Villen" aufwies, war es dennoch in erster Linie „als Sportplatz bekannt und als Ausflugsziel beliebt", in dem „besonders an Sonntagen ... ein reges Leben und Treiben herrschte" [16].

Grünau-Dahmer-Forst, Stadtbezirk Köpenick

Dieser 1920 aus dem Kreis Teltow nach Berlin eingemeindete eigenständige Gutsbezirk wurde, seit 1903 unter diesem Namen laufend, in den 90er Jahren des 19. Jh. aus dem Teltower Anteil des forstfiskalischen Gutsbezirks Köpenicker Forst – unter Abtretung von etwa 1400 Hektar an benachbarte Landgemeinden – gebildet. Er bestand aus der gleichnamigen, 1895 gegründeten Oberförsterei, den Förstereien Fahlenberg, Kanne und Steinbinde, dem Etablissement Hasselwerder, dem Aussichtsturm Müggelturm und dem Bahnhof Oberspree sowie den Siedlungen Rauchfangswerder und Schmöckwitzwerder. 1916 kamen ferner Restflächen der aufgelösten Oberförsterei Köpenick hinzu. In diesem weit verstreuten, großen und zumeist mit Wald bedeckten Terrain lebten 1890 lediglich 138 und kurz vor der Eingemeindung (1919) sogar nur 127 Personen.

Fahlenberg wird erstmals 1815 erwähnt als Unterförsterei des Reviers Köpenicker Werder. 1858 sind 8 Personen im Forsthaus nachgewiesen.

Kanne, bereits 1561 namentlich belegt, war mindestens seit dem 18. Jh. ein „Forst-Etablissement", ein aus dem Wohnhaus und mehreren Wirtschaftsgebäuden bestehendes Gehöft, in dem stets nur wenige Einwohner lebten (1772: 10, 1801: 8, 1858: 10).

Rauchfangswerder, erstmals 1801 als Kolonie unweit Zeuthen erwähnt, bestand auch 1860 noch lediglich aus 4 Wohn- und 10 Wirtschaftsgebäuden. 1858 werden 17 Einwohner genannt. Erst zu Beginn des 20. Jh. begann ein gewisser Zustrom in die Siedlung, so daß 1908 schon über 100 Personen gezählt wurden.

Schmöckwitzwerder, bereits 1516 und 1574 als Flurname belegt, gehörte im 16. Jh. zum Amtsvorwerk Zeuthen. Noch im 16. Jh. wurde ein kurfürstliches Jagdhaus errichtet (1702 erneuert). Im 18. Jh. existierte hier eine Unterförsterei, in deren Nähe sich seit 1775 eine kleine Büdnerkolonie befand, die teils zu Schmöckwitz, teils zu Zeuthen zählend gerechnet wurde. 1860 bestanden auch hier lediglich 4 Wohn- und 11 Wirtschaftsgebäude (1858: 27 Einwohner).

Steinbinde, 1743 „die Stein Bude", 1756 Büdnerei „auf dem Steinbinde" genannt, war mindestens seit der Mitte des 18. Jh. eine Unterförsterei mit einem Wohn- und mehreren Wirtschaftsgebäuden (1801: 6, 1858: 9 Einwohner).

Grünerlinde, siehe Köpenick

Grunewald
Verwaltungsbezirk Wilmersdorf

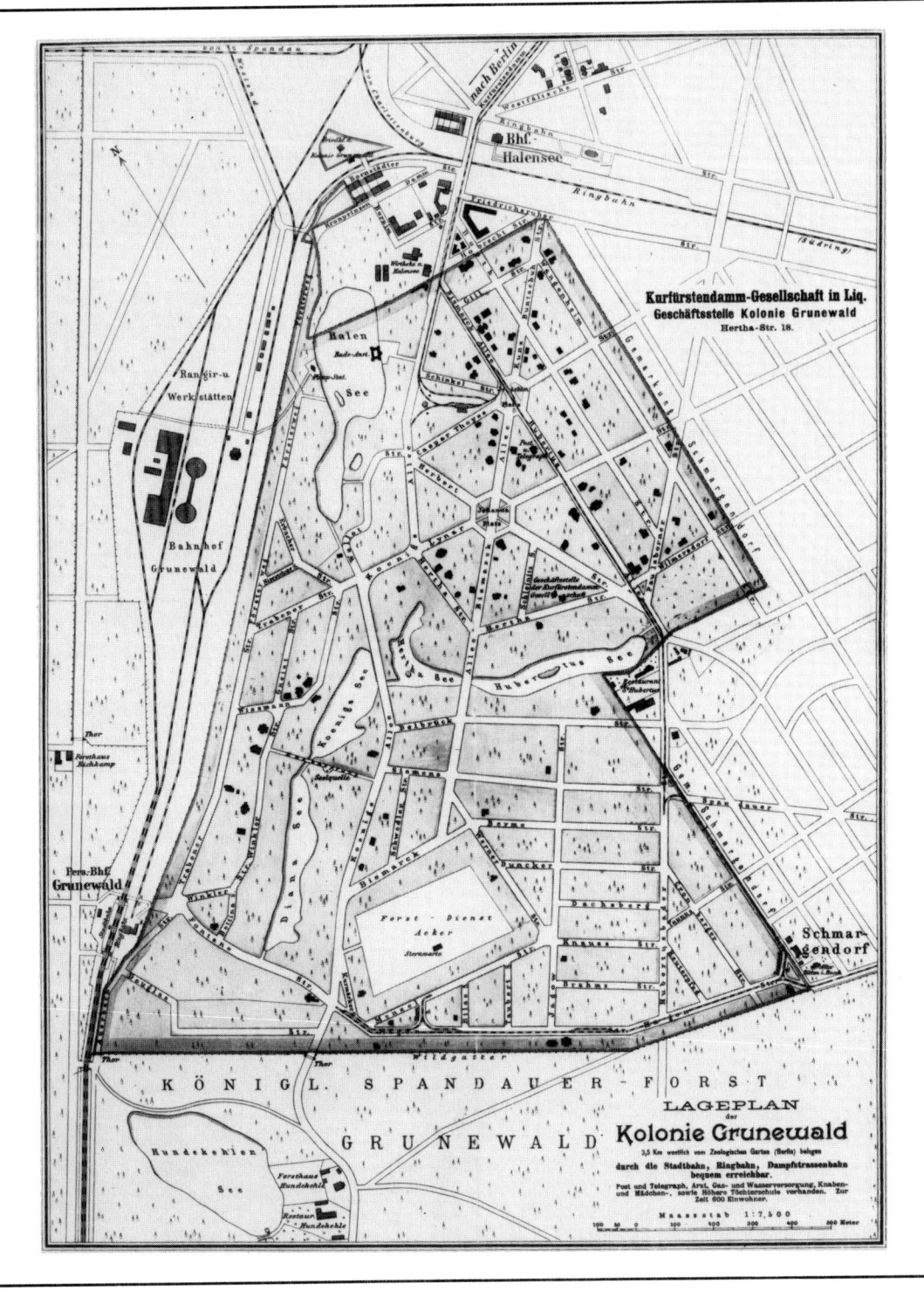

Entwicklung
der Einwohnerzahlen
von Grunewald

Jahr	Einwohner
1898	2 684
1900	3 230
1905	4 574
1910	5 563
1919	6 448

Abb. 194
Im Jahre 1895
veröffentlichter
Lageplan der Kolonie

Abb. 195
Villa im „Burgenstil",
1893,
Hagenplatz 5

Die im Jahre 1920 aus dem Kreis Teltow nach Berlin eingegliederte Landgemeinde Grunewald war aus der gleichnamigen Villenkolonie hervorgegangen, die seit 1889 die „Kurfürstendamm-Gesellschaft" auf einem 234 Hektar großen Baustellenterrain, das ehemals zur Königlich Spandauer Forst gehörte, angelegt hatte und 1890 bereits 368 Einwohner zählte. 1898 mit 2684 Einwohnern zur selbständigen Landgemeinde erhoben, entwickelte sich der Ort schnell zu einem der bekanntesten Vororte, der wegen seiner landschaftlich schönen Lage und der geringen Entfernung vom Stadtzentrum bald den Ruf genoß, „auf die wohlhabenden Kreise Berlins die größte Anziehungskraft auszuüben" [16]. Vor dem ersten Weltkrieg fast 6000 Einwohner zählend, hatte die kommunale Ausstattung „der Wohlhabenheit des Ortes entsprechend" frühzeitig einen hohen Stand erreicht. Die Kolonie *Neu-Grunewald*, auf einer 15 Hektar großen Fläche der Gemarkung von Grunewald-Forst entstanden, wurde 1906 in die Landgemeinde Grunewald eingegliedert.

Das Charakteristikum der nur wenige Jahre als selbständige Landgemeinde bestehenden Siedlung war die Konzentration zumeist „hochherrschaftlicher" Villen. Der schon 1889 etwa 120 und im Jahre 1900 gar 500 Mark betragende Grundpreis je Quadratrute und die Auflage, höchstens zweistöckige Häuser zu errichten und nur 30 Prozent der Grundstücksflächen bebauen zu dürfen, bewirkten, daß sich nur ausgesprochen wohlhabende Leute hier ansiedeln konnten. So entstand zwischen Hundekehlen- und Halensee in einem zuvor unbebauten Waldgebiet eine Kolonie (Abb. 194), die 1899 nach dem Einkommen-, Grund- und Gebäudesteueraufkommen

Abb. 196 Villa von W. Rathenau, 1910, Koenigsallee 65

Abb. 197 Hofseitige Ansicht der Gemeindeschule, 1904/05, Delbrückstraße 20

bereits an vierter Stelle im Kreis Teltow lag [39]. Seit Anbeginn mit Gas und Wasser, bald auch mit Elektrizität versorgt, zudem durch die nahegelegenen Personenbahnhöfe Grunewald und Halensee sowie eine schon vor 1895 angelegte Dampfstraßenbahn und den gerade erst fertiggestellten Kurfürstendamm mit Berlin verbunden, entwickelte sich die Siedlung schnell zu einem großstädtischen Vorort mit deutlich sichtbaren elitären Zügen, der niemals den Charakter einer Landgemeinde besaß, wenn er auch aus verwaltungstechnischen und rechtlichen Gründen so eingestuft wurde.

Dominierte in den eigentlich dörflichen Siedlungen dieser Zeit die sogenannte Maurermeisterarchitektur, so waren es hier fast ausschließlich von Architekten entworfene Bauten. Neben den heute weniger bekannten Becher, Franßen und Hartmann sollen auch A. Messel, R. Riemerschmid und P. Schultze-Naumburg hier tätig gewesen sein [96]. Stellvertretend für etliche gleichartige oder ähnliche Villen sei nur auf die Grundstücke Hagenplatz 5 und Koenigsallee 65 verwiesen. Ersteres weist eine 1893 errichtete, architektonisch verspielte Villa auf, deren 2 Hauptetagen auf einem hohen Souterraingeschoß ruhen, Fenster und Türen besitzen teilweise neogotische Spitzbogenelemente, aber auch gerade und Korbbogenfensterstürze treten auf. Erkervorbauten, mit Schmuckfachwerk versehene Giebelwände, mit kleinen Türmchen ausgestattete Gaupen und ein mehrfach verwinkeltes Pfettendach unterstreichen den gewollten Eindruck einer nachempfundenen Burgenarchitektur (Abb. 195).

Das zweite Beispiel ist zwar nur 17 Jahre später errichtet worden, demonstriert jedoch eine weitaus modernere rationale Baugesinnung. An die Tradition märkischer Herrenhäuser aus der Zeit um 1800 anknüpfend, entwarf W. Rathenau in Zusammenarbeit mit dem Architekten J. Kraaz seine Villa streng symmetrisch, mit Mansarddach, Zwerchgiebel und ornamentalem Putzfries zwischen den beiden Etagen (Abb. 196).

Bei einer solch ausgesprochen großbürgerlichen Wohnbevölkerung vor 1920 verwundert es nicht, daß schon frühzeitig aufwendige Schulbauten entstanden. Nach einem 1899 eröffneten Provisorium in einer umgebauten Villa an der Hubertusbader Straße konnte 1905 schließlich die dreistöckige und für damalige Verhältnisse außerordentlich großzügige Gemeindeschule bezogen werden. Nicht minder bedeutsam waren die „höheren" Mädchen- und Knabenschulen, die zunächst weitgehend als – von den Gemeindemitgliedern allerdings subventionierte – Privatschulen, später als öffentliche Schulen, z. B. seit 1903 als Grunewald-Gymnasium und seit 1908 als Bismarck-Lyzeum, betrieben wurden (Abb. 197).

Die in den Jahren 1902/04 nach den Entwürfen von P. Nitze errichtete evangelische neogotische Kirche demonstriert allein durch ihre Größe mit etwa 600 Sitzplätzen und durch den gestalterischen Aufwand wiederum die überdurchschnittliche Finanzkraft der damaligen Bewohner, denen die „Kurfürsten-

Abb. 198
Ehemaliges Amts- und Gemeindehaus mit Feuerwache, 1892, Wernerstraße 3

damm-Gesellschaft" nicht nur die Bauplätze für Kirche und Pfarrhaus kostenlos zur Verfügung stellte, sondern auch noch 150 000 Mark als Baukostenzuschuß gewährt hatte.

Relativ bescheiden war dagegen das erste Amts- und Gemeindehaus, das – nachdem eine Villa in der Herthastraße zum Rathaus erweitert und umgebaut wurde – später vorrangig der Grunewalder Feuerwehr diente. Zunächst aber hatten ein Sitzungszimmer und 2 Büroräume im Erdgeschoß ausgereicht, so daß das Obergeschoß sogar als Wohnung genutzt werden konnte. Äußerlich unterschied sich der Gemeindesitz kaum von den zahlreichen Villen des Ortes (Abb. 198).

Grunewald-Forst, Verwaltungsbezirke Wilmersdorf und Zehlendorf

Der bis 1903 unter dem Namen Spandauer Forst laufende, selbständige Gutsbezirk, 1920 aus dem Kreis Teltow nach Berlin eingemeindet, bestand im wesentlichen aus 3 Teilkomplexen: 1. dem königlichen Jagdschloß, 2. der Oberförsterei Grunewald und 3. dem Forst Spandau mit den Förstereien Eichkamp, Hundekehle und Wannsee sowie dem Bahnhof Eichkamp, der Eisenbahnhauptwerkstatt Grunewald, dem Gasthaus Paulsborn, dem Jagdhaus Saubucht, der Spandauer Bergbrauerei, dem Schießplatz, dem Bahnwärterhaus und den Wasserwerken am Teufelssee. 1914 wurden 598 Hektar abgetrennt und dem neugebildeten Gutsbezirk Heerstraße (siehe dort) zugeschlagen.

Das *Jagdschloß Grunewald*, 1542 vom Kurfürsten Joachim II. von Brandenburg am Rande des Grunewaldsees erbaut, wurde schon im 16. Jh. gleichzeitig Sitz eines „Heidereiters", später des „Hegemeisters" bzw. Oberförsters, diente aber weiterhin vorrangig den preußischen Königen, die hier zudem ihren Oberjägermeister (um 1734) oder den Jagdzeugmeister (um 1770) unterbrachten. Bis ins 19. Jh. hinein konnten nie mehr als 10 ständige Bewohner gezählt werden. Der schon frühzeitig entstandene geschlossene Baukomplex mit dem später zwar mehrfach veränderten, im wesentlichen aber noch aus dem 16. Jh. stammenden Hauptgebäude wurde – abgesehen von dem 1806 gegründeten Wirtshaus Paulsborn – niemals Ausgangspunkt weiterer Bebauung. Lediglich innerhalb des Schloßhofes entstanden etliche Nebengebäude, deren erhaltenes oder rekonstruiertes Fachwerk auf das 17./18. Jh. verweist.

Nach 1918 kam das Jagdschloß in die Obhut der Verwaltung der Staatlichen Schlösser und Gärten und dient seitdem als Museum.

Die *Oberförsterei Grunewald*, bis 1871 Oberförsterei Spandau, seit 1903 Grunewald-Forst genannt, wurde 1907 mit 111 Hektar Fläche zum Gutsbezirk Dahlem geschlagen und 1919 aufgelöst.

Die *Försterei Eichkamp* wurde 1879 gegründet und ersetzte die 1825 angelegte, 1879 abgebrochene Försterei Charlottenburger Feld (1890: 10 Einwohner).

Die *Försterei Hundekehle* entwickelte sich offenbar aus einem einzelnen Fischerhaus (1774), ist jedoch bereits auf der Schulenburgschen Karte von 1778/86 als Forst-Etablissement belegt. Sie gehörte um 1800 zu Dahlem, kam im 19. Jh. (1841?) zum Spandauer Forst und bildete seit 1903 einen Bestandteil des Gutsbezirkes Grunewald-Forst (1801: 3, 1858: 6 Einwohner).

Die *Försterei Wannsee* – am Westufer des Schlachtensees gelegen – ist erst seit der Mitte des 19. Jh. belegt. Sie wurde 1858 lediglich von 5 Personen bewohnt und kam 1903 als Teil des Spandauer Forstes zum Gutsbezirk Grunewald-Forst.

Der alte *Bahnhof Eichkamp*, zwischen der Eisenbahnhauptwerkstatt Grunewald und einem bis 1918 bestehenden Exerzierplatz gelegen, wurde am 1. 5. 1896 eröffnet. Er förderte die Anlage der nach 1918, aber noch vor der Eingemeindung von der gemeinnützigen Baugesellschaft „Märkische Heimstätten" mit Unterstützung der Provinzialregierung entstandenen Kleinhaussiedlung Eichkamp.

Hakenfelde, siehe Spandau

Halensee, siehe Wilmersdorf

Haselhorst, Verwaltungsbezirk Spandau

Der bis 1910 zum Kreis Osthavelland gehörende und dann in den Stadtkreis Spandau einbezogene Gutsbezirk Haselhorst (1590 erstmals als Flurname belegt) wurde zunächst vorrangig von einem dem Amt Spandau unterstehenden Vorwerk geprägt, auf dem sich bereits 1652 ein Voigtswohnhaus befand. 1812 verkaufte der Fiskus das damals noch „Vorwerk Plan" genannte Gut an den Oberamtmann Grützmacher, der den Gutshof verlegte und 1817 auch das dazugehörige klassizisische Herrenhaus erbauen ließ (1965 abgerissen).

Zum Zeitpunkt der Zwangsversteigerung (1840) lebten in 4 Wohnhäusern 73 Personen. Es folgten seitdem in schneller Folge etliche Besitzer, bis es 1889 der Militärfiskus erwarb. Zusammen mit dem auf seiner Feldmark gelegenen, 1848 erstmals genannten „Schneide- und Gipsmühlen-Etablissement" Paulstern, der 1874 gegründeten Kolonie *Sternfeld* und einigen einzeln gelegenen Gaststätten wie Waldschlößchen und Gartenfeld, insbesondere aber durch die 1892 erfolgte Anlage einer Armeekonservenfabrik, die 1894 bereits mehr als 40 Arbeiter beschäftigte, entwickelte sich hier ein vorstädtisches Industrierevier, in dem 1895 schon 773 Einwohner gezählt werden konnten. Mit der 1892 bis 1907 vom Militärfiskus angelegten Wohnkolonie Haselhorst, die schließlich 51 Häuser mit 362 Wohnungen für mehr als 1500 Einwohner umfaßte, vergrößerte sich die Siedlung derart und wuchs mit Spandau zusammen, daß 1910 die Eingliederung in die Stadt Spandau erfolgte, mit der sie 1920 zu Berlin kam.

Hasenheide, Verwaltungsbezirk Neukölln

Die 1902 beschlossene, aber erst 1907 vollzogene Eingemeindung des fiskalischen Gutsbezirkes Hasenheide in den Stadtkreis Rixdorf setzte der noch Ende des 19. Jh. ungeklärten Situation der kommunalen Verhältnisse ein Ende. Das Waldgelände gehörte ursprünglich zu Tempelhof, gelangte aber schon im 17. Jh. in den Besitz des Landesherrn. Im Jahre 1768 ließ Kurfürst Friedrich Wilhelm hier ein Hasengehege anlegen. 1718 wird das gesamte Gebiet erstmals Hasenheide genannt. Schon 1773 befand sich in diesem Gebiet nahe einem Forsthaus eine Ziegelscheune, wenig später folgten mehrere, noch Tabagien genannte Gaststätten und schließlich der legendäre erste Turnplatz Berlins, der aber 1819 auf polizeilichen Befehl wieder geschlossen wurde. In dem um 1800 weitgehend abgeholzten und seit 1836 nach den Plänen von P. J. Lenné teilweise zum Park umgestalteten Forstbereich entstanden neben den seit den 40er Jahren des 19. Jh. angelegten und nach 1880 noch erweiterten militärischen Schieß- und Übungsplätzen zahlreiche Etablissements, so nach 1870/71 mehrere Brauereien und Biergärten. Das gesamte Terrain, das teilweise bereits 1861 in Berlin aufgegangen war, stellte also eigentlich keine ländliche Siedlung, sondern vorstädtisches Gebiet dar. Die den gleichen Namen, Hasenheide, führende Wohnkolonie verblieb bis zur Eingemeindung 1920 beim Gemeindebezirk Tempelhof.

Heerstraße, Verwaltungsbezirk Charlottenburg

Der erst 1914 durch Herauslösung von 598 Hektar Gesamtfläche aus dem Gutsbezirk Grunewald-Forst entstandene selbständige Gutsbezirk Heerstraße sollte der Ansiedlung entlang einer 50 Meter breiten Verbindungsstraße zwischen Berlin bzw. Charlottenburg und dem seit 1896 im Aufbau befindlichen Truppenübungsplatz in Döberitz, Kreis Osthavelland, dienen. Trotz wesentlicher Unterstützung durch den Forstfiskus und die Eisenbahnverwaltung, die bereits 1911 die Vorortstrecke zwischen Charlottenburg und Spandau mit den Stationen Heerstraße, Rennbahn und Pichelsberg eröffnet hatte, kam die Bebauung nur recht langsam voran (1919: 773 Einwohner).

Heiligensee
Verwaltungsbezirk Reinickendorf

Entwicklung der Einwohnerzahlen von Heiligensee

Jahr	Einwohner
1734	172
1772	201
1801	197
1817	198
1840	230
1858	324
1871	340
1875	457
1880	511
1885	530
1890	688
1895	788
1900	945
1905	1 060
1910	1 475
1919	2 045

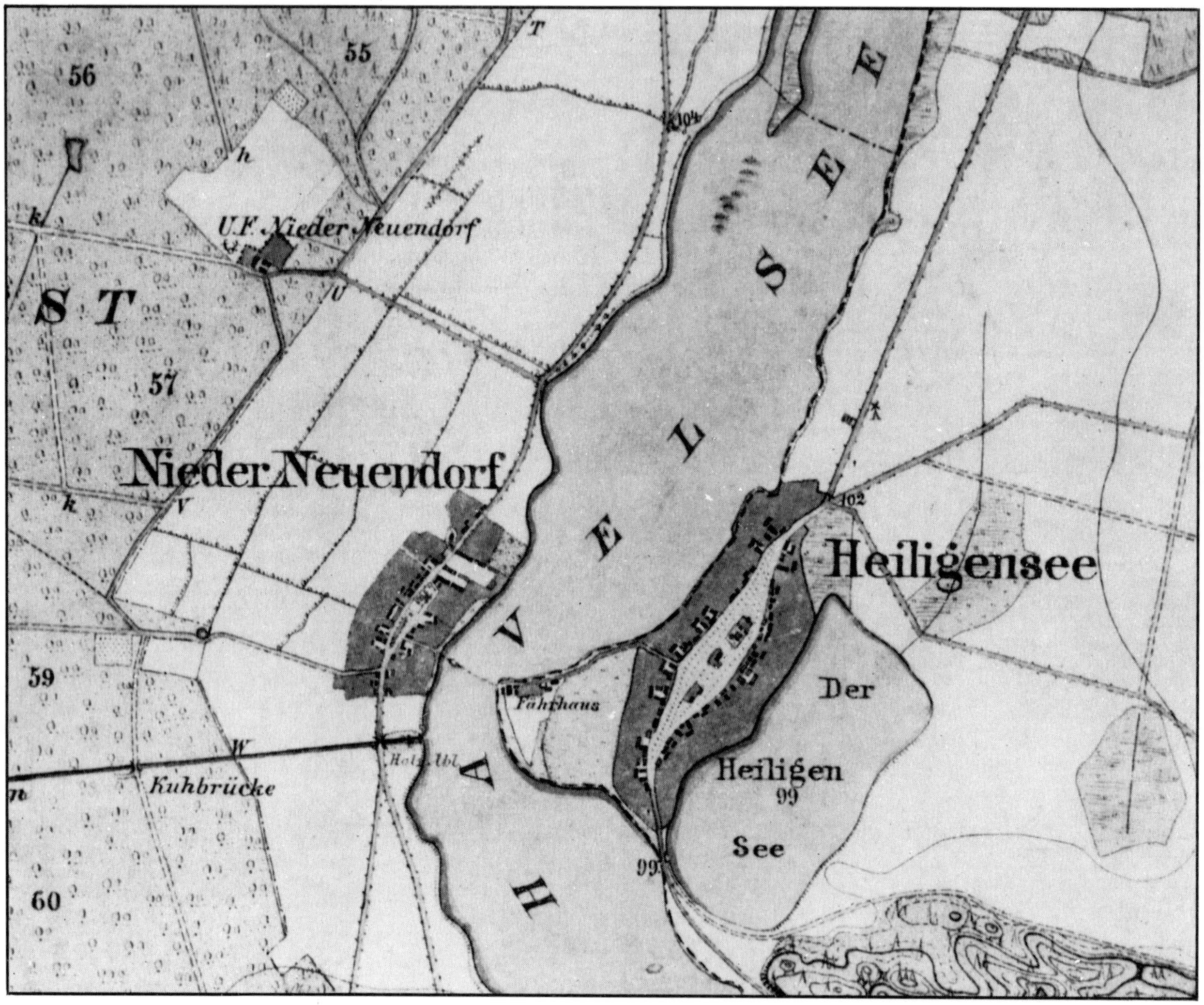

Abb. 199
Ausschnitt aus dem Ur-Meßtischblatt Nr. 1764 von 1868

Das bis 1920 zum Kreis Niederbarnim gehörende Dorf, erstmals 1308 erwähnt, befand sich seit 1313 bis 1472 zum überwiegenden Teil im Besitz der Familie v. Bredow, die dort auch einen eigenen Hof (1375 mit 10, 1450 sogar mit 18 Hufen) bewirtschaftete. Im Jahre 1472 von der Familie v. Pfuhl erworben, geriet der Ort 1544 durch Tausch an den Kurfürsten und unterstand seitdem nacheinander den Ämtern Mühlenhof, Mühlenbeck und ab 1829 dem Amt Spandau. Die zum Gut gehörenden Hufen wurden offenbar aufgeteilt. Bereits 1591 werden 58 der 61 im Jahre 1375 genannten Hufen von 14 Vollbauern und dem Setzschulzen genutzt. Dementsprechend ging die Zahl der Kossäten von 23 im Jahre 1375 über 13 im Jahre 1450 auf 6 im Jahre 1591 zurück. Seit 1624 bis zur Mitte des 19. Jh. existierten dann 7 Kossätenstellen.

Die seit dem 14. Jh. als ertragreiches Unternehmen nachweisbare Havel-Fähre war zwar stets von Bedeutung, sie führte jedoch zu keiner Zeit zur Ansiedlung einer größeren Zahl nichtagrarischer Handwerker oder Gewerbe. Zu dem bereits 1375 genannten Krug gesellten sich lediglich ein Schmied (erstmals 1664) genannt), ein Fischer (seit 1750) und seit dem letzten Viertel des 18. Jh. einige „Hausleute" und „Einlieger", die aber bis auf 2 Schiffer, die 1801 genannt wurden, zumeist in der Landwirtschaft gearbeitet haben werden. Die einzige Ausnahme stellt der erstmals 1744 eindeutig belegte, aber für die Entwicklung Heiligensees nicht sehr bedeutsame „Teerofen beym Eichelberg" im Heiligenseer Forstrevier dar (siehe Schulzendorf). Dementsprechend vergrößerte sich die Einwohnerzahl bis zur Mitte des 19. Jh. nur geringfügig. Zwar kam um 1850 eine Getreidemühle hinzu und einige Gewerbetreibende siedelten sich an, doch lag die Einwohnerzahl noch 1871 unter 350. Der in den folgenden Jahren einsetzende deutliche Bevölkerungszuwachs ergab sich weniger durch Ansiedlungen im Ort, sondern mehr durch die Herausbildung der in der Gemarkung liegenden Vorortsiedlungen Joersfelde, Konradshöhe und Tegelort. Die älteste ist die Kolonie *Konradshöhe*, wo sich bereits 1868 ein Gehöft mit 45 Morgen befand. Sie war schon vor 1914 ein beliebtes Ausflugsziel, eignete sich aber „seiner noch mangelhaften Verkehrsmittel wegen vorläufig noch wenig ... zum dauernden Wohnen" [16]. Die Einwohnerzahl blieb vorerst gering.

Die erst um 1890 entstandenen und verkehrsmäßig auch nicht besser erschlossenen Villenkolonien *Joersfelde* und *Tegelort* übten ihre große Anziehungskraft zunächst vor allem auf die „Sommerfrischler" aus. Um 1900 gab es in den Sommermonaten bereits einen regen Schiffsverkehr. Bald jedoch dienten sie auch zum dauernden Jahresaufenthalt, insbesondere für jene „Leute, die seltener genötigt sind, nach Berlin hineinzufahren" [16]. Bereits im Jahre 1908 lebten in Joersfelde etwa 400 und in Tegelort etwa 450 Einwohner.

Relativ weit von Berlin entfernt, bewahrte das durch die Havel und den Heiligensee in seiner Ausdehnung eingeschränkte Angerdorf über den Zeitpunkt der Eingemeindung hinaus seine nahezu klassische Form. Wie bereits auf dem Lageplan von 1868 verzeichnet (Abb. 199), standen auch in den nachfolgenden Jahren auf dem spindelförmigen Anger lediglich die Kirche und einige Bauten mit Gemeindefunktion, wie die Schmiede, das Küsterhaus und die Schäferkate, während die Bauern- und Kossätenhöfe – inzwischen mit etlichen Büdner- und Häuslerstellen durchsetzt – die Randbebauung entlang den beiden, sich an den Ortsenden wieder vereinigenden Straßen bildeten.

Da der bereits im 14./15. Jh. nachgewiesene Gutsbetrieb im 16. Jh. eingestellt und das Land an Bauern vergeben wurde, dominierten seitdem die bäuerlichen Gehöfte, deren Zahl sich erst seit dem Anfang des 19. Jh. von 14 im Jahre 1801 auf 11 im Jahre 1856 verringerte, während die 7 Ende des 17. Jh. erwähnten Kossätenstellen auch noch nach der 1851/54 vollzogenen Separation vorhanden waren. Offenbar hielten sich im 18./19. Jh. die Kriegsschäden und Brände in Grenzen, denn zahlreiche ältere Fachwerkbauten blieben bis ins 20. Jh. erhalten, von denen einige sogar heute noch zu betrachten sind. Bezeichnenderweise gehören dazu weniger die Gebäude der größeren Bauern, die nach den

Abb. 200
Wohnhaus eines Kossätenhofes, um 1780, Alt-Heiligensee 93

Abb. 201
Wohnhaus eines Bauernhofes, um 1780, Alt-Heiligensee 71

Abb. 202
Um 1900 umgebaute
ehemalige Dorfschule,
etwa 1780,
Alt-Heiligensee 43

Abb. 203
Ausschnitt
der Schmuckfassade
eines Bauernhauses,
mit Vorgarten,
um 1880,
Alt-Heiligensee 76

bürgerlichen Agrarreformen relativ schnell zu Reichtum gelangten und seit dem letzten Drittel des 19. Jh. neue massive Wohnhäuser und Ställe sowie bald auch Scheunen errichten ließen, sondern mehr Bauten der „kleinen Leute".

Ein solches Beispiel stellt das in den letzten Jahren denkmalpflegerisch betreute Kossätenwohnhaus Alt-Heiligensee 93 dar. Es handelt sich um einen eingeschossigen Fachwerkbau, dessen Außenwände teilweise rekonstruiert wurden, teilweise aber auch noch – wie der Nordgiebel (Abb. 200) – die Originalhölzer aus der zweiten Hälfte des 18. Jh. aufweisen. Zwischen dem doppelt stehenden Stuhl unter dem Kehlbalkensparrendach, das heute mit Ziegeln bedeckt ist, befinden sich an beiden Seiten Giebelstuben, die über eine Treppe des von der Traufseite zugänglichen Hausflures zu erreichen sind. Die für den Typ des Mitteldeutschen Ernhauses charakteristische zentrale Küchenanlage, vermutlich noch mit offenem Schornstein über der Schwarzen Küche, mußte längst modernen Einrichtungen weichen. Überhaupt hat sich der Innenausbau im Laufe der Zeit erheblich verändert. Rein äußerlich jedoch stellt das Gebäude mit seinen Fachwerkwänden, Fenstern und der kleinen Haustür mit Oberlichtfenster ein eindrucksvolles Beispiel der schlichten märkischen Volksarchitektur des ausgehenden 18. Jh. dar.

Ein im Kern vermutlich sogar noch früher erbautes, auf jeden Fall aber den älteren Haustyp, nämlich das Märkische Mittelflurhaus, verkörperndes Zeugnis der ländlichen Bauweise ist im Gehöft Alt-Heiligensee 71 erhalten geblieben. Obwohl inzwischen die Außenwände unterfangen und verputzt, die Fenster und Türen erneuert und die Raumordnung erheblich modifiziert wurden, veränderte man die Gesamtproportion mit den niedrigen traufseitigen Außenwänden und dem hohen Satteldach mit Krüppelwalm und vor allem den typischen giebelseitigen Aufschluß des Hauses nicht (Abb. 201).

Aufmerksamkeit verdient ferner das auf dem Anger gelegene Grundstück Alt-Heiligensee 43, das ehemalige Küsterhaus, das bis 1913 als Schule diente. Es handelt sich um einen Ende des 18. Jh. errichteten Fachwerkbau, der Ende des 19. Jh. – ebenfalls in Fachwerk – verlängert und mit einem Kniestock versehen wurde (Abb. 202). Das damals angelegte, gegenüber dem vorangegangenen Sparrendach erheblich flachere Pfettendach trägt seitdem eine Schieferbedeckung. Bei der vor einigen Jahren vorgenommenen Rekonstruktion der Außenwände behielt man den vorgefundenen Zustand im wesentlichen bei, erneuerte lediglich einige Ständer, Streben und Riegel sowie Fenster und Türen.

Da die noch aus der Mitte des 18. Jh. stammende und bis in die 50er Jahre unseres Jahrhunderts mit Stroh gedeckte Lehmfachwerkscheune vom Bauernhof Parnemann inzwischen abgerissen ist, gehört heute die in der ersten Hälfte des 19. Jh. entstandene und um 1900 mit einem Drempel versehene Fachwerkscheune vom Hof Alt-Heiligensee 27/29 zu den ältesten Wirtschaftsgebäuden des Ortes, sieht man von Resten eines noch im 18. Jh. errichteten Vorgängerbaus in der Anfang des 20. Jh. umgebauten und aufgestockten Scheune im Gehöft Alt-Heiligensee 77/79 ab.

Weit zahlreicher und gegenwärtig noch immer das Ortsbild prägend sind die dörflichen Bauten des ausgehenden 19. Jh. Neben etlichen großen Backsteinställen und -scheunen gehören dazu vor allem die Wohnhäuser, die stets mit der Traufseite zur Straße stehen, eine Querglieung besitzen und zumeist unterkellert sind. Während man die älteren aus der Zeit zwischen 1850 und 1870 gewöhnlich einstöckig errichtete und nur mit einem Glattputz versah oder unverputzt ließ, wie Alt-Heiligensee 55 und 57, legte man bei den jüngeren Wert auf einen Kniestock und eine mehr oder weniger aufwendige straßenseitige Putzfassade, wie Alt-Heiligensee 22, 50 und 76, die ebenso wie die jetzt zunehmend mit Eisenzäunen umgebenen Vorgärten den errungenen Reichtum repräsentieren sollten (Abb. 203).

Die Einbeziehung in den Umlandbereich der Großstadt, die sich freilich in erster Linie in den durch den Ausflugsverkehr auf der Havel aufblühenden Ortsteilen Konradshöhe, Joersfelde und Tegelort bemerkbar machte, hinterließ auch im eigentlichen Dorf ihre Spuren. Es entstanden einzelne Villen und Landhäuser, wie z. B. Alt-Heiligensee 24 und 46, auch kamen neue Ausflugsgaststätten hinzu, und verschiedene Höfe wurden umfunktioniert. So errichtete man auf dem Hof des Grundstücks Alt-Heiligensee 38 einen eigentümlichen zweistöckigen Stall (Abb. 204), der zur Unterbringung einer Vielzahl von Pferden diente, die auch für die Pferdeomnibusse zwischen dem Ort und den 1893 eingerichteten Haltestellen Heiligensee und Schulzendorf an der „Kremmener Bahn" genutzt worden sein werden. Als dieses Verkehrsmittel für den zahlreichen Besucherverkehr nicht mehr ausreichte, erwirkte die Gemeinde die Genehmigung zur Anlage einer eigenen elektrischen Straßenbahn, die seit 1913 die Verbindung zwischen Tegel und dem Ort bzw. dem Ortsteil Tegelort herstellte. Das auf dem Grundstück Alt-Heiligensee 73/75 angelegte Straßenbahndepot verdeutlichte augenfällig den bedeutenden Einfluß Berlins auf das ansonsten bis 1920 noch weitgehend agrarisch strukturierte Dorf.

Es verwundert daher kaum, daß bis 1973 auf dem Südteil des Angers noch die alte strohgedeckte Kate des Dorfhirten stand und das ebenfalls auf der Dorfaue gelegene Grundstück des Schmiedes, dessen Wohnhaus und Werkstatt um 1890 erneuert wurden, heute noch existiert. Das bestimmende Bauwerk des mit zahlreichen Linden und Kastanien sowie einigen Maulbeerbäumen der im 18. Jh. angelegten kleinen Plantage bestandenen Angers war und ist freilich die Dorfkirche. Sie soll nach einem mittelalterlichen Vorgängerbau im 15./16. Jh. errichtet worden sein, erhielt 1761 einen barocken Westturm und besitzt seitdem auch die vergrößerten, mit Korbbögen geschlossenen Fenster (Abb. 205).

Abb. 204
Pferdestall eines Fuhrunternehmers, um 1895, Alt-Heiligensee 38

Abb. 205
Grabsteine auf dem Friedhof an der alten Dorfkirche

Heinersdorf
Stadtbezirk Weißensee

Entwicklung der Einwohnerzahlen von Heinersdorf

Jahr	Einwohner
1734	79
1772	87
1801	77
1817	101
1840	154
1858	228
1871	361
1875	459
1880	439
1885	512
1890	502
1895	626
1900	762
1905	831
1910	854
1919	1 005

Abb. 206
Ausschnitt aus einem Lageplan vom Jahre 1703

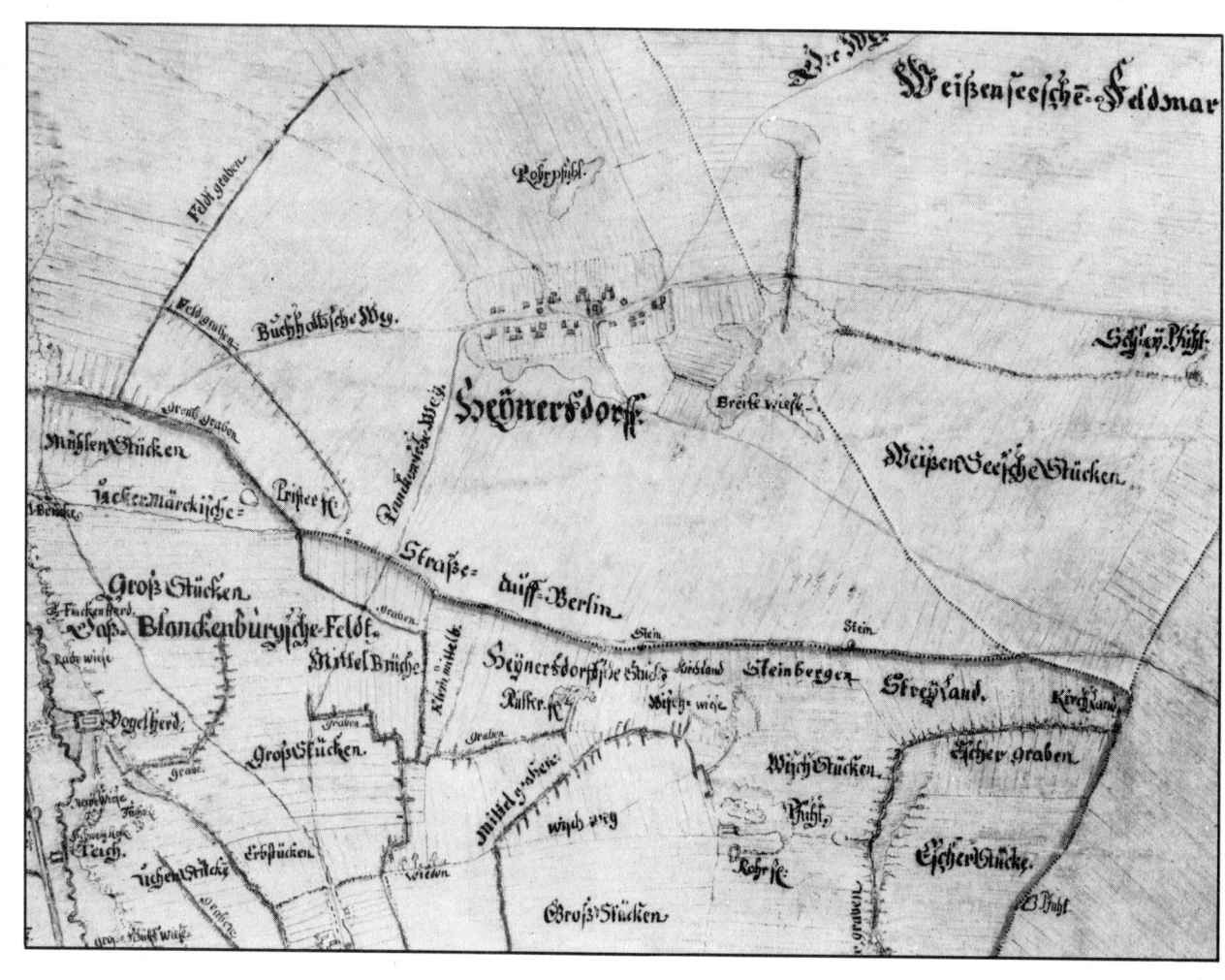

Das seit dem Jahre 1319 im Besitz des Heilig-Geist-Spitals in Berlin befindliche Dorf erwarb 1691 die Familie v. Fuchs, von der es 1704 durch die Landesherrschaft gekauft wurde und seitdem zum Amt Niederschönhausen bzw. ab 1812 zum Amt Mühlenhof und bis zur Eingemeindung zum Kreis Niederbarnim gehörte. 12 der im Jahre 1375 genannten 36 Hufen bewirtschaftete das Heilig-Geist-Spital selbst, die restlichen nutzten der Pfarrer, der Krüger und 9 Kossäten. 1624 werden erstmals Hüfner erwähnt, deren Zahl im 17. Jh. von anfangs 10 bis 1696 jedoch wieder auf 6 sank, in der Folgezeit aber wieder auf 9 anstieg, davon waren – so 1737 und 1801 – 7 Ganz- und 2 Halbbauern, während die Zahl der Kossäten von 1624 bis 1801 zwischen 1 und 3 schwankte.

Zum Krug und zur Laufschmiede, die seit 1737 nachgewiesen ist, kamen Mitte des 19. Jh. lediglich einige Getreidemühlen hinzu, so daß bis dahin die Einwohnerzahl nur geringfügig angewachsen war, und zwar von 79 im Jahre 1734 auf 228 im Jahre 1858. Obwohl bereits 1826/27 eine Chaussee vom Rosenthaler Tor in Richtung Heinersdorf, die Kastanien- und die Pappelallee, angelegt und das benachbarte Gelände für die Bebauung vorgesehen wurde, blieb das eigentliche, von Berlin nicht allzuweit entfernte Dorf von der städtischen Besiedlung zunächst noch verschont. Erst nach 1871 und besonders nach Eröffnung des an der Bernauer Strecke gelegenen Bahnhofs im Jahre 1889 siedelten sich zwischen diesem und dem Ort einige Gewerke, bald auch einige Fabriken und schließlich zunehmend Wohnbevölkerung an. Dennoch blieb – etwa im Vergleich zum benachbarten Pankow – die Einwohnerzahl mit 439 im Jahre 1880 oder 854 im Jahre 1910 relativ gering.

Um 1908 war zur zweiklassigen Gemeindeschule eine weitere vierklassige hinzugekommen. Das Gas bezog man vom benachbarten Werk in Weißensee. Wenig später erfolgte die Versorgung mit Wasser, und noch vor 1910 begann die Anlage einer Kanalisation, die das Abwasser auf die Rieselfelder des gemeinsam mit Weißensee und Hohenschönhausen gekauften Gutes Birkholz leiten sollte.

Auf einem Lageplan aus dem Jahre 1703 (Abb. 206) sind eindeutig ein kleiner Anger, die darauf befindliche Dorfkirche und 2 östlich davon, hinter dem Dorfplatz gelegene Dreiseithöfe zu erkennen. Offenbar verengte sich der Ort also erst in der Folgezeit, und zwar durch die Aufgabe des nordöstlichen Weges und die Vorverlegung einiger Höfe zu einem Straßendorf. In dieser Form tritt es uns bereits 1835 entgegen, wobei dort nun wieder die große Lücke zwischen dem dichtbebauten Zentrum um die Kirche herum und den 7 Gebäuden am südöstlichen Ortsausgang auffällt (Abb. 207).

Von den auf der Karte dokumentierten, fast ausschließlich in Fachwerk errichteten Bauten (dunkle Signatur) ist bis heute fast keines erhalten geblieben. Selbst das damals bereits massive Pfarrhaus östlich der Kirche (hellere Signatur) mußte später einem Neubau weichen. Lediglich die Kirche weist noch Reste des mittelalterlichen Feldsteinbaues auf, wenngleich der 1893 angefügte Westturm und die während der Restaurierung 1934/35 hinzugekommenen Anbauten, das Querhaus und der Rechteckchor, den bis ins 19. Jh. erhaltenen anmutigen märkischen Dorfkirchencharakter erheblich verwischt haben (Abb. 208).

Noch der ersten Hälfte des 19. Jh. entstammt allerdings das unmittelbar an der Straße, am Rande des alten Kirchhofes gelegene ehemalige Spritzenhaus, dessen Fachwerkgiebel heute das letzte Zeugnis der einst auch dieses Dorf prägenden Bauweise darstellt (Abb. 209). Es verlor seine ursprüngliche Funktion jedoch schon Ende des 19. Jh., als die Gemeinde für die freiwillige Feuerwehr ein zweistöckiges, unverputztes Backsteingebäude, in dem auch das Gemeindebüro und Wohnungen untergebracht waren, errichten ließ, Romain-Rolland-Straße 42.

Obwohl bereits von vornherein mit massiven Außenwänden versehen, so ist doch das einstöckige

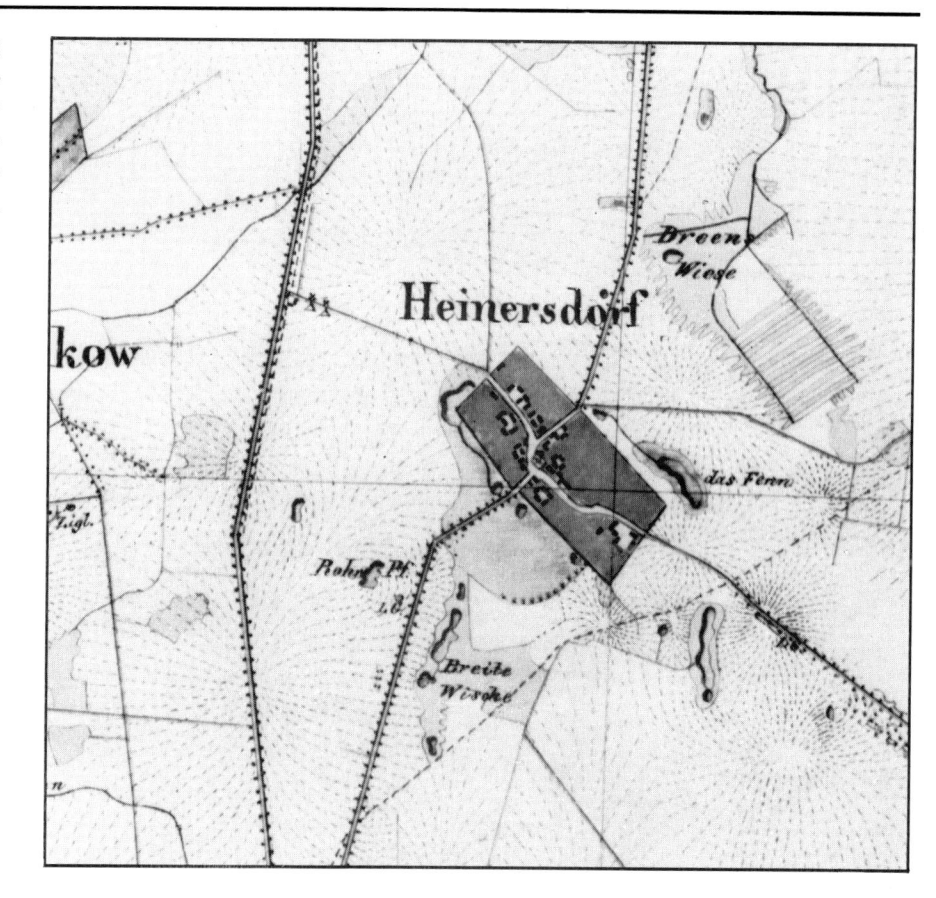

Abb. 207 Ausschnitt aus dem Ur-Meßtischblatt Nr. 1837 von 1835

Abb. 208 Dorfkirche. Tuschzeichnung von H. Wohler, 1834

Abb. 209
Ehemaliges Spritzenhaus
am Kirchhof,
um 1840

Abb. 210   Villa eines Pferdehändlers, 1876,
Romain-Rolland-Straße 49

Abb. 211   Taubenturm im Hof eines Gewerbetreibenden,
um 1880/90, Romain-Rolland-Straße 49

Wohnhaus des ehemaligen kleinen Kossätenhofes Blankenburger Straße 110 nur wenig jünger. Es entstand um die Mitte des 19. Jh. und folgte in seiner architektonischen Gestaltung, z. B. der Straßen- und den Giebelansichten, den Musterbeispielen der Gillyschen Bauschule, die sich allerdings in der Raumordnung weitgehend der Tradition des Mitteldeutschen Ernhauses angeschlossen hatte. Vertreter dieser Entwicklungslinie sind – trotz mancherlei baulicher Veränderungen – noch klar erkennbar in verschiedenen Wohnhäusern der ehemaligen Höfe in der Romain-Rolland-Straße.

Eine Sonderstellung indes nimmt das Grundstück Romain-Rolland-Straße 49 ein. Anstelle eines ehemals hier befindlichen großen bäuerlichen Vierseithofes ließ sich ein Pferdezüchter und -händler in den 70er Jahren des 19. Jh. auf einem Teil des Geländes ein Wohnhaus, mehrere Stallungen und einen Taubenturm errichten. Das durch ein von Putten getragenes Medaillon auf 1876 datierte einstöckige Wohnhaus steht zwar noch traditionsgemäß mit der Traufseite zur Straße, besitzt ein, allerdings als Pfettenkonstruktion angelegtes und mit Schiefer gedecktes Satteldach über einem Kniestock und eine repräsentative, mit zahlreichen Schmuckelementen versehene Straßenfront, doch wird der Grundriß – wie bei den meisten Guts- und Großbauernhäusern dieser Zeit – bereits ganz eindeutig durch eine Längsgliederung geprägt. Ein um 1900 angelegter Vorbau schützt heute den giebelseitigen Haupteingang. Der zweite hofseitige Zugang wurde nicht mehr mittig, sondern nahe dem nördlichen Giebel angelegt und erschließt vorrangig das große Souterraingeschoß, diente aber auch zur Verbindung von Hof und Wohnetage des Eigentümers. Beherrschendes Moment der mit aufwendigen Fensterbekrönungen und Putzfriesen versehenen Fassade ist der Mitteltrakt, dessen Zwerchgiebel und vorgezogene Loggia sich durch jeweils 3 Rundbogenfenster deutlich abheben (Abb. 210).

Die ungewöhnlich großen finanziellen Möglichkeiten des Bauherrn kommen ferner in den beiden anderthalbstöckigen Pferdeställen und vor allem in dem dreistöckigen quadratischen Taubenturm zum Ausdruck, der mit seinen Backsteinziersetzungen und den einst vorhandenen Zinkblechgaupen im schiefergedeckten Zeltdach dank der Pflege des jetzigen Besitzers auch heute noch eine überragende Dominante des Hofes und des alten Dorfkernes bildet (Abb. 211).

In die Reihe einer anderen Traditionslinie, nämlich die des einstmals im Berliner Raum dominierenden Märkischen Mittelflurhauses, gehört das Wohnhaus Romain-Rolland-Straße 73. Offenbar aus einem älteren, noch im 18. Jh. errichteten Fachwerkbau hervorgegangen, präsentiert es sich heute als ein einstöckiges, verputztes Backsteingebäude, dessen straßenseitige Giebelfront man um 1860 mit großen achtteiligen Fenstern, Tür- und Fensterbekrönungen sowie Fensterläden und einer noch klassizistisch anmutenden zweiflügeligen Haustür mit Oberlichtfenster ausstattete (Abb. 212). Die für diesen Haustyp charakteristische Längsgliederung mit den Wohn- und Wirtschaftsräumen beiderseits des Flures ist erhalten geblieben, lediglich die einst mittig gelegene Schwarze Küche mit dem offenen Schornstein wurde im Zusammenhang mit der um die Mitte des 19. Jh. erfolgten Erneuerung der Außenwände beseitigt. Die den rückwärtigen Teil des Hauses einnehmenden Stallungen blieben jedoch erhalten. Sie wurden damals sogar vergrößert und erhielten einen zusätzlichen Seiteneingang. Um 1850/60 scheint auch die ehemalige Stroheindeckung des von einem doppelt stehenden Stuhl gestützten Kehlbalkensparrendaches entfernt und die Ziegeleindeckung aus Biberschwänzen vorgenommen worden zu sein. In diese Zeit fällt zudem der Ausbau der Giebelstube sowie die Anlage eines kleinen Kellers. Obwohl es sich also bei dem vorgestellten Gebäude, das mit einer einstmals dazugehörigen, die Rückfront des Hofes einnehmenden Scheune einen Winkelhof bildete, um einen bis ins 17./18. Jh. zurückreichenden Typ handelt, verdeutlicht es heute doch eher die für die Mitte des 19. Jh. typischen mittelbäuerlichen Verhältnisse im damaligen Berliner Randgebiet.

Während sich die Gewerbe und kleineren Fabriken überwiegend auf der ehemaligen Feldmark zwischen dem 1889 angelegten und nach 1912 umgebauten Personenbahnhof und dem Güterbahnhof Heinersdorf ansiedelten, so in der Rothenbachstraße, entstanden größere Mietshäuser nicht nur in deren Umgebung, sondern auch am unmittelbaren Rand oder sogar innerhalb des alten Dorfkernes. Solche bereits vor der Eingemeindung errichteten Komplexe stellen z. B. das gegenüber der Kirche gelegene vierstöckige Mietsgebäude Romain-Rolland-Straße 47 und die an den Hof des alten Dorfkruges angrenzenden Bauten dar (Abb. 213). Dennoch stellt Heinersdorf vor 1920 ein nur ansatzweise von der Großstadt erfaßtes Dorf dar, das aber immerhin fast 400 Hektar noch zu erschließendes Land einbrachte.

Abb. 212
Wohnhaus eines Mittelbauern nach dem Umbau um 1870, Romain-Rolland-Straße 73

Abb. 213
Vierstöckiges Mietshaus innerhalb des alten Dorfkernes, um 1910, Romain-Rolland-Straße 70

Hellersdorf
Stadtbezirk Hellersdorf

Entwicklung der Einwohnerzahlen von Hellersdorf

Jahr	Einwohner
1734	11
1772	22
1801	17
1817	10
1840	64
1858	131
1871	139
1875	133
1880	131
1885	137
1890	99
1895	1 179
1900	1 413
1905	1 790
1910	1 782
1919	1 331

Abb. 214
Ausschnitt aus dem Ur-Meßtischblatt Nr. 1838 von 1869/71

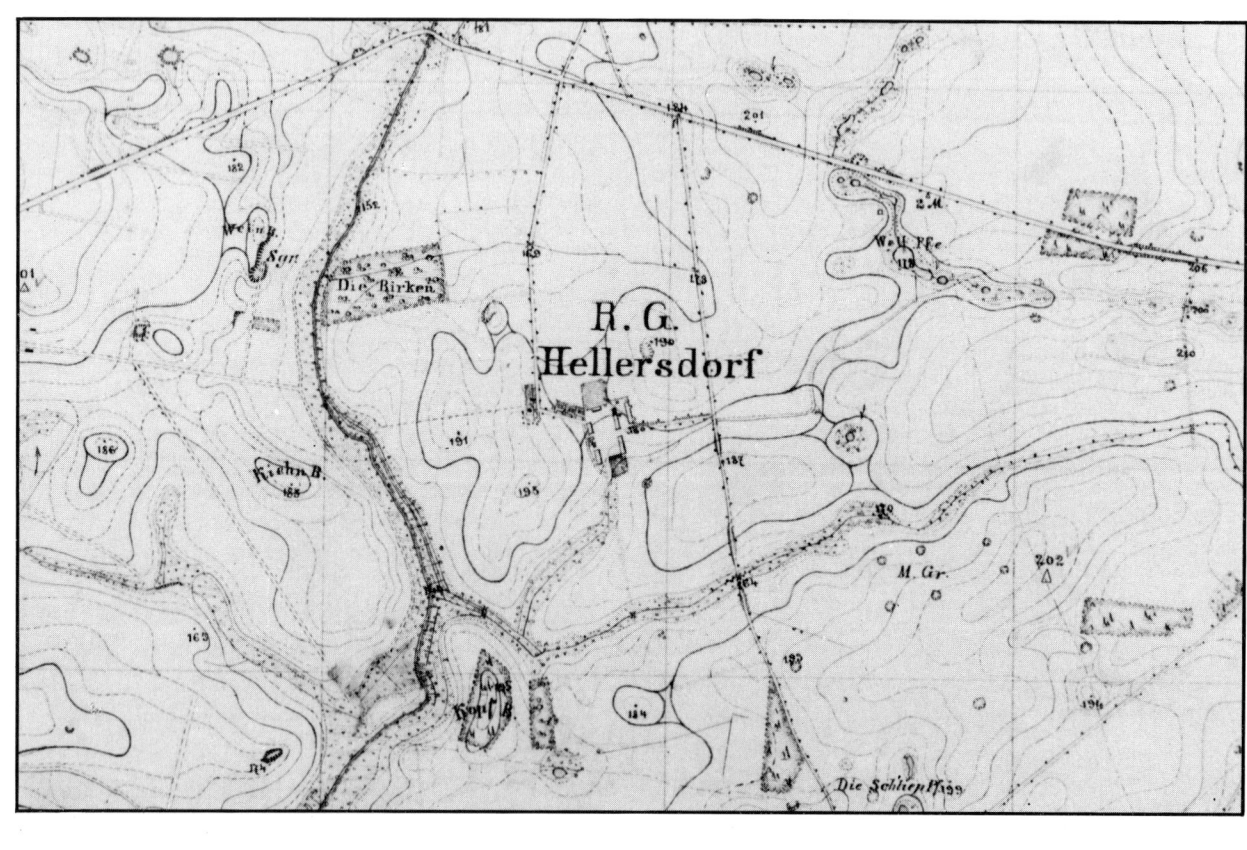

Der bis 1920 selbständige, im Kreis Niederbarnim gelegene Gutsbezirk entstand auf der Grundlage eines bereits 1375 genannten, im 15./16. Jh. aber „wüst" liegenden, also unbesiedelten Dorfes. Eine erstmals im Jahre 1608 erwähnte Schäferei gehörte zu diesem Zeitpunkt – zusammen mit der 31 Hufen umfassenden „wüsten" Feldmark – zum benachbarten Gut in Eiche. Das sich daraus entwickelnde Vorwerk war seit 1618 Bestandteil des Gutes in Blumberg, das im Jahre 1885 mit 865 Hektar von der Stadt Berlin zur Anlage von Rieselfeldern gekauft wurde. Das zunächst nur vom Schäfer und einigen wenigen Knechten bewohnte Gut wurde seit den 20er Jahren des 19. Jh. mit weiteren Wohn- und Wirtschaftsgebäuden bebaut, so daß 1840 bereits 64 und 1871 sogar 139 Personen gezählt werden konnten. Der nach dem Kauf durch die Stadt zunächst einsetzende Rückgang der Einwohnerzahlen wurde durch die 1891 auf einem 87 Hektar großen Gelände des Gutsbezirks begonnene Anlage einer Heil- und Pflegeanstalt für Epileptiker, genannt „Wuhlgarten", schnell überwunden. Bereits 1895 registrierte man – einschließlich der Patienten – 1179 Einwohner.

Das seit den 20er Jahren des 19. Jh. zu einem Rittergut ausgebaute ehemalige Vorwerk bestand 1860 aus 20 Gebäuden, darunter 5 Wohnhäusern. Obwohl der Wirtschaftshof, dessen geräumige Anlage auf dem Lageplan von 1869 (Abb. 214) klar erkennbar ist, bis ins 20. Jh. erhalten blieb, sind ältere Bauten kaum noch vorhanden. Die inzwischen modernisierten oder durch Neubauten ersetzten Ställe, Scheunen, Remisen usw. entstanden erst um 1900 im Zusammenhang mit der Nutzung als städtisches Rieselgut.

Von den Wohngebäuden indes hat wenigstens eine

Landarbeiterkate, Alt-Hellersdorfer Straße 9, die Zeitläufe nahezu unversehrt überstanden (Abb. 215). Das um 1840/50 errichtete einstöckige Wohnhaus, das anfangs 6, später 4 Gutsarbeiterfamilien als Unterkunft dienen mußte, repräsentiert noch jenen frühen Typ einer Landarbeiterkate, die um 1800 aus dem Mitteldeutschen Ernhaus entwickelt wurde. Als Baumaterial verwendete man teils behauenen Feldstein, teils rote Ziegel, so für den Sockel, die Fenster- und Türeinfassungen sowie die Giebeldreiecke. Ein doppelt stehender Stuhl stützt das Kehlbalkensparrendach, das stets mit Ziegeln gedeckt war. Besonderes Interesse verdienen die in den Flurküchen noch erhaltenen, wenn auch in der alten Form heute nicht mehr genutzten Rauchfänge über den einst gemauerten Kochherden und die etwa einen halben Meter erhöht angelegten Außenkammern mit den darüber befindlichen Kellerlöchern.

Im Zusammenhang mit den um 1900 errichteten großen zweistöckigen und unterkellerten Landarbeiter- und Schnitterkasernen (Abb. 216), denen man von vornherein kleine Ställe und Waschhäuser zuordnete, entstanden auch in der unmittelbaren Umgebung der alten Tagelöhnerkaten entsprechende Nebenbauten, teilweise sogar gemauerte Aborthäuschen. Den höchsten Wohnungsstandard wiesen allerdings die unmittelbar vor der Eingemeindung nach Berlin errichteten Landarbeiterhäuser für jeweils 4 Familien, Alt-Hellersdorfer Straße 6/8 und 10/12, auf, in denen, um der Abwanderung der Arbeitskräfte in die Stadt vorzubeugen, jeder Familie bereits 2 Stuben sowie Küche, Keller- und Bodenraum zugestanden wurden. Insgesamt jedoch waren, wenn auch das Gut als städtisches Rieselgut genutzt wurde, vor 1920 eigentlich keine städtischen Elemente in der Siedlung vorhanden. Diese bildeten sich lediglich am Westrand der Gemarkung, nahe Biesdorf, im Zusammenhang mit dem Bau der Heilanstalt „Wuhlgarten" heraus. Allerdings blieb der Einfluß auf den Gutshofkomplex äußerst gering.

Die seit dem Jahre 1891 im Aufbau begriffene Krankenhausanlage der Stadt Berlin befand sich zwar auf der Flur des Gutes Hellersdorf, doch lag sie viel dichter am alten Dorfkern von Biesdorf und in unmittelbarer Nähe der 1867 in Betrieb genommenen Ostbahn, mit einem noch Ende des 19. Jh. eröffneten Haltepunkt Biesdorf. Unter den zahlreichen unverputzten Backsteinbauten, die in dem größtenteils parkartig gestalteten Komplex liegen und ausnahmslos großstädtischen Charakter tragen, ragen das mit einem neobarocken Turm versehene, ansonsten aber mit zahlreichen Rundbogenfenstern ausgestattete zweistöckige Hauptgebäude (Abb. 217a), das ebenfalls zweigeschossige Bettenhaus (Abb. 217b), die teilzerstörte neoromanische Kirche und die anstaltseigenen Werkstätten (Abb. 217c) heraus, die ebenso wie die dazugehörigen kleineren Wohn- und sonstigen Nebenbauten (Abb. 217d) seit Anbeginn stadttechnisch, also mit Wasser, Gas und Strom versorgt und mit Kanalisation ausgestattet waren.

Abb. 215 Ehemalige Landarbeiterkate, um 1840/50, Alt-Hellersdorfer Straße 9

Abb. 216 Zweistöckige ehemalige Landarbeiterkaserne, um 1890, Alt-Hellersdorfer Straße

Abb. 217 Ehemalige Anstalt für Epileptische „Wuhlgarten", heute: Wilhelm-Griesinger-Krankenhaus, 1891/96
Hauptverwaltungsgebäude; Bettenhaus; Werkstätten; Personalwohnheim

Hermsdorf
Verwaltungsbezirk Reinickendorf

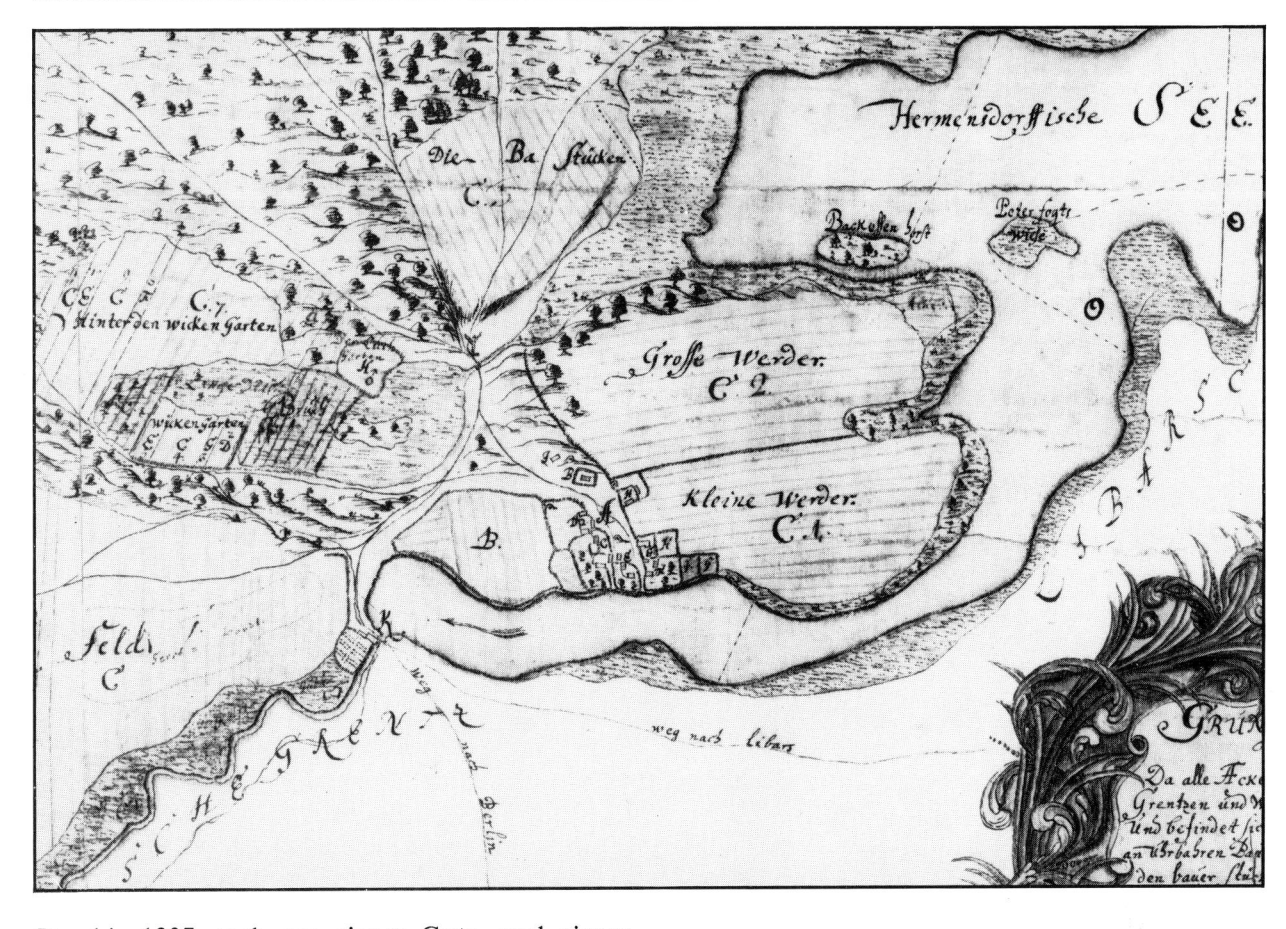

Abb. 218
Ausschnitt
aus einem Lageplan
von 1699

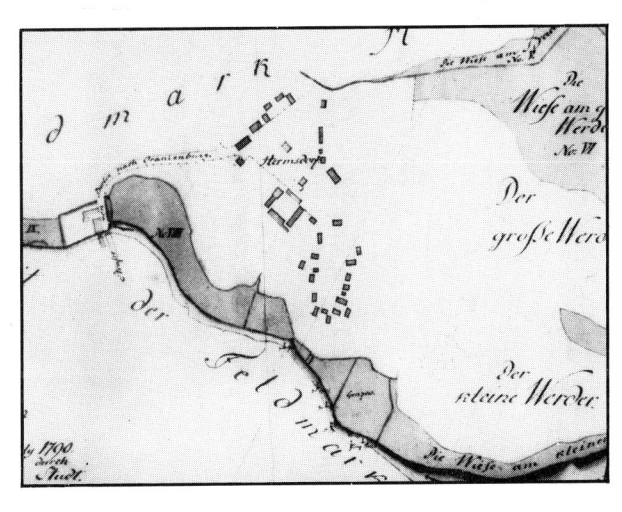

Abb. 219
Ausschnitt
aus einem Lageplan
von 1790

Entwicklung
der Einwohnerzahlen
von Hermsdorf

Jahr	Einwohner
1624	59
1734	58
1772	107
1801	144
1817	153
1840	216
1858	457
1871	628
1875	699
1880	671
1885	661
1890	1 061
1895	1 727
1900	2 739
1905	3 926
1910	5 793
1919	7 664

Das bis 1907 noch aus einem Guts- und einem Gemeindebezirk bestehende Dorf gelangte 1920 vom Kreis Niederbarnim in den neu gebildeten Stadtkreis Berlin. Erstmals 1349 erwähnt, bestand es 1375 aus 5 Höfen, von denen 3 „wüst" lagen, und einer noch nicht in Hufen geteilten Feldmark. Die erst 1450 nachgewiesenen 16 Hufen lagen im 15./16. Jh. teilweise ebenfalls „wüst". Dorf und sich allmählich herausbildendes Gut gehörten bis 1585 zum Gut Birkenwerder. Von 1585 bis 1694 der Familie v. Götze unterstehend, kam es 1694 durch Kauf in den Besitz der Landesherrschaft und wurde dem Amt Niederschönhausen, ab 1812 dem Amt Mühlenhof zugeordnet.
Die bis ins 19. Jh. stets sehr kleine Siedlung war einerseits vom Gut und andererseits von der bereits

Hermsdorf

Abb. 220
Zeitgenössische Ansicht des Dorfes, um 1800

Abb. 221
Wohnhaus eines Bauern, um 1780, verändert um 1830/40, Alt-Hermsdorf 10

1449 genannten Wassermühle geprägt, zu der sich um 1620 eine Wind- und ab 1702 eine Sägemühle gesellten. Im Rahmen der Bemühungen, unrentable Vorwerke aufzusiedeln, entstanden nach 1752 3 neue Bauern- und 5 Büdnerstellen mit je 60 bzw. 2 Morgen Land. Im Jahre 1801 werden neben dem – seit 1752 zunächst in Erbzinspacht vergebenen und dann frei veräußerlichen – Gut 7 Kossäten, 7 Büdner, ein Fischer, ein Radmacher und 8 Einlieger sowie die Mühlen, ein Krug und eine Ziegelei genannt. Letztere baute im Jahre 1840 der Gutsbesitzer Wernicke zu einer Tonwarenfabrik aus, die 1860 noch erweitert wurde und etliche Arbeiterfamilien anzog, so daß die Einwohnerzahl relativ schnell von 216 im Jahre 1840 auf 628 im Jahre 1871 stieg.

Von besonderer Bedeutung für die Entwicklung des Ortes wurde die Anlage einer Haltestelle an der 1877 fertiggestellten Nordbahn (1889 zum Bahnhof erweitert, 1915 verlegt). Trotz des Einstellens der Tonwarenproduktion im Jahre 1880 vergrößerte sich die Bevölkerungszahl, da der Gutsbesitzer Lessing bereits in den 70er Jahren begann, Land an verschiedene Baugesellschaften zu verkaufen, selbst Sommerhäuser und Villen errichten ließ und ab 1889 – nach der Erschließung einer salzhaltigen Quelle – den Ausbau zum Kurort vorantrieb. Der besonders seit der Einführung des Vororttarifs im Jahre 1891 voranschreitende Ausbau des Ortes bewirkte, daß bereits 1908 „Hermsdorf ... zweifellos der am meisten entwickelte Vorort" an der Oranienburger Strecke war [16]. Dies belegen auch die sprunghaft gestiegenen Einwohnerzahlen und die Tatsache, daß bereits 1901 eine eigene Gasanstalt eingeweiht werden konnte und noch im gleichen Jahr die ersten Gaslaternen in den Straßen aufleuchteten.

Während auf einer aus dem Jahre 1699 stammenden Karte die Siedlungsform des damals nur durch einen Zugang erreichbaren und an einen Nebenarm des Hermsdorfer Sees grenzenden Ortes nicht völlig eindeutig erkennbar ist (Abb. 218), zeigt eine Vermessung von 1790 deutlich ein platzartig erweitertes Sackgassendorf, dem seitlich ein Gutshof und noch weiter nördlich die nach 1752 gebildeten Bauern- und Büdnerstellen vorgelagert sind (Abb. 219).

Die vermutlich nur wenige Jahre später angefertigte Ansicht belegt, daß nicht nur das im Vordergrund abgebildete bäuerliche Kolonistengehöft, sondern auch die Dorfkirche und vermutlich sogar alle weiteren Wohn- und Wirtschaftsbauten aus Fachwerk bestanden (Abb. 220).

Als einzige bauliche Zeugnisse dieser Zeit sind das inzwischen größtenteils unterfangene Wohnhaus und ein kleiner, um 1870 mit Ziegeln ausgesetzter Fachwerkstall im Gehöft Alt-Hermsdorf 10 erhalten geblieben. Trotz der um 1830/40 erneuerten, schlichten klassizistischen Haustür mit Oberlichtfenster, der Ende des 19. Jh. erheblich vergrößerten Fenster und der leicht veränderten Raumstruktur – so wurde z. B. die ehemals im Mittelpunkt des Hauses befindliche Schwarze Küche mit offenem Schornstein durch 2 seitlich des Flures gelegene enge Schornsteinrohre ersetzt – verdeutlicht es anschaulich die Bau- und Lebensformen eines mittelbäuerlichen Hofes in der zweiten Hälfte des 18. Jh. (Abb. 221).

Nicht viel jünger scheint das ebenfalls bis zur Höhe des Kehlbalkens abgewalmte, allerdings völlig aus Backsteinwänden bestehende Wohnhaus Alt-Hermsdorf 27 zu sein. Eine spätere Entwicklungsstufe, nämlich die der voll entfalteten kapitalistischen Produktionsverhältnisse, verkörpern die Gebäude des Hofes Alt-Hermsdorf 11, dessen um 1870/80 errichtetes Wohnhaus zwar noch der traditionellen Quergliederung folgt, das aber bereits voll unterkellert, mit einem schiefergedeckten Pfettendach, einem Kniestock und einer Putzfassade ausgestattet ist, einen mit einem Eisenzaun umrahmten Vorgarten besitzt und zahlreiche, einst nur für die städtische Architektur typische Schmuckelemente aufweist.

Obwohl es Ende des 19. Jh. auch in Hermsdorf immer noch einzelne Fachwerk- und sogar strohgedeckte Bauten gab (Abb. 222), beherrschten doch zunehmend die Backsteinbauten das Bild des Dorfes. Nicht nur die Kirche, der Gutshof und die Bauernhäuser, auch die Wohnbauten der „kleinen Leute" und die Wirtschaftsgebäude, wie der Stall des ehemaligen bäuerlichen Kolonistenhofes Berliner Straße 132 (Abb. 223), sind in dieser Bauweise errichtet. Begünstigt wurde diese Entwicklung zunächst durch die im Ort befindliche Ziegelei, die wie die spätere Tonwarenfabrik östlich des Ortes lag (Abb. 224), und in den folgenden Jahren durch die nahegelegene Ziegelei in Lübars.

Die ehemals inmitten des alten, 1868 noch auf dem Dorfplatz bestehenden Friedhofs gelegene Kirche scheint schon Mitte des 18. Jh. abgebrochen und durch einen Neubau an der heutigen Stelle ersetzt worden zu sein. Aber auch diese, nach der zeitgenössischen Darstellung von etwa 1800 noch in

Abb. 222 Strohgedecktes Wohnhaus eines ehemaligen Kossätenhofes. Aufnahme von 1897

Abb. 223 Stall eines Kolonisten-Bauernhofes, um 1860/70, Berliner Straße 132

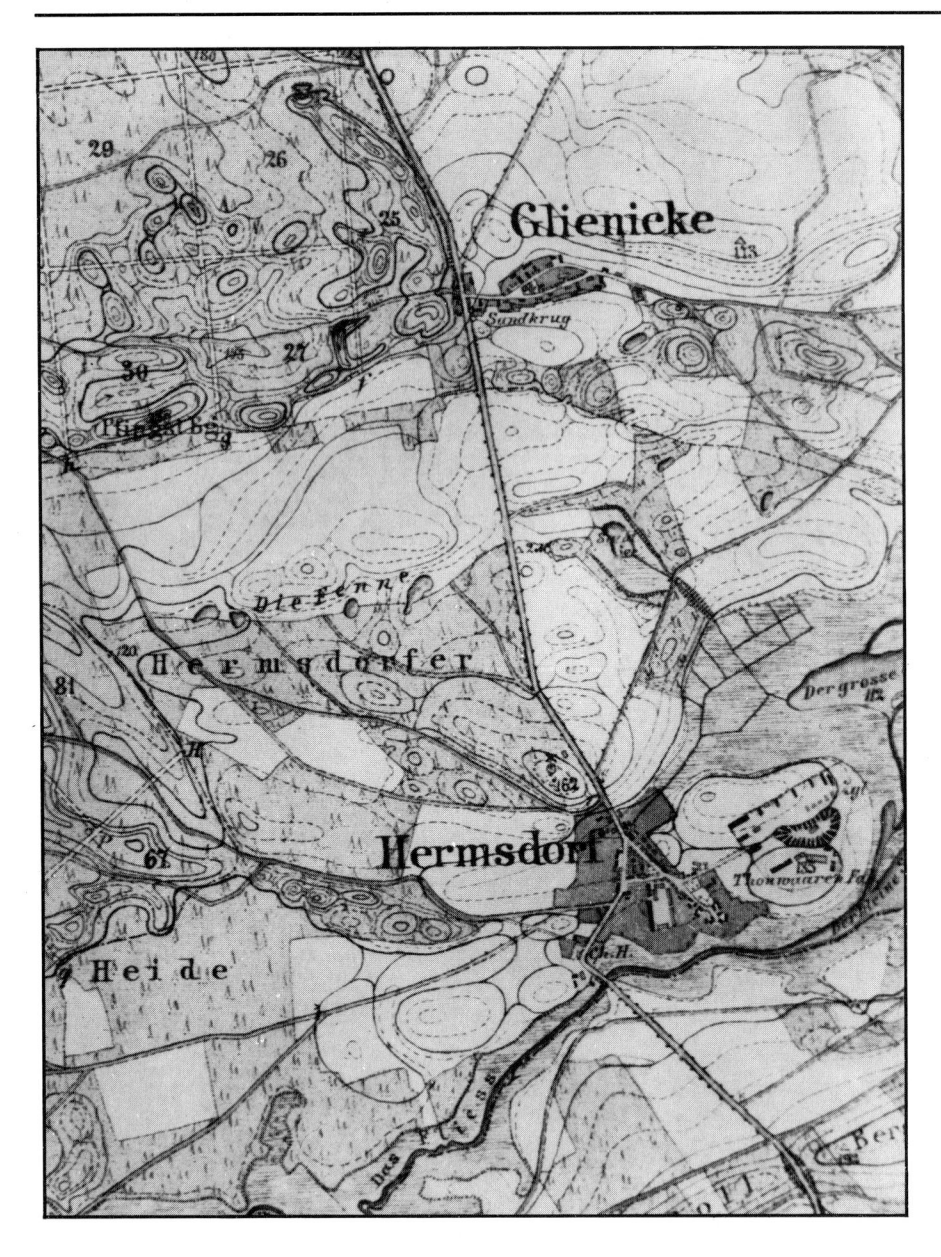

Hermsdorf

Abb. 224 Ausschnitt aus dem Ur-Meßtischblatt Nr. 1764 von 1868

Abb. 225 Dorfkirche mit rekonstruiertem Turm, um 1830

Abb. 226 Zweifamilienhaus der Berliner Baugenossenschaft, um 1900, Bertramstraße 17

Fachwerk errichtete Kirche hat offenbar nicht allzu lange gestanden. Ihr folgte schon um 1830 eine kleine massive, mit Rundbogenfenstern und Putzquadern versehene Rechteckkirche, die 1909 durch einen eingezogenen Chor an der Ost- und einen Vorbau an der Westseite erweitert wurde. Nach der Beseitigung der Kriegsschäden mußte 1960 zwar der Kirchturm erneuert werden, doch blieb trotz aller Anbauten und Rekonstruktionen der Charakter des spätbarock-klassizistischen Dorfkirchleins bis heute erhalten (Abb. 225).

Der durch die erhaltenen oder rekonstruierten alten Bauten und den schönen Dorfplatz mit der sie durchziehenden gepflasterten Dorfstraße erweckte und durch den alten Baumbestand noch verstärkte Eindruck, daß der Ort bis in die jüngste Vergangenheit weitgehend von der Landwirtschaft geprägt sei, ist jedoch irreführend. Zunächst waren es die Ziegelei und die Tonwarenfabrik, die zahlreiche nichtagrarische Arbeitskräfte, die in großer Zahl in der sogenannten Kaserne unweit der Fabrik, Seebadstraße 37, hausten, in den Ort lockten. Später, vor allem seitdem der Haltepunkt an der Nordbahn eingerichtet worden war und die Fabrik durch einen Wassereinbruch in der Tongrube ihre Produktion einstellen mußte, verstärkte sich die Zahl klein- und mittelbürgerlicher Zuzügler. Die waldreiche Umgebung und eine 1889 erbohrte Solquelle ließen Hermsdorf schnell zu einem beliebten Ausflugsort werden, der zeitweise sogar den Charakter eines Kurortes mit Gradierwerk (1907 abgebrannt),

Kneipp-Kurhaus, Sanatorium und Kinderheimen, z. B. dem Elisabethstift, anzunehmen schien. Nicht nur in der Nähe des Bahnhofs entstanden etliche Vergnügungslokale. Zu Beginn des 20. Jh. verkehrten während der Sommermonate sonntags sogar nach Bedarf Sonderzüge.

Große Teile der Guts- und Bauernländereien wurden von Berliner Bau- und Terraingesellschaften erworben, auch ortseigene Bodenaktiengesellschaften und private Bau- und Bodenspekulanten parzellierten den Grund und Boden und forcierten die Bebauung mit Villen und Landhäusern. So errichteten die Deutsche Volksbaugenossenschaft etliche Häuser für Beamte an der Schramberger und der Backnanger Straße, die Gesellschaft zur Gründung eigener Heimstätten weitere Bauten an der Kurhaus-, Kneipp- und Hohenzollernstraße und die Berliner Baugenossenschaft zahlreiche Ein-, Zwei- und Vierfamilienhäuser an der Bertramstraße (Abb. 226), denen bald auch zwei- und dreigeschossige Miethäuser, wie in der Wachsmuthstraße (Abb. 227), folgten.

Da die Neubebauung sich auf die Flächen nördlich und westlich des alten Dorfkernes konzentrierte, verwundert es auch nicht, daß zahlreiche kommunale Einrichtungen in diesem Gebiet entstanden. So wurde 1876 an der Schulzendorfer Straße ein neuer Friedhof eingeweiht, der alte auf der Dorfaue aber erst 1905 eingeebnet. Am 1. 4. 1896 eröffnete am Friedrichsthaler Weg eine private höhere Schule mit Pension, das sogenannte Pädagogium, seine Pforten. Seit 1911 war es Gemeindeeigentum. Bald darauf entstand eine neunklassige höhere Mädchenschule an der damaligen Auguste-Victoria-Straße, die seit 1911 als Lyzeum geführt wurde. Den Wasserturm für das 1907 gebaute Wasserwerk errichtete man 1909 sogar an der nördlichen Ortsgrenze, auf dem Gelände des Friedhofs an der Frohnauer Straße, und die neue Feuerwache 1913/14 an der Heinsestraße, jenseits der Bahnlinie. Innerhalb des alten Dorfkernes blieb außer der alten Feuerwache – dem 1897 erneuerten Spritzen- und Leiterhaus – lediglich die Gemeindeschule. Anstelle des inzwischen viel zu klein gewordenen alten Küster- und Schulhauses entstand 1889 ein neues zweistöckiges Backsteingebäude, das 1898 erweitert und dem schon 1905 durch die sprunghaft gestiegene Schülerzahl ein weiteres Gebäude hinzugefügt wurde (Abb. 228).

Abb. 227 Dreistöckiges Mietshaus, um 1895, Wachsmuthstraße 8

Abb. 228 Neue Gemeindeschule im Hof der alten Schule, 1905, Alt-Hermsdorf 35/36

Hessenwinkel, siehe Rahnsdorf

Hirschgarten, siehe Köpenicker Forst

Hohenschönhausen

Stadtbezirk Hohenschönhausen

Entwicklung
der Einwohnerzahlen
von Hohenschönhausen

Jahr	Einwohner
1734	114
1772	133
1801	159
1817	135
1840	278
1858	507
1871	757
1875	1 031
1880	1 019
1885	1 180
1890	1 454
1895	1 861
1900	2 443
1905	3 647
1910	5 300
1919	6 733

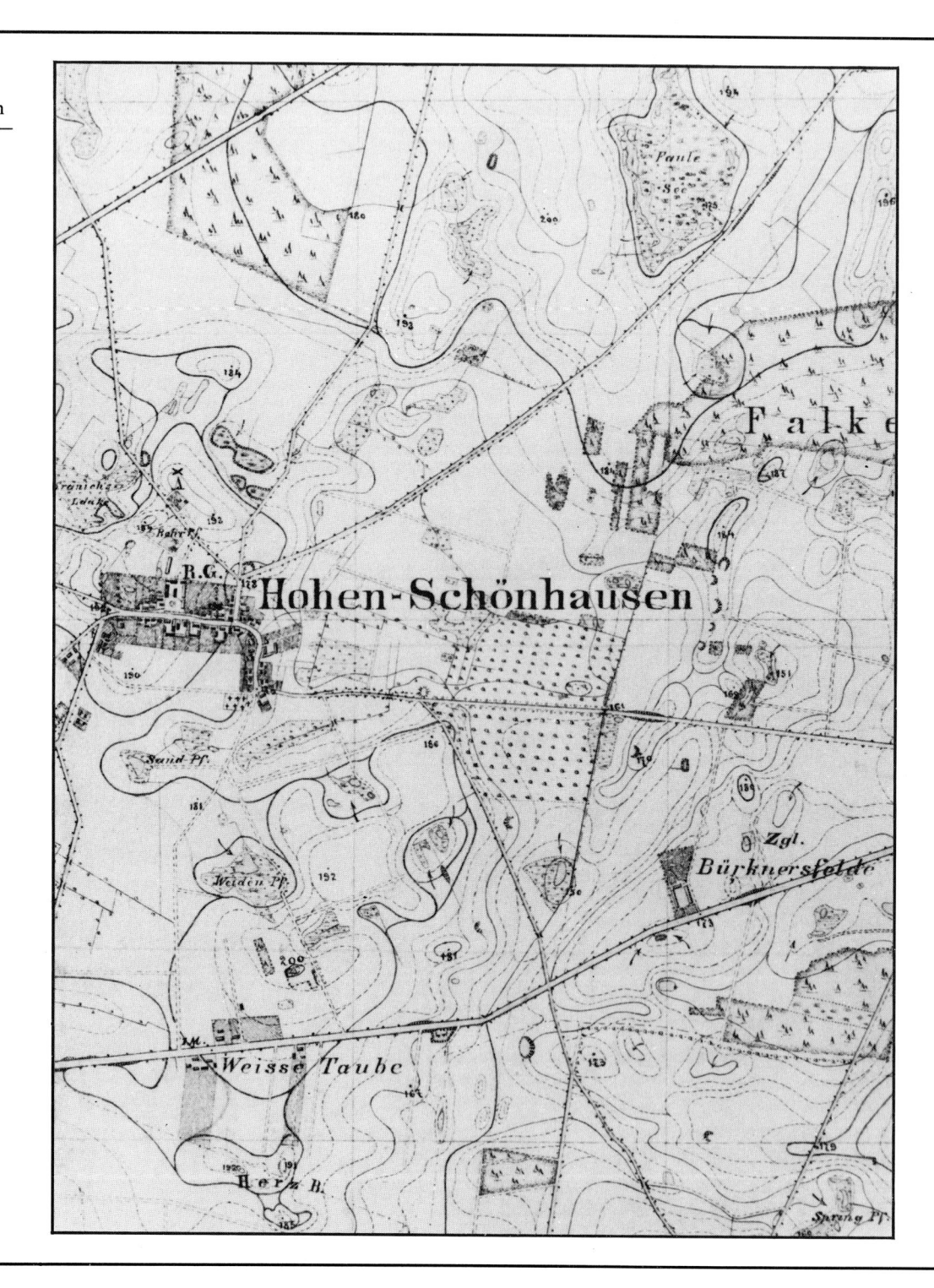

Abb. 229
Ausschnitt aus dem
Ur-Meßtischblatt
Nr. 1838 von 1869/71

Das 1356 erstmals erwähnte Dorf gelangte 1920 mit mehr als 900 Hektar Land aus dem Kreis Niederbarnim nach Berlin. In dem 1375 mit 58, später (1450) mit 62 Hufen ausgestatteten Dorf bildete sich im 15. Jh. ein Rittergut heraus, das von 1412 bis 1736 im Besitz der Familie v. Röbel war. Ab 1763 überwiegend in bürgerlichem Besitz (Ebersbach 1763/92, Pintanus 1792/1802 und Scharnweber ab 1817), erwarb es um 1890 der Bankier H. Suermondt, der 1893 die „Grunderwerbs- und Bau-Gesellschaft zu Berlin" gründete und seitdem die Parzellierung des im Jahre 1900 noch etwa 400 Hektar großen Gutsgeländes betrieb. 1911 wurde der bis dahin selbständige Gutsbezirk dem Gemeindebezirk zugeschlagen.

Von den 1624 genannten 10 Hüfner- und 3 Kossätenstellen waren in der zweiten Hälfte des 17. Jh. nur 3 Bauern- und 3 Kossätenstellen besetzt. Erst im 18. Jh. vergrößerte sich die Zahl der Vollbauern wieder auf 7, Anfang des 19. Jh. sogar auf 12 und Mitte des 19. Jh. schließlich auf 13. Zu dem bereits 1375 erwähnten Krug und der seit 1624 nachgewiesenen Schmiede gesellten sich weitere gewerbliche Einrichtungen erst im 19. Jh. hinzu. So gab es seit etwa 1800 eine Ziegelei sowie seit der Mitte des 19. Jh. eine Getreidemühle und eine Gutsbrennerei. Zu den wichtigsten Betrieben zählten Anfang des 20. Jh. eine große Brauerei, eine Telegraphenbauanstalt und eine Gasfernzünderfabrik.

Die auf der Feldmark des Gutes entstandene und bereits 1831 nachgewiesene „Colonie Hohen Schönhausen", seit 1854 *Neu-Hohenschönhausen* genannt, kam schon im Verlaufe des 19. Jh. in den Gemeindebezirk. Eine auf Hohenschönhauser Terrain gelegene, bereits 1766 genannte Poststelle südlich des Ortes (an der Straße Berlin–Altlandsberg), an der 1821 der „Neue Krug" angelegt wurde und aus dem sich das Etablissement „Wirtshaus zur Taube" entwickelte, spielte als Häusergruppe *Weiße Taube* vor 1920 nur eine untergeordnete Rolle für die Besiedlung des Ortes.

Als die Gemeinde Hohenschönhausen im Jahre 1920 in die neue Stadtgemeinde Berlin eingegliedert wurde, bestand sie im wesentlichen aus 4 deutlich voneinander abweichenden Siedlungskernen. Der älteste war das noch immer vorwiegend von der Landwirtschaft geprägte Straßendorf, an dessen Endpunkten sich bereits in der ersten Hälfte des 19. Jh. etliche Handwerker und Gewerbetreibende niedergelassen und wo sich bis in die 90er Jahre des 19. Jh. auch einige Gutsarbeiterhäuser befunden hatten. Von den 1869/61 kartierten Gebäuden (Abb. 229) sind bis heute jedoch nur noch wenige erhalten geblieben.

Das älteste stellt fraglos die Dorfkirche dar, deren sorgsam gemauerte Feldsteinwände des Chorraumes sogar ins 13. Jh. datiert werden. Ebenso wie der im zweiten Weltkrieg zerstörte Dachturm scheint auch der südliche Anbau aus Fachwerk (Abb. 230) in der ersten Hälfte des 18. Jh., vermutlich 1738, errichtet worden zu sein. Trotz der fehlerhaften Darstellung der Fachwerkkonstruktionen auf diesem Bilde, z. B. bei dem kleinen Wirtschaftsgebäude, und in anderen Zeichnungen des gleichen Autors H. Wohler, weisen die Hauptdetails durchaus auf diesen Zeitpunkt hin. Auf jeden Fall entstammte der 1904/05 durch einen zweistöckigen verputzten Ziegelbau ersetzte Anbau aber dem 18. Jh., wie eine um 1800 entstandene Teilansicht des Dorfes belegt (Abb. 231). Die bereits damals vorhandene, relativ

Abb. 230
Dorfkirche.
Tuschzeichnung von
H. Wohler, 1834

Abb. 231
Teilansicht
des Dorfes,
um 1800

Hohenschönhausen

Abb. 232
Sechsklassige
Gemeindeschule,
um 1880/90,
Hauptstraße 43

Abb. 233
Villa aus der
Kolonie am Obersee,
um 1910,
Oberseestraße 76

Abb. 234
Detail der
ehemaligen Brauerei,
1894,
Konrad-Wolf-Straße

hohe Kirchhofsmauer mit einer rundbogigen Pforte umschloß den alten Friedhof, der seit der Mitte des 19. Jh. nicht mehr ausreichte und bald darauf durch eine weitere Anlage am südöstlichen Ortseingang ergänzt wurde.

Wie die in der Abbildung 231 dargestellten Wohnhäuser werden auch die meisten anderen Gebäude des Ortes um 1800 noch aus Fachwerk bestanden haben und mit Stroh oder Rohr gedeckt gewesen sein, doch schon um 1870 dominierten die Massivbauten, wenngleich etliche Ställe und vor allem die Scheunen – selbst auf dem inmitten des Dorfes gelegenen Rittergut – noch Fachwerk aufwiesen. Die bis heute erhalten gebliebenen, ehemals der Landwirtschaft dienenden und inzwischen vielfach umgebauten Gebäude sind ausnahmslos Massivbauten. Dazu gehören u. a. die beiden einstöckigen Bauernhäuser Hauptstraße 46 und 47 – um 1840/50 – mit den dazugehörigen Backsteinställen und -scheunen – um 1890 –, ein um 1870 errichtetes, ehemals ebenfalls zu einem Bauernhof gehörendes einstöckiges Wohnhaus mit Kniestock, Schieferdach und Putzfassade, Hauptstraße 12, sowie das ursprünglich zum Rittergut gehörende, vermutlich als Verwalterwohnhaus genutzte zweistöckige Wohnhaus Hauptstraße 38, das trotz mancherlei Veränderungen noch etliche spätklassizistische Formelemente aufweist. An die dörfliche Vergangenheit erinnert ferner die sechsklassige Gemeindeschule, ein zweigeschossiger, einst unverputzter Backsteinbau, der um 1880/90 einen älteren Vorgängerbau ersetzt hatte, da dieser für den inzwischen erheblich gewachsenen Ort nicht mehr ausreichte (Abb. 232).

Die Zunahme der Einwohnerzahlen ergab sich jedoch nicht nur aus der weiteren Bebauung des unmittelbar an den alten Ortskern angrenzenden Terrains, sondern war auch die Folge des Entstehens verschiedener etwas entfernt, aber noch auf der Hohenschönhauser Gemarkung liegender Siedlungen. Als erstes entstand am Südostrand der Dorfflur die Kolonie Neu-Hohenschönhausen. Sie zählte 1858 bereits 52 Einwohner in 8 Wohnhäusern und vergrößerte sich vor allem nach dem Bau des nicht allzuweit entfernten „Städtischen Schlacht- und Viehhofes" im Jahre 1881 durch die Ansiedlung dort beschäftigter Arbeiter (heute Terrain des Sportforums Berlin).

Den dritten Siedlungsschwerpunkt bildeten die beiden Landhauskolonien am Orankesee und am Obersee. Erstere entstand seit 1893 südlich des Orankesees auf Betreiben des Bankiers Suermondt. Die andere bildete sich zu Beginn des 20. Jh. heraus, nachdem es der „Neuen Boden-Aktien-Gesellschaft" gelungen war, 15 Hektar Land zu erwerben, das teilweise nordöstlich des Orankesees, teilweise nördlich des 1895 anstelle eines Sumpfgebietes künstlich angelegten Obersees lag. Entsprechend der für beide Kolonien geltenden Landhausordnung errichtete man in diesem Gebiet überwiegend ein- und zweistöckige Villen und Landhäuser (Abb. 233), die vor 1914 hauptsächlich von Beamten und Kaufleuten bewohnt waren; galten diese Kolonien, die „nächst Steglitz am höchsten von allen näheren Berliner Vororten" lagen, doch „in gesundheitlicher Beziehung" als „sehr ausgezeichnet". Zudem sei am „stillen Oranke- und Obersee ... Gelegenheit zum Rudern, Segeln, Angeln und Baden vorhanden" [16], was Bodenpreise dieses Gebietes und damit auch die Bau- und Mietpreise entsprechend in die Höhe trieb.

Der vierte Siedlungsschwerpunkt schließlich, der sich seit Beginn des 20. Jh. herausgebildet hatte, lag südlich der Verbindungsstraße nach Berlin. Dieses ehemals zum Gutsbezirk gehörende Gebiet unterschied sich grundsätzlich vom alten Dorfkern und den Landhauskolonien, war vom mehrstöckigen Mietshausbau geprägt und trug von vornherein städtische Züge. Hier konzentrierte sich auch die Mehrzahl der 1920 fast 7000 Einwohner zählenden Gemeinde, die seit 1897 durch eine Straßenbahn, zunächst ab der Orankestraße, später ab der Dorfkirche, mit Berlin verbunden war. Ein Großteil der in diesem sogenannten Märkischen Viertel wohnenden Werktätigen arbeitete als Pendler in den benachbarten Lichtenberger und Berliner Industriebetrieben, etliche fanden aber auch in der 1894 eingeweihten großen Brauerei (Löwenbräu) und anderen kleineren Fabriken im Ort Beschäftigung (Abb. 234).

Die verschiedenen Teile der Gemeinde verschmolzen zwar allmählich miteinander, selbst in unmittelbarer Nähe des alten Dorfkernes entstanden einige große Mietshäuser (Abb. 235), doch blieben die einzelnen Viertel mit ihrem spezifischen Aussehen auch nach der Eingemeindung noch lange erhalten. Trotz der seit dem Ende des 19. Jh. ständig gewachsenen Verknüpfung mit dem Berliner Ballungsgebiet blieb – wie bei den meisten Berliner Vororten – die kommunale Eigenversorgung weitgehend erhalten. So ließ die Gemeinde, obwohl in beachtlicher Nähe auf der Lichtenberger Flur ein städtisches Wasserwerk entstanden war, eine eigene Wasserversorgung anlegen, von der der Rumpf des Wasserturms noch heute erhalten ist (Abb. 236).

Abb. 235
Mietshaus am Rande des alten Dorfkernes, 1906,
Konrad-Wolf-Straße 145

Abb. 236
Rumpf des Wasserturms, um 1900,
Lindwerderberg

Gas bezog man von der Lichtenberger Gasanstalt, Elektrizität vom Kraftwerk Oberspree. 1912 wurde ein neues Gebäude für die Freiwillige Feuerwehr, Degnerstraße 7, eingeweiht.

Hundekehle, siehe Grunewald-Forst
Joersfelde, siehe Heiligensee

Johannisthal
Stadtbezirk Treptow

Entwicklung der Einwohnerzahlen von Johannisthal

Jahr	Einwohner
1772	48
1801	72
1817	93
1840	132
1858	130
1871	161
1875	266
1880	402
1885	609
1890	970
1895	2 025
1900	2 685
1905	3 251
1910	3 918
1919	5 474

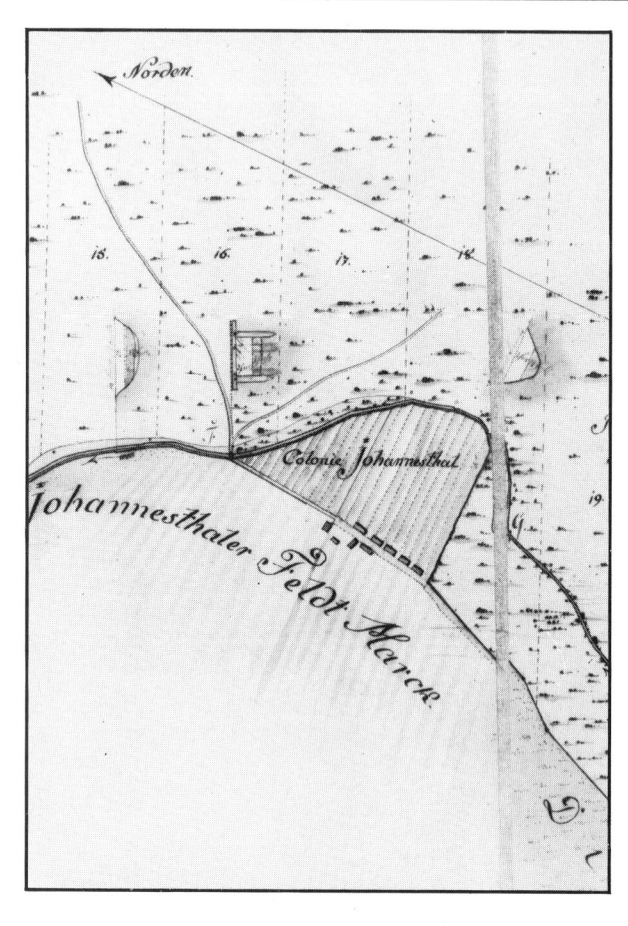

Abb. 237 Ausschnitt aus dem Lageplan von 1797

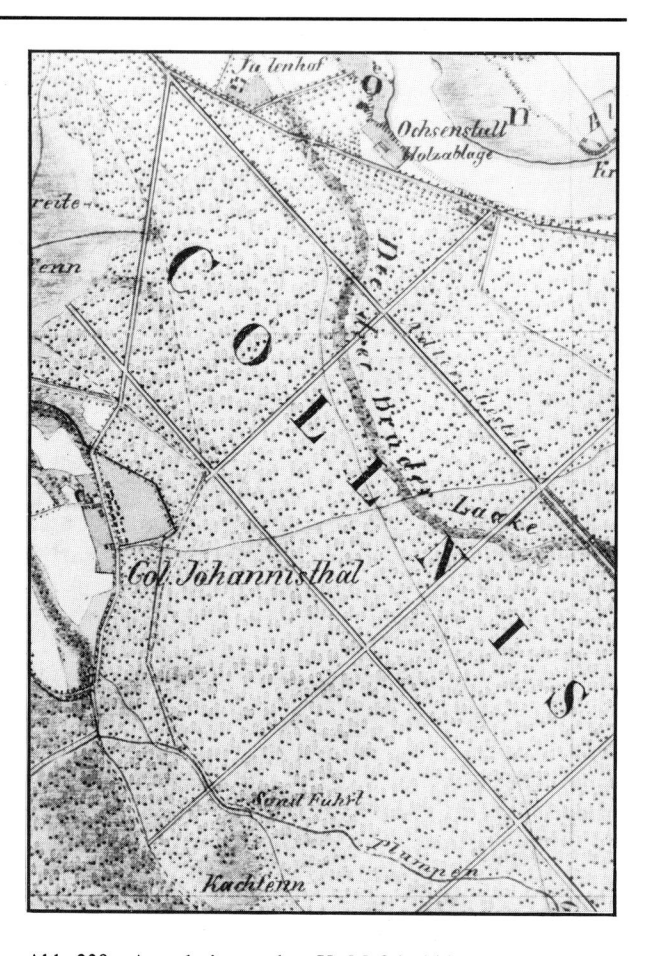

Abb. 238 Ausschnitt aus dem Ur-Meßtischblatt Nr. 1909 von 1836

Im Jahre 1753 erhielt der Kammerherr Johann Werner die Erlaubnis, auf einem zuvor zur Rudower Feldmark gehörenden Terrain ein Gut anzulegen, verbunden mit der Auflage, 10 Kolonisten – Wollspinner und Strohhutflechter – anzusiedeln. Bis 1759 hatten sich in der seit 1757 Johannisthal genannten Kolonie allerdings erst 7 Familien etabliert. 1796 existierten 9 Gebäude. Nach und nach folgten weitere, auch sogenannte Einlieger, so daß sich die Einwohnerzahl zwar nicht sehr schnell, aber doch kontinuierlich vergrößerte. 1840 lebten bereits 132 Personen in 19 Wohnhäusern. Die zu den 10 Kolonistenstellen gehörenden 30 Morgen Ackerland wurden im Jahre 1858 zusammen mit 9 Morgen Garten- und Wiesenland von 17 Eigentümern bewirtschaftet, die im gleichen Jahr bereits als Arbeiter bezeichnet wurden und mindestens zeitweise auf dem 320 Morgen großen Gut beschäftigt gewesen sein werden, lediglich 2 arbeiteten als ungelernte Zimmerleute, einer war Schankwirt.

Nach einer gewissen Stagnation um die Mitte des 19. Jh. entwickelte sich das 1880 aus Guts- und Gemeindebezirk zusammengelegte Johannisthal – begünstigt durch die nahegelegene Bahnstation – schnell zu einem beliebten Ausflugsort, in dem sich aber auch seit den 80er Jahren auf den Ländereien des zunehmend parzellierten Gutes zahlreiche Berliner Familien, zum großen Teil Eisenbahnbeamte, ansiedelten. Mit der Herausbildung des Industriestandortes Schöneweide kamen seit den 90er Jahren des 19. Jh. und verstärkt seit der 1903 erfolgten Eingliederung eines 293 Hektar großen Gebietes aus dem Gutsbezirk Grünau-Dahmer-Forst zahlreiche Arbeiterfamilien hinzu, so daß kurz vor der Eingemeindung bereits mehr als 5000 Einwohner gezählt werden konnten. Schon seit 1885 mit Wasser versorgt, begann 1902 der Ausbau der Kanalisation. Bald darauf erfolgte die Belieferung des Ortes mit Gas vom Gaswerk Mariendorf und mit elektrischem Strom vom Kraftwerk Oberspree. Die bis 1920 zum Kreis Teltow gehörende Gemeinde war also damals stadttechnisch bereits gut erschlossen.

Die Kolonie war eindeutig als Straßendorf konzipiert worden, in dem man auf der östlichen Seite die 10 Kolonisten (Büdner mit je 3 Morgen) in 5 Doppelhäusern ansiedelte und entlang der westlichen Straßenfront das Gut mit den Wohn- und Wirtschaftsgebäuden sowie das Wohnhaus für die 4 Deputatarbeiterfamilien anlegte (Abb. 237). Diese Grundstruktur blieb auch in den nachfolgenden Jahrzehnten erhalten, in denen zwar einige neue Wohnhäuser und vor allem zahlreiche Wirtschaftsgebäude hinzukamen, die ursprüngliche Planung aber nicht angetastet wurde (Abb. 238). Erst um die Mitte des 19. Jh. begann dann die Bebauung des südlichen Teils der westlichen Straßenfront, so daß sich bis 1870 ein beiderseitig bebautes Straßendorf herausgebildet hatte.

Einen Eindruck von den vor 1850 errichteten Wohnbauten vermitteln heute nur noch das einst am südlichen Ortsausgang gelegene und inzwischen modernisierte, aber noch das alte Kehlbalkensparrendach tragende und mit Krüppelwalm ausgestattete Wohnhaus Winckelmannstraße 32 (Abb. 239) sowie das einst neben dem Gut gelegene einstöckige Gebäude für die Einliegerfamilien, Winckelmannstraße 20, das in einem Giebeldreieck sogar noch das alte, heute verputzte Fachwerk aufweist.

Obwohl seit den 70er Jahren des 19. Jh. das Gut seinen Landwirtschaftsbetrieb stark reduzierte und bald ganz einstellte, konnten 1883 noch 32 Pferde, 42 Rinder, 58 Schweine, 38 Ziegen und 9 Bienenstöcke in 33 der insgesamt 45 Grundstücke gezählt werden. Erhalten gebliebene Zeugnisse dieses Wirtschaftszweiges aus jener Zeit sind u. a. die um 1870/80 errichteten Backsteinställe und -scheunen von den Höfen Winckelmannstraße 41 und 32 (Abb. 240).

Die eigentliche Orientierung, die vor allem durch den letzten Gutsbesitzer, K. v. Trützschler, bewirkt und durch die waldreiche Umgebung sowie den frühen Bahnanschluß begünstigt wurde, lag seit etwa 1875/80 jedoch im Ausbau zum Ausflugs- und Badeort. Von wesentlicher Bedeutung war, daß es gelang, die provisorische Haltestelle an der Görlitzer

Abb. 239 Umgebautes ehemaliges Kolonistenhaus, um 1800, Winckelmannstraße 32

Abb. 240 Stall mit Ziersetzungen und Rundbogenblendfenster, um 1870/80, Winckelmannstraße 32

Abb. 241
Villa,
um 1890,
Sterndamm 88

Bahn 1874 zu einem offiziellen Haltepunkt „Johannisthal-Neuer Krug" auszubauen, den man in der Folgezeit, um 1880/82, sogar zum Bahnhof erweiterte. Diese, nun Niederschöneweide-Johannisthal genannte Station erhielt 1885 Anschluß an die Stadtbahn, so daß seitdem – vor allem an Sonntagen – Tausende erholungsuchender Berliner in die Waldgebiete um Johannisthal und zu den Uferlokalen von Niederschöneweide kamen.

1884 wird sogar vom „Bad Johannisthal" gesprochen, das imstande sei, „den größten Scharen der von Berlin herbeigeströmten Waldluftbedürftigen das dazu gehörige Naß sowohl in der bekannten Familien-Kaffeekochform als in der nicht minder wichtigen Bierform liefern zu können" [47]. Es gab seitlich der Verbindungsstraße zwischen Bahnhof und Kolonistendorf einen Park mit einem großen Badehaus, das in 12 Zellen Kiefernnadelbäder anbot und um 1890 jeden Sommer 8000 bis 9000 Badegäste zählte. Pensionen luden zu einem längeren Aufenthalt ein, und sogar ein Kurhaus mit Restaurationsgarten, Logierhaus und anderen „sehr eleganten Einrichtungen" war entstanden, das später zum Kino und 1927 schließlich zur Kirche umgebaut wurde. Diese nur kurze Zeit während Periode – bereits um 1900 hatte die zunehmende Industrialisierung des benachbarten Niederschöneweide die Attraktivität des Ortes weitgehend zerstört – hat dennoch deutliche Spuren hinterlassen, die sich vor allem in den Villen am Sterndamm und in der Winckelmannstraße finden lassen (Abb. 241).

Gleichzeitig waren entlang der Dorfstraße und vor allem im Anschluß daran zahlreiche, zumeist dreistöckige Mietshäuser entstanden, in denen um 1900 bereits die Mehrzahl der Johannisthaler Einwohner lebte (Abb. 242). Nicht zufällig errichtete die Gemeinde gerade in diesem Gebiet, an der Ecke Haeckelstraße/Winckelmannstraße, 1886 ihre erste zweiklassige Dorfschule. Sie wurde 1891 von 152 Schülern besucht, so daß schon wenige Jahre später ein Anbau erfolgen mußte. Die dazugehörige Aula diente lange Zeit gleichzeitig als Kirche. In der Haeckelstraße befand sich bis zur Eingemeindung auch das Gebäude der 1885 gegründeten freiwilligen Feuerwehr Johannisthal.

Mit der Eingliederung eines Teils des Grünau-Dahmer-Forstlandes und dem Anstieg der Einwohnerzahl auf mehr als 3000 entschloß sich die Gemeinde, ein neues Rathaus zu errichten, das 1906 eingeweiht werden konnte und nicht nur durch seine vom Architekten G. Roensch mit Renaissanceformen versehene Fassade, sondern auch durch seine für eine kleine Gemeinde beachtliche Größe bestach (Sterndamm 102). Es war offenbar im Hinblick auf das weitere Aufblühen als Wohngemeinde berechnet, und in der Tat gelang es der Johannisthaler Bodengesellschaft in Gemeinschaft mit dem Beamtenverein, in den folgenden Jahren etliche Bauten zu errichten, so die von P. Mebes entworfene, 1910/11 errichtete Siedlung um die Vereins- und Mirbachstraße (Abb. 243).

War der Ort schon durch seine Funktion als Ausflugsort aufs engste mit der Entwicklung Berlins liiert, kamen bald weitere verbindende Elemente hinzu. So ließen 1885 die Charlottenburger Wasserwerke eine Förderstation errichten, was die frühzeitige Versorgung mit Frischwasser erleichterte. So entstand seit Dezember 1908 auf einem großen gerodeten Waldstück, das sich bis auf die Adlershofer Gemarkung hinstreckte, der erste, noch von ver-

Abb. 242 Dreistöckiges Mietshaus, um 1900, Haeckelstraße 18

Abb. 243
Siedlung
des Beamtenvereins,
1910/11,
Vereins-/Ecke
Johannes-Werner-Straße

schiedenen Verkehrsgesellschaften und Klubs angelegte und im September 1909 in Betrieb genommene Flugplatz Berlins. Die zunächst auf Adlershofer Seite errichtete Tribüne wurde 1910/14 ebenso wie die Gaststätte und die aus 100 000 Stehplätzen bestehende Besucheranlage an den Johannisthaler Nordwesteingang verlegt. Der Ort wurde erneut – und nicht nur während der jährlich durchgeführten „Flugwochen" – Anziehungspunkt zahlreicher Berliner Ausflügler.

Jungfernheide, siehe Tegeler Forst

Kanne, siehe Grünau-Dahmer-Forst

Karlshorst, siehe Friedrichsfelde

Karolinenhof, siehe Schmöckwitz

Karow

Stadtbezirk Weißensee

Entwicklung der Einwohnerzahlen von Karow

Jahr	Einwohner
1734	134
1772	157
1801	150
1817	159
1840	247
1858	286
1871	299
1875	297
1880	320
1885	331
1890	357
1895	413
1900	524
1905	586
1910	731
1919	949

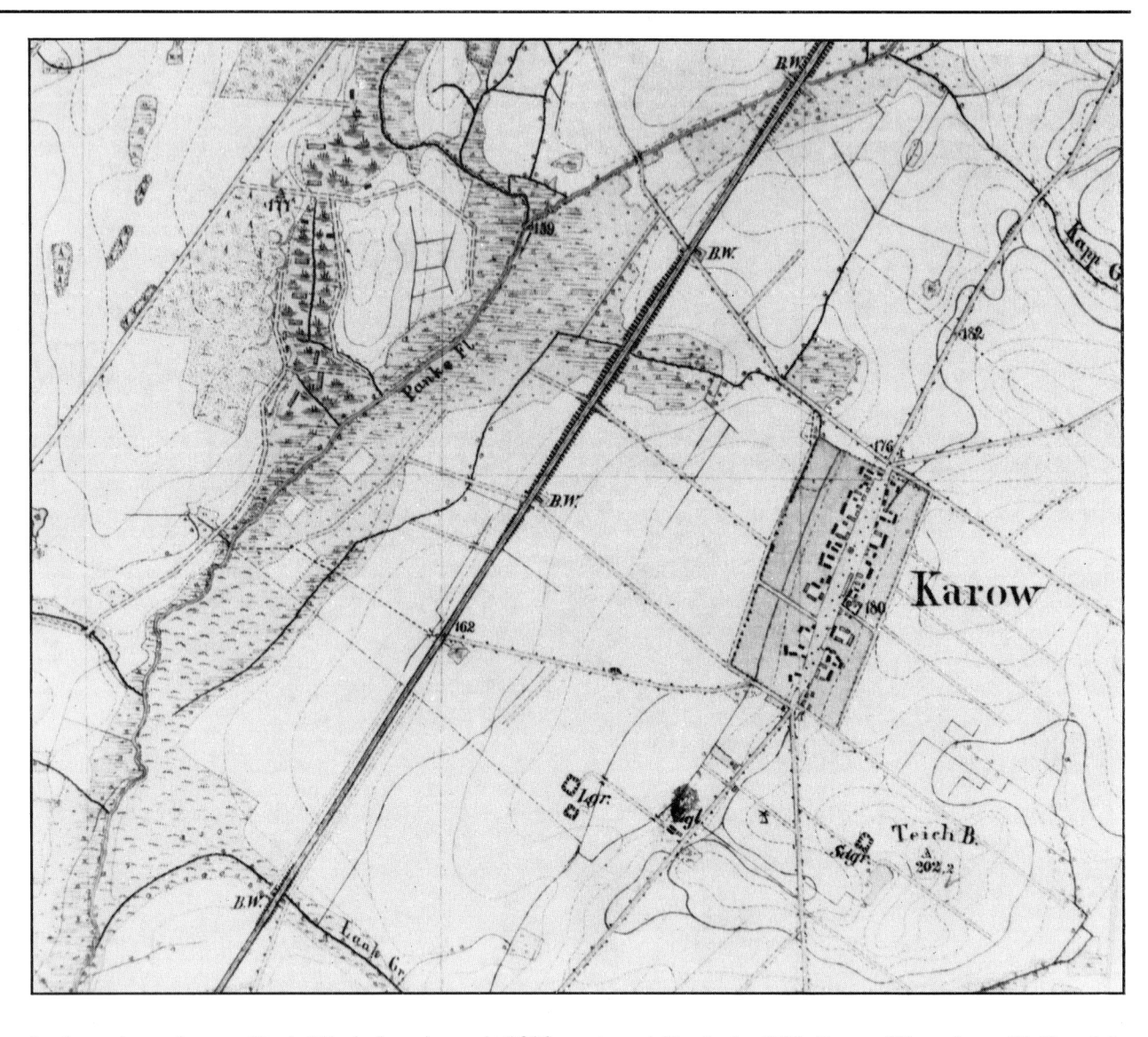

Abb. 244
Ausschnitt aus dem Ur-Meßtischblatt Nr. 1765 von 1871

In dem ehemals zum Kreis Niederbarnim, seit 1920 zum Stadtkreis Berlin gehörenden Dorf besaß bei seiner ersten Erwähnung im Jahre 1375 die Familie v. Kare 6 Hufen als Afterlehen derer v. d. Gröben. Ein Teil der ansonsten zersplitterten weiteren Rechte gehörte bereits damals der in Buch ansässigen Familie v. Röbel, die im Verlaufe des 16. Jh. (bis 1572) nahezu alle Rechte auf sich vereinen und bis 1669 ausüben konnte. Seitdem ständig dem Rittergut Buch (v. Pöllnitz, v. Viereck, v. Voß) gehörend, bildete sich, nachdem bereits vor 1725 ein Teil der Karower Ritterhufen dem Gut in Buch zugeschlagen und die 1688 noch „wüst" liegende Vorwerkstelle im Jahre 1693 mit den restlichen 3 Ritterhufen in einen Lehnschulzenhof umgewandelt worden war, kein eigenständiger Guts- oder Vorwerksbetrieb mehr heraus.

Die 33 $^1/_2$ verbliebenen Hufen – 1375 waren 42 genannt – wurden 1696 von 11, seit 1705 bis ins 19. Jh. von 10 Vollbauern bewirtschaftet. Hinzu kamen ein Krug (bereits 1375 genannt), eine Schmiede (erstmals 1624 erwähnt) und etliche, seit 1652 bis zur Mitte des 19. Jh. zumeist 7 Kossäten. Bei dieser auffälligen Beständigkeit verwundert es kaum, daß sich die Einwohnerzahl zwischen 1624 und 1817 nur von 145 auf 159 erhöhte. Erst im 19. Jh. kam eine Getreidemühle hinzu, es folgten etliche Büdner und Einlieger, doch der Ort bewahrte auch nach der Anlage der Bahnstation im Jahre 1882 (zwischen 1909 und 1914 durch einen Neubau ersetzt) zunächst noch weitgehend seinen agrarischen Charakter. Die zwischen dem Dorf und der Bahn Ende des 19. Jh. entstehende kleine Vorortsiedlung bewirkte nur eine geringe Bevölkerungszunahme, so daß kurz vor der Eingemeindung nicht einmal 1000 Einwohner registriert werden konnten. Wasser, Elektrizität und Kanalisation waren 1908 noch nicht vorhanden, eine Gaszuleitung zu diesem Zeitpunkt aber in Vorbereitung.

Da das Rittergut seit Beginn des 18. Jh. nur noch formal, also ohne Gehöft existierte, stellt sich uns das große Straßendorf als reines Bauern- und Kossätendorf dar. Der Lageplan von 1871 (Abb. 244) präsentiert demzufolge eine Vielzahl von Drei- und Vierseithöfen sowie an den Ortsausgängen einige Büdnerstellen. Auffallend ist, daß gerade die Dreiseithöfe noch keine traufseitig zur Straße stehenden Wohnhäuser besitzen, diese vielmehr parallel zum Stall mit dem Giebel zur Straße weisen. Ob es sich dabei teilweise um Mittelflurhäuser handelte, ist ungewiß, aber wahrscheinlich. Das einzige bis heute erhalten gebliebene Wohnhaus in Giebelstellung, Alt-Karow 19, weist allerdings bereits eine klare Quergliederung auf. Obwohl seit langem unterfangen und mit nachträglich vergrößerten Fenstern ausgestattet, zudem mindestens seit dem Ende des 19. Jh. nur noch als Unterkunft für die auf dem Bauernhof beschäftigten Arbeitskräfte genutzt, verkörpert es auch ohne Fachwerk und Strohdach noch anschaulich eine der 3 typischen märkischen Bauernhausformen des ausgehenden 18. Jh. (Abb. 245).

Die in der ersten Hälfte des 19. Jh. errichteten Bauernhäuser, die wohl ausnahmslos mit der Traufseite zur Straße standen, waren zwar relativ breit und teilweise schon unterkellert, jedoch noch einstöckig und stets mit dem traditionellen Kehlbalkensparrendach ausgestattet. Ein solches Beispiel war bis weit ins 20. Jh. erhalten geblieben (Abb. 246).

Weit zahlreicher und für den Dorfkern heute noch charakteristisch sind indes die mehr oder weniger aufwendigen Bauten aus dem letzten Viertel des 19. Jh. Nach der Separation 1841/46 und der offenbar bald darauf erreichten Ablösung der Feudalla-

Abb. 245
Ehemaliges Wohnhaus eines Bauern, um 1780, Alt-Karow 19

Abb. 246 Wohnhaus zum Hof eines großen Bauern, um 1830/40, Alt-Karow 39. Aufnahme von 1959

Abb. 247 Wohnhaus eines Mittelbauern, um 1870, Alt-Karow 38. Aufnahme von 1959

Abb. 248
Wohnhaus
eines Großbauern,
um 1890,
Alt-Karow 17.
Aufnahme von 1959

Abb. 249
Wohnhaus
eines Großbauern,
um 1890,
Alt-Karow 35.
Aufnahme von 1959

Abb. 250 Ehemaliges Spritzenhaus, 1899/1900, Alt-Karow

sten gelang es den Groß- und Mittelbauern – begünstigt durch die Nähe der Großstadt – recht schnell, erhebliche Geldmittel zu akkumulieren, die sie in die Lage versetzten, nicht nur die für den Wirtschaftsbetrieb erforderlichen großen Wirtschaftsgebäude, sondern auch den Wohlstand repräsentierende und eine entsprechende Wohnkultur ermöglichende Wohnhäuser errichten zu lassen. Alle diese Gebäude sind stets quergegliedert, unterkellert und mit einem Drempel versehen, zumeist mit Schiefer gedeckt und mit reichem Fassadenschmuck ausgestattet. Anfangs standen sie noch ziemlich eindeutig in der Tradition des späten Klassizismus (Abb. 247), dann triumphierten die eklektizistischen Gestaltungsformen.

Der vielfach zweistöckige Mitteltrakt, der entweder durch eine Loggia mit Säulenaufbau und Balkon, wie z. B. Alt-Karow 17 (Abb. 248), einen von Hermen getragenen Balkon, wie Alt-Karow 35 (Abb. 249), oder andere Schmuckformen betont wird, weist auf die Repräsentationsfunktion auch der dahinterliegenden Räume hin. Charakteristisch ist ferner, daß das traditionsgemäß noch im Hause untergebrachte Altenteil sich durch einen gesonderten Eingang, z. T. sogar über eine eigene Freitreppe, schon äußerlich abzeichnet. Die Schmuckelemente dieser zumeist von Maurermeistern des eigenen Ortes oder der benachbarten Gemeinden entworfenen und errichteten Bauten reichen von einfachen Putzquaderungen an den Sockeln über Pilaster an Türen und Fenstern, Säulchenbalustraden, Putz- und Konsolfriesen bis zu figürlichen Darstellungen und setzen sich in modifizierten Formen selbst an den unverputzten Ziegelställen und -scheunen fort. Hier dominieren zumeist verschiedenartige Ziersetzungen, von den einfachen Überkragungen, schräg gestellten Läuferschichten und Betonungen der Fenster- und Türstürze bis zu ornamentalen Gestaltungen wie Kreuzen und Rosetten.

Im auffallenden Gegensatz dazu standen die Gebäude der „kleinen Leute", deren Wohnhäuser nicht nur schlicht und fast ohne Schmuckelemente, sondern fast ausnahmslos auch älter waren. Stellvertretend für diese Gruppe sei nur auf das einstöckige, nicht unterkellerte Wohnhaus eines Stellmachers, Alt-Karow 26, verwiesen, das um 1800 aus ungebrannten Lehmsteinen errichtet wurde. Zwar bemühten sich diese Handwerker und Häusler auch um die Verbesserung ihrer Wohnverhältnisse, doch gelang ihnen dies – wie die bis in die jüngste Vergangenheit erhaltenen Bauten belegen – vor 1920 und auch später nur in sehr begrenztem Umfang, z. B. durch Vergrößerung der Fenster und Umbau der alten Küchenanlagen.

Unter den Bauten mit Gemeindefunktion nahmen die Schmieden stets eine besondere Rolle ein. Sie soll hier ursprünglich neben der Kirche gestanden

Abb. 251 Ehemalige Dorfschule, 1881/1907, Alt-Karow

haben, brannte jedoch 1680 ab und wurde zunächst auf die Mitte der Dorfaue, später an den Rand des Ortes verlegt. Die nicht nur von ihr ausgehende Feuergefahr veranlaßte die Dorfbewohner von jeher zu besonderen Schutzeinrichtungen. Neben den Dorfteichen sind schon frühzeitig spezielle Feuerleiter- und -hakenschuppen aus etlichen märkischen Dörfern belegt. Ein solcher scheint – wie der Lageplan von 1871 (siehe Abb. 244) andeutet – damals noch auf der Dorfaue nahe der Kirche gestanden zu haben. Erst später, wenige Jahre nach der Fertigstellung des neuen Schulhauses, entstand das heute noch vorhandene, z. T. veränderte Spritzenhaus, Alt-Karow 14 (Abb. 250).

Von dem bereits 1686 erwähnten ersten Schulhaus, das bestenfalls aus einem eigenen Klassenraum im Küsterhaus bestanden haben wird, und auch von den nachfolgenden Schulgebäuden ist nichts erhalten geblieben. Das noch stehende, Alt-Karow 15, ist erst im Jahre 1881 errichtet und 1907 aufgestockt worden (Abb. 251). Es befindet sich, wie wohl auch die Vorgängerbauten, in unmittelbarer Nähe der Feldsteinkirche. Diese, eine sogenannte vollständige Anlage mit Schiff, Presbyterium und Chor, aber ohne Turm, soll in seinen Grundmauern noch aus dem 13. Jh. stammen. Sie wurde seitdem jedoch – wie beispielsweise die großen Barockfenster belegen – mehrfach umgebaut und erhielt 1845/47 den aus gelben Ziegeln errichteten Turm (Abb. 252).

Damit ist – und der Schein trügt durchaus nicht – eine rein dörfliche Situation vorgestellt. Sie bestimmte tatsächlich bei der Eingemeindung noch entscheidend das Bild des Ortes, wenngleich seit 1842 eine Eisenbahnlinie die Gemarkung kreuzte und 1882 ein Bahnhof entstanden war. Die Zahl der Villen und Landhäuser, die vornehmlich nach Einführung des Vororttarifs 1891 entlang der Verbindungsstraße von der Bahn zum Dorf errichtet wurde, blieb vorerst jedoch noch gering. Hauptursache war einzig und allein die Nähe der Blankenburger und Buchholzer Rieselfelder. Die entscheidende Beziehung zur Großstadt bestand zum Zeitpunkt der Eingemeindung und sogar noch längere Zeit danach im wesentlichen im Verkauf landwirtschaftlicher Produkte.

Abb. 252
Dorfkirche,
13. Jh.,
Turm von 1845/47

Kaulsdorf
Stadtbezirk Hellersdorf

Entwicklung der Einwohnerzahlen von Kaulsdorf

Jahr	Einwohner
1734	192
1772	180
1801	215
1817	171
1840	258
1858	380
1871	528
1875	634
1880	622
1885	671
1890	708
1895	759
1900	771
1905	1 239
1910	2 381
1919	3 375

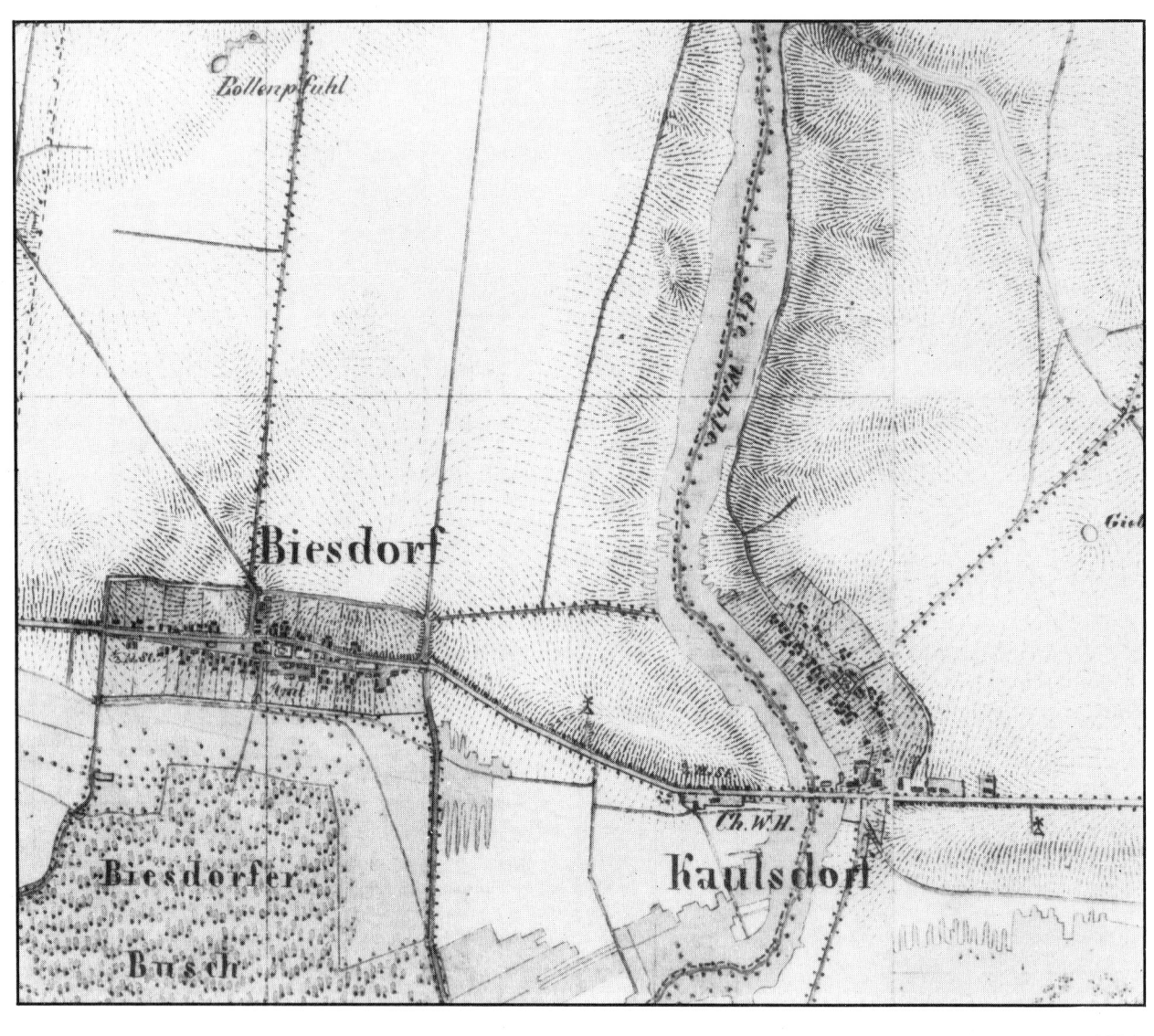

Abb. 253
Ausschnitt aus dem Ur-Meßtischblatt Nr. 1838 von 1850

Ein „Nicolao de Caulestorp" wird bereits im Jahre 1285 genannt, als Dorf erscheint der Ort aber erst 1347. 1375 umfaßte die Feldmark 40 Hufen. Während ein Großteil der Dienste seit dieser Zeit bis ins 19. Jh. der Landesherrschaft gehörte, waren die Abgaben zunächst an mehrere Berliner Patrizierfamilien, seit 1412 dann überwiegend an die Petrikirche in Cölln und nach der Reformation (1536) an das Cöllner Domstift und die Berliner Domkirche zu leisten. Obwohl seit Anfang des 15. Jh. bis 1701 auch die Familien v. Krummensee und v. Schwerin (zu Altlandsberg) Rechte über mehrere Bauern- und Kossätenhöfe besaßen, kam es nicht zur Herausbildung eines Rittergutes.

Den ursprünglich (so 1375, 1450 und 1480) genannten 13 Kossäten folgten spätestens seit 1624 11 Bauern- und 8 bis 9 Kossätenstellen, die während des Dreißigjährigen Krieges zeitweise sämtlich „wüst" lagen, dank der Bemühungen des Kapitelverwalters Oelven bald aber alle wieder besetzt waren.

Eine der 5 Vierhufenstellen, die aus einem ehemals adligen, von Pachtabgaben freien und mindestens seit 1624 in bürgerlicher Hand befindlichen Hof hervorgegangen war und auf der bereits zwischen 1640 und 1693 vom damaligen Besitzer Bergius eine erste Branntweinbrennerei angelegt wurde, erwarb 1782/83 der Berliner Physiker und Chemiker F. C. Achard, der hier seit 1786 Versuche zur fabrikmäßigen Rübenzuckergewinnung anstellte und 1799 ein Gebäude als Zuckerfabrik einrichtete, dessen Gut aber bald darauf abbrannte, so daß die erste richtige Zuckerfabrik erst 1801 auf dem von ihm gekauften Gut in Cunern in Schlesien entstand.

Zu dem seit 1375 nachgewiesenen Krug und der erstmals 1624 erwähnten Schmiede kamen im 19. Jh. an gewerblichen Einrichtungen zunächst nur eine Getreidemühle und eine Kartoffelsirupfabrik. Es folgten bald auch mehrere Ziegeleien und 1890 eine Schnapsbrennerei. Die seit 1867 nördlich des Dorfes vorbeiführende „Ostbahn" beeinflußte zunächst kaum die Entwicklung des Ortes. Erst als 1891 ein Haltepunkt angelegt wurde, setzte die allmähliche Ausdehnung des Ortes ein, obwohl das eigentliche Dorf seinen ländlichen Charakter bewahren konnte. Die Einwohnerzahl, die sich seit 1734 nur geringfügig vergrößert hatte, stieg in der zweiten Hälfte des 19. Jh. zwar kontinuierlich, doch setzte der eigentliche Sprung erst im 20. Jh. – namentlich durch die Anlage mehrerer Landhauskolonien – ein, so daß kurz vor der Eingemeindung aus dem Kreis Niederbarnim schon 3375 Personen gezählt werden konnten. Gas und Wasserleitung waren 1908 bereits im Ort vorhanden, Kanalisation wurde zu dieser Zeit gerade angelegt.

Im Jahre 1908 heißt es von Kaulsdorf, daß „der Ort selbst ... zwar noch einen ziemlich dörflichen Eindruck" macht, daß er sich jedoch bereits nach mehreren Richtungen hin ausdehnt und „namentlich nach Süden zu früher oder später in eine gut gelegene Kolonie übergehen" wird [16]. Und in der Tat begann sich bereits vor der Eingemeindung eine größere Siedlung mit Landhäusern auf dem südlichen Teil der Gemarkung herauszubilden. Aber auch nordöstlich des alten Dorfkernes, zu beiden Seiten des Verbindungsweges zwischen diesem und der um 1900 zum Bahnhof erweiterten Haltestelle an der Ostbahn, entstanden etliche Bauten, zumeist mehrstöckige Miethäuser und Mietvillen.

Bis 1871 freilich hatte sich der Ort nur geringfügig über die alte Ortslage hinaus ausgedehnt. Lediglich entlang der wichtigen Verbindungsstraße Berlin–Frankfurt befanden sich mehrere kleine Gehöfte, aber auch die Windmühle und eine Ziegelei (Abb. 253). Die Orientierung auf die beiden Haltepunkte, also Kaulsdorf im Norden und Sadowa (heute Wuhlheide) im Süden, erfolgte erst seit dem Ende des 19. Jh.

Zwar bestanden Beziehungen zu Berlin seit langer Zeit, angefangen von den jahrhundertelang an die Cöllner Petrikirche bzw. das Berliner Domstift zu leistenden Abgaben über das von Achard erworbene Landgut bis zu den umfangreichen Lieferungen landwirtschaftlicher Produkte für den Berliner Markt, doch hatten alle diese Verbindungen nur indirekt Einfluß auf die bauliche Entwicklung des Or-

Abb. 254
Dorfkirche.
Tuschzeichnung von
H. Wohler, 1834

Abb. 255
Wohnhaus
mit verbrettertem
Fachwerkgiebel
um 1740,
Dorfstraße 5

Kaulsdorf

Abb. 256
Wohnhaus
aus der Mitte des 18. Jh.,
ehemals Dorfstraße 15.
Aufnahme um 1930

Abb. 257
Bauernhaus, um 1870,
Dorfstraße 33.
Aufnahme von 1983

tes. Der Kern des Angerdorfes blieb in seinen wesentlichen Zügen unangetastet, trotz der nach den verheerenden Bränden von 1675, 1772 und 1776 erfolgenden Modifizierungen. So durften seit 1702 die Backöfen nicht mehr in den Häusern angelegt werden, sondern mußten gesondert an der Straße liegen und nach 1776 auch dort abgebrochen werden. Sie befanden sich seitdem offenbar wie in den meisten märkischen Dörfern in den Gärten im gebührenden Abstand hinter den Scheunen. So ließ man nach 1776 die Wohnhäuser nur noch von zuverlässigen Maurer- und Zimmermeistern errichten und achtete darauf, daß sie mit massiven Schornsteinen ausgestattet wurden. Und so verlegte man den Dorfkrug, wo 1772 und 1776 das Feuer ausgebrochen war, an die Frankfurter Landstraße.

Am besten scheint die Unbilden des Dreißigjährigen Krieges und der nachfolgenden Zeit die Kirche, das damals vermutlich einzige massive Gebäude, überstanden zu haben. 1834 präsentiert sie sich jedenfalls als durchaus stattlicher Feldsteinbau mit beiderseitig angelehnten kleinen Nebenbauten und einem 1715 teilweise in Fachwerk aufgeführten Dachturm (Abb. 254), der 1875 durch ein inzwischen reduziertes neogotisches Westwerk ersetzt wurde.

Der Rest eines offenbar ebenfalls von den Brandkatastrophen verschont gebliebenen, auf jeden Fall aber vor 1750 errichteten Gebäudes befand sich bis vor kurzem in dem Wohnhaus Dorfstraße 32a. Zwar hatte der Bauer im Zusammenhang mit der Errichtung seines neuen zweistöckigen Wohnhauses im Jahre 1881 auch das ältere erheblich umbauen lassen, doch blieben die Längsgliederung und vor allem der offene Schornstein über der Schwarzen Küche erhalten. Die Beibehaltung dieser älteren Bauelemente scheint zunächst unerklärlich, zumal alle älteren Fachwerkaußenwände durch Ziegelmauern ersetzt, der Wohntrakt aufgestockt und mit einem neuen Pfettendach versehen sowie der anschließende, seitdem ebenfalls zweistöckige Stallteil sogar völlig erneuert wurden, doch ist zu bedenken, daß man in dem Vorderteil des ehemals bäuerlich genutzten Mittelflurhauses seitdem mehrere, in der großen Wirtschaft beschäftigte Arbeiterfamilien unterbrachte, denen diese an sich überholten und von außen nicht erkennbaren Lebensbedingungen weiterhin zugemutet wurden.

Zwar ohne Schwarze Küche, ansonsten aber besser erhalten ist das ebenfalls um 1740 errichtete quergegliederte einstöckige Wohnhaus Dorfstraße 5, das nicht nur einige Lehmfachwerkwände, sondern vor allem das alte Kehlbalkensparrendach mit einem Märkischen Längsverband bewahrt hat. Das ehemalige Strohdach mußte allerdings längst einem Ziegeldach weichen, die Außenwände sind zumeist unterfangen und verputzt, zumindest aber verbrettert (Abb. 255), die Fenster vergrößert und die Raumordnung – vor allem in der Flur-Küchen-Zone – verändert. Und dennoch ist es ein beredtes Zeugnis für die langandauernde Nutzung eines fast 250 Jahre alten wertvollen Bauwerkes ländlicher Volksarchitektur.

Ein vergleichbares, ebenfalls aus der Mitte des 18. Jh. stammendes Wohnhaus ist nur aus der bildlichen Überlieferung bekannt. Zwar stand es mit dem Giebel zur Straße, doch war es eindeutig quergegliedert und besaß bis zum Abbruch noch den offenen Schornstein unter dem Strohdach (Abb. 256). Einen Eindruck von den nach dem Brand von 1776 offenbar von vornherein massiv errichteten Wohnhäusern vermittelten bis vor wenigen Jahren die Gebäude Dorfstraße 41, 42 und 43, die alle quergegliedert und mit einem Krüppelwalmdach versehen waren. Das noch erhaltene Wohnhaus Dorfstraße 41 veranschaulicht mit den um 1830 angelegten Giebelstuben, der um 1840 angefertigten Haustür und den nach 1850 vergrößerten Fenstern noch recht gut die seit dem Ende des 18. Jh. bis ins 20. Jh. für große Teile der ländlichen Bevölkerung sich nur geringfügig wandelnden Wohnverhältnisse.

Mit der Herausbildung des industriellen Ballungszentrums Berlin und der Durchsetzung agrarkapitalistischer Verhältnisse in den umliegenden Dörfern wuchs die marktorientierte Produktion auch in Kaulsdorf. Relativ schnell gelang es den größeren Bauern, erhebliche Geldmittel zu erwirtschaften, die seit etwa 1860 auch in die Wohn- und Wirtschaftsbauten investiert wurden. Ein frühes derartiges Beispiel stellte bis vor kurzem das Wohnhaus Dorfstraße 33 dar, das wie die nur wenige Jahre jüngeren Wohngebäude Dorfstraße 4, 29, 35 und 39 noch ganz in der Tradition des Mitteldeutschen Ernhauses stand, aber bereits unterkellert, mit einem Kniestock versehen und mit einer spätklassizistischen Fassade ausgestattet war (Abb. 257). Vereinzelt errichteten die zur Dorfbourgeoisie gewordenen Großbauern sogar zweistöckige, palaisartige Bauten, so Dorfstraße 32b und 36, die ähnliche Ausmaße besitzen wie das Herrenhaus des ehemaligen Freigutes (Abb. 258), auf dessen Gelände die frühzeitig belegte Branntweinbrennerei stand und wo F. C. Achard seine berühmte „Sirupkocherei", den Vorläufer der ersten Zuckerfabrik, angelegt hatte.

Dem mit der kapitalistischen Entwicklung verbundenen Polarisierungsprozeß der ländlichen Bevölkerung entsprechend, traten seit der Mitte des 19. Jh. immer häufiger spezielle Bauten für das Landproletariat in Erscheinung. Anfangs waren dies ganz einfache, in Backstein errichtete, eingeschossige Katen, wie das inzwischen umgebaute Wohnhaus Dorfstraße 18. Seit etwa 1880/90 entstanden etwas

Abb. 258
Gehöft des ehemaligen Freigutes um 1880,
Alt-Kaulsdorf 1.
Aufnahme von 1955

Kaulsdorf

Abb. 259
Ehemaliges
Gutsarbeiterhaus,
um 1890,
Chemnitzer Straße 13

Abb. 260
Ehemaliger Dorfkrug,
um 1800,
1902 aufgestockt,
Alt-Kaulsdorf 23.
Aufnahme um 1930

Abb. 261 Gebäude mit Gasdruckstation, um 1910,
Chemnitzer Straße 25

bessere, jetzt zumeist unterkellerte und mit größeren Wohnungen – zumeist mit 2 Stuben statt wie bisher mit einer Stube und Kammer – ausgestattete Mehrfamilienhäuser, wie das vom Gut außerhalb des alten Dorfkernes errichtete Gebäude Chemnitzer Straße 13 (Abb. 259).

Zu den Bauten, die seit dem Ende des 19. Jh. das Bild der märkischen Dörfer mitzuprägen begannen, gehörten fraglos die damals entstandenen Gasthöfe. In der Nähe Berlins stellten sie aber nicht nur einen für das Gemeinde- und Vereinsleben wichtigen Treffpunkt dar, sie waren wie hier in Kaulsdorf stets auch auf das von oder nach Berlin kommende Publikum orientiert (Abb. 260).

Das Eindringen städtischer Elemente in die dörfliche Umwelt vollzog sich manchmal jedoch weniger auffällig. So wurde z. B. die Druckstation der Gaszuführung in einem Fachwerkbau untergebracht, dessen technische Funktion auf den ersten Blick kaum erkennbar wird und dennoch die schon vor 1920 eingeleitete Einbeziehung der Gemeinde Kaulsdorf in das Berliner Ballungsgebiet verkörpert (Abb. 261).

Kiekemal, siehe Mahlsdorf

Kietz bei Köpenick
Stadtbezirk Köpenick

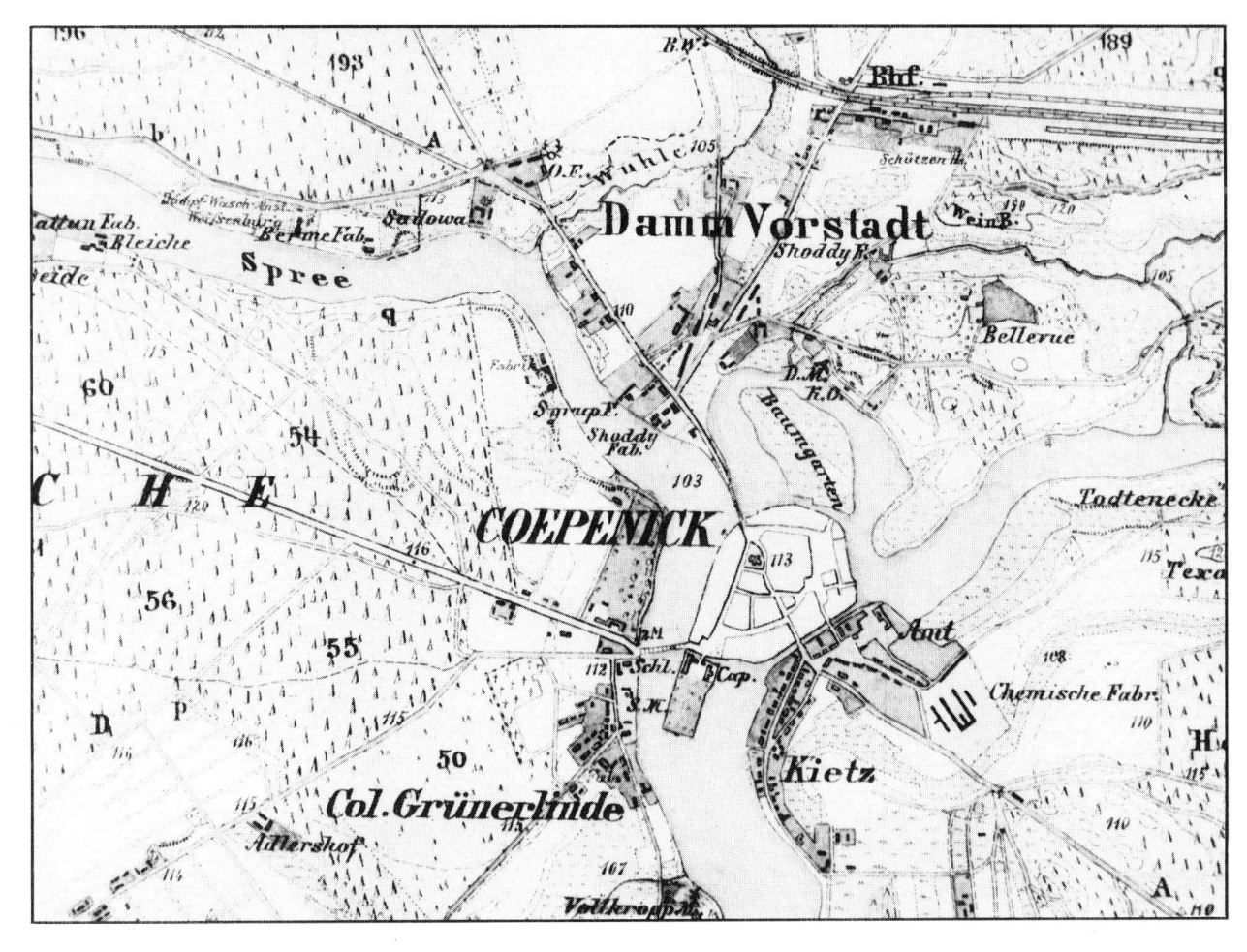

Entwicklung der Einwohnerzahlen von Kietz bei Köpenick

Jahr	Einwohner
1840	356
1858	415
1880	596
1885	685
1890	744
1895	783

Abb. 262
Ausschnitt aus dem Ur-Meßtischblatt Nr. 1909 von 1869

Der bis 1897 selbständige, zunächst der Burg, dann dem Amt Köpenick und ab 1811 dem Amt Mühlenhof unterstellte Gemeindebezirk war stets aufs engste mit der Stadt Köpenick verbunden. Die vermutlich im 13. Jh. entstandene Siedlung umfaßte bei ihrer Ersterwähnung im Jahre 1375 bereits 24 Häuser. Haupterwerb ihrer Bewohner war stets die Fischerei. Zum Ort gehörte niemals Ackerland, mindestens seit der Mitte des 19. Jh. jedoch eine beachtliche Wiesenfläche (1860: 195 Morgen). Die Zahl der zu Kossätendiensten verpflichteten Kietzer, denen ein Schulze – ab 1577 belegt – vorstand, belief sich seit dem 16. Jh. auf 30 bis 31. Hinzu kamen – verstärkt seit der Mitte des 18. Jh. – einige Einlieger, so daß sich die Einwohnerzahl, die zumeist zur Stadt Köpenick zugeschlagen wurde, zunächst nur geringfügig vergrößerte. Zu den 31 Wohnhäusern des Jahres 1743 waren in den folgenden 100 Jahren lediglich 6 hinzugekommen. Allerdings stieg die Zahl der Bewohner in den nunmehr 37 Wohngebäuden allein von 1840 bis 1858 um 59. Unter den 415 Personen befanden sich zu diesem Zeitpunkt neben den 31 Fischern mit 21 Gehilfen ein Bäcker- und ein Schuhmachermeister, ein Viktualienhändler und 55 Arbeiter. In den folgenden Jahren kamen weitere Gewerbe und auch schon erste Mietshäuser hinzu, so daß der Ort bei der Eingemeindung aus dem Kreis Teltow in die Stadt Köpe-

Abb. 263 Blick in die alte Fischersiedlung mit den Wohnhäusern Kietz Nr. 10–13

Abb. 264 Ehemaliges Wohnhaus eines Fischers, Anfang 18. Jh., Kietz Nr. 19

nick schon fast 800 Einwohner zählte. Zu Beginn des 19. Jh. wurde die zeilenförmige Siedlung lediglich aus 31 kleinen einstöckigen Wohnhäusern gebildet, die entlang einer an der Dahme gelegenen Straße standen und von ebenso vielen Fischerfamilien und einigen wenigen Mietfamilien bewohnt waren. Die Wohnhäuser der später hinzukommenden Handwerker und Gewerbetreibenden legte man sowohl zwischen den alten Fischerhäusern als auch auf der gegenüberliegenden Straßenseite und in einer Parallelstraße an (Abb. 262).

Von den zahlreichen, zumeist aus dem 18. Jh. stammenden und im 19. Jh. unterfangenen Bauten, die sich heute teilweise noch als geschlossenes Ensemble präsentieren (Abb. 263), verdienen einige besonders hervorgehoben und einmal genauer untersucht zu werden, so z. B. die Häuser Kietz Nr. 6, 8, 11, 12, 21 und 27 sowie das angeblich 1709 errichtete Wohnhaus Kietz Nr. 19, dessen Fachwerkwände zwar inzwischen durch Mauerwerk ersetzt und dessen alte Feuerungsanlagen herausgerissen wurden, das aber sowohl in der Raumordnung als auch durch etliche Konstruktionselemente wie den Dachstuhl auf die früheren Verhältnisse verweist.

Abb. 265 Blick in die Gartenstraße

Typisch für das genannte und viele weitere Beispiele ist, daß diese stets quergegliederten Wohngebäude nach 1860 nicht nur neue größere Fenster und Türen, sondern auch mehrere Gaupen für die im Dachraum ausgebauten und dann vielfach vermieteten Stuben erhielten (Abb. 264).
Erste mehrgeschossige Bauten entstanden bereits um 1830/40, so Kietz Nr. 20, die Mehrzahl aber erst zwischen 1870 und 1900, von denen einige, wie das Gartenstraße 53, sogar mit Hinter- und Seitengebäuden ausgestattet waren. Trotz einiger drei- und vierstöckiger Mietshäuser, wie Kietz Nr. 23/24, 25, 28 und Nr. 9 (Abb. 266), die z. T. allerdings erst nach 1897 entstanden, kennzeichnete die Siedlung bis weit ins 20. Jh. hinein mehr ein dörflicher oder kleinstädtischer als ein großstädtischer Vorortscharakter (Abb. 265).

Abb. 266
Dreistöckiges Mietshaus neben einstöckigem Fischerhaus, um 1890, Kietz Nr. 9

Kietz bei Spandau, Verwaltungsbezirk Spandau

Der bereits 1319 nachgewiesene Kietz bei der Burg Spandau bestand 1375 aus 25 Häusern. Die östlich der Stadt gelegene Siedlung wurde im Zusammenhang mit dem Bau der Festung 1560 abgerissen und am Südufer der Havel wieder errichtet. Im Jahre 1590 lebten dort 29 Familien, die fast ausschließlich Fischerei betrieben, darunter ein Schulze und ein Krüger. Nach dem Dreißigjährigen Krieg (1652) waren nur noch 18 Stellen besetzt. Seit 1704 sind dann wieder 26, später 28 Fischer nachgewiesen. In dem 1772 immerhin 224, 1779 allerdings nur noch 204 und 1800 lediglich 183 Einwohner zählenden Dorf existierten im Jahre 1800 neben den 28 Fischer- auch 5 Schiffer- und 11 Einliegerfamilien. 1813 wurde der Ort nach einem Brand erneut verlegt und erhielt nun nach der dortigen Flurbezeichnung den Ortsnamen Tiefwerder (siehe dort).

Kladow
Verwaltungsbezirk Spandau

Entwicklung der Einwohnerzahlen von Kladow

Jahr	Einwohner
1772	85
1800	123
1817	146
1840	214
1858	291
1871	399
1875	460
1880	454
1885	495
1890	558
1895	604
1900	662
1905	869
1910	906
1919	928

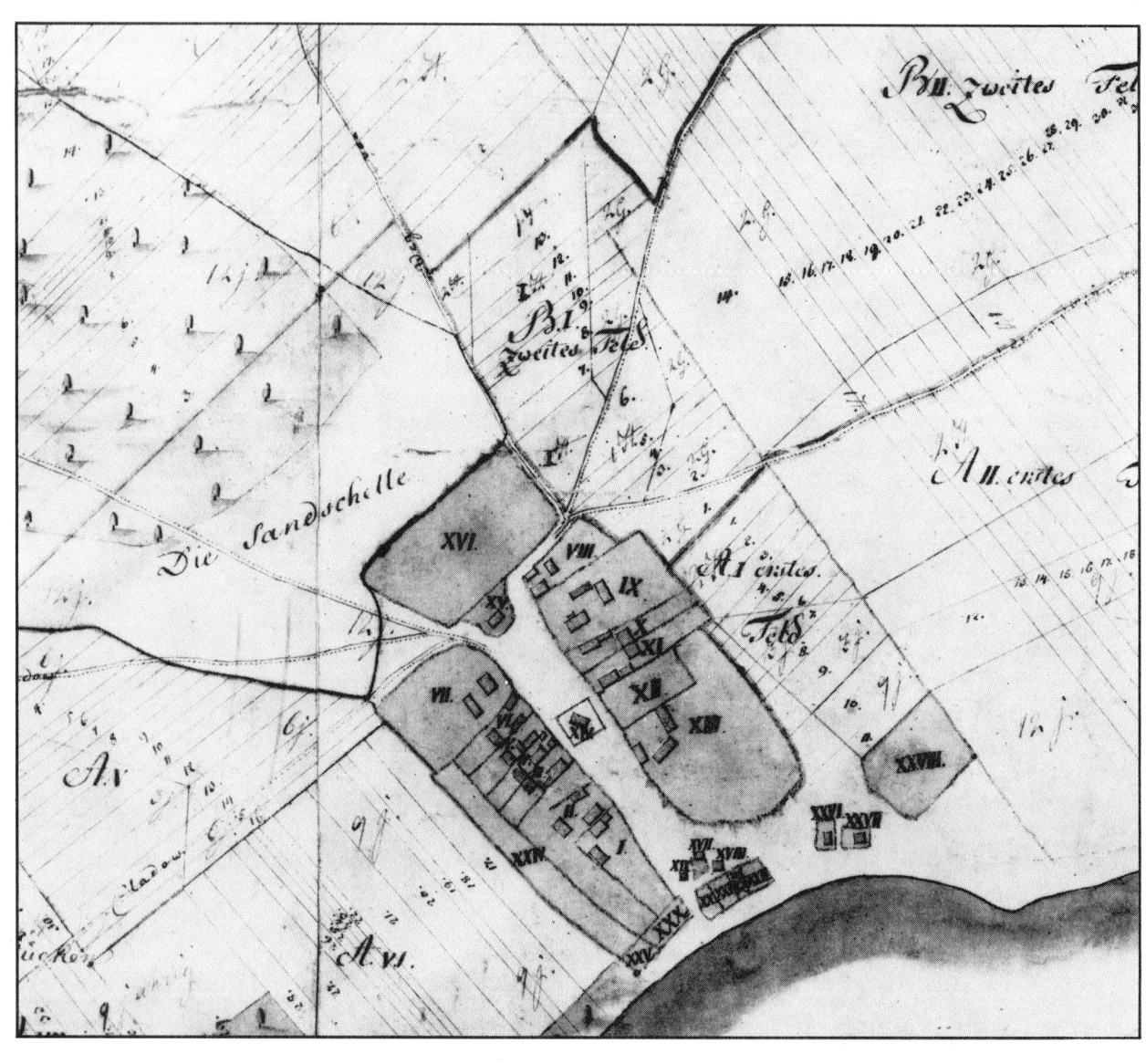

Abb. 267 Ausschnitt aus einem Lageplan von 1799

Das 1267 erstmalig genannte Dorf unterstand bis zur Säkularisation dem Kloster in Spandau, seit 1558 dem Amt Spandau. Obwohl nicht zum Zweckverband gehörig, kam es doch 1920 aus dem Kreis Osthavelland in den Stadtkreis Berlin. Der Ort war 1375 mit 46 Hufen ausgestattet, die zunächst von 6 Hüfnern (wie in den Jahren 1590 und 1624), später von 9 (so 1708, 1745 und 1772) oder gar 11 Bauern (1800) bewirtschaftet wurden. Mit der schon im Jahre 1799 erfolgten Umwandlung des Lehnschulzengutes in ein Erbzinsgut begann die Verlagerung dieses Gehöftes auf den nördlichen Teil der Feldmark. Im Auftrage des Potsdamer Kabinettsrates A. L. Mencken wurde 1800 das Vorwerk *Neu-Kladow* angelegt, das 1860 mit 3 Wohn- und 4 Wirtschaftsgebäuden bebaut und 1858 von 21 Personen bewohnt war. Zur gleichen Zeit lebten in dem relativ kleinen Hauptdorf zwar schon 270 Einwohner, doch setzte das ohnehin nicht sehr große Wachstum erst im letzten Drittel des 19. Jh. ein. Daß dieses vor der Eingemeindung trotz der landschaftlich schönen Lage nicht bedeutender war, lag einzig und allein „an der unglaublich schlechten Verbindung nach Berlin" [16]. Immerhin waren Ende des 19. Jh. neben einer Mühle, einer Schmiede und 2 Gasthäusern auch 2 Bauunternehmer, ein Maurermeister und 6 Maurer, 4 Zimmerleute, ein Schiffseigner und 4 Schiffszimmerleute im Dorf ansässig. Ferner existierte seit etwa 1890 eine zweiklassige Gemeindeschule. Der Anschluß an das Gas-, Wasser-, Elektrizitäts- und Kanalisationsnetz erfolgte allerdings erst nach 1920.

Bei einem Vergleich des Lageplanes von 1799 (Abb. 267) mit dem allerdings etwas schematisierten von 1848 (Abb. 268) stellen sich einige interessante Unterschiede heraus, die die Entwicklung des Ortes in der ersten Hälfte des 19. Jh. widerspiegeln. Zu den auffälligsten Veränderungen gehören erstens die 1799 bereits eingeleitete, aber erst im nachfolgenden Jahr vollzogene Verlagerung des Erbzinsgutes nach *Neu-Kladow*, zweitens die Anlage des Sakrower Kirchweges und der von dort abzweigenden Verbindung nach Krampnitz, drittens die Verlagerung bzw. Neugründung mehrerer Gehöfte am nordwestlichen Ortsausgang in Richtung Groß-Glienicke und entlang dem Sakrower Kirchweg sowie viertens die beginnende Umwandlung der Dreiseit- in Vierseithöfe. In diesen relativ schnell im Kartenbild sichtbar werdenden Wandlungen kommen die Veränderungen zum Ausdruck, die auf dem Lande den Übergang vom Feudalismus zum Kapitalismus charakterisieren. Dazu gehören die offenbar in diesem Zeitraum durchgeführte Separation und die durch die bürgerlichen Agrarreformen ermöglichte Entfaltung der Produktivkräfte.

Ein wertvolles Dokument dieser Entwicklungsstufe befindet sich im Hof Alt-Kladow 20. Es handelt sich um eine etwa 1820/30 errichtete Scheune, deren Aussagewert durch die Verkleidung mit Wellasbestplatten zwar erheblich beeinträchtigt ist, deren wesentlichste Elemente aber dennoch bis heute bewahrt blieben. Würde man die erhaltenen Lehmfachwerke des mehr als 20 Meter langen und 11 Meter breiten Gebäudes freilegen und das Dach wieder mit Stroh und Rohr decken, so ergäbe sich ein nahezu originalgetreues Bild der Bauzeit (Abb. 269). Lediglich das mittig gelegene Haupttor ist inzwischen erneuert – vergrößert und mit Eisenbändern versehen – worden, und ein Teil des linksseitigen Stapelraumes dient offenbar seit mehr als 70 Jahren als Remise mit eigener kleiner Toreinfahrt.

Es ist durchaus nicht untypisch und für das Sparverhalten etlicher märkischer Bauern oder die durch finanzielle Belastungen – zum Beispiel die Auszahlung der nichterbenden Kinder – beschnittenen Möglichkeiten charakteristisch, daß bei den Wirtschaftsgebäuden die notwendigen Erneuerungen durchaus durchgeführt wurden, das Wohnhaus aber erst zuletzt und auch dann nur die unbedingt erforderlichen Modernisierungen erfuhr. Auch im vorliegenden Falle scheint das zuzutreffen, denn während der vorangegangene kleine Fachwerkstall um 1880/90 durch einen anderthalbstöckigen Neubau ersetzt wurde, stockte man Ende des 19. Jh. das unglaublich bescheidene Wohnhaus nur auf und bewahrte im Innern weiterhin große Teile des vor 1800 als Mittelflurhaus errichteten Vorgängerbaues, ähnlich auch Alt-Kladow 17.

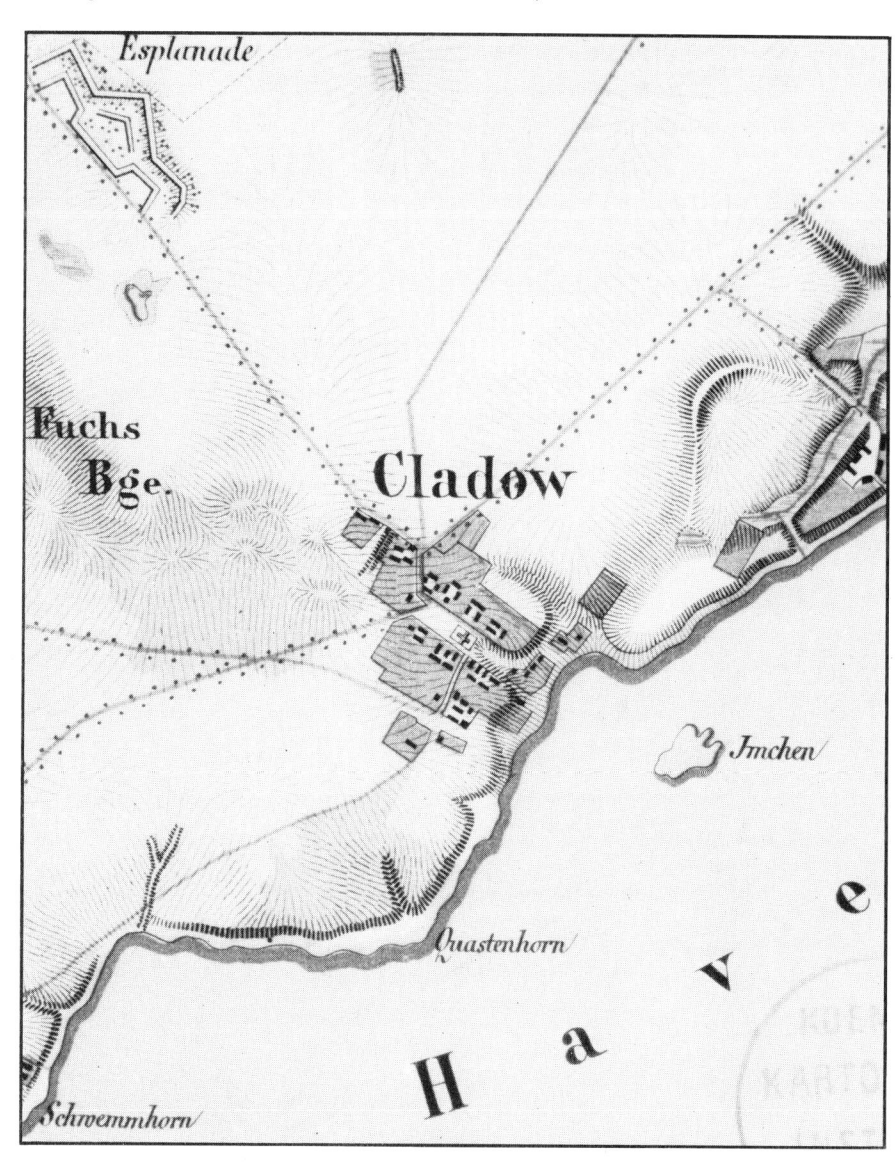

Nicht minder charakteristisch ist, daß sich einzelne

Abb. 268
Ausschnitt aus dem „Plan von Potsdam nebst Umgegend", 1848

Kladow

Giebelansicht

hofseitige Traufansicht

Querschnitt

Remise | Kammer | Tass | Scheuneflur | Tass

Grundriß

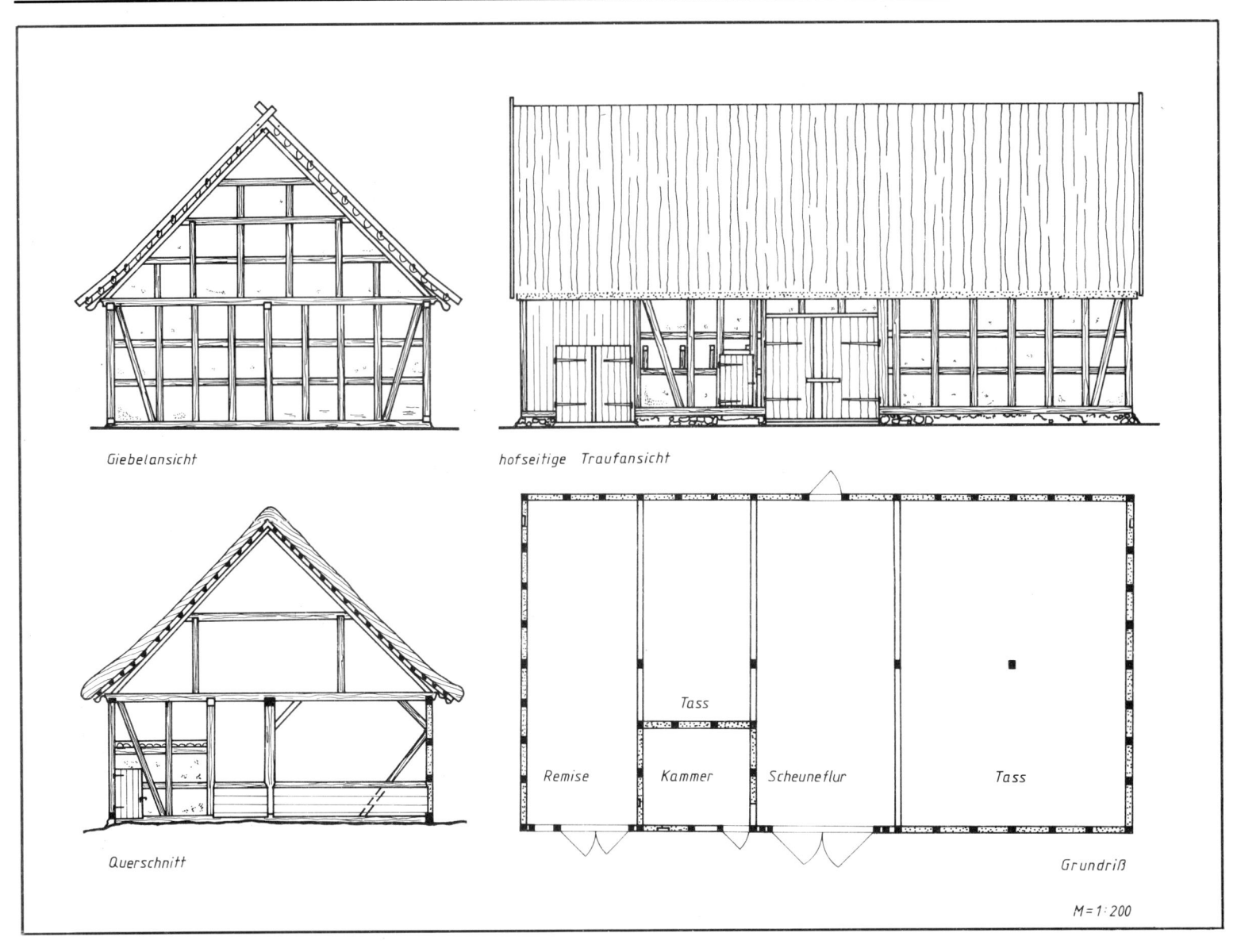

M = 1:200

Abb. 269
Scheune eines
Vollbauernhofes,
um 1820/30.
Aufmaß des Zustandes
von 1986
durch den Verfasser

reich gewordene Bauern gegen Ende des 19. Jh. prächtige, z. T. villenartige Wohnhäuser anlegen ließen. Manchmal erreichten sie dies durch aufwendige bauliche Veränderungen, wie im Gehöft Alt-Kladow 21, wo das neben dem 1893 errichteten Stall gelegene, offenbar noch aus der ersten Hälfte des 19. Jh. stammende Wohnhaus um 1905 grundlegend umgebaut und mit einer Jugendstilfassade versehen wurde (Abb. 270). In anderen Fällen, wie Kladower Damm 380/382 und 387 sowie Sakrower Kirchweg 9, strebten sie einen völligen Neubau an. Der Eigentümer des letztgenannten, erst um 1820/30 vom alten Dorfkern hierher verlegten Hofes scheint seine Geldmittel jedoch nicht nur durch den Landwirtschaftsbetrieb, sondern – und in vielleicht sogar noch größerem Maße – auch durch den Verkauf einzelner Landstücke an bauwillige Berliner errungen zu haben. Es entstand ein für die Bauzeit um 1880/90 erstaunlich schlichtes einstöckiges Gebäude, das vollkommen unterkellert und mit einem Kniestock versehen ist, dessen zweistöckig aufgeführter Mitteltrakt durch einen mit Konsolfries, Medaillon und anderem Zierat geschmückten Zwerchgiebel bekrönt und trotz seiner Traufstellung durch eine Längsgliederung geprägt wird (Abb. 271).

Interesse verdient ferner das gegenübergelegene, angeblich im Jahre 1818 errichtete Haus eines Kleinkossäten, Sakrower Kirchweg 6/8 (Abb. 272). Das bis vor wenigen Jahren noch mit Stroh oder Rohr gedeckte, einstöckige Gebäude, dessen Außenwände mit Ausnahme der beiden Giebeldreiecke unterfangen sind, ist quergegliedert und besitzt beiderseits der Flurzone mit Schwarzer Küche jeweils eine Stube und eine Kammer. Es sind dies Wohnverhältnisse, wie sie für Kleinkossäten, Büdner und

Einlieger im 18./19. Jh. und für Landarbeiter teilweise sogar bis weit ins 20. Jh. typisch waren.

An die bescheidenen dörflichen Verhältnisse erinnert zudem die kleine Kirche auf dem Anger. Sie bestand ursprünglich aus einem einfachen Rechteckbau aus Feldsteinen, brannte 1808 jedoch aus und wurde in den darauffolgenden Jahren – bis 1818 – unter Verwendung der erhalten gebliebenen Mauerreste in neogotischen Formen wieder aufgebaut und verputzt. In diesem Zustand verblieb sie auch noch lange Jahre nach der Eigemeindung (bis 1953) und bildete trotz ihrer Kleinheit inmitten des von einer hohen Mauer umgebenen Friedhofs eine wichtige bauliche Dominante im Ort, speziell des alten Dorfkernes.

Während dieser bis 1920 weitgehend von der Landwirtschaft geprägt wurde – 1899 gab es noch 80 Pferde und 175 Rinder –, hatten sich kleine nichtagrarische Siedlungskerne an verschiedenen Randstellen der Gemarkung herausgebildet, die sich jedoch niemals zu Ausgangspunkten größerer Siedlungen entwickelten. Das gilt sowohl für die von 1846 bis 1905 bestehende Ziegelei am Schwemmhorn als auch für die 1903 gegründete Sprengkapsel- und Zünderfabrik an der Grenze zur Groß-Glienicker Flur. Selbst das Gutsvorwerk Neu-Kladow, wo sich in den 70er Jahren des 19. Jh. eine Stärkefabrik etabliert hatte, die aber bald wieder abgebrochen wurde, bildete kein solches Zentrum. Dieses Terrain erwarb 1887 der Großindustrielle der Zementindustrie im Berliner Raum, R. Guthmann, der zwar viel für die Erschließung und bessere Nutzung des Ortes getan hat, z. B. durch die größtenteils von ihm finanzierte Anlage einer Uferstraße und die Regulierung der Havel, der sich aber nicht selbst, etwa durch den Verkauf einzelner Parzellen seines Grundbesitzes, an der weiteren Besiedlung des Ortes beteiligte. Selbst der Sohn konzentrierte sein Interesse vorrangig auf den Gutshof, für dessen Um- und Ausbau er 1909 P. Schultze-Naumburg gewinnen konnte.

Den entscheidenden Anstoß zur weiteren Erschließung des Ortes gaben also weder die einheimischen Grundbesitzer noch die beiden benachbarten Städte Spandau und Potsdam, mit denen Kladow bis Ende des 19. Jh. allerdings nur durch schlechte Wege verbunden war, sondern der von Wannsee aus die Havel überspringende Ausflugsverkehr. Er setzte um 1890 ein, verstärkte sich seit 1892 durch die regelmäßige Fahrgastschiffahrt während der Sommermonate und führte dazu, daß sich eines der beiden dörflichen Wirtshäuser zu einem großen Ausflugslokal mit dem Namen „Helgoland", 1898 bereits mit Saal, Kegelbahn und Aussichtshalle versehen, mauserte, daß die Gasthöfe Übernachtungsmöglichkeiten schufen und sehr schnell auch „einige Bauern und Büdner Zimmer ohne Betten" [44] an Sommergäste abgaben oder für Sommerwohnungen bereitstellten.

Mit der vollständigen Parzellierung eines Bauernhofes ab 1894 begann schließlich der allmähliche Ausbau mit Villen und Landhäusern, von denen lediglich die 1895 errichtete, zweistöckige Backstein-

Abb. 270 Straßenseitige Traufansicht eines Bauernhauses, um 1900, Alt-Kladow 21

Abb. 271
Wohnhaus
eines Bauernhofes,
um 1880/90,
Sakrower Kirchweg 9

Kladow

Abb. 272
Wohnhaus eines
Kleinkossäten,
1818,
Sakrower Kirchweg 6/8

Abb. 273
Gartenseitige
Traufansicht
vom Landhaus
W. Wertheim,
1905/06,
Temmeweg 10

villa „Inselblick", Sakrower Landstraße 141/143, wegen der Frühzeitigkeit ihres Entstehens und das im Stile eines Palais aus dem 18. Jh. in den Jahren 1911/12 angelegte und inzwischen abgetragene Landhaus „Brüningslinden", Sakrower Landstraße 129, wegen seiner Aufwendigkeit genannt, die 1905/06 durch A. Messel für W. Wertheim erbaute Villa, Temmeweg 10, aber kurz vorgestellt werden sollen, stellt letztgenannter zweistöckiger Putzbau (Abb. 273) doch durch seine gediegene, an klassizistische Vorbilder orientierte Gestaltung ein für spätere ähnliche Bauten Bedeutung gewinnendes Beispiel dar.

Klein-Glienicke, siehe Klein-Glienicke – Forst

Klein-Glienicke – Forst
Verwaltungsbezirk Zehlendorf

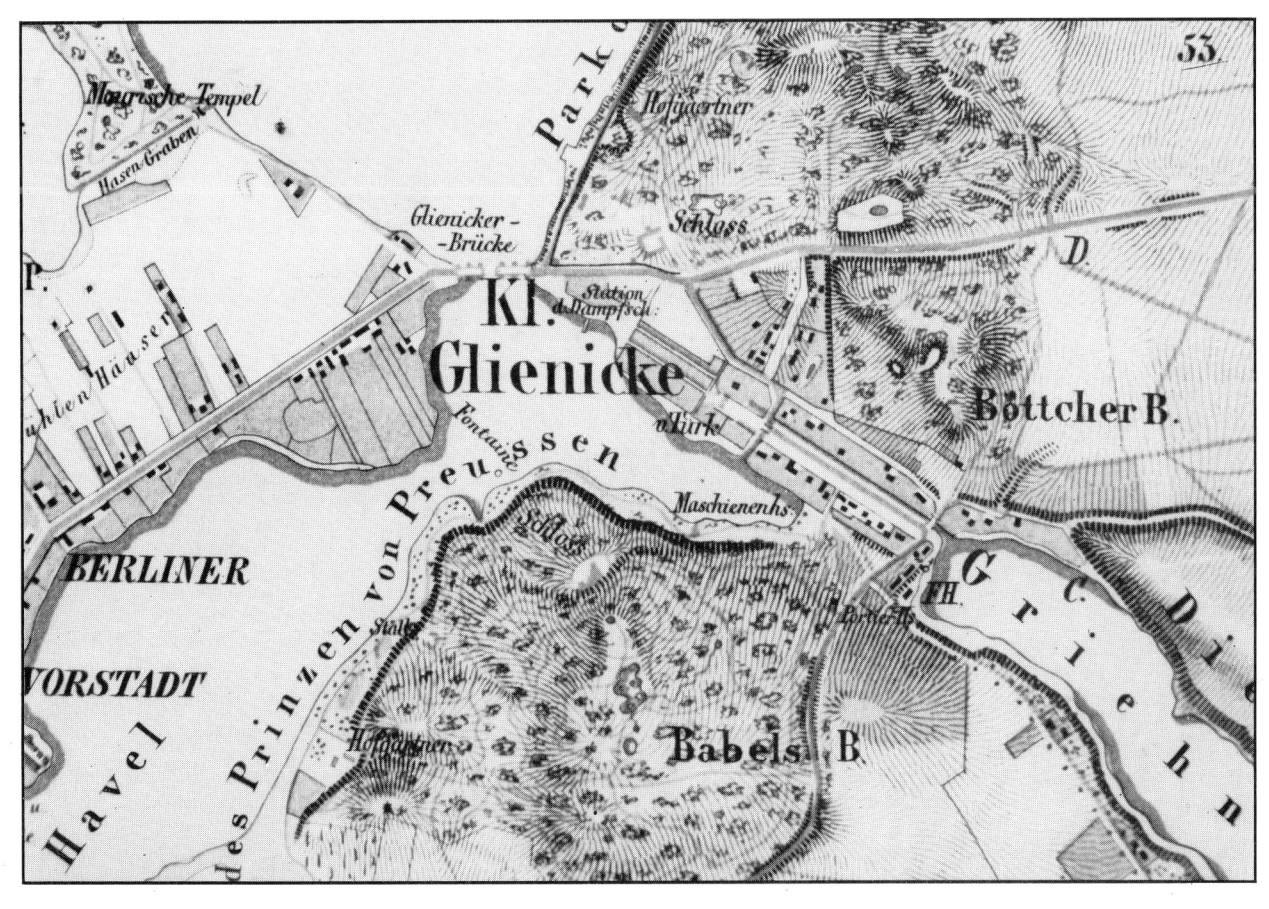

Abb. 274
Ausschnitt aus dem „Plan von Potsdam nebst Umgegend", 1848

Während der Gemeindebezirk Klein-Glienicke mit der teilweise auf seiner Flur gelegenen Villenkolonie *Neu-Babelsberg* 1920 zunächst noch im Kreis Teltow verblieb und 1939 schließlich dem Stadtkreis Potsdam einverleibt wurde, kam der Gutsbezirk Klein-Glienicke-Forst in den Stadtkreis Berlin. Sein um 1900 etwa 124 Hektar großes Terrain umfaßte vor allem die Schloßbauten mit den dazugehörigen Parkanlagen. Hervorgegangen war dieses Ensemble aus einem bereits 1375 genannten, winzigen Dorf mit 7 Hufen, das seit 1480 etwa der Familie v. Schönow, später (von 1540 bis 1680) der Familie v. Schlabrendorf gehörte, die die wenigen Bauern auskaufte und ein Rittergut anlegte. Auf dem 1680 vom Kurfürsten Friedrich Wilhelm I. gekauften Gut entstand neben der bereits im 15. Jh. nachgewiesenen Wassermühle ab 1682 ein Jagdschloß, dem sich bald weitere Nebenbauten hinzugesellten.

Einen größeren Aufschwung erfuhr der Ort jedoch erst nach der Ansiedlung von Kolonisten Mitte des 18. Jh. So existierten 1770 bereits 23 Büdnereien, 1801 sogar 38 Feuerstellen. Zu diesem Zeitpunkt befanden sich im Dorf ferner eine Ziegelei, ein Kalkofen und eine Wasserwalkmühle. Später kamen noch ein Zivilwaisenhaus und etliche Gewerke hinzu, so daß die Einwohnerzahl von 122 im Jahre 1772 über 245 im Jahre 1801 bis 1858 schnell auf 558 im Gemeinde- und 58 im Gutsbezirk anstieg. K. A. v. Hardenberg erwarb 1814 ein Anwesen auf der im 18. Jh. teilweise veräußerten Gutsfeldmark und ließ ein „Lustschloß" mit Park anlegen. Wäh-

Klein-Glienicke-Forst

lag größtenteils nördlich der Berlin–Potsdamer Straße. Das älteste Gebäude befand sich jedoch auf einem südlich des alten Verbindungsweges, zwischen einer Havelbucht und der Kolonie, dem späteren Gemeindebezirk, gelegenen Terrain (Abb. 274). Es war dies das 1682/83 für den Großen Kurfürsten errichtete Jagdschloß, das später zumeist profanen Zwecken diente, zeitweise – wie 1745 – als Lazarett, vorübergehend aber auch als Fabrik zur Herstellung von Papiertapeten, wie um 1800. Eine Darstellung vom Ende des 18. Jh. (Abb. 275) zeigt noch den schlichten zweistöckigen Bau, den 1859 Prinz Carl v. Preußen kaufte und 1862 durch F. v. Arnim zu einem Schloß im Stile des französischen Barocks umbauen ließ. 1889 folgten mit dem Aufstocken des Mitteltrakts, dem Anfügen eines Turmes und anderen Maßnahmen weitere Veränderungen.

Abb. 275
Ansicht der Havelbucht mit dem ehemaligen Jagdschloß und der alten Glienicker Brücke, um 1790

Abb. 276
Kavaliershaus mit dem 1832 von K. F. Schinkel hinzugefügten und 1865 aufgestockten Turm

rend die weitere Erschließung des Gutsbezirks unterblieb, entwickelte sich die teilweise auf der Flur des Gemeindebezirks liegende Villenkolonie Neu-Babelsberg seit dem Ende des 19. Jh. kräftig. 1908 waren Gas- und Elektrizitätsanschlüsse schon vorhanden, Wasser wurde aus dem „eigenen Wasserwerk der Kolonie Babelsberg abgegeben" [16].
Der 1920 nach Berlin eingegliederte Gutsbezirk

Die historisch bedeutenderen Bauten befanden sich allerdings auf dem bereits erwähnten nördlichen Gelände, das der damalige Staatskanzler K. A. v. Hardenberg erworben hatte und mit einem Schloß und großen Park versehen ließ. 1824 kaufte Prinz Carl v. Preußen das gesamte Terrain einschließlich des von P. J. Lenné gestalteten bzw. im Entwurf vorliegenden Parkes. Auf seine Anregung hin entstanden in den folgenden 3 Jahrzehnten zahlreiche weitere, teils noch von K. F. Schinkel gestaltete, vornehmlich aber von L. Persius und F. v. Arnim entworfene Bauten, die seitdem ein wahrhaft herrschaftliches Ensemble bilden. Dieses blieb allerdings stets viel enger mit der alten Residenzstadt Potsdam als mit der Stadt Berlin verknüpft, zumal weitere, für einen Villenvorort charakteristische Privatgebäude Berliner Bürger – wie in dem eigenartigerweise nicht nach Berlin eingegliederten Gemeindebezirk – im Gutsbezirk nicht entstanden.

Dennoch muß aus der Fülle der klassizistischen sowie spätklassizistisch-romantischen Bauten wenigstens auf einige hingewiesen werden, da sie allein durch ihr Vorhandensein andere im Berliner Raum durchaus nachhaltig beeinflußten. Neben dem 1825/28 durch K. F. Schinkel umgebauten und 1844 durch L. Persius aufgestockten Schloß sowie dem beeindruckenden Kavaliershaus (Abb. 276) wäre in diesem Zusammenhang vor allem auf den zwischen 1843 und 1845 errichteten Wirtschaftshof zu verweisen, dessen nach italienischen Vorbildern bewußt lockere Bebauung ebenso auffällt und bei anderen Gütern Nachahmung fand wie z. B. die gekoppelten Rundbogenfenster im Obergeschoß des Wohnhauses, die flachen vorgezogenen Pfettendächer und die verspielten Schornsteinköpfe (Abb. 277). Wie in diesen Elementen setzte der Architekt L. Persius auch in der Grundrißlösung der Gebäude, der Fassadengestaltung u. a. sich bewußt von den Traditionen märkischer Volksarchitektur ab, deren Formengut nicht den mediterranen und alpenländischen Leitbildern des Auftraggebers entsprach.

Abb. 277 Wohnhaus des Verwalters vom Wirtschaftshof des Schlosses, 1843/45, Königstraße

Klosterfelde, Klosterhof und Klostermühle, siehe Spandau
Kohlhasenbrück, siehe Stolpe
Konradshöhe, siehe Heiligensee

Köpenick, Stadtbezirk Köpenick

Die im Zusammenhang mit einer bereits für das 9. Jh. nachgewiesenen Burganlage entstandene Stadt Köpenick (1298 oppidum, 1325 civitas genannt) kam 1920 aus dem Kreis Teltow in den Stadtverband Berlin. Zu ihr gehörten 1375 neben einem umfangreichen Waldbesitz auch 44 Hufen, die z. T. von dem aus Vogtei und Burg im 15. Jh. entstandenen Amt Köpenick (ab 1811 Amt Mühlenhof) bewirtschaftet wurden. Dieser einst selbständige Gutsbezirk *Vorwerk Köpenick* wurde 1874 nach Köpenick eingegliedert, nachdem bereits vorher ein Teil der Amtsländereien parzelliert und z. B. mit einer Soda-, einer Seidenzeugfabrik und einer Getreidemühle bebaut worden war. 1860 standen 12 Wohn- und 23 Wirtschaftsgebäude, 1858 wurden 101 Einwohner gezählt.

Als weitere ehemals ländliche Siedlung kam 1879 die friderizianische Kolonie *Schönerlinde* hinzu, die 1752 mit einer Maulbeerplantage und 10 Häusern für Spinnerfamilien angelegt wurde. Das am Westufer der Dahme, am Weg nach Altglienicke gelegene, zunächst noch *Grünerlinde*, schon 1778 aber auch Schönerlinde genannte Dorf vergrößerte sich erst seit den 30er Jahren des 19. Jh. etwas. So standen den 61 Einwohnern des Jahres 1772 im Jahre 1840 bereits 104 und 1858 gar 170 Einwohner gegenüber. 1858 wurden außer 12 nebengewerblichen Landwirten, die insgesamt nur 60 Morgen bewirtschafteten, bereits 45 Arbeiter gezählt (siehe Abb. 262).

1879 schließlich wurde der Gemeindebezirk *Kietz* (siehe dort) nach Köpenick eingemeindet. Der im Kreis Teltow gelegene Anteil des Gutsbezirkes Köpenicker Forst führte seit 1903 bis zur Eingemeindung 1920 den Namen *Grünau-Dahmer-Forst* (siehe dort).

Obwohl niemals den Rang einer selbständigen Gemeinde erreichend, sei doch auf 2 außerhalb der eigentlichen Stadt, ja noch außerhalb der Vorstädte liegende Niederlassungen hingewiesen: Nördlich der Köllnischen Vorstadt legte 1873 der Unternehmer C. Spindler eine große chemische Reinigungsanstalt an, der er auch etliche Wohn- und andere kommunale Gebäude zuordnete. Die sich daraus schnell entwickelnde Siedlung *Spindlersfeld* erhielt bereits 1892 Stadtbahnanschluß, so daß das fast ausschließlich mit Wäschereien, Färbereien und Bleichen sowie zahlreichen Mietshäusern bebaute Gebiet bald zu einem fast eigenständigen Vorort wurde. – Einen ganz anderen Charakter trug die südlich der Kietzer Vorstadt seit dem Ende des 19. Jh. entstehende Villenkolonie *Wendenschloß*, die – an der Dahme gegenüber Grünau gelegen – bald zu einem beliebten Ausflugsziel und „vornehmen Wohnort" [16] wurde und 1908 schon etwa 200 Einwohner zählte.

Köpenicker Forst, Stadtbezirk Köpenick

Der im Kreis Niederbarnim gelegene Anteil des Gutsbezirkes Köpenicker Forst bewahrte seinen Namen bis zur Eingliederung in den Stadtkreis Berlin, während der im Kreis Teltow gelegene Anteil seit 1903 unter dem Namen *Grünau-Dahmer-Forst* geführt wurde (siehe dort). Aber auch in dem niederbarnimschen Anteil waren seit dem letzten Viertel des 19. Jh. einige Veränderungen vorgenommen worden. So wurden u. a. etliche auf seinem Territorium entstandene Niederlassungen den jeweiligen benachbarten Gemeinden zugeordnet oder zur Bildung neuer Landgemeinden zur Verfügung gestellt. Zu den wichtigsten Maßnahmen gehörten die Übergabe der Bahnhofs-Etablissements Friedrichshagen und Erkner in den Jahren 1878 und 1884 an die dortigen Gemeinden, des Ackergutes Hessenwinkel an Rahnsdorf 1891 und die Übertragung eines großen Waldgebietes an Oberschöneweide 1898.

Weitere Veränderungen ergaben sich dadurch, daß im Jahre 1911 die Försterei Wuhlheide (siehe dort) verselbständigt und 1916 die Oberförsterei Köpenick aufgelöst wurden. Die Restflächen kamen zur Grünau-Dahmer-Forst. Trotzdem lebten in dem zunächst nur dünn besiedelten, 1817 und 1840 jeweils nur 10 Einwohner zählenden Gebiet auch nach den Ausgliederungen 1919 noch 211 Personen, davon die Mehrzahl in der Kolonie *Hirschgarten*, die 1870 von dem Bankier A. Hirte gegründet worden war. Diese unmittelbar an der Spree gelegene Siedlung entwickelte sich anfangs als Wohnplatz „gutbürgerlicher Kreise" schnell (1908: 220 Einwohner), war zudem Anfang des 20. Jh. „ein beliebter Sonntagsausflugsort des Berliner Publikums" [16] und Standort etlicher Boots- und Wassersportvereinshäuser. Es gab sogar Ansätze zum Ausbau eines Kurortes. Seitdem sich die Nutzung einer Heilquelle jedoch als nicht sonderlich ergiebig erwies, stagnierte die Entwicklung bis zur Eingemeindung.

Lankwitz
Verwaltungsbezirk Steglitz

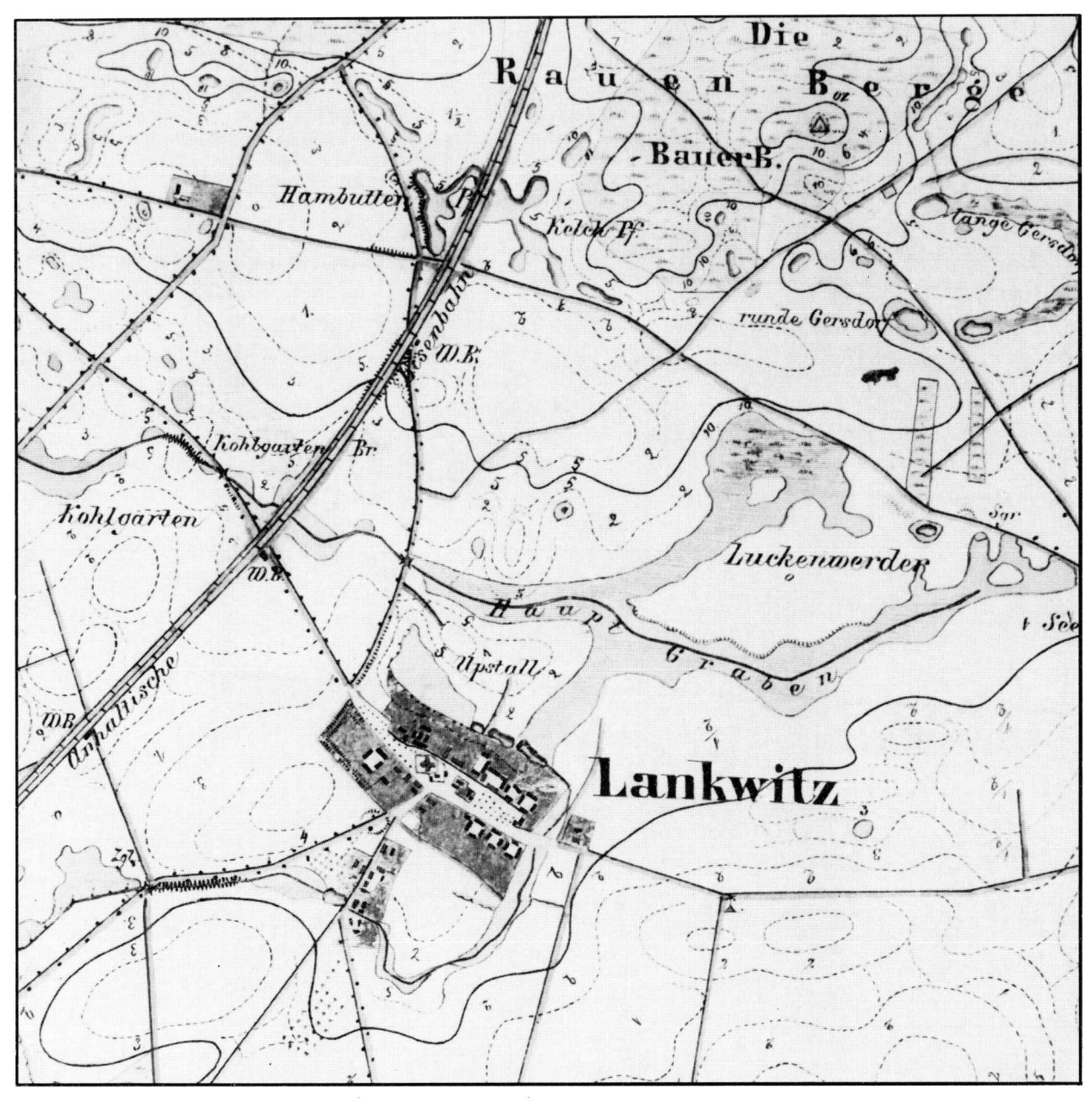

Entwicklung
der Einwohnerzahlen
von Lankwitz

Jahr	Einwohner
1734	82
1772	95
1800	149
1817	142
1840	229
1858	341
1871	452
1875	795
1880	892
1885	1 186
1890	2 120
1895	2 957
1900	4 213
1905	7 177
1910	9 528
1919	12 397

Abb. 278
Ausschnitt aus dem
Ur-Meßtischblatt
Nr. 1908 von 1851

Die 1920 aus dem Kreis Teltow nach Berlin eingegliederte Landgemeinde bewahrte 1871 weitgehend ländlichen Charakter. Das erstmals 1239 genannte Dorf unterstand bis zur Säkularisation 1558 dem Benediktinerinnenkloster in Spandau. Seitdem waren die Dienste dem Amt Mühlenhof zu leisten, der Zehnt dem Amt Spandau zu zahlen. Die 40 bis 44 nachgewiesenen Hufen wurden bis zur Mitte des

Lankwitz

Abb. 279
Das letzte strohgedeckte, vor 1800 errichtete Wohnhaus mit einem ebenfalls noch strohgedeckten Stall. Zustand um 1900

Abb. 280
Bahnhofsempfangsgebäude mit Unterführung und überdachtem Mittelbahnsteig, erbaut 1898/99

19. Jh. zumeist von 9 Hüfnern oder Vollbauern, darunter einem Lehnschulzen und einem Krüger, bewirtschaftet. Das Lehnschulzengut, 1758 mit 4 Hufen ausgestattet, erwarb 1786 die Familie v. Pfuehl, die es vergrößerte, 1803 aber bereits wieder verkaufte. Seitdem befand es sich bis 1929 in bürgerlichem Besitz. Den Hof des Krügers, erstmals 1375 erwähnt und 1758 ebenfalls mit 4 Hufen ausgestattet, erstand die Familie v. Kalkreuth. Im Verlaufe des 19. Jh. kam jedoch auch dieses Grundstück wieder in bürgerliche Hände. Es wurde um 1880 parzelliert.

An Gewerbe waren bis ins 19. Jh. lediglich eine Schmiede (1628 erstmals erwähnt) und ab 1714 eine Windmühle vorhanden. Die Einwohnerzahl vergrößerte sich dementsprechend bis in die 30er/40er Jahre des 19. Jh. nur geringfügig. Erst in der Folgezeit kamen einige Neusiedler hinzu. So werden unter den 341 Einwohnern des Jahres 1858 neben dem Schmied und dem Krüger bereits 2 Schneider-, ein Bäcker-, ein Fleischer-, ein Schuhmacher- und ein Stellmachermeister, aber auch 50 Knechte und Mägde, 20 Tagelöhner und 54 Arbeiter genannt.

Der eigentliche Aufschwung indes setzte erst im letzten Drittel des 19. Jh. ein. Zunächst war es der Boden- und Bauspekulant Rosenthal, der zwischen 1869 und 1872 etwa 240 Morgen Bauernland erwarb und mit der Anlage einer Villenkolonie begann, dann die 1908 gegründete gemeindeeigene „Lankwitzer Terrain- und Baugesellschaft", die den Ausbau des Ortes maßgeblich vorantrieb. Begünstigt durch die Ende des 19. Jh. erfolgte Anlage einer Haltestelle und den bald darauf eröffneten Bahnhof, gewann der Ort schnell eine beachtliche Attraktivität als Wohngebiet. Dennoch wurden in der Landgemeinde Lankwitz, die zwischen 1880 und 1885 erstmals die 1000-Einwohner-Grenze überschritt, im Jahre 1883 neben 105 Pferden noch 72 Rinder, 120 Schweine und 188 Ziegen gehalten. Erst gegen Ende des 19. Jh. verlor die Landwirtschaft endgültig ihre dominierende Bedeutung. Lankwitz wurde binnen weniger Jahrzehnte eine ausgesprochene Wohnsiedlung, deren Umfang nur aus der Nähe der Großstadt Berlin erklärlich ist.

Als der Lehrer und Verfasser der ersten chronikalischen Darstellung des Ortes, K. Helmstädt, im Jahre 1889 erstmals Lankwitzer Boden betrat, beeindruckten ihn sowohl „das schlichte, einfache Kirchlein in der Mitte des Dorfes, umgeben vom Friedhof mit der alten, bemoosten Feldsteinmauer, … die gegenüberliegende rußige Dorfschmiede" und „das altersschwache Strohhäuschen, welches sich müde und schläfrig an die Friedhofsmauer lehnte", als auch die Dorfaue als „eine von vielen Fußsteigen und Fahrwegen durchquerte Fläche", in deren „Vertiefungen große schmutzige Wasserlachen" standen [43]. Dem gleichen Autor ist auch die Veröffentlichung des letzten strohgedeckten Hauses zu danken, das verdeutlichen mag, wie ländlich der Dorfkern nach der Jahrhundertwende stellenweise noch war (Abb. 279).

In der Tat setzte die Verstädterung des Ortes aber schon etwas früher ein, doch lag der Schwerpunkt der Entwicklung zunächst in denjenigen Teilen der

Abb. 281
Dorfkirche.
Tuschzeichnung von
H. Wohler, 1834

Abb. 282
Wohnhaus eines
Büdners,
mit Mietshäusern
aus dem Ende des 19. Jh.
im Hintergrund,
um 1840,
Mühlenstraße 32

Lankwitz

Abb. 283
Ende des 18. Jh. errichtete einklassige Dorfschule, rechts die Wohnung des Lehrers/Küsters, um 1790, ehemals Hauptstraße 20

Abb. 284
Die neue Gemeindeschule, 1899/1900, Schulstraße 19/21

Gemarkung, die sich um den Bahnhof herum befanden. Dieser war 1899 eröffnet worden (Abb. 280) und ersetzte den 1895 eingerichteten Haltepunkt an der seit 1883 bestehenden Lichterfelder Strecke, die parallel zur alten, bereits 1841 angelegten Anhaltinischen Fernbahnlinie verlief.

Mitte des 19. Jh. präsentierte sich Lankwitz freilich noch als ein ausschließlich von der Landwirtschaft geprägtes Dorf, auf dessen Anger sich außer der Kirche bereits einige Bauten – zumeist mit Gemeindefunktion – befanden. Begünstigt durch die 1824 begonnene, aber erst 1846 abgeschlossene Separation, hatten sich zudem einige kleine Gehöfte entlang dem Verbindungsweg nach Marienfelde gebildet. Insgesamt jedoch war noch die für das 17. und 18. Jh. kennzeichnende Situation erhalten geblieben, wenngleich die auffallend große Zahl an Vierseithöfen bereits als Indiz für die mit der Herausbildung des Kapitalismus verbundene Intensivierung agrarischer Produktion gewertet werden muß (Abb. 278).

Nur wenige der bereits auf dem Lageplan von 1851 verzeichneten Gebäude sind bis heute erhalten geblieben. Dazu gehören die Kirche, das Wohnhaus des im 18. Jh. aus dem Lehnschulzenhof hervorgegangenen Gutes und eine Büdnerstelle in der Mühlenstraße. Aber auch diese haben im Verlaufe der Zeit mancherlei Veränderungen erfahren. So wurde die offenbar schon im 13. Jh. aus sorgfältig behauenen Granitsteinen errichtete und aus Langhaus, Chor und halbrunder Apsis bestehende Kirche, die 1757 einen Dachturm und im Rahmen dieses Umbaus wohl auch ihre größeren Fenster erhielt, nach den Kriegszerstörungen (Brand 1943) in leicht modifizierter Form wieder aufgebaut (Abb. 281). Veränderungen erfuhr schon vorher, so durch die Anlage eines Frontispizes um 1900, das noch immer idyllisch am Anger gelegene, einstöckige Gutshaus, das der damalige Besitzer, v. Pfuehl, im 18. Jh. vergrößern und mit einem Mansarddach versehen ließ, Alt-Lankwitz 37/39.

Relativ unverändert mutet dagegen das Wohnhaus des Büdners an, das offenbar von vornherein massiv errichtet und mit einem Ziegeldach versehen worden war. Zwar beseitigten die Besitzer auch hier die ursprüngliche Feuerungsanlage und die Mitteltür an der Straßenseite des fünfachsigen, quergegliederten Gebäudes, doch veranschaulicht es noch immer deutlich den Prozeß der aus der inneren Entwicklung des Dorfes begründeten Ausdehnung über die ehemals auf die alte Dorflage beschränkte Bebauung (Abb. 282).

Die weitere Entwicklung bewirkten äußere Einflüsse, in erster Linie die bereits genannte und mit der Bahn verbundene Besiedlung des westlichen Teils der Flur. Hier entstanden im Zusammenhang mit dem Ausbau von Lichterfelde und Steglitz eine Kolonie mit etlichen Villen, aber auch Land- und Sommerhäusern, denen sich bald auf dem südöstlichen Nachbargebiet zahlreiche große Mietshäuser für eine in Berlin oder anderen leicht erreichbaren Orten, auf jeden Fall aber nicht in der Landwirtschaft des Ortes beschäftigte Bevölkerung hinzugesellten.

Die ökonomischen Vorzüge dieser Entwicklung erkennend, bildeten sich 1890 2 Grundbesitzer- und ein Ortsverein, denen 1908 noch die gemeindeeigene Terrain- und Baugesellschaft folgte, die alle für die Pflasterung der Straßen, die Anlage von Bürgersteigen, die Versorgung mit Leitungswasser durch die Charlottenburger Wasserwerke ab 1892, die Einführung der Straßenbeleuchtung seit 1893

Abb. 285 Erker des Rathauses, 1911, Paul-Schneider-Straße 70

Abb. 286 Dreifaltigkeitskirche, 1903/06, Paul-Schneider-Straße

mit Petroleum, seit 1898 mit Elektrizität durch die „Gesellschaft für elektrisches Licht in Tempelhof", die Belieferung mit Gas seit 1893 und die gemeinsam mit Marienfelde durchgeführte Anlage einer Kanalisation sorgten und damit den Ausbau der bestehenden und die Anlage weiterer Ortsteile, wie die Villenkolonie Lankwitz-Süd, förderten.

Den gestiegenen Einwohnerzahlen hatte man schon bald mit entsprechenden Gemeindebauten Rechnung getragen. So reichte die alte einklassige Dorfschule, die in einem neben der Kirche gelegenen einstöckigen Ziegelfachwerkbau von etwa 1790 untergebracht war (Abb. 283), schon lange nicht mehr aus. Doch erst im Jahre 1877 konnte ein zweiklassiger Neubau bezogen werden. Obwohl bereits 1890 ein etwa gleich großer Anbau erfolgte, genügte auch dieses Gemeindeschulhaus bald nicht mehr den ständig wachsenden Anforderungen. 1900 wurden ein weiteres sechsklassiges Gebäude mit Lehrerwohnung und eine Turnhalle in Betrieb genommen (Abb. 284). Auf dem gleichen Gelände errichtete man wenig später, 1911, auch die Feuerwache mit dem Schuppen für die Feuerlöschgeräte, die das bis dahin von der freiwilligen Feuerwehr genutzte Spritzenhaus auf dem Dorfanger ablöste.

Während diese Bauten zwar auch in Richtung Bahnhof, aber doch noch nahe am alten Dorfkern entstanden, entschloß man sich, die nächste notwendig werdende Gemeindeschule, die 1908 bezogen wurde, etwas außerhalb, und zwar in dem relativ dicht bebauten Gebiet südöstlich des Dorfes (heute Seydlitzstraße) anzulegen. Das 1911 eingeweihte Rathaus, das die bisher in einem einstöckigen Wohnhaus am Dorfanger untergebrachte Gemeindeverwaltung ersetzte und für eine Großstadt von etwa 100 000 Einwohner konzipiert war, entstand sogar in unmittelbarer Nähe des Bahnhofs, Leonorenstraße 70 (Abb. 285). Mit der darin befindlichen Poststation und dem Polizeirevier symbolisierte es gleichsam das nun hierher verlegte neue Zentrum, in dessen nicht allzu großer Entfernung sich bereits die von L. v. Tiedemann entworfene und 1903/06 errichtete Dreifaltigkeitskirche befand, die an Größe und Höhe die alte Dorfkirche ebenfalls weit übertraf (Abb. 286). Lankwitz war binnen weniger Jahre zu einem bedeutenden Berliner Vorort geworden, der jedoch fast ausschließlich als Wohnplatz – teils in Villen, teils in Mietshäusern – diente und trotz des 1901/06 angelegten Teltowkanals bis zur Eingemeindung kaum größere gewerbliche oder industrielle Betriebe aufwies.

Lichtenberg
Stadtbezirk Lichtenberg

Entwicklung der Einwohnerzahlen von Lichtenberg

Jahr	Einwohner
1624	219
1734	255
1772	211
1801	326
1817	336
1840	663
1858	907
1871	3 244
1875	12 956
1880	13 077
1885	16 358
1890	22 905
1895	30 314
1900	43 371
1905	54 292
1910	133 141*
1919	144 662*

* mit Boxhagen-Rummelsburg

Abb. 287
Ausschnitt aus dem Ur-Meßtischblatt Nr. 1837 von 1835

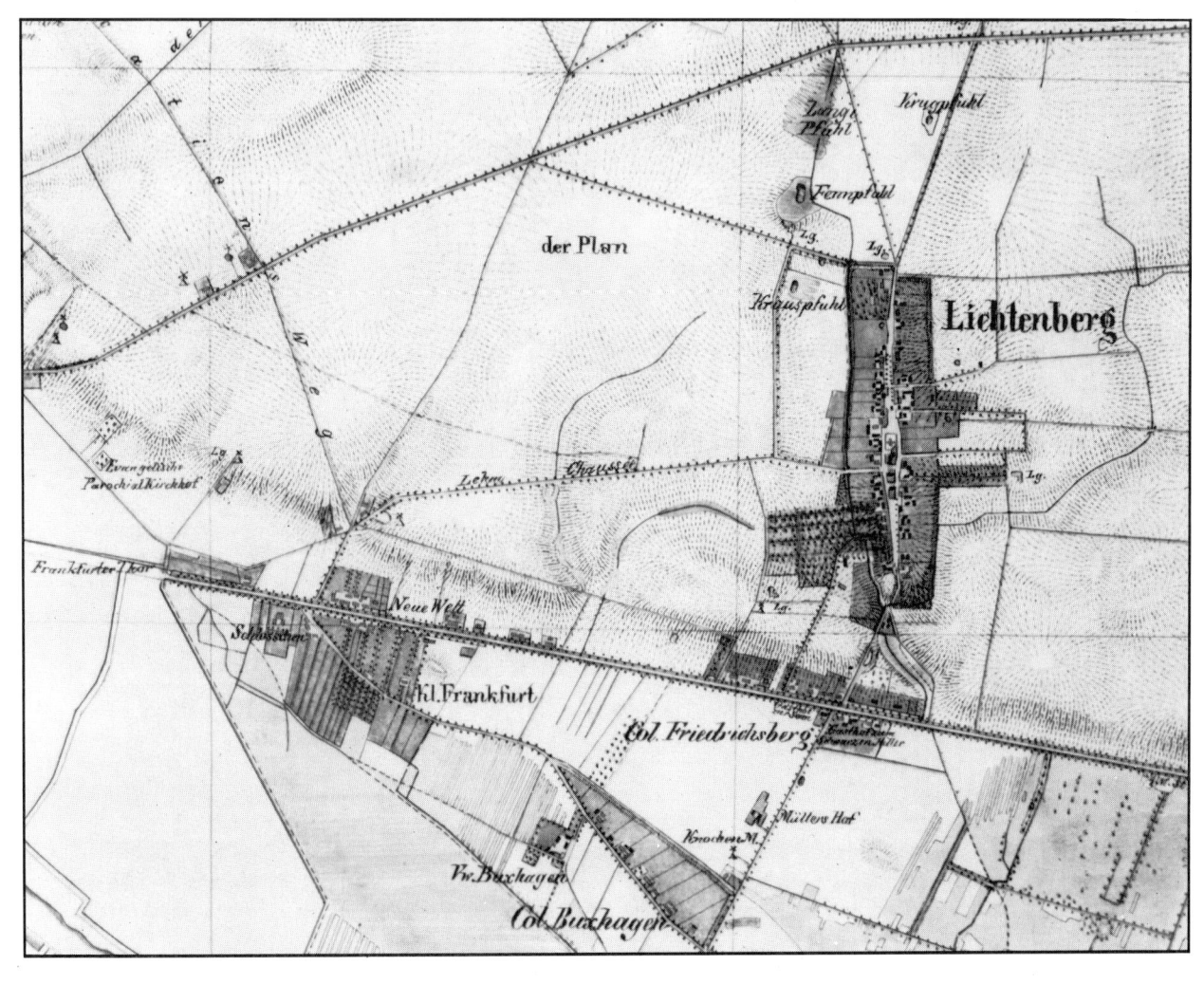

Das schon im Mittelalter mit seiner Flur an die Gemarkung Berlins grenzende und bereits vor der Eingemeindung mit der Stadt eng verflochtene Lichtenberg – bis 1907 zum Kreis Niederbarnim gehörend, seit 1908 einen eigenen Stadtkreis bildend – kam dennoch erst 1920 nach Berlin. 1288 erstmals erwähnt, gelangte das Dorf 1391 in den Besitz der Stadt Berlin, die dort auch ein Vorwerk betrieb, das aber nach dem Dreißigjährigen Krieg nahezu restlos ruiniert war und erst ab 1688 wieder verpachtet wurde. 1783 in Erbpacht gegeben, fand im gleichen Jahr eine Teilseparation der Ländereien statt, die – bei Verzicht auf die Hütungsrechte auf dem Bauernland – zu einer Vergrößerung des Gutes um 300 Morgen führte. Anfang des 19. Jh. erwarb es die Familie v. Hardenberg, 1856 schließlich der Rittergutsbesitzer Roeder, der das Gut ab 1872 zunehmend parzellierte und als Bauland verkaufte. Im Jahre 1900 wurde der bis dahin selbständige Gutsbezirk dem Gemeindebezirk eingegliedert.

Der Ort war 1375 mit 62 (1527 mit 60) Hufen ausgestattet. Von den 1624 genannten 17 Hüfner- und 13 Kossätenstellen waren nach dem Dreißigjährigen

Krieg nur noch 9 Bauern- und 9 Kossätenstellen besetzt. Erst 1696 existierten wieder 12, 1705 dann 13 und ab 1744 bis ins 19. Jh. 14 Vollbauernhöfe. An gewerblichen Einrichtungen bestanden mindestens seit 1375 ein Krug, schon vor 1624 eine Schmiede und seit der Mitte des 18. Jh. eine Windmühle. Die Einwohnerzahl des bereits 1624 mit 219 Einwohnern recht großen Dorfes stieg zunächst nur langsam. Einen gewissen Zuwachs erfuhr der Ort erst durch den Aufbau von 2 in der Lichtenberger Gemarkung liegenden Kolonien. Ab 1771 entstand die Siedlung Friedrichsberg (siehe auch dort) und ab 1783 der Lichtenberger Kietz (siehe dort), so daß 1791 zusammen mit diesen beiden Kolonien 397 Einwohner gezählt werden konnten. Von größerer Bedeutung war jedoch die Einführung der Gewerbefreiheit, die schon in der ersten Hälfte des 19. Jh. die Anlage einer Wachstuchfabrik, einer Branntweinbrennerei und mehrerer Getreidemühlen, aber auch anderer bisher auf dem Lande nicht zugelassener Handwerksbetriebe ermöglichte. Die Einwohnerzahl stieg allein von 1817 bis 1858 fast um das Dreifache.

Der eigentliche Aufschwung setzte jedoch erst nach 1871 ein. Begünstigt durch die Eröffnung eines Teiles der Ringbahn mit den Stationen Stralau-Rummelsburg (1871, heute Ostkreuz) und Friedrichsberg (1872, heute Frankfurter Allee) sowie bald darauf Landsberger Allee (1895, heute Leninallee), setzte auf den parzellierten Guts- und Bauernländereien eine wahre Bebauungsflut ein, die sowohl größere gewerbliche Anlagen als auch eine Vielzahl von Mietshäusern entstehen ließ. Sie wurde selbst in weiter entfernt gelegenen Gebieten, z. B. an der Altlandsberger Chaussee südlich Hohenschönhausen, spürbar, wo die seit 1871 entstandene Kolonie 1878 den Namen Wilhelmsberg erhielt. Der eigentliche Schwerpunkt lag freilich innerhalb der Ringbahn sowie zwischen dieser und der Ostbahn. 1871 lebten in der Gemeinde Lichtenberg (mit Friedrichsberg) erst 3244 Personen. 25 Jahre später waren es mit 32 822 mehr als das Zehnfache. Im Jahre 1907 schließlich 67 450 Bewohner zählend, erhielt

Abb. 288
Zeitgenössische
Ansicht des Dorfes
von Süden,
um 1800

Abb. 289
Dorfkirche.
Tuschzeichnung von
H. Wohler, 1834

Abb. 290
Rekonstruiertes
ehemaliges Mietshaus,
um 1880,
Jacques-Duclos-Straße 6

der Ort Stadtrecht und bildete ab 1908 einen eigenen Stadtkreis. Ohnehin seit langem mit der 1899 gebildeten Landgemeinde Boxhagen-Rummelsburg verbunden, wurde der Ort 1912 eingemeindet, so daß bei der Eingliederung in den neuen Stadtverband Berlin fast 150 000 Einwohner gezählt werden konnten.

Bis in die erste Hälfte des 18. Jh. scheint sich Lichtenberg jedoch kaum von anderen märkischen Dörfern unterschieden zu haben. Es war zwar 1744 mit 14 Vollbauern- und 11 Kossätenstellen relativ groß, doch bestanden zu Berlin, das seit 1391 über die Ober- und Untergerichtsbarkeit verfügte und ein Vorwerk betrieb, keine weiteren besonderen Beziehungen. Die Dienste und Abgaben hatten die Untertanen an das im Ort befindliche Vorwerk zu leisten, das 1729 etwas mehr als 455 Morgen umfaßte. Damals gehörten zu diesem Gutsgehöft „das Magistrats-Hauß, des Arrendators Wohnung, der Kuh-Stall, der Lämmer-Stall, die Scheune, 2 Hammel-Ställe, des Schäfers Wohnung, des Schäfers Stall und auf dem Hofe ein Wagen-Schauer und Schweine-Stall, ein brettern Tauben-Hauß, ein Brunnen auf dem Hofe und ein Brunnen auf der Straße" [106]. Das Gut, seit 1688 verpachtet und seit 1783 in Erbpacht vergeben, erwarb 1806 teilweise und 1815 ganz Staatskanzler K. A. v. Hardenberg.

Ende des 18. Jh. bildeten sich engere Beziehungen zu Berlin dadurch aus, daß mehrere hohe Beamte und Offiziere aus Berlin hier Landhäuser errichten ließen. Das bedeutendste war fraglos das schloßartige, wenn auch nur einstöckige Gebäude des Gouverneurs von Berlin, General W. J. H. v. Möllendorf, der nicht nur den großen Saal und weitere Zimmer des Hauses prächtig ausmalen, sondern auch einen Park und einen Wirtschaftshof anlegen ließ. Lichtenberg war zeitweiser Wohnort etlicher begüterter Berliner Familien und zudem beliebtes Ausflugsziel eines Großteils der Berliner Bevölkerung, z. B. der Handwerksburschen an den verbotenen „blauen Montagen", geworden, die sich aber wohl weniger für das landwirtschaftliche Geschehen als für die im Entstehen begriffenen großen gastronomischen Einrichtungen hinter dem Frankfurter Tor und in der Kolonie Friedrichsberg interessiert haben werden.

Das eigentliche alte Dorf blieb auch in den ersten Jahrzehnten des 19. Jh. von diesen Einflüssen noch weitgehend unberührt. K. Gutzkow schrieb 1852 in seinen Erinnerungen „Aus der Knabenzeit" über den Ort um 1820/30: „Kleine niedrige Lehmhäuser mit dichten Strohdächern, eine düsterschattende Linde vor dem Tore, Räder, Deichseln, Latten den Eingang hemmend. Die Tracht war ländlich, kurze Jacke, lederne Hosen, bunte Nachtmützen; die Sprache plattdeutsch" [35]. Und in der Tat präsentiert uns eine, in mindestens 2 Varianten überlieferte zeitgenössische Darstellung, deren Detailtreue – z. B. hinsichtlich der Fachwerkkonstruktionen – freilich anzuzweifeln ist, ein anschauliches Bild der Verhältnisse um 1800 (Abb. 288).

Kaum erkennbar ist die Angersituation, die uns die zeitgleichen und späteren Pläne immer wieder vor Augen führen. Im Verhältnis zur Länge des Dorfes erscheint die Breite des mit der Kirche und einigen wenigen Häusern bebauten Angers zwar gering, doch ist die Einstufung als Angerdorf wohl voll gerechtfertigt (Abb. 287). Von den auf dem Plan von 1835 verzeichneten Gebäuden, darunter bereits etlichen Vierseithöfen, ist nur die Kirche erhalten geblieben. Sie besitzt noch heute die im 13. Jh. errichteten Außenmauern mit den – allerdings erst 1952/53 wieder rekonstruierten – gotischen Außenfenstern. Die durch den Brand während des zweiten Weltkrieges zerstörte barocke Laterne auf dem 1792 hinzugefügten Dachturm (Abb. 289) mußte indes einem neuen Spitzhelm weichen.

Kennzeichnend für die ersten Jahrzehnte des 19. Jh. waren die weitgehend agrarischen, zumeist sogar noch vom 18. Jh. geprägten Verhältnisse. Die Dorfstraße war selbstverständlich ungepflastert, die Gebäude bestanden fast ausschließlich aus Lehmfachwerk mit Strohdächern wie auch die 1777 neben der Kirche errichtete neue Schule, die man mit einer geräumigen „Stube (24 Fuß lang, 14 1/2 Fuß tief, 7 1/2 Fuß hoch) zum Seidenbau" [106] ausstattete, um einen finanziellen Zuschuß von der königlichen Regierung zu erreichen. Im Ort befanden sich lediglich 2 öffentliche Brunnen bzw. Pumpen (siehe Abb. 286), die erst 1778 sowie 1795 angelegt worden waren. Selbst das Gut bestand – mit Ausnahme des ziegelgedeckten massiven Wohnhauses – aus strohgedeckten Fachwerkbauten, die die verheerende Feuersbrunst vom 10. 9. 1833 fast völlig vernichtete. Ähnliche Schäden verursachten Brände von 1838, 1839 und 1840, denen insgesamt 9 Gehöfte vollständig zum Opfer fielen. Erst danach scheinen verstärkt massive Wohn- und seit etwa 1860 sogar steinerne Wirtschaftsgebäude angelegt worden zu sein. Als einziges Beispiel dieser Entwicklungsstufe steht nur noch ein 1848/49 entstan-

Abb. 291
Fabrik
landwirtschaftlicher
Maschinen und Geräte
H. F. Eckert-AG,
um 1875

Abb. 292
Ehemalige Gasanstalt,
1890,
Am Wiesenweg

Lichtenberg

Abb. 293
Rathaus,
1897/98,
Jacques-Duclos-Straße 6

denes Wohnhaus in der Jacques-Duclos-Straße 33.
Obwohl schon zu Beginn des 19. Jh. eine Ziegelscheune, manchmal auch Ziegelei genannt, existierte, 1824 eine Brennerei auf dem Gutshof und wenig später eine Wachstuchfabrik hinzukamen, behielt der Ort bis 1871 im wesentlichen seine agrarische Struktur. Kurz zuvor waren aber bereits mit der 1856 abgeschlossenen Separation und der damit verbundenen, nun völlig freien Verfügbarkeit über den Grund und Boden sowie dem im gleichen Jahr durch den neuen Gutsbesitzer Roeder erfolgten Verzicht auf die Viehhaltung Weichen für die zukünftige Entwicklung gestellt worden. Diese setzte unmittelbar nach der Eröffnung der für den Güterverkehr eingerichteten Ringbahn 1871 und dem Bau der vornehmlich dem Personenverkehr dienenden Stadtbahn ein.

Immer mehr Ländereien, die bis zu diesem Zeitpunkt mit Getreide, Kartoffeln und anderen Hackfrüchten, aber auch mit Gemüse und Blumen bestellt wurden, fielen der Bebauung anheim. Außer zahlreichen großen Miethäusern entlang der Frankfurter Allee und in den neuangelegten Nebenstraßen sowie selbst innerhalb und am Rande des alten Dorfkernes (Abb. 290) entstand – begünstigt durch die relativ leicht anzulegenden Zufahrts- und Anschlußgleise – eine Reihe von Fabrikanlagen und Großhandelseinrichtungen, speziell des Holzhandels. Eine der größten war die 1845 gegründete Landmaschinenfabrik H. F. Eckert, die in den 70er/80er Jahren ihren Betrieb hierher verlegte und bald mehr als 1000 Arbeiter beschäftigte (Abb. 291). Aber nicht nur aus sich heraus wuchs dieses stadtähnliche Gebilde, auch die Stadt Berlin verpflanzte mehrere kommunale Großeinrichtungen nach Lichtenberg, so den Städtischen Zentralviehhof, den sie allerdings mit insgesamt 132 Hektar, teilweise bereits mit Wohnhäusern bebauter Fläche noch während des Baues 1878/81 eingemeindete, ferner die nach dem bewährten Muster der Anlage von Dalldorf auf einem 96 Hektar großen Grundstück eingerichtete „Städtische Irrenanstalt Herzberge" 1889/93.

Binnen weniger Jahre zu einer stadtähnlichen Großgemeinde geworden, war man gezwungen, zahlreiche kommunale Bauten zu errichten. Das 1857 die alte Dorfschule ersetzende zweistöckige Gemeindeschulhaus mit 3 Klassenräumen und 3 Lehrerwohnungen reichte längst nicht mehr aus. Im Jahre 1880 wurden „fast 1700 Schulkinder in 17 Klassenräumen unterrichtet, von denen 13 in gemieteten Räumen und nur 4 im alten Schulhause neben der Kirche untergebracht waren" [104]. Der 1882 eingeweihte achtzehnklassige Neubau mußte bereits 4 Jahre später erneut um 12 Klassen erweitert werden. Schon 1893 und 1894 folgten weitere große Schulbauten in der Jessner- und Atzpodienstraße.

Nicht minder große Probleme bereitete der Ausbau der Straßen. So wies die Frankfurter Allee noch 1889 zu beiden Seiten des nur hin und wieder befestigten Bürgersteiges breite wasser- und schlammgefüllte Gräben auf, über die in Abständen von ungefähr 50 Schritten ein aus Brettern roh zusammengefügter, geländerloser Steg führte. Ähnlich sah es in den anderen, zumeist schlecht oder gar nicht gepflasterten Straßen aus, wo offene Gräben und tiefe Rinnsteine die z. T. übelriechenden Abwässer abführen mußten. Erst 1897 gelang es, die wegen ihres Schmutzes und Staubes als Schmerzenskind der Gemeinde geltende Frankfurter Chaussee mit einem Reihenpflaster zu versehen.

Insgesamt jedoch erreichten die Gemeindevorsteher Hermann (seit 1889), Roeder (seit 1892) und O. Ziethen (seit 1896) in oft harten Auseinandersetzungen mit der Gemeindevertretung bereits vor der Verleihung der Stadtrechte die Anlage so manch einer bedeutenden kommunalen Einrichtung. So gelang es, 1890 eine ortseigene Gasanstalt am Wiesenweg (Abb. 292) zu eröffnen, 1892 ein Wasserwerk mit Wasserturm an der Bornitzstraße zu installieren, 1893 eine erste Stufe der Kanalisation in Betrieb zu nehmen (nach 1905 verändert), 1904/05 ein eigenes Elektrizitätswerk und eine große vierstöckige Feuerwache mit einer viertorigen Wagenhalle sowie Aufenthaltsräumen und Dienstwohnungen in der Rathausstraße 12 anzulegen. Den enormen Verstädterungsprozeß – nämlich innerhalb von weniger als 50 Jahren – verdeutlicht am sinnfälligsten vielleicht das 1897/98 im Stile brandenburgischer Backsteingotik errichtete, mehrstöckige Rathaus, das zwar an einer repräsentativen Ecke nahe dem alten Dorfkern, ansonsten aber inmitten zahlreicher mehrstöckiger Mietshäuser und anderer großer Gebäude errichtet werden mußte (Abb. 293).

Einen erheblichen Zuwachs sowohl an Wohnbevölkerung als auch an industriellen und gewerblichen Unternehmungen erfuhr der Ort mit der 1912 vollzogenen Eingemeindung von Boxhagen-Rummelsburg. Zu den zahlreichen, seit längerem bestehenden Industrieanlagen kam schließlich kurz vor der Eingliederung nach Berlin noch der Komplex der Knorr-Bremse-AG hinzu, der 1914/16 durch A. Grenander errichtet wurde und trotz der vereinfachten Rekonstruktion des im zweiten Weltkrieg teilzerstörten Hauptgebäudes noch heute durch seine Modernität und Harmonie besticht (Abb. 294).

Lichtenberg stellte 1920 das mit Abstand am weitesten urbanisierte ehemalige Dorf des östlichen Berliner Umlandes dar. Es brachte mit mehr als 1000 Hektar nicht nur eine bedeutende Grundfläche ein, es steuerte durch seine hochentwickelte städtische Struktur auch wichtige Bestandteile des gewachsenen Ballungsgebietes bei.

Abb. 294 Komplex der ehemaligen Knorr-Bremse-AG, 1910/12

Lichtenberger Kietz, Stadtbezirk Lichtenberg

Im Jahre 1783 legte der erste Erbpächter des Gutes Lichtenberg, Kommissionsrat Claar, mit Unterstützung der Landesherrschaft auf einem bereits 1571 als „Kietzer Lacken" bezeichneten Flurstück der Lichtenberger Feldmark eine Kolonie an, um sich einen Stamm von Tagelöhnern zu sichern. Im Jahre 1801 lebten in 4 Doppelhäusern 8 Büdner- und 4 Einliegerfamilien, insgesamt 45 Personen. Bis 1840 kamen 2 weitere Wohngebäude hinzu, so daß im gleichen Jahr bereits 62 und 12 Jahre später sogar 72 Einwohner gezählt werden konnten. In der Folgezeit erwarben die Bewohner der im Zuge der heutigen Lückstraße gelegenen Siedlung (siehe Abb. 57) weitere Ländereien und errichteten etliche Wirtschaftsgebäude. Bei der Einbeziehung in die 1889 gebildete Landgemeinde Boxhagen-Rummelsburg brachten sie immerhin 33 Hektar Land mit ein. Einige der Kolonistenhäuser standen damals noch (siehe Abb. 63).

Lichtenrade
Verwaltungsbezirk Tempelhof

Entwicklung
der Einwohnerzahlen
von Lichtenrade

Jahr	Einwohner
1734	123
1772	118
1801	112
1817	120
1840	184
1858	381
1871	468
1875	507
1880	507
1885	501
1890	546
1895	637
1900	878
1905	1 812
1910	3 275
1919	4 837

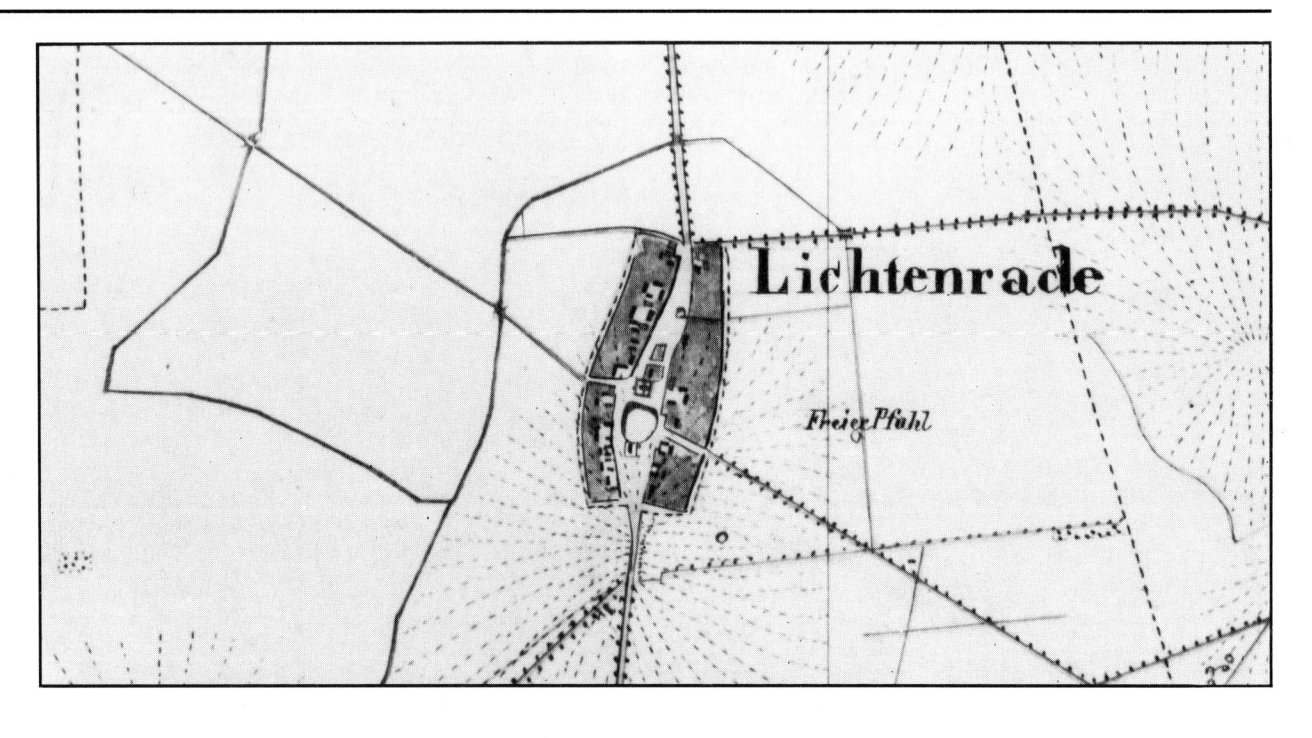

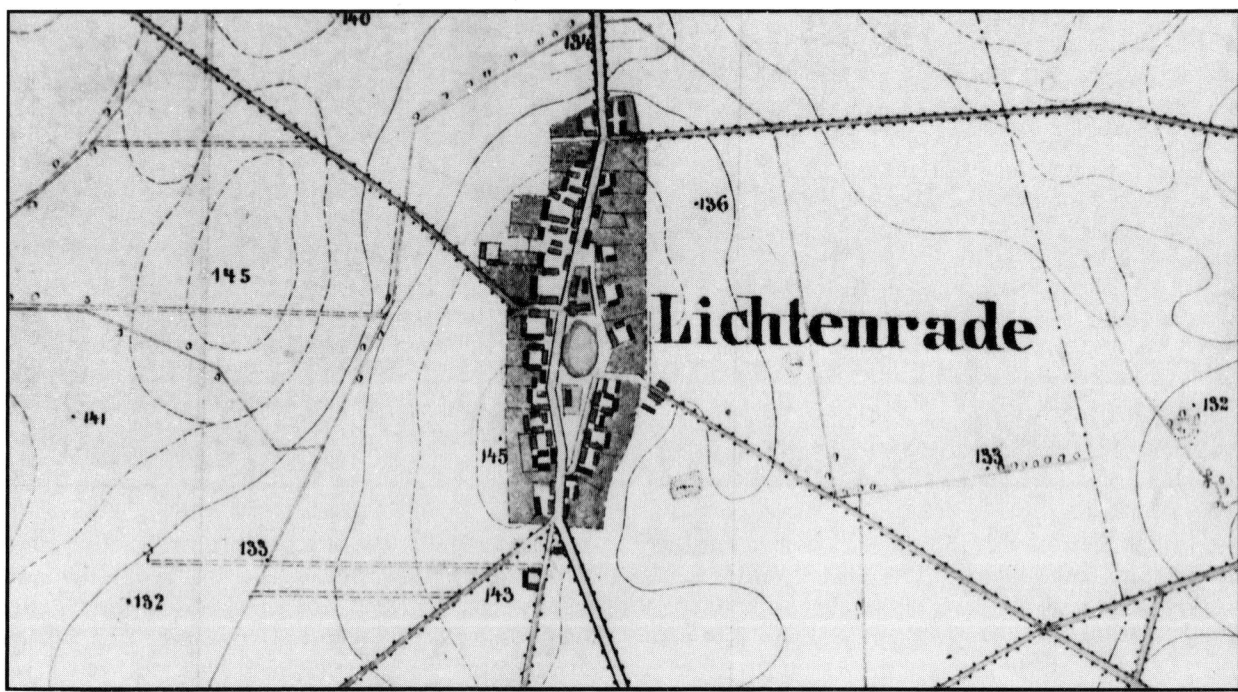

Abb. 295
Ausschnitt aus dem
Ur-Meßtischblatt
Nr. 1976 von 1831

Abb. 296
Ausschnitt aus dem
Ur-Meßtischblatt
Nr. 1976 von 1869

Das erstmals 1375 erwähnte Dorf, das zunächst überwiegend der Familie v. Wulkow gehörte, kam bereits 1515 teilweise und 1685 dann gänzlich zum Domkapitel Cölln und zur Domkirche Berlin mit Ausnahme einiger Dienste, die z. B. 1652 und 1693 der Hausvogtei, 1745 dem Amt Mühlenhof zu leisten waren. Im Jahre 1624 bewirtschafteten 11 Hüfner und 4 Kossäten insgesamt 61 Hufen (1375 waren 67 Hufen genannt). Nach dem Dreißigjährigen Krieg (1652) lagen 4 Bauern- und eine Kossätenstelle „wüst". Sie konnten erst kurz vor der Mitte des 18. Jh. wieder voll besetzt werden. Zu dem schon 1375 nachgewiesenen Krug und der seit 1516 bezeugten Schmiede kam bis zum Beginn des 19. Jh. lediglich eine Ziegelei hinzu. Die Einwohnerzahl blieb nahezu konstant.

Eine Änderung trat erst seit der ersten Hälfte des 19. Jh. ein, nachdem sich neben dem einzigen, aus dem Schulzengut hervorgegangenen landwirtschaftlichen Großbetrieb, der 1858 schon 414 Morgen bewirtschaftete, und den 12 Bauernwirtschaften etliche Gartenbaubetriebe, Handwerker und Gewerbetreibende hier angesiedelt hatten. Dementsprechend vergrößerte sich die Einwohnerzahl bis in die 90er Jahre des 19. Jh. zwar noch langsam, aber doch stetig. Die eigentliche Erschließung des Ortes setzte jedoch erst ein, nachdem 1883 ein Haltepunkt und 1891/92 ein Bahnhof an der Vorortstrecke nach Zossen eingerichtet wurden. Schnell entwickelte sich Lichtenrade zu einem beliebten Ausflugs- und Erholungsziel mit attraktiven Garten- und Waldgaststätten. Immer mehr Großstädtern gelang es, eine Parzelle zu erwerben und mit einer Laube zu bebauen. Es folgten etliche Villen und Landhäuser und bald sogar dreigeschossige Mietshäuser. Dort, wo „im Jahre 1904 vielleicht 3 Häuser ... errichtet waren, erhebt sich heute ... eine kleine Stadt von ausgedehnter Anlage", heißt es 1908 [16]. Sogar verschiedene Heilstätten entstanden, so seit 1902 im ehemaligen Gutshaus des Lehnschulzen eine „Irrenanstalt", seit 1905 ein Diakonissenheim und seit 1911 das Privatsanatorium „Birkenhaag".

Industrie siedelte sich jedoch kaum an. Die Ende des 19. Jh. errichtete Mälzerei blieb als industrieller Großbetrieb eine Ausnahme. Begünstigt durch die Versorgung mit Gas seit 1902 und mit Wasser seit 1907, stieg die Zahl der ortsansässigen Bevölkerung seit 1890 recht schnell, und zwar von 546 auf 4836 bei der Eingemeindung aus dem Kreis Teltow am 1. Oktober 1920.

Als in den Jahren 1836/39 die Staatschaussee Berlin–Cottbus angelegt bzw. ausgebaut wurde, übernahm man stellenweise die bereits vorhandenen Verbindungswege zwischen den einzelnen Orten, so auch den von Mariendorf nach Lichtenrade, führte ihn weiter durch das Dorf, und zwar westlich des Angers am teilweise zugeschütteten Teich vorbei bis zum südlichen Dorfausgang, wo die alte Linienführung nach Zossen allerdings durch eine neue über Glasow ersetzt wurde. Damit hatte sich äußerlich, wie die beiden Lagepläne vor und nach dem Chausseebau zeigen (Abb. 295 und 296), zwar recht

Abb. 297 Wohnhaus eines Büdners, um 1840, Alt-Lichtenrade 120

Abb. 298 Wohnhaus eines Büdners, um 1860, Alt-Lichtenrade 82

Lichtenrade

Abb. 299
Wohnhaus eines Bauern,
um 1850,
Alt-Lichtenrade 113

Abb. 300
Wohnhaus eines Bauern,
1880,
Alt-Lichtenrade 106

wenig geändert, in der inneren Struktur kam es jedoch zu bemerkenswerten Wandlungen. In erster Linie waren diese zwar der auf ganz Preußen zutreffenden Befreiung aus der feudalen Abhängigkeit geschuldet, doch bewirkte der Ausbau der Chaussee einige nicht unwesentliche ortsspezifische Besonderheiten.

Der Lehnschulzenhof übernahm die wichtige Posthalterei mit dem einzigen Pferdewechsel zwischen Berlin und Zossen, eine Remise für die Postkutschen und ein kleines Gebäude für die Postknechte entstanden, und der alte Dorfkrug mußte vergrößert werden. Weitere gastronomische Einrichtungen, wie 1866 Reisels Raststätte mit Pferdeausspann, etablierten sich, und zahlreiche Handwerker und Gewerbetreibende, wie ein Schuhmacher-, 2 Schneider-, ein Bäcker- und ein Stellmachermeister sowie ein Barbier und 2 „Viktualienhändler", ließen sich nieder. Selbst etliche „einfache Arbeitsleute" kamen hinzu. Sie alle wollten am umfangreichen Frachtverkehr von und nach Berlin an der damals einzigen festen Straße nach Süden partizipieren. Und etlichen gelang es in der Tat, schon nach wenigen Jahren ein Grundstück zu erwerben und dieses mit entsprechenden Wohn- und Wirtschaftsbauten zu versehen.

Zu den frühen charakteristischen Beispielen dieser Entwicklungsperiode gehören die einstöckigen Wohnhäuser Alt-Lichtenrade 81 und 120, die um 1840/50 errichtet wurden. Trotz der inzwischen logischerweise erfolgten Modernisierungen im Innern veranschaulichen sie mit ihren rekonstruierten Fassaden noch gut die bescheidenen, aber doch auf gediegenen Bedingungen beruhenden Verhältnisse ihrer Erbauer (Abb. 297). Ganz ähnlich ist das bereits mit einem Kniestock versehene, etwas später, um 1860, entstandene Wohnhaus Alt-Lichtenrade 82, das wie die beiden erstgenannten die traditionelle Quergliederung und sogar noch die einfache Putzquaderung, allerdings bereits höhere, mit dezenten Bekrönungen versehene Fenster und ein Fries unter dem Traufgesims aufweist (Abb. 298).

Ohne Frage wurden die meisten dieser Grundstücke an den Randzonen des Dorfkernes angelegt, doch entstanden einige auch inmitten der alten Ortslage und bewirkten dort eine dichtere Bebauung. In nicht minder großem Umfange trugen allerdings die Bauern selbst dazu bei. Einerseits erlaubten ihnen die im gleichen Zeitraum, nämlich von 1840 bis 1870, sich konsolidierenden kapitalistischen Produktionsverhältnisse eine bisher nicht gekannte Intensivierung ihrer Produktion, andererseits erleichterten die guten Verkaufsmöglichkeiten im Ort und durch die gute Straßenverbindung sogar in Berlin den Ausbau ihrer Wirtschaften. Auch dafür sind die beiden Lagepläne von 1831 und 1869 ein beeindruckender Beleg.

Während man die Wirtschaftsgebäude schon in den nachfolgenden Jahrzehnten häufig durch Neubauten ersetzte, wie beispielsweise die einst prächtigen

Ställe und Scheunen der Höfe Alt-Lichtenrade 77, 78 und 91 belegen, oder später wieder abbrach, blieben einige der älteren Bauernhäuser bis in die Gegenwart erhalten. Neben dem zur Zeit ungenutzten, um 1830 errichteten und noch ganz den Leitbildern der preußischen Landbaukunst um D. Gilly verpflichteten Wohnhaus mit Kehlbalkensparrendach und Krüppelwalm vom Hof Alt-Lichtenrade 102 sind die ebenfalls einstöckigen Wohnhäuser Alt-Lichtenrade 118 von etwa 1840, mit einem Anbau von etwa 1880, und Alt-Lichtenrade 113 von etwa 1850/60 zu nennen. Insbesondere das letztgenannte besticht auch ästhetisch durch seine einfache, nur durch große Fenster und die mittige Haustür sowie einen dreifenstrigen Zwerchgiebel mit Halbkreisfenster im Giebeldreieck geprägte Fassade (Abb. 299). Aber auch die später entstandenen Wohnhäuser, wie das um 1870 errichtete und 1909 mit einem auf Säulen ruhenden Balkon über der Freitreppe versehene vom Grundstück Alt-Lichtenrade 98 und die beiden von den Höfen Alt-Lichtenrade 108 und 106 aus dem Jahre 1880, verdienen wegen ihrer weitgehend originalgetreu erhaltenen spätklassizistischen Fassaden hervorgehoben zu werden (Abb. 300).

Die mit der Fernverkehrsstraße verbundene günstige Entwicklung endete jedoch schon in den 70er/80er Jahren des 19. Jh. Die zunehmende Verlagerung des Transportes auf die Bahn bewirkte, daß der Ort seine Sonderstellung verlor. Da aus durchaus verständlichen Gründen die Bauern und anderen Dorfbewohner zunächst die Anlage eines Bahnhofs an der 1875 eingeweihten Dresdener Strecke, die die Lichtenrader Feldmark durchschnitt, nicht anstrebten, geriet man schnell ins Abseits. Diese bald als Fehler erkannte Entscheidung wurde nach wenigen Jahren korrigiert. Dem 1883 angelegten Haltepunkt folgte 1891/92 ein 1909/11 noch erweiterter Bahnhof, der seitdem das wichtigste Bindeglied zu Berlin bildete. In dessen unmittelbarer Nähe entstand auf einem 10 Hektar großen Gelände die von der Schöneberger Schloßbrauerei errichtete und wie ein hansestädtischer Speicher anmutende Mälzerei, der vor der Eingemeindung einzige, aber wichtige Großbetrieb (Abb. 301).

Es folgten in dessen nicht allzuweit entfernter Umgebung zahlreiche größere Mietshäuser sowie einige Villen und Sommerhäuser, die teilweise regelrechte eigene Viertel bildeten, während die Entwicklung im abseits liegenden Dorf weitgehend stagnierte, wie eine Ende des 19. Jh. angefertigte Tuschzeichnung belegt (Abb. 302). Von den darauf abgebildeten Gebäuden existiert heute allerdings nur noch die aus dem 14. Jh. stammende kleine Dorfkirche, der man 1902 einen großen Feldsteinturm hinzugefügt hatte, dessen einstiges hohes Schieferdach mit 4 kleinen Spitztürmchen aber nach dem Brand während des zweiten Weltkrieges durch ein einfaches Satteldach ersetzt wurde.

Gewiß, es entstanden auch innerhalb oder in Fortsetzung des Dorfkernes einige zwei- und dreischossige Mietshäuser, so Alt-Lichtenrade 92 um 1890 und 64 um 1910, doch beherrschten die zumeist älteren eingeschossigen Wohnhäuser weiterhin das Ortsbild. Zwar konzentrierten die Wirtschaften sich jetzt mehr auf die Milch- und Fleischproduktion – 1883 gab es neben 132 Pferden immerhin 176 Rinder und 201 Schweine –, mehrfach zudem auf den Anbau von Gemüse und Blumen – sogar neue Gärtnereien entstanden –, doch blieben die Höfe in ihrer Grundstruktur weitgehend

Abb. 301
Ehemalige Mälzerei der Schöneberger Schloßbrauerei, 1898

Abb. 302
Dorfansicht von Süden, 1893

Lichtenrade

Abb. 303 Giebelansicht der ehemaligen Dorfschmiede, 1866, Alt-Lichtenrade 94

Abb. 304 Hauptgebäude der Feuerwache, 1909/10, Alt-Lichtenrade 97

erhalten. Selbst die ehemals neben dem Pfarrhaus und seit dem Ende des 18. Jh. an der heutigen Stelle gelegene Schmiede, deren 1866 aus behauenem Feldstein und Ziegeln (z. B. für die Tür- und Fenstergewände) errichteter letzter Neubau heute noch steht (Abb. 303), fand eine zusätzliche Aufgabe. Neben den üblichen, an die Landwirtschaft gebundenen Arbeiten übernahm sie den Hufbeschlag der Pferde und die Reparatur der Wagen der 1908 nach Mariendorf zur dortigen Endhaltestelle der Straßenbahn eingerichteten Pferde-Omnibuslinie.

Eine ausführlichere Betrachtung hat allerdings die 1909/10 nach den Plänen des Regierungsbaumeisters Eckler errichtete Feuerwache verdient (Abb. 304). Sie beanspruchte von vornherein eine gewisse Sonderstellung innerhalb des alten Dorfes allein durch ihre Zweistöckigkeit des Hauptgebäudes und die Größe des einst fast 15 Meter hohen Steigeturmes. Ein Blick in die Vergangenheit zeigt, daß der Schutz vor Feuer stets eine besondere Aufmerksamkeit erfahren hatte. Bis ins 18. Jh. trug man diesem Anliegen jedoch allein dadurch Rechnung, daß der Dorfteich in Ordnung gehalten wurde und die einzelnen Hofbesitzer entsprechendes Löschgerät, wie Ledereimer, Leitern, Reißhaken, im Hause aufbewahrten. 1801 aber kaufte die Gemeinde bereits eine erste Feuerspritze, die seit 1805 ihren Platz in dem damals errichteten Spritzenhaus, dem dritten massiven Gebäude nach der Kirche und dem 1797 erbauten Lehnschulzenhaus, fand. Für die inzwischen mehr als 3000 Einwohner zählende Gemeinde reichte dies freilich nicht mehr aus, und da auch die 1898 errichtete und 1902 auf 4 Klassenräume erweiterte Gemeindeschule aus allen Nähten platzte – bis 1896 hatte sogar die alte einklassige Dorfschule genügen müssen, seit 1907 mußte der Saal einer Gaststätte hinzugemietet werden –, kam man auf die Idee, im Obergeschoß des Gebäudes der Feuerwehr 2 Klassenräume einzuplanen. Damit blieben – wenigstens vorübergehend – wichtige Gemeindefunktionen dem alten Dorfkern erhalten. Die Anlehnung an ländliche Bautraditionen, und zwar speziell an den im 17./18. Jh. üblichen Gutshausbau bei der Gestaltung der Haupt- und Nebengebäude entsprach dem damals populären Heimatstil. Sie bewirkte eine gelungene Einbindung in das gegebene dörfliche Milieu.

Lichterfelde
Verwaltungsbezirk Steglitz

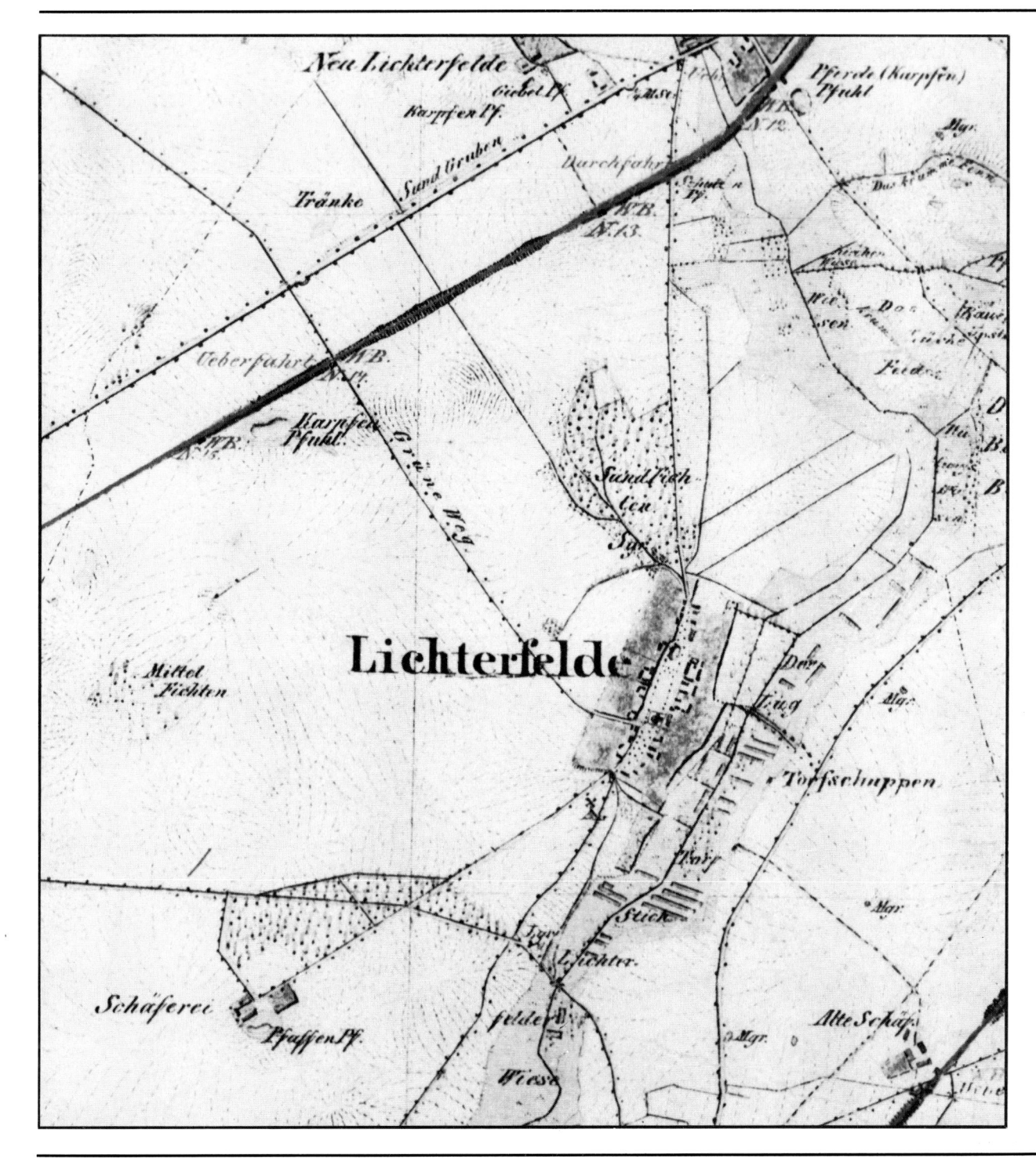

Entwicklung
der Einwohnerzahlen
von Lichterfelde

Jahr	Einwohner
1734	94
1772	166
1801	121
1817	112
1840	231
1858	387
1871	989*
1875	2 051*
1880	4 040*
1885	5 899*
1890	8 745*
1895	15 960*
1900	23 168*
1905	34 331*
1910	42 513*
1919	47 213*

* mit Giesensdorf

Abb. 305
Ausschnitt aus dem
Ur-Meßtischblatt
Nr. 1907 von 1836

Lichterfelde

Abb. 306
Ansicht des Dorfes vom Bäketal aus, um 1870

Die bei ihrer Eingliederung nach Berlin als „einer der schönsten und komfortabelsten" Vororte im Kreis Teltow geltende Landgemeinde hieß von 1877 bis 1920 offiziell Groß-Lichterfelde und war durch die Vereinigung der Gutsbezirke von Lichterfelde und Giesensdorf sowie des Gemeindebezirks Giesensdorf (siehe dort) entstanden, der sich 1878 auch der Gemeindebezirk Lichterfelde angeschlossen hatte. Lichterfelde unterstand bei seiner erstmals eindeutigen Erwähnung im Jahre 1375 größtenteils, ab 1508 sogar ganz der in Britz ansässigen Familie v. Britzke, die im 16. Jh. hier auch einen Wohnhof mit 7 Hufen bewirtschaftete. Seit 1603 geteilt, blieb nur eine Hälfte des Ortes (mit dem Siebenhufenhof) im Besitz derer v. Britzke, die es 1692 an die Familie v. Danckelmann verkauften, während der andere Teil zunächst an die Stadt Cölln, 1605 an die Familie v. Barleben und schließlich 1643 an die Familie v. Kahlenberg kam. 1692 erwarb die Familie v. Danckelmann auch diesen Anteil und besaß nun insgesamt 19 Ritterhufen. Seit 1709 wechselten Dorf und Gut mindestens 19mal den Besitzer, bis es schließlich im Jahre 1865 der Großkaufmann J. A. Carstenn vom Grafen Königsdorf erwarb. Bereits im Jahre 1866 wurde die Parzellierung des Gutes eingeleitet.

1375 waren nur 39, seit 1450 dann aber 51 oder 52 Hufen nachgewiesen, die zunehmend den sich herausbildenden Rittergütern einverleibt wurden. 1480 waren es 7, 1624 schon 19 (zu 3 verschiedenen Höfen), 1696 ebenfalls 19 (zu 2 Rittersitzen) und 1801 schließlich 22 Hufen (zu einem Rittergut). Dementsprechend verringerte sich die Zahl der Bauernstellen. Wurden 1624 noch 9 Hüfner genannt, so existierten nach dem Dreißigjährigen Krieg (so 1652 und 1696) nur noch 2 Bauern. Zeitweise (z. B. 1711 und 1745) waren dann offenbar wieder 6 Stellen besetzt; 1770 und 1801 sind dagegen nur 3 Ganzbau-

Abb. 307
Gartenseitige Traufansicht des ehemaligen Gutshauses, um 1868/70, Hindenburgdamm

ern nachgewiesen. Im Jahre 1858 umfaßte das Gut mit 1997 Morgen – ohne die 13 Morgen Gehöftfläche – nahezu dreiviertel der gesamten Feldmark, während die restlichen 754 Morgen von 5 haupt- und 6 nebengewerblichen Landwirten bewirtschaftet wurden.

Zu dem bereits 1375 genannten Krug kam zwar schon vor 1536 eine Windmühle hinzu, aber bis zur Wende vom 18. zum 19. Jh. folgten nur wenige Handwerker, um 1770 ein Schuster, um 1800 ein Schmied, so daß die Einwohnerzahl des flächenmäßig recht großen Dorfes bis in die 20er/30er Jahre des 19. Jh. erstaunlich gering blieb. Einen Aufschwung brachte dann aber die im Jahre 1826 auf der Flur des Gemeindebezirkes nahe Steglitz angelegte Kolonie *Neu-Lichterfelde*. 1860 standen hier bereits 7 Wohn- und 8 Wirtschaftsgebäude.

Die eigentliche Wende wurde jedoch erst mit der Parzellierung des Gutes und der planmäßigen Anlage einer Villenkolonie ab 1866 eingeleitet. Aufs engste mit dem Wirken von J. A. Carstenn verbunden, der auf eigene Kosten einen Bahnhof errichten ließ, dem Staat eine große Fläche für die Anlage der Hauptkadettenanstalt schenkte und etliche kommunale Einrichtungen anlegte, wuchs die Einwohnerzahl erst langsam und schnellte dann in die Höhe, von weniger als 1000 im Jahre 1871 auf mehr als 23 000 im Jahre 1900 und fast 50 000 bei der Eingemeindung. Obwohl 1883 neben 176 Pferden noch 67 Rinder, 210 Schweine und 313 Ziegen gehalten wurden, ging der ländliche Charakter schnell verloren. Es dominierte die Besiedlung mit Villenbauten, denen sich lediglich eine Kaserne, ein Siechenhaus, ein Waisenhaus, ein Mädchenstift und ein Krankenhaus hinzugesellten, während industrielle Gewerbe, sieht man von der Ziegelei ab, völlig fehlten.

Lichterfelde kann also auf eine mehr als 600jährige Geschichte zurückblicken, doch existieren im heutigen Ortsbild nur noch wenige Zeugnisse, die älter als 120 Jahre sind. Bis zu diesem Zeitpunkt wurde das Dorf nämlich noch fast ausschließlich von der Landwirtschaft, und zwar in überwiegendem Maße in Form eines Gutsbetriebes geprägt. Mit dem Erwerb dieses Gutes durch J. A. Carstenn, der die agrarische Produktion relativ schnell drosselte und bald ganz einstellte, begann eine neue Ära, die Entwicklung zum vornehmen Villenort mit einem stark vom Militärwesen geformten Anteil. Allerdings erlagen erst Jahrzehnte später auch die bis dahin noch verbliebenen Landwirte der Verführung des Landverkaufes, so daß zu Beginn des 20. Jh. neben den Pferden durchaus noch eine beachtliche Anzahl an Nutzvieh registriert werden konnte und erst bei der Eingemeindung 1920 fast keine Rinder, Schweine, Ziegen und Hühner mehr nachweisbar waren. Demzufolge verschwanden die notwendigen Wirtschafts- und auf den Landwirtschaftsbetrieb zugeschnittenen Wohnbauten innerhalb des Dorfkernes erst im Verlaufe der Zeit, und zwar beim Gutsbetrieb früher als bei den Bauern und Landwirten, während auf den parzellierten Ackerflächen schon längst zahlreiche Villen entstanden waren.

Von dem Gutshof, der am Nordende der östlichen Bebauungszone entlang dem großen Anger lag

Abb. 308
Dorfkirche.
Tuschzeichnung von
H. Wohler, 1834

Abb. 309
Letztes strohgedecktes
Bauernhaus,
um 1800

Abb. 310
Im Heimatstil
errichtete Villa,
1885,
Bahnhofstraße 19

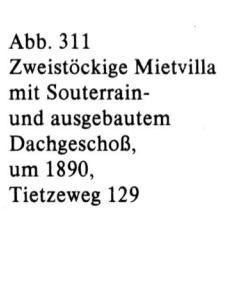

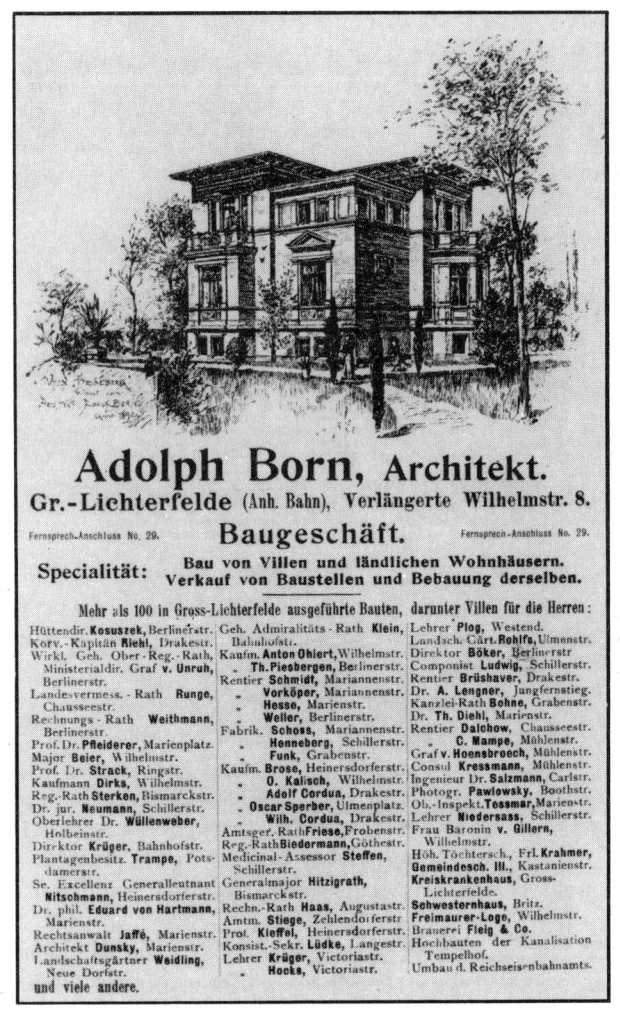

Abb. 311
Zweistöckige Mietvilla
mit Souterrain-
und ausgebautem
Dachgeschoß,
um 1890,
Tietzeweg 129

Abb. 312   Auswahl einiger Werbeseiten des 1901 erschienenen Führers durch Groß-Lichterfelde

(Abb. 305), blieb z. B. nur das Herrenhaus übrig, das zu Beginn des 19. Jh. angelegt worden war und um 1865/70 umgebaut wurde. Den durch die beiden seitdem erhöhten Außenflügel gekennzeichneten Zustand präsentiert bereits eine um 1870 entstandene Darstellung, die auch noch die am südlichen Ortsausgang gelegene Bockwindmühle und den später verbretterten Fachwerkturm der Dorfkirche zeigt (Abb. 306). Das heute zumeist „Lichterfelder Schlößchen" genannte Gutshaus weist noch immer die damals z. T. mit Rundbogenfenstern und schmuckvollen Ornamenten über Fenstern und Türen versehene Fassade auf (Abb. 307). Wesentlich verändert indes wurde die alte Dorfkirche, deren Außenmauern z. T. aus dem 14. Jh. stammen. Der großen Erneuerung von 1701 folgten bald weitere Veränderungen. So legte man 1735 einen Dachturm, 1776 eine Gruft an der Nord- und 1789 eine weitere an der Westseite an, so verlängerte man das Schiff 1895 nach Osten und setzte 1939 die neoromanischen Fenster ein. Eine Ansicht von Südosten aus dem Jahre 1834 zeigt die zu diesem Zeitpunkt noch schlichte Anlage (Abb. 308). Den rapiden Wandel in der Struktur des Ortes verdeutlicht die unmittelbar daneben gelegene, seit 1898 erbaute und 1900 eingeweihte neogotische Pauluskirche.
Fast restlos verschwunden sind inzwischen die Gebäude der Bauern- und Kossätenhöfe und selbst der Häusler und der zahlreichen Landarbeiter. 1858 gab es immerhin 38 Knechte und Mägde, 36 Tagelöhner und 47 Arbeiter sowie 7 Dienstboten im Ort. Das 1898 abgerissene und mit einem Stallteil ausgestattete Bauernhaus, das als einstöckiges Mittel-

Brauerei Gr. Lichterfelde

Inhaber: Fleig & Comp.

Fernsprecher: No. 9. Fernsprecher: No. 9.

Marienfelderstrasse.

Fürstenbräu ⁕ Bockbier ⁕ Pilsener

Lagerbier hell und dunkel
in Fässern und Flaschen frei Haus.

Von Kutschern sind auf Verlangen Bestellkarten zu haben.

Special-Ausschank:

Rathskeller | **Wilhelmshof**
Schillerstrasse 32. | Verl. Wilhelmstr. 28.

Kaiserhof

Anhalter Platz.

Albert Belling

Maurer-Meister

GROSS-LICHTERFELDE

empfiehlt sich zur

Aufführung von Bauten jeden Genres und Stils.

Uebernahme von Bauten in Entreprise.

Sämmtliche zum Baufach gehörige Arbeiten.

Zeichnungen und statische Berechnungen
werden sofort angefertigt.

R. Poseck, Architekt

Gr. Lichterfelde, Kyllmannstr. 14

Specialität: Landhausbauten.

Uebernahme von Bauten
auf Bestellung nach eignen oder
gelieferten Entwürfen.

Zahlreiche Referenzen stehen zur Verfügung.

**Verkauf von Villen
und Villenterrain.**

Ueber **100** ausgeführte Bauten allein in Gross-Lichterfelde.

Emil Schwerdtfeger, Architekt
Gross-Lichterfelde, Sternstr. 28 u. 52.
Baugeschäft für Villen und Landhäuser.
Specialität seit 25 Jahren.

---

flurhaus noch aus Lehmfachwerk bestand, mit Stroh oder Rohr gedeckt war und mindestens aus dem beginnenden 19., wenn nicht sogar aus der Mitte des 18. Jh. stammte, verdeutlicht, wie lange sich im Dorfkern alte Elemente erhalten hatten (Abb. 309). Als letzte, freilich etwas veränderte Zeugnisse künden heute vor allem die Wohnhäuser Hindenburgdamm 104 und 105 noch ein wenig von der dörflichen Vergangenheit.

Bestimmend waren aber längst ganz andere Bauten,

Abb. 313 a,b
Details vom
Einkaufszentrum
„West-Bazar"
am Bahnhof
Lichterfelde-West,
1887

Abb. 314
Ehemalige
Hauptkadettenanstalt,
1874/78.
Aufnahme von
F. A. Schwartz, 1888

in erster Linie die mehr oder weniger großen Villen. Zu den ältesten, um den Marienplatz herum angelegten und seit 1868 noch in direkter Schinkel-Nachfolge entstandenen (Bahnhofstraße 35, 36, 37a, Marienstraße 24 u. a.) gesellten sich bald zahlreiche weitere in Neorenaissance, neobarocken und neogotischen, aber auch dem Burgen-, dem Heimat- und dem Jugendstil verpflichteten Formen. Aus der Fülle der seit den 80er/90er Jahren oft als Mietvilla angelegten Bauten seien nur 2 ausgewählt (Abb. 310 und 311), auf deren Vielzahl aber außerdem einige Annoncen eines 1901 erschienenen Führers durch den Ort verweisen sollen (Abb. 312).

Die bereits durch J. A. Carstenn eingeleitete, außerordentlich frühe und gute stadttechnische Erschließung verlieh dem Villenvorort bereits vor der Eingemeindung eine ungemeine Attraktivität. Dazu gehörte der 1868 angelegte und 1915/16 durch einen Neubau mit 3 Mittelbahnsteigen ersetzte Bahnhof an der Anhalter Strecke (Lichterfelde-Ost), dem schon 1871/72 ein zweiter, 1889/91 erweiterter an der Berlin–Potsdamer Strecke folgte (Lichterfelde-West) und in dessen Nähe sich neben etlichen Villen, wie Curtiusstraße 10, und ersten mehrgeschossigen Mietshäusern insbesondere ein Einkaufszentrum etablierte (Abb. 313a, b). Dazu gehörten die schon Anfang der 70er Jahre errichtete und 1877/78 wesentlich erweiterte kommunale Gasanstalt und das gemeindeeigene Wasserwerk, ferner die 1900/03 installierte Kanalisation sowie die schnell und gut gepflasterten Straßen, auf denen seit dem 16. Mai 1881 die erste elektrische Straßenbahn der Welt zwischen Lichterfelde-Ost und der „Hauptkadettenanstalt" verkehrte.

Dieser, auf einer über 20 Hektar großen, südwestlich des alten Dorfkernes gelegenen Fläche in den Jahren 1874/78 für mehr als 9 Millionen Mark von den Bauräten Fleischinger und Voigtel errichtete Komplex, dem 1884 noch eine Kaserne für das Gardeschützen-Bataillon folgte, prägte seitdem in erheblichem Maße das Ortsantlitz (Abb. 314) und förderte die Ansiedlung hoher Militärs in den benachbarten Villengebieten.

Bei einer derart strukturierten Gemeinde verwundert es nicht, daß neben mehreren großen Gemeindeschulen schon vor 1885 2 höhere Privatschulen und ein Progymnasium entstanden. Letzteres, seit 1893 als Vollanstalt zugelassen, war in einem dreistöckigen, neogotischen Backsteinbau untergebracht, der in gewisser Weise als baulicher Vorläufer des 1893/94 vom gleichen Architekten, dem Baurat Bohl, errichteten Rathauses gewertet werden kann. Zuvor hatte man die Verwaltungsarbeiten des damals schon etwa 10 000 Einwohner zählenden Ortes im Wohnhaus des Gemeindevorstehers unter Zuhilfenahme eines Nebengebäudes bewältigen müssen. Jetzt aber stand ein ebenfalls der Frühgotik nachempfundener und mit einem hohen Turm versehener Backsteinbau zur Verfügung, in dem ähnlich den städtischen Vorbildern außer den Arbeitszimmern für den Amts- und Gemeindevorsteher und anderen Büroräumen sowie einem großen Sitzungs- und Festsaal noch die Polizeiverwaltung mit einem Gefängnis im Souterrain, das Standesamt, eine Gaststätte im Keller und die herrschaftliche Wohnung des Amts- und Gemeindevorstehers im Obergeschoß untergebracht waren (Abb. 315).

Zu beachten ist ferner, daß schon nach wenigen Jahren, als der Kreis Teltow mit der Erweiterung des Kreiskrankenhauses in Britz gescheitert war, der Bau einer entsprechenden Anlage auf Lichterfelder Flur eingeleitet wurde (Abb. 316). Der vornehmlich in den Jahren 1898 bis 1900 errichtete, später kontinuierlich – z. B. durch den Bau eines Schwesternmutterhauses 1902/04 – erweiterte Komplex unterstrich die Bedeutung des Ortes sowohl für Berlin als auch für den Kreis Teltow.

Eine weitere beiderseitige Verquickung brachte die Anlage des Teltowkanals in den Jahren 1901/06, der weitgehend dem Verlaufe des einst durch feuchte, teilweise sogar sumpfige Wiesen geprägten Bäketales folgte und wo man in den ersten Jahrzehnten des 19. Jh. noch große Mengen Torf gefördert hatte (siehe Abb. 305), jetzt aber weiteres Bauland und eine nicht minder wichtige Hafenanlage entstanden.

Abb. 315 Das ehemalige Rathaus an der Goethestraße von 1893/94

Abb. 316 Hauptgebäude des ehemaligen Kreiskrankenhauses vom Kreis Teltow, 1898/1900, Carstennstraße

Lübars
Verwaltungsbezirk Reinickendorf

Entwicklung der Einwohnerzahlen von Lübars

Jahr	Einwohner
1734	127
1772	121
1801	136
1817	96
1840	185
1858	255
1871	297
1875	364
1880	398
1885	387
1890	561
1895	1 005
1900	1 337
1905	2 431
1910	3 129
1919	4 239

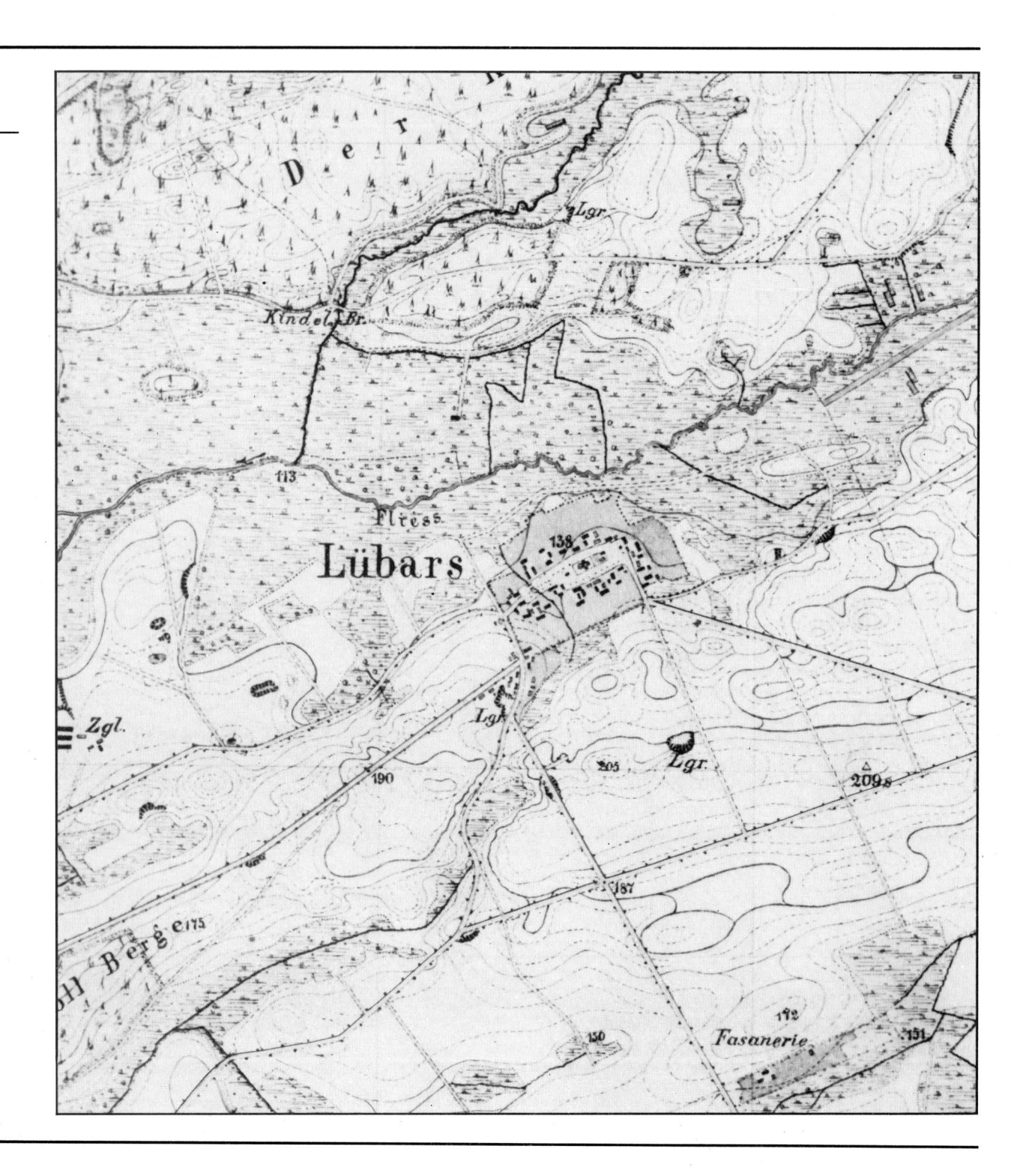

Abb. 317
Ausschnitt aus dem Ur-Meßtischblatt Nr. 1765 von 1871

Das schon 1247 nachgewiesene Dorf gehörte mindestens seit dieser Zeit bis zur Säkularisation 1558 zum Benediktinerinnenkloster in Spandau. Es wurde dann dem Amt Spandau und ab 1855 dem Amt Mühlenhof unterstellt. Die Angaben zur Landausstattung schwanken. Während 1270 bereits 46 Hufen genannt werden, sind im Landbuch Kaiser Karls IV. nur 28, seit 1450 aber wieder 44 und ab 1527 bis 1801 sogar 48 Hufen belegt. Sie wurden stets ausschließlich von zumeist großen Bauern genutzt, deren Zahl von 10 (so 1590 und 1624) zwar nach dem Dreißigjährigen Krieg auf 8 und schon vor 1704 auf 7 zurückging, doch bildete sich keine Gutsherrschaft heraus. Die Ländereien der wüsten Höfe bewirtschafteten zumindest seit Anfang des 18. Jh. vielmehr 5 Kossäten mit je 2 Hufen.

Die seit 1624 bis 1776 mehrfach genannte Laufschmiede scheint 1777 in eine eigenständige umgewandelt worden zu sein. Sie wurde nach dem großen Dorfbrand 1790 an den Rand des Ortes verlegt. Die bis ins beginnende 19. Jh. stagnierende Entwicklung, die sich auch im zeitweisen Rückgang der Einwohnerzahlen ausdrückte, erfuhr eine erste Belebung dadurch, daß 1854 eine Ziegelei und am Ortsrand eine kleine Häuslersiedlung, das sogenannte Vogtland, entstanden. In dieser lebten 1860 immerhin 2 Zimmerleute, 2 Maurer, ein Tischler, 4 Schneider und ein Schuhmacher.

Eine bedeutsame Vergrößerung des Ortes setzte jedoch erst ein, nachdem um 1876 vom Hermsdorfer Gutsförster ein etwa 64 Morgen großes Stück Bauernland gekauft wurde, auf dem dieser ein Wirtshaus „Waidmannslust" errichten ließ. Begünstigt durch einen von ihm finanzierten, zunächst noch recht primitiven Haltepunkt an der Nordbahn, der 1884 eröffnet und in den Jahren 1908/11 zu einem Bahnhof ausgebaut wurde, entwickelte sich dieser Ortsteil schnell zu einem beliebten Ausflugsziel und bald auch zu einem begehrten Wohnplatz, der 1890 den Rang einer Landhauskolonie erhielt. 1892 gab es hier bereits etwa 70 Häuser mit nahezu 400 Einwohnern, die aber nur zu einem geringen Teil in der 1888 gegründeten Lampenfabrik gearbeitet haben werden. Offiziell immer noch zu Lübars gehörend, entwickelte sich Waidmannslust zum eigentlichen Zentrum des Ortes. Hier wurden auch bereits 1892 ein Schulraum und 1901 dann ein eigenes großes Schulgebäude eingerichtet, während das alte Dorf, in dem die alte Dorfschule von 1820 im Jahre 1906 – beinahe zum Trost – durch einen allerdings viel bescheideneren Neubau ersetzt wurde, seinen von der Landwirtschaft geprägten Charakter bewahrte. Die Zunahme der Einwohnerzahl von 561 im Jahre 1890 auf 4239 im Jahre 1919 war weitgehend der Kolonie Waidmannslust geschuldet, die dann auch die Versorgung mit Leitungswasser und

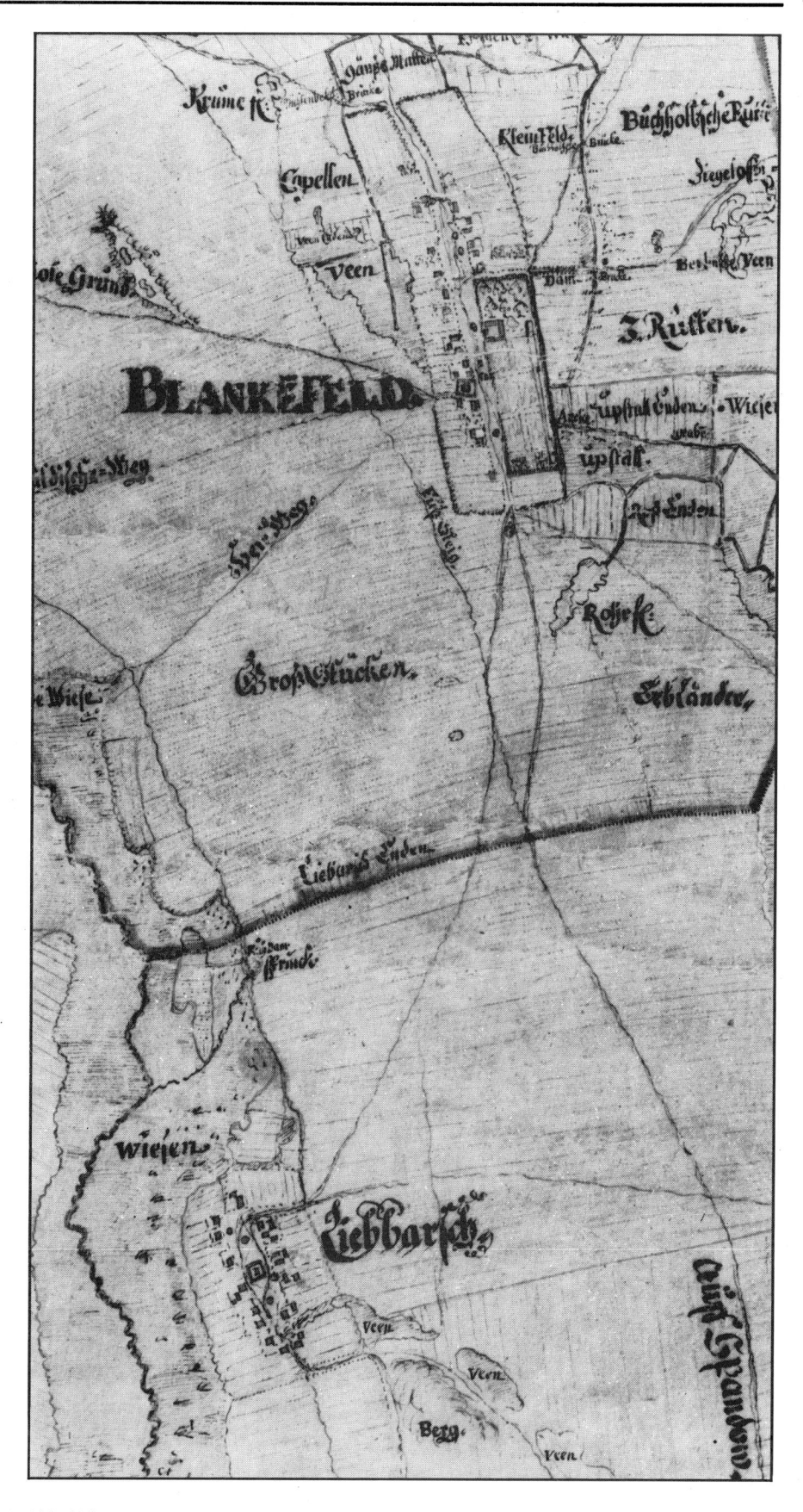

Abb. 318   Ausschnitt aus einer Karte von etwa 1750

Lübars

Abb. 319
Portal eines
quergegliederten
Bauernhauses,
um 1880,
Alt-Lübars 26

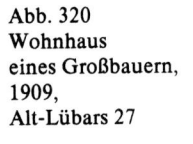

Abb. 320
Wohnhaus
eines Großbauern,
1909,
Alt-Lübars 27

Gas (seit 1905 aus Tegel) sowie die Anlage der Kanalisation zum gemeinsam mit Reinickendorf und Wittenau erworbenen Rieselfeld Schönerlinde ab 1907 wesentlich vorantrieb.

Die im Jahre 1920 aus dem Kreis Niederbarnim nach Berlin eingegliederte Landgemeinde bestand im wesentlichen also aus 2 sehr unterschiedlichen Siedlungskernen, dem alten Dorf am Ostrand und der Kolonie Waidmannslust im Westteil der Gemarkung. Ein noch vor dem Entstehen der Landhauskolonie angefertigter Lageplan (Abb. 317) zeigt, daß sich die Ausweitung gegenüber der im 18. Jh. noch außerordentlich kleinen Gemeinde (Abb. 318) auch bis dahin nur auf einige, zumeist kleinere Wohnhausneubauten am südwestlichen Ortsausgang und die 1854 gegründete Ziegelei beschränkte, die sich im Tal des Tegeler Fließes etabliert hatte. Auffallend ist dagegen die fast unberührte Struktur des Dorfkernes, auf dessen Anger sich neben der Kirche nur 3 kleinere Gebäude befanden, während die Bauern-, Kossäten- und Büdnerstellen gemischt beiderseits des Platzes liegen.

Von den damals noch vorhandenen Wohnhäusern in Giebelstellung wissen wir dank verschiedener Fotos und Grundrißskizzen [75], daß es sich bei diesen Bauten um Mittelflurhäuser handelte. Die ältesten Verhältnisse hatte bis zum Abbruch im Jahre 1908 das einstöckige Bauernhaus vom Hof Alt-Lübars 13 bewahrt. Es besaß nicht nur die alten Lehmfachwerkwände, sondern auch noch den vom Giebel zum Giebel durchlaufenden Flur mit der Schwarzen Küche in der Mitte, die beiderseits davon gelegenen Wohnstuben für die Jungbauern und die Altsitzer, etliche Kammern und die Stallungen für die Kühe und Pferde.

Während der 1896 abgebrannte und seit Jahrhunderten mit einer Landwirtschaft verbundene Dorfkrug eine ganz ähnliche, freilich durch seine Funktion und die Verlegung der Küche an eine Seitenwand modifizierte Situation aufwies, scheint im dritten belegten Beispiel, vermutlich vom Hof Alt-Lübars 26, das ehemalige Bauernhaus, das noch aus dem 18. Jh. stammte, nachträglich zum Arbeiterhaus umgebaut worden zu sein, wobei der alte, noch mit Stroh gedeckte Vorderteil bis zur Schwarzen Küche erhalten blieb und der anschließende Stallteil zu einem seitdem auch von der Traufseite zugänglichen Wohntrakt umgebaut wurde.

Daneben gab es schon seit dem 18. Jh. allerdings auch noch in Fachwerk errichtete, quergegliederte Wohnhäuser, wie das ehemalige zweistöckige Bauernhaus vom Hof Alt-Lübars 9, das man aber Ende des 19. Jh. durch einen spätklassizistischen Putzbau ersetzte. Diese Querglierung wurde vielfach bei den Bauernhäusern bis zum Beginn des 20. Jh. beibehalten und in der zweiten Hälfte des 19. Jh. durch entsprechende Schmuckelemente sogar ausdrücklich betont (Abb. 319). Erst in der nachfolgenden Zeit entstanden bäuerliche Wohnbauten, die dieser Tradition nicht mehr folgten und trotz der zumeist beibehaltenen Traufstellung einen Längsflur bekamen, der – wie Alt-Lübars 27 – sowohl von der hofseitigen Querfront als auch vom gartenseitigen Giebel zugänglich war (Abb. 320).

Nicht zufällig blieb gerade in diesem Bauerngehöft, das in Lübars als letztes vor der Eingemeindung ein neues Wohnhaus erhielt, die alte Lehmfachwerkscheune bewahrt. Sie entstand im Jahre 1813, war selbstverständlich ursprünglich mit Stroh gedeckt und bietet noch heute nach einer umfangreichen Rekonstruktion, bei der man allerdings auf den ehemals immer vorhandenen Hinterausgang bzw. sogar das Hintertor und die frühere Dachhaut verzichtete, einen erfreulichen Anblick (Abb. 321). Ansonsten existieren Lehmfachwerkreste nur noch von der erstaunlich spät, im Jahre 1877, nach diesem Konstruktionsprinzip errichteten, 1924 aber größtenteils unterfangenen Scheune des ehemaligen Kossätenhofes Alt-Lübars 21, während die anderen Fachwerkgebäude entweder durch Massivbauten ersetzt oder zumindest unterfangen wurden.

Das älteste, wohl noch aus dem 18. Jh. stammende Gebäude steckt in dem langgestreckten einstöckigen Wohnhaus Alt-Lübars 19, das der Besitzer des benachbarten Bauernhofes mindestens seit 1840 als Unterkunft für die bei ihm beschäftigten Landarbeiter benutzte. In jenen Jahren fügte man nämlich den nördlichen Anbau hinzu und ersetzte in diesem Zusammenhang oder wenig später die Außenwände des älteren Kernbaues, der zuvor auch einem Büdner gehört oder als Gemeindehirtenhaus gedient haben könnte. Das gleiche trifft auf das letzte heute noch mit Stroh gedeckte einstöckige Wohnhaus Alt-Lübars 22 zu, das ebenfalls einst Fachwerkaußenwände besaß und als Hirtenkate und Gemeindearmenhaus gedient haben soll, dann aber vom benachbarten Landwirt gekauft und als Arbeiterhaus genutzt wurde.

Ohne ältere Vorläufer zu nutzen, entstand dagegen die einstöckige und mit einem doppelt stehenden Stuhl unter dem Kehlbalkensparrendach ausgestattete Landarbeiterkate Alt-Lübars 10. Der Bauer ließ sie 1844 anlegen, um 2 bei ihm beschäftigte Familien unterzubringen. Hier fand der Ziegelbau – wie beim etwa gleichzeitig (1847) entstandenen Bauernhaus Alt-Lübars 18 – von vornherein Verwendung, wenn man aus Sparsamkeitsgründen auch nur die Erdgeschoßwände aus gebrannten und die Giebeldreiecke aus ungebrannten, luftgetrockneten Lehmsteinen errichtete. Der Grundriß (Abb. 322) verdeutlicht die um die Mitte des 19. Jh. beim Bau von Landarbeiterhäusern erreichte Entwicklungsstufe, die zwar noch durch die Quergliederung und den gemeinsam zu nutzenden Flur, aber bereits durch separate Küchen und eigene Schornsteine geprägt ist. Die schon früher übliche und bis ins 20. Jh. als normal empfundene Ausstattung mit je einer Stube und einer Kammer für die zumeist kinderreichen Familien ist selbstverständlich auch hier anzutreffen.

In beachtlichem Maße konnten neben den größeren Bauern auch etliche kleinere Landwirte, die ehemaligen Kossäten etwa, die mit der Herausbildung kapitalistischer Produktionsverhältnisse und besonders der Stadtnähe gegebenen günstigen Möglichkeiten nutzen und Geld akkumulieren, wodurch sie in die Lage versetzt wurden, ihre alten Wohn- und Wirtschaftsbauten durch teilweise ganz beachtliche Neubauten zu ersetzen, wie z. B. die Höfe Alt-Lübars 16 und 21 belegen (Abb. 323). Offenbar partizipierten an dieser Entwicklung auch die beiden Gaststätten in dem an sich sehr kleinen Ort. So ge-

Abb. 321
Scheune vom
Hof eines Großbauern,
1813,
Alt-Lübars 27

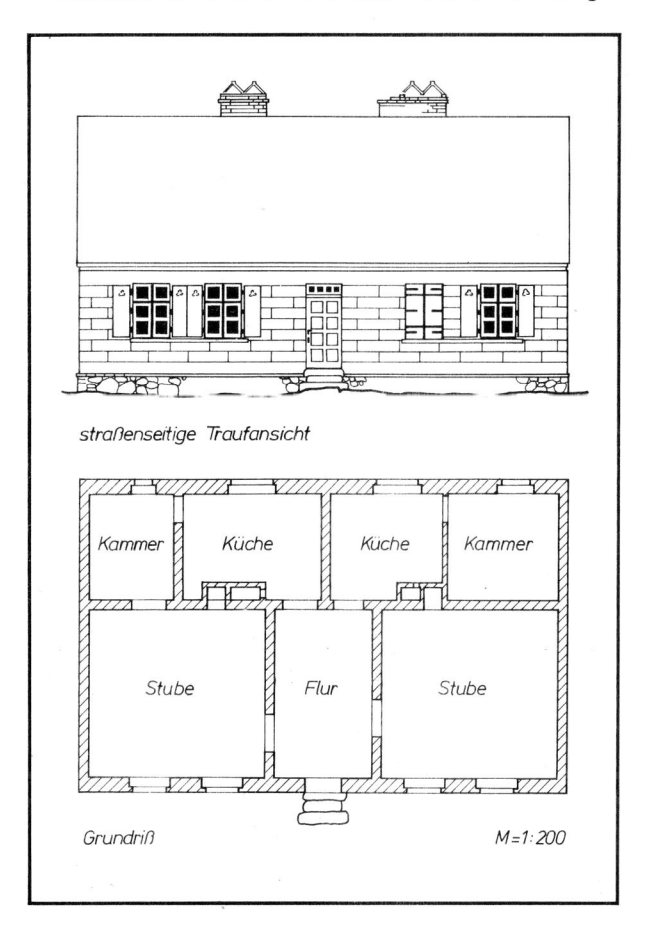

Abb. 322
Grundriß
und Traufansicht
eines Wohnhauses
für zwei
Landarbeiterfamilien,
1844,
Alt-Lübars 10.
Nach einem Aufmaß
von J. Lampeitl

Abb. 323
Wohnhaus
eines Landwirtes,
eines ehemaligen
Kossätenhofes,
um 1880,
Alt-Lübars 16

Abb. 325 Dorfkirche nach der Beseitigung der Kriegsschäden

Abb. 326 Zweiklassige Dorfschule, 1906, Alt-Lübars 12

Abb. 324
Dorfkrug nach dem
Wiederaufbau,
1896,
Alt-Lübars 8

lang es der 1842 in einer Häuslerstelle angelegten Gaststätte „Zum lustigen Finken", sich nicht nur zu etablieren, sondern offenbar auch gut zu entwikkeln, ohne dem alten Dorfkrug jedoch ernsthaft Konkurrenz zu sein. Ohne Frage begünstigte der Ausflugsverkehr in das benachbarte Hermsdorf und die Kolonie Waidmannslust deren Aufblühen. Der nach dem Brand von 1896 wieder aufgebaute, seitdem zweistöckige Dorfkrug mit dem aufwendigen Saal unterstreicht diese Tatsache (Abb. 324).

Im Jahre 1896 war lediglich der Dorfkrug niedergebrannt, 106 Jahre zuvor hatte eine Feuersbrunst jedoch nahezu die Hälfte aller Gebäude erfaßt. Selbst die alte Fachwerkkirche wurde ein Opfer der Flammen. Die schon wenige Jahre danach, im Jahre 1793, wieder errichtete, bis heute erhaltene Kirche ist ein schlichter Putzbau, der aus einem rechteckigen Langhaus mit vorgelagertem quadratischem Turm besteht und inmitten des mindestens bis zur Eingemeindung genutzten Friedhofes liegt (Abb. 325). Obwohl das Großfeuer im März 1790 nicht der Schmiede ausging, die damals auf dem Anger nahe der Kirche gestanden hatte und gleichfalls niedergebrannt war, beschloß man, aus Sorge vor wei-

Abb. 327 Schule im Ortsteil Waidmannslust, 1901, Artemisstraße 22/26

teren Katastrophen, den Neubau an den Ortsrand zu verlegen.
Ebenfalls ein Opfer der Brandkatastrophe von 1790 wurde das Wohnhaus des Schneiders und Lehrers, dessen Wohnstube bis 1816 gleichzeitig als Klassenzimmer diente. 1820 errichtete die Gemeinde auf dem Anger östlich der Kirche ein eigenes Schulhaus, das neben der Wohnung des Lehrers erstmals einen separaten Unterrichtsraum enthielt. Dieser Fachwerkbau mußte, da „der Wind ... überall durch die Wände (pfiff)", 1836 mit Brettern verschalt und 1870 dann ganz unterfangen werden [62]. 1864 waren außerdem eine Scheune und ein Stall hinzugekommen. Die Unzulänglichkeiten, insbesondere die Feuchtigkeit in dem nicht unterkellerten Gebäude, führten 1906 schließlich zu einem Neubau mit nunmehr 2 Klassenräumen und einer Lehrerwohnung (Abb. 326). In diesem Ensemble gemeindeeigener Bauten war zudem 1897 das Spritzenhaus der freiwilligen Feuerwehr errichtet worden, dem 1905 noch ein Steigeturm folgte.
Nur wenige Jahre später, 1913/14, entstand in der Kolonie Waidmannslust, deren Einwohnerzahl die im Dorfkern weit übertraf, eine weitere Feuerwache. Sie deutete gemeinsam mit der schon länger eingerichteten Schule (Abb. 327) und der dem Tangermünder Rathaus nachgestalteten Kirche von 1913 die relative Selbständigkeit des Ortsteiles an. Es war zwar eine auf der dörflichen Gemarkung liegende Siedlung, deren Charakter entsprach aber durch die große Vergnügungsgaststätte „Waidmannslust", das Kurhaus „Bergschloß" und vor allem die zahlreichen Villen eher dem eines eigenständigen Berliner Vorortes, der sowohl zahlreiche Sonntagsausflügler anlockte als auch Wohnort begüterter Berliner Bürger wurde, wie die vielen, zumeist zweistöckigen Villen mit ihren mehr oder weniger aufwendigen Schmuckelementen an den Fassaden und sogar an den Gartenzäunen belegen (Abb. 328 und 329).

Abb. 328 Villa in der Kolonie Waidmannslust, 1890, Dianastraße 49

Abb. 329 Prachtvoller Gartenzaun vor einer Villa von etwa 1900, Hubertusstraße 5

Lützow
Verwaltungsbezirk Charlottenburg

Abb. 330
Ausschnitt aus dem
Ur-Meßtischblatt
Nr. 1836 von 1835

Als man im Jahre 1695 auf der Flur von Lützow für die Kurfürstin Sophie Charlotte das Schloß Lützenburg errichtete, umfaßte der Ort 13 Hufen, die von 6 Bauern bewirtschaftet wurden. Diese Größe entsprach den Angaben seit 1375, obwohl bei der Ersterwähnung im Jahre 1239 bereits 29 Hufen, aber nur ein Hof genannt worden waren. Seitdem bis zur Säkularisation 1558 unterstand das Dorf dem Nonnenkloster, anschließend dem Amt in Spandau, bis es 1695 die Kurfürstin übereignet bekam. Die seit jenem Zeitpunkt neben dem Schloß auf 2 Dritteln der Feldmark entstandene Siedlung wurde 1705 zur Stadt erhoben und dieser durch königliche Order der Name Charlottenburg verliehen.

Von den bereits 1590 und erneut 1624 erfaßten 6 Bauern- und 8 Kossätenstellen waren auch nach dem Dreißigjährigen Krieg (so 1652 und 1688) und selbst nach dem 1709 erfolgten Wiederaufbau des 1708 abgebrannten Dorfes alle besetzt. Mit der Verfügung des Königs in Preußen Friedrich Wilhelm I. vom 7. November 1719, daß „das Dorf Litzo ... mit zur accis [der Stadt Charlottenburg] geleget", also eingemeindet werden soll [34], hörte die Selbständigkeit des Dorfes, das 1239 Lucene, 1375 Lusze, 1590 Luetze, 1608 Lietze und im 18. Jh. Lietzow oder Lützow genannt wurde, auf.

Dennoch gebührt dem Ort in diesem Zusammenhang eine kurze Betrachtung. Es hatten sich nämlich ältere Siedlungselemente bis weit in das 19. Jh. hinein erhalten, wenn auch heute der Rest der ursprünglichen Dorfanlage nur noch in Form einer kleinen Grünfläche im Zuge der Straße Alt-Lietzow existiert. Um diesen Platz herum wurden nach dem großen Brand von 1708 die Gehöfte wieder aufgebaut, deren Lage auf einem Plan von 1835 noch deutlich erkennbar ist (Abb. 330).

Im Winkel zwischen der Spree und der großen Verbindungsstraße nach Berlin gelegen und von der sich ausdehnenden Stadt Charlottenburg nahezu unberührt, präsentierte sich Lützow Ende des 18. Jh. geradezu als ein übliches märkisches Dorf, auf dessen großem Anger sich die vom Friedhof umgebene Dorfkirche befand und an dessen Außenrändern entlang den noch ungepflasterten Straßen die zumeist einstöckigen Fachwerkhäuser, -ställe und -scheunen standen (Abb. 331). Während diese allerdings bald den städtischen Mietshäusern weichen mußten, blieb die alte Dorfkirche noch längere Zeit erhalten. Sie war ein um 1470 errichteter einfacher, aber breiter Rechteckbau aus Backstein, der auf einem Feldsteinsockel ruhte und am Westgiebel über dem hohen Satteldach einen quadratischen Dachturm trug (Abb. 333).

**Abb. 331
Ansicht des Dorfes von Westen, 1795**

Mit dem 1848/50 nach Plänen von A. Stüler vorgenommenen Umbau verlor sie allerdings ihr charakteristisches dörfliches Antlitz. Er fügte nicht nur eine aus einem halben Achteck gebildete Apsis mit Strebepfeilern, 2 Treppentürme an den beiden Ecken des Westgiebels und dort zudem einen Vorbau hinzu, sondern erhöhte auch das Langhaus, versah es mit einem flachen Dach und seitlich mit weiteren Strebepfeilern, so daß der Dorfcharakter völlig verlorenging und eine neogotische Kathedrale entstand, die vor dem Hintergrund der städtischen Mietshäuser kaum noch ihren ländlichen Kern erkennen läßt (Abb. 332).

Unabhängig von dem kunsthistorischen Aussagewert verdeutlicht der Umbau den in jenen Jahren verstärkten und hiermit bewußt zum Ausdruck gebrachten Verstädterungsprozeß. Einschließlich der 1863/64 hinzugefügten Sakristeianbauten wurde die Kirche Anfang des 20. Jh. abgerissen und 1910 durch einen aufwendigen Neubau ersetzt, der während des zweiten Weltkrieges wieder in Schutt und Asche versank.

Abb. 332 Dorfkirche nach dem Umbau durch A. Stüler 1848/50. Aufnahme von etwa 1900

**Abb. 333
Dorfkirche.
Tuschzeichnung von H. Wohler, 1834**

Mahlsdorf
Stadtbezirk Hellersdorf

Entwicklung der Einwohnerzahlen von Mahlsdorf

Jahr	Einwohner
1734	206
1772	204
1801	257
1817	216
1840	388
1858	569
1871	727
1875	768
1880	758
1885	716
1890	788
1895	850
1900	1 054
1905	2 107
1910	3 891
1919	6 118

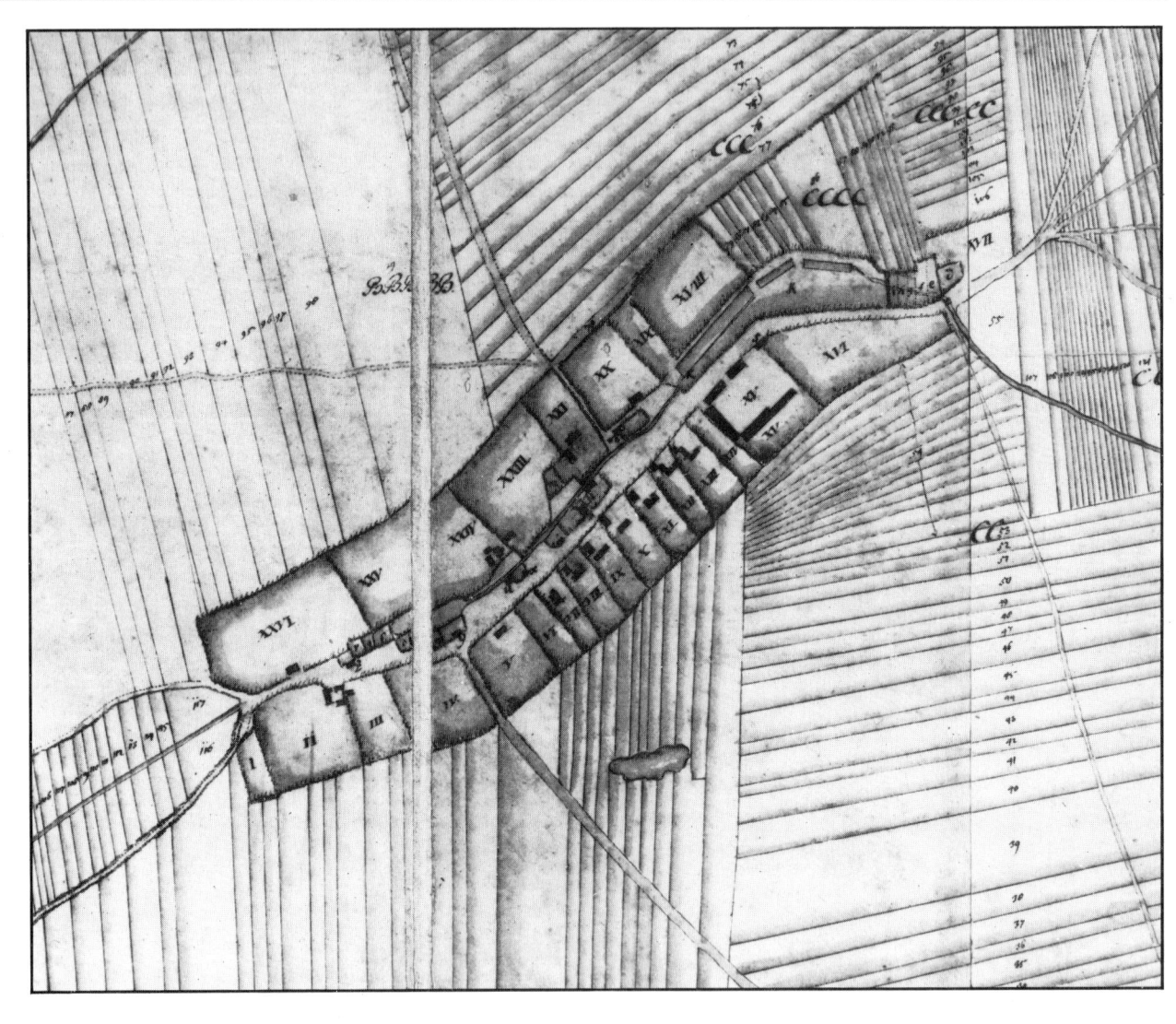

Abb. 334 Ausschnitt aus einem Lageplan von 1705

Das bis 1920 zum Kreis Niederbarnim gehörende Dorf wurde erstmals 1345 als Malterstorp erwähnt. Es unterstand damals O. v. Kettlitz, 1375 aber bereits der Familie Falkenberg, von der um 1412 die Hälfte an die Familie v. Bredow kam. Dieser Teil gelangte jedoch schon vor 1430 in die Hände von Berliner Bürgern (z. B. Heidecke um 1440, Howeck um 1470), bis es schließlich im 16. Jh. die Familie Grieben erstand, die um 1560 auch den Falkenbergschen Anteil hinzubekam. Es folgten als Eigentümer die Familien Distelmeier (1583–1613), v. Kötteritzsch (bis 1620), v. Pfuhl (bis 1664) und andere. 1676 kaufte die kurfürstliche Amtskammer das Dorf, das seitdem dem Amt Köpenick und ab 1811 dem Amt Mühlenhof unterstand.

Bereits im 15. Jh. bildeten sich 2 selbständige Gutswirtschaften heraus (1449/50 Falkenberg mit 9 und Heidecke mit 7 Hufen), die nach 1672 vereint wurden. Das seit 1676 als kurfürstliches, später als königliches Vorwerk betriebene Gut umfaßte zunächst 16 und wohl schon ab 1705 22 Hufen. Es wurde seit 1811 an die Familie Kaapke verpachtet, die es 1821 schließlich kaufte. Seit 1830 war es dann im Besitz folgender Familien: Eckart (bis 1832), Mertens (bis 1846) und Franke (bis 1859), Vetter (bis 1862), Elsner (bis 1869), Lachmann (bis 1880) und Schrobsdorff, die es schließlich teilweise parzellierte.

Von den 1624 genannten 12 Hüfner- und 14 Kossätenstellen waren, nachdem das Dorf während des Dreißigjährigen Krieges etliche Jahre völlig verwaist gelegen hatte, 1652 erst wieder 3 Bauern- und 3 Kossätenstellen bewirtschaftet. Durch die eifrigen Bemühungen des Amtes Köpenick gelang es zwar, bis 1696 wieder 10 Bauern-, aber nur 4 Kossätenstellen zu besetzen. Diese Struktur blieb dann im wesentlichen bis Anfang des 19. Jh. erhalten, so daß die Einwohnerzahl – trotz einiger hinzugekommener Häusler – eine auffallende Konstanz aufwies. Erst dann kamen zu dem erstmals 1375 erwähnten Krug und zur bereits 1539 genannten Schmiede einige weitere Handwerker und Arbeiter hinzu, seit Anfang des 18. Jh. z. B. ein Windmüller. Um die Mitte des 19. Jh. entstand ferner eine Gutsbrennerei, die zusätzlich etliche Arbeiter beschäftigte. Dementsprechend erhöhte sich die Zahl der ortsansässigen Bevölkerung in etwas größerem Maße, bis 1871 immerhin auf 727.

Die Entwicklung zum Berliner Vorort setzte jedoch erst ein, nachdem 1895 ein Bahnhof angelegt und 1906 die Straßenbahn von Köpenick zum Bahnhof Mahlsdorf verlängert wurde. Seit 1905 gab es Gas und Leitungswasser (beides aus Lichtenberg), 1913 flammte die erste elektrische Lampe auf. Trotz der zahlreichen neuen Villen, Land- und Mietshäuser (1895: 66, 1905: 172, 1910: 368 und 1912: 636 Wohngebäude) blieb der agrarische Charakter des Ortes teilweise durchaus erhalten. 1912 gab es 147 Pferde, 102 Rinder, 196 Schweine, 199 Ziegen und 7867 Gänse, Enten und Hühner im Dorf. Im glei-

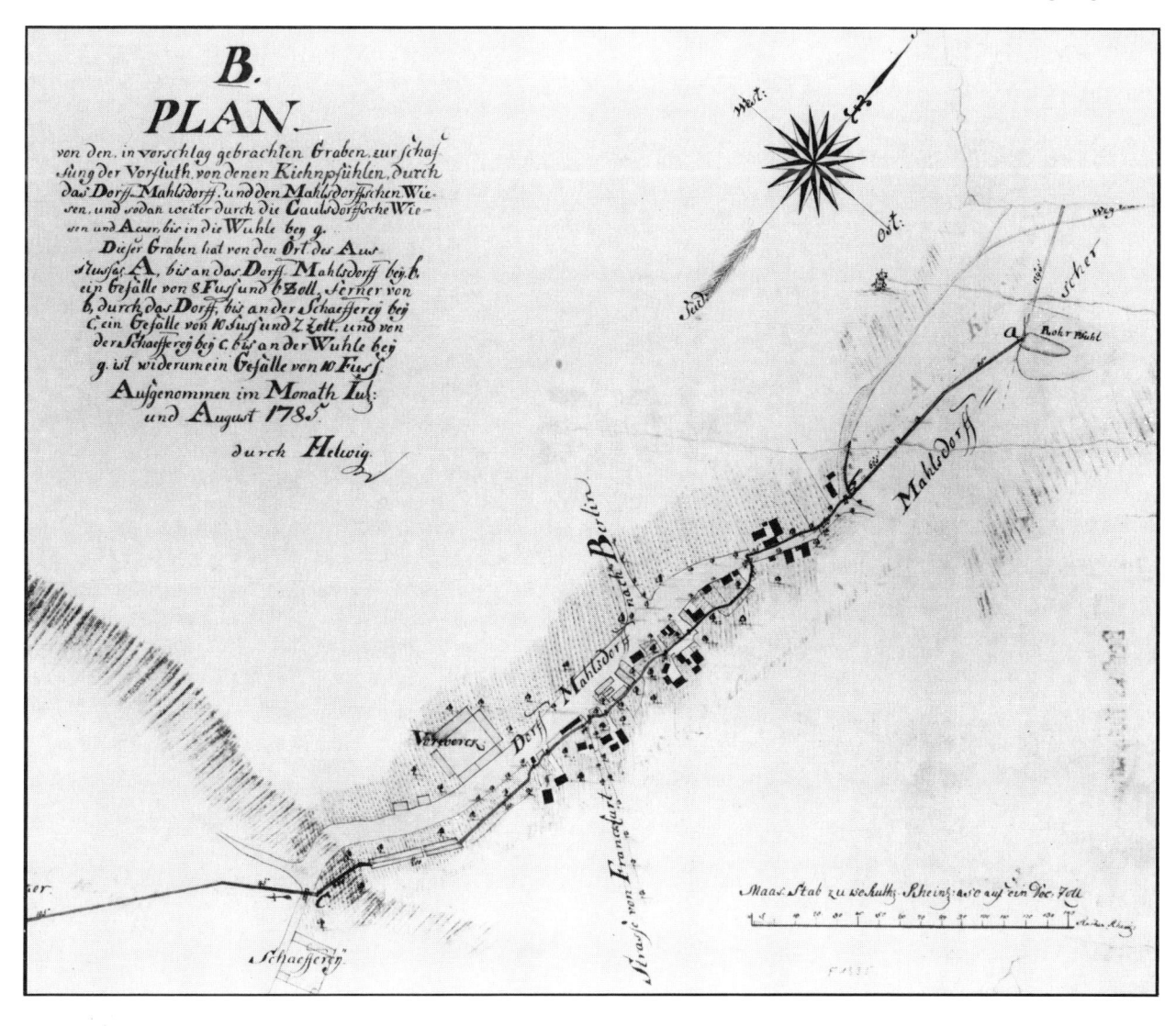

Abb. 335
Ausschnitt aus einem Lageplan von 1785

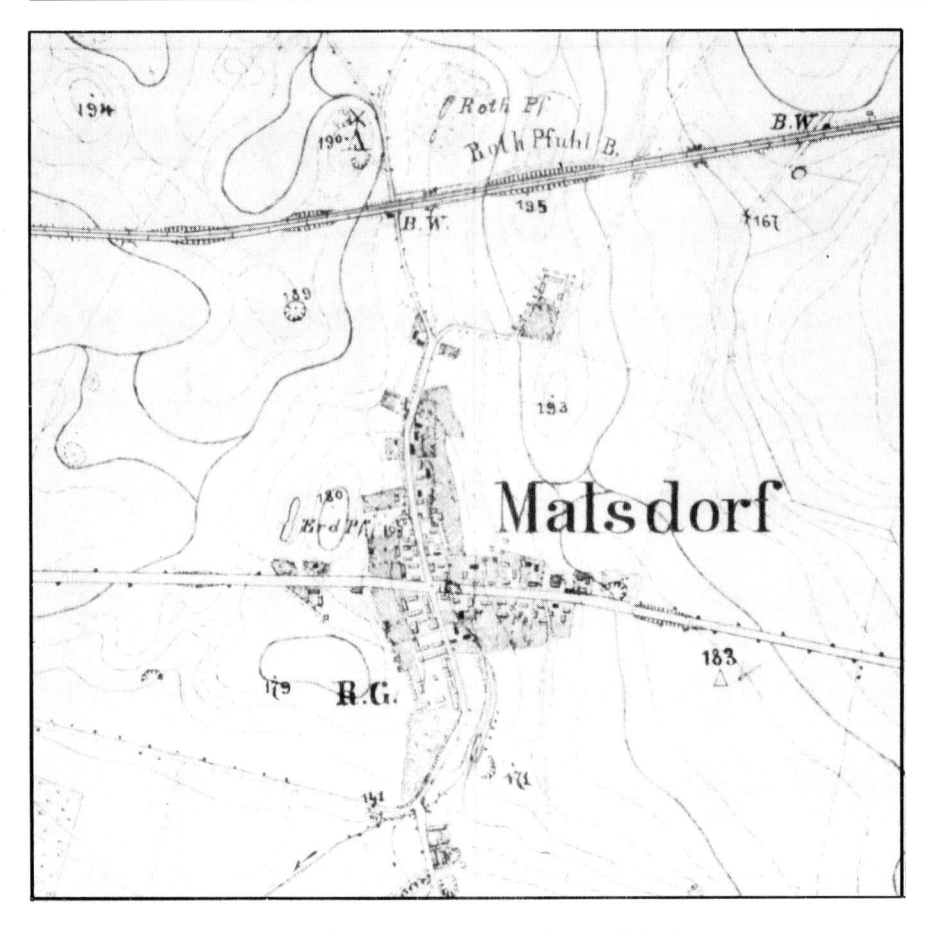

Abb. 336 Ausschnitt aus dem Ur-Meßtischblatt Nr. 1838 von 1869/71

Abb. 337 Villa aus dem nördlichen Teil der Kolonie Mahlsdorf-Süd, um 1910, Müllerstraße 30

chen Jahr waren der Gutsbezirk und bereits ein Jahr zuvor die Kolonie Kiekemal in die Landgemeinde eingegliedert worden, so daß Mahlsdorf mit immerhin mehr als 6000 Einwohnern in den neuen Stadtverband Berlin eintrat.

Die Kolonie *Kiekemal* wurde 1751 auf einer bis dahin zur „Cöpenick'schen Cämmerey" gehörenden und zuvor verpachteten Feldmark gegründet, die bereits 1753 das Gut Dahlwitz erwarb. Neben dem Vorwerk, bestehend aus Schäferhaus und Scheune, entstanden 3 Gehöfte für Bauern, denen aber – obwohl sie bereits Ochsen, Kühe und Pferde erhalten hatten – 1754 noch kein Land zugewiesen worden war, ferner ein Wohnhaus für 6 Spinnerfamilien, das 1754 noch leer stand, und ein „Seidenwürmerhaus", in dem 1754 3 Mietsfamilien wohnten. Insgesamt wurden 25 Einwohner gezählt, darunter 14 Kinder. Es ist fraglich, ob die Bauern jemals ihr Land erhielten, denn in der Folgezeit werden nur Büdner und Einlieger genannt. 1791 lebten hier 50, 1801: 44, 1817: 55, 1840: 45 und 1858: 58 Personen. Ende des 19. Jh. begann die Besiedlung mit Landhäusern, die wesentlich durch die Straßenbahnlinie Köpenick–Mahlsdorf, die eine Haltestelle „Hubertus" in Kiekemal einrichtete, und ein 1898/99 erbautes Waldrestaurant mit Tanzsaal („hauptsächlich für Sommergäste und Vereine") gefördert wurde. Teile der immer noch zum Gutsbezirk Dahlwitz gehörenden Feldmark wurden bereits 1898 und 1900 nach Mahlsdorf eingemeindet, so daß die Kolonie zeitweise 2 Verwaltungseinheiten unterstand, bis 1911 auch die restlichen Teile übernommen wurden und die ganze Siedlung nun Bestandteil von Mahlsdorf-Süd war. Gas und Wasser gab es bereits vor 1908, Schulen mußten in Dahlwitz oder Mahlsdorf, die „höheren" in Köpenick oder Friedrichshagen besucht werden.

Das während des Dreißigjährigen Krieges arg in Mitleidenschaft gezogene, langgestreckte Straßendorf scheint zu Beginn des 18. Jh. vorrangig entlang der westlichen Straßenfront bebaut gewesen zu sein, während die östliche Seite zwar größere Hofgrundstücke, aber entschieden weniger Bauten aufwies (Abb. 334). Schon in den folgenden Jahrzehnten trat dort allerdings eine erhebliche Verdichtung ein, die leider nicht mit der anderen Straßenseite verglichen werden kann, da deren Darstellung auf dem Plan von 1785 (Abb. 335) fehlt. Lediglich das inzwischen zum geschlossenen Vierseithof ausgebaute Vorwerk mit 2 kleinen, seitlich vorgelagerten Gebäuden – vermutlich Tagelöhnerkaten – ist verzeichnet. Hinzugekommen waren ferner am südlichen Ortsausgang eine große Schäferei und im Norden, etwas außerhalb des Dorfkernes, eine Windmühle, die beide auch in einem Plan von 1733 enthalten sind.

Interesse verdient ferner die Tatsache, daß damals der alte Verbindungsweg Berlin–Frankfurt noch versetzt den Ort erreichte und daher dessen Hauptstraße teilweise mitbenutzen mußte. Mit dem Ausbau der Chaussee nach Frankfurt im Jahre 1802 wurde der von Berlin kommende Weg jedoch so weit nach Süden verlagert, daß er direkt auf die Weiterführung nach Frankfurt traf und eine Kreuzung entstand. Die damit eingeleiteten Veränderungen bekamen weitere und noch viel wesentlichere Anstöße durch die Separation. Sie wurde, wie aus dem 1846 erstellten und im vollen Wortlaut veröffentlichten Rezeß ersichtlich ist, zwischen 1816 und 1837 in Etappen durchgeführt [33]. Die Folge war nicht nur die Anlage etlicher vorher nicht erforderlicher Wege zu den einzelnen Ackerstücken und Wiesenflächen, sondern auch die Verlegung mehrerer Gehöfte an andere Standorte, vornehmlich entlang der Chaussee Richtung Frankfurt, wo zudem einige neue Büdnerstellen entstanden. Diese Konstellation prägte das Dorf bis in die 70er/80er Jahre des 19. Jh. (Abb. 336).

Erst der Eisenbahnbau und die ständig zunehmende Ausdehnung der Haupt- und Residenzstadt leiteten einen erneuten Wandel ein. Zunächst freilich durchschnitt die 1867 eingeweihte Strecke der Ostbahn nur den nördlichen Teil der Dorfflur, und die Einwohner, die nach Berlin fahren wollten, mußten den zeitraubenden Weg nach der nächstgelegenen Haltestelle, nach Kaulsdorf, wandern. Den entscheidenden Wendepunkt markierte der 1. September 1895, der Tag, an dem man die eigene Haltestelle eröffnete und den zweistündlichen Verkehr nach Berlin aufnahm. Binnen weniger Jahre entstanden auf dem Gutsland, das nahe der Bahn lag und in großem Umfange parzelliert wurde, etliche Gebäude, vielfach als mehrstöckige Miethäuser. Seit zu Beginn des 20. Jh. die Zugfolge wesentlich verdichtet und 1906 eine Straßenbahnverbindung zwischen dem Bahnhof und Köpenick eingerichtet wurden, verstärkte sich diese Tendenz und griff auf andere Gebiete, so auf den südlich der Berliner Straße gelegenen Teil der Flur und die am südlichen Rande befindliche Kolonie Kiekemal, über. Sowohl Miethäuser als auch ein- und mehrstöckige Villen wurden in zum Teil außerordentlich lockerer Bebauung errichtet (Abb. 337).

Trotzdem prägte die Landwirtschaft noch immer den Ort, wenngleich sich ihr Profil durch den ständig steigenden Anteil von Gemüse und den seit 1896 vornehmlich von Gärtnern betriebenen Anbau von Obst und Blumen – seit 1909 existierte sogar ein eigener Verein – allmählich zu verändern begann. Vor allem der alte Dorfkern mit den Ausbauten entlang der Frankfurter Chaussee blieb noch lange von den agrarisch geprägten Höfen bestimmt.

Zwar gelang es den Besitzern vielfach, ihre alten Fachwerkbauten durch neue massive Gebäude zu ersetzen, doch blieben selbst diese z. T. bis in die jüngste Vergangenheit erhalten. Hingewiesen sei nur auf die erst vor kurzem abgerissene, auffällig große und mit 2 Einfahrten ausgestattete Ziegelfachwerkscheune vom Hof Hönower Straße 1, die um 1830 errichtet worden war (Abb. 338).

Das älteste Wohnhaus indes befand sich bis vor kurzem auf dem Grundstück Hönower Straße 61. Es war das durch die Balkeninschrift „DIESES HAUS IST GEBAUT 1792 – BAUHER C. DELITZ SOLIDO GLORIA" eindeutig datierte Gebäude des Müllers, dessen Bockwindmühle, die 1708 erstmals erwähnt, 1745 und 1757 nach entsprechenden Unglücksfällen wieder aufgebaut,

Abb. 338
Scheune eines
Großbauernhofes,
um 1830,
Hönower Straße 1.
Aufnahme von 1983

Abb. 339
Wohnhaus
des Windmüllers,
1792,
Hönower Straße 61.
Aufnahme von 1912

Mahlsdorf

Abb. 340
Ehemalige
Dorfschmiede,
1727 (?),
Alt-Mahlsdorf 109.
Aufnahme von 1912

Abb. 341
Dorfkrug
im Zustand
von 1859

noch bis 1897/98 auf einem Hügel nördlich des Bahnhofs stand. Das im Ort gelegene, dazugehörige Wohnhaus war ein einstöckiger Massivbau, der trotz späterer Ladeneinbauten bis zuletzt seine Querglied erung mit der Schwarzen Küche im Mittelpunkt des Flures und die zweiflügelige aufgedoppelte Haustür mit Oberlichtfenster bewahrt hatte (Abb. 339).

Ähnlich wie die Ende des 18. Jh. durchaus noch nicht allgemein übliche Verwendung des Ziegelsteines zur langjährigen Bewahrung des Müllerhauses beigetragen hatte, so sicherten die beim Kirchenbau genutzten Feldsteine den andauernden Bestand des Gotteshauses. Bereits im 13. Jh. als schlichter Saalbau mit relativ großem rechteckigen Chor angelegt und erst später, offenbar im 15./16. Jh., mit einem quadratischen Turm versehen, überstand es in seinen Grundzügen sogar die Wirren des Dreißigjährigen Krieges. Zwar waren Ende des 17. Jh. verschiedene Renovierungen erforderlich, die u. a. zur Vergrößerung der Seitenfenster und zum Schließen der Chorfenster (1898 wieder freigelegt und mit Rundbogen ausgestattet) führten, doch blieben die wesentlichsten Elemente damals und in der Nachfolgezeit erhalten, so daß die Kirche heute noch einen überzeugenden Eindruck der ursprünglichen Verhältnisse vermittelt (Abb. 340).

Auf ein stattliches Alter kann auch die alte Dorfschmiede zurückblicken. Sie soll noch aus dem 17. Jh. stammen, wird aber wohl erst 1727 – nach einem zu Beginn des 20. Jh. noch erhaltenen, datierten eisernen Türüberwurf – erbaut worden sein. Bauliche Eingriffe des 19./20. Jh., z. B. bei den Fenstern und Türen, aber auch am Schornstein, haben das zunächst vermutlich weitgehend in Fachwerk errichtete und erst später unterfangene Ziegelgebäude zwar erheblich verändert, doch ist es auch in diesem Spätzustand noch ein wertvolles Dokument, das von der einst überaus wichtigen Funktion dieses dörflichen Handwerkes kündet.

Wie stark die Wandlungen selbst in den letzten 100 bis 150 Jahren sein können, belegt der einstige Dorfkrug. Um 1800 ein mitten im Dorf gelegener und mit Stroh gedeckter Fachwerkbau mit Vorlaube, entstand bald nach der Anlage der Chaussee an dieser ein Neubau, dem in den 50er Jahren des 19. Jh. bereits ein weiterer folgte. Diesen, nun direkt an der Kreuzung errichteten einstöckigen Massivbau mit Krüppelwalmdach (Abb. 341) erwarb 1861 ein neuer Wirt, der 1867 das Hauptgebäude verlängern, mit einem Kniestock und einer neuen Putzfassade versehen sowie einen Extraraum für Tanz- und Vereinsveranstaltungen anbauen ließ. Schon zu Beginn des 20. Jh. reichte dieser nicht mehr aus. Er wurde abgerissen und 1911 durch einen größeren Saal mit Theaterbühne ersetzt (Abb. 342). Über dieses Ensemble vermerkte der verdienstvolle Ortschronist P. Grossmann im Jahre 1912: „An einem äußerst günstigen Verkehrspunkte gelegen, hat sich der Tegelitz'sche Gasthof zu einem sehr beliebten Restaurant entwickelt, das nicht nur die Bürger Mahlsdorfs, sondern viele Berliner Ausflügler durch seine verschiedenen Spezialgenüsse anlockt. So entwickelt sich namentlich an den Renntagen in Hoppegarten hier oftmals ein ganz immenser Verkehr, denn der Wirt und die Wirtin bieten alles auf, den Aufenthalt so angenehm wie möglich zu machen. Ein großartiger schattiger Garten an der Bahnhofstraße [heute Hönower Straße] bietet im Sommer ein angenehmes Verweilen" [33].

Mit ähnlichen Worten pries man zu Beginn des 20. Jh. den Besuch des 1899 eingeweihten und mit einem Tanzsaal ausgestatteten „Waldrestaurants Kiekemal" an, das am Nordrande der Köpenicker Forst lag und tatsächlich bald zu einem vielbesuchten Ausflugsziel wurde. Doch nicht nur die Sommergäste fühlten sich hierher gezogen, auch immer mehr Ansiedler fanden sich, die die „schöne, geschützte Lage" der Kolonie und „die Möglichkeit, sie sowohl von Köpenick, wie von Mahlsdorf schnell mit der elektrischen Straßenbahn erreichen zu können" [16], schätzten. Etliche Landhäuser und Villen entstanden, denen bald erste Miethäuser, namentlich in der Umgebung der Haltestelle „Hubertus", folgten. Ein 1898 gegründeter Grundbesitzerverein bemühte sich um den Ausbau der Straßen und die Verbesserung des Handels und Wandels der allmählich mit Mahlsdorf-Süd verwachsenen Kolonie, die 1869 noch völlig „unentdeckt" im Winkel gelegen hatte (Abb. 343).

Durch die auf der gesamten Flur zunehmende Bebauung, die zu einer beträchtlichen Vergrößerung der Einwohnerzahlen geführt hatte, wuchsen die Verwaltungsaufgaben der Gemeinde in einem Maße, daß der Platz im Wohnhaus des ehrenamtlichen Gemeindevorstehers nicht mehr ausreichte. Man verlegte die Büroräume darum 1907 ins Küsterhaus, mußte aber bald einsehen, daß auch dieses für den nun besoldeten Gemeindevorsteher und weitere Gemeindebeamte viel zu klein war. So entschlossen sich die Gemeindevertreter schließlich, ein Rathaus zu bauen, das 1911 am Hultschiner Damm eingeweiht wurde.

Nicht minder aufwendig gestalteten sich die Bemühungen um die Gemeindeschule. Nachdem zunächst – wie allgemein üblich – etliche auch als Küster fungierende Handwerker den Unterricht in ihren Wohnhäusern durchführten, entstand 1770 erstmals ein spezielles Gebäude mit der Wohnung des Lehrers/Küsters und einem Klassenraum. 1835 wurde die Schule in ein etwas größeres, aber bald – trotz der Anbauten für eine zweite und später sogar eine dritte Klasse – ebenfalls nicht mehr ausreichendes Schulhaus verlegt, so daß Räume hinzugemietet werden mußten. 1904/05 entschloß man sich schließlich, ein achtklassiges neues Schulhaus zu errichten, das bereits 1909 erheblich erweitert werden mußte (Abb. 344).

Abb. 342
Dorfkrug nach dem Umbau von 1867 und mit dem Saalanbau von 1911, Hönower Straße 2/4. Aufnahme von 1983

Abb. 343
Kolonie Kiekemal. Ausschnitt aus dem Ur-Meßtischblatt Nr. 1909 von 1869

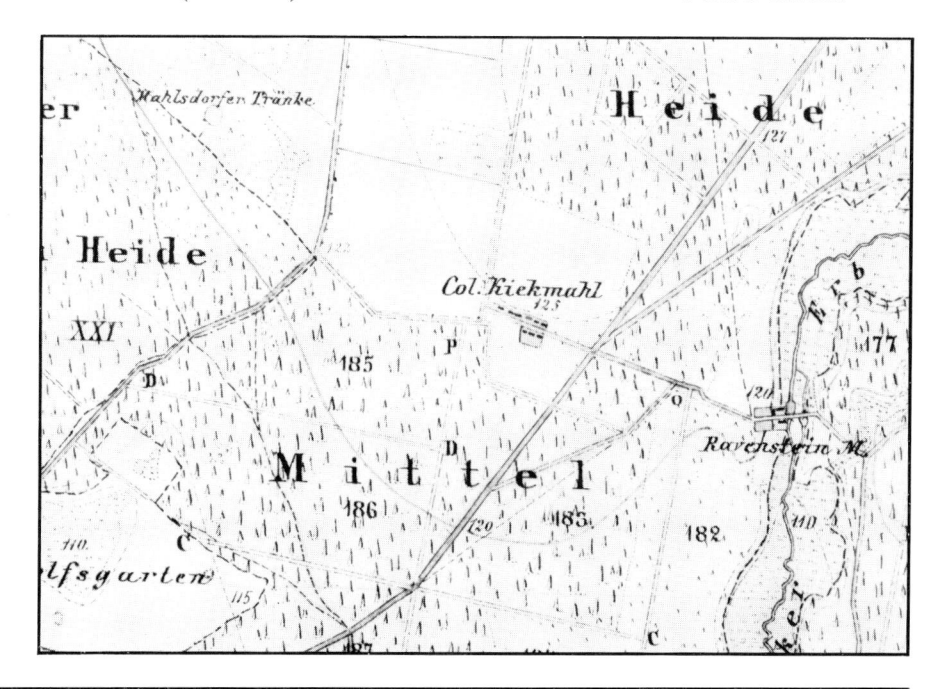

Mahlsdorf

Abb. 344 Gemeindeschule, 1904/05, Anbau 1909, An der Schule

Abb. 345 Laden (links) und Postagentur (rechts) in einem ehemaligen Bauernhaus von etwa 1790, ehemals Bahnhofstraße 3. Aufnahme von 1912

Obwohl sich die Gemeinde vom Zentrum Berlins ziemlich weit entfernt befand, hatte die Verstädterung also seit Ende des 19. Jh. kräftig eingesetzt. Die Erscheinungsformen waren außerordentlich vielfältig. Während etliche Straßen mit mehrstöckigen Mietshäusern schon städtischen Anstrich hatten, auch die Schule und die Villengebiete dieser Tendenz folgten, blieben im Dorfkern, den eine Straßenbahn durchfuhr, die älteren Wohn- und Wirtschaftsbauten häufig bis ins 20. Jh. erhalten. Das ehemalige Pferdehirtenhaus etwa, das später als Armenhaus gedient hatte und bis zum Schluß ein Strohdach trug, wurde erst 1908 abgerissen. Die Postagentur befand sich bis ins 20. Jh. in einem kleinen Bauernhaus vom Ende des 18. Jh. (Abb. 345). Auch muß vermerkt werden, daß die Landwirtschaft und sogar der Gutsbetrieb in gewissem Umfange erhalten geblieben waren. Das Gut, das 1821 in bürgerlichen Besitz übergegangen war und damals neben dem Herrenhaus, den Wirtschaftsgebäuden und der Schäferei auch 8 „Familienwohnungen" für die dort beschäftigten Tagelöhner umfaßte, hatte sich zunächst sogar vergrößert (1821 etwa 1262, 1855 bereits 1560 Morgen), seit den 80er/90er Jahren des 19. Jh. jedoch wieder verkleinert (1900: 932 Morgen). Zwar hatte das Gut die Schafhaltung schon nach 1870 reduziert und 1908 schließlich ganz eingestellt, da „infolge der zunehmenden Parzellierung und Bebauung der Weidegang erschwert und teilweise unmöglich wurde" [33], doch betrieb es neben der Pflanzenproduktion – auf etwa 850 Morgen – mit 70 Kühen noch eine intensive Milchwirtschaft und außerdem die Schnapsbrennerei, die zwischen 1900 und 1912 jährlich etwa 30 000 Liter Spiritus produzierte. Zu Beginn des 20. Jh. beschäftigte das Gut durchschnittlich 20 Familien kontraktgebundener Landarbeiter, die teilweise in den noch aus der ersten Hälfte des 19. Jh. stammenden, teilweise in den um 1890 errichteten Arbeiterhäusern untergebracht wurden, die alle entlang der Straße nach Köpenick standen und das Ortsbild in diesem Gebiet viel mehr prägten als das gegenüber im Park versteckt liegende, bis heute erhaltene Herrenhaus. Es ist dies ein eingeschossiger schlichter Putzbau mit Krüppelwalm aus der Zeit um 1800, dessen zweigeschossiger Mitteltrakt 1869 umgebaut und u. a. mit rundbogigen Drillingsfenstern versehen wurde (Abb. 346).

Abb. 346 Gutshaus, um 1800, Umbau von 1869, Hultschiner Damm 333. Aufnahme von 1912

Malchow
Stadtbezirk Hohenschönhausen

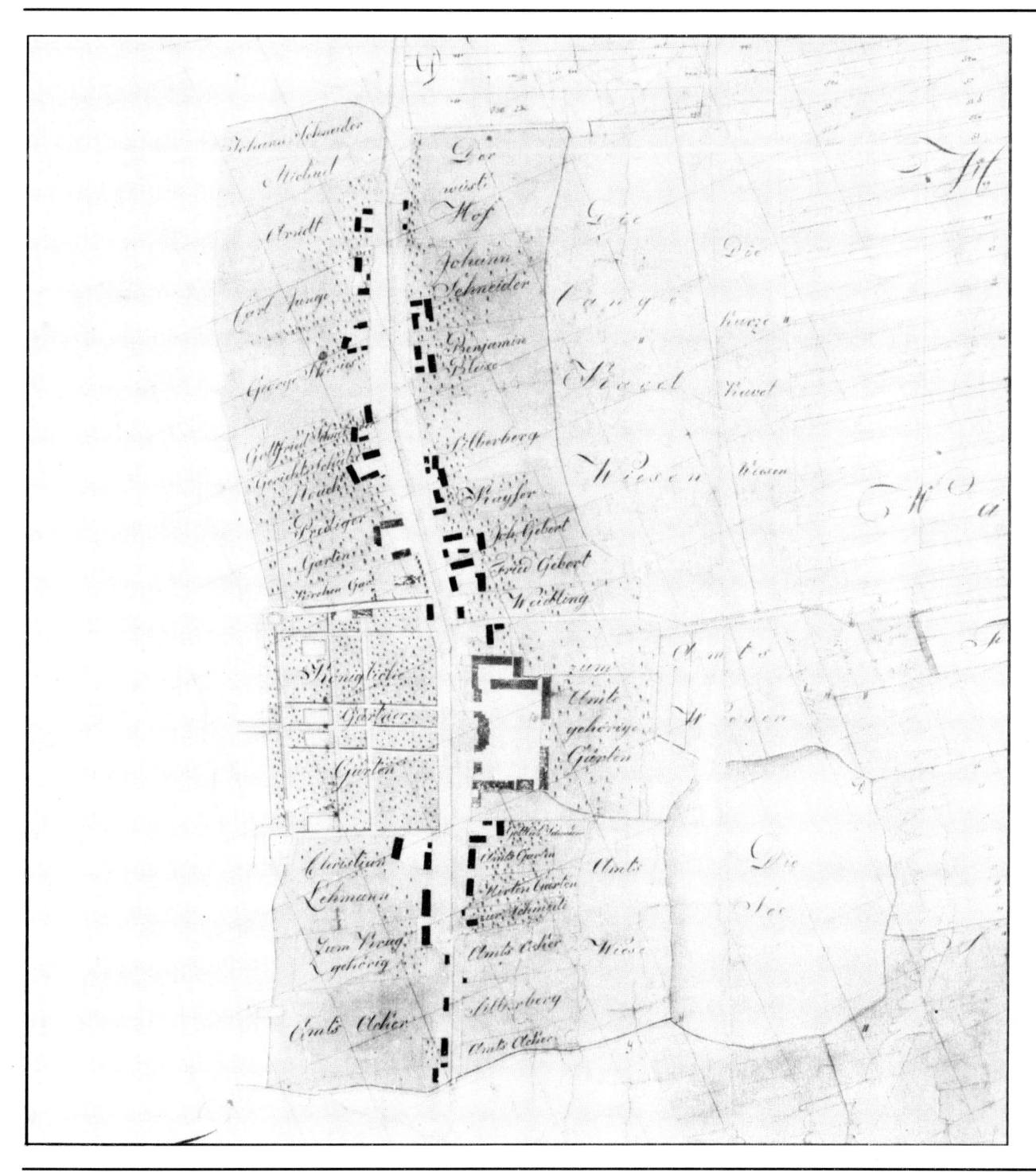

Entwicklung
der Einwohnerzahlen
von Malchow

Jahr	Einwohner
1734	192
1772	179
1801	233
1817	249
1840	311
1858	446
1871	498
1875	549
1880	606
1885	720
1890	736
1895	777
1900	874
1905	861
1910	821
1919	844

Abb. 347
Ausschnitt
aus einem Lageplan
von 1805

Malchow

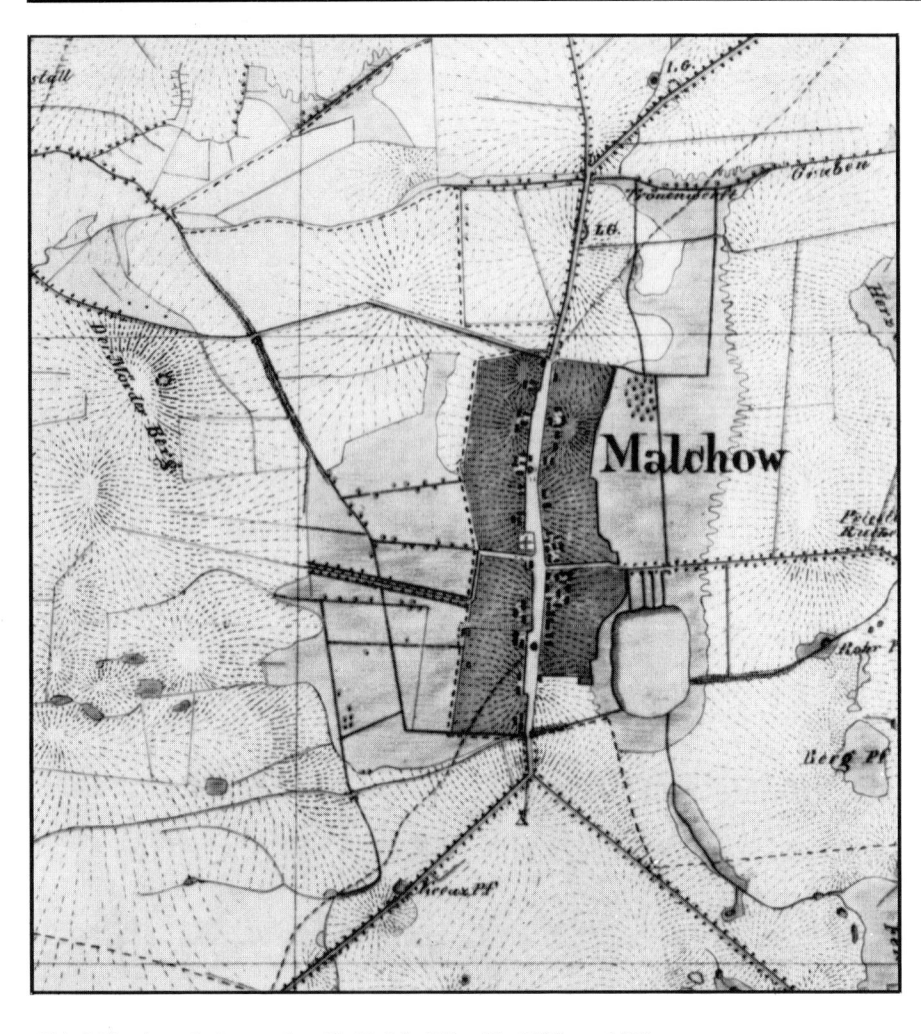

Abb. 348 Ausschnitt aus dem Ur-Meßtischblatt Nr. 1837 von 1835

Abb. 349 Wohnhaus für vier Gutsarbeiterfamilien, um 1900, Dorfstraße 40

Das bei seiner Eingliederung aus dem Kreis Niederbarnim noch aus einem Gemeinde- und einem Gutsbezirk bestehende Dorf hatte 1919 lediglich 844 Einwohner. Verursacht wurde diese geringe Einwohnerzahl des 1344 erstmals erwähnten und 1375 immerhin mit 52 Hufen ausgestatteten Ortes dadurch, daß im Jahre 1882 die Stadt Berlin das große Rittergut mit etwa 500 Hektar aufgekauft und Rieselfelder angelegt hatte. Das Gut bildete sich bereits im 15./16. Jh. heraus. So nutzten die v. Barfuß, denen das Dorf mindestens seit 1375 bis 1684 größtenteils oder ganz unterstand, zunächst 2 (1450), dann bald 8 (1480), allmählich 17 (1624) und schließlich 27 1/2 Hufen (1664). Von der Familie v. Fuchs, die seit 1684 Besitzer des Dorfes und des Gutes war, erwarb es 1705 König Friedrich I., der es zunächst dem Markgrafen Christian Ludwig überließ. Seit 1734 unterstand es jedoch dem Amt Niederschönhausen, seit 1812 dem Amt Mühlenhof. Anfangs wurde das Domänenvorwerk – zumindest teilweise – verpachtet, 1815 aber dann an den Amtmann Welle verkauft, von dem es 1828 H. Simon erwarb und dessen Nachfahren es der Stadt Berlin verkauften.

Bereits 1494 werden 13, 1624 dann 12 Hüfner genannt, von denen nach dem Dreißigjährigen Krieg allerdings nur noch einer vorhanden war. Seit Beginn des 18. Jh. bis zur Mitte des 19. Jh. existierten dann wieder 6 Bauern und 6 Kossäten sowie einige Büdner (so 1737 ein Radmacher und ein Leineweber) und etliche Einlieger. Ferner kamen zum bereits 1375 genannten Krug und zur 1624 erstmals erwähnten Schmiede seit 1714 eine Windmühle und wenig später eine Vorwerksbrauerei und -brennerei hinzu, die bis ins 19. Jh. bestehen blieben, so daß sich die Einwohnerzahl gegenüber 173 im Jahre 1624 – trotz der Einbußen durch den Dreißigjährigen Krieg – bis 1734 sogar noch etwas vergrößert hatte, dann aber fast stagnierte. Obwohl an der Berlin–Bernauer Chaussee gelegen, ansonsten aber ohne direkte Bahnverbindung, siedelten sich auch in der nachfolgenden Zeit relativ wenig neue Bewohner an. Dementsprechend stieg die Zahl der ortsansässigen Personen nie bis auf 1000. Malchow war noch kein Vorort Berlins geworden. Es wurde offenbar nur wegen der stadteigenen Rieselfelder eingemeindet.

Das schon vor dem Dreißigjährigen Krieg etwa ein Drittel und mindestens seit dem Jahre 1664 stets mehr als die Hälfte der Dorfflur umfassende Gut bestimmte bis zur Eingemeindung in entscheidendem Maße das Geschehen in dem langgestreckten Straßendorf. Der Gutshof nahm nicht nur einen geräumigen Platz an der östlichen Straßenfront ein, ihm gegenüber befand sich zudem eine nicht minder große Gartenanlage. Hinzu kamen ferner ver-

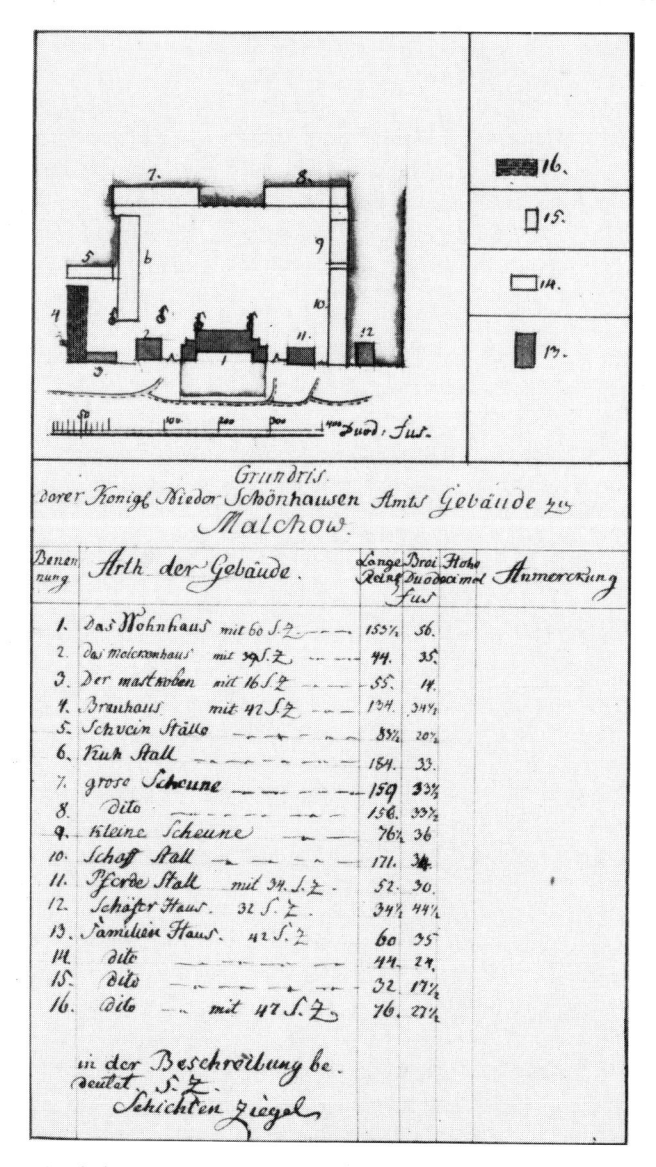

Abb. 350 Lageplan des Gutsgehöftes, um 1800

Abb. 351
Gutshaus
nach dem Umbau
von 1865/66,
Dorfstraße 9

schiedene am südlichen Ortsausgang gelegene Parzellen, die schon um 1800 mit kleinen Tagelöhnerkaten besetzt waren (Abb. 347).
Nach der Ablösung der Feudallasten entstanden weitere Arbeiterhäuser am Rande, aber außerhalb des Gutshofes an der Straße nach Wartenberg. Es handelte sich dabei um 2 langgestreckte einstöckige Vierfamilienhäuser mit Kehlbalkensparrendach und doppelt stehendem Stuhl. Sie wurden um 1840/50 gebaut und sind daher auf dem 1835 angefertigten Lageplan noch nicht verzeichnet (Abb. 348). Das älteste, kürzlich abgerissene Haus war ein reiner Lehmbau aus luftgetrockneten Ziegeln, das jüngere ein teilweise bereits aus Ziegeln, im Innern aber zumeist noch aus Lehmsteinen errichteter Bau.
Mit der Konsolidierung der kapitalistischen Produktionsverhältnisse und der nach 1850 erreichten weiteren Vergrößerung des Grundbesitzes (1860: 2040 Morgen, 1900: 2286 Morgen) machte sich erneut der Bau von Landarbeiterhäusern erforderlich, die nun auch entlang der Dorfstraße errichtet wurden und seitdem das Ortsbild wesentlich mitprägten. Es waren dies zunächst einstöckige, später zumeist zweistöckige Ziegelbauten mit Teerpappdach, von denen das Gebäude Dorfstraße 40 noch weitgehend seine ursprüngliche Gestalt bewahren konnte (Abb. 349). Erst im letzten Viertel des 19. Jh. entstanden, besitzt es bereits ein voll ausgebildetes Kellergeschoß, große Fenster und auf dem Hof einen Stall mit Waschküche für die 4 Arbeiterfamilien, gehört also schon zu den relativ großzügig ausgestatteten späten Typen, die seit dem Ende des 19. Jh. angelegt wurden, um der auch unter der Landarbeiterschaft weit verbreiteten „Landflucht" entgegenzuwirken.
Der Gutshof selbst erfuhr seine grundlegende Gestaltung in den Jahren 1684 bis 1704, als der damalige Besitzer P. v. Fuchs außer dem Herrenhaus auch die dazugehörigen Wirtschaftsgebäude anlegte. Nach einem um 1800 angefertigten Lageplan (Abb. 350) bestanden diese aus 2 großen Scheunen an der Rückfront des Hofes, einer kleinen Scheune und einem langgestreckten Schafstall an der rechten Seite sowie einem Kuhstall an der linken Seite und einem Pferdestall an der Vorderfront, also zwischen Gutshaus und Schafstall. Alle diese Gebäude hatten Lehmfachwerkwände und Strohdächer. Etwas nach außen versetzt lagen ferner der teilweise mit Ziegeln ausgesetzte Fachwerkstall für die

Abb. 352
Rest der ehemaligen
Schnapsbrennerei,
um 1866,
Dorfstraße 9

Abb. 353
Ziegelziersetzungen
an der Scheune
eines Bauernhofes,
um 1890,
Dorfstraße 7

Abb. 354
Bauernhaus,
1850,
Dorfstraße 34

Schweine und im rechten Winkel dazu das Brauhaus, das ausschließlich Ziegelfachwerkwände und ein „Steindach" besaß. Das dominierende Gebäude der Straßenfront war das massive zweistöckige Gutshaus, das bereits damals an jeder Giebelseite einen pavillonartigen Anbau aufwies. In einem vom verdienstvollen Ortschronisten G. Nitschke veröffentlichten zeitgenössischen Bericht heißt es dazu: „Gegen die Straße befindet sich ein Balkon mit einem eisernen Gitter, über dem an der Mauer zwei ausgehauene Kopfstücken, in der Mitte eine Statue und oben auf dem Fronton zwei Vasen befindlich sind ... Von der Straße aus führt eine große zweiflügelige eichene mit Sprossen und 12 weißen Scheiben versehene Tür in das Schloß. Die Tür ist mit eisernen Ringen, messingnen Knöpfen und eisernem Schlüßelblech beschlagen und besitzt eine eiserne Klinke. Der Fußboden im unteren Saal ist mit Quaderfliesen ausgelegt und hat unten an den Wänden Paneelwerk. Die Decke ist mit bunter Gipsarbeit versehen. Rechter Hand ist ein holländischer Kamin ..." [71].

Der heutige Zustand präsentiert im wesentlichen die Verhältnisse nach dem 1865/66 erfolgten größeren Umbau, dem nicht nur der etwas vorspringende Mitteltrakt mit abgerundeten Ecken und die damals aufgestockten kurzen Seitenflügel, sondern auch der gesamte Fassadenschmuck in Formen der Schinkel-Schule zu danken ist (Abb. 351). In jenen Jahren wird außerdem ein Großteil der Wirtschaftsgebäude den zeitgemäßen Bedürfnissen entsprechend modernisiert, so etwa mit Ziegelwänden und -dächern ausgestattet worden sein, allerdings unter weitgehender Bewahrung der Hofanlage. Einen etwaigen Eindruck vermittelt noch die in Resten erhaltene, aus dem Brauhaus hervorgegangene Schnapsbrennerei aus gelben Ziegeln mit einer Reihe von Rundbogenfenstern (Abb. 352), während die anderen Wirtschaftsgebäude in den nachfolgenden Jahren weitere, mitunter erhebliche Veränderungen erfuhren. Diese ergaben sich in erster Linie aus der Nutzung als Rieselgut, hingen aber sicher auch mit der zeitweisen Unterbringung einer Heilanstalt zusammen, wenngleich um 1900 für diesen Zweck ein gesonderter Bau unmittelbar hinter dem Wirtschaftshof an der Wartenberger Straße entstand.

Gegenüber der Vielzahl der zum Gutskomplex gehörenden Bauten nehmen sich die bäuerlichen Höfe bescheiden aus. Zwar entstanden nach 1880 auch einige mit aufwendigen Schmuckelementen, inzwischen aber zumeist mit Kratz- oder Rauhputz versehene Wohnhäuser, wie die Dorfstraße 17, 27 und 31, sowie Ställe und Scheunen, z. B. Dorfstraße 13 und 15, unter denen die Ziegelziersetzungen an den Wirtschaftsgebäuden vom Hof Dorfstraße 7 herausragen (Abb. 353), doch überwogen bis zur Eingemeindung 1920 die schlichten, noch aus der ersten Hälfte des 19. Jh. stammenden Gebäude. Ein solches Beispiel stellt das Wohnhaus vom Hof Dorfstraße 19 dar. Es entstand um 1830 als einstöckiger, quergegliederter und mit Glattputz versehener Ziegelbau, dessen Krüppelwalmdach von einem doppelt stehenden Stuhl getragen wird. Beiderseits des Flures wurden die Wohnräume angelegt, von denen man die größeren dem wirtschaftenden Bauern und die kleineren den Altenteilern zuordnete. Verblüffend ähnlich, wenn auch ein wenig größer, präsentiert sich das 1850 errichtete Wohnhaus vom Hof Dorfstraße 34, dessen Konstruktion und Raumordnung mit dem vorherigen nahezu identisch ist. Als wesentlichste Neuerung traten lediglich die teilweise Unterkellerung und die breitere, zweiflügelige Haustür hinzu (Abb. 354). Gegenüber den aus dem 17. und 18. Jh. stammenden und bis ins 19. Jh. zum großen Teil erhaltenen Bauten in Giebelstellung (siehe Abb. 347 und 348), die zumeist noch einen Stallteil im Wohnhaus besaßen, stellen diese beiden vorgestellten Beispiele zwar einen beachtlichen Fortschritt dar, doch begnügte man sich in der Nachfolgezeit vielfach mit diesem Wohnstandard und investierte eher in die Wirtschaftsgebäude.

Obwohl sich – für ein stadtnahes Dorf ungewöhnlich – die Zahl der Wohnhäuser im Verlaufe des 19. Jh. lediglich verdoppelte (1801: 25 Feuerstellen, 1840: 31 und 1900: 49 Wohnhäuser), die Einwohnerzahl sich nicht einmal vervierfachte – im benachbarten Weißensee stieg sie um das 186fache –, errichtete die Gemeinde offenbar in Anbetracht der zahlreichen Kinder in den Landarbeiterfamilien und mit wesentlicher Unterstützung des städtischen Rieselgutes um 1900 eine zweiklassige Dorfschule. Dieser in seinen Grundzügen bis heute erhaltene unverputzte Ziegelbau, bereits unterkellert und mit einem Drempel versehen, gehörte damals zweifellos zu den überdurchschnittlich gut ausgestatteten Schulen von Gemeinden dieser Größenordnung (Abb. 355).

In Anbetracht der Kleinheit des Dorfes bildete zu Beginn des 20. Jh. die alte Dorfkirche, die zwar nicht auf einem zentralen Platz, sondern in der Reihe der Gehöfte stand, noch eine wesentliche Dominante im Ortsbild, zumal sie seit dem frühen Mittelalter mit einem hohen Turm ausgestattet war. Diesem, einem Westwerk ähnlichen Querturm aus Feldsteinen, schloß sich das ebenfalls im 13. Jh. errichtete und später mit barocken Fenstern versehene rechteckige Schiff an, das seit 1683/94 einen dreiseitigen polygonalen Chorabschluß besaß. Einen Eindruck von der 1945 zerstörten Kirche vermittelt eine Tuschzeichnung aus dem Jahre 1834 von H. Wohler, der natürlich noch nicht die erst

1882 folgenden Veränderungen am Turm – es wurde anstelle des schlichten Zeltdaches mit barocker Laterne ein Backsteingeschoß mit steilem Schieferdach und spitzem Reiter aufgesetzt – festhalten konnte (Abb. 356). Das hinter der Friedhofsmauer hervorguckende strohgedeckte Wohnhaus mit dickem Schornsteinkopf läßt keine weiteren Einzelheiten erkennen, bestätigt aber dennoch die bereits erwähnte Bescheidenheit der älteren Wohnbauten.

Abb. 355
Zweiklassige Dorfschule, um 1900, Dorfstraße 37

Abb. 356
Dorfkirche. Tuschzeichnung von H. Wohler, 1834

Mariendorf
Verwaltungsbezirk Tempelhof

Entwicklung
der Einwohnerzahlen
von Mariendorf

Jahr	Einwohner
1734	127
1772	138
1801	162
1817	161
1840	351
1858	839
1871	1 435
1875	2 246
1880	2 437
1885	2 842
1890	3 606
1895	4 629
1900	5 764
1905	9 018
1910	15 423
1919	20 699

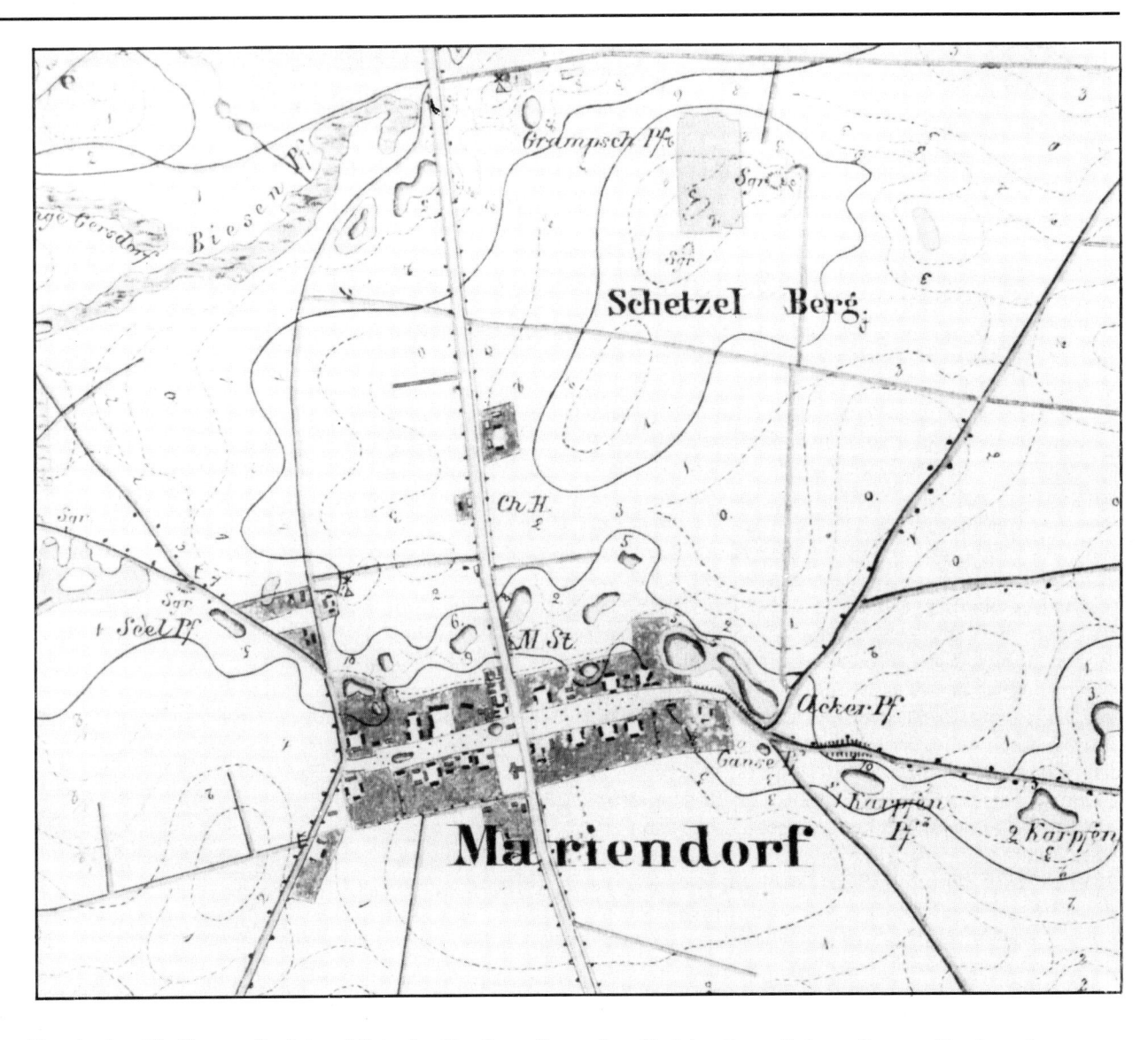

Abb. 357
Ausschnitt aus dem
Ur-Meßtischblatt
Nr. 1908 von 1851

Bereits im 13. Jh. gegründet, gehörte das Dorf – mit Ausnahme einiger Dienste – zunächst dem Templer-, seit 1312/18 dann dem Johanniterorden, bis es 1435 die beiden Städte Berlin und Cölln erwarben. Zeitweise im Alleinbesitz von Cölln (1590 bis 1709), verkaufte die Doppelstadt 1831 die Rechte über das Dorf einschließlich der Rittergutsgerechtsame an die Familie v. Scheel. Diese veräußerte sie um 1840 weiter an die Familie v. Beyer, bis sie 1842 der Gutsbesitzer Behrendt aus Großmachnow erwarb.

Da es zur Herausbildung einer eigenen Gutswirtschaft oder eines Vorwerks im Ort zunächst nicht kam, wurden die 1375 genannten 48 Hufen bis ins 19. Jh. stets von 12 bis 13 Bauern und 2 Kossäten bewirtschaftet. Nach dem Dreißigjährigen Krieg (1652) waren lediglich 2 der im Jahre 1624 genannten 13 Hüfnerstellen und ein Kossätenhof für kurze

Abb. 358 Rekonstruiertes Wohnhaus einer Büdnerstelle, 1830, Friedenstraße 1

Abb. 359 Wohnhaus eines Bauern, um 1860/um 1900, Alt-Mariendorf 25

Abb. 360 Wohnhaus eines Bauern, um 1875, Alt-Mariendorf 46

Zeit nicht besetzt. Bereits 1688 existierten wieder ein Fünfhufen-, 9 Vierhufen-, 2 Dreihufen- und ein Einhufenbauer. Bis 1801 waren zu diesen 12 Vollbauern und 2 Ganzkossäten sowie dem bereits 1450 genannten Krug und der erstmals 1624 erwähnten Schmiede lediglich 11 Einlieger hinzugekommen, so daß die Einwohnerzahl nur geringfügig, nämlich von 108 im Jahre 1652 auf 161 im Jahre 1817, anstieg.

Einen ersten größeren Auftrieb erfuhr der Ort durch die 1837 erfolgte Anlage der Berlin-Cottbuser Staatschaussee. So siedelten sich allein bis 1858 neben zahlreichen Handwerkern (u. a. 11 Bäcker-, 3 Schuhmacher-, 3 Stellmacher- und 2 Schmiedemeistern) und etlichen Gewerbetreibenden (so 4 Händler, 2 Kaufleute, 2 Gastwirte) auch 91 Arbeiter hier an, nicht berücksichtigt die in der Landwirtschaft tätigen 80 Knechte und Mägde sowie die 8 Tagelöhner. Ein weiterer Impuls kam von der seit 1873 auf einem 87 Hektar großen Terrain im Entstehen begriffenen Landhauskolonie *Südende*, die schon vor 1882 einen eigenen Bahnhof, 1894 Wasserleitung, 1897 eine Schule und 1902 Gasanschluß erhielt.

Den entscheidenden Einfluß übten jedoch die guten Verkehrsverbindungen zur Stadt (1887 Straßenbahnanschluß, seit 1910 elektrisch; 1895 Haltepunkt Mariendorf an der Bahn) und die Ansiedlung etlicher industrieller Etablissements in der Nähe des 1906 eingeweihten Teltowkanals aus. Hinzu kam, daß die neue Bauordnung von 1905 – mit Ausnahme der Kolonie Südende und des Ensembles Marienhöhe – die Errichtung vierstöckiger Mietshäuser gestattete. Die Einwohnerzahlen stiegen beständig, seit der Jahrhundertwende fast sprunghaft. Das 1900/02 von den Englischen Gasanstalten errichtete Gaswerk in Mariendorf versorgte schon 1906 etwa 20 Gemeinden im Süden Berlins. Wasser, Kanalisation und Elektrizität waren in dieser Zeit ebenfalls vorhanden. Ferner entstanden in den wenigen Jahren zwischen 1890 und 1914, in denen „Mariendorf in starkem Aufblühen begriffen" war [16], das Rathaus und zahlreiche andere kommunale Bauten.

Als die Gemeinde Mariendorf im Jahre 1920 aus dem Kreis Teltow in den neuen Stadtbezirk Berlin eingegliedert wurde, zählte sie bereits mehr als 20 000 Einwohner und war in erster Linie durch zahlreiche Mietshäuser und entsprechende Kommunalbauten geprägt. Dennoch existierten weiterhin nicht wenige Zeugnisse der vorausgegangenen rein agrarischen Periode, deren sich lang hinziehende Auflösung schon um die Mitte des 19. Jh. begann. Sie wurde eingeleitet durch den Bau der Berlin-Cottbuser Chaussee, die seitdem das große Straßendorf quer durchschnitt und den ehemaligen

Mariendorf

Abb. 361
Detail eines
Großbauernhofes,
um 1890,
Alt-Mariendorf 41

Abb. 362
Schmiedeeisernes Tor
zum Hof eines Bauern,
um 1900,
Alt-Mariendorf 41

einfachen Verbindungsweg, der den Ort am Westrand tangierte und an dem sich ab 1815 verschiedene Büdner und Häusler niedergelassen hatten, weitgehend überflüssig machte (Abb. 357).

Zwar lag an diesem die Anfang des 19. Jh. entstandene, zunächst einzige Windmühle – die zweite, als Bauwerk noch erhaltene, die sogenannte Adlermühle am Buchsteinweg, kam erst 1888 hinzu –, doch orientierte man sich zunehmend an der neuen Chaussee, wo bereits vor 1850 erste neue Büdnerstellen entstanden waren. Eine solche ist z. B. das heute noch existierende und mit einem einstöckigen Wohnhaus jener Jahre bebaute Grundstück Friedenstraße 16, während das Gebäude Friedenstraße 1 offenbar noch vor der Anlage der Chaussee am alten Verbindungsweg errichtet wurde (Abb. 358).

Nach der Ablösung der Feudallasten und der Durchführung der Separation 1841/43 verstärkten sich die Beziehungen zur ständig wachsenden Stadt Berlin. Der günstige Absatz der Agrarprodukte und der vorteilhafte Verkauf von Grund und Boden für die nach 1871 zunehmende Bebauung führten schnell zu einem beachtlichen Reichtum bei den größeren und selbst den kleineren Landbesitzern. Schon nach wenigen Jahren ließen sie sich anstelle ihrer alten Gebäude häufig neue Ställe und Scheunen sowie teilweise recht prunkvolle Wohnhäuser errichten, von denen einige bis heute erhalten geblieben sind. Diese stets quergegliederten und mit der Traufseite zur Straße stehenden Bauten besitzen zumeist einen Kniestock über dem Erdgeschoß, noch relativ steile Dächer und eine mehr oder weniger aufwendige Putzfassade.

Zu den frühesten Beispielen kann das Wohnhaus Alt-Mariendorf 25 gerechnet werden, dem allerdings später an der Straßenfront ein von 4 Säulen getragener Vorbau mit Zwerchgiebel und am Westgiebel eine Art Veranda hinzugefügt wurden, so daß dieses im Kern um 1860 errichtete Bauernhaus fast Gutshauscharakter annahm (Abb. 359).

Ebenfalls aus dem letzten Drittel des 19. Jh. stammen die mit spätklassizistischen Fassaden ausgestatteten Wohnhäuser von den Höfen Alt-Mariendorf 45 und 46 (Abb. 360), deren große Stichbogenfenster von kräftigen Fensterstürzen bekrönt werden. Zu den aufwendigsten gehört allerdings das erst Ende des 19. Jh. entstandene Gebäude vom Hof Alt-Mariendorf 41, das sich insbesondere durch 2 von Pfeilern getragene Gaupenausbauten mit figürlichem Schmuck von allen anderen abhebt (Abb. 361). Auffallend schlicht, fast spartanisch nüchtern sind dagegen – wie bei den meisten derartigen Bauernhäusern – die Rück- und Giebelseiten gestaltet, ein beeindruckender Gegensatz zum eisernen Vorgartenzaun und vor allem zum prachtvollen Hoftor (Abb. 362).

Wie verändernd die Entwicklung im 19. Jh. auf die ländlichen Bauformen gewirkt hat, verdeutlicht das in den letzten Jahren rekonstruierte Wohnhaus Alt-Mariendorf 28 (Abb. 364). Es verkörpert einen seit dem Ende des 18. Jh. von der preußischen Landbauschule propagierten und bis in die 30er/40er

Jahre des 19. Jh. häufig verwendeten Grundtyp, der aus dem Mitteldeutschen Ernhaus entwickelt wurde und das zuvor dominierende längsgegliederte Märkische Mittelflurhaus verdrängte. Mitte des 19. Jh. standen jedoch in Mariendorf – wie der Lageplan von 1851 belegt – vor allem im östlichen Teil des Dorfes noch etliche Wohnhäuser in Giebelstellung, die offenbar nach den beiden Bränden des Jahres 1733 in dieser Form wieder aufgebaut worden sein werden. Nach der Feuersbrunst von 1748, die den westlichen Teil der Südfront hinweggerafft hatte, scheint man dagegen bereits zur quergegliederten Hausform in Traufenstellung übergegangen zu sein. Der erhaltene Plan zum Bau eines Gehöftes für den Vierhüfner Wulff aus der Zeit um 1800 belegt, daß dieser Bauer nicht nur sein eigenes Wohnhaus, sondern auch die kleinere Tagelöhnerkate nach diesem Prinzip errichten ließ.

So wie seit den 70er Jahren des 19. Jh. einerseits verschiedene Höfe nach außerhalb, z. B. entlang der nach Berlin führenden Straße Mariendorfer Damm, verlegt wurden, wo bis heute noch der Hof Nr. 88/90 existiert, drangen andererseits bald Mietshäuser in den alten Dorfkern vor, wo sie stellenweise sogar als reine Hinterhäuser angelegt wurden, während das Vorderhaus in seiner bescheidenen, noch an die dörflichen Verhältnisse erinnernden Form erhalten blieb (Abb. 363).

Die Mehrzahl der Mietshäuser entstand jedoch im nördlichen Teil der Gemarkung, insbesondere zwischen der 1895 angelegten und 1912 zum Bahnhof ausgebauten Haltestelle der Vorortbahn und dem alten Dorfkern sowie beiderseits des Mariendorfer Dammes. Abgesehen von der Kolonie Südende und der jüngeren Landhaussiedlung Marienhöhe sowie einigen anderen relativ frühen Mietvillen, wie die Rathausstraße 25 (Abb. 365), beherrschten schon vor 1920 die seit 1905 in großem Umfange errichteten vierstöckigen Wohnblocks das Ortsbild (Abb. 366).

Bezeichnenderweise fanden einige der wichtigsten

Abb. 363 Vierstöckiges Hinterhaus hinter einstöckigem älterem Wohnhaus an der alten Dorfstraße, um 1890, Alt-Mariendorf 40

Abb. 364 Rekonstruiertes, ehemals zu einem Bauernhof gehörendes Wohnhaus, um 1820, Alt-Mariendorf 28

Abb. 365 Zweistöckige Mietvilla, um 1890, Rathausstraße 25

Mariendorf

Abb. 366
Vierstöckiger Wohnblock, um 1910, Kaiserstraße 121

Abb. 367
Dorfkirche.
Tuschzeichnung von
H. Wohler, 1834

Abb. 368 Ehemalige Gemeindeschule, 1873, Alt-Mariendorf 43

kommunalen Bauten gerade in diesem Revier ihren Platz, so 1905 das im zweiten Weltkrieg zerstörte Rathaus in der Rathausstraße, 1910/11 das Realgymnasium an der Kaiserstraße und 1912/13 die Feuerwache mit dem Polizeirevier an der Ecke Prinzenstraße/Rathausstraße. Die Volksschule indes verblieb zunächst im alten Dorfzentrum. Sie ging aus der einklassigen Dorfschule hervor, die jeweils nach den Bränden der Jahre 1748 und 1807 wiederentstand. Da auch ein 1847 erfolgter Anbau und die bald darauf in einem Bauernhof gemieteten Räumlichkeiten nicht mehr ausreichten, sah man sich gezwungen, 1873 einen Neubau für 3 Klassen zu errichten. Binnen weniger Jahre mußte auch dieser erweitert werden, so daß Ende des 19. Jh. schließlich eine sechsstufige Gemeindeschule existierte (Abb. 368).

Erst zu diesem Zeitpunkt kamen durch die sprunghafte Zunahme der Schülerzahlen neue Standorte von Schulbauten hinzu. Als erstes wurde 1897 eine „Außenschule" in Südende eingerichtet, dann folgten 1901 eine weitere in der Königstraße nahe dem Rathaus, schließlich noch eine in der Königstraße. Aber auch im alten Dorfkern, und zwar auf dem Hofgelände der 1873 entstandenen Dorfschule, wurde 1908 ein großer Neubau errichtet, dessen Haupteingang jedoch an der Parallelstraße lag.

Bis zum Bau der Kirche in Südende 1912/13 war die alte Dorfkirche der einzige Sakralbau der Gemeinde. Schon im ersten Drittel des 13. Jh. als sogenannte vollständige Anlage mit Westturm, Schiff, Chor und halbrunder Apsis von den Templern errichtet (Abb. 367), reichte ihre geringe Größe offenbar bis ins 20. Jh. hinein für die gottesdienstlichen Bedürfnisse aus. Selbst der Kirchhof diente bis in die 80er/90er Jahre des 19. Jh. als Begräbnisplatz. Erst dann wurde ein neuer größerer Friedhof auf ei-

Abb. 369
Blick vom Kornfeld
zum Dorfkern
mit Kirche.
Aufnahme von 1927

nem nahe gelegenen Terrain an der Friedenstraße, gegenüber der Schule, eingerichtet und 1905/06 mit einer reizvollen Kapelle im Stile der märkischen Backsteingotik ausgestattet. Die Kirche mit ihrem schlanken quadratischen Turm, den ein achteckiger Turmaufsatz mit welscher Haube, Spitze, Kugel und Wetterfahne von 1737 krönt, blieb aber weiterhin, zumal sie unmittelbar an der wichtigsten Kreuzung Alt-Mariendorfs liegt, eine bedeutende bauliche Dominante, wie ein wenige Jahre nach der Eingemeindung entstandenes Foto belegt (Abb. 369). Es veranschaulicht aber auch die charakteristische Mischung städtischer Elemente mit der in gewissem Umfange immer noch betriebenen Landwirtschaft. Im Gehöft Dorfstraße 18 (heute Alt-Mariendorf) war sogar noch eine strohgedeckte Fachwerkscheune erhalten geblieben (Abb. 370). Sie unterstreicht die Vielfalt der zu Beginn des 20. Jh. nebeneinander existierenden baulichen Erscheinungsformen.

Abb. 370
Blick in den Hof
eines mittelgroßen
Bauerngrundstücks
mit Scheune
von etwa 1780,
ehemals
Dorfstraße 18.
Aufnahme von 1929

Marienfelde
Verwaltungsbezirk Tempelhof

Entwicklung der Einwohnerzahlen von Marienfelde

Jahr	Einwohner
1734	128
1772	99
1801	148
1817	154
1840	255
1858	496
1871	599
1875	846
1880	911
1885	998
1890	1 334
1895	1 633
1900	1 963
1905	2 901
1910	3 684
1919	3 849

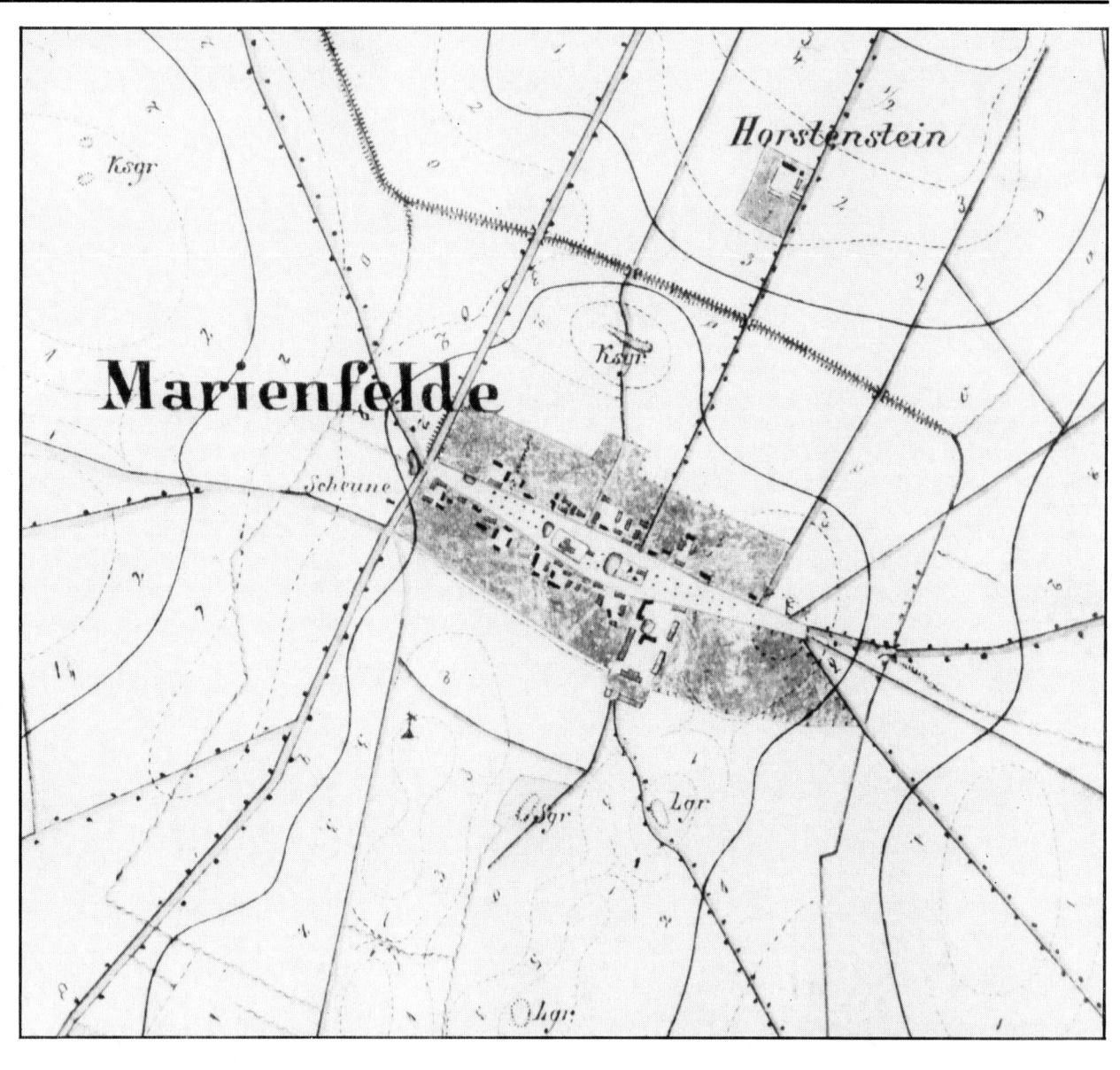

Abb. 371
Ausschnitt aus dem Ur-Meßtischblatt Nr. 1908 von 1851

Das 1920 aus dem Kreis Teltow in den neuen Stadtbezirk Berlin gekommene, 1344 Merghenvelde, 1375 Marghenvelde genannte Dorf gehörte wie Mariendorf bis 1312 – mit Ausnahme der Bede und der Wegedienste – dem Templer-, dann dem Johanniterorden (Komturei Tempelhof). 1435 erwarben es die Städte Berlin und Cölln, die den Ort erst 1831 wieder veräußerten. Zunächst v. Scheel, dann v. Beyer gehörig, kaufte ihn 1844 der Ökonomierat A. Kiepert, der das im Rahmen der Separation entstandene Gut – 1839 hatte v. Beyer auf der ehemaligen Erbpachtskirchhufe das Vorwerk Horstenstein errichten lassen – binnen weniger Jahre erheblich vergrößerte, bis 1858 auf immerhin 2400 Morgen, und zu einem Mustergut ausbaute. Mitte des 19. Jh. wurden Herrenhaus und Wirtschaftshof an den östlichen Ortsrand des alten Dorfes verlegt, und das Vorwerk wurde nach 1860 allmählich aufgegeben. Ursprünglich stellte Marienfelde jedoch ein reines Bauerndorf dar, das 1375 mit 52 Hufen einschließlich der 3 Freihufen des Pfarrers und der Kirchenhufe ausgestattet war. Mindestens seit 1624 bis Anfang des 19. Jh. bewirtschafteten 12 Vollbauern und 3 Ganzkossäten stets 48 Hufen. Selbst nach dem Dreißigjährigen Krieg war es sehr schnell, nämlich schon 1652, gelungen, alle Höfe wieder zu besetzen, die in der Folgezeit allerdings häufig an Bürger verkauft und von diesen – z. B. nach dem Siebenjährigen Krieg – nur unzureichend bewirtschaftet worden waren. Bereits 1373 wird eine Mühle erwähnt. Seit 1450 werden ein Krug und seit 1624 eine Schmiede genannt. Bis zum Ende des 18. Jh. kamen zwar ein Büdner und 10 Einlieger hinzu, doch vergrößerte sich die Einwohnerzahl zunächst nur geringfügig.

Erst mit der Herausbildung des Gutes und der Verringerung der Vollbauernstellen setzte ein Strukturwandel ein, dem bald darauf eine erhebliche Vergrößerung des Ortes folgte. 1858 lebten neben 64 Knechten und Mägden bereits 26 Tagelöhner hier. Es entstanden neben der Getreidemühle eine Brennerei, zudem etliche Baumschulen, Gärtnereien und selbst eine bedeutende Orchideenzüchterei sowie seit Anlage des Bahnhofs an der Berlin–Dresdener Strecke etliche Fabriken (Daimler, Braß & Hertslet u. a.). Hinzu kamen eine vom Baumschulenbesitzer A. Hranitzky seit 1888 vorangetriebene Villenkolonie, zeitweise *Neu-Marienfelde* genannt, und seit 1905 ein katholisches Frauenkloster, so daß die Einwohnerzahl kontinuierlich, aber erst seit der Jahrhundertwende verstärkt anstieg, 1904 waren bereits Gas und Leitungswasser (damals mit 49 Anschlüssen) vorhanden, Elektrizität kam 1906 hinzu. 1908 wurde gemeinsam mit Lankwitz der Bau der Kanalisation und der dazugehörigen Rieselfelder in Diedersdorf begonnen. Der Lageplan von 1851 (Abb. 371) zeigt, daß zu diesem Zeitpunkt das große Angerdorf bereits wesentlich durch das erst wenige Jahre zuvor entstandene Gut geprägt wurde. Es beherrschte mit seinen zahlreichen Wohn- und Wirtschaftsbauten den gesamten Südostteil des Ortes. Da auch in den nachfolgenden Jahren bis zur Eingemeindung vorrangig die nördlichen Gebiete der Feldmark besiedelt wurden, blieb diese Situation im alten Dorfkern weitgehend erhalten. Zwar sind inzwischen einige Gebäude, wie die Landarbeiterkaten am äußersten Südende des Gutshofes, abgerissen worden, doch vermitteln die verbliebenen Bauten noch einen guten Eindruck vom Wirtschaftsleben in der zweiten Hälfte des 19. Jh.

Zu den bedeutendsten Zeugnissen dieser Ära gehören neben dem großräumig angelegten Hofensemble und einigen erst in den letzten Jahrzehnten des 19. Jh. errichteten, z. T. zweistöckigen unverputzten Wohn- und Wirtschaftsbauten aus Backstein und mit flachen Pappdächern vor allem die beiden Wohnhäuser an der Nordfront des Hofes. Das ältere, um 1850 angelegt und bis 1860 mehrfach er-

Abb. 372
Gutshaus, um 1850/60,
Alt-Marienfelde 17/21

Abb. 373
Wohnhaus zum Gutshof,
um 1870,
Alt-Marienfelde 17/21

Marienfelde

Abb. 374
Dorfkirche.
Tuschzeichnung von
H. Wohler, 1834

Abb. 375
Ehemaliges
Gemeindehirtenhaus (?),
später
Kleinbauernstelle,
um 1770,
Alt-Marienfelde 12

weitert, ist ein einstöckiger, unterkellerter Putzbau mit hohem Kniestock und relativ steilem, um etwa 40° geneigtem Dach. Er hebt sich zunächst nur durch die gediegenen achtteiligen Fenster, die Putzquaderung und die kreisförmigen Fensteröffnungen im Drempelgeschoß von den gleichzeitigen Großbauernhäusern ab, bekommt aber dann durch die verschiedenen An- und Ausbauten, wie einen quadratischen Turm und einen zweistöckigen Anbau am Westgiebel sowie einen Erker und eine Loggia am Ostgiebel, einen ausgesprochen herrschaftlichen Charakter, der zudem durch eine nach Süden anschließende Pergola unterstrichen wird und den Einfluß der Bauten von Persius verrät (Abb. 372). Das nur wenige Jahre später entstandene Pendant (Abb. 373) läßt alle diese Zutaten vermissen, unterstützt mit seiner schlichten Fassade, die nur durch den ein wenig vorspringenden Mitteltrakt mit flachem Zwerchgiebel betont wird, jedoch den repräsentativen Charakter des Ensembles. Diesem angemessen, verbindet beide Bauten ein aus unverputzten Backsteinpfeilern und schmiedeeisernem Zaun bestehendes Eingangstor.

Ein weiteres bedeutsames Baudenkmal besitzt der Ort in seiner Dorfkirche, die als eine der ältesten in der gesamten Mittelmark gilt. Sie soll um 1220 errichtet worden sein und weist noch heute trotz verschiedener Eingriffe, wie der Vergrößerung der Fenster 1896 sowie der Anlage einer kleinen Vorlaube vor dem westlichen Eingangsportal 1921, die wesentlichen Grundelemente der Bauzeit auf. An den aus sorgfältig geschichteten Granitquadern bestehenden Westturm schließt sich in gleicher Breite das Schiff an, dem das etwas zurückspringende Chorquadrat schließlich eine halbrunde Apsis mit noch erhaltenen Rundbogenfenstern folgt. Zwei Anbauten des 14./15. Jh. mit spitzbogigen Fenstern und Blendnischen nördlich und südlich des Chors ergänzten schon im Mittelalter den ursprünglichen Bau (Abb. 374), der auf einem zentralen Platz des Dorfangers inmitten des bis Ende des 19. Jh. genutzten Kirchhofes liegt und durch die weitgehend erhalten gebliebene niedrige Bebauung noch immer eine beeindruckende Dominante in diesem Ortsteil bildet.

Die bereits erwähnte Konzentration der Ende des 19. Jh. errichteten Bauten beiderseits der 1875 auf der nördlichen Feldmark eingerichteten und 1900/03 zum Bahnhof ausgebauten Haltestelle bewirkte, daß der alte Dorfkern relativ lange unangetastet blieb. Eine Vielzahl erhaltener ländlicher Bauten war die Folge. Zu den ältesten gehören heute neben dem geschickt rekonstruierten Wohnhaus Alt-Marienfelde 49 von etwa 1820/30 die beiden Wohngebäude Alt-Mariendorf 12 und 38. Ersteres, ein langgestreckter und nichtunterkellerter, ursprünglich wohl aus Fachwerk errichteter und mit Stroh gedeckter Bau, besitzt im westlichen Teil nicht nur Reste der Schwarzen Küche, sondern auch eine Raumordnung, wie sie bei den frühen Tagelöhnerkaten des 18. und beginnenden 19. Jh. häufig auftrat. Da es zu diesem Zeitpunkt aber noch kein Gut im Ort gab und auch die größten Bauern noch keine eigenen „Leutehäuser" besaßen, scheint es sich um ein ehemaliges Gemeindehaus, möglicherweise eine Hirtenkate, zu handeln, die nach der Separation überflüssig und offenbar an einen Handwerker oder Kleinbauern verkauft wurde (Abb. 375). Nicht minder große Aufmerksamkeit kann das Gebäude Alt-Marienfelde 38 beanspruchen, das sich zwar allein durch seine Zweistöckigkeit wesentlich vom vorherigen unterscheidet, doch im Kern ebenfalls bis ins 18. Jh. zurückreichen mag, wenngleich ein Umbau Mitte des 19. Jh. diesen Eindruck auch etwas verwischt.

Wie in den meisten Dörfern des Berliner Einzugsgebietes entstanden zahlreiche neue Wohn- und Wirtschaftsbauten erst nach 1871. Auffallend und sicher ein deutlicher Unterschied zu den stadtnahen Gemeinden ist, daß die Baukonjunktur hier etwas später als dort einsetzte. So ließen zwar einige Bauern neue Ställe, Scheunen und Wohnhäuser schon in den 70er/80er Jahren errichten, wie die auf einem hohen Kellergeschoß ruhenden, einstöckigen und mit Schiefer gedeckten Wohnhäuser Alt-Marienfelde 6 und 37 belegen, doch folgten die meisten erst in den 90er Jahren des 19. Jh. und vor allem zu Beginn des 20. Jh. Dazu gehört u. a. das stattliche Wohnhaus Alt-Marienfelde 2, das vor allem durch seinen prachtvollen Zwerchgiebel mit Renaissance-Dekor hinter einem säulengestützten Balkon besticht (Abb. 376). Hierzu zählen ferner das palaisartige Wohnhaus Alt-Marienfelde 25, das in der Manier der Gutshäuser des 18. Jh. mit einem Mansarddach errichtet, aber bereits mit Jugendstil-Schmuckelementen versehen wurde (Abb. 377), und der schon völlig als Herrenhaus anzusprechende, zweistöckige Palast Alt-Marienfelde 23 (Abb. 378). Eine Sonderstellung nimmt dagegen das Wohnhaus vom Grundstück Alt-Marienfelde 26 ein, das nach städtischen Vorbildern eine Durchfahrt aufweist und teilweise als Mietshaus diente (Abb. 379).

Relativ spät setzte auch die Bebauung der wichtigsten Verbindungsstraße nach Berlin ein, an der unmittelbar neben dem Ortseingang Ende des 19. Jh. lediglich die neue Dorfschule und der neue Gemeindefriedhof angelegt wurden. Erst in jenen Jahren entstanden hier etliche Häusler-, zumeist Handwerkerstellen (Abb. 380). Der einzige größere Bau, der – wenn schon nicht innerhalb, so doch am Rande des Dorfkernes – 1905 errichtet wurde, war der Komplex des Klosters „Zum guten Hirten". Im Winkel zwischen den alten Verbindungswegen nach Giesensdorf und Lankwitz gelegen, folgten auch

Abb. 376 Wohnhaus eines Großbauern, um 1895, Alt-Marienfelde 2

Abb. 377 Wohnhaus eines Großbauern, 1907, Alt-Marienfelde 25

Abb. 378 Wohnhaus eines Großbauern, um 1910, Alt-Marienfelde 23

Marienfelde

Abb. 379
Mietshaus
am Dorfanger,
um 1900,
Alt-Marienfelde 26

Abb. 380
Häuslerstellen,
1891/92,
Marienfelder Allee
121 und 123

dorthin bald einige weitere Wohnhäuser, doch blieb gerade in diesem Raum der ländliche Charakter noch lange bewahrt (Abb. 381). Als die Landgemeinde im Jahre 1920 mit etwa 4000 Einwohnern nach Berlin eingegliedert wurde, bestand der Ort also im wesentlichen aus 3 Teilen, einer fast selbständigen Villenkolonie – mit den meisten Bewohnern –, einem Industriekomplex – im Nordosten der Feldmark – und einem noch weitgehend agrarisch geprägten Dorfkern.

Abb. 381 Häuslerstelle, um 1910, Malteser Straße 168

Marzahn
Stadtbezirk Marzahn

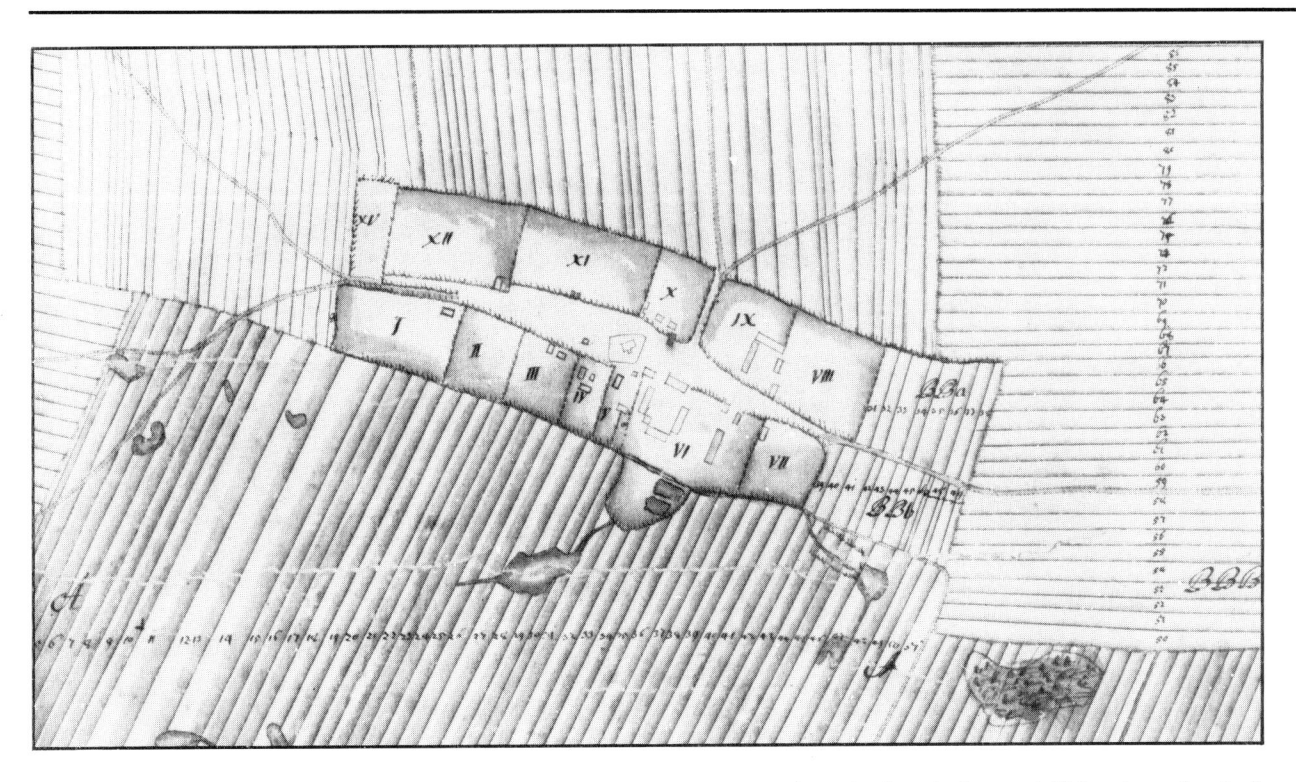

Entwicklung der Einwohnerzahlen von Marzahn	
Jahr	Einwohner
1734	105
1772	189
1801	223
1817	216
1840	293
1858	447
1871	522
1875	606
1880	647
1885	665
1890	669
1895	613
1900	672
1905	706
1910	666
1919	745

Abb. 382
Lageplan
aus dem Jahre 1705

Die 1920 mit weniger als 800 Einwohnern aus dem Kreis Niederbarnim nach Berlin eingegliederte Landgemeinde bildete zunächst einen Bestandteil des Stadtbezirkes Lichtenberg, bis sie 1979 zusammen mit Biesdorf zum eigenen Stadtbezirk erhoben wurde. Sie hieß bei ihrer Ersterwähnung 1300 Mortzane, später Murtzane und Mortzan (1375) oder Martzan (1412), Marczane (1450) und Mertzan (1480). Das 1375 mit 52 Hufen ausgestattete Dorf gehörte bis auf 3 Hufen zunächst einem Ritter v. Wulkow, seit Anfang des 15. bis Ende des 16. Jh. dann der Familie v. Lindenberg, wurde um 1590 geteilt und gelangte 1657 zur einen Hälfte (durch Kauf von der Witwe v. Burgsdorff) und 1681 schließlich auch mit der anderen Hälfte (durch Kauf von Hauptmann v. Britzke) in den Besitz des Großen Kurfürsten, der die beiden bereits 1608 bezeugten Güter zusammenlegte und als Vorwerk dem Amt Köpenick unterstellte. Zwar waren schon in der Mitte des 15. Jh. nur 23 bis 25 Hufen besetzt und die anderen von der Familie v. Lindenberg genutzt worden, doch existierten 1624 neben den beiden Gütern mit 16 und 7 Freihufen immerhin 8 Hüfner und 5 Kossäten mit insgesamt 24 Hufen. Nach dem Dreißigjährigen Krieg (1652) waren nur noch die 5 Kossäten vorhanden, und auch in der Nachfolgezeit wurde lediglich eine Bauernstelle, der Schulzenhof, wieder besetzt, das Land aber – bis auf 7 Hufen – dem Vorwerk eingegliedert.

1764 parzellierte man auf Veranlassung des Königs Friedrich II. das im Jahre 1733 bereits 1962 Morgen umfassende Gut jedoch wieder. Von den bis 1769 weitgehend fertiggestellten Gehöften der Kolonie *Neu-Marzahn* brannten 1776 7 wieder ab, doch gelang bald darauf der Wiederaufbau und 1805 sogar die Errichtung einer Bockwindmühle. 1857 entstand an der Berlin–Altlandsberger Chaussee zwar das Vorwerk *Bürknersfelde* mit einer Ziegelei, doch dominierte bis ins 20. Jh. die Landwirtschaft, im Ort z. T. als Obst- und Gemüseanbau betrieben. Die seit 1624 bezeugte Laufschmiede wurde Mitte des 18. Jh. in eine Hauptschmiede umgewandelt.

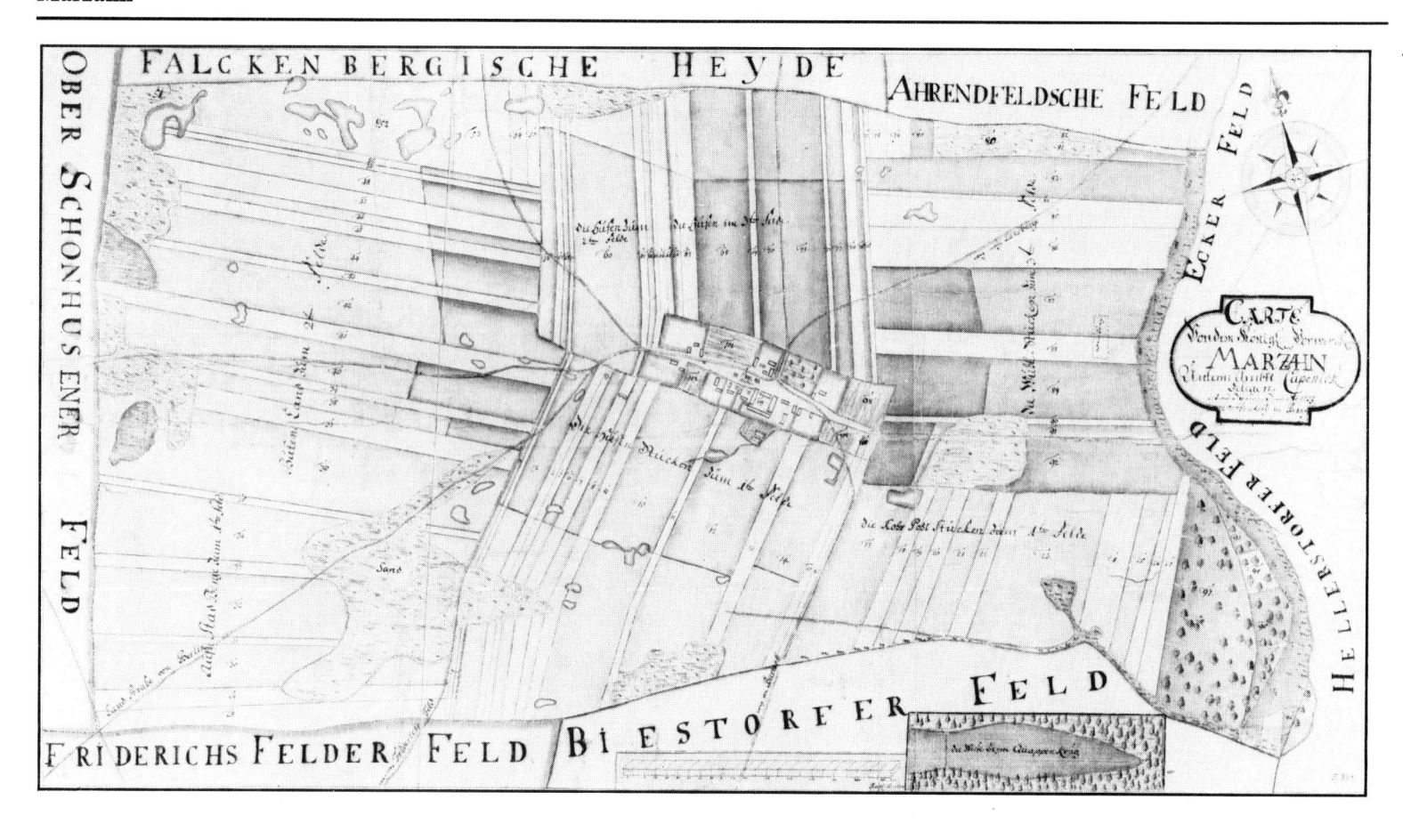

Abb. 383
Lageplan
aus dem Jahre 1732

Abb. 384
Plan des Vorwerkes
mit der Schäferei
aus dem Jahre 1738

Seit 1757 ist ein Krug nachgewiesen. Das 1624 mit 96 Einwohnern noch außerordentlich kleine Dorf erfuhr durch die Kolonie *Neu-Marzahn* zwar einen geringfügigen Zuwachs (1734: 105, 1772: 189, 1801: 223, 1817: 216 Einwohner), doch stagnierte dann – nach einem kleinen Aufschwung zwischen 1830 und 1880 – die Bevölkerungsentwicklung bis zur Eingemeindung fast vollständig. Ein Lageplan aus dem Jahre 1705 (Abb. 382) zeigt in ganz beeindruckender Weise, was nach den Wirren des Dreißigjährigen Krieges von den 1624 genannten 8 Hüfner- und 5 Kossätenstellen noch übriggeblieben war. Neben dem königlichen Vorwerk mit Schäferei (VI) und der dazugehörigen Meierei (IX) existierten lediglich 5 kleine Kossätenhöfe (I, III, IV, V und VII) und das von der Vorwerkspächterin, Witwe Tornow, wieder aufgebaute und mit dem notwendigen Inventar, der sogenannten Hofwehr, ausgestattete Kruggut (X). Es war mit 3 Hufen Ackerland die einzige Bauernwirtschaft, der man zudem das Schulzenamt übertragen hatte, da das alte Schulzengericht (XI) wüst lag und von der Herrschaft genutzt wurde. Auch nach 27 Jahren hatte sich relativ wenig geändert. Lediglich die Meierei, bis 1681 der v. Britzkesche Gutshof, war inzwischen abgerissen und zu einem Garten umgestaltet worden, und ein neues Gehöft am westlichen Ortseingang war hinzugekommen (Abb. 383).

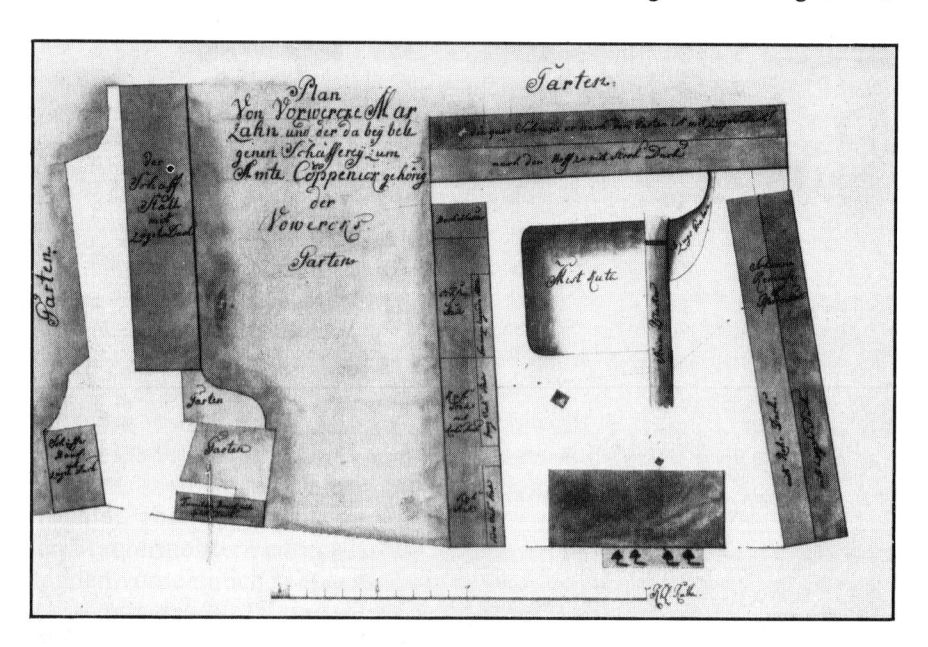

Das Vorwerk, bis 1657 der v. Burgsdorffsche Gutshof, einschließlich der benachbarten Schäferei scheint sich Anfang des 18. Jh. allerdings wesentlich gewandelt zu haben, zeigte es doch 1738 (Abb. 384) bereits beachtliche Modifikationen gegenüber dem Zustand von 1705. So blieb zwar die

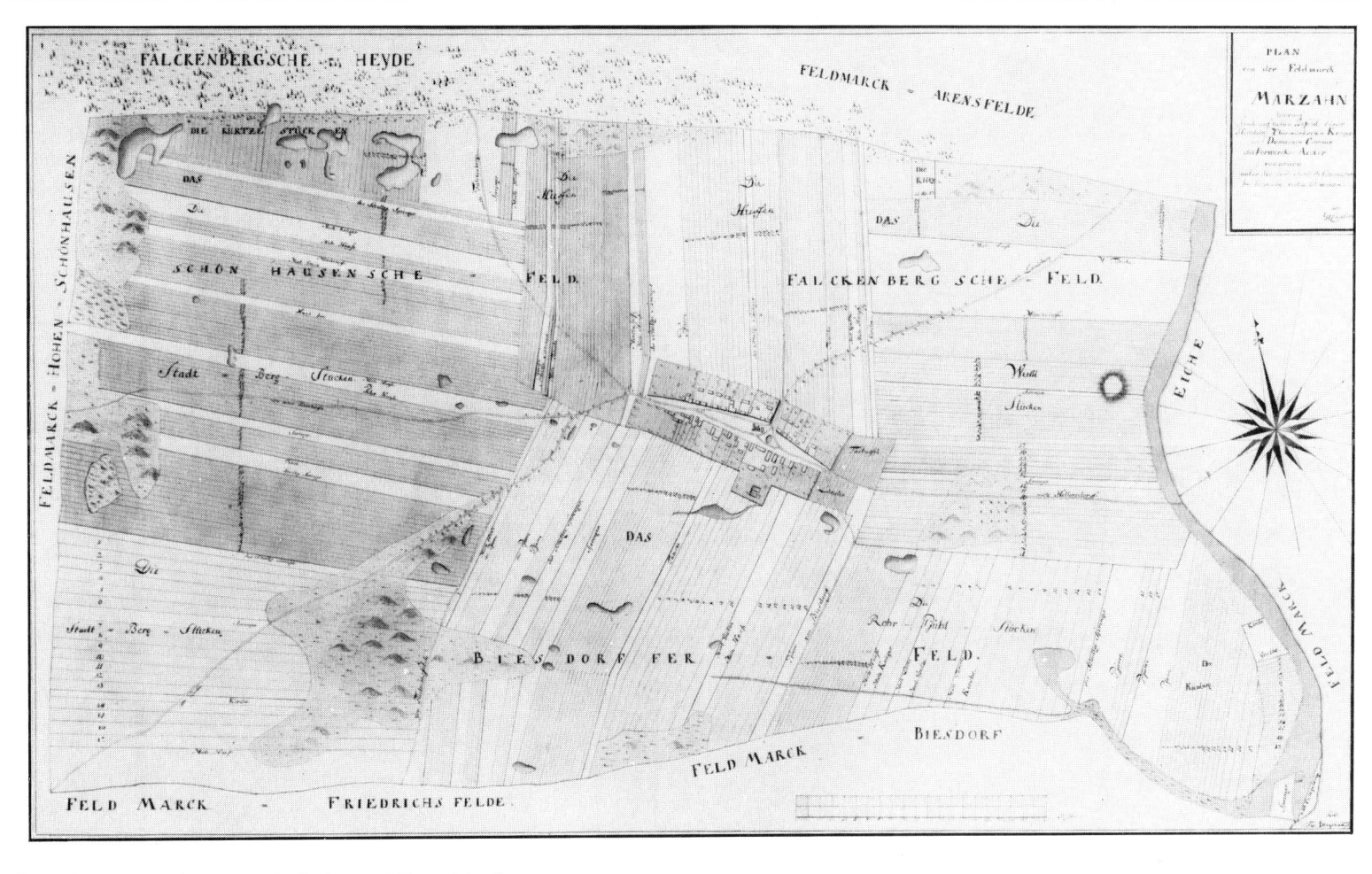

Abb. 385 Lageplan aus dem Jahre 1769

Abb. 386 Scheune eines Vollbauernhofes, um 1780, Alt-Marzahn 47

Grundstruktur, der allseitig bebaute Vierseithof, erhalten, doch erfuhren nahezu alle Bauten, die noch unter der Herrschaft v. Burgsdorffs in den Jahren 1643/57 errichtet wurden und aus Fachwerk bestanden, mehr oder weniger große Veränderungen. Die ohnehin schon 24 Gebinde umfassende Scheune an der Rückfront des Hofes wurde mindestens verlängert (wenn nicht durch einen Neubau ersetzt) und zur Hälfte mit Ziegeln gedeckt. Die beiden 15 und 17 Gebinde langen Ställe wurden ebenfalls vergrößert, so daß sie jetzt mit den Giebeln direkt an der Straße standen. Das auffällig kleine Wohnhaus von 7 Gebinden, in dessen Erdgeschoß sich lediglich eine Stube und eine Schlafkammer sowie eine Speise-, Milch- und Mägdekammer und in dessen Obergeschoß sich die Wohnstube und weitere Kammern befanden, scheint ebenso abgerissen worden zu sein wie das große, 16 Gebinde lange Torhaus. Es war 1657 das einzige ziegelgedeckte Gebäude, das neben einer heizbaren Stube und verschiedenen Wirtschaftsräumen vor allem die Räume für die Malzbereitung enthielt. Über das neue Wohnhaus werden auf dem Plan von 1738 zwar keinerlei Angaben gemacht, doch ist anzunehmen, daß es sich noch um einen zweistöckigen Fachwerkbau han-

Marzahn

Abb. 387 Wohnhaus zum Pfarrhof, um 1830/40, Alt-Marzahn 61

Abb. 388 Blick in den Hof einer ehemaligen Kossätenstelle, Wohnhaus um 1800, Alt-Marzahn 62

delte. Ob die einstmals vorhandenen drei, auf Stielen stehenden Taubenhäuser übernommen wurden, ist fraglich. Erkennbar ist lediglich der Brunnen, der „nur für den Bedarf der Küche und des Jungviehs bestimmt [war], während Rindvieh und Pferde zum Pfuhl vor dem Dorfe getrieben werden mußten" [56].

Die ebenfalls schon auf dem Plan von 1705 erkennbare Schäferei bestand 1738 aus einem langgestreckten, ziegelgedeckten Schafstall und einem Wohnhaus des Schäfers, dem sich nun ein traufseitig zur Straße stehendes „Familienhaus mit Spließ-Dach" hinzugesellt hatte. Dies war notwendig geworden, da nach dem Dreißigjährigen Krieg 6 der 7 Bauernstellen nicht wieder besetzt und die Ländereien dem Vorwerk zugeschlagen wurden. Offenbar bereitete die Bewirtschaftung der Felder aber dennoch Schwierigkeiten, denn 1764 löste man den Gutsbetrieb auf und vergab den Grund und Boden an „ausländische" Siedler. Zunächst bezogen 19 Familien aus der Pfalz das Vorwerk. Nach wenigen Jahren kamen weitere 8 hinzu, so daß bis zum Januar 1772 von 27 Kolonisten der Untertaneneid abgelegt worden war. Darunter befanden sich 14 Voll- und 6 Halbbauern mit jeweils etwa 100 oder 50 Morgen Land.

Nach einer kurzen Übergangsperiode, in der man die bestehenden Vorwerksbauten nutzen mußte, gelang es den Kolonisten, einige, aber mit Unterstützung der preußischen Kriegs- und Domänenkammer sowie des Köpenicker Amtes, das Bauholz zur Verfügung stellte, errichtete Gehöfte zu beziehen. Ein Plan von 1769 (Abb. 385) zeigt, daß diese vorrangig auf dem zuvor fast unbebauten Nordteil des Angerdorfes angelegt wurden. Einige – vor allem die Grundstücke der nichtbäuerlichen, also Handwerk oder Gewerbe treibenden Siedler – fanden ihren Platz am Westrand der südlichen Straßenfront. Damit war die eigenständige Kolonie Neu-Marzahn entstanden, deren Gehöfte und Felder mit der alten Gemeinde vermischt lagen, aber erst im Verlaufe des 19. Jh. mit dieser vereinigt wurden.

Von den ursprünglichen Gebäuden der Kolonistenhöfe, generell aus Lehmfachwerk und Stroh- oder Rohrdächern bestehend, ist keines original erhalten geblieben. Das älteste Zeugnis ist eine inzwischen teilweise unterfangene und später verlängerte Scheune, die kurz nach dem Brand von 1776 errichtet wurde. Sie vermittelt, obwohl die ehemals weiche Dacheindeckung längst einem Ziegeldach weichen mußte, noch einen etwaigen Eindruck von der damals vorherrschenden Bauweise (Abb. 386). Ansonsten sind, abgesehen von dem Rest einer Ziegelfachwerkscheune von etwa 1830/40 in dem kleinen Bauernhof Alt-Marzahn 59, gerade die Wirtschaftsbauten im letzten Viertel des 19. Jh. durch massive Ziegelsteinställe und -scheunen ersetzt worden, deren Aufwendigkeit im auffallenden Gegensatz zu den meist kleinen Wohnhäusern steht.

Zwar existieren auch einige Bauten mit schmuckvollen Fassaden, wie das mit kräftigen Neorenaissance-Elementen versehene und mit Schiefer gedeckte einstöckige, aber unterkellerte und mit einem Kniestock ausgestattete Wohnhaus Alt-Marzahn 66 von etwa 1890 und das inzwischen vom Zierat weitgehend befreite Gebäude Alt-Marzahn 31, doch dominierten bis ins 20. Jh. die meist schlichten, teilweise noch Ende des 18., häufiger aber Anfang des 19. Jh. errichteten und später generell, zumindest in den Außenwänden, unterfangenen Wohnbauten. Dazu gehörten die einstöckigen nichtunterkellerten Bauernhäuser Chaussee nach Altlandsberg 2/4, Alt-Marzahn 45 und 55, aber auch die wenig später, offenbar nach dem Brand von 1832 entstandenen, auf einem relativ hohen Kellergeschoß ruhenden Gebäude von den Höfen Alt-Marzahn 21, 23, 35 und 61. Sie alle tragen ein von einem doppelt stehenden Stuhl gestütztes Kehlbalkensparrendach, das mit Ziegeln gedeckt und an den Giebeln zur Hälfte abgewälmt ist. Ihre Fassaden weisen kaum Schmuckelemente auf, besitzen Glattputz oder bestenfalls Putzquaderung (Abb. 387).

Während die Kolonistenhäuser wohl generell mit der Traufseite zur Straße angelegt worden sind und die übliche Quergliederung besitzen, standen die Wohnhäuser der älteren Kossätenhöfe häufig mit dem Giebel zur Straße und hatten auch dort ihren Eingang. Ein letzter Beleg dafür blieb im Hof Alt-Marzahn 82 erhalten, dessen Wohngebäude zwar inzwischen ebenfalls quergegliedert ist, aber immer noch die alte Stellung bewahrt hat (Abb. 388).

Interesse verdient ferner das Grundstück Alt-Marzahn 26, dessen Wohnhaus um 1830/40 in Pisé- (Stampflehm-) Bauweise errichtet wurde. Ursprünglich eine kleine Büdnerei, entwickelte sie sich im Verlaufe des 19. Jh. zu einer regelrechten Bauernwirtschaft. Sie veranschaulicht eindrucksvoll die nach Abschluß der Separation 1848 sich verstärkende bauliche Verdichtung des Ortskerns. Die in den 100 Jahren zwischen 1769 und 1869 vollzogenen Veränderungen werden bei einem Vergleich der beiden Lagepläne (Abb. 385 und 389) deutlich. Die Durchsetzung der kapitalistischen Produktionsverhältnisse und die günstigen Verkaufsmöglichkeiten in der nahen Großstadt hatten fast allen Hofbesitzern die Errichtung weiterer Gebäude ermöglicht. Zahlreiche Vierseithöfe waren entstanden, und viele „Kleinstellen" konnten sich vergrößern.

Interesse dürften auf dem Plan von 1869/71 aber nicht nur die einzelnen Gehöfte, sondern auch die inzwischen erfolgte Anlage der Windmühle 1805, des Chausseehauses um 1840 und des Vorwerkes *Bürknersfelde* 1857 sowie die Bebauung des Angers finden. Auf ihm stand zunächst nur – und stand auch 1871 noch – inmitten des Kirchhofes die alte Dorfkirche. Hinzugekommen waren aber mehrere kleine Gemeindebauten, wie Hirtenhaus, Küsterhaus, Schule und Schmiede und vor allem eine zweite Kirche, die etwas weiter östlich ihren Standort fand. Dieser nach einem Entwurf von A. Stüler in den Jahren 1870/71 errichtete Bau aus gelben Ziegeln mit spitzbogigen Fenstern, Treppengiebeln am Ostchor und am quadratischen Westturm sowie Strebepfeilern und anderen neogotischen Elementen steht noch heute, während das mittelalterliche Gotteshaus, über dessen Aussehen lediglich eine

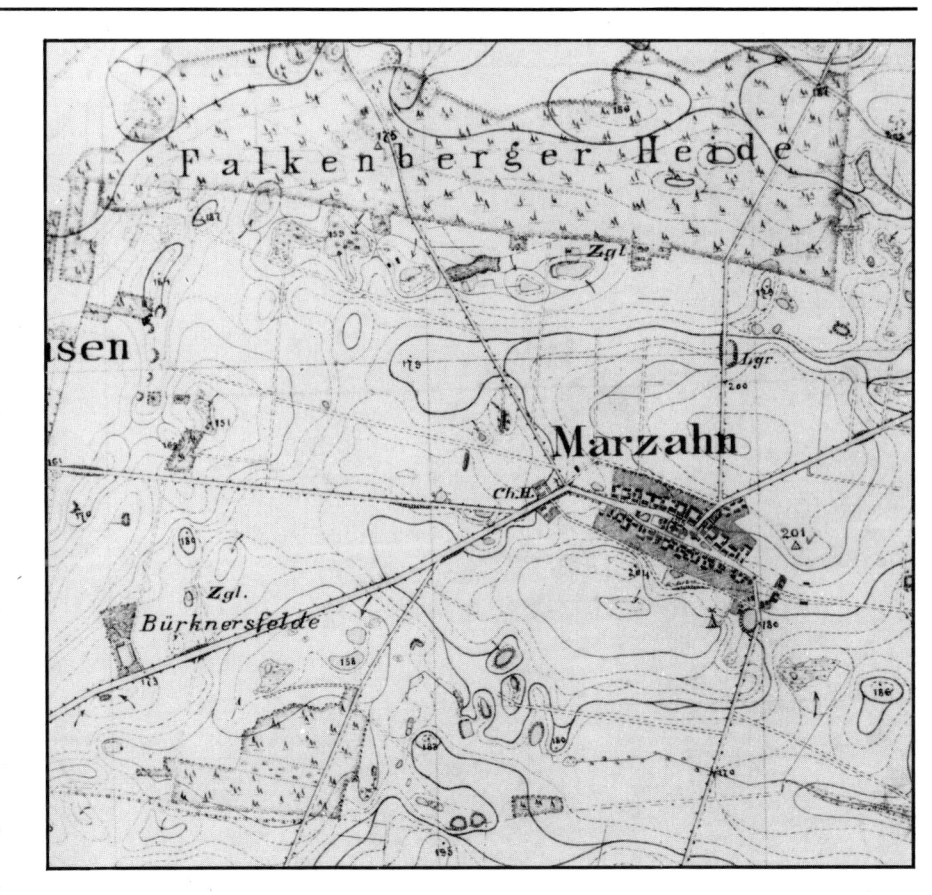

Abb. 389 Ausschnitt aus dem Ur-Meßtischblatt Nr. 1838 von 1869/71

Abb. 390 Dorfkirche. Tuschzeichnung von H. Wohler, 1834

Abb. 391   Gemeindeschule, 1912, Alt-Marzahn 99. Aufnahme von 1934

Zeichnung von 1834 (Abb. 390) informiert, 1874 abgerissen worden ist.

Obwohl in nicht allzu weiter Entfernung von Berlin gelegen, bewahrte Marzahn bis zur Eingemeindung doch seinen dörflichen Charakter. Ursachen waren u. a. die späte Errichtung eines einfachen Bahnhofs 1898/99 (erst seit 1914 mit Überholgleis) an der nicht allzu bedeutenden und daher wenig befahrenen Strecke nach Werneuchen und vor allem die großen Rieselfelder, die den Ort von Norden (Falkenberg, Ahrensfelde), von Osten (Hellersdorf) und sogar von Westen (Hohenschönhausen) umgaben. Von den kurz vor 1920 errichteten Gebäuden ist daher nur auf die 1912 eingeweihte Dorfschule (Abb. 391) auf dem Anger und das im gleichen Jahr errichtete Gemeindehaus mit der Feuerwache, Alt-Marzahn 64, zu verweisen. Von einer Parzellierung der Feldmark für die vorzunehmende Bebauung war Anfang des 20. Jh. jedoch noch nichts zu spüren. „Doch ist mit Bestimmtheit zu erwarten", hieß es bereits 1908, daß hierin bald „ein Umschwung eintritt ..." [16].

Moabit, Verwaltungsbezirk Tiergarten

Obwohl weder ein mittelalterliches Dorf noch eine jüngere Landgemeinde, sondern eher eine Vorstadt Berlins, so sei doch kurz auf die Siedlung Moabit hingewiesen. Sie entstand vor den Toren der Stadt südlich des Verbindungsweges Berlin–Spandau, nachdem französische Refugies 1716 um Landüberweisungen zum Häuserbau und zur Anlage von Maulbeerpflanzungen gebeten hatten. Die Bebauung vollzog sich in dem morastigen Gebiet des Urstromtales zunächst jedoch nur schleppend. 1724 wurden erst 34 Bewohner, darunter lediglich 8 Hausbesitzer, gezählt. Erst nachdem der Zwang zur unrentablen Seidenraupenzucht und die Unveräußerlichkeit der Stellen aufgehoben wurden, vergrößerte sich die Kolonie. 1801 konnten 120 Einwohner in 14 Häusern, 1837 gar 267 Einwohner in 35 Gebäuden gezählt werden.

Nach 1818 entstand nördlich dieser Siedlung, die bis 1812 dem Amt Mühlenhof unterstand, eine neue, von der Stadt Berlin verwaltete Kolonie, die – zur Abgrenzung gegenüber der ersten – *Neu-Moabit* genannt wurde und bald die ältere Kolonie überflügelt hatte. Sie wies 1837 bereits 502 Einwohner in 45 Häusern auf. Während die Bewohner der nun *Alt-Moabit* genannten Siedlung anfangs noch vielfach Gemüsebau trieben, zudem etliche auch Gaststätten und Vergnügungslokale einrichteten, verstärkte sich im Zusammenhang mit der Anlage zahlreicher Fabriketablissements, wie der Schumannschen Porzellanfabrik seit 1832, einer Wachstuchfabrik, einer Eisengießerei, einer Metallwarenfabrik und vor allem der Borsigschen Maschinenbauanstalt in den 40er und 50er Jahren, der Zuzug von Arbeitern in beiden Kolonien, so daß am 1. 1. 1861 – dem Tag der Ausgliederung aus dem Kreis Niederbarnim und der Eingemeindung nach Berlin – bereits 6534 Einwohner gezählt werden konnten. Ein Großteil wird in den 1858 genannten 11 Fabriken Neu-Moabits beschäftigt gewesen sein.

Doch fanden hier nicht nur, wie es in einer zeitgenössischen Quelle heißt, „Tausende von Arbeitern Beschäftigung und Brot", sondern es zogen auch „an Sonn- und Fest-, sogar an schönen Wochentagen ... andere Tausend von Berlin aus zu Fuß, zu Wagen und zu Wasser hinaus, sich in den überaus zahlreichen Tabagien, Tanzsälen, Gärten und Bierschanklokalen zu vergnügen ... Solche Freude, wenn sie in Zucht und Ehren bleibt, mag man dem fleißigen Arbeiter nicht mißgönnen; daß aber die äußerlich schön geschmückte Johannis-Kirche gar so leer bleibt, ist der zahlreichen Gemeinde gegenüber sehr bedauerlich ..." [72].

Möllersfelde, siehe Blankenfelde

Müggelheim
Stadtbezirk Köpenick

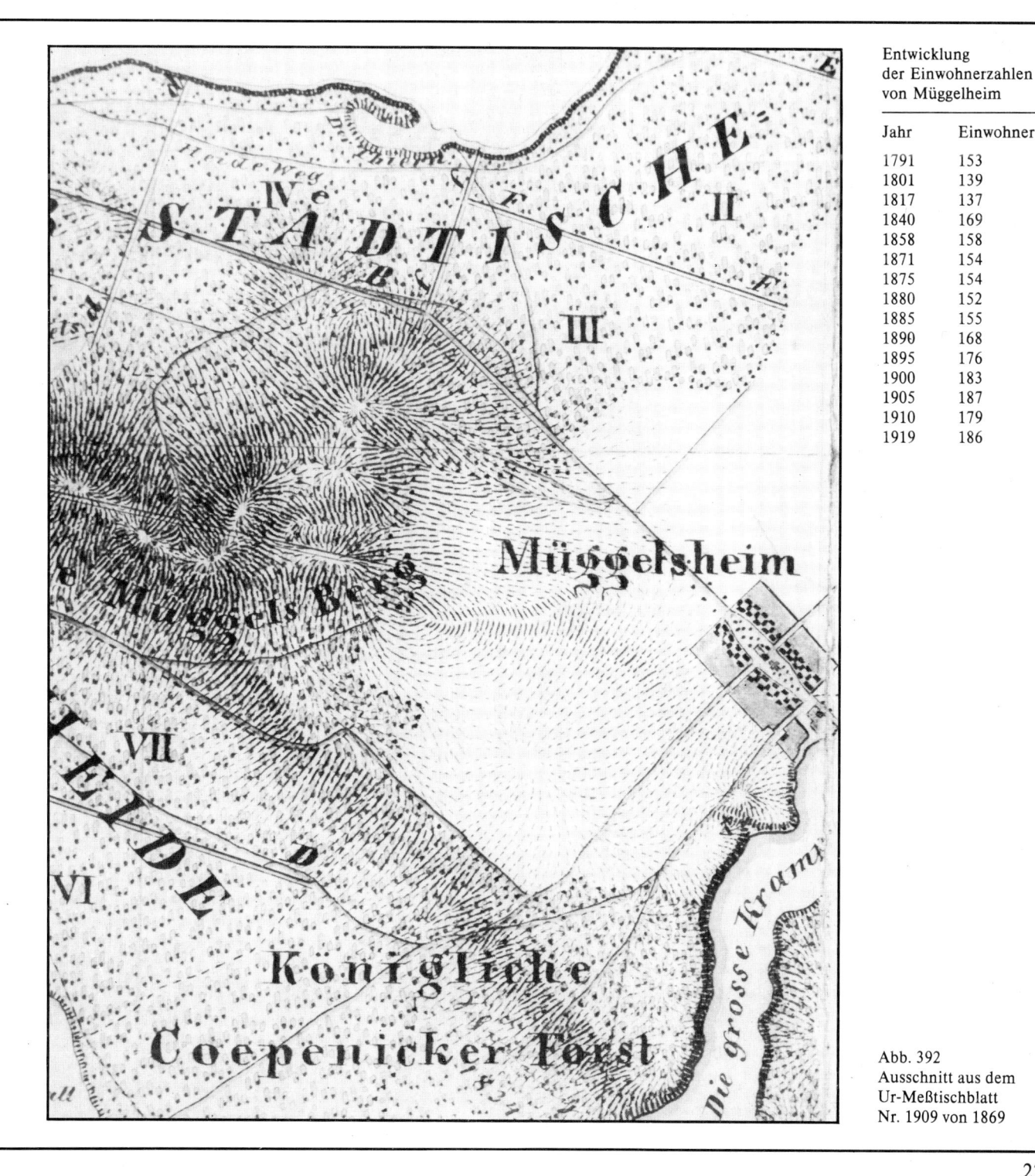

Entwicklung
der Einwohnerzahlen
von Müggelheim

Jahr	Einwohner
1791	153
1801	139
1817	137
1840	169
1858	158
1871	154
1875	154
1880	152
1885	155
1890	168
1895	176
1900	183
1905	187
1910	179
1919	186

Abb. 392
Ausschnitt aus dem
Ur-Meßtischblatt
Nr. 1909 von 1869

Müggelheim

Abb. 393 Scheune eines Bauernhofes, um 1790, Anbau von etwa 1840, Alt-Müggelheim 3

Abb. 394 Dorfkirche, 1803/04, Glockentürmchen von 1910. Aufnahme um 1935

Zur Ansiedlung von 20 Pfälzer Bauernfamilien wurde auf dem Köpenicker Werder eine Fläche von 60 1/2 Hufen, die hier jeweils 60 Morgen umfaßten, urbar gemacht. Die Erbverschreibung erfolgte am 1. Juni 1747. Damit war eine der ganz wenigen bäuerlichen Kolonien aus friderizianischer Zeit in der unmittelbaren Umgebung Berlins entstanden. Sie bewahrte auch in der Folgezeit bis zur Eingemeindung aus dem Kreis Teltow weitgehend ihren agrarischen Charakter. Hinzu kamen bis Ende des 18. Jh. lediglich 2 Büdner, 4 Einlieger und eine Mühle. 1858 existierten noch 19 Vollbauern mit 16 Mägden und Knechten, während ein Bauernhof offenbar in 4 kleine Wirtschaften zersplittert wurde, deren Eigentümer, so z. B. ein Krüger, nun Landwirtschaft im Nebengewerbe betrieben. Auch 1860 bestand der Ort nur aus 22 Wohnhäusern, allerdings war nun eine Ziegelei hinzugekommen. Trotz der Zunahme um 9 Wohngebäude bis 1900 stieg die Einwohnerzahl nur geringfügig. Mit weniger als 200 Einwohnern war Müggelheim die absolut kleinste Landgemeinde, die 1920 in den neuen Stadtkreis Berlin kam. Gas, Wasser, Elektrizität und Kanalisation waren zu diesem Zeitpunkt noch nicht vorhanden.

Wenn die Kolonie in den ersten 100 Jahren ihres Bestehens auch von Feuersbrünsten verschont blieb, so vernichteten in der Folgezeit gleich mehrere Brände, nämlich 1860, 1866 und 1890, insgesamt 8 der 20 Gehöfte völlig und außerdem weitere Wirtschaftsgebäude. Auch die anderen Fachwerkbauten, die nicht ein Raub der Flammen geworden waren, sind – bis auf eine Ausnahme – inzwischen durch massive Neubauten ersetzt oder doch mindestens in den Außenwänden unterfangen worden. Die erwähnte Ausnahme stellt die Scheune vom Hof Alt-Müggelheim 3 dar. Sie besteht aus einem Ende des 18. Jh. errichteten Kernbau mit Lehmgefachen, dem um 1840 ein Anbau aus Ziegelfachwerk hinzugefügt wurde, beide inzwischen mit Ziegeln gedeckt (Abb. 393).

Nahezu unversehrt erhalten geblieben ist ferner die Dorfkirche. Sie entstand allerdings erst mehr als 50 Jahre nach der Ortsgründung und erlebte ihre erste Predigt am 1. April 1804. Der von dem Baumeister Berger entworfene schlichte quadratische Putzbau trägt ein Vollwalmdach, dem 1910 ein Glockentürmchen aufgesetzt wurde (Abb. 394), das seitdem das 1817 errichtete, frei stehende hölzerne Glockengestell überflüssig machte [75]. Bis 1804 hatte eine Betstube in dem 1749 gleich mitgebauten Schulhaus ausreichen müssen.

Diese Schule, die ebenso wie die Kirche auf dem Anger stand, genügte den Bedürfnissen der sich kaum vergrößernden Gemeinde bis 1890. Erst zu diesem Zeitpunkt begann man mit einem Back-

Abb. 395 Ehemalige Dorfschule, 1890, Alt-Müggelheim 21

Abb. 396
Heuschober
auf dem Gelände
hinter den Scheunen

steinneubau (Abb. 395), der ebenfalls wieder auf dem Dorfplatz seinen Standort erhielt und „außer hinreichenden Schulräumen über eine gesunde und geräumige Lehrerwohnung" verfügte [94]. Noch heute setzen diese beiden Bauten einen wichtigen städtebaulichen Akzent in der einzigen mit einem Anger ausgestatteten friderizianischen Siedlung Berlins (Abb. 392).
Die Wertigkeit dieses Ensembles ergibt sich jedoch nicht allein aus dem Seltenheitswert, sondern in noch größerem Umfange aus der harmonischen Verbindung der glücklicherweise noch nicht zu einem städtischen, eingefaßten, gepflasterten und mit Blumenschalen versehenen Platz verkümmerten,

Abb. 397
Blick in
die alte Dorfstraße.
Aufnahme um 1935

Müggelheim

Abb. 398
Aussichtsturm
auf den Müggelbergen,
1889

a) mit dazugehörigem Wirtshaus

b) Gesamtansicht

dafür aber baumbestandenen Freifläche mit den sie umgebenden, freilich modernisierten zumeist einstöckigen Wohnhäusern. Wenngleich diese bereits seit dem letzten Drittel des 19. Jh. vielfach unterfangen und mit mehr oder weniger aufwendigen spätklassizistischen Fassaden versehen, vereinzelt sogar aufgestockt und durch den seit 1889/90 verstärkten Ausflugsverkehr neuen Funktionen, wie Gaststätten, Geschäften und Dienstleistungseinrichtungen, zugeführt wurden (Abb. 397), so stellten sie doch bis heute ein im Interesse der Bewohner und der zahlreichen Besucher zu pflegendes Denkmalensemble dar, in das auch ein Teil der die Siedlung umgebenden, noch landwirtschaftlich genutzten Fläche einbezogen werden sollte (Abb. 396).

Ein wesentlicher Impuls für die Entwicklung zum vielbesuchten Ausflugsgebiet kam neben dem Waldreichtum und der Wassernähe durch die Anlage eines Aussichtsturmes in den benachbarten Müggelbergen. Zwar gehörte dieses Gebiet formal nicht zu Müggelheim, sondern zum Grünau-Dahmer Forstbezirk, doch bewirkte der 1889 nach den Plänen der Architekten Rosemann und Jacob vom Kommerzienrat C. Spindler mit einem Kostenaufwand von 40 000 Mark errichtete Müggelturm (Abb. 398) eine unglaubliche Belebung des Touristenstromes, der sich auch auf Müggelheim auswirkte, allerdings durch den bis zur Eingemeindung verbindlichen Baustop nicht zu einer Zersiedlung des Ortes und der Landschaft führte.

Neu-Ahrensfelde, siehe Falkenberg

Neu-Babelsberg, siehe Klein-Glienicke

Neu-Bohnsdorf, siehe Bohnsdorf

Neu-Glienicke, siehe Altglienicke

Neu-Grunewald, siehe Grunewald

Neu-Hohenschönhausen, siehe Hohenschönhausen

Neu-Kladow, siehe Kladow

Neukölln, Verwaltungsbezirk Neukölln

Die aus den beiden Dörfern Deutsch-Rixdorf und Böhmisch-Rixdorf hervorgegangene Einheitsgemeinde Rixdorf (siehe dort) erhielt am 1. 4. 1899 Stadtrecht und trug – auf Antrag der Gemeindeverwaltung – seit dem 27. 1. 1912 den Namen Neukölln. Sie wurde am 1. 10. 1920 mit mehr als 250 000 Einwohnern in die neue Stadtgemeinde Berlin eingegliedert.

Neu-Lichterfelde, siehe Lichterfelde

Neu-Marzahn, siehe Marzahn

Neu-Moabit, siehe Moabit

Neu-Rahnsdorf, siehe Rahnsdorf

Neu-Schöneberg, siehe Schöneberg

Neu-Staaken, siehe Staaken

Neu-Steglitz, siehe Steglitz

Neu-Weißensee, Stadtbezirk Weißensee

Am 13. 3. 1880 wurde das Territorium des ehemaligen Gutes Weißensee, das 1872 vom Hamburger Reederssohn G. A. Schön gekauft und bald darauf parzelliert und bebaut worden war, zum selbständigen Gemeindebezirk *Neu-Weißensee* erhoben. Zu den wichtigsten hier tätigen Boden- und Bauspekulanten gehörten neben G. A. Schön, J. E. Langhans und H. Roelcke der Admiralitätsrat E. W. I. Gäbler, der mit seiner „Bau-Gesellschaft für Mittelwohnungen" binnen kürzester Frist (1872/74) allein 20 Mietskasernen errichten ließ, und H. Feldtmann, der seit 1874 als alleiniger Direktor der „Weißensee-Actien-Gesellschaft" wesentlichen Anteil an der Parzellierung des Restgutes hatte. Er wurde 1880 zum Gemeindevorsteher von Neu-Weißensee ernannt und bemühte sich in der Folgezeit u. a. sehr um die Vereinigung mit der zeitweise Alt-Weißensee genannten ehemaligen Muttergemeinde, deren Größe sie schon 1880 weit überflügelt hatte (1880: 3891, 1895: 25 143 Einwohner). Mit Wirkung vom 1. 1. 1905 wurden beide Gemeinden wieder zu Weißensee (siehe dort) vereinigt.

Neu-Zehlendorf, siehe Zehlendorf

Niederschöneweide

Stadtbezirk Treptow

Entwicklung der Einwohnerzahlen von Niederschöneweide

Jahr	Einwohner
1801	42
1840	86
1858	80
1871	174
1875	452
1880	470
1885	963
1890	1 755
1895	1 962
1900	2 421
1905	3 090
1910	7 259
1919	9 611

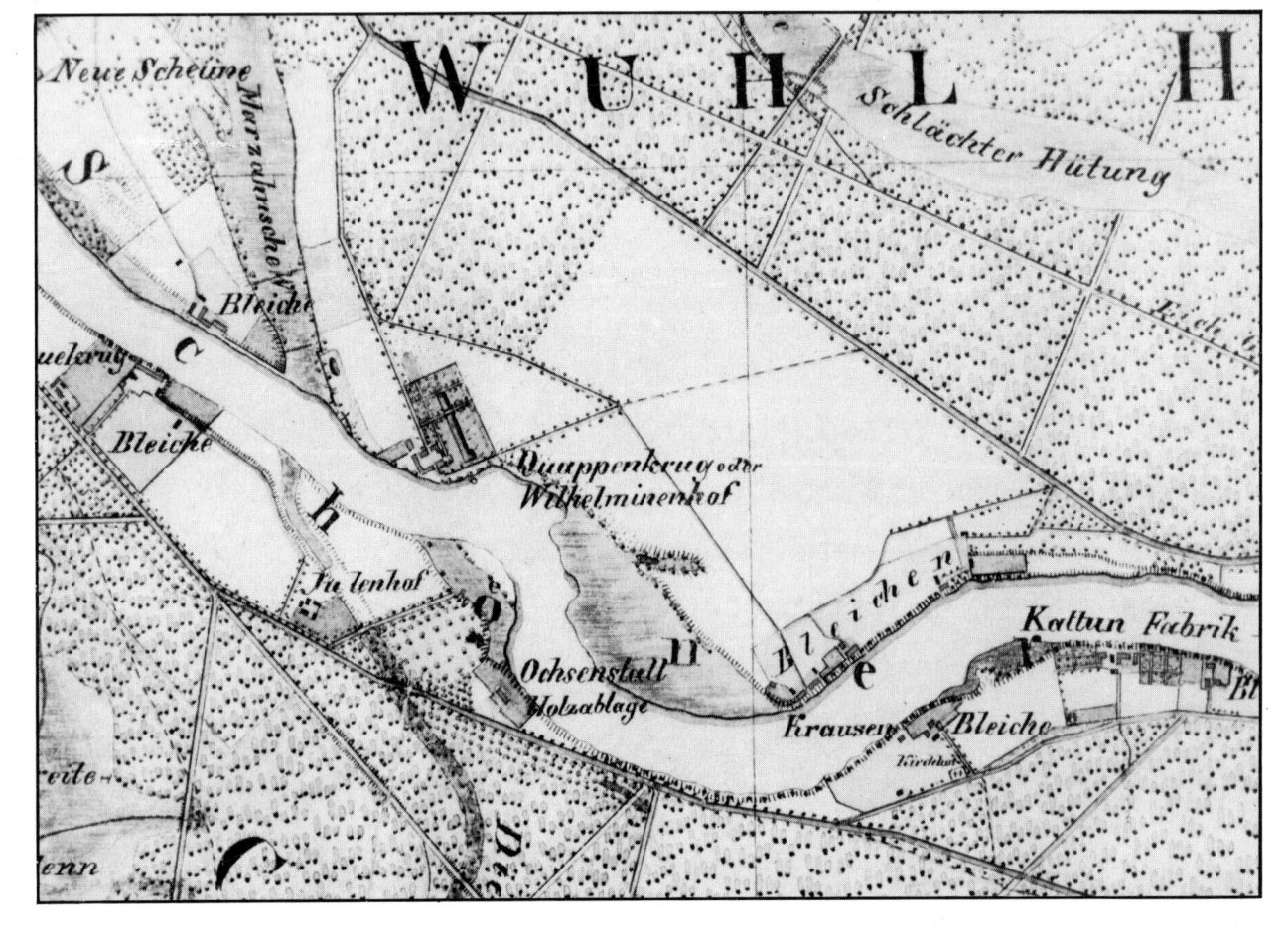

Abb. 399
Ausschnitt aus dem Ur-Meßtischblatt Nr. 1909 von 1839

Die 1920 mit fast 10 000 Einwohnern aus dem Kreis Teltow ausgeschiedene und nach Berlin eingegliederte Landgemeinde stellt eine relativ junge Siedlung dar. Auf einem bis 1811 zum Amt Köpenick, dann zum Amt Mühlenhof gehörenden Flurstück „bey der Schönen Weyde" (1697) an der Spree war Ende des 17. Jh. ein Teerofen entstanden, dem sich um 1770 der „Neue Krug" und bald darauf eine Bleiche sowie einige Büdnerstellen hinzugesellten. Etwas weiter östlich, aber ebenfalls am Südufer der Spree entwickelte sich seit dem zweiten Drittel des 19. Jh. das Etablissement Schöneweide, das neben Bleichen bald schon eine Kattunfabrik, eine Färberei, Kalköfen und eine Ausflugsgaststätte aufwies. Die sich insbesondere im Südteil – auf dem Territorium des Kreises Teltow – schnell vergrößernde Kolonie *Schöneweide* erhielt 1871 offiziell den Namen *Niederschöneweide,* während der nördliche, zum Kreis Niederbarnim gehörende Teil nun *Oberschöneweide* genannt wurde.

Seit dem 9. 8. 1878 zur selbständigen Landgemeinde erhoben, wandelte sich der Ort binnen weniger Jahre von einem Ausflugsgebiet zu einem großen Industriestandort und proletarischen Wohngebiet. So beschäftigten Mitte der 80er Jahre allein die chemische Fabrik Kunheim & Co. über 400, die 1882 eingeweihte Textilfabrik von A. Lehmann mehr als 700 und die 1834 gegründete, 1877 erheblich vergrößerte Kattun-Druckerei von W. Wolff etwa 250 Arbeiter. Dementsprechend stieg die Ein-

wohnerzahl insbesondere seit den 80er Jahren des 19. Jh.
Begünstigt durch gute Wasser-, Straßen- und Bahnverbindungen und die Einverleibung eines Teils des Grünau-Dahmer-Forstes ließen sich auch in der Folgezeit weitere Großbetriebe, wie die Schultheiß-Brauerei, die Hüttenwerke Niederschöneweide, die Kabelwerke Oberspree, hier nieder, in deren Nähe immer mehr Mietshäuser entstanden. Dadurch ging der stellenweise vorhandene Eindruck eines Ausflugsortes bald völlig verloren, der durch die Anlage etlicher Vergnügungs- und Gartenlokale entlang der Spree im letzten Drittel des 19. Jh. entstanden war. Seit 1887 wurde die Gemeinde von den Berliner Wasserwerken mit Leitungswasser versorgt. Ab 1902 begann – gemeinsam mit Adlershof, Grünau, Johannisthal und Altglienicke – der Ausbau der Kanalisation (zu den Rieselfeldern in Groß-Ziethen). Gas und Elektrizität waren Anfang des 20. Jh. ebenfalls vorhanden.
Das im Berliner Volksmund weit verbreitete Wortspiel, „Schweineöde" statt „Schöneweide" zu sagen, hatte bis in die Mitte des 19. Jh. durchaus seine Berechtigung, reichte der dichte Waldbestand der Cöllnischen Heide im Süden und der Wuhlheide im Norden doch größtenteils direkt bis an die Spree heran, an deren Ufern sich lediglich einige wenige Etablissements niedergelassen hatten. Auf dem später zu Niederschöneweide gehörenden Terrain südlich des Flußlaufes existierten im Jahre 1839 lediglich 7 Grundstücke (Abb. 399). Es waren dies, im Westen bei der Försterei Kanne beginnend, erstens das Gasthaus „Neuekrug", zweitens Bunzels „Bleiche", drittens eine kleine Ackerwirtschaft „Judenhof" (1860 Meierei zu Bunzels Bleiche), viertens der „Ochsenstall" oder auch „Hammelstall", 1817 ein „Aufbewahrungsort für Schlachtvieh, Berliner Fleischern gehörig" [73], fünftens Krausens „Bleiche" (ehemals Teerofen), sechstens eine „Kattunfabrik" (1860 Försters Kattunfabrik) und siebentens eine weitere „Bleiche" (um 1800 eine „Krukenfabrik").
Der Ausflugverkehr, der sich zunächst nur bis Treptow und seit etwa 1770 auch bis zum „Neuen Krug" erstreckt hatte, dehnte sich seit 1863/64 durch die nun regelmäßig durchgeführte Fahrgastschiffahrt weiter bis Köpenick aus. Bereits 1866 existierte hinter dem „Neuen Krug" eine weitere Anlegestelle Schöneweide nahe der Kattunfabrik, wo das Café Essig, das spätere Restaurant „Sedan", zahlreiche Gäste anlockte, zumal mindestens ab 1868 zwischen dem 1. Mai und dem 1. September zweistündlich Schiffe der „Berliner Dampfschiffahrts-Gesellschaft" anlegten, die verbesserten Straßen eine Anreise mit Kremsern ermöglichten und das Lokal „in jeder Beziehung den Ansprüchen eines

Abb. 400 Vogelperspektive der 1884/85 erweiterten „Chemischen Fabrik Kanne"

Niederschöneweide

Abb. 401 Teilansicht des Ensembles der 1888 gegründeten Brauerei, Schnellerstraße 137/140

Abb. 402 Mietshäuser um 1895, Schnellerstraße 123

feinen Publikums" genügte. „Eine offene Halle und ein großer Glassalon dienen bei Regenwetter zum Schutze des Publikums und eine elegante verdeckte Herrenkegelbahn mit Salon, eine solche für Damen, ein hübscher mit Anlagen versehener Garten, Billard, Karussell, Wippen, Ringspiel, ein Irrgarten ... und hübsche Spielplätze jenseits der Chaussee im Eichenwald dienen zur Unterhaltung" [88].

In den 70er/80er Jahren des 19. Jh. folgten weitere Ausflugslokale, so z. B. der „Neptunshain" nahe „Sedan", das Etablissement „Hasselwerder" auf dem gleichnamigen Flurstück gegenüber dem Wilhelminenhof und seit 1888 südöstlich des Neuen Kruges die „Borussia-Brauerei", die spätere Schultheiß-Brauerei. Über letztgenannte Anlage heißt es zu Beginn der 90er Jahre: „Das Etablissement ist ein ganz großartiges. Ähnlich dem Spandauerbock-Etablissement ist es mit Felsen, Grotten und zwei Aussichtstürmen, die durch eine birkene Hängebrücke miteinander verbunden sind, geschmückt. Der eine derselben hat das Aussehen eines mittelalterlichen, zerfallenen Festungsturmes ... Große Hallen schützen gegen Regen und Wind, das Plätschern des Springbrunnens in der Mitte des Gartens erhöht das Gefühl der Behaglichkeit. Vier gedeckte Kegelbahnen sowie bereitstehende Ruderboote geben Gelegenheit zu allerlei Unterhaltung. Der Tanzsaal, überreich mit Fahnen und den Colossalbüsten der drei Kaiser geschmückt, ist der größte an der Oberspree; er faßt 1500 Personen. Das dazu gehörige Restaurationslokal hat einen zweiten Saal für etwa 600 Personen ... Im Winter finden hier große Maskenbälle statt. Abends sind sämtliche Räume und Anlagen elektrisch beleuchtet ... " [46].

Einschließlich der am Nordufer der Spree gelegenen gastronomischen Einrichtungen war damit ein Erholungsgebiet entstanden, das seit der Anlage eines offiziellen Haltpunktes „Neuer Krug-Johannisthal" vom Jahre 1874 und dem Ausbau zum Bahnhof „Niederschöneweide-Johannisthal" 1880/82 auch durch die Bahn erschlossen wurde. Die seit 1866 das Schöneweider Gebiet nur durchkreuzende Berlin–Görlitzer Bahnlinie diente jedoch nicht vorrangig dem Ausflugsverkehr, so umfangreich dieser auch gewesen sein mag, sondern in erster Linie und verstärkt seit dem Ausbau des Verschiebebahnhofs 1902/06 dem Gütertransport.

Bahn, Wasser und die günstigen Grundstückspreise in der Siedlung führten zu einer relativ schnellen Ausweitung industrieller Niederlassungen. Eine der ersten war die „Chemische Fabrik Kanne", die 1871 als Außenstelle der 1835 am Kreuzberg gegründeten Kunheimschen Fabrik entstand und 1884/85 schließlich gänzlich hierher übersiedelte. Sie umfaßte seitdem ein Territorium von 45 Morgen, auf dem neben den Produktionsanlagen auch etliche

Abb. 403
Ehemaliger Sitz der
Gemeindeverwaltung,
um 1890,
Grünauer Straße 1

Abb. 404
Gemeindeschule,
1898/99,
Schnellerstraße 11

Blöcke mit Werkswohnungen errichtet wurden (Abb. 400). So wie man dieses Industrieunternehmen in unmittelbarer Nähe der Ausflugsgaststätte „Neuer Krug" anlegte, so entstanden auch etliche weitere Großbetriebe in der Umgebung der anderen Lokalitäten, wie die Textilfabrik A. Lehmann neben „Hasselwerder", und beeinträchtigten den Charakter des Ausflugsortes erheblich. Bei der Schultheiß-Brauerei (Abb. 401) war sogar von vornherein eine enge Verknüpfung gegeben. Mit der Zunahme der Industriebetriebe vornehmlich im westlichen und mittleren Teil der Gemeinde ging die Attraktivität des Ortes für die Erholungsuchenden schnell verloren.

Es entstanden kaum Villen und Landhäuser, statt dessen wurden die nicht von den Fabriken genutzten Flächen zu einem großen Teil mit drei- und vor allem vierstöckigen Miethäusern, vielfach sogar mit Seitenflügeln und Hinterhäusern bebaut. Niederschöneweide war binnen weniger Jahre zu einem Industrie- und Arbeiterwohngebiet geworden, dessen Antlitz – obwohl formal bis 1920 Landgemeinde – die industriellen Unternehmungen (häufig mit Bahnanschluß) und die zumeist dicht bebauten, großstädtisch anmutenden Straßenzüge prägten (Abb. 402).

Entsprechend der seit 1871 ständig, besonders aber

Niederschöneweide

Abb. 405
Gemeindefeuerwache,
1908,
Grünauer Straße 9

nach 1900 sprunghaft ansteigenden Einwohnerzahl war die Gemeinde gezwungen, etliche kommunale Bauten errichten zu lassen. Da es aber – im Unterschied zu den alten Dörfern – kein historisch gewachsenes Zentrum gab, übernahm der Bahnhof diese Funktion. Ihm gegenüber, Grünauer Straße 1, fand das Gemeindebüro in einem dreistöckigen Klinkerbau mit Renaissance-Dekor seinen Platz (Abb. 403). Nicht weit entfernt davon lag die Gemeindeschule, an der 1883/84 2 Lehrer in 2 Klassenräumen 160 Kinder unterrichten mußten. Aber auch das bald darauf, um 1890, errichtete neue Schulhaus mit 4 Klassenzimmern reichte nach wenigen Jahren nicht mehr aus, so daß 1898/99 erneut ein größeres Schulgebäude angelegt werden mußte (Abb. 404).

Für die Sicherheit des Ortes war ferner eine Feuerwache von Belang. 1885 besaß die Gemeinde noch keine Spritze. Allerdings wurden von den dortigen Fabrikbesitzern 5 Spritzen gehalten. Erst im Jahre 1908 gelang es, ein gemeindeeigenes Gebäude zu errichten, das mit seinen 3 Toren und dem fast 20 Meter hohen Steigeturm, den spätgotischen Schmuckelementen und dem Fachwerktor ein repräsentatives Aussehen bekam (Abb. 405).

Obwohl der Spreelauf zwischen den beiden Kreisen Niederbarnim und Teltow eine historische Grenze darstellte, die erst mit der Eingemeindung 1920 ihre Bedeutung verlor, gab es schon vorher recht enge Bindungen beider Seiten. Hingewiesen sei lediglich auf die 1885 in Betrieb genommene Kettenfähre, die 1891 nach Grünau/Wendenschloß verlegt wurde, da in diesem Jahr eine 10 Meter breite hölzerne Brücke eingeweiht werden konnte; ferner auf den 1897/98 von der AEG angelegten „Kaisersteg", eine Fußgängerbrücke von der Laufener Straße zur Hasselwerderstraße, sowie die 1903 eröffnete Treskow- und die 1908 eingeweihte Stubenrauchbrücke, die eine enge Verquickung mit der Nachbargemeinde Oberschöneweide bewirkten (Abb. 406).

Abb. 406
Treskowbrücke,
1903 eingeweiht,
1945 zerstört

Niederschönhausen
Stadtbezirk Pankow

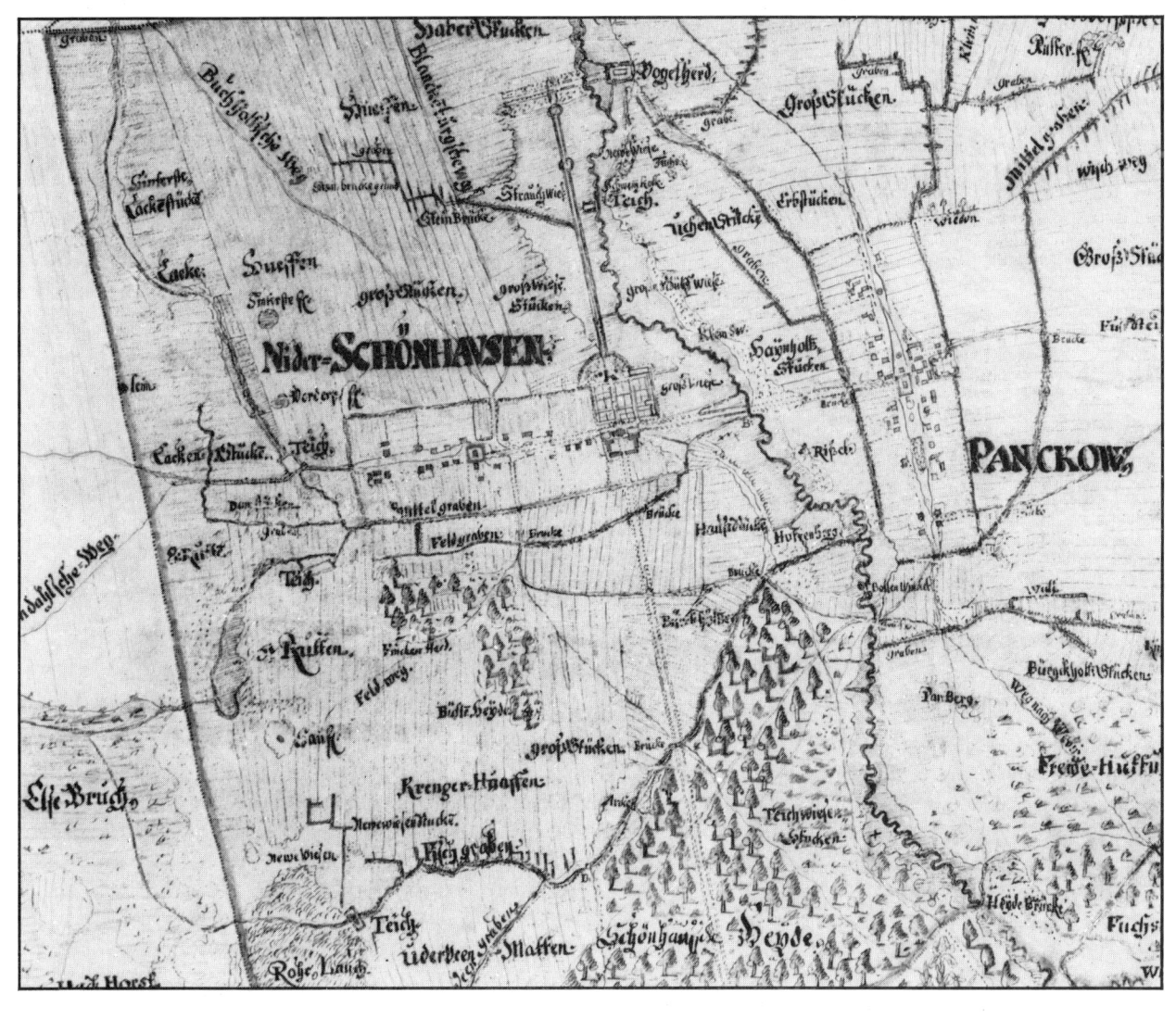

Abb. 407 Ausschnitt aus dem Lageplan von 1703

Entwicklung der Einwohnerzahlen von Niederschönhausen

Jahr	Einwohner
1734	95
1772	179
1801	187
1817	188
1840	399
1858	773
1871	1 488
1875	2 354
1880	2 076
1885	2 457
1890	2 917
1895	3 385
1900	4 282
1905	9 557
1910	15 592
1919	18 907

Das erstmals 1375 erwähnte Dorf befand sich zunächst im Besitz der Adelsfamilien v. Lettow und v. Neuendorf, zeitweise auch im Besitz Berliner Bürgerfamilien, wie der Familie Wartenberg um 1441, dann in den Händen derer v. Waldow. Es folgten 1519 v. Barfuß, 1618 v. Schlieben, 1664 v. Dohna und 1680 schließlich v. Grumbkow, von denen es 1691 der Große Kurfürst kaufte und dem Amt Niederschönhausen (ab 1811 Amt Mühlenhof) unterstellte. Mindestens von 1480 bis 1685 besaß ferner das Kloster und später das Amt Spandau Rechte über etliche Hufen im Dorf.

Von den zunächst 48, später 52 genannten Hufen gehörten 4 zum Pfarrhof, 2 zur Kirche und 4 zum Adelssitz. Zu diesen 4 Ritterhufen kamen bereits vor 1624 noch 7 „freigewilligte" hinzu, die jedoch 1689 gemeinsam mit den 35 kontribuablen Hufen an 10 Kossäten und den Dorfschmied verteilt wurden. (1652 lagen 7 der 8 Hüfner- und 2 der 9 Kossätenstellen „wüst".) Seit dieser Zeit gab es bis zur

Niederschönhausen

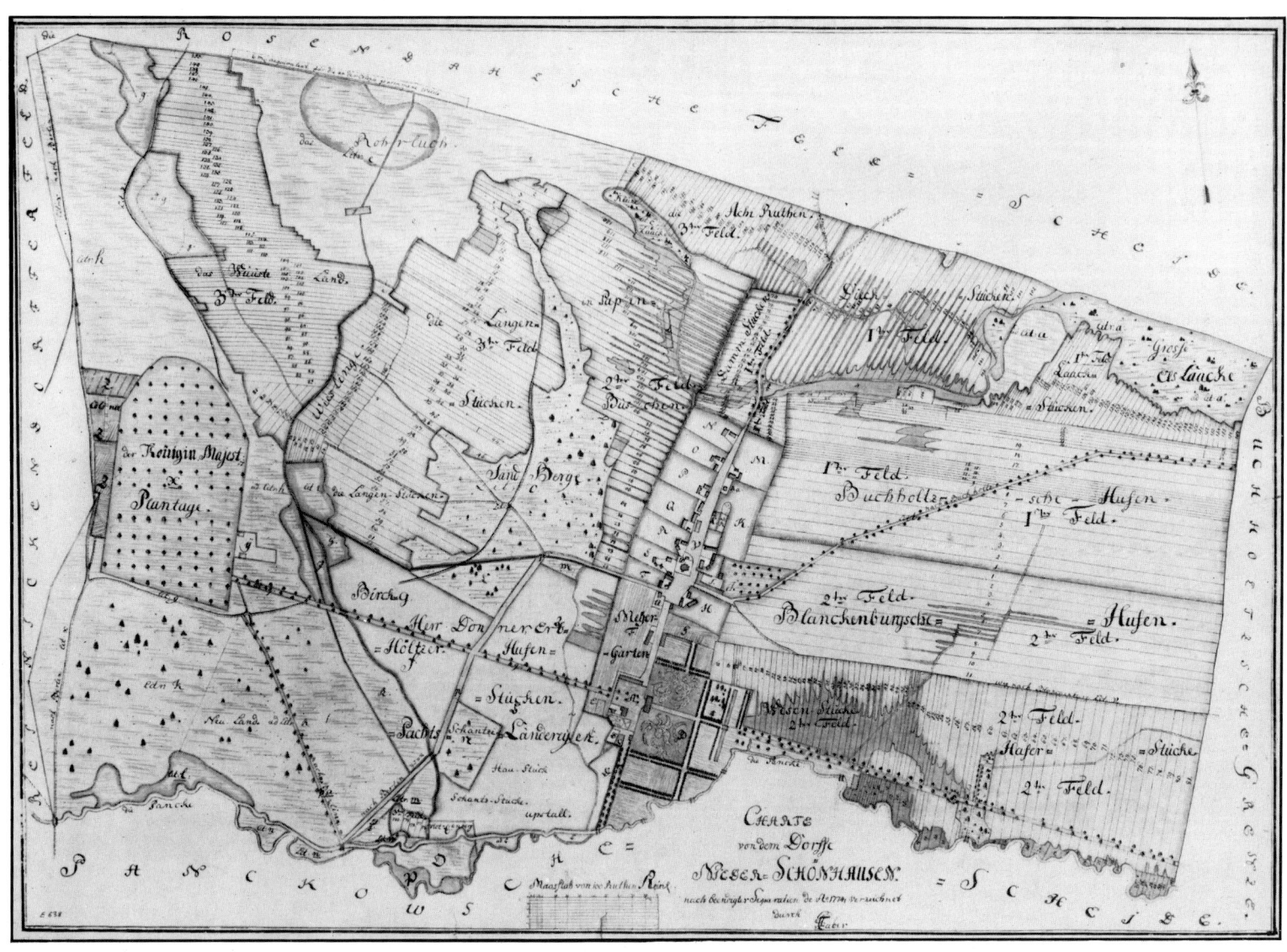

Abb. 408
Karte aus dem Jahre 1774

Mitte des 19. Jh. jeweils 11 Vollbauernstellen. Der Herrschaftssitz blieb zwar erhalten, der Landwirtschaftsbetrieb wurde jedoch reduziert, z. T. auf ein Vorwerk vor dem Spandauer Tor (um 1829 nach Berlin eingegliedert) verlagert und nach einer Feuersbrunst 1851 sogar völlig eingestellt. Die Gutsländereien erwarben die Potsdamer Kaufleute Cohn und Rosenthal, die es ab 1852 parzellierten. Der bis zur Eingemeindung 1920 erhalten gebliebene selbständige Gutsbezirk, in dem 1858 lediglich 31, 1895 nur 28 Einwohner lebten, bestand seitdem lediglich aus dem Schloß mit einem großen Park.

Seit dem Ende des 18., vor allem aber seit Beginn des 19. Jh. kauften etliche Berliner Bürger Grundstücke im Ort und legten Sommerhäuser, bald auch ständige Wohnsitze hier an, wie z. B. die Bankiers C.O. Engel und W. Brose, der Kaufmann Fetschow und der Kriegsrat Hoffmeister. Dementsprechend stiegen die Einwohnerzahlen schon bis 1840 auf 399. Mit der Parzellierung des Amtsvorwerkes und von 2 Bauernstellen ab 1852 setzte erneut ein Zuzug ins Dorf ein. 1869 besaßen außer den verbliebenen 9 Bauern noch weitere 68 Büdner mehr oder weniger umfangreichen Grund und Boden. Dazu gehörten 14 „Landhäuser mit parkartigen Gärten", die von den „Herrschaften" gewöhnlich im Mai bezogen und im September wieder verlassen wurden. Lebten 1858 hier erst 742 Bewohner, so waren es 1869 schon 1056, darunter 92 Arbeiterfamilien, 19 Maurer, 14 Zimmerleute, 9 Kunst- und Handelsgärtner, 5 Schuhmacher, 3 Tischler, 2 Stellmacher, 2 Bäcker und ein Müller (Windmühle seit 1859), aber auch 3 Gastwirte, ein Stubenmaler und ein Holzbildhauer.

Durch die Parzellierung weiterer Ländereien ab 1871 und die Anlage der Nordbahn im Jahre 1877 mit den Stationen Prinzenallee (später: Pankow-Nordbahn) und Schönholz verstärkte sich die Bebauung mit Landhäusern und Villen. Einen wichtigen Impuls für die weitere Entwicklung erfuhr der

Abb. 409
Schloß.
Aufnahme von
F. A. Schwartz
aus dem Jahre 1887

Ort durch die Einführung des günstigen Vororttarifs ab 1. 10. 1891, wodurch die Landgemeinde auch für die Anlage von Mietshäusern attraktiv wurde. Seitdem wuchs die Bevölkerung fast sprunghaft an. Unter Einbeziehung der Personen aus dem Gutsbezirk und der ihr angeschlossenen Kolonie *Schönholz* (siehe dort) stieg die Einwohnerzahl schnell auf fast 19 000. Seit 1898 gab es Gas im Ort, 1903 wurde ein Wasserwerk errichtet, und 1906 begann man mit dem Ausbau der Kanalisation. Das Rathaus entstand 1909. Der ersten Fabrik von Treese aus dem Jahre 1908 folgten 1909 die Maschinenfabrik von Wendt und 1912 die Hammerfabrik von Mussehl und Haselbach. Seit 1919 entstanden ferner Kleinsiedlungen der Gemeinde, der gemeinnützigen Baugenossenschaft und des gemeinnützigen Bauvereins.

Aus der ausführlichen Chronik von E. Rehfeldt ist zu erfahren, daß J. E. v. Grumbkow im Jahre 1689 nicht nur die „wüst" liegenden bäuerlichen und seine eigenen Ritterhufen an 10 Kossäten verteilte und sie damit „zu Bauern gemachet" hat, sondern auch „denen, so keine Scheunen haben, Scheunen bauen und die baufälligen und kleinen reparieren und erweitern lassen" will [86]. Vielleicht erklärt sich daraus, daß der Lageplan von 1717 (Abb. 407) mehrere Gebäude an der Rückfront der Höfe aufweist, denen beiderseits der Einfahrt kleine Anbauten, vermutlich unter Schleppdächern in der Art der überlieferten Giesensdorfer Scheune (siehe Abb. 182), vorgelagert sind. Den 1624 genannten 17 Bauern- und Kossätenstellen standen nun 11 bebaute Grundstücke gegenüber, während die restlichen, wie Nr. XIX, XX, XXI und XXII, offenbar einbehalten und dem Gutsbezirk zugeschlagen wurden. Im Jahre 1774 befand sich auf diesem Terrain schon der „Meyer-Garten" mit einem dazugehöri-

Abb. 410
Dorfkirche.
Tuschzeichnung von
H. Wohler, 1834

Niederschönhausen

Abb. 411
Blick auf den
Dorfanger.
Ölbild um 1800

Abb. 412
Ehemalige
Dorfschmiede,
1757
Dietzgenstraße 34.
Aufnahme von
etwa 1912

gen Wohn- und Wirtschaftsgebäude (Abb. 408). Bereits Anfang des 18. Jh. beherrschte der Gutskomplex, der den gesamten Südteil des Dorfes einnahm, mit Schloß und anschließendem Park östlich der Allee und dem großen Wirtschaftshof westlich der Straße weitgehend das Ortsbild. Interesse verdient ferner die etwas außerhalb gelegene „Eis-Kute", die sich in einem vermutlich künstlich erhöhten Berg befand und offenbar mit einem kleinen Häuschen besetzt war. Auf dem Plan von 1774, der nach der damals schon beendeten ersten Etappe der Separation angefertigt wurde, fehlt sie zwar, dafür sind der z. T. parkartig umgestaltete Gutshof und die nach Süden etwas vergrößerte Parkanlage um das ebenfalls veränderte Schloß klar erkennbar. Neu hinzugekommen war ferner die „Königin-Plantage", an deren Ostrand sich die kleine, später Schönholz genannte „Colonie" herausgebildet hatte.

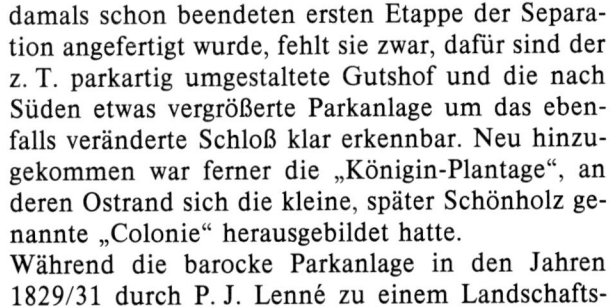

Während die barocke Parkanlage in den Jahren 1829/31 durch P. J. Lenné zu einem Landschaftsgarten umgestaltet wurde, blieb das Schloß, das wichtigste bauliche Dokument jener Zeit im Ort, erhalten. Im Kern auf einen Bau des 17. Jh. zurückgehend, den nach 1691 A. Nering zu einem zweistöckigen, mit Mansarddach versehenen Gutshaus umbaute und den E. v. Göthe 1704 erneut veränderte, u. a. durch den Anbau einstöckiger Pavillons an beiden Giebelseiten, erfolgte nach der teilweisen Zerstörung während des Siebenjährigen Krieges durch J. Boumann d. Ä. im Jahre 1764 der veränderte Wiederaufbau. Das seitdem 13 Achsen umfassende und mit einem repräsentativen Mittelrisalit ausgestattete Schloß stellt mit der qualitätvollen Innenausstattung in Formen des friderizianischen Rokokos eines der besterhaltenen Zeugnisse spätfeudaler Schloßbaukunst im Berliner Raum dar (Abb. 409).

Die Dominante des nördlichen, von bäuerlichen Gehöften umgebenen Dorfteiles bildete bis ins 19. Jh. die mittelalterliche Feldsteinkirche. Sie stand auf dem ungewöhnlich schmalen Anger. Der sie umgebende Kirchhof reichte direkt bis an das westlich angrenzende Gehöft heran. Mitte des

Abb. 413 Zweistöckiges Mietshaus, um 1880, Marthastraße 11

Abb. 414 Wohnhaus eines kleinen Gewerbetreibenden, um 1890, Waldemarstraße 7/9

Abb. 415 Mietshaus um 1900, Blankenburger Straße 9

18. Jh. erhielt sie nicht nur einen quadratischen Dachturm, sondern auch größere Fenster und wurde rundherum verputzt (Abb. 410). Im Jahre 1869 begann ein gravierender Umbau, bei dem jedoch große Teile der alten Dorfkirche wiederverwendet wurden. Dennoch erweckt das am 7. Juli 1871 als „Friedenskirche" eingeweihte Gotteshaus den Eindruck eines Neubaues, der kaum noch dörflichen Charakter trägt.

Dieser dörfliche Charakter ging erst seit der Mitte des 19. Jh. verloren, obwohl bereits Ende des 18. Jh., vor allem aber zu Beginn des 19. Jh. zahlreiche Berliner Bürger sich hier zeitweise oder auch ständig niedergelassen hatten. Der Kaufmann Fetschow wohnte z. B. im Jahre 1788 bei dem Bauern Lüdersdorf, in dessen Wohnhaus einer der erst 4 im Ort vorhandenen massiven Schornsteine existierte. Alle anderen waren nach einem offiziellen Bericht des Schulzen „von Holz und Lehm", also aus Fachwerk. Selbst 1839 bestanden bis auf die Kirche, den Schloßkomplex und 5 bis 6 andere Bauten alle aus Fachwerk. Neben den damals bereits überwiegend vorhandenen quergegliederten Wohnhäusern sind aber auch noch längsgegliederte Mittelflurhäuser, so das von E. Rehfeldt veröffentlichte Grünthalsche Bauernhaus, und sogar ein Vorlaubenhaus belegt,

Niederschönhausen

Abb. 416
Teilansicht des ehemaligen Rathauses mit der „Höheren Knabenschule", 1908/10, Kuckhoffstraße 2

das zum Dorfkrug gehört haben könnte (Abb. 411). Wenngleich der Aussagewert der Darstellung für die Topographie des Ortes durch ihre offensichtliche künstlerische Freiheit – das Schloß lag im Rücken des Künstlers und konnte von diesem Standpunkt nicht gesehen werden – auch begrenzt ist, so bestätigt sie doch den dörflichen Charakter und das Vorhandensein dieser spezifischen Hausform.

Von der einst nahezu ausschließlich von der Landwirtschaft geprägten Vergangenheit kündet heute noch die 1757 angelegte, Anfang des 19. Jh. unterfangene und inzwischen weiter veränderte ehemalige Dorfschmiede (Abb. 412). Obwohl sie die Laufschmiede in Pankow bis 1829 und die in Blankenfelde bis 1868 mitbetreute, kündet die Kleinheit des Gebäudes doch von dem nur geringen Raumbedarf dieses Handwerkers, wenn er auch noch ein gesondertes kleines Gehöft mit Wohn- und Wirtschaftsbauten besaß.

Trotz der weitgehenden Verstädterung gerade auch des alten Dorfkernes entlang der Dietzgenstraße sind einige weitere Reste älterer Bausubstanz erhalten geblieben. So befinden sich im Hof Dietzgenstraße 24 eine Scheune, auf dem Grundstück Buchholzer Straße 89/90 ein einstöckiges Wohnhaus, das noch aus dem beginnenden 19. Jh. stammt, einst mit Stroh gedeckt war und anfangs offensichtlich Tagelöhnern als Unterkunft gedient hat, und in dessen Umgebung weitere Grundstücke, von denen das Buchholzer Straße 86a sogar mit einem um 1840/50 errichteten und nur geringfügig veränderten Wohnhaus eines Häuslers bebaut ist.

Vorherrschend sind allerdings die Bauten aus dem Ende des 19. und Anfang des 20. Jh., die teilweise noch als kleine Einfamilienhäuser (Abb. 414), häufiger als kleine Mietshäuser (Abb. 413) und meistens sogar als große Mietsblocks angelegt wurden. Den größten Komplex nimmt der 1908/09 im Auftrage des Beamtenwohnungsvereins nach Entwürfen von P. Mebes entstandene Wohnbereich Grabbeallee 14/26/Paul-Franke-Straße ein, doch auch private Bauherren ließen drei- und viergeschossige Wohnblocks errichten (Abb. 415).

Von den kommunalen Bauten, die die 1905 immerhin fast 10 000 Einwohner zählende Gemeinde ausführen ließ, sei lediglich auf das Wasserwerk mit Wasserturm von 1903 an der Uhlandstraße, das mit der „Höheren Knabenschule" verknüpfte Rathaus an der Kuckhoffstraße von 1908/10 und die große zweistöckige Feuerwache in der Blankenburger Straße von etwa 1910 verwiesen (Abb. 416 und 417).

Sie alle demonstrierten den bereits vor 1920 vollzogenen vollständigen Übergang von der dörflichen Siedlung zum städtischen Vorort.

Abb. 417 Feuerwache, um 1910, Blankenburger Straße 19

Nikolassee
Verwaltungsbezirk Zehlendorf

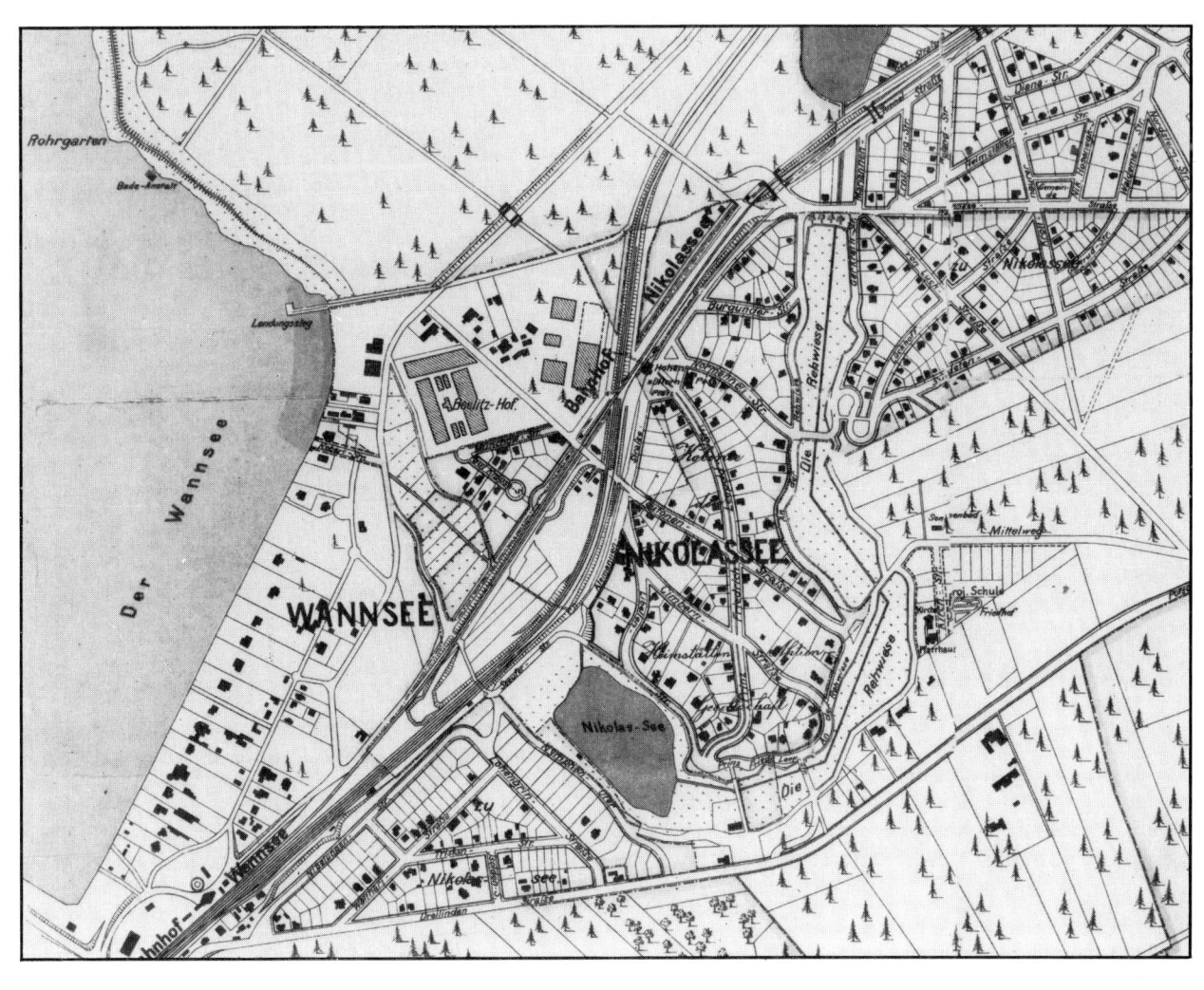

Abb. 418
Ausschnitt aus dem
Bebauungsplan
von 1912

Im Jahre 1900 erwarb die „Heimstätten Aktien-Gesellschaft" 98 Hektar Land im Gutsbezirk Düppel und legte dort ab 1901 eine Villenkolonie an, die am 1.4.1910 zur eigenständigen Landgemeinde Nikolassee erhoben und 1920 aus dem Kreis Teltow nach Berlin eingemeindet wurde. Begünstigt durch die Anlage eines Bahnhofs am Kreuzungspunkt der Wetzlarer Bahn mit der Wannseebahn, eines größeren Geschäftshauses und die Übernahme auch der Bauausführungen auf dem parzellierten Gelände durch die Heimstätten AG, vergrößerte sich die Siedlung kontinuierlich (1910: 1457, 1919: 1980 Einwohner). 1910 konnte bereits eine eigene Kirche eingeweiht werden. Gas und Wasser gab es seit Anbeginn, 1906 kam Elektrizität hinzu.

Obwohl bei der Eingliederung nach Berlin im Jahre 1920 Nikolassee erst 10 Jahre als Landgemeinde bestand und damit die jüngste aller einverleibten Gemeinden überhaupt darstellte – nur die eigenständigen Gutsbezirke Wuhlheide (1911) und Heerstraße (1914) waren jünger –, stammen etliche Bauten bereits aus dem ersten Jahrzehnt des 20. Jh. Allen voran ist der Bahnhof zu nennen, der bereits 1902 eingeweiht werden konnte und wie viele an-

Nikolassee

Abb. 419
Ansicht des Bahnhofs,
1901/02

dere kommunale Bauten von der Heimstätten AG finanziert wurde. Er bildete den Ausgangspunkt der sich südlich und östlich davon entwickelnden Villen- und Landhauskolonie (Abb. 418).

Ebenso wie der Bahnhof, der in seiner Fassadengestaltung mit hohem Dach, Turm, Zwerchgiebeln und Zinnen durch Reminiszenzen an die Spätgotik und Renaissance geprägt wird (Abb. 419), folgte das 1912 eröffnete Rathaus weitgehend einem historischen Stil, in diesem Falle dem Barock (Abb. 421).

In auffallendem Gegensatz dazu, d. h. generell zu den Bauten mit den nach 1870/71 so beliebten Neostilfassaden, steht eine Vielzahl der Villen und Landhäuser. Ihre Baumeister und Architekten orientierten sich unter dem Einfluß von P. Mebes und H. Muthesius weit stärker an den schlichten Bauformen des preußischen Frühklassizismus z. B. eines D. Gilly, freilich unter Berücksichtigung der zeitgemäßen Bedürfnisse und Möglichkeiten. Unter den von H. Muthesius entworfenen Bauten seien u. a. hervorgehoben die prächtigen Wohnhäuser auf den Grundstücken Potsdamer Chaussee 49 von 1906/07 und 48 von 1907/08, Schopenhauerstraße 71, erbaut 1907, und Kirchweg 33 aus den Jahren 1914/15. Insbesondere war aber jene einstöckige Landhausform verbreitet, deren hohes Mansarddach den Ausbau eines vollen Obergeschosses und z. T. sogar des Spitzbogens ermöglichte (Abb. 422). Sie wurde ein bis in die 20er Jahre des 20. Jh. hinein sehr beliebter und bald in allen Berliner Ortsteilen anzutreffender Haustyp. Er genügte – bei entsprechenden Ausmaßen – durchaus den Ansprüchen des mittleren Bürgertums, war aber als Zweifamilienhaus auch bei den kleinbürgerlichen Schichten sehr verbreitet.

Die 1909/10 errichtete Kirche ist ebenfalls diesen

Abb. 420 Evangelische Kirche, 1909/10, Kirchweg 6

architektonischen Leitbildern zuzuordnen. In ganz offensichtlicher Abkehr vom Historismus, der vorrangig städtischen Bauformen und -elementen nachgestaltet oder nachempfunden war, lehnten sich die Architekten E. Blunck und J. Bartschat ländlichen Vorbildern an. Es entstand nun zwar keine Dorfkirche, aber doch ein dem Charakter der großzügig in die Landschaft eingebundenen Landhauskolonie entsprechender würdiger Sakralbau (Abb. 420).

Abb. 421
Ansicht des Rathauses,
1912,
Hohenzollernplatz

Abb. 422
Einstöckiges
Landhaus
mit hohem
Mansarddach,
um 1900,
Schopenhauerstraße 60

Nikolskoe, siehe Stolpe
Nordend, siehe Rosenthal

Oberschöneweide
Stadtbezirk Köpenick

Entwicklung der Einwohnerzahlen von Oberschöneweide

Jahr	Einwohner
1797	66
1801	66 + 11*
1817	36 + 10*
1840	47 + 40*
1858	72 + 21*
1871	153
1875	155
1880	170
1885	178
1890	159
1895	625
1900	5 850
1905	14 101
1910	21 369
1919	25 612

* „Wilhelminenhof"

Abb. 423
Ausschnitt aus dem Ur-Meßtischblatt Nr. 1909 von 1869

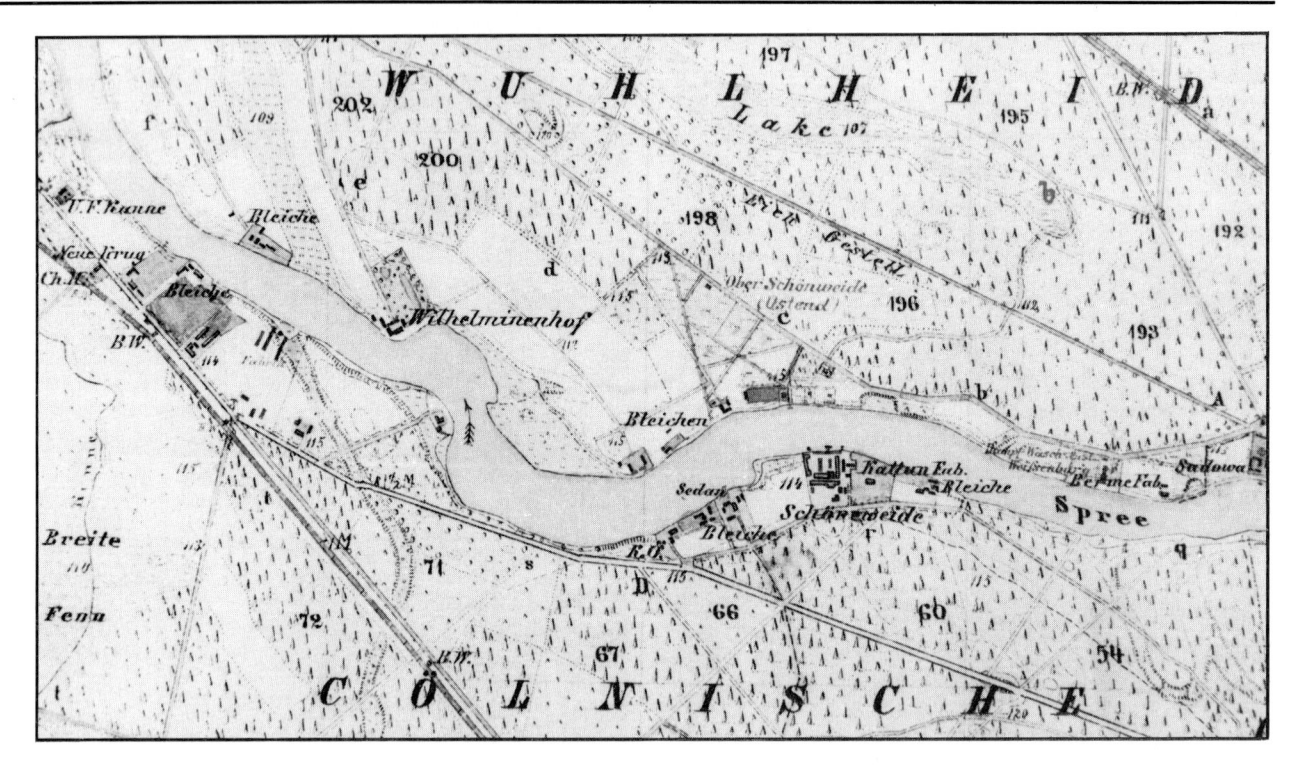

Zur Unterscheidung von dem südlich der Spree – im Kreis Teltow – gelegenen Teil der Kolonie Schöneweide erhielten die nördlichen, zum Kreis Niederbarnim gehörenden Etablissements 1871 offiziell den Namen *Oberschöneweide*. Das älteste nachweisbare Gehöft war der sogenannte Quappenkrug, der 1682 vom Kurfürsten Friedrich Wilhelm I. erworben, dem Amt Köpenick unterstellt und seit 1717 verpachtet wurde. Um 1800 kam eine Meierei hinzu, und es bildete sich ein kleines Vorwerk heraus, das man 1814 in *Wilhelminenhof* umbenannte. Östlich und westlich dieser kleinen Ansiedlung entstanden Ende des 18. Jh. mehrere Kattunbleichen. Seit den 60er Jahren des 19. Jh. kamen ferner eine Dampf-Waschanstalt „Weißenburg" sowie das Gasthaus „Sadowa" hinzu, und es begann der Ausbau einer Villenkolonie *Ostend*, so daß 1871 bereits 153 Einwohner gezählt wurden. Dann stagnierte die Entwicklung. Den entscheidenden Impuls erhielt die Siedlung erst in den 90er Jahren, als sich die AEG hier niederließ. Unter Einbeziehung großer Teile des Gutsbezirkes Köpenicker Forst wurde die Kolonie mit 149 Hektar im Jahre 1898 zur selbständigen Landgemeinde erhoben, die sich in den folgenden Jahren – u. a. durch den Zukauf forstfiskalischen Landes für 6 Millionen Mark durch ein privates Konsortium zu Beginn des 20. Jh. – flächenmäßig weiter vergrößerte.

Binnen weniger Jahre bildete sich ein Industriegebiet heraus, in dessen unmittelbarer Umgebung ein Wohngebiet entstand, von dem es 1908 hieß, daß es „stark mit Mietshäusern besetzt" sei und „teilweise völlig städtischen Charakter" trage [16]. Die sprunghafte Ausdehnung zeigt sich deutlich im Zuwachs der Einwohnerzahl, die allein von 1895 bis 1919 von 625 auf 25 612 emporschnellte.

Ein Lageplan aus dem Jahre 1869 (Abb. 423) zeigt die zu diesem Zeitpunkt noch außerordentlich dünne Besiedlung des langgestreckten Terrains entlang der Spree, das später zu Oberschöneweide gehörte. Im Mittelpunkt lag das mit Krugberechtigung ausgestattete Gehöft „Wilhelminenhof", am West-

Abb. 424
Elektrizitätswerk „Oberspree" (links) und Kabelwerk (Mitte). Werbebild der AEG, 1897

rand die Gaststätte „Waldschlößchen", am Ostrand das Gasthaus „Sadowa", dazwischen einige Bleichen. Die damals noch vorherrschende Tendenz zur Ausbildung eines Erholungsgebietes wird daran deutlich, daß die Ausflugsgaststätte „Sadowa", die 1869 einen großen Saal erhält, zu diesem Zeitpunkt mit ihrer Kegelbahn und den geschmackvollen Anlagen am Wasser „immer mehr bei den Berlinern und Köpenickern in Aufnahme" kommt [88] und bereits 1879 12 Sommerwohnungen anbieten kann. Dennoch kam es vorerst nicht zu einer intensiven Besiedlung des Raumes. Zwar bemühten sich ab 1871 ein Maurermeister Siecke und ab 1872 eine Aktiengesellschaft „Ostend" unter Leitung des Grundstücksspekulanten Mamroth um die Anlage einer Villenkolonie, doch blieb sie, da der 1877 ein-

Abb. 425
Kraftwerk „Oberspree" nach dem vollen Ausbau, 1906

Oberschöneweide

Abb. 426 Vierstöckiges Mietshaus, um 1900, Siemensstraße 16

Abb. 427 Hinterhof, um 1900, Klarastraße 45

gerichtete Haltepunkt „Sadowa" (heute Wuhlheide) relativ weit entfernt lag, die Errichtung einer Pferde-Straßenbahnlinie nach Rummelsburg oder Köpenick nicht gelang und eine Brücke über die Spree vorerst nicht existierte, in den Anfängen stecken. Neben einigen wenigen Villen und Landhäusern waren lediglich mehrere Sommerhäuschen und -gärten entstanden. 1889 hieß es von der Siedlung „Ostend", daß die „in den verhängnisvollen Gründerjahren kümmerlich emporgeschossene Villenkolonie ... erst jetzt beginnt, lebenskräftige Triebe anzusetzen" [103].

Die eigentliche Wende setzte erst in den 90er Jahren ein. Beiderseits des aufgekauften und aufgelösten Wilhelminenhofes ließen sich zahlreiche große Industriebetriebe nieder. Die größten Aktivitäten entwickelte die 1887 aus der „Deutschen-Edison-Gesellschaft für angewandte Elektrizität" hervorgegangene AEG. Sie errichtete hier 1890 eine Akkumulatorenfabrik, ab 1895 das Elektrizitätswerk „Oberspree", dessen erste Stufe am 1. September 1897 eingeweiht wurde (Abb. 424), ab 1896/97 ein Kabelwerk mit dazugehörigem Kupferwalzwerk, Gummiwerk u. a. Ferner entstanden 1890 die „Deutschen Niles-Werke" für den Werkzeugmaschinenbau und seit 1901 die Produktionsanlagen der NAG (Neue Automobil-Gesellschaft). Alle diese Großbetriebe erstreckten sich entlang der wichtigen Verkehrswasserstraße Spree (Abb. 425), die zunächst nur mit Hilfe einer Kettenfähre, seit 1891 mit einer Holzbrücke und erst zu Beginn des 20. Jh. mit 2 festen Brücken überquert werden konnte (siehe Niederschöneweide).

Von diesen Fabrikkomplexen lediglich durch eine Straße getrennt, bildete sich seit dem Ende des 19. Jh. ein mit zahlreichen viergeschossigen Miethäusern bebautes Wohngebiet heraus. Während die in unmittelbarer Nähe der Werke gelegenen Gebäude, wie entlang der Wilhelminenhofstraße, der Siemensstraße und der Edisonstraße, häufig mit Hinterhäusern und Seitenflügeln ausgestattet waren und vorrangig von der Arbeiterbevölkerung bewohnt wurden (Abb. 426 und 427), entstanden an den damaligen Randzonen der Siedlung, wie der Wattstraße, etwas großzügiger angelegte Miethäuser, die von den Angestellten bevorzugt wurden (Abb. 428).

Diese binnen weniger Jahre gewachsene Landgemeinde trug in diesem Gebiet ausgesprochen großstädtische Züge, die nicht nur in den Fabrikanlagen und in den dichtbebauten Straßenzügen, sondern auch in den entsprechenden Kommunalbauten zum Ausdruck kamen. Neben den verschiedenen großen Gemeindeschulen, der „Höheren Mädchenschule" und dem „Realgymnasium" sowie der 1907 eingeweihten katholischen und der 1907/08 erbauten evangelischen Kirche sei nur auf die 1899 eingeweihte zweigeschossige Feuerwache verwiesen, deren Größe (3 Tore) fraglos durch die Interessen der verschiedenen Werke wesentlich mitbestimmt wurde (Abb. 429). Das 1908 angelegte Wasserwerk versorgte Industrie und Bevölkerung mit Leitungswasser. Gas, Elektrizität und Kanalisation waren Anfang des 20. Jh. ebenfalls vorhanden.

Im auffallenden Gegensatz zu diesem dichtbebauten Zentrum blieben die anderen Teile der Gemeinde wenig erschlossen. Lediglich am äußersten Westrand, auf dem Platz der nun abgerissenen ehemaligen Försterei „Neue Scheune", wurde 1898/99 ein großes Petroleumlager „Nobelshof" angelegt. Der größte Teil des Geländes zwischen diesem Punkt und den Industrieanlagen blieb weitgehend unbebaut, ebenso das Terrain der „Ostend"-Kolonie und der anschließende Uferstreifen bis Köpenick. Zu den vereinzelten Villen und einer kleinen Fabrik kamen als Neuerung seit dem Ende des 19. Jh. jedoch mehrere Klub- und Bootshäuser von Rudersportvereinen hinzu, unter denen das von P. Behrens im Auftrage der AEG entworfene, im Jahre 1910 errichtete Bootshaus „Elektra" und das nach den Plänen von E. Frey 1913 errichtete Bootshaus für den Ruderklub „Sturmvogel" herausragen (Abb. 430). Aus dem gemeinsam mit Niederschöneweide seit den 60er Jahren des 19. Jh. im Entstehen begriffenen Ausflugsgebiet war zwar ein wichtiges Industrie- und Arbeiterwohngebiet geworden, doch hatten sich die beiden Randgebiete ihren Charakter als Erholungslandschaft mit der benachbarten Wuhlheide noch längere Zeit bewahrt.

Abb. 428 Vierstöckige Mietshäuser, um 1905, Wattstraße 77/79

Abb. 429 Gemeindefeuerwache, 1899, Siemensstraße 22

Abb. 430 Bootshaus „Elektra", 1910, An der Wuhlheide 192/194

Ostend, siehe Oberschöneweide

Pankow

Stadtbezirk Pankow

Entwicklung der Einwohnerzahlen von Pankow

Jahr	Einwohner
1624	188
1734	195
1772	202
1801	286
1817	350
1840	779
1858	1 603
1871	3 019
1875	3 937
1880	3 769
1885	5 061
1890	6 998
1895	11 932
1900	21 524
1905	29 077
1910	45 165
1919	57 935

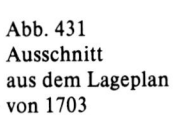

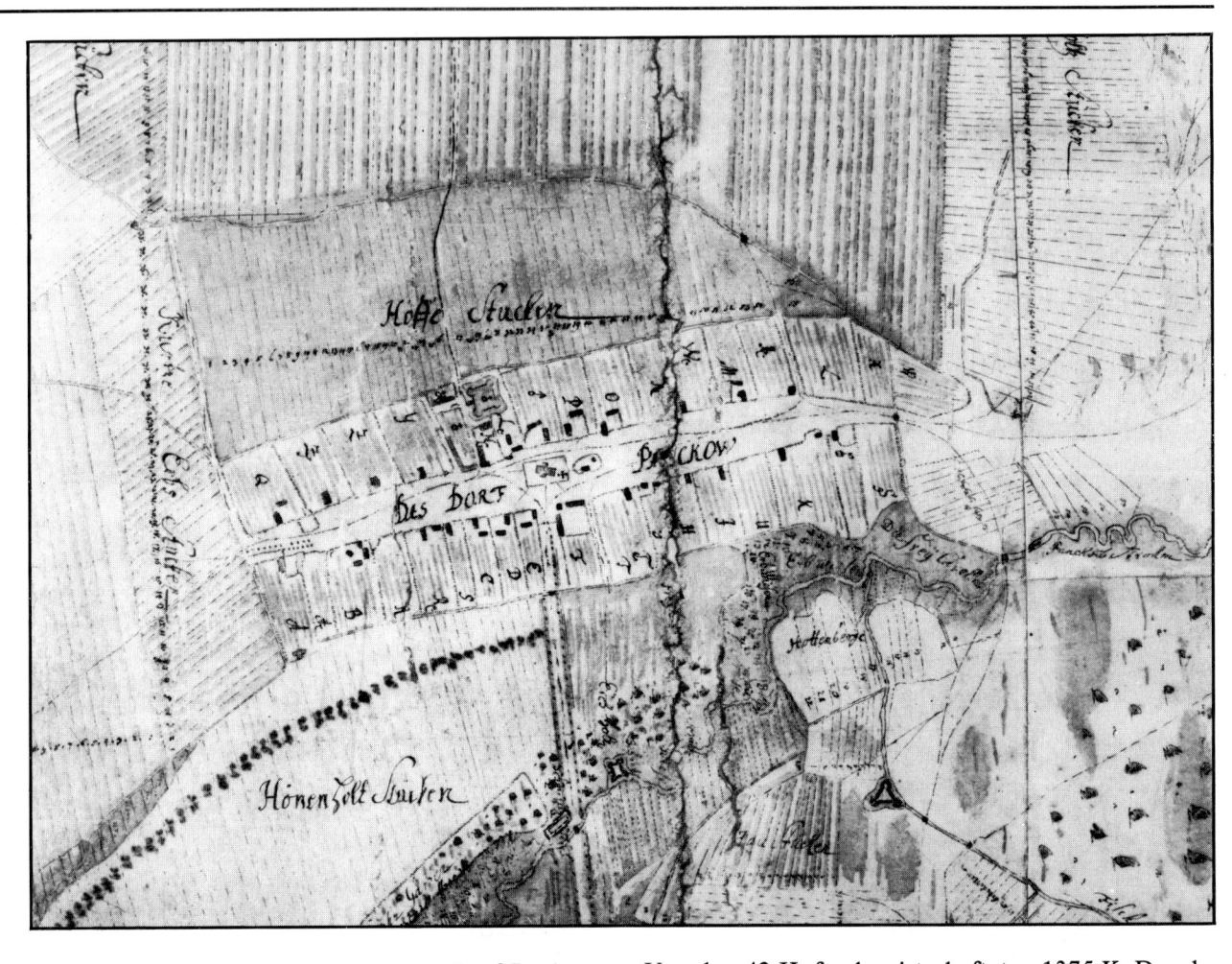

Abb. 431 Ausschnitt aus dem Lageplan von 1703

Das erstmals im Jahre 1311 erwähnte Dorf Pankow unterstand 1375 nur noch z. T. dem Markgrafen, z. T. bereits den Städten Berlin und Cölln (seit 1370, 1375 verliehen an den Berliner Bürger Wartenberg) sowie dem Lehnschulzen Duseke, dessen Anteile zwischen 1453 und 1455 an den Berliner Bürger Blankenfelde gelangten. Ab 1539 folgten der Rat zu Spandau, ab 1578 verschiedene Bürgerfamilien wie die Mellemann, Berchelmann und Weise, bis 1680 v. Grumbkow deren Rechte und bald darauf auch die anderen Anteile übernahm. 1691 erwarb der Kurfürst das gesamte Dorf mit allen Rechten. Es wurde dem Amt Niederschönhausen, ab 1811 dem Amt Mühlenhof unterstellt.

Von den 42 Hufen bewirtschafteten 1375 K. Duseke 10 (davon 6 freie), H. Duseke 7 1/2 und T. Wartenberg 12 1/2 Hufen. Außerdem werden 22 Kossäten genannt, ferner der Pfarrer mit 4 Hufen und ein Krüger. In der Folgezeit scheint das Land größtenteils wieder verteilt worden zu sein, denn 1624 existierten 12 Hüfner und 15 Kossäten, von denen nach dem Dreißigjährigen Krieg zeitweise (1652) nur 4 Bauern- und 5 Kossätenstellen besetzt waren. 1696 wirtschafteten wieder 14, später, so 1737, 1745 und 1776, sogar 15 Hüfner im Ort. Davon wohnten 3 auf ehemaligen Kossätenstellen. Die Zahl der Vollbauern hatte sich gegenüber früher also vergrößert, da der Kurfürst Friedrich Wilhelm I. das Gut auflösen und die 4 Ritterhufen an Kossäten verteilen ließ. Der Gutshof mit dem Herrenhaus, das der Vorbesitzer v. Grumbkow hatte errichten lassen, diente vorübergehend als Manufaktur für Wollstoffe oder als Spinnerei der hier – wie im benachbarten Buchholz – angesiedelten französischen Refugies. Seit dem Ende des 18. Jh., verstärkt aber seit dem Beginn des 19. Jh., gerieten immer mehr Kossäten- und Büdnerstellen (teils aus parzellierten Bauernhöfen; 1856 gab es nur noch 4 Bauern) in die Hände städtischer Besitzer, die hier Landhäuser mit Gärten – teils als Sommer-, teils als ständigen Wohnsitz – errichten ließen. Dementsprechend vergrößerte sich die anfangs fast konstante Einwohnerzahl (1624: 188, 1772: 202 Einwohner) nach 1780 ganz beachtlich (1801: 286, 1840: 779 Einwohner). Begünstigt wurde diese Entwicklung durch die Anlage einer Chaussee im Jahre 1824 mit Chausseehaus (1826 erbaut, bis 1861 in Nutzung) zum angrenzenden Berlin, von wo aus schon ab 1854 regelmäßig Pferde-Omnibusse nach Pankow fuhren. Von Bedeutung war ferner die frühzeitige Bahnverbindung zur Stadt durch die Linien nach Bernau mit den Bahnhöfen Pankow-Schönhausen ab 1874 und Pankow-Heinersdorf ab 1876 sowie nach Oranienburg mit dem Bahnhof Pankow-Nordbahn ab 1877.

Zwar gab es im Ort selbst etliche Gewerbe, wie eine Wasser-Papiermühle, ferner mehrere Getreidemühlen (1860: 4) und bald auch kleinere und größere Fabriken, wie seit 1881 die Zigarettenfabrik von. J. Garbaty-Rosenthal und die Schultheiß-Brauerei in der Neuen Schönholzer Straße, doch entwickelte sich Pankow in erster Linie als Wohnort für auspendelnde Bewohner. Wesentlich gefördert wurde diese Tendenz durch die Einführung des Vororttarifs 1891 und die Ausdehnung der Berliner Bauordnungen von 1887, die den Bau von fünfstöckigen Miethäusern mit Seitenflügeln und Hinterhäusern gestattete, auf Pankow und andere Vororte. Die Einwohnerzahl stieg seitdem besonders schnell. Kurz vor der Eingemeindung aus dem Kreis Niederbarnim wurden bereits 57 935 Einwohner gezählt. Schon zu Beginn des 20. Jh. gehörte „Pankow zu denjenigen Vororten, die im Begriffe stehen, ihren ländlichen Charakter gegen ein städtisches Äußere zu vertauschen" [16]. Namentlich in der Nähe des stattlichen Rathauses bildeten sich völlig städtisch ausgebildete Häuserfluchten heraus, denen bald weitere folgten, z. B. um den Kissingenplatz. Seit 1891 wurde der Ort von Berlin aus mit Gas versorgt. 1892 konnte ein eigenes Wasserwerk eröffnet werden. Hinzu kamen noch im 19. Jh. Kanalisation und die Belieferung mit Elektrizität im Anschluß an die 1896 eröffnete erste elektrische Straßenbahnlinie in der Wollankstraße.

Wie der Legende zu einem Lageplan des Jahres 1703 (Abb. 431) zu entnehmen ist, gehörte das auf dem Anger neben der Kirche gelegene Grundstück dem Küster (✳). Der mit 4 Hufen ausgestattete Pfarrhof (♂) lag in der Mitte der nördlichen Reihe. Zu ihm gehörte ein weiteres, gesondert stehendes Wirtschaftsgebäude hinter dem mit „Hoff-Stands-Hauss" bezeichneten, nach 1691 vom Kurfürsten aufgelösten, aber als Gebäudekomplex mit Park noch bestehenden Gut (♂). Die mit den Buchstaben B bis Q gekennzeichneten Bauernstellen besaßen jeweils 2 1/2 Hufen, nur M. Zernigkow (C) hatte 3. Auffallend ist, daß fast alle diese Gehöfte nur aus 2 Gebäuden bestanden, von denen das eine – vermutlich das Wohnstallhaus – mit dem Giebel zur Straße und das andere – offenbar die Scheune – an der Rückfront des Hofes stand. Ausnahmen bildeten lediglich der mit 2 weiteren Häusern besetzte Hof B und des Schäfers Hof (F), der ehemals sicherlich zum Gut gehört hat. Bis auf das Grundstück A, das als „des Herrn von Stohlss garten" ausgewiesen wurde, besaßen alle anderen Höfe (R–Z) nur ein Gebäude, das stets mit dem Giebel zur Straße wies. Das Hirtenhaus (♂) lag am östlichen

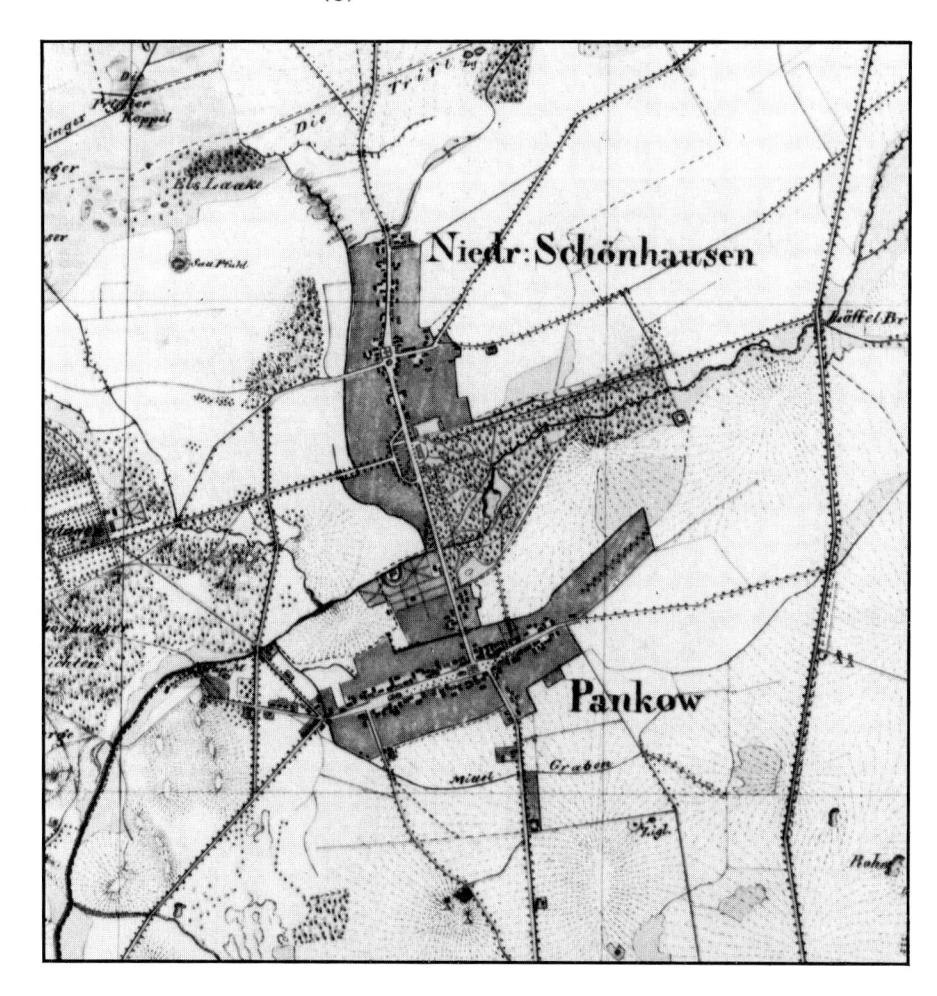

Abb. 432
Ausschnitt aus dem
Ur-Meßtischblatt
Nr. 1837 von 1835

Abb. 433
Ansicht
der Papiermühle,
Rosmäster, 1834

Abb. 434
Eingangstor
zum Bürgerpark.
Aquarell von
O. Günther-Naumburg

Ortsausgang. Der Standort der von Niederschönhausen mitbetriebenen Laufschmiede ist nicht verzeichnet.

Bei einem Vergleich mit der Karte von 1835 (Abb. 432) stellt sich heraus, daß nicht nur die alten Höfe inzwischen ihren Baubestand komplettiert haben, sondern auch zahlreiche neue Grundstücke innerhalb des Dorfkernes und entlang verschiedener Zufahrtswege entstanden sind. An einem Abzweig von der 1824 chaussierten Verbindungsstraße nach Berlin liegen nun 2 Windmühlen, an einem Seitenweg in Richtung Heinersdorf befindet sich eine Ziegelei (Ziegelscheune), und westlich des Dorfes existiert an der Panke eine Papiermühle, die der Engländer Pickering schon vor 1800 hatte errichten lassen. Sie war 1829 zwar abgebrannt, in den nachfolgenden Jahren jedoch durch den Buchbindermeister Kühne wieder aufgebaut worden.

Letztgenanntes Etablissement bestand in den 30er Jahren des 19. Jh. aus einem beachtlichen Gebäudekomplex. Dominierend war das geradezu herrschaftlich anmutende zweistöckige Haupthaus mit einer zusätzlich ausgebauten Etage unter dem teilweise abgewalmten Mansarddach. Der von einem säulengestützten Balkon überragte Haupteingang lag an der vorderen Giebelseite, während sich an der hinteren das große Wasserrad befand. Mehrere Seitenausgänge führten zu den zumeist in Fachwerk errichteten weiteren Wirtschaftsgebäuden (Abb. 433). Ein Hochwasser im Jahre 1839 zerstörte nicht nur die Wassermühle, sondern auch einen Großteil des Fabrikations-, Lager- und Wohntraktes. Der Schaden war so erheblich, daß der Wiederaufbau trotz mancherlei Bemühungen nicht gelang und das gesamte Gelände schließlich verkauft werden mußte.

Der neue Besitzer, der Industrielle Killisch von Horn, ließ 1854/57 durch W. Perring ein Herrenhaus mit Park anlegen, den 1907 die Gemeinde Pankow von den Erben erwarb und zum öffentlichen Erholungsgebiet machte. Während das Schloß inzwischen abgebrochen werden mußte, blieben das prächtige Eingangsportal (Abb. 434) und die Parkanlage weitgehend erhalten.

Das eigentliche Dorf trug bis in die 30er/40er Jahre des 19. Jh. noch ausgesprochen ländliche Züge. Zwar hatten inzwischen zahlreiche Berliner Bürger hier Grundstücke erworben und teilweise sogar für den Daueraufenthalt geeignete Häuser erbauen lassen, wie beispielsweise das noch erhaltene sogenannte Hildebrandt-Haus in der Joh.-R.-Becher-Straße 45, auch galt Pankow als beliebtes Ausflugsgebiet für die Berliner, doch herrschten die agrarisch genutzten Höfe vor, von denen mindestens die Scheunen, zumeist aber auch die anderen Wirtschaftsgebäude und selbst etliche Wohnhäuser noch mit Stroh gedeckt waren (Abb. 435).

Einen recht guten Einblick in die Verhältnisse des ausgehenden 18. Jh. vermittelt eine Radierung aus dem Jahre 1774 (Abb. 436). Das abgebildete Gehöft besteht ausschließlich aus strohgedeckten Fachwerkbauten. Stall und Wohnhaus stehen mit dem Giebel zur Straße. Ein Bohlenzaun umgrenzt den Hof, in dessen Mitte sich der hohe Pfahl eines Ziehbrunnens befindet, dessen Wasserloch freilich außerhalb des Grundstückes – an der Dorfstraße – liegt und mit waagerecht gelegten Blockhölzern eingefaßt ist.

Das markanteste und ursprünglich einzige massive Bauwerk stellte lange Zeit die Dorfkirche dar. Im 15. Jh. als einfacher Rechtecksaal aus unregelmäßig gefügten Feldsteinen mit Backsteinkanten, z. B. um die Spitzbogenblenden des Ostgiebels errichtet, bekam sie 1737 einen Fachwerkturm mit Laterne (Abb. 437), die jedoch schon Anfang des 19. Jh. wieder abgetragen werden mußte (siehe Abb. 435). Im Zuge eines 1832 unter Mitarbeit von K. F. Schinkel durchgeführten Umbaus, der auch zur Vergrößerung der Fenster führte, wurde der Turm schließlich ganz abgerissen, ein beabsichtigter neuer aber vorerst nicht ausgeführt. Ein größerer Anbau durch A. Stüler in den Jahren 1858/59 erbrachte außer einem dreischiffigen neogotischen Langhaus 2 achteckige, mehr als 20 Meter hohe Glockentürme mit schiefergedeckten Spitzhelmen (Abb. 438).

Dieser nun erheblich größere Sakralbau widerspiegelt sinnfällig die bis dahin gewachsene Stärke des Ortes, der 1858 bereits 1603 Einwohner besaß. Nicht nur entlang der nach Berlin führenden gepflasterten Straße wuchs eine Häuserreihe empor, die um 1860 nur noch durch wenige Ackerstellen unterbrochen war, auch innerhalb und am Rande des Dorfkerns folgte eine immer dichtere Bebauung, die durch die verschiedenen ab 1874 entstehenden Bahnhöfe wesentlich gefördert wurde. Die Verwaltungsaufgaben stiegen schnell. Im Jahre 1873 mußte ein größeres Gebäude für die Gemeindeverwaltung in der Schloßstraße 10 (heute Ossietzkystraße) bezogen werden, das aber bald den Anforderungen auch nicht mehr genügte. Doch erst Ende des 19. Jh. entschloß man sich – Pankow zählte inzwischen mehr als 20 000 Einwohner –, ein repräsentatives Rathaus zu errichten. Es entstand in den Jahren 1901/03 ein von W. Johow entworfener imposanter Backsteinbau, der seinen Platz am Westrand des alten Dorfkernes fand. Es folgten in der näheren und weiteren Umgebung eine Oberreal-

Abb. 435
Blick auf das Dorf mit Kirche.
Ölbild von J. B. Pascal, um 1830

Abb. 436
Bäuerliches Gehöft.
Radierung von C. G. Matthes, 1774

Abb. 437
Dorfanger mit Kirche
von Osten.
Stich von 1797

Die Kirche in dem Dorf Panckow im Nieder-Barnimschen Creise

von 1902/04 das vierstöckige Gebäude des Amtsgerichts in der Kissingenstraße 5/6 mit hofseitig anschließendem Gerichtsgefängnis, es folgten 1906/07 das Realgymnasium, Kissingenstraße 12, und 1907/09 die katholische St. Georg-Kirche auf dem 1906 angelegten Kissingenplatz (Abb. 440).

Das alte dörfliche Zentrum begann seine Funktion zunehmend zu verlieren bzw. zu verändern. Die 1837 auf dem Anger errichtete und 1868 durch einen größeren Neubau ersetzte Gemeindeschule reichte schon bald nicht mehr aus, die neuen ab 1890 entstandenen Schulhäuser wurden aber nicht mehr auf dem Dorfplatz, sondern in neuen Nebenstraßen angelegt. Auch das neben der Schule befindliche Spritzenhaus, „das nicht nur Raum für zwei Spritzen, sondern in fünf Zellen auch Raum für die Pankower Übeltäter bot" [31], konnte 1893 abgerissen werden, da im gleichen Jahr eine neue dreigeschossige Feuerwache in der Grunowstraße bezogen wurde. Die auf dem Gelände des 1870 zugeschütteten Dorfteiches erbauten Häuser verschwanden 1906/07 ebenfalls, so daß der Anger fast ausschließlich für den seit 1857 an 2 Tagen je Woche durchgeführten Markt zur Verfügung stand. Hinzu kam, daß sich in diesem Bereich die Endhaltestellen der alten Pferdebahn und seit 1895 auch der elektrischen Siemens-Halske-Bahn befanden. Er blieb also ein wichtiger Verkehrsknotenpunkt, in dessen Umfeld sich neben dem alten Dorfkrug wei-

schule und ein Lyzeum und 1910 das gemeindeeigene Elektrizitätswerk, aber auch der große Komplex der Schultheiß-Brauerei und selbstverständlich zahlreiche Mietshäuser (Abb. 439).

Ein weiteres Zentrum mit kommunalen Bauten bildete sich seit Beginn des 20. Jh. östlich des 1897 im Zuge der Hochlegung der Bernauer Strecke vergrößerten, 1909/14 aber bereits auf die andere Bahnseite verlegten Bahnhofsgebäudes Pankow-Schönhausen heraus. Als erstes entstand in den Jahren

Abb. 438
Dorfkirche
nach dem Umbau
von 1858/59.
Aufnahme von
F. A. Schwartz, 1884

tere Restaurants und in den großen Mietshäusern zahlreiche Geschäfte etablierten.

Das Gros der Mietshäuser entstand entlang der beiden Hauptverbindungsstraßen nach Berlin und in Richtung der 3 nahe gelegenen Bahnhöfe. Verschiedentlich bemühten sich Grundstücksspekulanten zudem um die Erschließung weiteren Terrains, das diese Vorzüge nicht aufwies. So legte P. Goldberg im Jahre 1902 die Binzstraße an, begann mit der Bebauung und leitete damit die allmähliche Nutzung auch des an Heinersdorf grenzenden Geländes bis zur alten Uckermärkischen Landstraße (ab 1912 Prenzlauer Promenade) ein.

Pankow begann mit der sich im rasanten Tempo nach Norden ausdehnenden Stadt zu verschmelzen, hatte selbst zunehmend städtische Züge angenommen. Als ein solches Indiz soll in diesem konkreten Fall die Straßenbeleuchtung herangezogen werden. Den 1858 vorhandenen 4 Öllampen, die 1860 durch Petroleumlampen ersetzt wurden, standen 1870 schon 18, 1880 dann 71, 1886 gar 101 und 1887 schließlich 126 öffentliche Laternen gegenüber, zunächst auf Holzpfählen, später auf eisernen Kandelabern, davon ein vier- und 2 dreiarmige (siehe Abb. 438). Nach 1891 wurden Gaslaternen eingeführt, 1894 brannten „in den Straßen Pankows 284 öffentliche Gasflammen, und zwar vom Dunkelwerden bis 1 Uhr" [31]. 1910 begann die Umstellung auf elektrische Lampen.

Die sich in den letzten 30 bis 40 Jahren vor der Eingemeindung noch verstärkende Verstädterung bemerkte bereits 1889 A. Trinius, der seinen Besuch folgendermaßen schilderte: „Wenn wir (vom ehemaligen Schönhauser Tor kommend) die schöne Linden-Allee zurückgelegt haben, erreichen wir als ersten Punkt das allen Berlinern wohlbekannte Dorf Pankow, das zwar längst in seiner äußeren Gestalt den Charakter eines Dorfes abgestreift hat und mit seinem herrlichen Baumschmuck, den reizenden Vorgärten, eleganten Landhäusern und der stattlichen neu erbauten Kirche eher einen städtischen Eindruck hervorruft; sagte uns nicht die beruhigende Stille, die balsamische Luft bei jedem Schritte, daß wir uns zwar in nicht allzu großer Entfernung von einer Hauptstadt befinden, trotzdem aber auf dem Lande weilen. Pankow galt immer den Berlinern als ein sonntägliches Eldorado harmloser Vergnügungen. Hier hinaus ging es Kegelschieben, Kaffeekochen, Maikäfer schütteln und Versteck und Ringelreihn im Walde spielen ..., (doch) den harmlosen Zuschnitt hat eigentlich Pankow seit Jahren eingebüßt. Es ist vornehmer, zurückhaltender geworden; reiche Berliner Kaufleute haben hier für den Sommer Luft und Grün in Pacht genommen, und auch einen Teil der alten Gemütlichkeit ..." [103].

Abb. 439 Rathaus, 1901/03, Johannes-R.-Becher-Straße 24/26

Abb. 440 Ehemaliges Amtsgericht, 1902/04, Kissingenstraße 5/6

Pfaueninsel
Verwaltungsbezirk Zehlendorf

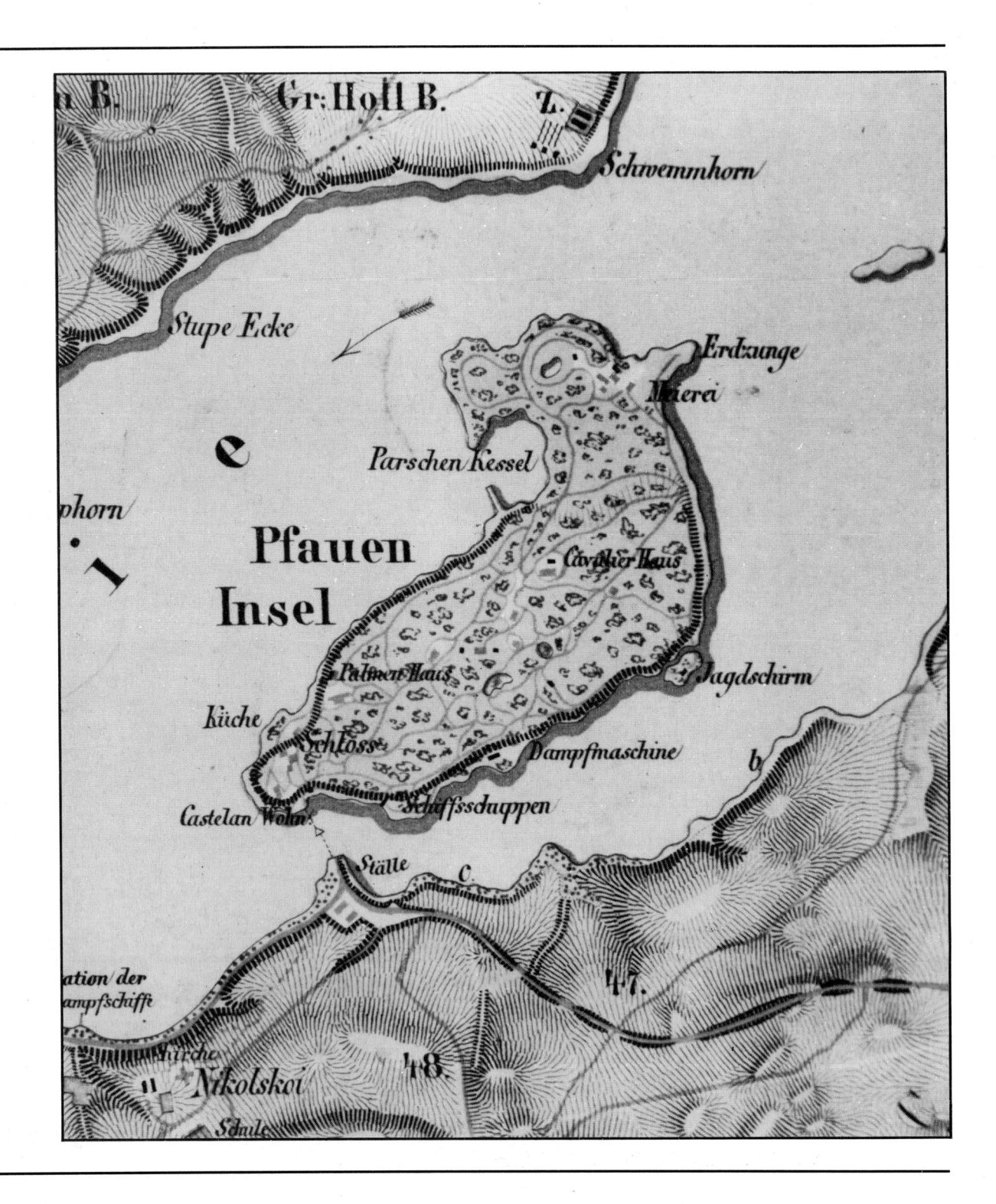

Abb. 441
Ausschnitt aus dem
„Plan von Potsdam
nebst Umgegend",
1848

Die 1680 erstmals erwähnte, zunächst noch Kaninchenwerder oder Pfauwerder genannte Havelinsel schenkte 1685 der Große Kurfürst dem Alchimisten J. Kunkel, der hier eine Glashütte errichten ließ, die aber 1689 wieder abbrannte. 1704 gehörte die Pfaueninsel zur Königlichen Heide, wurde mit Kaninchen besetzt und zum Amt Potsdam gelegt. 1793 kaufte sie König Friedrich Wilhelm II. Er ließ 1794/97 ein Lustschloß und eine Meierei anlegen. Zudem wurde ein Teil der Insel gerodet und landwirtschaftlich genutzt. Seit 1822 entstand unter der Leitung von P. J. Lenné ein großer „englischer Park" mit etlichen Tierhäusern und weiteren Bauten. Das gesamte, als Königliche Kolonie bezeichnete Ensemble gehörte zeitweise zum Gemeindebezirk Stolpe (so 1840; 1858: 56 Einwohner), bildete ab 1868 einen eigenen Gutsbezirk und war dann wieder Bestandteil der Potsdamer Forst. 1907 zum selbständigen Gutsbezirk erhoben, wurde die Insel 1920 aus dem Kreis Teltow ausgegliedert und in die neue Stadtgemeinde Berlin aufgenommen.

Der eigenständige Gutsbezirk Pfaueninsel kam 1920 zwar in den neuen Stadtkreis Berlin, er gehörte jedoch inhaltlich weit mehr in die gärtnerisch gestaltete Umgebung der alten Residenz Potsdam. Von hier kamen die entscheidenden Anregungen für die Nutzung und Bebauung. Dennoch spielte die Insel als Ausflugsziel auch für die Berliner Bevölkerung schon frühzeitig eine beachtliche Rolle und verdient daher in diesem Zusammenhang eine kurze Betrachtung.

Eine Karte aus dem Jahre 1848 (Abb. 441) zeigt die zu diesem Zeitpunkt im wesentlichen abgeschlossene lockere Bebauung, die weniger der ökonomischen Nutzung des Territoriums als der exotisch-romantischen Erholung des Königshauses dienen sollte. Unter den verschiedenen, relativ verstreut in der von P. J. Lenné gestalteten Parklandschaft liegenden Bauten seien 5 ausgewählt und kurz charakterisiert.

Als erstes wäre das 1794/97 vom Hofzimmermeister Brendel entworfene Schloß zu nennen, das mit seinen beiden Rundtürmen, der sie verbindenden, seit 1807 eisernen Brücke und dem als Teilruine projektierten Zwischenbau eine verspielte „Theaterarchitektur" darstellt (Abb. 442), im Innern jedoch einige durchaus beachtenswerte klassizistisch gestaltete Räume aufweist. Interesse verdient ferner das 1803/04 errichtete Gutshaus, das bereits 1824/26 nach den Plänen von K. F. Schinkel einen gravierenden Umbau erfuhr. So wurden dem südlichen der beiden Türme die 6geschossige Sandsteinfassade eines Danziger Patrizierhauses aus dem 15. Jh. vorgeblendet, die Fassade mit gotisierenden Fensterbekrönungen und anderen Elementen ausgestattet sowie die beiden Türme mit Zinnen versehen. Der dadurch entstandene Eindruck einer burgähnlichen Anlage täuscht jedoch. Die zahlreichen Räume dienten ausschließlich Wohnzwecken, als Unterkunft im Kavaliershaus (Abb. 433 b). Zu beachten ist auch die 1795 ebenfalls von Brendel als künstliche Ruine mit gotischen Schmuckformen erbaute Meierei (Abb. 443 c) einschließlich des benachbarten backsteingotischen Rinderstalles von 1802, das 1822 als schmuckloser Ziegelbau entstandene Maschinenhaus, in dem die zur Bewässerung der Insel genutzte Dampfmaschine untergebracht war, und das 1829/31 von A. D. Schadow entworfene Palmenhaus. Es gehörte zu einem größeren Komplex von mehr oder weniger aufwendigen Tierhäusern, in denen neben Pfauen, Fasanen, Adlern und anderen Vögeln vor allem zahlreiche exotische Tiere gehalten wurden, die später den Grundstock für den Berliner Zoologischen Garten bildeten. Das

Abb. 442 Rekonstruierte Ansicht des Schlosses von 1794/97

Pfaueninsel

Abb. 443 a
Blick in das Palmenhaus.
Ölbild von K. Blechen, 1834

Abb. 443 b
Kavaliershaus, Ansicht von Westen nach Umbau von 1824/26

Abb. 443 c
Meierei, Ansicht von Westen, 1795

Gebäude selbst, das unter Verwendung orientalischer, vor allem indischer Stilelemente gestaltet wurde (Abb. 443 a), brannte im Jahre 1880 ab. Obgleich diese Bauten und die anderen ebenfalls zumeist verspielten Bauwerke (u. a. das Schweizerhaus nach Plänen Schinkels) für die bauliche Entwicklung von untergeordneter Bedeutung waren, spielten sie im Bewußtsein der Berliner Bevölkerung eine Rolle, vornehmlich im Hinblick auf die Vorstellung von landschaftlich reizvoll eingebetteten Ausflugs- und Erholungsgebieten, aber auch in bezug auf die Gestaltung eigener Villen oder Sommerhäuser und der dazugehörenden Gärten.

Pichelsberg, siehe Pichelswerder

Pichelsdorf
Verwaltungsbezirk Spandau

Das bis 1920 zum Kreis Osthavelland gehörende Dorf unterstand seit seiner ersten Erwähnung 1375 bis 1872 der Burg bzw. dem Amt Spandau. Es war wie das benachbarte Dorf Kietz nur mit geringem Landbesitz ausgestattet. Die Einwohner betrieben zunächst fast ausschließlich Fischerei. Von den mindestens seit 1590 nachgewiesenen 14 Fischerstellen waren 1652 lediglich 10 besetzt. 1708 existierten jedoch wieder 15 Stellen (Kossäten). Auf dem zugehörigen Werder (siehe auch Pichelswerder) befanden sich seit 1766 umfangreiche Lagerplätze der Preußischen Hauptnutzholzadministration. Bald darauf gesellten sich einige Gewerbetreibende – wie Dorfkrüger, Schiffer, aber auch Schneidemüller und Bootsbauer – hinzu, doch dominierte bis 1871 eindeutig die Fischerei. Dementsprechend vergrößerte sich die Einwohnerzahl nur in geringem Umfange (1772: 149, 1871: 193 Einwohner, inklusive Pichelswerder).

Erst in den anschließenden Jahrzehnten folgten einige kleine Unternehmungen und damit verbunden weitere Handwerker. 1894 gab es z. B. 3 Schlosser, 2 Böttcher, 2 Gärtner, 2 Maurer, 2 Tischler und 2 Zimmerleute. Dennoch wuchs der Ort bis zur Eingemeindung nicht sehr (1880: 306 und 1919: 399 Einwohner.) Hemmnis waren vor allem die geringe Landausstattung, aber auch der Bau der Heerstraße 1908, wodurch das Dorf zerschnitten und einige Fischerhäuser abgerissen wurden, sowie das Fabrikverbot für einige Ufergebiete seit 1911. Hinzu kam, daß der Pichelswerder um 1860 aus dem Gemeindegebiet ausgegliedert worden war.

Im Jahre 1892 erwähnt der Chronist des Osthavellandes E. G. Bardey „ein Gebäude ohne Schornstein, welches der Überlieferung nach an der Stelle steht, wo in wendischer Zeit das Dorfoberhaupt gewohnt haben soll" und das Ende des 19. Jh. als „Haus des Wendenkönigs" bezeichnet wurde [2]. Gehört letztgenannte Zuordnung wohl ohne Frage in das Reich der Phantasie, so ist der Hinweis auf die slawische Vergangenheit doch berechtigt. Jedenfalls deuten die Lage zwischen der Scharfen Lanke, dem Grimnitzsee und der Havel, die geringe Landausstattung und die Dominanz der Fischer auf den slawischen Ursprung hin, der sich auch in der Anlage als Sackgassendorf auszudrücken scheint. Ein Plan aus dem Jahre 1791 (Abb. 444) weist zwar bereits einige weitere Standorte an dem Weg nach Spandau und eine Windschneidemühle am Nordrand der Scharfen Lanke aus, doch ist die ursprüngliche Siedlungsform noch klar erkennbar.

Nicht minder interessant ist der Hinweis auf das schornsteinlose Gebäude, das aber – da auch die Häuser in den deutschen Dörfern bis ins 17./18. Jh. größtenteils noch mit offenen Herdstellen ausgestattet waren – keinerlei ethnische Zuordnung zuläßt. Eventuell ist jedoch auch nur das Fehlen eines engen Schornsteins gemeint gewesen, da die Schwarze Küche mit dem offenen Rauchschlot vielfach nicht als Schornstein akzeptiert wurde. Auf jeden Fall ist das Fehlen einer zeitgemäßen Rauchabführung durchaus bemerkenswert, hängt aber sicherlich damit zusammen, daß der unter diesen Bedingungen langsamer entweichende Rauch erhebliche Vorteile beim Räuchern bot. Übrigens ist dies ein Umstand, der auch in etlichen märkischen Wohnhäusern agrarisch strukturierter Dörfer zur Beibehaltung des Rauchschlots beigetragen hat.

Das angeblich um 1786 errichtete [41] und auf dem Plan von 1791 bereits verzeichnete Gebäude auf dem Grundstück Alt-Pichelsdorf 30/32 besaß ursprünglich ebenfalls eine Schwarze Küche, ist jedoch längst unterfangen und in der Raumstruktur völlig verändert. Dennoch stellt es mit dem erst um 1850 erbauten oder modernisierten Wohnhaus Alt-Pichelsdorf 3 und den weitgehend erneuerten, aber noch einstöckigen Gebäuden Mahnkopfweg 2 und 4 eines der wenigen erhaltenen Zeugnisse der alten Fischersiedlung dar (Abb. 447). Im Jahre 1835 (siehe Abb. 578) bestanden mit Ausnahme des am Südrand des Ortes gelegenen Dreiseithofes alle Gebäude noch aus Fachwerk. Der jetzt massive Bau bewahrt als Besonderheit einen Keller, der schon um 1800 vorhanden gewesen sein könnte und damit auf die bereits ursprüngliche Funktion als Dorfkrug verweist.

Gastronomische Einrichtungen spielten in diesem Raum schon frühzeitig eine herausragende Rolle. Sie entstanden jedoch nicht direkt im Dorf, sondern auf dem benachbarten Pichelsberg und seit der

Entwicklung der Einwohnerzahlen von Pichelsdorf

Jahr	Einwohner
1800	103*
1817	177*
1840	208*
1858	217*
1871	193
1875	304
1880	306
1885	332
1890	409
1895	424
1900	444
1905	384
1910	408
1919	399

* mit Pichelswerder

Pichelsdorf

Abb. 444
Karte von 1791 mit den Etablissements auf Pichelswerder und dem alten Teerofen in Pichelsberg

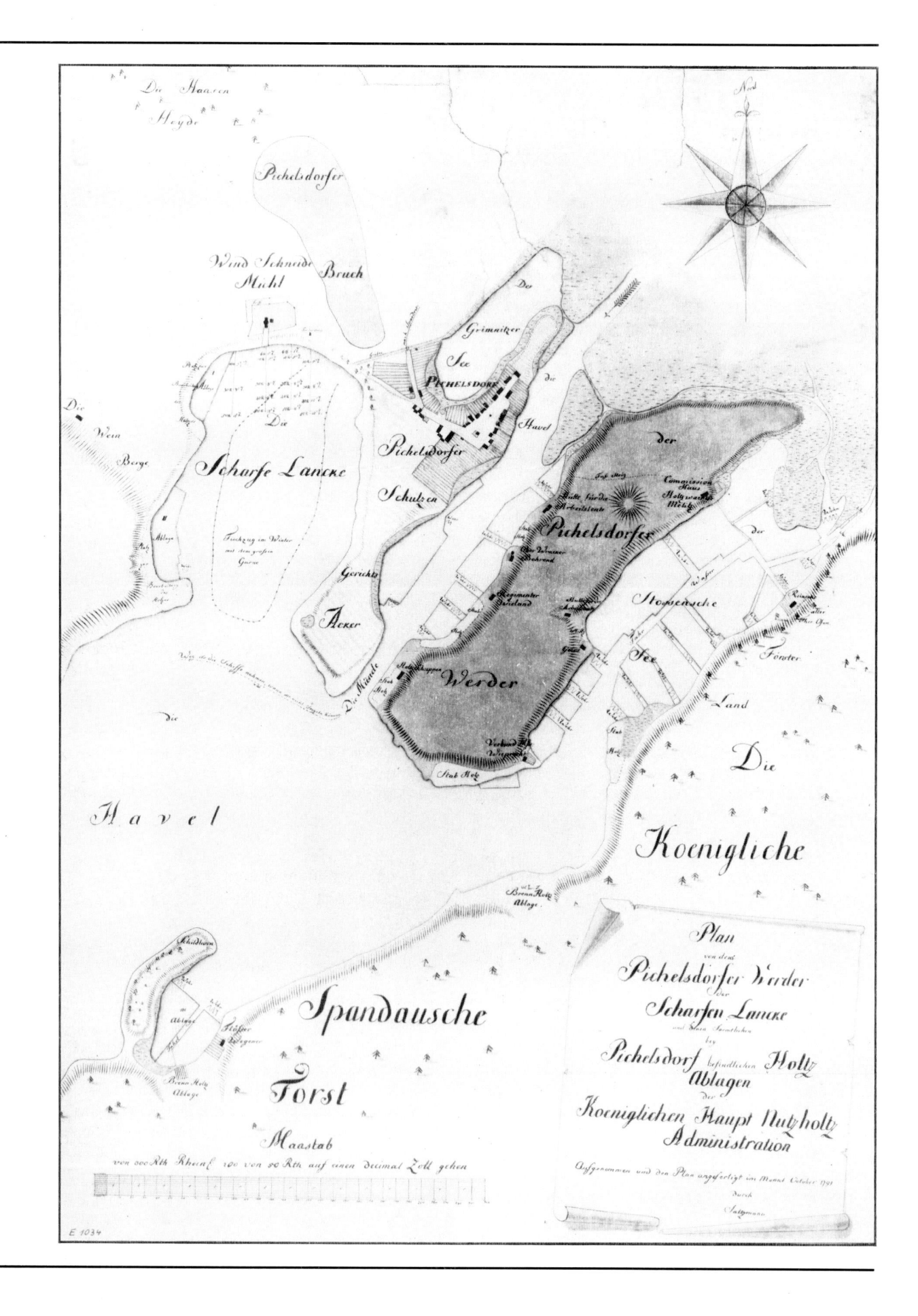

Mitte des 19. Jh. verstärkt auf Pichelswerder. Ähnlich wie die „Nutzholzadministration" auf Pichelswerder betrieb der Förster von Pichelsberg schon Ende des 18. Jh. einen „Ausschank mit Speisewirtschaft" [74]. Die eigentliche Attraktion bildete jedoch der 1798 durch den Grafen v. Kameke errichtete Pavillon auf dem zuvor erworbenen ehemaligen Teerofenland unmittelbar neben der Försterei. Es wurde ein vielbesuchter und mehrfach dargestellter Anziehungspunkt (Abb. 446). Das Forstgehöft aus der zweiten Hälfte des 18. Jh. bestand um 1830 aus einem einstöckigen Fachwerkwohnhaus mit teilweise abgewalmtem, ziegelgedecktem Satteldach und einem bis zum Abbruch 1925 erhaltenen Rauchfang, einer strohgedeckten Fachwerkscheune und weiteren Nebengebäuden. Der durch die zahlreichen Besucher offenbar reich gewordene Förster kaufte 1831 schließlich den Pavillon mit dem dazugehörigen Land und legte eine weitere Gaststätte am Weg nach Spandau an. Pichelsberg und Pichelswerder waren schon um die Mitte des 19. Jh. zu vielbesuchten Vergnügungsorten geworden. In der zweiten Hälfte des 19. Jh. bestanden 6 teilweise recht große Ausflugsgaststätten.

Das eigentliche Dorf indes hatte vorerst kaum einen Nutzen durch diese Entwicklung. Erst um 1900 und vor allem nach dem teilweisen Fabrikverbot von 1911 ließen sich etliche Wassersportvereine hier nieder und legten Boots- und Klubhäuser an, denen

Abb. 445 Dreistöckiges Gebäude mit ehemaliger Gaststätte „Zur Post", um 1895, Alt-Pichelsdorf 3a

Abb. 446 Pichelsberg mit Försterei (um 1770) und Pavillon (um 1798). Kupferstich von J. H. A. Forst, um 1828

Abb. 447 Ehemaliger Dorfkrug, um 1786, Alt-Pichelsdorf 30

sich verschiedentlich Landhäuser hinzugesellten. Zuvor hatte sich die Entwicklung zum Industriestandort angebahnt. Schon 1816 waren auf einer kleinen Werft bei Pichelsdorf die ersten Dampfschiffe Deutschlands gebaut worden, so der Mittelraddampfer „Prinzessin Charlotte von Preußen" mit einer Antriebsmaschine aus England [65]. Nach einer längeren Pause folgten dann 1877 eine Brauerei und 1882 eine Porzellanfabrik. Der Ort geriet einerseits in den Sog der sich nach Süden ausdehnenden Stadt Spandau, mit der ihn eine seit 1867 gepflasterte Straße und seit 1894 eine regelmäßig verkehrende Pferde-Straßenbahn verband, andererseits zerschnitt die 1908 angelegte breite Heerstraße mit der großen Freybrücke den Ort und damit die einheitliche Entwicklung. Das ehemals mitten im Dorf gelegene große Gebäude Alt-Pichelsdorf 3a stand nun plötzlich direkt an der neuen Hauptstraße (Abb. 445). Die beiden nördlich und südlich der großen Verkehrsmagistrale befindlichen Ortsteile waren ins Abseits geraten.

Pichelswerder, Verwaltungsbezirk Spandau

Die ehemals zu Pichelsdorf und damit bis 1920 zum Kreis Osthavelland gehörende Halbinsel zwischen Pichelsee und Stössensee wurde spätestens um 1860 zum Gutsbezirk Forstrevier Spandau Anteil geschlagen und bald darauf zum eigenen Gutsbezirk erhoben. Seit 1766 befanden sich hier Lagerplätze der Preußischen Hauptnutzholzadministration. Schon 1733 planten Hamburger Holzhändler an gleicher Stelle die Anlage eines Holzwärterhauses. Anfang des 19. Jh. und 1840 sind jeweils ein Wohnhaus, seit 1860 dann 4 und 1900 sogar 5 Wohngebäude, darunter 4 Gaststätten, nachgewiesen, doch lebten hier stets nur wenige Menschen ständig (1817: 20, 1858: 26, 1895: 31 und 1919: 27). Bei der Eingemeindung 1920 gehörten zu diesem Gutsbezirk ferner die im Kreis Teltow gelegenen Etablissements *Pichelsberg*. Sie bestanden im wesentlichen aus 2 Komplexen, einer Försterei (1860 mit Kiefernsamendarre) und einem, später 2 Gasthäusern (1858 mit 30 und 14 Einwohnern). Seit 1907 entstand auf dieser Gemarkung (südlich der Heerstraße) eine Landhauskolonie Pichelsberg.

Plan, siehe Spandau-Zitadelle

Plötzensee, Verwaltungsbezirke Charlottenburg und Wedding

Der 1920 aus dem Kreis Niederbarnim nach Berlin eingemeindete Gutsbezirk Plötzensee bestand zu diesem Zeitpunkt nur noch aus einem Rest von 52 Hektar, da bereits kurz zuvor (1904 und 1916) einige Teile des 1904 noch 177 Hektar großen Areals nach Berlin eingegliedert worden waren. Das ehemals zum forstfiskalischen Gutsbezirk *Tegeler Forst* (siehe dort) gehörende Terrain um den Plötzensee (erstmals 1436 erwähnt als Plotczensehe) soll bereits 1456 einen Gutshof besessen haben. Bedeutung erlangte dieses Gebiet jedoch erst, nachdem 1868/78 die Stadt Berlin hier ein großes Strafgefängnis angelegt hatte und in dessen Umgebung eine Kolonie entstanden war, in der 1919 insgesamt 1601 Personen lebten. Während die Strafanstalt und ihre Umgebung zum Bezirk Charlottenburg kamen, gelangte der Ortsteil des Gutsbezirkes zum Bezirk Wedding.

Potsdamer Forst, Verwaltungsbezirk Zehlendorf

Der etwa 1220 Hektar umfassende nördliche Teil des Gutsbezirkes Potsdamer Forst wurde 1920 der neuen Stadtgemeinde Berlin eingegliedert. Die südliche Grenze bildeten der Griebnitzsee und Kohlhasenbrück. Den einzigen Wohnplatz des kaum besiedelten Gebietes stellte das an der Havel, gegenüber Sacrow, gelegene Forst-Etablissement Moorlake (1680: Mohrlancke) dar, 1858 aus einem Wohn- und einem Wirtschaftsgebäude bestehend und von 10 Personen bewohnt.

Rahnsdorf
Stadtbezirk Köpenick

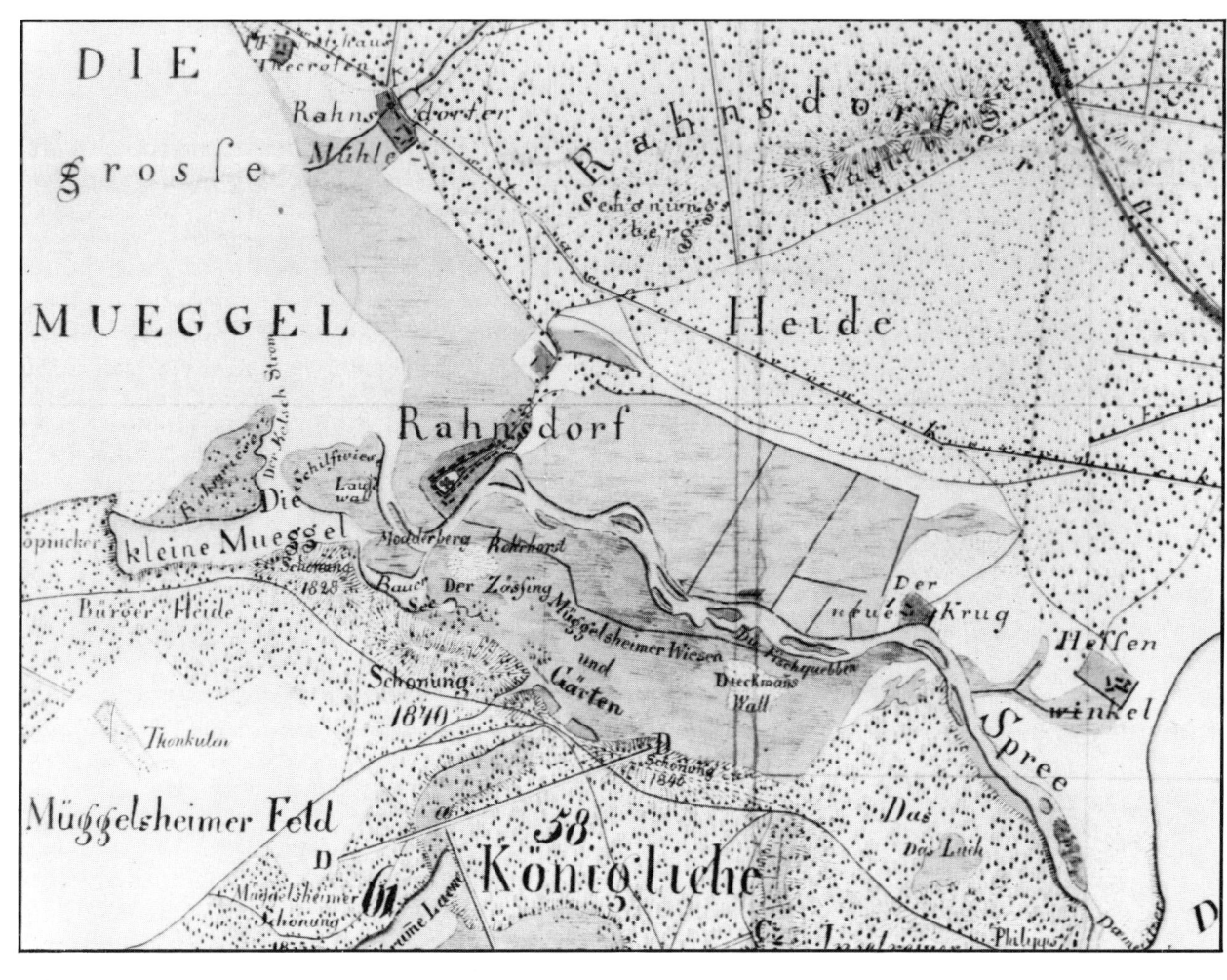

Entwicklung der Einwohnerzahlen von Rahnsdorf	
Jahr	Einwohner
1734	144
1772	162
1801	138 + 6* + 6**
1817	99 + 5* + 9**
1840	138 + 7* + 5**
1858	221 + 35* + 12**
1871	302
1875	324
1880	330
1885	318
1890	337
1895	920
1900	1 161
1905	1 371
1910	1 901
1919	2 801

* Gasthaus „Rahnsdorfer Mühlenkrug"
** Gasthaus „Neuer Krug"

Abb. 448
Ausschnitt aus dem Ur-Meßtischblatt Nr. 1910 von 1839

Rahnsdorf wurde das erste Mal im Jahre 1375 urkundlich erwähnt. Mindestens seit dieser Zeit unterstand es der Burg und später dem Amt Köpenick. 1722 folgten als Besitzer die Familie v. Marschall und ihre Erben, ab 1850 v. Treskow (zu Dahlwitz). Die Bewohner des Ortes besaßen zunächst keinerlei Acker, trieben ausschließlich Fischerei und leisteten, so 1487 und 1608, Kossätendienste nach Köpenick. Von den seit 1541 nachgewiesenen 18 Fischerstellen waren nach dem Dreißigjährigen Krieg zeitweise nur 14 besetzt (einschließlich eines in Berlin wohnenden Krügers). 1654 erhielt der Berliner Bürger Krehahn die Konzession zum Bau einer Schneidemühle. Diese nahe der Mündung des Schöneicher Fließes in den Müggelsee angelegte *Rahnsdorfer Mühle,* die 1745 mit einem Mehl- und einem Schneidegang ausgestattet war, bestand bis zum Ende des 19. Jh. Um die Mitte des 18. Jh. kam zwar eine Teerhütte nahe der Wassermühle hinzu, aus der später die Unterförsterei „Theerofen" hervorging, insgesamt jedoch entwickelte sich das eigentliche Fischerdorf bis zum Ende des 19. Jh. nur geringfügig. Es zählte 1734 schon 144 und 1885 auch nur 318 Einwohner. Eine Vergrößerung setzte erst mit der Eingemeindung der Villenkolonien *Hessenwinkel* und *Wilhelmshagen* sowie der Anlage

Rahnsdorf

Abb. 449 Wohnhaus eines Fischers, um 1850, Dorfstraße 5

Abb. 450 Wohnhaus eines Fischers, um 1875, Dorfstraße 16

einer Kolonie um die *Rahnsdorfer Mühle* ein, so daß 1895 bereits 920 und kurz vor der Eingemeindung aus dem Kreis Niederbarnim nach Berlin mehr als 2800 Einwohner gezählt werden konnten.

Die Kolonie *Hessenwinkel,* bis zur 1891 erfolgten Eingliederung nach Rahnsdorf zum Gutsbezirk Köpenick-Forst gehörig, war im letzten Viertel des 19. Jh. auf der Grundlage eines Vorwerks entstanden, das 1739 der Landjäger Bock anlegen ließ und 1744 mit 38 kleinen Morgen in Erbpacht verschrieben bekam. In Anlehnung an den für 1704 bezeugten Flurnamen „Hasselwinckel" nannte er sein Vorwerk Hessenwinkel, in dem 1801 allerdings nur 26 Menschen wohnten. Auch 1860 lediglich aus 3 Wohn- und 5 Wirtschaftsgebäuden bestehend, setzte die Besiedlung des Terrains am Nordwestufer des Dämeritzsees durch die teilweise Parzellierung des Gutes erst nach 1871, verstärkt aber erst nach 1891 ein. Bereits vor 1908 erhielt der Ort Gas von den Gaswerken in Erkner.

Die Kolonie *Wilhelmshagen* entwickelte sich auf dem Gelände des Gutsbezirkes Rahnsdorf. Dieser war aus einem Ende des 18. Jh. angelegten und mit relativ wenig Acker, aber viel Wald- und Wiesenland ausgestatteten Vorwerk, dem späteren Rahnsdorfer Mühlenkrug, und dem direkt an der Spree gelegenen, seit 1797 nachweisbaren Neuen Krug hervorgegangen. 1891 erwarb die Deutsche Volksbau-Aktiengesellschaft einen Teil des Gutsterrains und legte die Villenkolonie *Neu-Rahnsdorf* an, die sich ab 1902 *Wilhelmshagen* nennen durfte und 1914 mit dem gesamten Gutsbezirk dem Gemeindebezirk zugeschlagen wurde.

So ungenau, so schematisch die Ortslage von Rahnsdorf auf der Karte von 1839 (Abb. 448) auch sein mag, deutlich ist zu erkennen, daß die Siedlung mit ihrem zentralen runden Platz nur einen Zufahrtsweg besitzt und damit ein weiteres Charakteristikum aufweist, das den Ort als Rundplatzdorf kennzeichnet. Eine 1873 wütende Feuersbrunst, der auch die 1728 errichtete Fachwerkkirche zum Opfer fiel, vernichtete den Großteil der zumeist noch aus Fachwerk bestehenden Gebäude, so daß heute die Bausubstanz des ausgehenden 19. und beginnenden 20. Jh. das Ortsbild bestimmt. Die einzige Ausnahme scheint das Wohnhaus Dorfstraße 5 zu bilden, das offenbar einige Jahrzehnte zuvor schon als Massivbau errichtet worden war und die Brandkatastrophe wenigstens teilweise überstanden hat (Abb. 449). Es handelt sich um ein einstöckiges, quergegliedertes Gebäude, dessen Satteldach noch von der traditionellen Kehlbalkensparrenkonstruktion mit doppelt stehendem Stuhl gestützt wird. Die schlichte Haustür mit dem Oberlichtfenster deutet auf eine Bauzeit um 1850 hin.

Die Mehrzahl der nach 1873 entstandenen Wohn-

Abb. 451
Ansicht
der Dorfkirche,
1886/87,
Dorfstraße

häuser ist ebenfalls einstöckig, mehrfach jedoch mit einem Kniestock und einem etwas flacheren Dach ausgestattet, stets aber quergegliedert und mit mehr oder weniger aufwendigen Putzfassaden versehen, z. B. Dorfstraße 6, 12 und 14. Eine Modifikation stellt das Wohnhaus Dorfstraße 16 dar, das auf einem auffallend hohen Kellergeschoß ruht und über eine Natursteintreppe zu betreten ist (Abb. 450).

Abb. 452
Villa in der
ehemaligen Kolonie
Rahnsdorfer Mühle,
um 1905,
Seestraße 30/32

Abb. 453
Hauptgebäude
der ehemaligen
„Heilanstalt der
Norddeutschen Holz-
Berufsgenossenschaft"
(heute „Ulmenhof" der
Stephanus-Stiftung),
1894,
Grenzberger Weg 38

Abb. 454   Villa in der ehemaligen Landhauskolonie Hessenwinkel, um 1910, Lutherstraße 4

Neben Ziegelstein fand mehrfach – vor allem bei den kleinen Ställen und anderen Wirtschaftsbauten – Rüdersdorfer Kalkstein Verwendung. Selbst die 1886/87 nach den Plänen von F. Adler und H. Kappen entstandene neue Kirche besteht zu einem großen Teil, so die Außenwände des Langhauses und der Unterteil des quadratischen Westturmes, aus diesem, heute wieder verputzten Material. Für die Einfassungen der Rundbogenfenster, für die Apsis und den Oberteil des schiefergedeckten spitzen Turmes wurde dagegen gelber Backstein verwendet (Abb. 451).

Außer der Kirche befindet sich auf dem Dorfplatz lediglich die um 1880 entstandene alte Dorfschule, Dorfstraße 25, der sich schon im Jahre 1910 eine weitere größere in der Kolonie Rahnsdorfer Mühle, Mühlenweg 71, hinzugesellte. Abgesehen von wenigen zweistöckigen Mietshäusern, wie Dorfstraße 23, um 1890 erbaut, und einem mit Gästezimmern ausgestatteten Ausflugslokal, Dorfstraße 18, um 1905 entstanden, zeigte das alte Fischerdorf kaum Ansätze zum Ausbau als Vorort. Das eigentliche Zentrum verlagerte sich in das Gebiet um die Rahnsdorfer Mühle, wo bereits 1890 ein neuer größerer Friedhof in der Fürstenwalder Allee 993 angelegt worden war und neben der Schule 1911 die Feuerwache, Mühlenweg 8, ihren Sitz bekam, wo der Gemeindevorsteher saß, sich eine große Ausflugsgaststätte mit Saal, Mühlenweg 1, etablierte und zahlreiche Villen (Abb. 452), Land- und Sommerhäuser sowie etliche mehrstöckige Mietshäuser entstanden.

Ein weiterer Schwerpunkt lag in der 1891 nach Rahnsdorf eingegliederten Kolonie Hessenwinkel, die 1908 bei 212 Einwohnern schon mehr als 60 Villen umfaßte, die durch eine Vielzahl unterschiedlicher Baustile und -formen charakterisiert waren. Neben aufwendigen Backsteinbauten im „Burgenstil", wie in der Kanalstraße 30/31, um 1895 errichtet, bescheideneren Vorstadtvillen mit Neorenaissance-Fassaden, wie in der Lindenstraße 4 und der Kanalstraße 21, und eigenwilligen Sommerhäusern, so Kanalstraße 20, stehen dem „Heimatstil" verpflichtete und sogar dem bäuerlichen „Schwarzwaldhaus" nachempfundene Gebäude, wie z. B. Lutherstraße 1/3 und 4, zumeist von großen Gärten umgeben und oft in lockerer Reihe (Abb. 454). Erst später verdichtete sich die Bebauung und weitete sich nach Süden und Westen („Neu-Venedig") aus. Bootshäuser und Ausflugslokale kamen hinzu.

Ein dritter, von den anderen Kolonien relativ unabhängiger Siedlungskern hatte sich seit 1891 um den im gleichen Jahr eröffneten Bahnhof Neu-Rahnsdorf entwickelt, der im Jahre 1902 gemeinsam mit der Villenkolonie in Wilhelmshagen umbenannt wurde. Das Terrain umfaßte um 1910 schon mehr als 80 Villen mit etwa 600 Einwohnern. Ein Teil davon befand sich allerdings in der 1894/95 erbauten großen „Heilanstalt der Norddeutschen Holz-Berufsgenossenschaft", deren zweistöckiges Hauptgebäude (Abb. 453) herrenhausartig einem Komplex von eingeschossigen, großzügig im Wald plazierten Backsteinbauten für die Patienten und dem Wirtschaftsbetrieb vorgelagert ist.

Von den Villen und Landhäusern, die sich vor allem entlang einer Hauptmagistrale mit der 1910/11 errichteten Tabor-Kirche als Zentralpunkt und auf den diese kreuzenden, leicht gewundenen Straßen befinden und zumeist mit gründerzeitlichen Schmuckelementen versehen sind, weichen einige mit Jugendstilfassaden ab, unter denen das Gebäude auf dem Grundstück Wiebelskircher Weg 66 herausragt (Abb. 455). Einschließlich der Kolonien Rahnsdorfer Mühle, Hessenwinkel und Wilhelmshagen war die Gemeinde Rahnsdorf bis zur Eingemeindung 1920 zwar auf eine Siedlung mit nahezu 3000 Einwohnern angewachsen, dennoch stellte sie zu diesem Zeitpunkt für die Berliner Bevölkerung ein als Wohnort noch relativ wenig erschlossenes und mehr als Erholungsrevier genutztes Gebiet dar.

Abb. 455
Villa in der ehemaligen Kolonie Wilhelmshagen, 1905, Wiebelskircher Weg 66

Rauchfangswerder, siehe Grünau-Dahmer-Forst
Rehberge, siehe Tegeler Forst

Reinickendorf

Verwaltungsbezirk Reinickendorf

Entwicklung
der Einwohnerzahlen
von Reinickendorf

Jahr	Einwohner
1734	114
1772	154
1801	182
1817	276
1840	340
1858	583
1871	1245
1875	4976
1880	5127
1885	7219
1890	10 064
1895	10 677
1900	14 779
1905	22 445
1910	34 299
1919	41 264

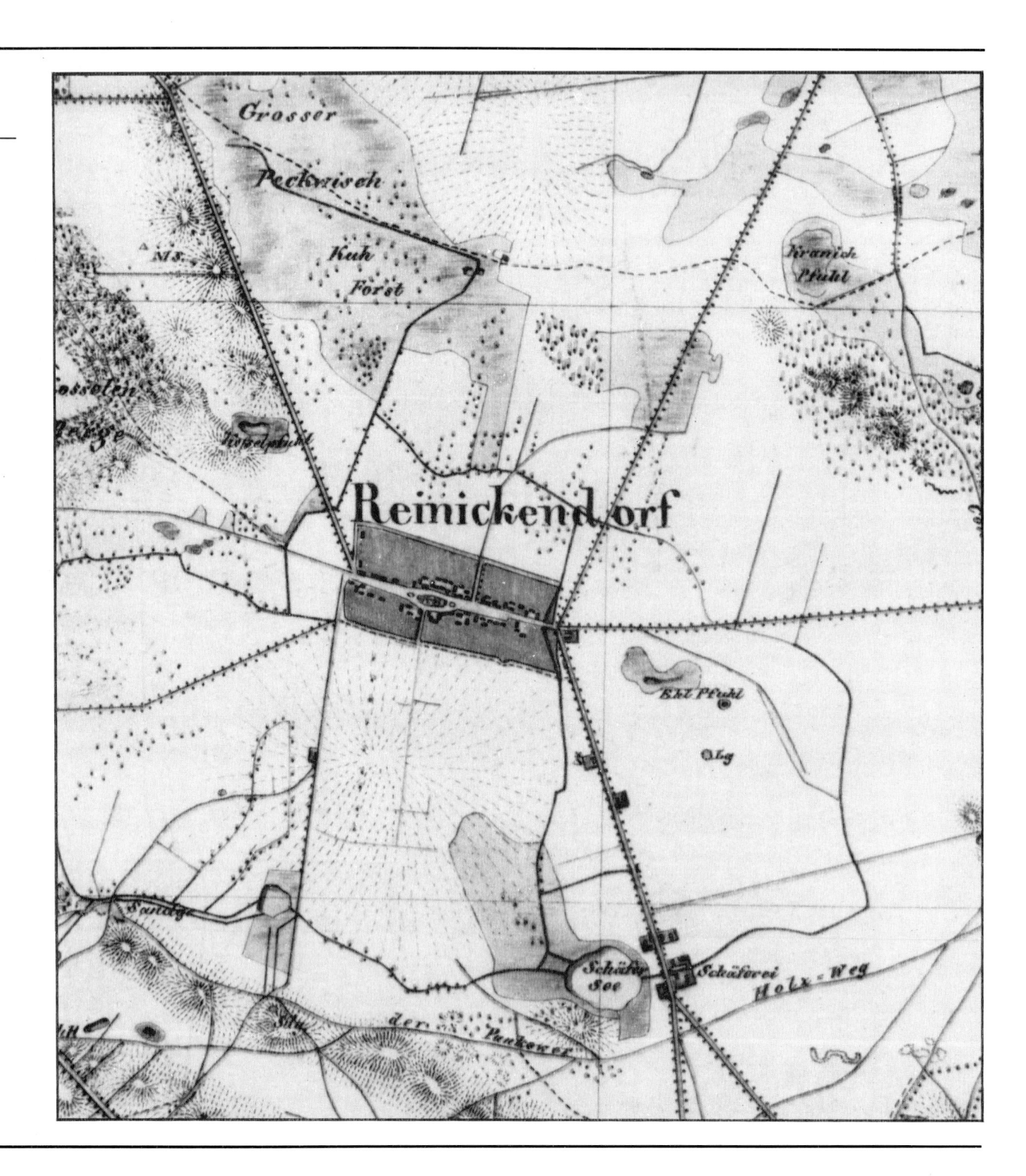

Abb. 456
Ausschnitt aus dem
Ur-Meßtischblatt
Nr. 1837 von 1835

Die bis 1920 zum Kreis Niederbarnim gehörende Landgemeinde wurde 1344 erstmals urkundlich erwähnt. Mindestens seit 1397 befanden sich Dorf, Viehhof und Schäferei im Besitz der Stadt Berlin, die es 1632 zwar an den Handelsmann Engel verkaufte, 1680 aber wieder zurückerwarb und bis 1872 besaß. Schon frühzeitig hatte sich ein Gut mit 10 Hufen herausgebildet, das als Vorwerk betrieben wurde. Von den 1624 genannten 13 Hüfnern und 6 Kossäten waren nach dem Dreißigjährigen Krieg (1652) nur noch ein Bauer und 5 Kossäten übriggeblieben. Auch in der Folgezeit konnten erst allmählich wieder die Vollbauernstellen besetzt werden (1664: 1, 1696: 5, 1705: 6, 1714, 1745 und 1776: 9). Durch die Vererbpachtung des Vorwerks seit 1790 an die Gemeinde entstanden 3 neue Bauernhöfe, so daß seitdem – bis ins letzte Viertel des 19. Jh. – 12 vollbäuerliche Wirtschaften existierten. Die etwas außerhalb des Ortes gelegene Schäferei, die im Jahre 1840 aus 3 Wohnhäusern bestand, blieb aber erhalten.

Seit Beginn des 18. Jh. stieg die Einwohnerzahl beständig, seit Beginn des 19. Jh. sogar in überdurchschnittlichem Maße. Hauptursache waren die relativ geringe Entfernung von Berlin und die frühzeitige Ansiedlung etlicher Gewerbe und bald auch Industrien. So wurden bereits 1775 eine Papiermühle, bald darauf verschiedene Getreidemühlen und 1860 zudem eine Steinpappenfabrik genannt. Nach 1871 völlig in den Sog der Großstadt geratend, vergrößerte sich der Ort schnell weiter und entwickelte sich – besonders seit Eröffnung der Berlin-Kremmener Bahn 1883 – zu einem wichtigen Industriestandort mit einer zahlreichen Wohnbevölkerung. Kurz vor der Eingemeindung wurden schließlich mehr als 40 000 Bewohner registriert. Begünstigt wurde diese Entwicklung durch die Übernahme der 1887 erlassenen Berliner Bauordnung, die es gestattete, fünfstöckige Mietshäuser mit Seitenflügeln und Hinterhäusern zu errichten. Die Versorgung mit Wasser erfolgte ab 1894 von den Charlottenburger Wasserwerken und mit Elektrizität kurz nach der Jahrhundertwende von Moabit aus. Gas bezog man bereits seit 1893. Kanalisation wurde 1907 angelegt.

Trotz der frühzeitigen und intensiven Verstädterung blieb die Dorflage mit dem zentralen Anger weitgehend erhalten. Von den Bauten, die auf einem Lageplan des Jahres 1835 verzeichnet sind (Abb. 456), hat kaum einer die Zeit überstanden. Zu den Ausnahmen gehört wie so oft die Dorfkirche. Sie wird aufgrund der nachlässigen Technik bei der Verwendung der Feldsteine und anderer konstruktiver Elemente ins späte 15. Jh. datiert. Auffallend ist der im Berliner Stadtgebiet einmalige halbkreisförmige Ostabschluß, den eine Aufnahme

Abb. 457 Dorfkirche nach der Renovierung 1936/38

Abb. 458 Dorfkirche. Tuschzeichnung von H. Wohler, 1834

Reinickendorf

Abb. 459
Wohnhaus
eines ehemaligen
Kossätenhofes,
um 1780 (?),
im 19. Jh. überbaut,
Alt-Reinickendorf 35

Abb. 460
Bauzeichnung des
„Arrendatorhauses"
aus der Mitte
des 18. Jh.

nach der 1936/38 erfolgten Renovierung recht klar erkennen läßt (Abb. 457), während der 1713 angefügte quadratische Westturm nur in einem oberen Teil mit dem leicht geschwungenen Zeltdach, der kupfernen Spitze und der Wetterfahne sichtbar wird. Das gesamte Umfeld bestand zu diesem Zeitpunkt fast ausschließlich aus städtischen mehrgeschossigen Mietshäusern.

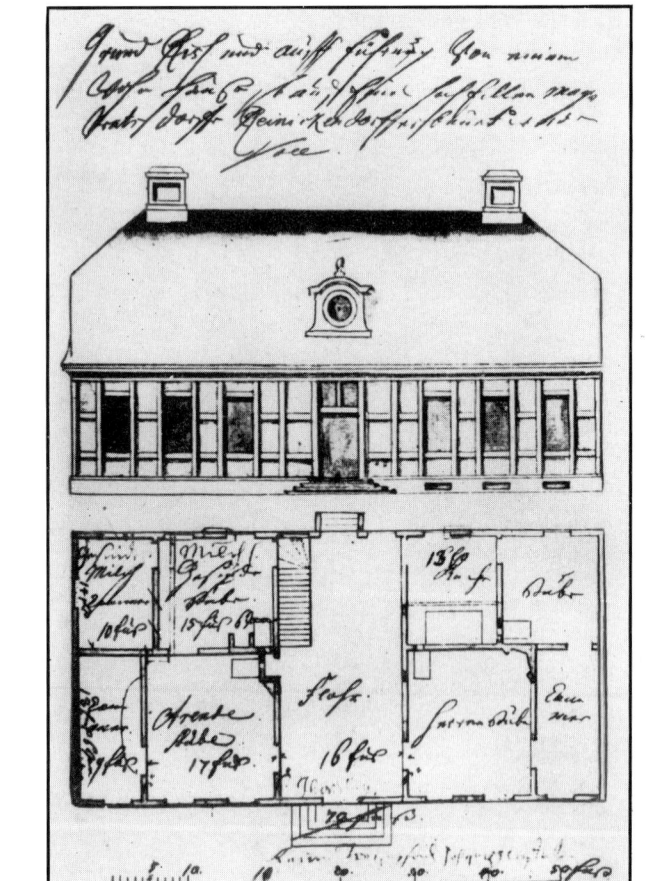

Beinahe exakt 100 Jahre zuvor präsentierte sich dem jungen Seidenwirker H. Wohler ein völlig anderes Bild (Abb. 458). In unmittelbarer Nachbarschaft standen die rohr- oder strohgedeckten Fachwerkhäuser und Wirtschaftsbauten der Bauern und Kossäten, der Kirchhof war von einem Bohlenzaun umgrenzt, eine gepflasterte Straße existierte noch nicht. Da auf keiner der Wohlerschen Zeichnungen das Fachwerk exakt verzeichnet ist, nur „im Prinzip" stimmt, mag die abweichende Höhe des Westturmes ebenfalls künstlerische Freiheit sein.

Ansonsten existiert in Reinickendorf nur noch ein Gebäude, das älter als 150 Jahre ist. Bestanden doch damals alle Bauten – mit Ausnahme der Kirche und eines Gebäudes an der außerhalb gelegenen Schäferei – aus Fachwerk, und nur das kleine Wohnhaus Alt-Reinickendorf 35 besitzt im Giebeldreieck noch einen Rest dieses Konstruktionsprinzips. Es ist ansonsten vollkommen unterfangen und auch in der Raumordnung verändert worden, könnte aber im Kern noch bis ins 18. Jh. zurückreichen (Abb. 459). Die beiden anderen, ebenfalls an die agrarische Tradition erinnernden Wohnhäuser, Alt-Reinickendorf 36/37 und 44, waren von vornherein Massivbauten, die erst im letzten Viertel des 19. Jh. entstanden und seit Anbeginn mit einem Kellergeschoß und einem Kniestock ausgestattet waren.

Trotzdem wissen wir etwas über die baulichen Verhältnisse im 18. Jh. Einer 1937 von H. Jahn veröffentlichten Aufstellung über die einzelnen Höfe des Jahres 1749 ist zu entnehmen, daß der über 6 Hufen verfügende, an der Nordseite in der Nähe der Kirche gelegene Schulzenhof von M. Lienemann aus 7 Gebäuden bestand. Es werden genannt: „Ein Wohnhaus mit gelehmten Wänden und Ziegeldach von 15 Gebind, ein kleines Nebenhaus von 6 Gebind mit Ziegeldach. Eine Scheune von 9 Gebind mit einem Strohdach. Ein Wagenhaus und Stall mit Strohdach von 10 Gebind, ein Viehstall von 12 Gebind mit einem Strohdach, ein kleines Ställchen von 5 Gebind, ein Familienhaus neben dem Wohnhaus, darinnen ein Tagelöhner mit einer Frau und einem Sohn, ein Tagelöhner ohne Frau ..." [53]. Über die Vollbauernstelle des M. Kerko, der über 3 Hufen verfügte und 5 Pferde, einen Ochsen, 2 Kühe, 4 Stück Jungvieh, 3 Schweine und 17 Schafe hielt, heißt es: „1 Haus von 6 Gebind, dabei ein Stall, ist alt und obdachlos, 1 Scheune von 9 Gebind ist neugedeckt, 1 Torhaus mit dem Pferdestall von 7 Gebind, 1 alter Brunnen mit Holz ausgesetzt." Der Kossätenhof des M. Schulze, der nur eine Hufe Ackerland bewirtschaftete, bestand lediglich aus 2 Gebäuden, einer Scheune von 4 Gebind und einem Haus von 7 Gebind, in dem sich auch der Stall befand, denn es wurden u. a. 3 Pferde, ein Ochse, eine Kuh und 3 Schweine gehalten.

Von Interesse dürfte auch sein, daß sich das Wohnhaus für den Verwalter des Magistratsvorwerks, das immerhin über 10 Hufen verfügte, Mitte des 18. Jh. nicht allzusehr von dem eines Vollbauern unterschied (Abb. 460). Es ist ein eingeschossiger Fachwerkbau mit Krüppelwalmdach. Die wichtigste Besonderheit gegenüber den in dieser Zeit üblichen Bauernhäusern der Mark Brandenburg stellt neben der prächtigen Gaupe über der Eingangstür der Verzicht auf die Schwarze Küche und die Anlage von 2 getrennten Feuerstellen dar. Dadurch erhält der frei durchlaufende breite Flur eine repräsentative Funktion. An den Rauchfang der nun seitlich gelegenen und mit einem Fenster versehenen Küche werden die Öfen der beiden Wohnstuben angeschlossen. Die Schlafkammer bleibt wie üblich unheizbar. Auf der anderen Seite des Flures, der bei kleineren Bauern vielfach noch als Stall genutzt werden mußte und bei größeren Bauern als Altenteil diente, befinden sich die „Arrendatorstube", also eine Art Arbeitsraum, und eine Kammer sowie der Schlaf- und Aufenthaltsraum des Gesindes und eine Milchkammer. Wegen der Errichtung dieses Baues war es 1738 übrigens zu einem Streit zwischen Magistrat und Bauernschaft gekommen, die die Baufuhren verweigerte. Sie erklärten, „zu diesen Diensten zu stark herangezogen zu sein". Erst nach der Ermahnung, „sich ihrer Pflicht und Schuldigkeit zu erinnern und anbefohlenermaßen ihre Dienste durch Anfahren der Baumaterialien zu tun" und nach der zeitweisen Verhaftung eines der Sprecher, des zweiten Gemeindeschöppen, kamen sie der Verpflichtung nach [53].

Zum Gut, dessen Hauptwirtschaftshof sich bis zur Mitte des 18. Jh. im östlichen Teil der südlichen Bebauungsflucht befand, gehörte seit längerem ein Vorwerk, das aber 1665 abgebrannt war. 1746/47 verlegte man den gesamten Wirtschaftsbetrieb dorthin und betrieb seit der Vererbpachtung der Gutsländereien im Jahre 1790 nur noch eine Schäferei, die sich in den nachfolgenden Jahrzehnten zu einem zweiten wichtigen Siedlungskern der Gemeinde entwickelte. Unweit eines kleinen Sees und des alten Pankower Holz-Weges an der wichtigen Verbindungsstraße nach Berlin gelegen (siehe Abb. 456), entstanden gerade in diesem Raum seit der Mitte des 19. Jh. die ersten von der Stadt beeinflußten Niederlassungen und etliche Wohnbauten. Mit der 1877 eröffneten Bahnstation Schönholz am östlichen Rand der Gemarkung und einer weiteren

Abb. 461
Vierstöckiges
Mietshaus,
um 1910,
Residenzstraße/Ecke
Klemkestraße

Abb. 462
Ehemaliges Rathaus,
um 1885,
Alt-Reinickendorf 38

Abb. 463   Öffentliche Bedürfnisanstalt auf dem alten Dorfanger, um 1890

Abb. 464   Büdnerhaus neben viergeschossigen Mietshäusern, Residenzstraße 151. Aufnahme von etwa 1910

nördlich des alten Dorfkernes 1883 sowie eines Güterbahnhofs an der Grenze zu Dalldorf/Wittenau verlagerte sich der Schwerpunkt der Entwicklung zwar wieder etwas mehr nach Norden, doch bewirkte die Nähe Berlins, daß auch das südliche Gebiet sich kräftig entfaltete.

Mit Ausnahme des westlichen Teiles der alten Dorfflur, wo neben dem Reinickendorfer Friedhof (seit 1886) mehrere städtische Kirchengemeinden ihre Begräbnisplätze eingerichtet hatten, wuchs der Ort bald dicht zusammen. Der alte Verbindungsweg zwischen Dorf und Schäferei bildete schon zu Beginn des 20. Jh. eine wichtige Geschäftsmagistrale mit zumeist repräsentativen Vorder- und Eckhäusern (Abb. 461), denen sich in den Seitenstraßen die großstädtischen Mietskasernen mit Hinter- und Seitenflügeln anschlossen.

Zwar wurden die Schulen, Kirchen, Feuerwachen und anderen Gemeindebauten konsequenterweise in den verschiedenen dichtbebauten Ortsteilen angelegt, doch verblieb erstaunlicherweise das Rathaus im alten Dorfkern. Der um 1885 errichtete dreistöckige Backsteinbau (Abb. 462) mit einem prächtigen Festsaal im zweiten Obergeschoß fand seinen Platz auf dem Gelände des ehemaligen Hirtenhauses. In seiner Nachbarschaft befinden sich die bereits erwähnten restlichen Zeugnisse aus der Zeit, als die Landwirtschaft noch vorherrschte. Schräg gegenüber indes, auf einem ehemals ebenfalls agrarisch geprägten Gehöft, hatte sich schon in den 80er Jahren des 19. Jh. ein metallverarbeitender Industriebetrieb etabliert, Alt-Reinickendorf 25/27. Dies ist deshalb bemerkenswert, weil in den meisten anderen Dörfern derartige Anlagen in den Randzonen, in der Nähe der Flußläufe, Bahnhöfe oder Hauptstraßen, nicht aber innerhalb der alten Dorfkerne entstanden.

Zu Beginn des 20. Jh. existierte im alten Reinickendorfer Zentrum eine bunte Mischung verschiedenartiger Bauformen. Neben kleinen Bauernhäusern, wie Alt-Reinickendorf 44, standen große vierstöckige Mietshäuser, so Alt-Reinickendorf 45/46. Der alten Dorfkirche gegenüber lag auf der einen Seite der repräsentative Bau des Rathauses, auf der anderen die zwischen Mietshäusern und Seitenflügeln eingezwängte Fabrik, und – geradezu symbolisch für den Verstädterungsprozeß – auf dem Anger hatte eine öffentliche Bedürfnisanstalt (Abb. 463) ihren Platz gefunden. Reinickendorf war bei seiner Eingemeindung ein zwar mit Berlin eng verbundener, im wesentlichen aber aus eigener Kraft verstädterter Vorort geworden, was sich selbst im alten Dorfkern manifestierte. Die 1920 bereits weit vorangeschrittene Urbanisierung war überall im Ort deutlich ablesbar (Abb. 464).

Rixdorf
Verwaltungsbezirk Neukölln

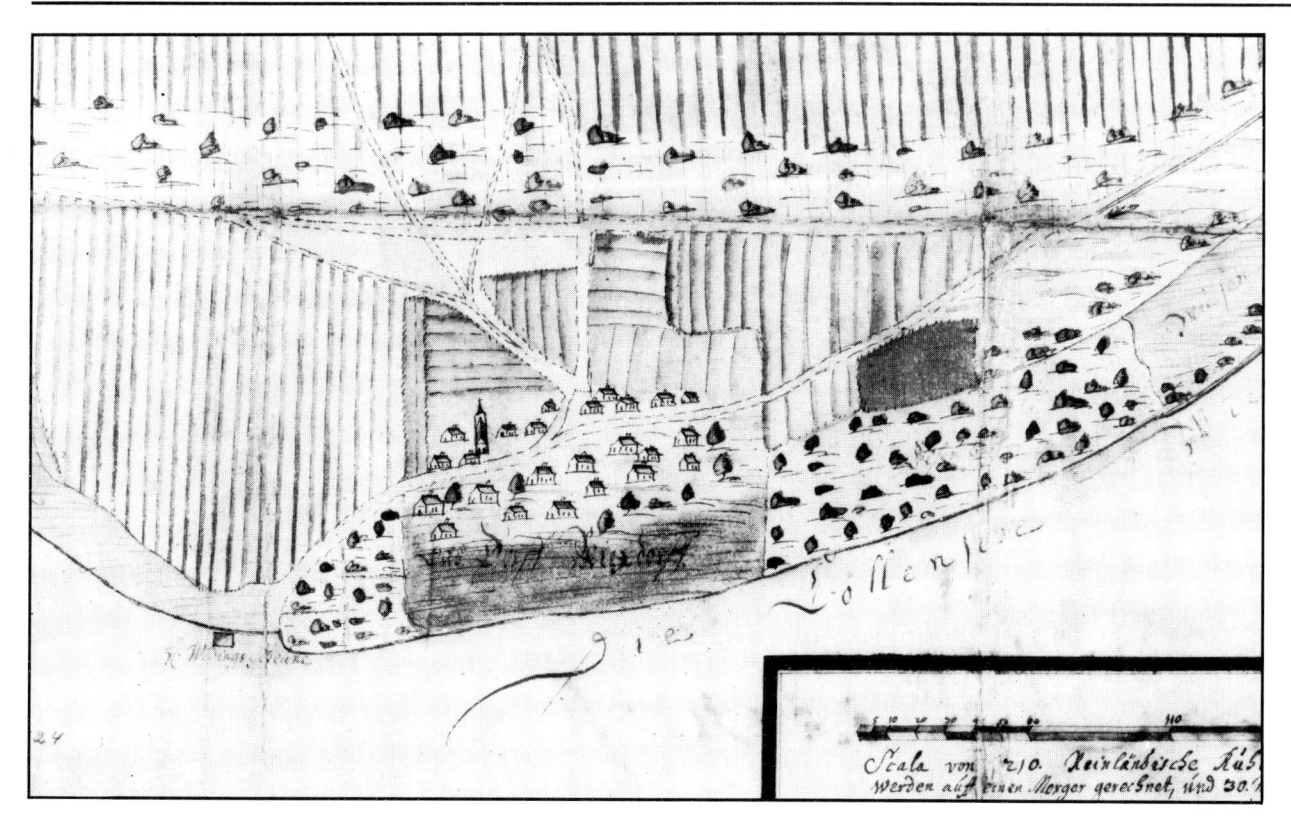

Entwicklung der Einwohnerzahlen von Rixdorf / Neukölln

Jahr	Einwohner
1734	224
1772	397*
1801	376
1817	337
1840	1809
1858	2823
1871	8125
1875	15 323
1880	18 729
1885	22 775
1890	35 702
1895	59 945
1900	90 422
1905	153 513
1910	237 289
1919	262 128

* mit Böhmisch-Rixdorf

Abb. 465
Ausschnitt aus einem Plan von 1718

Aus der einzigen erhaltenen Dorfgründungsurkunde der Mark Brandenburg geht hervor, daß im Jahre 1360 ein bereits bestehender älterer Hof des Johanniterordens in ein Bauerndorf mit 25 Hufen – jede Hufe umfaßte hier nur 10 Morgen Land – umgewandelt wurde. Dieser zunächst Richardsdorp (1360), später auch Reicherstorff (1450), Reichstorff (1541) oder Rigstorff (1542) und Ricksdorf (1801) genannte Ort unterstand bis 1435 dem Johanniterorden, anschließend den Städten Berlin und Cölln, ab 1543 der Stadt Cölln allein und seit der Vereinigung beider Städte 1709 bis 1872 wieder Berlin. Das Land wurde 1624 von 12 Hüfnern und 8 Kossäten bewirtschaftet. Nach dem Dreißigjährigen Krieg konnten diese Hofstellen schnell wieder besetzt werden. 1652 gab es bereits 8 und 1688 sogar 11 Vollbauern und 9 oder 8 Kossäten. Der größte Hof war, da es nicht zur Herausbildung eines Adelshofes oder eines Vorwerkes kam, das Schulzengut, das – zunächst mit 3, später mit 5 Hufen ausgestattet – König Friedrich Wilhelm I. 1737 vom Finanzrat Manitius erwarb und zur Ansiedlung von 18 böhmischen Exulantenfamilien zur Verfügung stellte (siehe Böhmisch-Rixdorf).

Der in den folgenden Jahren (mindestens aber seit 1801) *Deutsch-Rixdorf* genannte Ort vergrößerte sich bereits im 18. Jh. erheblich. So kamen zu der 1624 erstmals genannten Laufschmiede bis 1801 hinzu: 2 Windmühlen, 2 Krüge (davon einer außerhalb des Dorfes an den Rollbergen gelegen, der sogenannte Rollkrug, seit 1738 bezeugt), 14 Büdner und 30 Einliegerfamilien. Nach der Anfang des 19. Jh. durch die Kriegsereignisse bedingten Stagnation entfaltete sich das Dorf seit der 1827 erfolgten Separation in einer kaum vergleichbaren Weise, so daß 1840 bereits 1809 Einwohner in 135 Wohnungen und 1858 schon 2823 Bewohner gezählt werden konnten. Darunter befanden sich zwar immer noch 20 größere

Rixdorf

Abb. 466
Ansicht des Dorfes um 1790.
Stich von J. F. Hennig

Bauernhöfe, die insgesamt 1717 Morgen bewirtschafteten, doch existierten daneben schon 90 Kleinstellen, deren Eigentümer die Landwirtschaft zumeist nur noch im Nebengewerbe betrieben, und vor allem eine Vielzahl Handwerker, so z. B. 10 Tischler-, 11 Schneider- und 12 Schuhmachermeister, Gewerbetreibende, so 41 Kaufleute und 10 Händler und Arbeiter. Neben den 104 Mägden und Knechten sowie 63 Tagelöhnern wurden 119 Arbeiter genannt, die u. a. in einer Gummifabrik, den 6 Getreide- und 3 Lohmühlen oder der Kalkbrennerei beschäftigt gewesen sein mögen.

Mit Wirkung vom 1. 1. 1874 wurden die beiden bis dahin selbständigen Orte Deutsch- und Böhmisch-Rixdorf zur Einheitsgemeinde Rixdorf zusammengefaßt, die 1875 bereits stattliche 15 323 Einwohner zählte und damit den größten Ort im Kreis Teltow darstellte. Die auch in den folgenden Jahren sich fortsetzende, z. T. rapide Vergrößerung des Ortes führte schließlich dazu, daß er nach der Erlangung der Stadtrechte und Zahlung einer beträchtlichen Abfindungssumme am 1. 4. 1899 aus dem Kreis Teltow ausschied und einen eigenen Stadtkreis bildete.

Von wesentlicher Bedeutung für die rasche Vermehrung der Einwohnerzahl war die außerordentlich günstige Lage Rixdorfs. So grenzte es einerseits direkt an die südöstlichen Bezirke Berlins, war ferner mit der Reichshauptstadt durch gute Verkehrsverbindungen (mehrere Bahnhöfe der Stadtbahn und etliche Straßenbahnlinien) eng verknüpft und lag andererseits ganz in der Nähe der östlichen Industriestandorte. Es wurde schnell ein begehrter Wohnplatz für große Teile der Mittelschichten und besonders der Arbeiter. Hinzu kam, daß im Ort selbst etliche Fabriken (z. B. ein Linoleumwerk, eine Glasmosaikanstalt, mehrere Brauereien und eine große Möbelfabrik) bestanden.

Ausdruck des zunehmend städtischen, ja großstädtischen Charakters waren die frühe Versorgung mit Leitungswasser durch die Charlottenburger Wasserwerke seit 1887, die Anlage eines Gaswerks 1878, das 1893 von der Gemeinde erworben und 1902/03 durch einen Neubau wesentlich erweitert wurde, sowie der 1889 begonnene und 1893 weitgehend vollendete Ausbau der Kanalisation (mit Rieselfeldern in Boddinsfelde). 1905/09 wurde ein Rathaus errichtet, 1909 ein großes städtisches Krankenhaus eingeweiht. Etliche kommunale Einrichtungen, wie Feuerwehrdepot, Straßenreinigungsanstalt, Armen- und Siechenhaus, kamen hinzu, insbesondere aber zahlreiche Schulen. Den 12 Lehrern und 1305 Schülern im Jahre 1875 standen bei der Umbenennung des Ortes in *Neukölln* am 27. 1. 1912 bereits 598 Lehrer und 34 500 Schüler gegenüber. Die Einwohnerzahl war seit der Erhebung zur Stadt weiter-

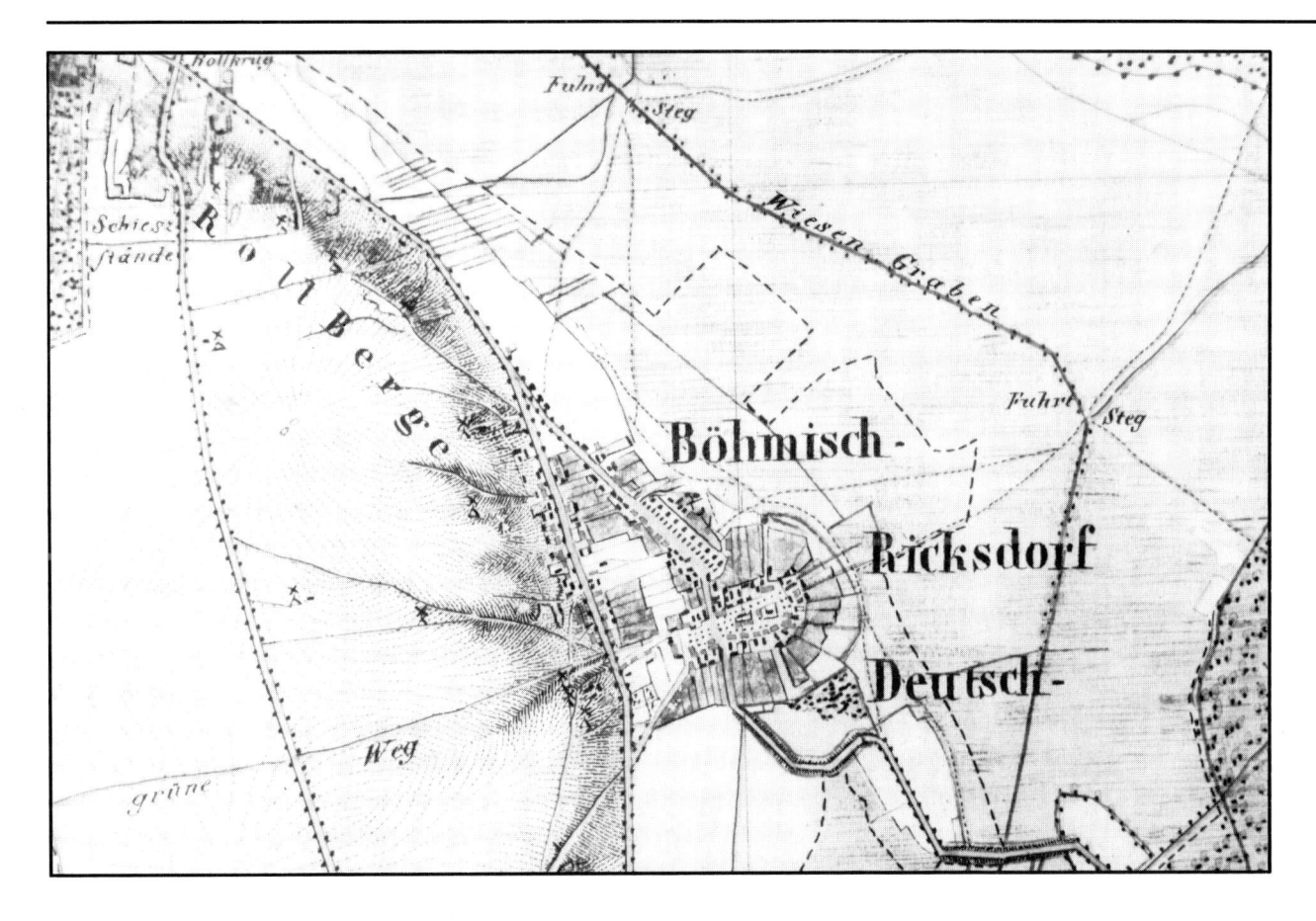

Abb. 467
Ausschnitt aus dem
Ur-Meßtischblatt
Nr. 1908 von 1836

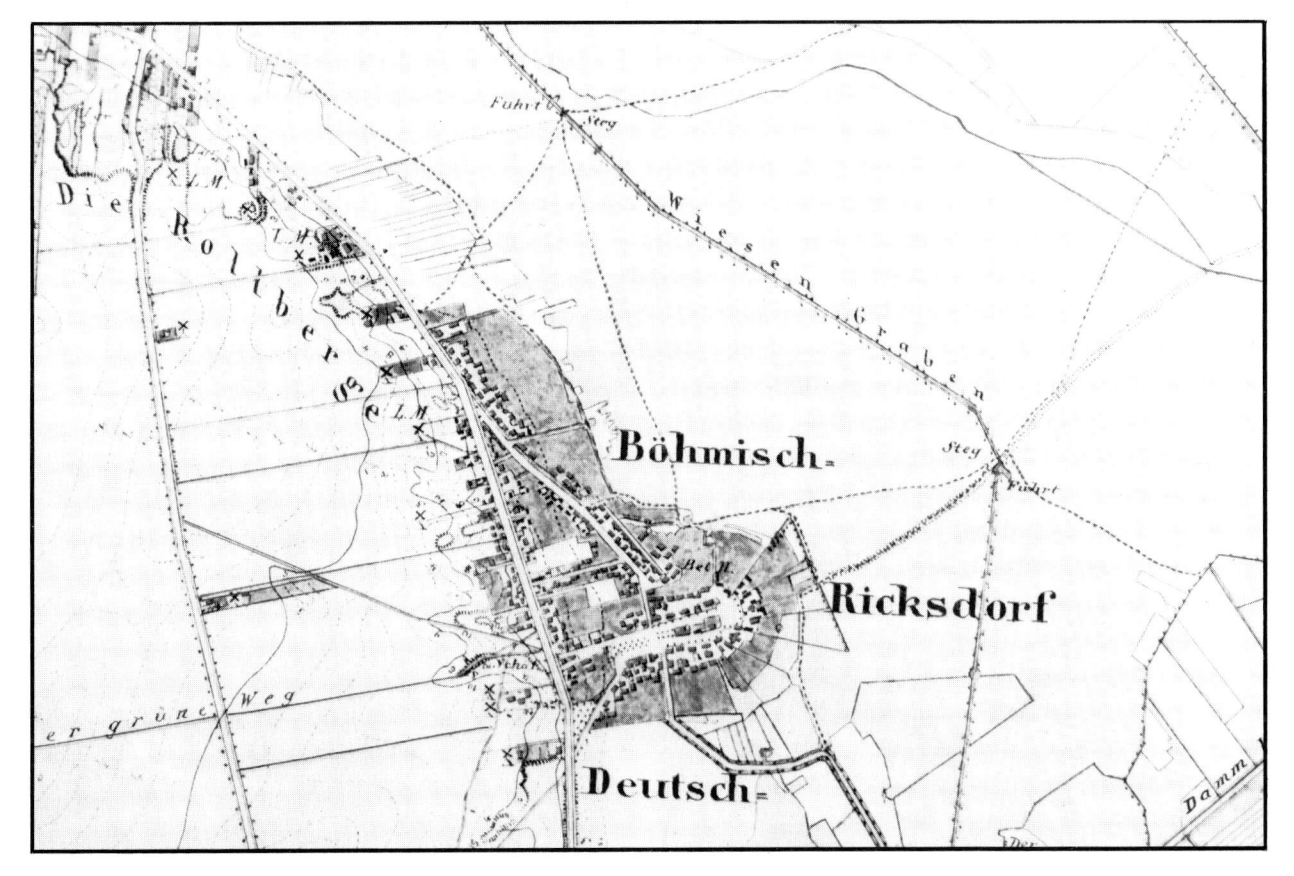

Abb. 468
Ausschnitt aus dem
Ur-Meßtischblatt
Nr. 1908 von 1851

Abb. 469
Dorfkirche.
Tuschzeichnung von
H. Wohler, 1834

Abb. 470 a–b
Dorfschmiede,
Richardplatz 28
a) Ansicht von Norden
b) Ansicht von Süden

hin ständig gestiegen und hatte bei der Eingemeindung bereits 250 000 überschritten.

Es ist kaum anzunehmen, daß die für die erste Hälfte des 18. Jh. nachgewiesenen 11 Bauern und 8 Kossäten lediglich Wohnhäuser mit einem entsprechenden Stallteil, sonst aber keine Scheunen oder sonstige Nebengebäude besessen haben sollen, wie sowohl der Lageplan von 1718 (Abb. 465) als auch die Karte von 1738 (siehe Abb. 42) aussagen. Vielmehr handelt es sich eher um Darstellungen, die in erster Linie der Gemarkung und dem Wegeverlauf gewidmet sind, die Siedlung selbst aber nur schematisch abbilden, zumal bei der älteren nicht einmal der zentrale Dorfplatz ausgewiesen ist. Zu bezweifeln ist ferner, ob zu diesem Zeitpunkt tatsächlich alle Wohnhäuser bereits mit einem Schornstein ausgestattet waren. Die Anlage der böhmischen Kolonie als einseitig bebautes Zeilendorf kommt dagegen den tatsächlichen Verhältnissen weitgehend entgegen, obwohl auch hier unklar ist, ob es sich um die Planung oder den bereits erreichten Zustand handelt.

Einen weit informativeren Einblick gewährt eine 1836 vorgenommene Vermessung, die freilich einen 100 Jahre späteren Zustand dokumentiert (Abb. 467). Immerhin ist die erst nach dem Brand von 1848 aufgegebene Reihung der giebelständigen Kolonistenhäuser noch klar erkennbar, aber auch die inzwischen erfolgte umfangreiche Bebauung entlang der gegenüberliegenden Straßenfront und beiderseits der Landstraße nach Köpenick (heute Karl-Marx-Straße), übrigens zum großen Teil – und nicht nur bei den Nebengebäuden – noch in Fachwerk (dunkle Signatur).

Bei den Gehöften des 1360 angelegten alten Mutterdorfes, die sich im Südostteil fast kreisförmig um den langgestreckten Anger ranken, fällt auf, daß im wesentlichen nur die Wohnhäuser der Südfront als Massivbauten gekennzeichnet sind. Bei der Mehrzahl der nördlichen Höfe sowie bei allen Ställen und Scheunen wird dagegen Fachwerk ausgewiesen. In den ersten Jahrzehnten nach dem Dorfbrand von 1803 dominierte also weiterhin die aus Holz und Lehm gebildete Bauweise. Wie um 1790 (Abb. 466) herrschte zudem die Dacheindeckung mit Stroh vor. Interesse verdient ferner, daß 1836 nur ein Wohnhaus mit dem Giebel zur Straße stehend eingezeichnet ist, der quergegliederte traufständige Haustyp also bereits zu diesem Zeitpunkt die längsgegliederten Mittelflurhäuser verdrängt hatte.

Zu den bedeutsamsten Veränderungen nach den Bränden von 1848 in Böhmisch-Rixdorf und 1849 in Deutsch-Rixdorf gehörte der Wiederaufbau des Gros der Gebäude aus Ziegel- oder Feldsteinen.

Dennoch existierten im Jahre 1851 immer noch zwei kleine „Fachwerk-Inseln" am Ostrand des Dorfes und nordwestlich der Kolonie (Abb. 468). Hinzu kam eine ungewöhnliche Verdichtung in der Bebauung schon zu diesem Zeitpunkt, vornehmlich in der nördlichen Verlängerung der Kolonie, entlang einem neuen zur Hauptstraße führenden Verbindungsweg (Rosenstraße, jetzt Uthmannstraße) und entlang einem nach Süden führenden Seitenweg (heute Kirchhofstraße).

Abgesehen von den Bauten in *Böhmisch-Rixdorf* (siehe dort), blieben im alten Dorf nur wenige Zeugnisse aus der Zeit vor 1850 erhalten. Das älteste stellt wieder einmal die Dorfkirche dar. Im 15. Jh. als einfacher Feldsteinbau mit polygonalem Schluß angelegt, erlebte sie 1757 einen ersten größeren Umbau. Es wurden die Seitenwände erhöht, ein neuer Dachstuhl aufgesetzt und ein quadratischer Dachturm mit barocker Haube hinzugefügt. Diesen Zustand fand H. Wohler noch 1834 vor (Abb. 469). Weitere Veränderungen folgten 1885 und 1939/41, ohne jedoch den Kernbau anzutasten. Ein weiteres Dokument ist die auf dem Anger gelegene Schmiede, die erst 1797 von einer „Lauf"- in eine „Wohn"-Schmiede umgewandelt werden konnte. Zuvor war es der Berliner Schmiedeinnung gelungen, diesen Wandel zu verhindern. Sie verwies auf ihr Privileg, daß sich „kein Schmidt, er wohne eine Meile oder weiter von hiesiger Stadt", niederlassen darf, wo nicht schon eine wohnbare Schmiede vorhanden war [46]. 1771, als sie noch von einem Meister aus Berlin bedient wurde, hatte „selbige ein bretternes Dach". 1802, als der Schmied die Erlaubnis erhielt, eine Kohlenkammer neben der Schmiede zu errichten, hieß es von den vorhandenen Gebäuden: „hat ein Wohnhaus von 26 Fuß Länge, 24 Fuß Tiefe unter Ziegeldach neben der bereits vorhandenen kleinen Schmiede von 20 Fuß Breite, 15 Fuß Tiefe mitten im Dorfe" [92]. Ein Teil des liebevoll rekonstruierten Ensembles könnte noch aus dieser Zeit stammen, verkörpert aber auf jeden Fall die für das 19. Jh. charakteristischen Verhältnisse (Abb. 470a und b).

Ansonsten prägen die großen Mietshäuser der Jahrhundertwende den Ortskern, wenn auch immer noch vermischt mit einigen respektablen Wohnhäusern für die alten Bauernhofbesitzer. Zu diesen gehört das Eckgrundstück Richardstraße 6 mit einem noch der Tradition des Mitteldeutschen Ernhauses verpflichteten anderthalbgeschossigen Wohngebäude (Abb. 471a) und unverputzten Backsteinnebengebäuden sowie eingezäuntem Vorgarten und einer für die 80er/90er Jahre des 19. Jh. charakteristischen Toreinfahrt aus Backsteinpfeilern mit separater Fußgängerpforte (Abb. 471b). Beinahe Gutshauscharakter besitzen dagegen die beiden zwei-

Abb. 471 a–b
Gehöft eines
Landwirtes,
Richardplatz 6
a) Wohnhaus, um 1870
b) Toreinfahrt zum Hof, um 1885

stöckigen, mit spätklassizistischen Schmuckelementen versehenen Gebäude Richardplatz 24 und 25, die durch die Ausgewogenheit in ihrer konsequent symmetrischen Fassadengestaltung bestechen (Abb. 472 und 473).

So sehr die bäuerlichen Gehöfte bei der Vereinigung der beiden Gemeinden 1874 die Dorfkerne auch noch prägten, die Landwirtschaft hatte ihre bestimmende Rolle längst verloren. So waren zu der ersten, um 1739 errichteten Windmühle bald weitere (bis zu 15) Getreide- und Lohmühlen hinzuge-

nen ein Großteil der Holzverarbeitung. Der „Bauverein der Tischler und Berufsgenossen" hatte 1872 sogar eine Ackerfläche südlich der 1871 eröffneten Ringbahn erworben und eine eigene kleine Siedlung mit ein- und zweigeschossigen Wohnhäusern und entsprechenden Nebengelassen errichtet. Zu den bereits Anfang des 19. Jh. zahlreichen Büdnern und Einliegern kamen immer mehr kleine und mittlere Hausbesitzer hinzu, die zwar häufig Wohnungen in ihren Häusern vermieteten, jedoch ihre Gebäude noch nicht vorrangig für diesen Zweck anlegten, sondern vielmehr ein Gewerbe betrieben und zumeist sogar etwas Vieh hielten. Bis auf die 109 Stück Rindvieh werden die 1883 erfaßten 1121 Pferde, 474 Schweine und 414 Ziegen größtenteils nicht mehr in bäuerlichen Höfen, sondern in diesen Grundstücken und – vor allem bei den Pferden – auch in den gewerblichen und industriellen Unternehmungen gehalten worden sein. Der Bau der großen vier- und fünfstöckigen Mietskasernen mit Hinterhäusern und Seitenflügeln setzte erst nach 1885/87 ein, obwohl bereits zu diesem Zeitpunkt Rixdorf das größte Dorf der Monarchie geworden war, in dem „sich ländliche und städtische Bauweise und Lebenshaltung eigenartig verquickte" [89].

Die weitere Entwicklung zu einem stadtähnlichen Gebilde seit den 70er Jahren des 19. Jh. und zur eigenständigen Großstadt seit der Jahrhundertwende kann nicht Gegenstand des vorliegenden, den ländlichen Siedlungen des Berliner Raumes gewidmeten Überblicks sein, zumal ihr ohnehin bereits etliche Studien und Darstellungen gewidmet sind [57, 90 und 92]. Lediglich auf eine Besonderheit sei noch verwiesen: die Herauslegung etlicher Friedhöfe Berliner Kirchengemeinden auf die Rixdorfer Flur. Schon 1852 hatte die Jakobi-Gemeinde Gelände erworben, dem 1862 ein weiteres Terrain an der Hermannstraße folgte. 1863 kamen die St.-Hedwigs- und St.-Michaels-Gemeinde, 1865 die St.-Thomas-Gemeinde, 1872 die Jerusalemer Kirche, 1873 die Luisenstädtische und 1888 die Emmaus-Kirche hinzu. Die Verquickung mit der benachbarten Großstadt Berlin bestand also schon frühzeitig auf vielen Ebenen. Sie hatte bei der Eingemeindung – trotz etlicher Eigenständigkeiten, wie hinsichtlich der Gasversorgung und der Kanalisation – in nahezu allen Bereichen einen solchen Grad erreicht, daß von einer regelrechten Verschmelzung gesprochen werden kann.

Abb. 472
Wohnhaus
eines Bauern,
um 1880,
Richardplatz 24

Abb. 473
Wohnhaus
eines Bauern,
um 1880,
Richardplatz 25

kommen. Insbesondere letztgenannte verlegte man wegen der Geruchsbelästigung schon frühzeitig von Berlin aufs „flache Land". Es folgte seit der Gewerbefreiheit 1810 und der seit 1827 eingeleiteten, sich aber bis 1846 hinziehenden Separation die Niederlassung weiterer nichtagrarischer Betriebe, unter ih-

Rosenfelde, siehe Friedrichsfelde

Rosenthal
Stadtbezirk Pankow

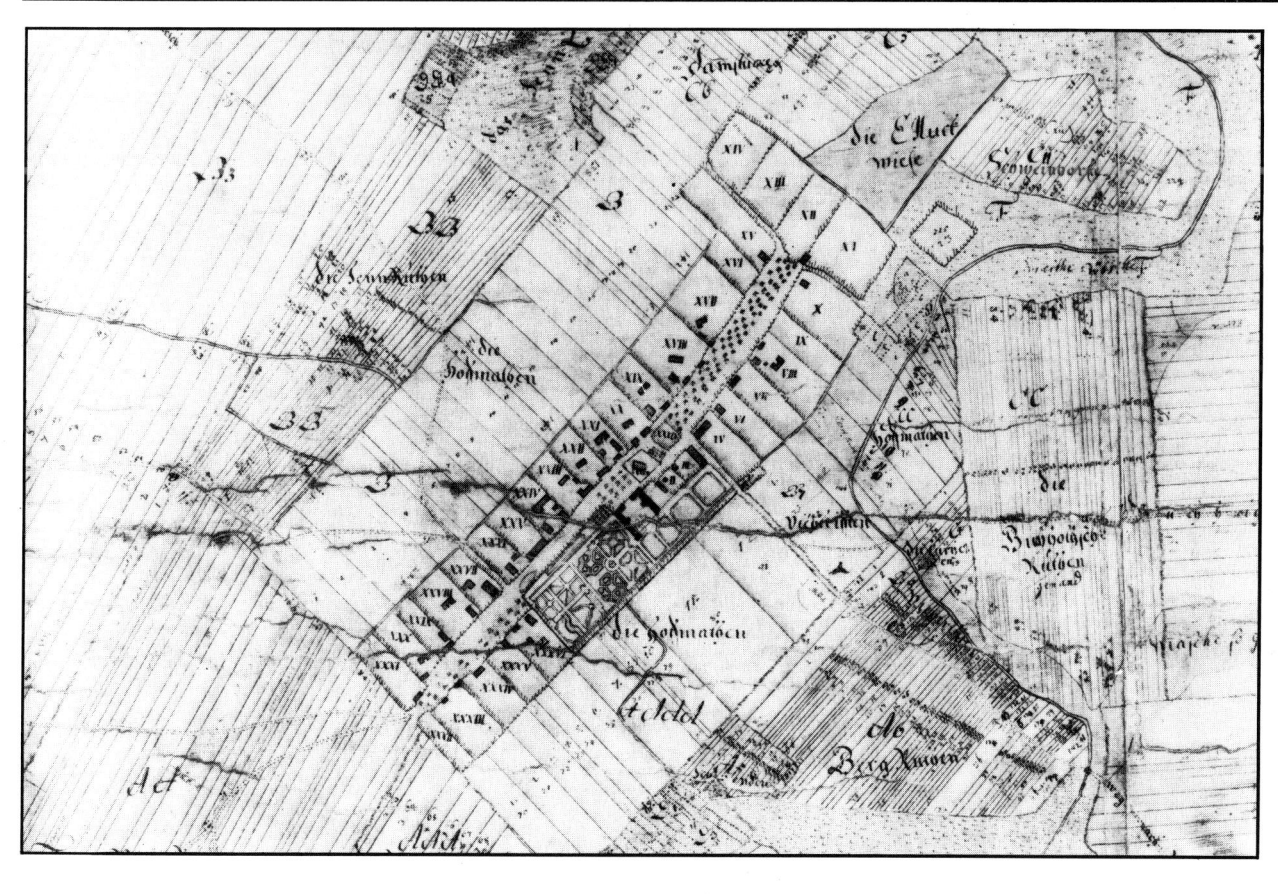

Entwicklung
der Einwohnerzahlen
von Rosenthal

Jahr	Einwohner
1734	183
1772	195
1791	235
1801	239 + 7*
1817	261 + 12*
1840	295 + 16*
1858	420 + 12*
1871	548
1875	664
1880	854
1885	846
1890	1198
1895	1319
1900	2209
1905	4741
1910	6352
1919	6182

* Fasanerie

Abb. 474
Ausschnitt
aus einem Lageplan
des Jahres 1707

Das bei seiner Eingemeindung aus dem Kreis Niederbarnim noch aus einem Gemeinde- und einem Gutsbezirk bestehende Dorf hatte zu diesem Zeitpunkt zwar bereits mehr als 6000 Einwohner, doch beruhte diese stattliche Zahl weniger auf der Größe des Dorfes als vielmehr auf der Ausdehnung der zu ihm gehörenden Kolonien *Wilhelmsruh* und *Nordend.* Das erstmals 1356 genannte Rosenthal war mindestens seit 1375 bis 1547 fast völlig im Besitz der Familie v. Krummensee. Nach einem kurzen Zwischenzeitraum (1547/67), in dem es M. Happe, zeit- und teilweise aber auch die Bürger Brettschneider und Mittelstraß besaßen, erwarb 1567 der Kurfürst Joachim II. das Dorf mit dem inzwischen entstandenen Rittergut. Er überließ es als Leibgedinge Anna Sydow und deren Sohn. 1574 wurden diese Verträge durch Kurfürst Johann Georg annulliert, der es seiner Schwester und damit auch der Familie v. Götze übergab. 1694 kaufte der Kurfürst Friedrich III. Dorf und Gut zurück. Seitdem unterstand der Ort dem Amt Niederschönhausen, ab 1812 dem Amt Mühlenbeck. Das Vorwerk indes, das 1624 erst 8, 1664 dann 12 und 1737 schon 16 Ritterhufen umfaßte und zumeist verpachtet war, wurde 1817 verkauft. Zunächst gehörte das Gut bis 1849 der Familie Neumann, dann der Familie v. Gumtau, bis es 1882 schließlich die Stadt Berlin erwarb, die dort große Rieselfelder anlegte.

Das 1375 mit 72 Hufen ausgestattete große Dorf wurde 1624 von 17 Hüfnern und 13 Kossäten bewirtschaftet. Nach dem Dreißigjährigen Kriege existierten nur noch 12 Bauernstellen, die dann allerdings bis in die zweite Hälfte des 19. Jh. erhalten blieben. Zu dem bereits frühzeitig (z. B. 1375, 1450

Rosenthal

Abb. 475
Königliches
Lustschloß,
vermutlich Entwurf,
um 1700

Abb. 476
Ausschnitt
aus einem Lageplan
des Jahres 1780

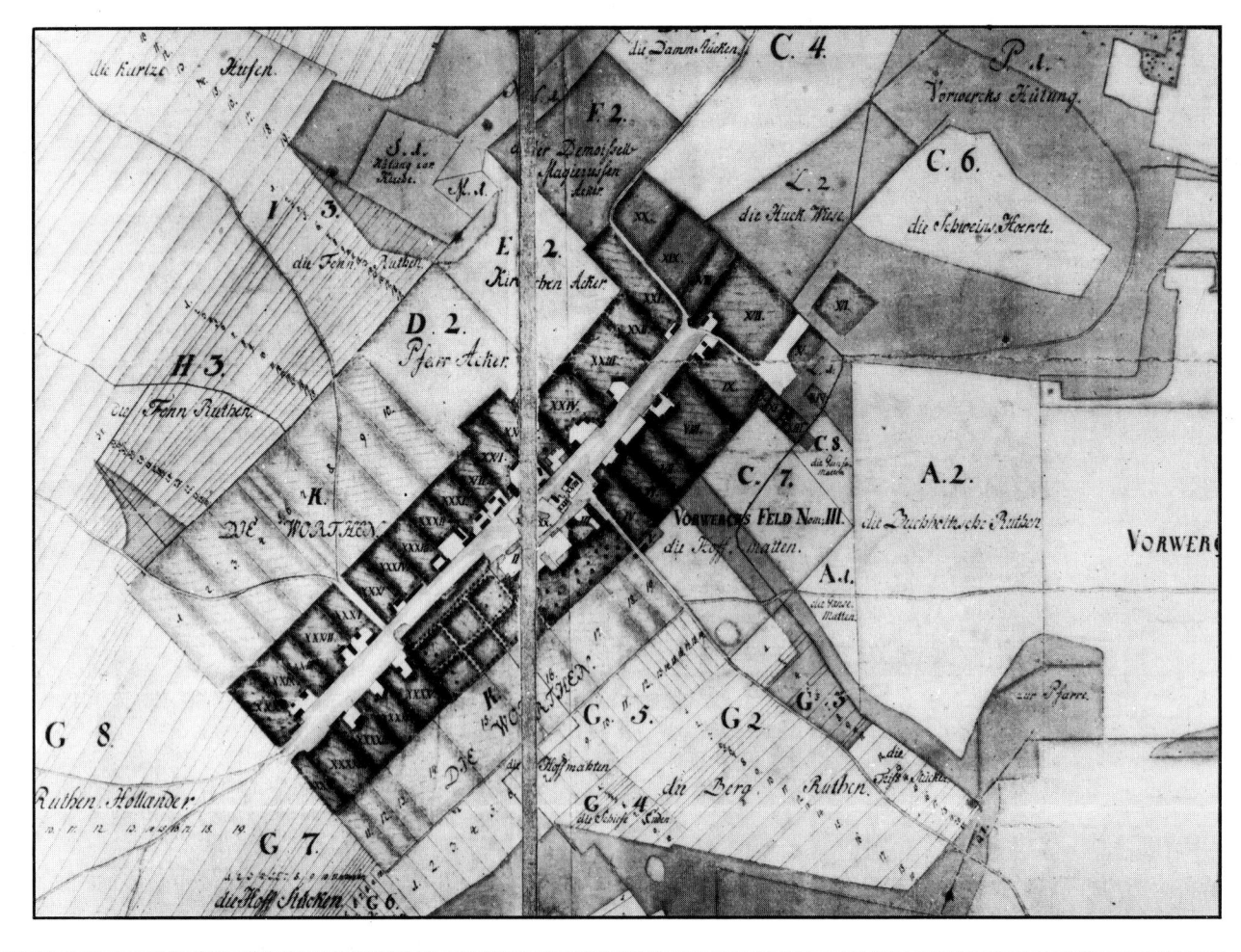

und 1480) genannten, dann aber offenbar gelegten und erst 1737 wieder erwähnten Krug kamen Ende des 18. Jh. eine Fasanerie (1745 bewohnte der „Fasanenmeister" das Schloß) und Ende des 18. Jh. eine Windmühle hinzu. Dennoch vergrößerte sich der Ort nur geringfügig. Die nordöstlich des Dorfes gelegene Fasanerie mit stets weniger als 20 Bewohnern bildete auch keinen neuen Siedlungskern, so daß die Einwohnerzahl lediglich aufgrund einiger hinzukommender Büdner und Einlieger bis 1840 auf 295 und bis 1871 auf 548 anstieg. Eine weitere Beschränkung erbrachte die Anlage des Rieselguts. Für die Zunahme der Einwohnerzahlen sorgten indes die im Gemeindebezirk Rosenthal entstandenen Landhauskolonien.

Nordend, eine nördlich Niederschönhausens seit den 80er Jahren im Zusammenhang mit den dort angelegten Friedhöfen verschiedener Berliner Kirchengemeinden sich entwickelnde Häusergruppe, zählte bereits 1908 etwa 800 Einwohner. Noch bedeutender freilich war die 1893 gegründete Kolonie *Wilhelmsruh*, die nördlich des Bahnhofs Reinickendorf-Rosenthal (heute Wilhelmsruh), entstand und 1908 bereits von etwa 3600 Menschen bewohnt wurde. Unter Einschluß dieser beiden Siedlungen und des Gutsbezirkes, der aber nur wenige Bewohner aufwies, wuchs die Gemeinde bis 1920 auf mehr als 6000 Einwohner. Gas erhielt der Ort schon vor 1908 von der Gasanstalt in Weißensee. Vor 1908 entstand das ortseigene Wasserwerk, Kanalisation legte man in den Jahren 1907/08 an. Seit 1908 wurde Rosenthal mit Elektrizität versorgt.

Das große Angerdorf wurde zu Beginn des 18. Jh. wesentlich durch das Gut geprägt, das Kurfürst Friedrich III., der spätere König Friedrich I., nach 1694 mit einem Lustschloß versehen hatte. Diese, den ganzen Mitteltrakt der südöstlichen Straßen-

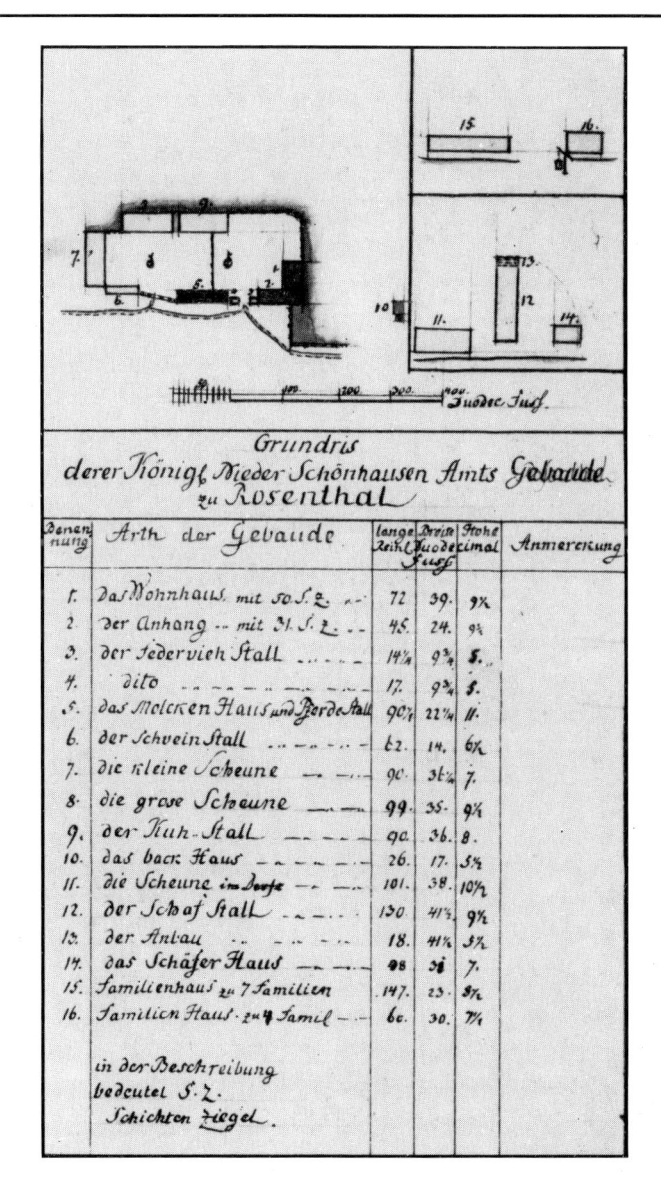

Abb. 477
Lageplan der Vorwerksgebäude, um 1800

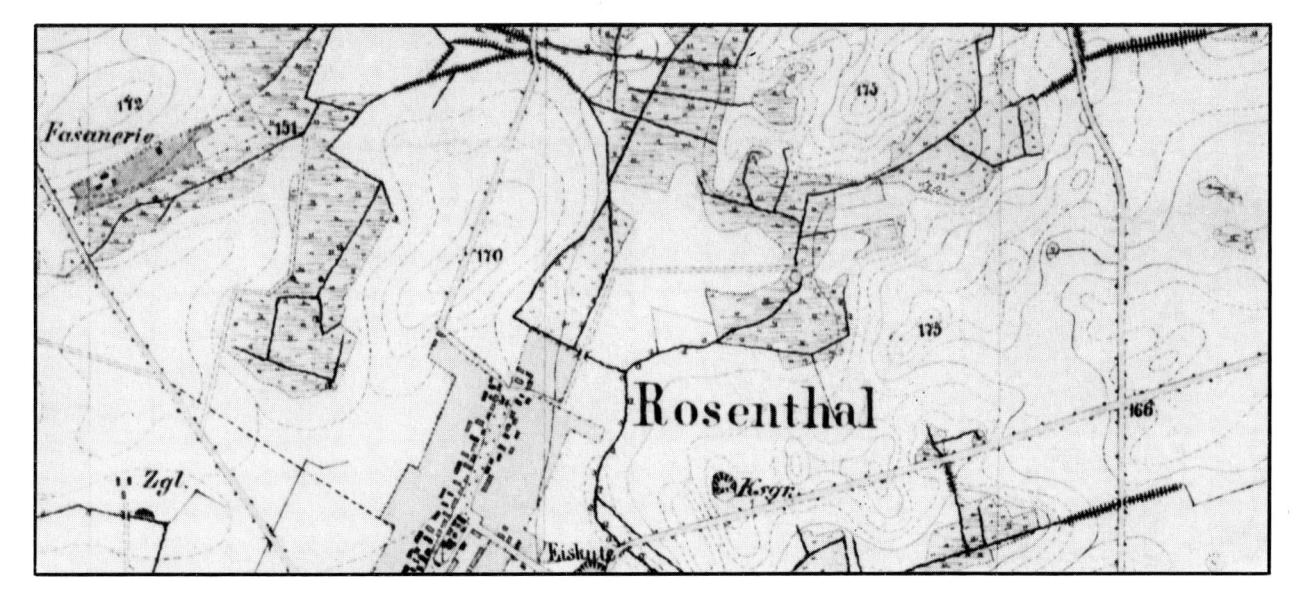

Abb. 478
Ausschnitt aus dem Ur-Meßtischblatt Nr. 1765 von 1871

Abb. 479
Gutshaus,
um 1820,
Hauptstraße 143/145.
Aufnahme von 1958

Abb. 480
Ehemalige
Landarbeiterkaserne,
um 1890,
Hauptstraße 100

front umfassende Anlage bestand 1707 aus einem dreiseitig umbauten Komplex, dem sich nach Süden ein geräumiger Park, nach Osten mehrere Gärten und nach Norden der Vorwerkswirtschaftshof anschloß (Abb. 474).

Ob die überlieferte Ansicht (Abb. 475) den tatsächlichen Verhältnissen entsprach, ist ungewiß. Offenbar handelt es sich eher um die Darstellung der geplanten Ausgestaltung, die aber nur zum Teil oder modifiziert ausgeführt wurde, denn schon um 1740 soll das Lustschloß verkümmert sein, und auch der Plan von 1780 (Abb. 476) zeigt nur noch eine schlichtere Anlage. Ein vermutlich nur wenig später aufgenommener Grundriß der Amtsgebäude (Abb. 477) bestätigt dies, handelt es sich doch nun um ein wohl ausschließlich auf die Produktion landwirtschaftlicher Erzeugnisse orientiertes Vorwerk. Unter den im einzelnen aufgeführten Bauten fällt das erstaunlich kleine und nur einstöckige Wohnhaus auf, dem zwar noch ein als „Anhang" bezeichneter Nebenbau zugeordnet ist, das aber insgesamt nur geringfügig die Größe des Schäferhauses oder des Tagelöhnerhauses für 4 Familien übertrifft. Es war damit den Wohnhäusern der großen Bauern vergleichbar, wenn eventuell auch etwas großzügiger ausgebaut und schon damals aus Ziegelsteinwänden, keinesfalls aber ein „Schloß".

Das trifft gleichermaßen für den um 1820 errichteten Nachfolgebau zu, der trotz des 1882 erfolgten Verkaufs an die Stadt Berlin und der seitdem mehrfach durchgeführten Modernisierungen seinen Grundcharakter bewahren konnte (Abb. 479). Es handelt sich um ein größtenteils unterkellertes, eingeschossiges Wohnhaus aus Backstein, das lediglich mit Glattputz versehen war und sich nur durch die großen Fenster, die zweiflügelige Haustür mit Oberlichtfenster und eine geschweifte Dachgaupe von den üblichen Bauernhäusern der Zeit etwas unterschied. Der doppelt stehende Stuhl unter dem Kehlbalkensparrendach deutet auf eine Ziegeleindekkung seit Anbeginn hin.

Auch von den anderen, noch zum Amtsvorwerk gehörenden Gebäuden ist keines erhalten geblieben. Der große, zweistöckige Stall auf dem Gutshof entstand erst um die Mitte des 19. Jh., die Scheunen sogar noch später. Die beiden großen zweistöckigen Landarbeiterkasernen, die wie die beiden Vorgänger – das langgestreckte „Familienhaus für 7 Familien" und das gedrungenere für 4 Familien – mitten im Dorf liegen, wurden sogar erst um 1890 errichtet (Abb. 480).

Ein Vergleich der beiden Karten des 18. Jh. (siehe Abb. 474 und 476) zeigt, daß sich in der Zwischenzeit die Bebauung der einzelnen Gehöfte und auch des Dorfes insgesamt etwas verdichtet hatte, die Grenzen aber nicht überschritten wurden. Selbst 100 Jahre später, 1871 (Abb. 478), gab es nur wenig neue bebaute Grundstücke entlang der Straße nach Berlin und entlang dem Weg nach Niederschönhausen, an der jetzt allerdings eine „Eiskute" und eine Kiesgrube verzeichnet sind, und eine Ziegelei südlich der Fasanerie. Auf dem 1706 fast gar nicht bebauten Anger befanden sich 1780 neben der Kirche zwei Grundstücke, vermutlich die Schmiede und das Küsterhaus, denen sich bis 1871 weitere hinzugesellten. Südlich des Friedhofs stand nun z. B. ein Spritzenhaus, das 1907 durch einen Neubau mit flachem Satteldach ersetzt wurde. Insgesamt jedoch blieb der Charakter des Dorfes erhalten.

Den alteingesessenen 12 Bauern- und 8 Kossätenhöfen, die größtenteils bis zur Eingemeindung bestehen blieben, gelang es, vornehmlich in der zweiten Hälfte des 19. Jh. durch den günstigen Verkauf ihrer agrarischen Produkte in der nahen Großstadt beachtliche Kapitalien zu erwirtschaften. Sie steckten sie nicht nur in die nach 1860/70 zumeist erneuerten Ställe und Scheunen, sondern bald auch in die Wohngebäude. Im Vergleich zu anderen stadtnahen Dörfern entstanden jedoch zumeist bescheidene einstöckige Bauten, die mit Putzquaderung und schlichtem Zierat, wie Fensterbekrönungen und Haustürgewänden, versehen wurden, z. B. Hauptstraße 104, 105 und 165. Nur in Einzelfällen bevorzugte man die aufwendigere Fassadengestaltung an den aber auch nur anderthalbstöckigen und häufig mit einem Zwerchgiebel ausgestatteten Häusern, so Hauptstraße 108, 132 und 169. Bis auf ganz wenige Ausnahmen erfolgte in diesem Zusammenhang die Schwenkung von der Giebel- zur Traufstellung, die in diesem Dorf allerdings schon im 18. Jh. vorgeherrscht hatte. Wenn die alte Giebelstellung beibehalten wurde, wie beispielsweise bei dem auch nach 1920 noch bestehenden Wohnhaus des Kossätenhofes Hauptstraße 171, so ersetzte man doch die alten Fachwerkwände durch Ziegelmauerwerk und bemühte sich, wenigstens durch einen inneren Umbau, wie die Herausnahme der alten Schwarzen Küche, die Wohnverhältnisse zu verbessern (Abb. 481).

Im auffallenden Gegensatz zur Bescheidenheit der meisten bäuerlichen Gehöfte stehen die beiden 1880 und 1902/03 vorgenommenen Umbauten der Dorfkirche. Bis dahin hatte der Gemeinde ein aus dem 13. Jh. stammender Granitquaderbau genügt, dem 1705 ein eingezogener Chor und wohl zur gleichen Zeit ein quadratischer Dachturm hinzugefügt wurden (Abb. 482). Jetzt aber ersetzte man den Chor der Barockzeit durch ein aufwendiges neoromanisches Querschiff aus gelben Backsteinen und fügte einen mächtigen Westturm aus Kalkstein mit einem neogotischen Backsteingeschoß hinzu, der der Kirche geradezu städtisches Gepräge gab und dessen Anlage nur durch die im Entstehen begriffenen Landhauskolonien Nordend und Wilhelmsruh zu erklären ist.

Während nämlich die Parzellierung großer Teile der Gemarkung durch die Verwendung der Gutsländereien als Rieselfelder wenig attraktiv war und die unmittelbare Umgebung des Dorfkernes nur zaghaft der Bebauung erschlossen wurde, hatten sich am Ost- und Südwestrand diese beiden beachtenswerten Kolonien herausgebildet. Die kleine, Nordend, befand sich in unmittelbarer Umgebung der nahe Niederschönhausen, aber noch auf Rosenthaler Flur angelegten Friedhöfe der Berliner Gethsemane-, Zions-, Friedens- und Himmelfahrts-Kirche und war durch eine Reihe gärtnerischer Betriebe, vermischt mit etlichen Landhäusern, geprägt. Wilhelmsruh hatte sogar mehrere große Fabriken angelockt, besaß schon Anfang des 20. Jh. regulierte und gepflasterte Straßen und entwickelte sich immer mehr zum eigentlichen Zentrum des Ortes, erhielt jedoch erst 1906 eine eigene Kirche an der Goethestraße. 1911 folgte eine 11klassige Gemeindeschule. Die Eingemeindung erfolgte also nicht nur wegen der stadteigenen Rieselfelder und der Friedhöfe, sondern auch als sich herausbildender Industriestandort im Norden Berlins.

Abb. 481
Wohnhaus eines ehemaligen Kossätenhofes, um 1780, Hauptstraße 171. Aufnahme von 1958

Abb. 482 Dorfkirche. Tuschzeichnung von H. Wohler, 1834

Rudow
Verwaltungsbezirk Neukölln

Entwicklung
der Einwohnerzahlen
von Rudow

Jahr	Einwohner
1734	256
1772	277
1801	276
1817	330
1840	420
1858	606
1871	748
1875	806
1880	897
1885	946
1890	1 102
1895	1 274
1900	1 394
1905	1 674
1910	1 502
1919	1 447

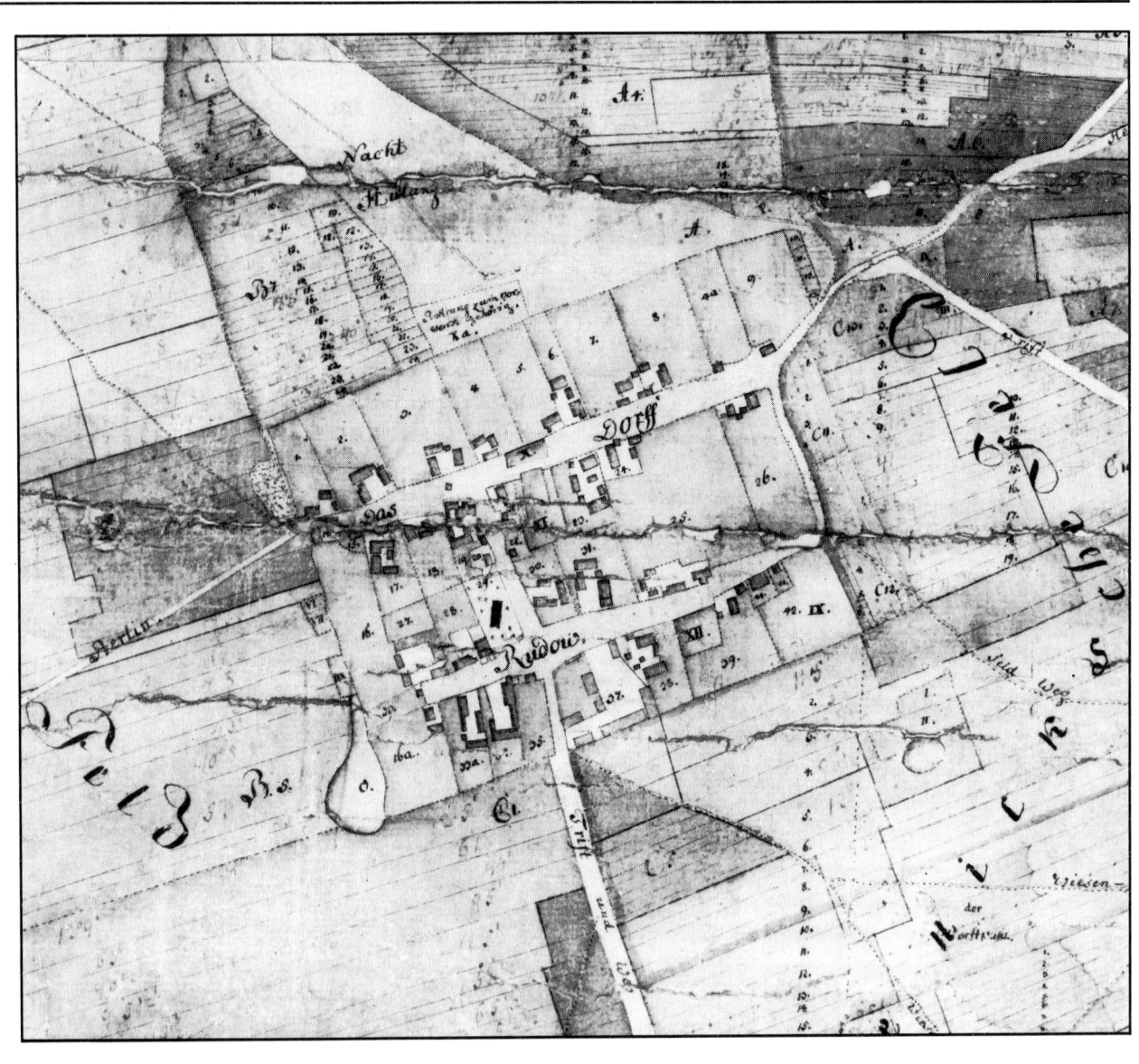

Abb. 483
Ausschnitt
aus einem Plan
des Jahres 1777

Das im Jahre 1920 aus dem Kreis Teltow nach Berlin eingegliederte Dorf Rudow, das bis 1906 aus einer Landgemeinde und einem Gutsbezirk bestand, zählte zu diesem Zeitpunkt mit weniger als 1500 Einwohnern noch zu den relativ kleinen Vororten, obwohl es 1375 mit 64 Hufen ausgestattet, also ein recht großes Dorf war. Die meisten Besitzanteile hatte damals der Markgraf, andere gehörten verschiedenen Bürgern, z. B. den Familien Duseke und Schaum. Auch in der Folgezeit blieben die meisten Rechte in landesherrlicher Hand (Amt Köpenick), bis sie 1671 S. v. Heydekampf erwarb, der binnen weniger Jahre fast alle Anteile vereinigte, bis auf einen Hof mit 5 freien Hufen, der bereits vor 1536 und bis 1799 der Familie Lindholz gehörte. Mit Ausnahme dieses Grundstückes, das seit 1789 Grothe, seit 1813 Welper, seit 1839 Lemm und seit 1853 v. Benda besaßen, kam im Jahre 1702 das Dorf mit dem Vorwerk, das im Jahre 1704 12 Ritter- und 5 kontribunale Hufen umfaßte, wieder in den Besitz des Kurfürsten und unterstand seitdem dem Amt Köpenick, ab 1811 dem Amt Mühlenhof.

1589 wurden 12 Hüfner und 2 Kossäten (mit je 2 Hufen) genannt, die insgesamt 50 Hufen bewirtschafteten. 1624 existierten 14 Hüfnerstellen, von denen 1652 nur 10 bewirtschaftet waren. Seit Anfang des 18. Jh. gab es dann wieder 12 Bauern und 6 bis 8 Kossäten, denen 1756 von der Königlichen Kriegs- und Domänenkammer etwas Land zugeteilt wurde und die seit Beginn des 19. Jh. weiterhin mehrfach Land hinzukauften, so daß es 1858 – neben dem Gut mit 1027 Morgen – 3 Großbauern mit insgesamt 934 Morgen, 20 Mittelbauern mit insgesamt 2867 Morgen und 5 Kleinbauern mit insgesamt 70 Morgen gab. Bereits 1375 werden ein Krug, eine Mühle und seit 1624 auch eine Schmiede genannt. Dennoch vergrößerte sich das Dorf, das 1734 bereits 256 Bewohner aufwies, nur langsam, bis 1840 lediglich auf 420 Einwohner. Selbst 1858, nachdem eine weitere Getreidemühle und eine Gutsbrennerei hinzugekommen waren und sich etliche Handwerker, so 3 Schneider-, ein Bäcker-, ein Fleischer-, ein Schuhmacher-, ein Stellmacher- und ein Tischlermeister niedergelassen hatten, lebten nur 606 Personen in Rudow, davon 91 im Gutsbezirk.

Der von der Stadt Berlin ziemlich weit entfernte Ort bewahrte zunächst weitgehend seinen ländlichen Charakter. Zwar wurden gegen Ende des 19. Jh. etliche Wege chaussiert (z. B. 1879 nach Adlershof, 1885/86 nach Buckow, 1888 nach Johannisthal und 1901 nach Groß-Ziethen), auch wurde im September 1900 eine Bahnstation an der Strecke nach Mittenwalde eröffnet, doch gaben erst der Bau des Teltowkanals (1901/06) und die 1907 einsetzende Parzellierung des 1903 aufgelösten Gutes der Gemeinde neue Impulse. Es entstanden – vornehmlich in der Nähe des Teltowkanals – einige industrielle Anlagen, z. B. Gummi- und Terpentinfabriken, und die Einwohnerzahl stieg etwas an. Seit 1900 wurde Rudow mit Gas und seit 1904 mit Wasser von einem auf seinem Territorium gelegenen Werk der Charlottenburger Wasserwerke versorgt. 1910 schloß man sich dem Kanalisationssystem von Adlershof-Johannisthal an.

Die seit dem 18. Jh. belegte auffällige Form der Siedlung, die im wesentlichen durch 2 nahezu parallele Straßenzüge mit einer Querverbindung gekennzeichnet ist und mal als „fleckenartig erweitertes Straßendorf" [20], mal als „Gassengruppendorf" [24] oder ähnlich bezeichnet wird, scheint auf

Abb. 484   Dorfkirche. Tuschzeichnung von H. Wohler, 1834

Abb. 485   Ehemaliges Wohnhaus für 4 Deputatarbeiterfamilien des Gutes, Ende des 18. Jh., Prierosser Straße 50

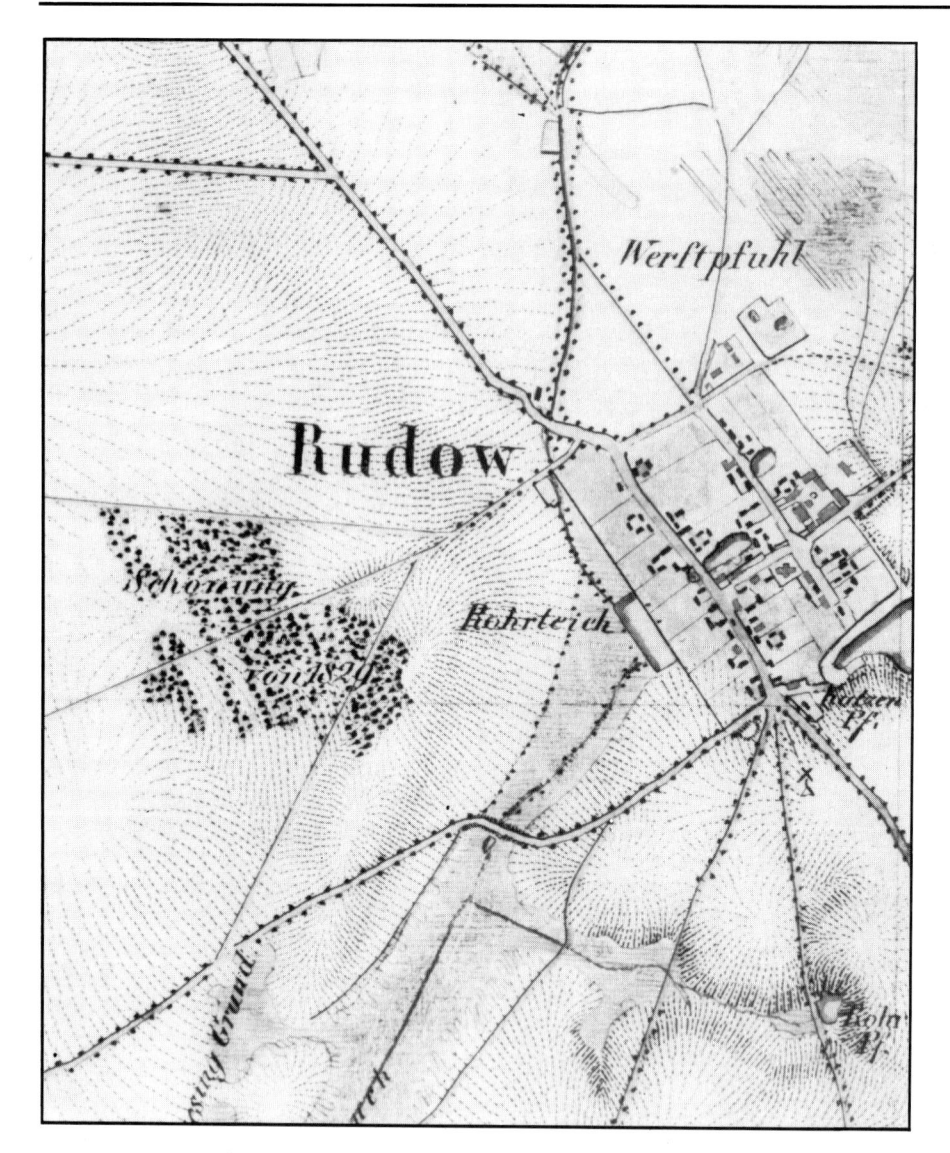

Abb. 486
Ausschnitt aus dem
Ur-Meßtischblatt
Nr. 1908 von 1836

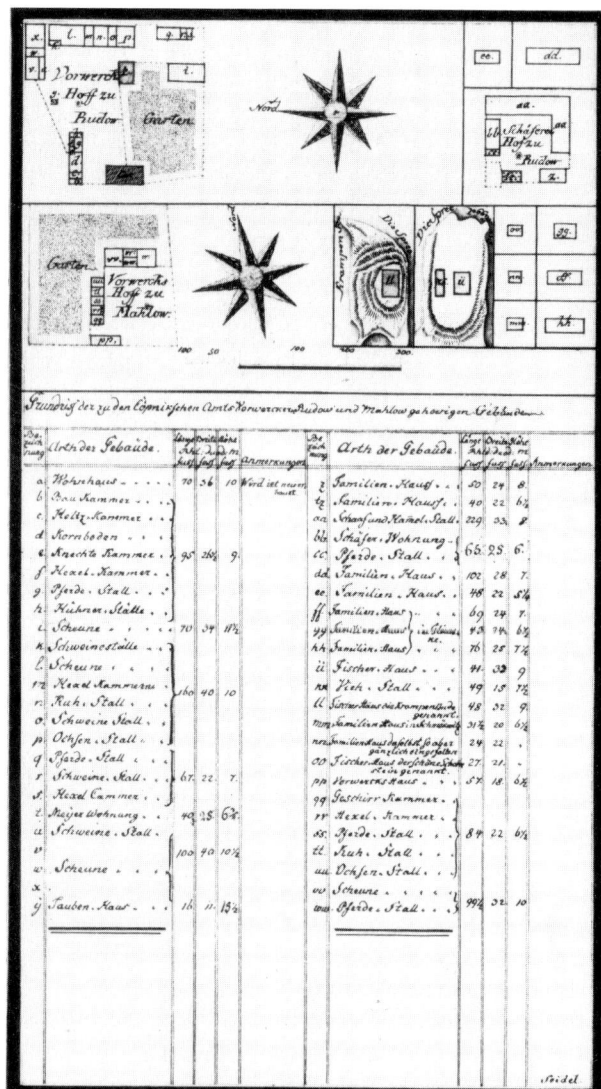

Abb. 487 Lageplan des Vorwerkshofes und der Schäferei, um 1800

ein etappenweises Zusammenwachsen mehrerer – evtl. sogar älterer slawischer – Siedlungskerne hinzuweisen. Wie dem auch sei, mindestens seit der Mitte des 18. Jh. prägen beide Straßen, an denen jeweils Bauern- und Kossätenstellen lagen, den Ort. Eine Karte aus dem Jahre 1777 (Abb. 483) belegt, daß die Mehrzahl der großen Höfe, die Kirche und das Gut sich allerdings entlang dem östlichen Straßenzug befinden. Er erhält damit eine höhere Wertung, obwohl auch der westlich davon gelegene Parallelweg einige beachtliche Hofbildungen aufweist, die dadurch bewirkt sein mögen, daß ein Teil der Gutsäcker „auf Ordre E. hochpreisl. Königl. Kriegs- und Domainen-Cammer im Novbr. 1756 unter die 8 Cossaten zu Rudow vertheilt" wurde, wie es auf einem zeitgenössischen Plan heißt.

Unter den damals wohl generell einstöckigen Bauten ragten lediglich 2 heraus: die Kirche und das Lustschloß. Die Kirche, ein schlichter, aus Granitquadern errichteter Rechteckbau aus dem 13. Jh., besaß zwar nur einen relativ kleinen massiven Dachturm, der im Jahre 1713 den vorangegangenen aus Fachwerk ersetzt hatte, doch stellte sie auch nach weiteren Veränderungen 1733 und 1755 bis ins ausgehende 19. Jh. das höchste Bauwerk des Ortes dar. Auf der 1834 angefertigten Tuschzeichnung sind die Mitte des 19. Jh. verbreiterten Fenster allerdings zu groß geraten, dennoch vermittelt sie noch annähernd den älteren Zustand (Abb. 484). Durch einen größeren Umbau von 1909/10, der die beginnende Entwicklung zum Berliner Vorort signalisierte, verlor sie zwar etwas von ihrer ursprünglichen Aussagekraft, doch bewirkten die Zerstörungen des zweiten Weltkrieges und der nachfolgende vereinfachte Wiederaufbau eine erfreuliche Rückbesinnung auf die einstigen Gestaltungselemente.

Abb. 488
Dorfkrug,
um 1800,
Alt-Rudow 59/61

Das im Jahre 1704 zu den „vornehmsten Lusthäusern des Königs" [99] gerechnete Schloß war damals in Rudow der einzige zweigeschossige Massivbau, dessen T-förmiger Grundriß auf der Karte von 1777 (Nr. 25) klar erkennbar ist. Das vermutlich um 1680 noch im Auftrag von S. v. Heydekampf errichtete Gebäude, dessen mehr als einen Meter dicke Außenwände evtl. auf einen noch älteren Vorgängerbau hindeuten, besaß äußerlich kaum Schmuckelemente, war gartenseitig durch eine klare fünfachsige Front und ein hohes Vollwalmdach mit 2 mächtigen Schornsteinköpfen geprägt. Das dazugehörige Gehöft bestand aus 4 Gebäuden, von denen das straßenseitig gelegene, langgestreckte Wohnhaus der Deputatarbeiter – inzwischen freilich längst unterfangen, mit Ziegeldach versehen und im Innern modernisiert – erhalten ist (Abb. 485). Zum Gut gehörten jedoch weitere im Dorf gelegene Grundstücke. Es waren dies das dem eigentlichen landwirtschaftlichen Betrieb gewidmete Vorwerk (Nr. 37 des Plans von 1777), die Schäferei und 2 „Familienhäuser", die in einem um 1800 angefertigten Lageplan (Abb. 487) detailliert aufgeführt sind. Danach bestand das schräg gegenüber der Kirche – heute Ecke Prierosser Straße/Köpenicker Straße – gelegene Vorwerk aus 2 Wohnhäusern (des Verwalters und des Meiers), 5 Wirtschaftsgebäuden und einem „Tauben-Haus". Diese inzwischen abgebrochenen Bauten fanden ihre Nachfolger in dem Gehöft Köpenicker Straße 162/164, wo u. a. noch ein 1883 errichteter zweistöckiger Backsteinstall existiert, der an die bis zu Beginn des 20. Jh. betriebene Gutswirtschaft erinnert.

Abb. 489
Wohnhaus
eines Kossäten,
um 1830 (?),
Krokusstraße 80

Abb. 490a
Wohnhaus
eines Kleinkossäten,
um 1800,
Krokusstraße 81

Abb. 491
Wohnhaus
eines großen Bauern,
um 1890,
Köpenicker Straße 180

Abb. 490b Seitenflügel auf dem Hof eines Kleinkossäten, um 1900, Krokusstraße 81

Wenn auch die Mehrzahl, vor allem der Wirtschaftsgebäude, die auf der Karte von 1836 (Abb. 486) verzeichnet und noch danach entstanden sind, längst anderen Bauten weichen mußte, so blieben erfreulicherweise doch einige ältere Wohnhäuser erhalten, die zwar inzwischen alle unterfangen sind, aber ihre Einstöckigkeit, die Quergliederung und die bis zur Höhe des Kehlbalkens abgewalmten Dächer bewahrten, so Prierosser Straße 32/34, Alt-Rudow 50, Alt-Rudow 59/61, Krokusstraße 80, Krokusstraße 81 (Abb. 488 bis 490a).

Bezeichnend für die Verstädterung etlicher ehemaliger Dörfer im Einzugsbereich von Berlin war, daß für Mietzwecke errichtete Bauten vielfach direkt auf den alten Höfen zumeist kleinbäuerlicher Besitzer emporwuchsen. Da sich dieser Prozeß in Rudow erst sehr spät – nach 1900 – vollzog, ist ein solches Beispiel noch heute zu betrachten. Auf dem Grundstück Krokusstraße 81 entstand hinter dem noch erhaltenen kleinen Wohnhaus aus dem Ende des 18. Jh. ein solcher zweistöckiger Seitenflügel mit Pultdach, dem gegenüber ein entsprechender Schuppen für 6 Familien angelegt wurde (Abb. 490b).

Natürlich folgten seit dem letzten Viertel des 19. Jh. auch einige prächtige Neubauten in den bäuerlichen Gehöften für den eigenen Bedarf, wie z. B. das unterkellerte, anderthalbstöckige und mit Schiefer gedeckte Wohnhaus vom Hof Köpenicker Straße 180, dessen achtachsige Fassade mit aufwendigen Fensterbekrönungen und Neorenaissance-Ornamenten an den Fensterbrüstungen versehen wurde (Abb. 491). Ähnlich repräsentativ gestaltete man vielfach die Wirtschaftsgebäude, wie den Giebel des zum Kruggut gehörenden Stalles (Abb. 493). Auch die nach 1860/70 errichteten zweistöckigen und mit Mietwohnungen ausgestatteten Häuser der Handwerker und Gewerbetreibenden entlang der Straße nach Berlin, z. B. Alt-Rudow 28, erhielten eine schmuckvolle Putzfassade. Relativ schlicht wurden dagegen die Fassaden der kommunalen Bauten gehalten. So war die ehemalige Schule ein reiner Backsteinbau, dessen wichtigste Schmuckform die Rundbogenfenster und die Ziegelziersetzungen entlang der Giebel- und Traufgesimse bildeten (Abb. 494). Etwas aufwendiger gestaltete man indes das zweistöckige Gemeindebüro, das ein repräsentatives spitzbogiges Eingangsportal in einem mit Zwerchgiebel versehenen schmalen Risalit bekam, ansonsten aber einen reinen Zweckbau darstellte (Abb. 492).

Daß der Gemeindesitz überhaupt diese Ausgestaltung erfuhr, lag offenbar an der zu Beginn des 20. Jh. – vor allem nach dem Bau des Teltowkanals – einsetzenden Niederlassung einiger Industriebetriebe am Ostrand der Gemarkung. Dennoch war Rudow bei der Eingemeindung ein noch weitgehend von der Landwirtschaft geprägtes Dorf, das weder eine Villenkolonie noch ein durch große Mietshäuser gebildetes Wohngebiet und auch kein großes Industriegelände besaß.

Abb. 493 Stallgiebel zum Dorfkrug, um 1880, Alt-Rudow 59/61

Abb. 492 Ehemaliges Gemeindebüro mit Teilen der Gemeindeschule um 1900, Alt-Rudow 60

Abb. 494 Ehemalige Dorfschule, um 1870, Köpenicker Straße 187

Ruhleben, Verwaltungsbezirk Spandau

Das 1638 „wüst" liegende, 1658 Neues Vorwerk und 1704 erstmals Ruhleben genannte Vorwerk gehörte zunächst dem Amt Spandau. Es wurde 1654 dem Fischmeister F. v. Saldern verschrieben, von 1678 bis 1694 verpachtet und 1695 gemeinsam mit Lützow der Kurfürstin Sophie Charlotte übertragen. Von 1700 bis 1707 gehörte es dem Freiherrn F. B. v. Dobrzenski, von dem es König Friedrich I. zurückkaufte und dem Amt Spandau unterstellte. Seit 1810 war es im Besitz von F. v. Beyme, 1841 schließlich erwarb es der Domänenfiskus. Es unterstand seitdem wieder dem Amt Spandau und bildete einen eigenen Gutsbezirk, der am 1. 4. 1920 dem Gutsbezirk Heerstraße einverleibt und mit diesem dann am 1. 10. 1920 aus dem Kreis Teltow in die neue Stadtgemeinde Berlin übernommen wurde.

Das zum Vorwerk gehörende Land diente anfangs offenbar nur als Schaftrift, mindestens seit 1684 jedoch auch und dann zunehmend der Vieh- und Feldwirtschaft. Im Jahre 1757 gab es beispielsweise 730 Morgen Acker, 25 Kühe und 1000 Schafe. Seit den 30er Jahren des 19. Jh. beeinflußten die Interessen des Militärs das Gebiet. So mußten, nachdem bereits 1832 erste fortifikatorische Werke auf dem Gutsgelände entstanden waren, 1855 weitere 19 Morgen Land abgetreten werden. Nach 1871 entstand schließlich die Militärschießschule mit einer Kaserne und Schießplätzen, was erneut zur Verringerung der Pachtfläche führte. Eine Beeinträchtigung des Landwirtschaftsbetriebes hatten zudem die Bedürfnisse der Lehrter Bahn 1869 (12 Morgen) und die Anlage eines Rangierbahnhofs 1882 (48 Morgen) erbracht. Demzufolge sollte gegen Ende des 19. Jh. das Restgut parzelliert oder an größere Fabriken wie die AEG verkauft werden, doch pachtete es schließlich 1907 die Trabrenn-Gesellschaft Westend, die zwischen Spree und Bahn eine Trabrennbahn anlegte. Die bis in die Mitte des 19. Jh. geringe Zahl der Einwohner (1772: 31, 1801: 19, 1840: 40 und 1859: 41, darunter 14 Tagelöhner sowie 4 Knechte und Mägde) vergrößerte sich nach 1871 zwar deutlich, doch nicht erheblich (1890: 491, darunter 316 Militärangehörige). Ein zwischen 1708 und 1710 errichtetes Lustschloß war um 1800 bereits wieder abgebrochen.

Rummelsburg, Stadtbezirk Lichtenberg

Aus einer bereits Ende des 17. Jh. vorhandenen, an der Spree gelegenen Ziegelbrennerei, die der Stadt Berlin gehörte, entwickelte sich im 18. Jh. ein aus Meierei und Wirtshaus – nach 1775 außerdem aus 2 Gärtner- und 2 Fischerstellen – bestehendes Etablissement, das anfangs (z. B. 1748) nach der Meierei Charlottenburg, 1786 aber schon nach dem Gasthaus oder besser nach dessen Besitzer Rummel *Rummelsburg* genannt wurde. Diese zunächst noch recht kleine Berliner Exklave im Kreis Niederbarnim, dem sie 1808 mit Boxhagen als Ortsverband zugeordnet wurde und seit 1861 als Gutsbezirk angehörte, vergrößerte sich schon kurz nach 1850 dadurch, daß der Berliner Polizeipräsident v. Hinkeldey auf einem inzwischen abgeholzten Gebiet östlich der Siedlung ein Waisenhaus, ein Gefängnis und ein Beschäftigungshaus angelegt hatte. Von noch größerer Bedeutung für die schnelle Entfaltung dieses Territoriums indes war, daß 2 Bahnlinien den Gutsbezirk durchschnitten und die Anlage mehrerer Bahnhöfe die Ansiedlung verschiedener Industrien und zahlreicher Mietshäuser begünstigte. 1889 wurde der Gutsbezirk aufgelöst und in die im gleichen Jahr gebildete Landgemeinde *Boxhagen-Rummelsburg* überführt (siehe dort).

Saatwinkel, siehe Tegeler Forst

Schlachtensee, Verwaltungsbezirk Zehlendorf

Anfang des 20. Jh. gehörte Schlachtensee „zu den bekanntesten Villenorten in der Umgebung Berlins" [16]. Bereits frühzeitig, als man in den anderen Orten des Westens noch nicht an Ansiedlungen dachte, begannen hier mitten im Wald die ersten Arbeiten zur Begründung einer Kolonie, die um 1908 schon etwa 3000 Einwohner zählte, aber nie eine selbständige Gemeinde wurde, sondern stets zu Zehlendorf gehörte. Dennoch mag es einst ein Dorf Schlachtensee gegeben haben, da im Zusammenhang mit der Ersterwähnung von Zehlendorf und des Gewässernamens Slatense in einer Urkunde des Jahres 1242 auch ein slawisches Dorf Slatdorp genannt wird, das aber frühzeitig zu einer Wüstung geworden sein muß. Erst 1759 wird der Bau eines Fischerhauses belegt. 1801 lebten dort 2 Fischerfamilien. Auch 1860 existierten nur ein Wohn- und ein Wirtschaftsgebäude. Um 1880 begann der Ausbau der Villenkolonie, so daß seitdem auch die Einwohnerzahl anstieg.

Schmargendorf
Verwaltungsbezirk Wilmersdorf

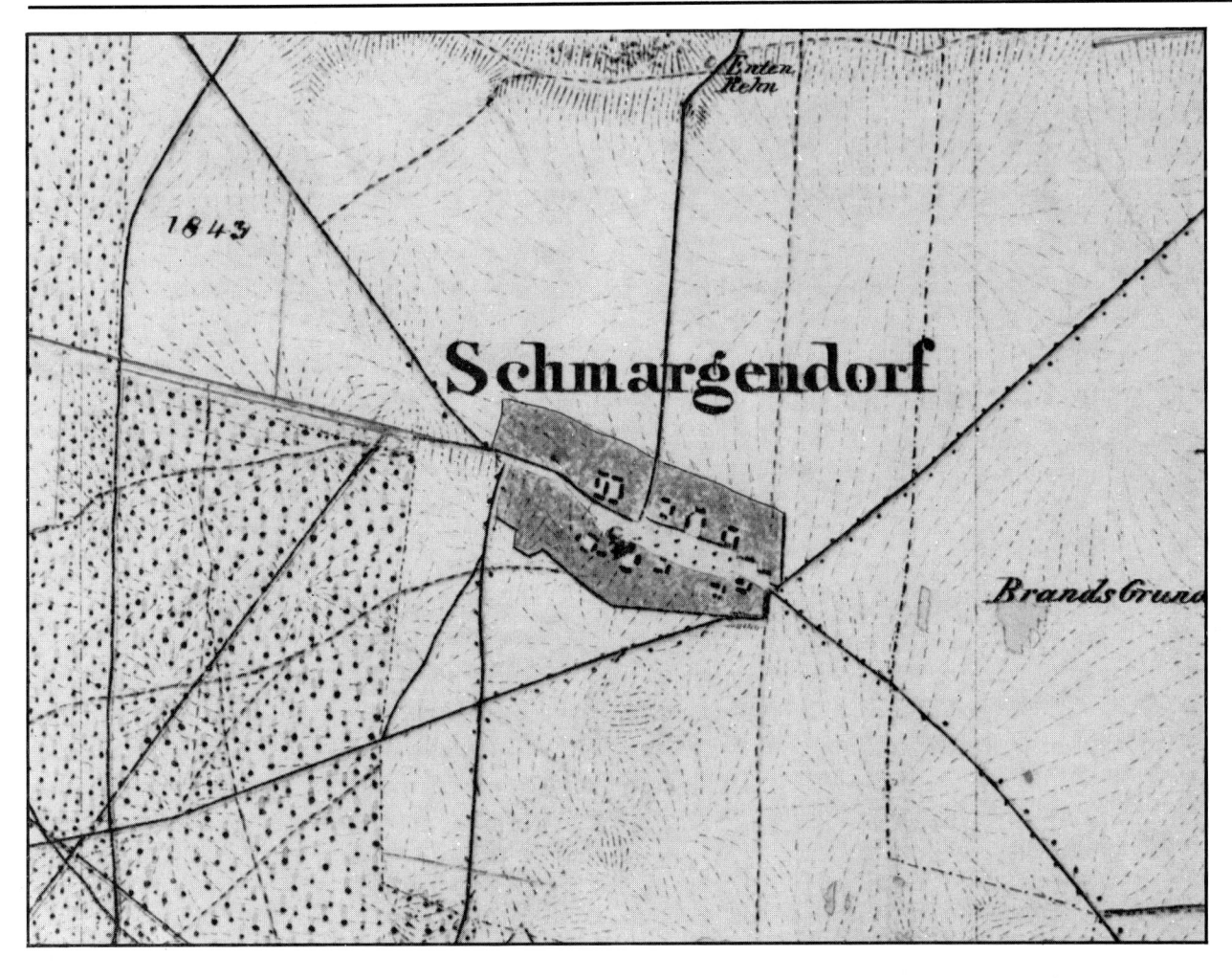

Entwicklung
der Einwohnerzahlen
von Schmargendorf

Jahr	Einwohner
1734	70
1772	90
1801	76
1817	84
1840	131
1858	299
1871	387
1875	387
1880	468
1885	657
1890	1 591
1895	2 223
1900	3 175
1905	5 039
1910	7 475
1919	11 583

Abb. 495
Ausschnitt aus dem
Ur-Meßtischblatt
Nr. 1907 von 1836

Der erstmals 1275 genannte Ort hieß damals Margrevendorp, später auch Schmarggravedorff (1450), Smarggrapendorff (1515), Smarckendorff (1540) und seit 1775 schließlich Schmargendorf. Bereits vor 1375 gehörten die meisten Anteile am Dorf und ein eigener Hof mit 11 Hufen der Familie v. Wilmersdorf, die – nachdem diese Anteile zeitweise, zwischen 1511 und 1566/67, im Besitz der Familie Schlegel gewesen waren – seit 1567 wieder das halbe und seit 1602 schließlich das ganze Dorf besaß. 1799 verkaufte sie es zusammen mit Dahlem an den Grafen Podewils, der 1803 die 5 Dahlemer Bauern nach Schmargendorf umsetzte, wo es seitdem 10 Bauernfamilien gab. Von 1804 bis 1841 im Besitz von Fr. v. Beyme bzw. dessen Tochter, kaufte es 1841 der Domänenfiskus und unterstellte es 1856 dem Amt Mühlenhof.

Von den anfangs genannten 42 oder 46 Hufen bewirtschaftete die Grund- und Gutsherrschaft allein 11 (1375) oder 12 (1624) und nach dem Dreißigjährigen Krieg schließlich 22 Hufen, so z. B. 1688, 1707 und auch noch 1801. Von den 1624 genannten 7 Hüfner- und 4 Kossätenstellen waren 1652 lediglich der Schulzen- und 3 Bauernhöfe besetzt. Auch im 18. Jh. existierten neben dem Gut nur 4 Bauern- und 2 Kossätenstellen. Erst nach 1804 erhöhte sich

Schmargendorf

Abb. 496 Dorfkirche. Tuschzeichnung von H. Wohler, 1834

Abb. 497 Rathaus, 1900/02, Berkaer Platz

weniger als 100 Einwohner zählende kleine Dorf entwickelte sich auch im 19. Jh. zunächst nur langsam. Zwar kamen einige Handwerker hinzu, so bis 1858 ein Schneider- und ein Stellmachermeister, ferner ein Maurer- und ein Zimmergeselle, doch dominierte bis in die 80er Jahre die Landwirtschaft. Im Januar 1883 wurden z. B. 58 Pferde, 89 Rinder, 95 Schweine und 94 Ziegen gezählt. Die Einwohnerzahl stieg weiterhin nur langsam, bis 1880 lediglich auf 468. Selbst der Bau der Ringbahn mit dem allerdings vom Dorfkern recht weit entfernten Bahnhof Schmargendorf bewirkte zunächst keine überdurchschnittliche Bautätigkeit im Ort. Der große Zustrom setzte erst gegen Ende des 19. Jh. ein, war dann allerdings so intensiv, daß kurz vor der Eingemeindung aus dem Kreis Teltow bereits über 11 000 Bewohner gezählt werden konnten.

Als sich in den Jahren 1900/02 die Gemeinde das von O. Kerwien entworfene „trutzige" Rathaus (Abb. 497) errichten ließ, war man nicht nur in den benachbarten Orten wegen der Größe und Aufwendigkeit des Baukörpers verwundert. Das Dorf, bei Baubeginn erst 3000 Einwohner zählend, trug nämlich noch in so vielen Beziehungen ländlichen Charakter, daß das vierstöckige, burgenähnliche Rathaus als ziemlich anmaßend empfunden wurde. Der Verkauf großer Teile des Bauernlandes, z. B. zur Anlage der Prachtstraße Hohenzollerndamm, und der Betrieb der fünften städtischen Gasanstalt auf der Schmargendorfer Gemarkung seit 1893 hatten jedoch früher nicht vermutete Geldmengen aus der Umsatz- und Gewerbesteuer in die Gemeindekasse fließen lassen, so daß die Gemeindevertretung eben nicht unerhebliche Mittel in die Kommunalbauten investieren konnte. Zudem übte seit dem Ende des 19. Jh. der Ort aufgrund seiner bevorzugten Lage zwischen dem aufstrebenden Wilmersdorf und der Kolonie Grunewald „eine starke Anziehungskraft auf das Berliner Publikum aus" [16], wodurch eine entsprechende Entwicklung zu erwarten war und das zukunftsorientierte Denken durchaus voll gerechtfertigt schien. Die nachfolgenden Jahre gaben dieser Prognose zunächst Recht, und erst mit der 1920 erfolgten Eingemeindung wurde die Funktion des Baues erheblich beeinträchtigt.

Die Überraschung, die der Bau des Rathauses auslöste, erklärt sich daraus, daß das Mitte des 19. Jh. noch winzige Dorf z. B. erst nach 1871 begonnen hatte, die Dorfstraße, „auf der für Fußgänger kaum noch ein Fortkommen war" [97], zu pflastern. Für die bis dahin von der Landwirtschaft geprägte Siedlung, deren Gehöfte sich beiderseits um die relativ breite, einen allerdings unbebauten Anger bildende Dorfaue gruppierten (Abb. 495), bestand lange Zeit kein derartiges Bedürfnis. Im Gegenteil, die unbefestigten Wege boten den Pferden und der Viehhal-

die Zahl durch die Umsetzung der Dahlemer Bauern wieder auf 10 Hofeigentümer. Der Gutsbetrieb wurde eingestellt und ein Teil des Gutslandes dem Dahlemer Gut zugeschlagen. Das im 18. Jh. stets

tung mancherlei Vorteile. Erst die allmähliche Besiedlung durch die nicht agrarisch strukturierte Bevölkerung bewirkte eine Änderung.

Einen weiteren Impuls verlieh dem Ort die zunächst gar nicht erwünschte, dann aber 1883 doch angelegte und 1890/92 ausgebaute Station an der Ringbahn, die den Nordrand der Gemarkung tangierte. Insbesondere seitdem im Jahre 1888 zwischen Schmargendorf und Schöneberg eine Dampfstraßenbahnlinie eingerichtet wurde, die die Verbindung zwischen Bahnhof und Dorf wesentlich verbesserte, verstärkte sich nicht nur die Bebauung mit seit 1887 zugelassenen vier- und fünfstöckigen Mietshäusern, sondern auch die Einrichtung zahlreicher Ausflugslokale. Um 1900 sollen es bereits 20 Gastwirtschaften gewesen sein, die „alle durch große Gärten ausgezeichnet waren" [77] und sich vorrangig am Rande des Grunewaldes entlang dem alten Verbindungsweg nach Dahlem, der späteren Warnemünder Straße, befanden.

Der dörfliche Charakter ging nun schnell verloren. Die Höfe der Bauern und Kossäten verschwanden binnen weniger Jahre, so daß bald nur noch die Dorfkirche als ländliches Wahrzeichen übrigblieb. Zwar wurde auch sie 1895 umgebaut, 1918 erneut verändert, 1938 rekonstruiert und nach Kriegsschäden bis 1954/57 in der heutigen Form wieder aufgebaut, doch ist uns der im 19. Jh. vorherrschende Anblick durch eine Tuschzeichnung überliefert (Abb. 496). Sie zeigt einen auch heute noch vorhandenen langgestreckten und mit geradem Chorabschluß versehenen Saalbau, dessen Feldsteinmauern ins frühe 14. Jh. datiert werden. Der quadratische Dachturm war 1831 hinzugekommen, der Ostgiebel und die Nordseite weisen noch die ursprünglichen gotischen Fenster und eine spitzbogige Seitenpforte auf. Der mit weniger als 17 Meter Länge und 8 Meter Breite zu den kleinsten Dorfkirchen im Berliner Raum zählende Sakralbau war wie üblich vom Friedhof umgeben, der damals schon eine Ummauerung aufwies.

Welch imposanten Aufschwung die Gemeinde seit dem Ende des 19. Jh. genommen hatte, die seitdem durch Villen und Mietshäuser im Süden und die Gasanstalt, der sich bald ein Elektrizitätswerk hinzugesellt hatte, im Norden geprägt wurde, mag die Entwicklung der Schulen verdeutlichen. Noch 1850 gab es nur ein einfaches Schulhaus aus Fachwerk, das mit einem Strohdach versehen war. Während einer in diesem Jahr mit der zuständigen Grundherrschaft, dem Amt Mühlenhof, durchgeführten Beratung über dieses Problem waren die Gemeindevertreter für einen Neubau nicht zu haben, erklärten sich lediglich bereit, „das Strohdach in ein Ziegeldach umzuwandeln und durch einen Anbau Schulstube und Lehrerwohnung zu erweitern, doch nur unter der Voraussetzung, daß die Regierung als Gutsherrschaft und Patron die Baumaterialien bewilligen würde" [97]. Als in den folgenden Jahren erneut Mangel an Klassenräumen auftrat, behalf man sich zunächst mit dem Aufsetzen einer weiteren Etage auf das alte eingeschossige Schulhaus am Nordrand der alten Dorfstraße. Erst um 1900 errichtete die Gemeinde dann ein neues stattliches Gebäude mit 12 Klassenräumen, das nun in dem schon recht dichtbebauten, nördlich der alten Dorfstraße gelegenen Gebiet entstand. Es folgten ein repräsentatives Gymnasium und noch vor der Eingemeindung ein nicht minder aufwendiges Lyzeum (Abb. 498), das in unmittelbarer Nähe des Rathauses seinen Platz fand.

Abb. 498
Ehemaliges Lyzeum,
um 1910,
Berkaer Straße 10

Schmöckwitz

Stadtbezirk Köpenick

Entwicklung
der Einwohnerzahlen
von Schmöckwitz

Jahr	Einwohner
1734	90
1772	104*
1801	115*
1817	109*
1840	138*
1858	193*
1871	219
1875	185
1880	154
1885	163
1890	252
1895	349
1900	380
1905	368
1910	360
1919	576

* mit Schmöckwitzwerder

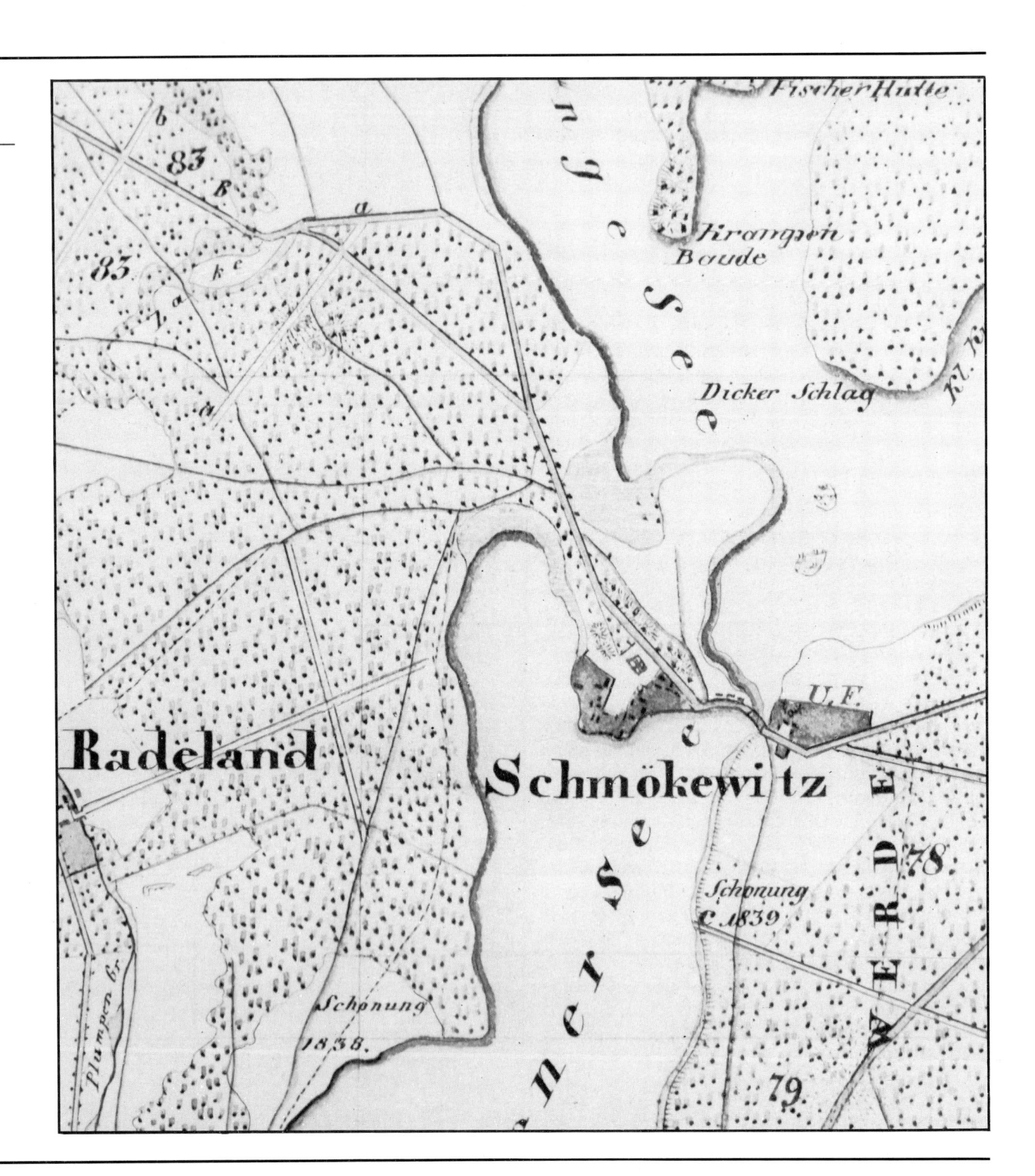

Abb. 499
Ausschnitt aus dem
Ur-Meßtischblatt
Nr. 1977 von 1839

Das erstmals 1375 als Smekwitz und Smekewitz erwähnte Dorf unterstand bereits zu diesem Zeitpunkt größtenteils der Burg, später dem Amt Köpenick. Einige Rechte indes besaßen bei der ersten Nennung D. Apitz und H. v. Buden, später auch verschiedene Cöllner und Berliner Bürger, so z. B. die Familien Bergholz 1447 bis 1472 und Freiberg 1472 bis 1599 oder die Adelsfamilien v. Troye 1599 bis 1648, v. Rochow 1648 bis 1670 und v. Gersdorf 1698 bis 1718. Seit 1718/19 zur Herrschaft Königs Wusterhausen gehörig, kam es im Austausch von verschiedenen Pertinenzien zum Amt Köpenick, dem seitdem das gesamte Dorf unterstand. Seit 1811 gehörte Schmöckwitz dann zum Amt Mühlenhof und blieb bis zur Eingemeindung 1920 im Kreis Teltow. In dem zunächst noch ohne jegliche Hufe ausgestatteten Dorf existierten 1375 bereits ein Krug und ein Wehr. Die Fischer (mit einem Schulzen) bewohnten 15 Häuser. Bereits 1450 besaßen einige der 13 genannten Fischer etwas Acker. 1589 werden 15 Kossäten, 1624 aber nur 8 Fischer erwähnt. Ende des 16. Jh. bildete sich ein Vorwerk heraus, das 1608 denen v. Troye als Wohnsitz diente. Obwohl 1648 das gesamte Dorf abbrannte, waren 1652 bereits wieder alle 8 Fischerstellen besetzt, die Ritterstelle aber 1699 noch unbebaut. Statt dessen war auf dem benachbarten, zur Köpenicker Forst gehörigen *Schmöckwitzwerder* (siehe Grünau-Dahmer-Forst) ein kurfürstliches Jagdschloß entstanden, das 1702 erneuert wurde und seit etwa 1770 als Forsthaus (Unterförsterei) diente. Um 1775 bildete sich daneben eine kleine Büdnerkolonie heraus. Außerdem erhielt die Gemeinde Schmöckwitz im Jahre 1782 ein nördlich des Dorfes gelegenes, etwa 72 Hektar großes Gelände der Köpenicker Amtsforst zugewiesen, auf dem ein Kolonist Kersten einen Bauernhof anlegte, den er nach dem Vornamen seiner Ehefrau *Karolinenhof* nannte. Die Einwohnerzahl stieg bis zur Mitte des 19. Jh. geringfügig an. Um 1850 kamen ferner eine Leimsiederei und eine Wattefabrik sowie verschiedene Handwerker, ein Schneider, ein Schuhmacher und ein Zimmermann sowie einige Gewerbetreibende, 2 Viktualienhändler und ein Schiffseigner mit 7 Schiffern hinzu. Zwar vergrößerte sich der Ort dadurch zunächst etwas, doch stagnierte die Entwicklung bald wieder, bis um 1885 das „schlichte Fischerdorf" immer mehr von den „Seeluft und Waldduft suchenden Sommerfrischlern" entdeckt wurde. Zwar heißt es bereits 1889, daß „die einstige Weltabgeschiedenheit, die diesem Orte einen so eigenen Zauber frischer Natürlichkeit lieh, ... mit dem Emporblühen des Dorfes als schlichtes Sommerbad dahingegangen" sei [103], doch hielt sich die Ausweitung des Ortes – auch nach der Einverleibung von 152 Hektar Forstlandes im Jahre 1903 – in Grenzen. Einen kleinen Zuwachs brachte indes die 1894 eingeleitete Parzellierung des ehemaligen Bauerngutes *Karolinenhof,* wo ab 1895 eine Villenkolonie gleichen Namens entstand. Die Entwicklung der Einwohnerzahlen belegt, daß der Ort bereits vor der Eingemeindung ein beliebtes Ausflugsziel, nicht aber ein größeres Wohngebiet geworden war.

So wie der verdienstvolle Lehrer und Heimatforscher K. Hohmann im Jahre 1960 Schmöckwitz als eine wahre „Perle in der bunten Kette schmucker Orte des Bezirks Köpenick" und speziell die Brücke als einen besonders reizvollen Punkt „in der an landschaftlichen Schönheiten wirklich nicht armen Umgebung Berlins" pries [50], so hatte bereits 75 Jahre zuvor der Reiseschriftsteller A. Trinius die „malerische Lage, besonders vom Wasser aus gesehen", hervorgehoben. „Am genußreichsten" sei „der Anblick von der hochgeschwungenen, weißen Zug-

Abb. 500
Zugbrücke.
Nach einer Aufnahme
von etwa 1885

Abb. 501
Bauzeichnung
des königlichen
Jagdhauses
von 1702

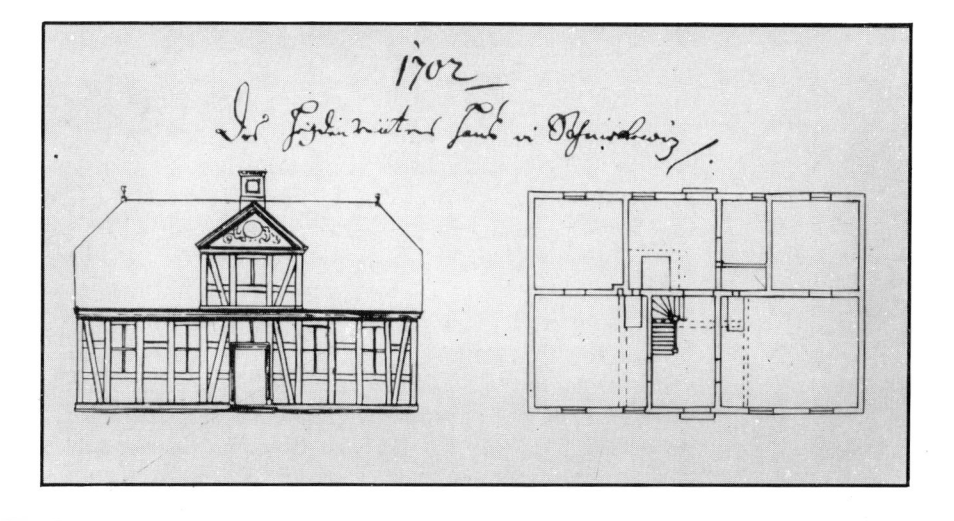

Schmöckwitz

Abb. 502
Villa im Ortsteil Karolinenhof,
1895,
Schappachstraße 27

brücke, welche dicht neben dem Gasthaus und dem gegenüberliegenden Forsthause ... nach Wernsdorf ... leitet" [103]. Damit wurden gleich 3 für die Geschicke des kleinen Fischerdorfes besonders wichtige Bauten genannt, die auf eine lange Tradition zurückblicken konnten und aufs engste mit der Geschichte der Siedlung verquickt waren, wenn sie auch am Rande des eigentlichen Dorfes lagen, dessen Gehöfte sich hufeisenförmig um einen Platz gruppierten (Abb. 499), so daß sowohl von einem Rundplatz als auch vom Sackgassendorf gesprochen wird.

Der Krug, bereits 1375 genannt, scheint jedoch bis zur Mitte des 19. Jh. nicht sonderlich floriert zu haben. Es gab nur einige Fischerfamilien am Ort, und die Strecke nach Südosten wurde von nicht allzu vielen Fuhrleuten benutzt. Dies war sicher mit ein Grund dafür, daß man dem Krug als einzigem Grundstück im Ort gestattete, etwas Land hinzuzupachten. Selbst nachdem die Wirtschaft einschließlich der Ländereien 1757 in Erbpacht gegeben wurde, hielten die Probleme der Pächter an. Die Eröffnung der Berlin–Frankfurter Eisenbahn ließ die Landstraße über Schmöckwitz nach Storkow weiter veröden. Einen günstigeren Effekt hatte dagegen die 1867 eingeweihte Görlitzer Strecke mit einem Bahnhof nahe dem benachbarten *Radeland,* seit 1893 *Eichwalde,* wodurch sich die Verbindung auch für Wochenendausflügler verbesserte. Den wichtigsten Wandel bewirkten jedoch die immer zahlreicheren Wassersportler und -freunde, so daß um 1876 herum das Restaurant „Zur Palme" schon einen Saalanbau vornehmen mußte. Obwohl relativ weit von Berlin entfernt, entwickelte sich der Ort zu einem begehrten Ausflugsgebiet, indem sich bald weitere gastronomische Einrichtungen etablierten und auch erste Villen entstanden.

Das zweite, den Ort mitprägende Bauwerk war die Brücke an der Nahtstelle von Seddinsee und Zeuthener See. Ursprünglich hatte eine Kahnfähre genügen müssen, bis in den Jahren zwischen 1751 und 1757 eine erste Holzbrücke errichtet wurde, die aber 1813 wieder abbrannte und die man 1818 durch eine fast 100 Jahre funktionierende neue hölzerne Zugbrücke ersetzte. Sie stellte bis zu ihrem Abbruch und dem Neubau einer eisernen Konstruktion 1907 das eigentliche Wahrzeichen des Ortes dar, zumals sie – nach dem Muster holländischer Portokalzugbrücken konstruiert – eine beträchtliche Höhe aufwies und weithin sichtbar war (Abb. 500).

Das dagegen beinahe im Winkel versteckt gelegene eigentliche Dorf besaß zwar seit längerem ein Kirchlein, das 1643 und erneut 1735 abbrannte und erst 1799 durch einen massiven Neubau ersetzt wurde, doch überragte der schlichte Rechteckbau mit Vollwalmdach am Ostgiebel und niedrigem Dachturm an der Westseite die kleinen Fischerhäuser nur geringfügig, obwohl die Kirche auf einer etwas höher gelegenen Düne vor dem Ortseingang ihren Platz gefunden hatte.

Von den ältesten Wohn- und Wirtschaftsbauten sind kaum noch Beispiele erhalten geblieben, zumal ein Brand 1866 etliche Gehöfte (Alt-Schmöckwitz 7 bis 11) einäscherte und auch die anderen im Verlaufe des 19. Jh. alle unterfangen, verändert oder durch Neubauten ersetzt wurden, wenngleich sie z.T., wie Alt-Schmöckwitz 2 und 5, im Kern noch bis ins 18. Jh. zurückreichen dürften. Da im Jahre 1782 das Kriegs- und Domänenamt nicht nur das bisher vom Krug bewirtschaftete, 78 Morgen umfassende Land an die Fischer vererbpachtete, wodurch in der Nachfolgezeit einige kleine Scheunen entstanden, sondern auch einen außerhalb der ursprünglichen Gemarkung gelegenen Bauernhof etablierte, vergrößerte sich die Gesamtfläche des Ortes nicht unerheblich.

Die Parzellierung gerade dieses Terrains ermöglichte seit 1894/95 den Ausbau einer größeren Villenkolonie, die allerdings durch ein Waldgebiet vom alten Fischerdorf getrennt war, verwaltungsmäßig aber bis zur Eingemeindung nach Berlin der Gemeinde Schmöckwitz angehörte. Kennzeichen dieses Ortsteiles waren neben den Villen und Landhäusern zahlreiche Sommerhäuser und Ausflugsgaststätten (Abb. 502), die, insbesondere seitdem am 9. März 1912 die „Schmöckwitz–Grünauer Uferbahn" eingeweiht werden konnte, zunehmend Berliner Besucher anlockten.

Obwohl zur Jahrhundertwende weniger als 400 ständige Einwohner zählend, ließ die Gemeinde um 1907/08 ein großes kommunales Gebäude errichten, in dem sie ihre Verwaltungsräume, die freiwillige Feuerwehr und dann auch ein Depot für Straßenbahnwagen unterbrachte. Es war seitdem das auffallendste Repräsentationsgebäude, das bezeichnenderweise nicht im alten Dorfkern, sondern etwas außerhalb, am Rande des nach 1890 verstärkt bebauten Gebietes plaziert wurde (Abb. 503).

Eine gesonderte Betrachtung verdient ferner die eingangs erwähnte, aufs engste mit dem Ort verbundene Försterei. Sie scheint jedoch erst in der Mitte des 18. Jh. diese Funktion erhalten zu haben. Zuvor war es ein kleines königliches Jagdhaus, das im Jahre 1702 einen noch älteren, wohl schon in der zweiten Hälfte des 16. Jh. entstandenen Vorgängerbau der Kurfürsten abgelöst hatte. Von diesem ersten Jagdhaus heißt es in einer, weitgehend auf Archivstudien beruhenden Beschreibung: „Es lag auf dem Berge und am Wasser, war zweistöckig aus Fachwerk aufgeführt und unterkellert. Die Füllungen waren mit Mauersteinen ausgesetzt und beschwerten das schwache und geringe, dazu noch wurmstichige Holz. In der oberen Etage lagen die kurfürstlichen Stuben, die mit Kamin- und Ofenheizung versehen waren. Die Fenster, deren jedes 174 bleigefaßte runde Scheiben hatte, waren mit hölzernen Laden verwahrt. In dem Erdgeschoß lagen mehrere Stuben und die Küche mit einem Feuerherd und Backofen. Bei seiner hohen Lage und hohen Bauart war das Jagdhaus sehr den Unbilden der Witterung ausgesetzt" [1]. Der 1702 in unmittelbarer Nachbarschaft erfolgte Neubau – das alte Jagdhaus wurde nur z. T. abgetragen, die unteren Teile aber weiterhin für Wirtschaftszwecke genutzt – soll vom damaligen Oberbaudirektor Grünberg ausgeführt worden sein. Es war ein reiner Fachwerkbau, kaum größer als ein Bauernhaus (Abb. 501). Dennoch sind einige nicht unwesentliche Unterschiede hervorhebenswert: der Verzicht auf den durchlaufenden Flur und die in der märkischen Volksbauweise erst 100 Jahre später übliche Verlagerung der Küche an eine Außenwand (die hintere Traufseite), der Ausbau eines Raumes im Dachgeschoß unter einem Zwerchgiebel, der dem gesamten Bau sofort einen herrschaftlichen Ausdruck verleiht, die ungewöhnlich großen Fenster und die Treppe im geräumigen Flur (im Bauernhaus standen in jener Zeit höchstens enge steile Stiegen, zumeist aber nur Leitern zur Verfügung). Seit Friedrich II., der die Jagd nicht sonderlich liebte, wurde hier eine Unterförsterei eingerichtet und das Wohnhaus dem Förster als Wohnung und Arbeitsraum überlassen. Da mit den Forstereien fast immer ein kleiner landwirtschaftlicher Betrieb gekoppelt war, kamen bald weitere Wirtschaftsgebäude hinzu, von denen einige bis weit ins 20. Jh. erhalten blieben (Abb. 504), in den letzten 20 Jahren jedoch abgerissen wurden, so daß damit das letzte noch an die Verhältnisse um 1800 erinnernde bauliche Zeugnis verlorenging.

Abb. 503
Remisen für die 1892 gegründete Feuerwache im Komplex mit Gemeindeverwaltung und Schule,
um 1910,
Adlergestell 784

Abb. 504
Scheune zum Förstereigehöft,
um 1800,
Wernsdorfer Straße 28.
Aufnahme von 1963

Schöneberg
Verwaltungsbezirk Schöneberg

Entwicklung der Einwohnerzahlen von Schöneberg

Jahr	Einwohner
1734	169
1772	252
1801	278*
1817	457
	+ 235**
1840	1 577
	+ 434**
1858	6 929
	+ 773**
1871	4 555
1875	7 467
1880	11 180
1885	15 872
1890	28 721
1895	62 695
1900	95 998
1905	141 010
1910	172 823
1919	175 093

* mit Neu-Schöneberg
** Neu-Schöneberg

Abb. 505
Ausschnitt aus dem Ur-Meßtischblatt Nr. 1908 von 1851

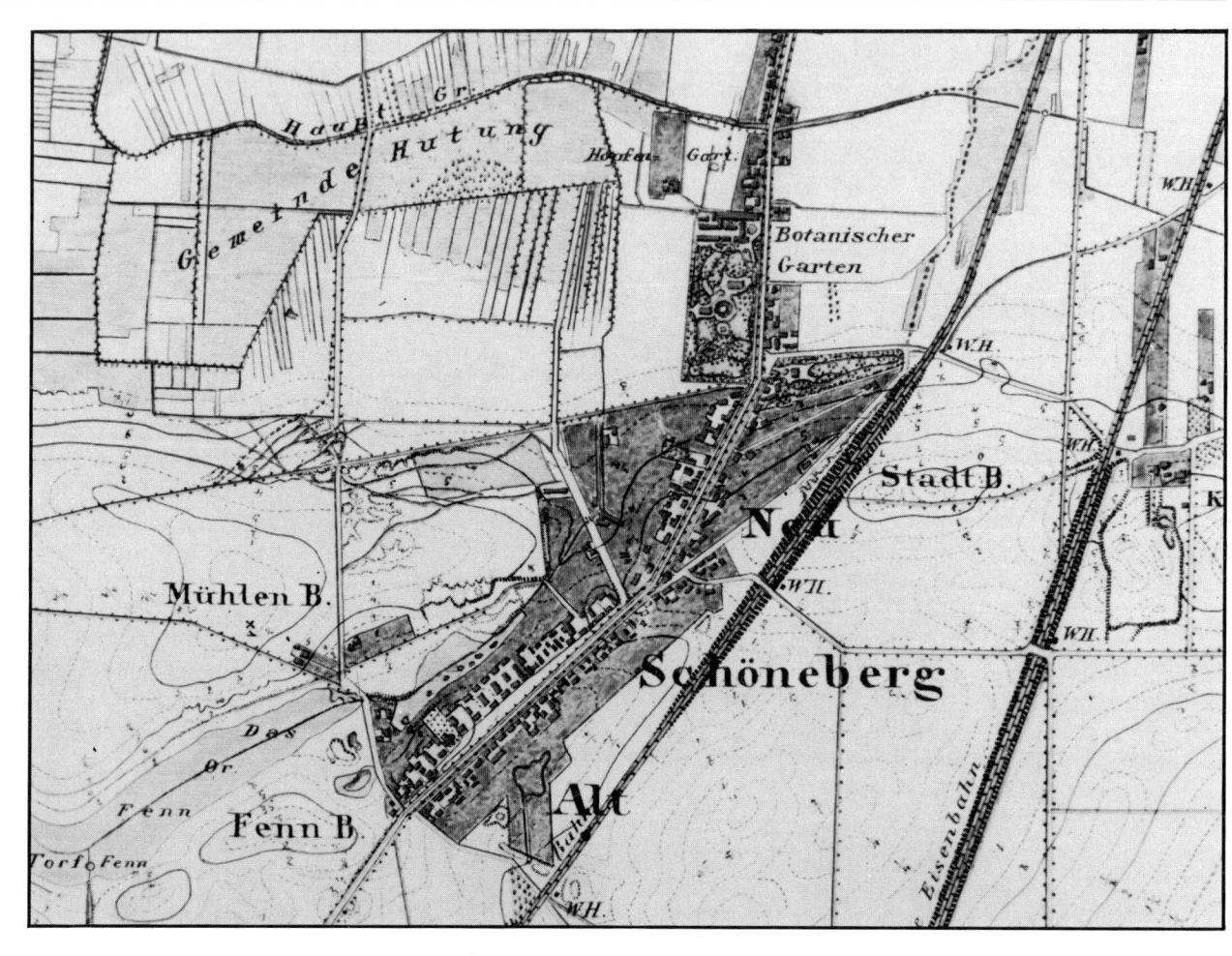

Die 1920 mit über 175 000 Einwohnern nach Berlin eingegliederte Stadt hatte bis 1897 noch den Rang einer Landgemeinde, aus der sie hervorgegangen ist. Sie wurde erstmals 1264 als Dorf erwähnt. Damals bekam das Benedikterinerinnenkloster in Spandau 5 Hufen „in villa sconenberch" verschrieben. Dieser Anteil blieb dem Kloster bzw. nach der Säkularisation dem Amt Spandau bis nach 1652 erhalten, während die anderen Anteile des 1375 mit 50 (später, so 1450 und 1480, mit 52) Hufen ausgestatteten Dorfes, die verschiedenen Herrschaften unterstanden, mehrfach ihre Besitzer wechselten. Neben den Berliner und Cöllner Bürgerfamilien Grotzik, Rathenow und Reiche (Rike) gehörte dazu vor allem der Ritter v. Paris, der im Jahre 1375 allein 12 freie Hufen „unter seinem Pflug" hatte. Ihm folgten ab der Mitte des 15. Jh. die Familien v. Falkenrehde und v. Redern sowie ab 1506 der Kurfürst Joachim I., der das Dorf dem Amt Mühlenhof unterstellte. Unter seinen Nachfolgern entstand schon Ende des 16. Jh. auf einem etwa eine Hufe umfassenden Gelände ein Nutzgarten, in dem neben Hopfen auch Kohl, Zwiebeln und Küchenkräuter angebaut wurden. Der sich etwa seit der Mitte des 17. Jh. daraus entwickelnde botanische Garten, der im 18. Jh. auch Versuchszwecken wie dem Anbau von Maulbeerbäumen diente, bestand bis Ende des 19. Jh. Seit 1899 begann man, ihn sukzessive auf die Dahlemer Flur zu verlegen. Von den im Jahre 1524 genannten 12 Hüfnerstellen waren unmittelbar nach dem Dreißigjährigen Krieg (1652) nur 6 besetzt. Seit 1684 wurden dann wieder 11 Bauernhöfe nachgewiesen, die jedoch im Verlauf des Siebenjährigen Krieges, und zwar im Oktober 1760, die Truppen des Generals v. Totleben ebenso niederbrannten wie die 8 Kossätenstellen, das Hirten- und das Schäferhaus. Erhalten blieb lediglich die auf der Dorfaue stehende Schmiede. Auch das Anfang des 16. Jh. mit 8 Hufen ausgestattete und später intensiv bewirtschaftete Vorwerk wurde ein Opfer der Flammen. Daraufhin beschloß die Kriegs- und Domänenkammer, den Wirtschaftshof, auf dem sich 1758 1000 Schafe und 24 Kühe befanden, nicht mehr aufzubauen, die gesamte Feldmark neu zu vermessen, das Gutsland an weitere Bauern und Kossäten zu verteilen und das Dorf nach einem einheitlichen Plan wiederaufzubauen. Einschließlich der 1751 nördlich des alten Dorfes angelegten und aus 20 Büdnerstellen bestehenden Kolonie *Böhmerberg*, die mindestens seit 1801 *Neu-Schöneberg* genannt wurde – im Unterschied zum Bauerndorf, das nun *Alt-Schöneberg* hieß –, gab es 1801 15 Bauern und 8 Kossäten sowie zahlreiche Büdner und Einlieger, insgesamt 50 Feuerstellen. Die Einwohnerzahl war von 169 im Jahre 1734 auf 278 im Jahre 1801 gestiegen.

Begünstigt durch die Stadtnähe und die Lage an der Verbindungsstraße von Berlin nach Potsdam, entwickelten sich die beiden bis 1875 selbständigen Gemeinden seit Beginn des 19. Jh. überdurchschnittlich schnell. Insbesondere entlang der Straße nach Berlin, die als erste in Preußen von 1791/93 chaussiert wurde, und dem sie umgebenden Alt-Schöneberger Unterland entstanden zahlreiche Wohnbauten von Berliner Bürgern. Alt-Schöneberg zählte 1817 bereits 457, 1840 dann 1577 und 1858 gar 6929 Einwohner. Selbst in dem flächenmäßig viel kleineren Neu-Schöneberg stieg die Zahl der Bewohner ähnlich schnell. Obwohl das am dichtesten besiedelte Gebiet, das Alt-Schöneberger Unterland, das 1858 schon 5042 Einwohner hatte, und selbst die entfernt gelegenen Alt-Schöneberger Wiesen mit 436 Einwohnern 1861 dem Berliner Stadtbezirk einverleibt wurden und sich die Einwohnerzahl dementsprechend verringerte, konnten 1875, nachdem sich beide Dörfer unter dem Namen Schöneberg vereint hatten, schon wieder 7457 Einwohner registriert werden.

Die bereits in den 40er Jahren des 19. Jh. begonnene Parzellierung und die Bebauung des Bauernlandes verstärkten sich nach 1875, so daß Schöneberg 1898 mit etwa 75 000 Einwohnern Stadtrecht erhielt und 1899 sogar zum eigenen Stadtkreis erhoben wurde, also aus dem Kreis Teltow ausschied.

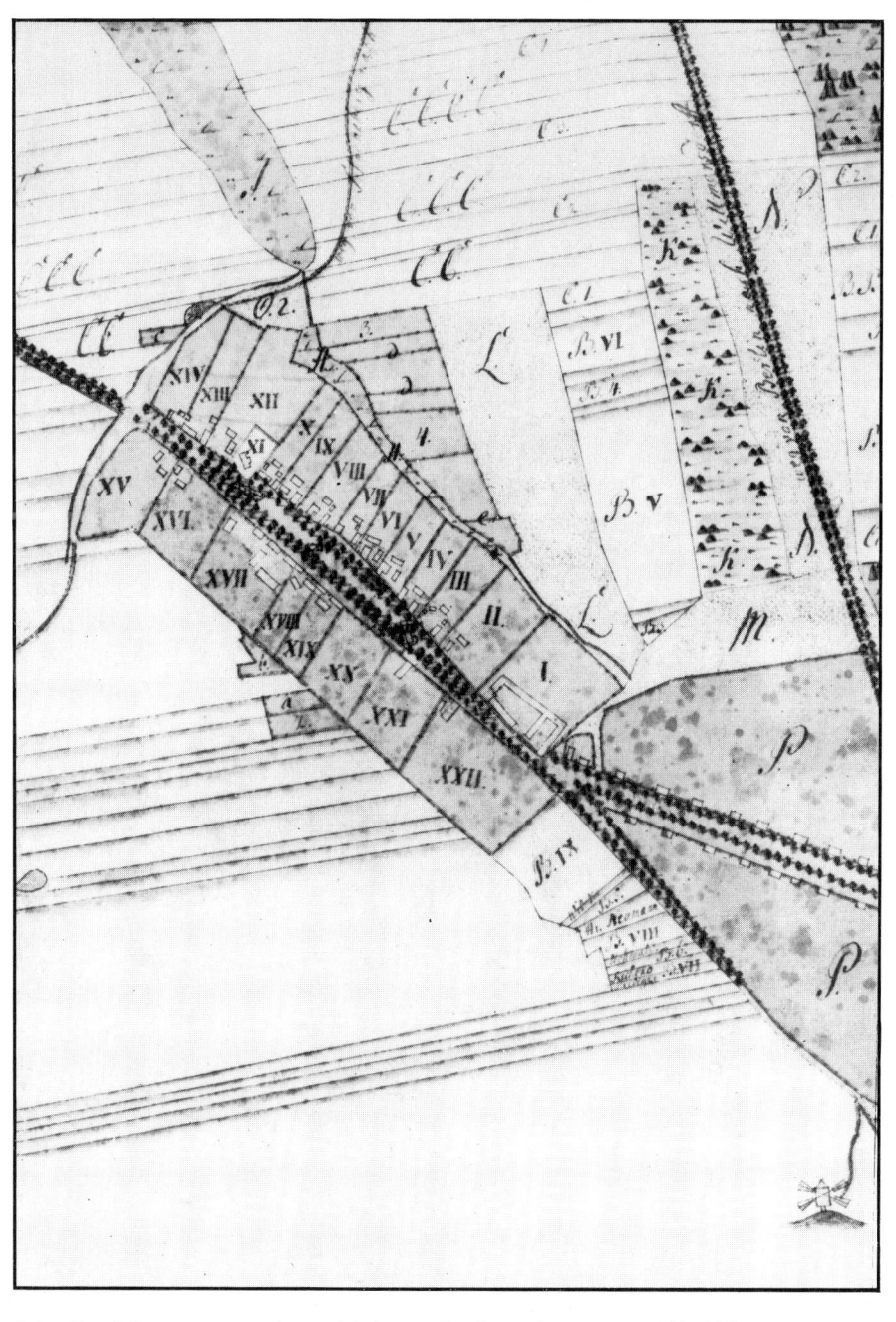

Abb. 506
Ausschnitt aus einem Lageplan von 1758 (Oberkante = Westen)

Die Bevölkerungszunahme hielt auch danach unvermindert an. Bereits 1854 hatten die beiden dörflichen Hauptstraßen Gasbeleuchtung erhalten, seit 1884 wurde der Ort von den Charlottenburger Wasserwerken mit Leitungswasser versorgt, und 1888 konnte in einem Teil des Ortes die Kanalisation eingeweiht werden, obwohl man erst 1903 gemeinsam mit Friedenau ein eigenes Rieselgut erwarb. Das 1891/92 anstelle eines älteren Amtshauses angelegte Rathaus mußte schon wenige Jahre später durch ein größeres 1911/14 errichtetes und äußerst repräsentatives Gebäude ergänzt werden.

Bis zur nahezu vollständigen Zerstörung im Jahre 1760 präsentierte sich der Ort mit einer relativ brei-

Schöneberg

Abb. 507
Gehöft
nahe der Kirche.
Gemälde von
J. H. A. Forst, 1831

Abb. 508
Ansicht des
südwestlichen
Ortsteiles
von Norden,
um 1790

ten Dorfaue, so daß wohl zu Recht von einem Straßenangerdorf gesprochen werden kann, wenngleich sich schon zu diesem Zeitpunkt die Kirche nicht mehr (oder auch früher nicht) auf dem zentralen Platz, sondern in der westlichen Reihe der bäuerlichen Gehöfte befand (Abb. 506, Nr. XI). Auf dem baumbestandenen langgestreckten Mittelstreifen lagen indes die Schule, die Schmiede und 2 Hirtenhäuser. Den Brand soll nur die Dorfschmiede, ein einfacher Fachwerkbau mit nur einmal verriegelten Wänden, überstanden haben. Er existierte bis ins 19. Jh. hinein (Abb. 510) und kündete ein wenig von den vorangegangenen Zeiten. So wird berichtet, daß z. B. im Jahre 1721 2 Bauern- und 3 Kossätenhäuser noch keinen Schornstein besaßen, also sogenannte Rauchhäuser waren, daß das 1752 neu angelegte eingeschossige Wohnhaus zum Vorwerk (Abb. 506, Nr. I) in Fachwerk mit dreimal verriegelten Wänden errichtet wurde und auf einem mit Sparkalk gemauerten, verputzten Fundament ruhte [25].

Abb. 509
Dorfkirche neben
Paul-Gerhardt-Kirche.
Aufnahme von 1910

Abb. 510
Dorfaue
mit Schmiede (links)
und Kirche (rechts).
Gemälde von 1833
nach einer älteren
Vorlage

Wie in der 1751 gegründeten Kolonie Neu-Schöneberg, deren Bewohner die Familien des abgebrannten Bauerndorfes vorübergehend aufnahmen, hatten die Wohnhäuser, Ställe und Scheunen aus Fachwerk bestanden. Die Wiedererrichtung der Gehöfte sollte zwar nach dem gleichen Konstruktionsprinzip erfolgen, doch waren Ziegel- anstelle der einst üblichen Strohdächer und nach einer Neuverteilung der Flur eine regelmäßige Anlage gleich großer und gleichartiger Höfe vorgesehen. Im Verlaufe des sich bis 1767 hinziehenden Neuaufbaus kehrte man allerdings zu der vertrauten und billigeren, aber auch besser wärmedämmenden weichen Dacheindeckung zurück, während die Höfe der Bauern, Kossäten und Büdner tatsächlich weitgehend nach einem jeweils einheitlichen Schema angelegt wurden. Anstelle der 1758 zumeist noch mit dem Giebel zur Straße stehenden Wohnhäuser fanden nun fast ausschließlich traufständige, quergegliederte Bauten Verwendung, denen sich bei den 14 Bauern-

Schöneberg

Abb. 511
Mausoleum auf dem
alten Dorffriedhof,
um 1890

stellen seitlich ein langgestreckter Stall und an der Rückseite eine Scheune, bei den Kossätenhöfen ein entsprechend kürzerer Stall und eine kleinere Scheune sowie bei den Büdnerstellen vorerst gar keine Nebengebäude anschlossen.

Der mehrfach publizierte Lageplan von 1763 scheint allerdings mehr die vorgesehene und weitgehend auch eingehaltene Planung als die im Einzelfall fraglos – allein aufgrund der landschaftlichen Verhältnisse – modifizierte Realisierung widerzuspiegeln. Einen anschaulichen Eindruck der Situation nach dem Wiederaufbau vermittelt eine um 1790 angefertigte Ansicht des südwestlichen Ortsteils mit den strohgedeckten Scheunen und Ställen, während die beiden sichtbaren Wohnhäuser offenbar bereits mit Ziegeln gedeckt sind (Abb. 508). Die relativ kleine, ehemals von Norden und Westen aber weithin sichtbare Dorfkirche entstand, vermutlich unter Verwendung älterer Mauerreste, in den Jahren 1764/66 als schlichter Rechteckbau mit vorgelagertem quadratischem Westturm und niedriger Sakristei am abgewalmten Ostgiebel.

Die Lage unmittelbar vor den Toren der Stadt hatte neben verschiedenen Nachteilen – z. B. gelang es lange Zeit nicht, die von Berlin betreute Laufschmiede in eine Setzschmiede umzuwandeln – auch etliche, bald überwiegende Vorteile. Besonders nach 1815 erlebten die beiden Gemeinden einen ungeahnten Aufschwung, der nicht nur durch die günstigen Absatzbedingungen ihrer agrarischen Produkte, sondern auch durch die frühzeitige Ansiedlung Berliner Bürger vornehmlich entlang dem Verbindungsweg nach der Stadt bewirkt war. Ein Lageplan von 1851 zeigt die inzwischen erfolgte bauliche Verdichtung innerhalb der beiden Dörfer und an der nach Berlin führenden Straße (Abb. 505).

Geld kam zudem durch den Verkauf von Ackerland zur Anlage der Berlin–Potsdamer Bahn ins Dorf. Schon in den 30er Jahren des 19. Jh. existierten massive Wohnbauten im Ort, wie das Urmeßtischblatt von 1831 und ein Gemälde aus dem gleichen Jahr belegen (Abb. 507). Im Verhältnis zu den 40 bis 50 Jahre später errichteten großen Palästen der legendären „Millionenbauern" wirkt das abgebildete Beispiel zwar ausgesprochen bescheiden, doch ist zu bedenken, daß in der Mehrzahl der anderen märkischen Dörfer zu diesem Zeitpunkt das strohgedeckte Lehmfachwerkhaus noch eindeutig dominierte. Ein derart aufwendiges Gebäude kennzeichnete dort ein kleines Gutshaus.

Die nach 1840 sprunghaft zunehmende Vergrößerung des Ortes, die durch die Einverleibung des am dichtesten besiedelten Gebietes nördlich des Schafgrabens nach Berlin (1861) zwar etwas beeinträchtigt wurde, setzte sich auch danach weiter fort und erfaßte nach 1871 den gesamten Nordteil und nach 1900 zudem den Mittelteil der ursprünglichen Gemarkung. Mit der Entwicklung zur Stadt bzw. der Stadt haben sich R. Kockroy [59] – auch anhand einzelner Bebauungskarten – und andere ausführlich beschäftigt [98, 108, 110], sie ist nicht Gegenstand dieser kurzen Übersicht. Allerdings soll im vorliegenden Fall kurz das „Schicksal" einzelner Teile des Dorfkernes geschildert werden. Das einzige noch erhaltene Bauwerk des 18. Jh., die Kirche, blieb auch nach der Erhebung zur Stadt erhalten, erhielt jedoch in den Jahren 1908/10 einen weit größeren Nachbarn, die Paul-Gerhardt-Kirche, und führte neben dieser und anderen mehrstöckigen Wohnhäusern fast ein Schattendasein (Abb. 509). Aus dem einst höchsten Bau der Gemeinde war einer der kleinsten entlang der nun dichtbebauten Dorfstraße geworden. Erst mit dem Wiederaufbau 1953/55 der teilweise kriegszerstörten und ausgebrannten Dorfkirche gewährte man ihr und dem erhaltenen Friedhof mit zahlreichen aufwendigen Mausoleen und Erbbegräbnisplätzen (Abb. 511) wieder etwas mehr Freiraum. Zum anderen sei auf die auffälligen und ungewöhnlich großen Paläste einiger, vorrangig durch Landverkäufe reich gewordener ehemaliger Bauern verwiesen. Auf einem hohen Kellergeschoß ruhend, stattete man diese stets zweistöckigen Wohnhäuser Hauptstraße 40 bis 45 nicht nur mit einem Festsaal und mehreren Salons, sondern auch mit ausgesprochen repräsentativen Fassaden aus. Sie wiesen den für die Gründerzeit ebenso an Gutshäusern und städtischen Villen üblichen Zierat auf. So besitzt z. B. das um 1880 errichtete Gebäude Hauptstraße 43 außer den häufig verwendeten Putzfriesen und Konsolen unter der Traufe, den Fensterbekrönungen, den Schmucktafeln an den Fensterbrüstungen u. dgl. vor einem Mittelrisalit einen säulengestützten Balkon, dessen Mittelsäule durch eine Karyatide ersetzt ist. Andere haben einen, von einem schmuckvollen Zwerchgiebel überragten halbkreisförmigen Balkon über einer massiven Veranda (Abb. 512). Im Rahmen der seit jenen Jahren vollzogenen städtischen Bebauung mit vier- und fünfstöckigen Miethäusern stellen sie jedoch eine Ausnahme dar, erinnern aber eindrucksvoll an die einst ländliche Vergangenheit, die nicht erst mit dem Abbruch des letzten strohgedeckten eingeschossigen Fachwerkhauses im Jahre 1889 geendet hatte. Schon vor der Eingemeindung nach Berlin bildeten sie innerhalb des Schöneberger Stadtbildes eine Ausnahme. Ortsbildprägend waren längst die dichtbebauten Straßenzüge, unterbrochen durch großstädtische Kommunalbauten.

Abb. 512   Wohnhaus eines „Millionenbauern", 1876, Hauptstraße 41

Schönerlinde, siehe Köpenick

Schönholz, Stadtbezirk Pankow

Im Rahmen der Bemühungen des preußischen Königshauses um die Ausdehnung der Seidenraupenzucht kaufte 1752 die in Niederschönhausen lebende Königin Elisabeth Christine 55 Morgen Land von der Gemeinde Niederschönhausen und ließ eine Maulbeerplantage anlegen. Am Rande dieser *„Königin-Plantage"* wurden seit 1763 – überwiegend aus Böhmen kommende – Leineweber angesiedelt, die etwas Land und Wohnung erhielten, dafür aber verpflichtet waren, zeitweise in den königlichen Gärten zu arbeiten. 1768 lebten bereits 12 Familien (48 Personen) hier. 1799 wurde die Plantage an den Berliner Gastwirt Obermann in Erbpacht gegeben. Die seit 1791 auch *Schönholz,* seit 1805 als *Kolonie Schönholz* bezeichnete Siedlung entwickelte sich anfangs kaum (1791: 60, 1801: 69, 1817: 53 Einwohner). Erst als sich aus der Plantage um 1840 ein kleines Gut herauszubilden begann, zog dieses weitere Arbeitskräfte an. 1860 gab es in der Kolonie bereits 15 Wohn- und 14 Wirtschaftsgebäude und 114 Einwohner. Im Zusammenhang mit der Ausdehnung Niederschönhausens begann auch hier die Parzellierung des Landes, und die Zahl der Einwohner vergrößerte sich etwas, bis 1895 auf 268, bis 1908 auf etwa 350. Wegen der Waldnähe war Schönholz Anfang des 20. Jh. „in der Hauptsache ein Ausflugsort für das Berliner Publikum" [16]. Als formal selbständige Kolonie zum Gutsbezirk Niederschönhausen gehörend, kam die Siedlung 1920 aus dem Kreis Niederbarnim in den neuen Stadtkreis Berlin.

Schönow
Verwaltungsbezirk Zehlendorf

Entwicklung der Einwohnerzahlen von Schönow

Jahr	Einwohner
1734	75
1772	96
1801	98
1817	84
1840	161
1858	272
1880	460
1890	536
1894	589

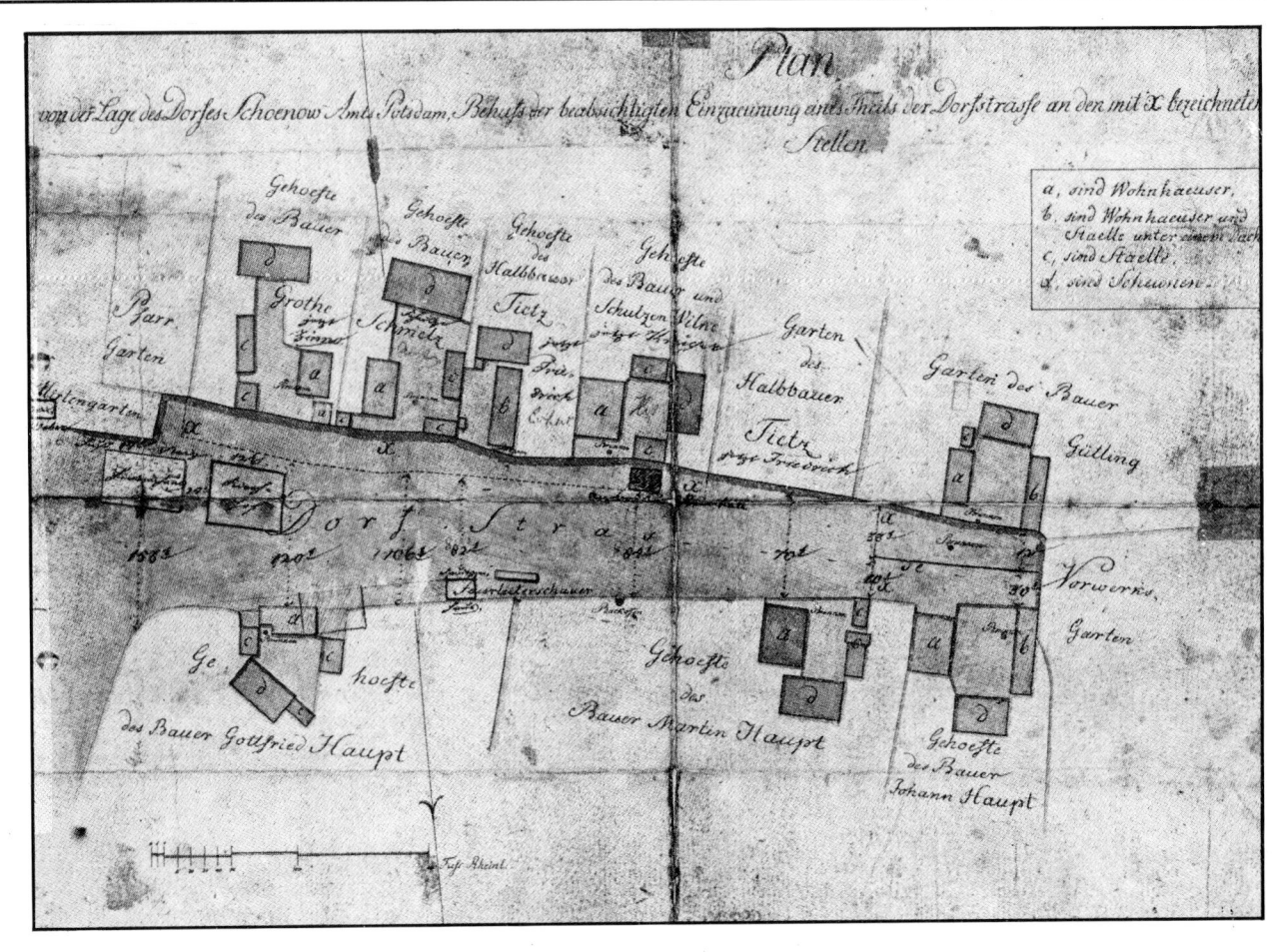

Abb. 513
Lageplan des Dorfes im Jahre 1819 (nach Escher, 1975)

Bereits 1299 wird das Dorf Schönow erstmals erwähnt. Zunächst im markgräflichen Besitz, kam es um 1308 in die Hände des Bischofs von Brandenburg, nach der Reformation dann teilweise zum Amt Ziesar, teilweise und seit dem 18. Jh. ganz zum Amt Potsdam. Daneben besaßen zeitweise einige Rechte auch der Rat zu Spandau, die Familie v. Beeren zu Groß- und Kleinbeeren u. a. Mindestens seit 1416 bis 1613 gehörte als markgräfliches Lehen der Familie v. d. Liepe ein Hof mit 7, später mit 10 freien Hufen. Dieses Gut kam bereits 1635 teilweise und 1690 vollständig an die Familie v. Wilmersdorf, die den Hof, der mindestens seit 1745 aus 11 Hufen bestand, bis 1802 bewirtschaftete. Es folgten verschiedene Eigentümer: 1802 v. Knoblauch, 1806 v. Eckardstein, 1817 Weber, 1840 v. Kretschmann, bis es 1850 teilweise parzelliert wurde. Den Stammhof besaß 1862 die Familie Fehringer.

Von den 43, später auch 46 genannten Hufen nutzten im Jahre 1451 mehrere Bürger des benachbarten Städtchens Teltow insgesamt 14, 1576 noch 8 Hufen. Nach dem Dreißigjährigen Krieg (1652) lagen nur 2 der 8 Bauernstellen und der einzige Kossätenhof „wüst". Seit Beginn des 18. Jh. existierten wieder 8 Vollbauern, darunter z. B. 1758 neben dem Schulzen 5 Vierhüfner und 2 Dreihüfner. Das bevölkerungsmäßig kleine Guts-/Bauerndorf besaß bis in die 30er Jahre des 19. Jh. weder einen Krug noch eine Mühle, eine Schmiede oder dergleichen. Bis zum Jahre 1858 kamen lediglich ein Schmiede-

sowie ein Schuhmachermeister hinzu. Eine gewisse Bedeutung erlangte jedoch ein Gehöft, das sich der Besitzer, ein Kaufmann Krause aus Teltow, auf dem Ackerplan des 4 Hufen umfassenden Hofes anlegte und das seit 1851 *Schweizerhof* genannt wurde. Durch die hier 1853 eingerichtete psychiatrische Klinik – 1858 befanden sich in ihr 80, später durchschnittlich 100 weibliche Patienten – vergrößerte sich die Einwohnerzahl des Ortes in einem bemerkenswerten Umfang bis 1858 auf 272 Personen, darunter 37 Knechte und Mägde, 27 Landarbeiter und 15 Krankenwärter. Insgesamt jedoch dominierte bis zur Eingemeindung nach Zehlendorf am 23. 10. 1894 die Landwirtschaft im Ort. So zählte man 1883 neben 55 Pferden immerhin 89 Rinder, 65 Schweine und 67 Ziegen. Bereits 1872 war ein ebenfalls außerhalb des Dorfes, an der Straße von Machnow nach Zehlendorf gelegenes und seit 1852 *Charlottenau* genanntes Gehöft nach Zehlendorf eingegliedert worden (siehe dort).

Obwohl das Dorf mit 46 Hufen durchaus nicht zu den Siedlungen mit auffallend geringer Landausstattung gehörte, besaß es niemals eine eigene Kirche, sondern war mindestens bis zur Eingliederung in Zehlendorf nach Teltow eingepfarrt. Unmittelbar am Rande der Bäke gelegen, deren Flußlauf der 1901/06 erbaute Teltowkanal weitgehend folgte, wurde das Sackgassendorf bis zur Mitte des 19. Jh. durch ein Gut und 8 Bauernhöfe geprägt. Einen guten Einblick in die dörflichen Verhältnisse zu Beginn des 19. Jh., leider ohne den weiter östlich gelegenen Gutshof, vermittelt ein vor etlichen Jahren von F. Escher publizierter Lageplan aus dem Jahre 1819 [22]. Auffallend sind einmal die ungewöhnlich lockere Bebauung, insbesondere entlang der Nordseite, ferner die Lage des Friedhofs – hier sogar „Kirchhof" genannt – inmitten der Dorfaue und die Anlage eines kleinen Spritzenhauses nebst langgestrecktem „Feuerleiterschauer" (Abb. 513). Nur ein Gehöft besitzt zu diesem Zeitpunkt bereits ein Wohnhaus in Traufstellung, alle anderen stehen mit dem Giebel zur Straße. Von ihnen haben 3 sogar noch Wohnung und Stall „unter einem Dache". Während für jeden Hof ein eigener Brunnen verzeichnet und ein weiterer – vermutlich kommunaler – am Ende der Sackgasse markiert ist, ist nur ein einziger Backofen erkennbar. Vermutlich handelt es sich um einen Gemeindebackofen, obwohl er im Garten eines Bauern zu liegen scheint, auf jeden Fall aber von der Dorfgasse aus zugänglich ist.

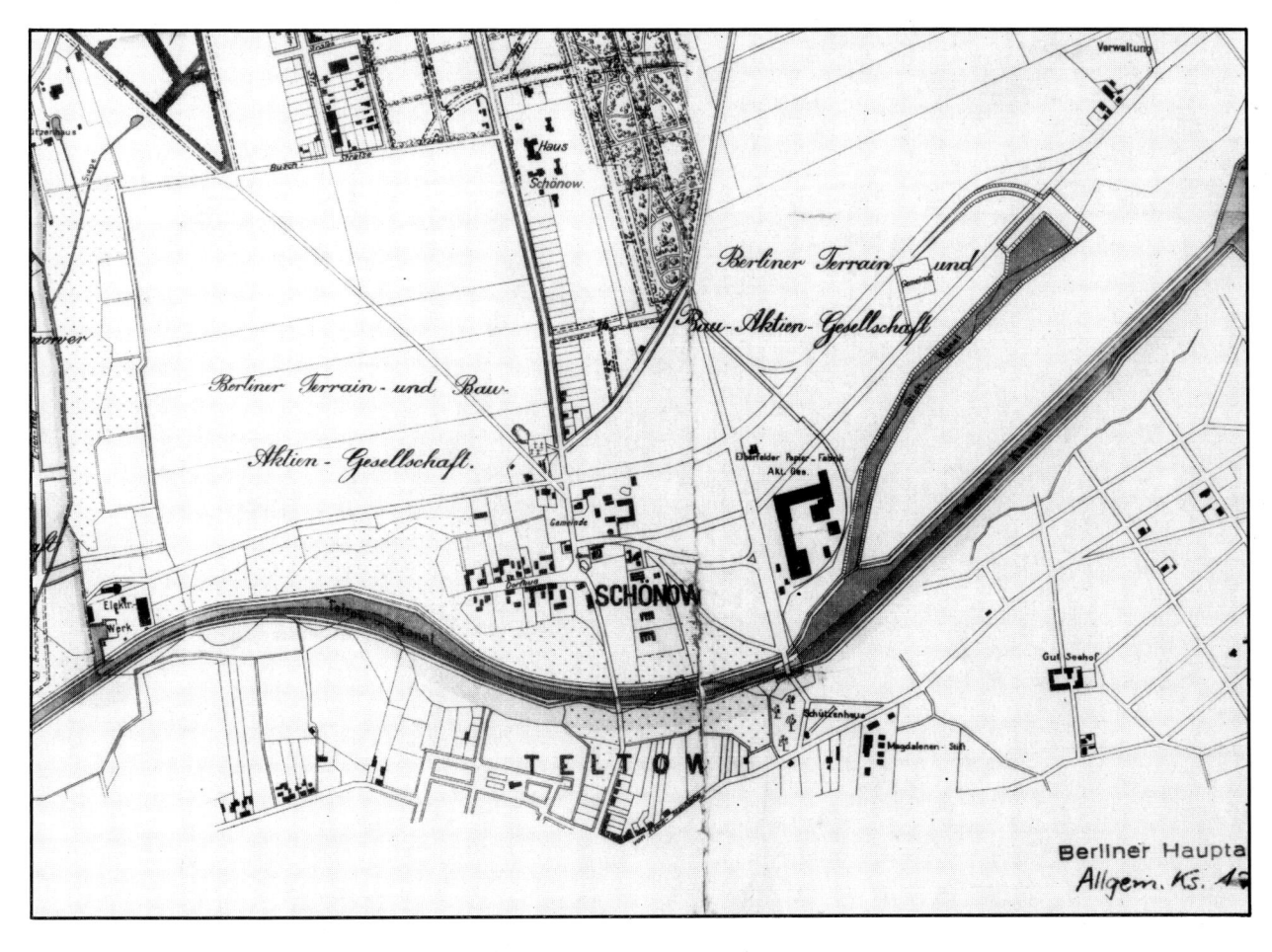

Abb. 514 Ausschnitt aus einem Lageplan von 1912

Schönow

Abb. 515
Wohnhaus eines Bauern,
um 1870/80,
Alt-Schönow 1a

Abb. 516
Teilansicht
einer Scheune,
um 1890,
Alt-Schönow 10

Leider ist von allen diesen Gebäuden und vom Gutshof keines erhalten geblieben. Bei dem Gut verwundert es kaum, da es schon 1850 in 5 Teile geteilt wurde und das Restgut nach dem Bau des Teltowkanals die Elberfelder Papierfabrik aufkaufte, die ein großes Werk anlegte (Abb. 514). Mit Ausnahme der 2 Höfe Charlottenau und Schweizerhof, die seit der Mitte des 19. Jh. eine Sonderentwicklung genommen hatten, blieben die restlichen Bauernwirtschaften jedoch vorerst erhalten. Sie scheinen gegen Ende des 19. Jh. durchaus zu gewissem Reichtum gelangt zu sein, denn aus jener Zeit stammen die wenigen noch erhaltenen agrarisch geprägten Bauten. Unter ihnen ragt der geschlossene Vierseithof Alt-Schönow 10 heraus, dessen anderthalbstöckiges, auf einem hohen Kellergeschoß ruhendes und mit Schiefer gedecktes Wohnhaus von etwa 1890 zwar völlig entstellt ist, dessen etwa gleichaltrigen Ställe und Scheune jedoch die damals intensiv betriebene Landwirtschaft erahnen lassen (Abb. 516). Nur bruchstückhaft ist dagegen der Hof Alt-Schönow 1a erhalten, dessen nur wenig älteres Wohnhaus wenigstens die Fassade zum Teil original bewahrte (Abb. 515). Ähnlich desolat präsentiert sich der Hof Alt-Schönow 7, dessen mächtige Torpfeiler vor dem großen Hof allerdings auf die einstige ökonomische Kraft dieser Wirtschaft hinweisen (Abb. 518). Trotz dieser geringen baulichen Relikte besitzt die Dorfanlage mit der 1888 erstmalig gepflasterten Dorfaue und den Resten der damals gepflanzten 4 Baumreihen eine beachtliche Aussagekraft.

Bereits außerhalb, an einer weiter nördlich gelegenen Parallelstraße, befindet sich die 1894 eingeweihte zweistöckige Backsteinschule (Abb. 517), die aber 1914 wieder aufgegeben wurde. Die Kinder gingen seitdem nach Zehlendorf, wohin der Ort sich seit der Mitte des 19. Jh. – vor allem aufgrund des dortigen Bahnhofs – zunehmend orientiert hatte und zu dessen Amtsbezirk er seit 1872 auch gehörte. Ein deutliches Indiz dafür stellen die beiden an den Zehlendorfer Ortsrand verlagerten Höfe dar. Der eine, Charlottenau, wurde bereits 1872 nach Zehlendorf eingegliedert, der andere, Schweizerhof, gab 3 Jahre nach seiner Etablierung im Jahre 1850 die Landwirtschaft auf. Der Nervenarzt Dr. H. Laehr legte auf dem Grundstück 1853 eine psychiatrische Anstalt mit Park an, der 1889 ein weiteres Krankenhaus, das vom Leiter der Anstalt gestiftete „Haus Schönow" folgte (siehe Abb. 514). Die 1894 auf Wunsch der Schönower Bewohner mit Zehlendorf vollzogene Verschmelzung war Ausdruck der seit etwa 1850 sichtbar werdenden Abwendung von Teltow und der Hinwendung zu Zehlendorf und damit letztlich zu Berlin.

Abb. 517
Ehemalige Dorfschule,
1894,
Kleinmachnower Weg 6

Abb. 518
Blick vom Hof
auf die Torpfeiler
an der Straße,
um 1890,
Alt-Schönow 7

Schulzendorf
Verwaltungsbezirk Reinickendorf

Entwicklung der Einwohnerzahlen von Schulzendorf

Jahr	Einwohner
1791	46
1801	35
1817	40
1840	58
1858	67

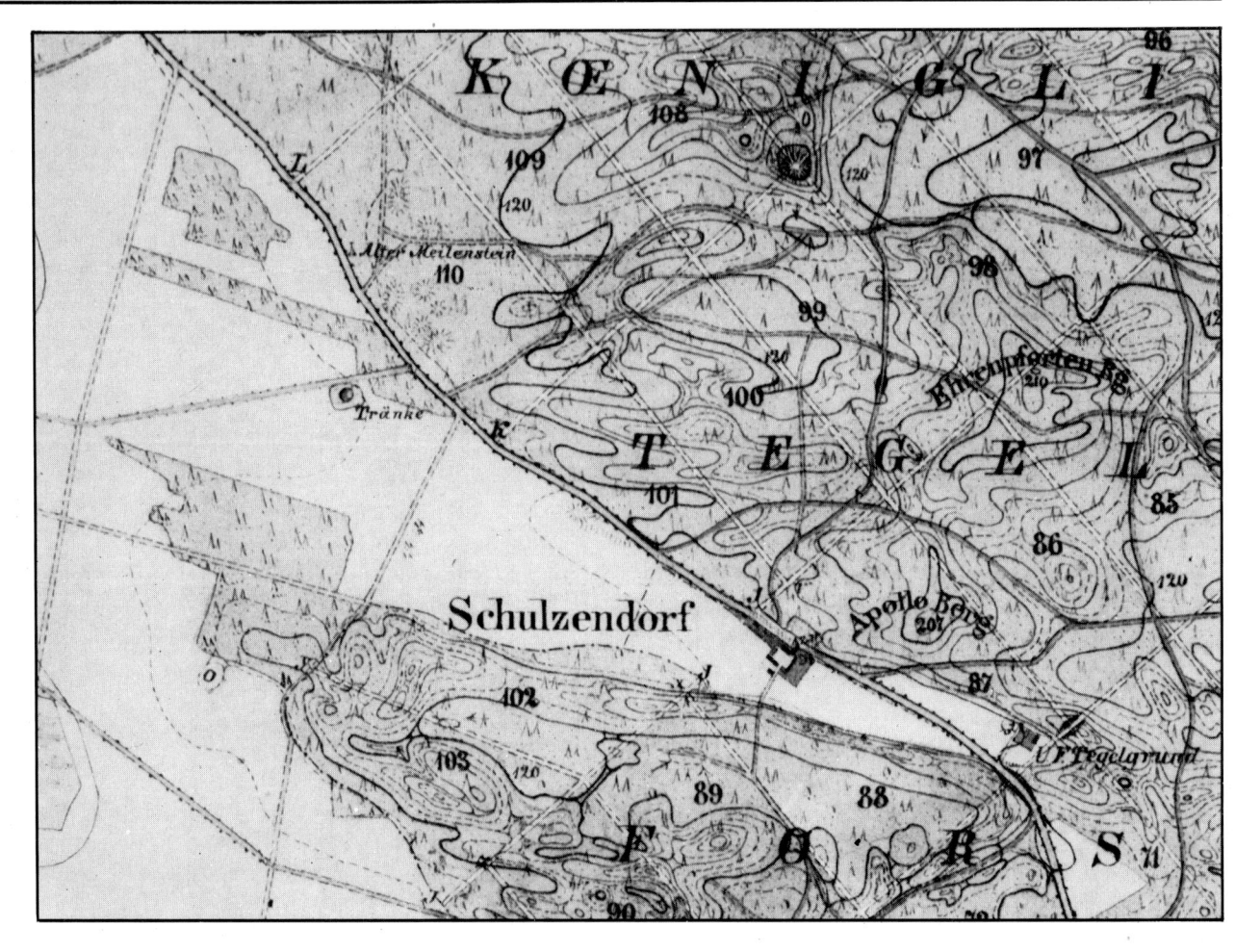

Abb. 519
Ausschnitt aus dem Ur-Meßtischblatt Nr. 1764 von 1868

Unmittelbar neben dem an der Straße nach Hamburg „beym Eichelberg" (später Apolloberg) gelegenen Heiligenseer Teerofen, den 1744 der Teerschweler C. Schultze betrieb, befand sich mindestens seit 1745 ein „Ruppiner Bierschank". Diesen hatte – laut Büsching – der spätere Forsträt Schultze bereits 1746 gepachtet. Eben derselbe bat im Oktober 1752 um die Erlaubnis, neben dem Teerofen 2 kleine Tagelöhnerhäuser mit je 4 Wohnungen anlegen zu dürfen. Das sich daraus entwikkelnde Etablissement, das 1754 erstmals „Schulzendorff" genannt wurde, konnte nach dem Tode Schultzes im Jahre 1755 von dessen Frau weiter vergrößert werden. Doch erst im Jahre 1772 gelang die Erbzinsverschreibung über die Grundstücke der inzwischen mit dem Schiffahrtsdirektor Wiesel verheirateten Witwe.

Seit diesem Zeitpunkt, dem 7. 6. 1772, wird das Vorwerk mit der Kolonie auch offiziell als Schulzendorf bezeichnet. Während der Teerofen offenbar bald einging, wurden das relativ kleine Erbzinsgut und der Krug weitergeführt. Für die Zusage, weitere „ausländische" Tagelöhnerfamilien anzusetzen und alle Verpflichtungen gegenüber dem Amt Mühlenbeck zu übernehmen, hatte bereits Wiesel das Recht erhalten, Bier zu brauen und Branntwein zu brennen und zu verkaufen. Diese Brennerei existierte noch 1860, als in dem Gutsbezirk insgesamt

5 Wohn- und 7 Wirtschaftsgebäude gezählt wurden. Bis zur 1888 erfolgten Eingliederung in den Gutsbezirk *Tegeler Forst* (siehe dort) hatte sich die Einwohnerzahl nur geringfügig vergrößert, obwohl Schulzendorf bereits 1861 „ein wegen seiner reizenden Lage im Walde und an der Steinstraße von den Berlinern sehr häufig besuchter Ort" war [87].

Obwohl Schulzendorf seine ohnehin nur kurze Selbständigkeit als Kolonie schon im Jahre 1888 wieder verloren hatte, sei es in diesem Rahmen noch unter seinem ursprünglichen Namen behandelt. Der Anlaß dafür liegt in der Tatsache begründet, daß die vor 1920 entstandenen Bauten hauptsächlich aus jener frühen Phase stammen, die Bebauung des um 1900 aufgelösten Gutsgeländes im wesentlichen erst nach der Eingemeindung erfolgte. Von den ältesten erwähnten Bauten, dem Teerofen und dem sich seit der zweiten Hälfte des 18. Jh. allmählich etwas vergrößernden Haupthof, der seit 1772 vererbpachtet war und seitdem mehrfach Erbzinsgut genannt wurde, ist allerdings weder etwas erhalten geblieben noch eine anschauliche Beschreibung bekannt. Der landwirtschaftliche Betrieb scheint nie allzugroß gewesen zu sein, umfaßte doch die gesamte Kolonie im Jahre 1860 z. B. nur 136 Morgen. Davon waren lediglich 80 Morgen Acker und 50 Morgen Wiese. Die Haupteinnahmequelle beruhte offenbar auf der Ausschankberechtigung und der auch später immer wieder gewährten Erlaubnis, Bier zu brauen und Branntwein zu brennen. Jedenfalls bildete sich schon vor 1785, wie ein in diesem Jahr angefertigter Lageplan bezeugt, ein recht großer Gutshof heraus, der auch in der Vermessung von 1868 noch als bestimmendes Bauensemble auftritt (Abb. 519).

Erstaunlicherweise bestand die Mehrzahl der Gebäude zu diesem Zeitpunkt noch aus Fachwerk (dunkle Signatur), während lediglich 2 kleine Bauten aus Stein waren. Nördlich dieser Anlage sind 3 weitere Gebäude eingetragen, von denen eines ebenfalls als Massivbau gekennzeichnet ist. Eindeutig handelt es sich dabei um jenes noch erhaltene Bauwerk, das in der Literatur immer wieder als Tagelöhnerhaus aus der Mitte des 18. Jh. bezeichnet wird. Jüngst angestellte eingehende Untersuchungen ergaben jedoch, daß es erst Anfang des 19. Jh. entstanden ist. Vermutlich hat es aber tatsächlich einen Vorgängerbau gegeben, denn A. F. Büsching erwähnt in der „Beschreibung seiner Reise von Berlin nach Kyritz in der Prignitz", die 1780 erschien, daß der Ausbau des Gutes, zu dem auch die Erlaubnis gehörte, 2 Familienhäuser mit je 4 Wohnungen zu errichten, durch den Hofrat C. Schulze zwar nicht vollendet wurde, daß sein Nachfolger aber „die Wohn- und Wirtschafts-Gebäude und den Krug ganz neu baute, auch noch 4 ausländische Tagelöhnerfamilien ansetzte" [13]. Offenbar reichten diese Arbeitskräfte, die der Besitzer des Erbzinsgutes zum großen Teil als Holzfäller beschäftigte, nicht aus, so daß in den ersten Jahrzehnten des 19. Jh. besagter Neubau entstand (Abb. 520).

Es handelt sich um einen zweistöckigen, bis heute in seiner ursprünglichen Raumstruktur weitgehend erhaltenen verputzten Ziegelbau, der von vornherein zur Unterbringung von mindestens 8 Familien konzipiert war. Der völlig gleichartige Grundriß bei-

![Tagelöhnerhaus]

Abb. 520
Tagelöhnerhaus,
um 1810/20,
Ruppiner Chaussee
139/141

der Etagen (Abb. 521) zeigt jeweils 4 aus Stube, Kammer und Küche bestehende Wohnungen, von denen stets 2 einen gemeinsamen Flur besitzen. Es wurde also der aus dem Mitteldeutschen Ernhaus entwickelte Tagelöhnerhaustyp für 2 Familien [78] als Grundnorm verwendet. Die Aneinanderreihung mehrerer solcher Haustypen für Landarbeiterkaten stellt in der ersten Hälfte des 19. Jh. keine Besonderheit dar, wohl aber die Wiederholung in einem Obergeschoß. Typisch indes ist wieder die Anlage von Giebelstuben, die man zumeist dem Gesinde zuwies, das, da es vom Gut verpflegt wurde, keine eigene Küche benötigte.

Ungewöhnlich und auf die Mitwirkung eines qualifizierten Meisters aus der Gillyschen Schule deutend, sind verschiedene weitere Merkmale. In erster Linie ist auf den Verzicht der zentralen Schwarzen Küchen und die Verlagerung der Küchen mit großem Rauchfang über dem Herd an die hintere Traufseite zu verweisen. Es entstand dadurch eine für die damalige Zeit ausgesprochen progressive Grundrißlösung. Ebenso beeindruckend ist der geschickte Einsatz der ziemlich engen Schornsteine,

Schulzendorf

Abb. 521
Rekonstruktion des
Tagelöhnerhauses,
Ruppiner Chaussee
139/141
nach Biller/Lampeitl

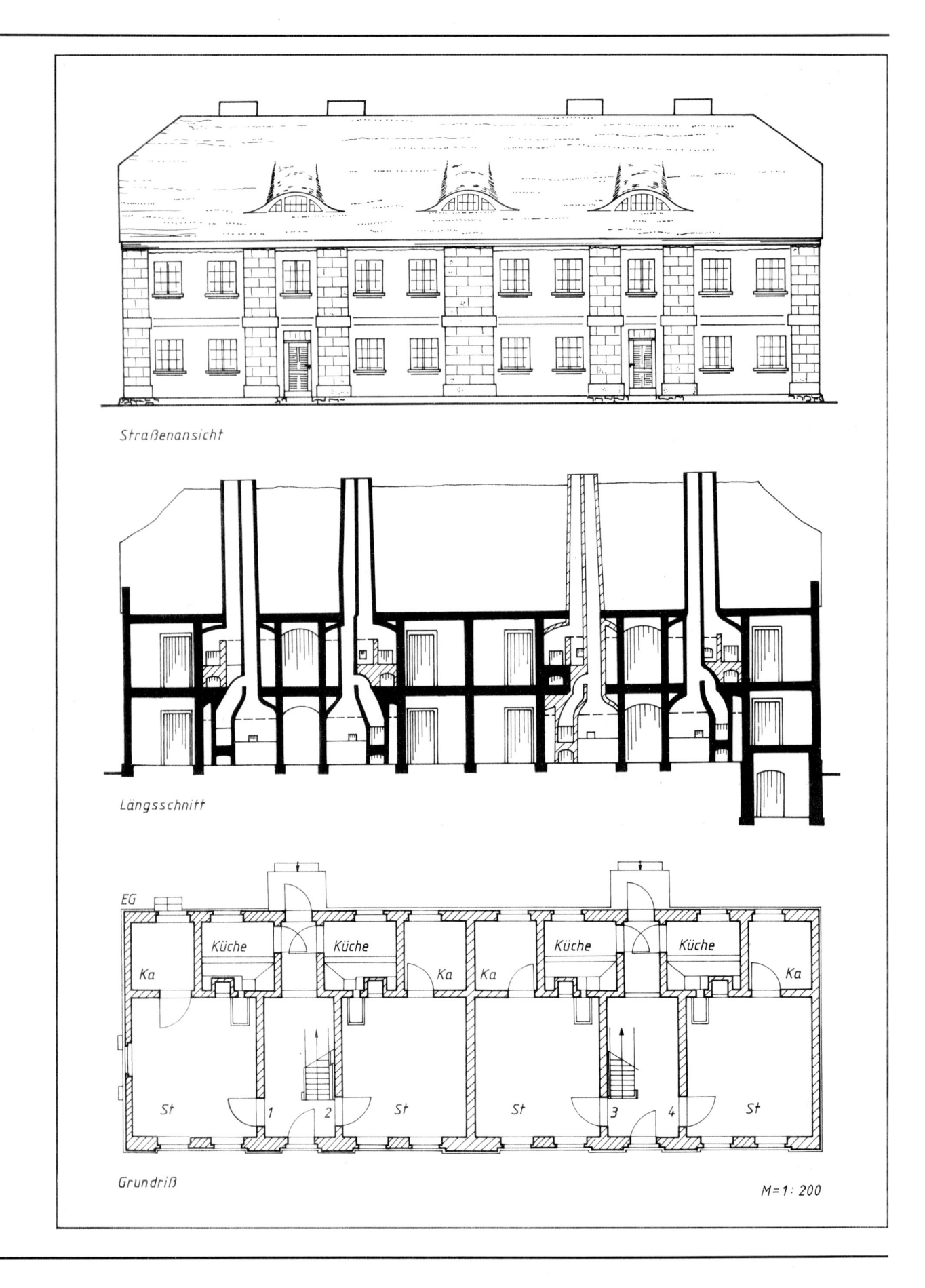

Straßenansicht

Längsschnitt

Grundriß M=1:200

wie überhaupt die Einrichtung aller Feuerungsanlagen – trotz der Beibehaltung der traditionellen Elemente wie Wandkamin im Zimmer und Ofenheizung von der Küche aus – die Hand eines überdurchschnittlich versierten Baumeisters erkennen läßt (Abb. 521b). Es verwundert daher schon nicht mehr, daß auch die straßenseitige Fassade, durch unterschiedlich breite, mit Putzquaderung versehene Lisenen geschickt gegliedert, direkt auf Gillysche Leitbilder verweist (Abb. 521a).

So eindrucksvoll dieses Einzelgebäude auch sein mag, die Attraktivität, die die kleine Kolonie schnell errang, lag weniger in diesem noch so beeindruckenden Arbeiterhaus, sondern in der reizvollen Umgebung. Trinius schrieb 1889: „Von Schloß und Park Tegel ... führt uns nun die Landstraße in einer Viertelstunde durch stämmigen Hochwald nach Schulzendorf. Ein paar Gehöfte zur Linken mit anschließenden Korn- und Kartoffelfeldern bilden die kleine Kolonie, deren Namen seit vielen Jahrzehnten einen guten Klang für die Berliner aller Stände besitzt. Nicht ganz um ihrer selbst willen, wohl aber der reizenden Waldpartien ringsum, die mit ihrem Reichtum an Erd- und Blaubeeren, dem lieblichen Wechsel von Thälern und Höhen, Schluchten und grünen Halden für ungezählte Hunderttausende eine Quelle herzlichster Freude, liederreichen Genusses von jeher war ..." [103]. Insbesondere aber reizten die „ihrer schönen Lage im Walde wegen sehr frequentierten Restaurants" [16]. Schon 1820 hatte sich zum alten Krug eine weitere Gaststätte hinzugesellt, der Ende des 19. Jh. noch eine folgte (Abb. 552a und b). Die unmittelbar am Ort vorbeiführende, Mitte des 19. Jh. gepflasterte Chaussee nach Hamburg und der 1891/93 eingerichtete Haltepunkt an der Kremmener Bahn, die unweit des Dorfes vorbeiführte, beflügelten die Beliebtheit dieses Ausflugsgebietes, ohne daß es jedoch zu einer wesentlichen Ausweitung von Schulzendorf kam. 1908 heißt es dazu: „Einer Entwicklung der Kolonie steht vor allem der Umstand entgegen, daß fast das ganze Areal des Gutsbezirkes dem Fiskus gehört und daß bei diesem die Tendenz vorwaltet, auch die wenigen noch ansässigen Ansiedler auszukaufen, um den fiskalischen Besitz abzurunden" [16].

Abb. 522 a–b
a) Ausflugsgaststätte, um 1880, Ruppiner Chaussee 145/147
b) Kegelbahn einer Ausflugsgaststätte, um 1890, Ruppiner Chaussee 143

Siemensstadt, siehe Spandau

Spandau, Verwaltungsbezirk Spandau

Die bereits 1197 genannte und 1232 mit dem Stadtrecht ausgestattete Siedlung Spandau gehört nicht in die Reihe der Berliner Dörfer oder Landgemeinden, wird also in diesem Rahmen auch nicht behandelt. Da die ehemals zum Kreis Osthavelland gehörende und 1887 zum selbständigen Stadtkreis erhobene Stadt aber – im Unterschied zu Berlin – mehrere ländliche Bezirke vor 1920 eingemeindete, werden diese kurz vorgestellt.

Als erstes wurde im Jahre 1872 der bis dahin eigenständige Gutsbezirk *Etablissement bei Spandau* – mit Ausnahme des Salzhofs – inkorporiert. Kernstück war der *Klosterhof*, der seit der Säkularisation des Benediktinerinnenklosters zum Amt Spandau gehörte. Auch nach dem Abbruch der Klostergebäude 1626 blieb das Vorwerk erhalten, das seit dem 18. Jh. auch das Amt beherbergte und stets nur einige wenige Wohn- und Wirtschaftsgebäude aufwies (1800: 90, 1817: 22, 1840: 40 und 1858: 42 Einwohner). Weiterhin gehörte zum Gutsbezirk die Kolonie *Klosterfelde*. Diese hatte sich im Anschluß an ein erstmals 1833 nachgewiesenes Etablissement *Brandwerder* entwickelt und bestand 1860 schon aus 12 Wohn- und 33 Wirtschaftsgebäuden, darunter 3 Getreidemühlen (1858: 135 Einwohner). Schließlich ist die *Klostermühle* zu nennen, die als Getreide-Wassermühle zwar innerhalb der Stadt lag, aber dennoch zum Amt gehörte (1858: 6 Einwohner). Bis 1872 gehörten ferner zu diesem Gutsbezirk eine Kalkbrennerei, der Salzhof und das Gehöft Valentinswerder.

1875 erfolgte die Eingliederung der Landgemeinde *Damm*, die – zwischen Stadt und Festung gelegen – stets dem Schloß oder dem Amt Spandau unterstand. 1409 erstmals urkundlich erwähnt, stellte es sich in der Folgezeit stets als Fischerdorf dar, das niemals Ackerland besaß. Seit dem Ende des 17. Jh. werden 6, später auch 7 Hauswirte genannt, darunter ab 1745 ein Krüger. Bis 1840 gesellten sich zwar 2 Wassermühlen hinzu, doch konnte sich bei der räumlichen Enge die Bevölkerungszahl nicht allzusehr vergrößern (1800: 69, 1817: 84, 1840: 89 und 1859: 120 Einwohner).

Im Jahre 1910 schließlich erfolgte die Eingemeindung der Gutsbezirke *Haselhorst* (siehe dort) und *Spandau-Land*, dessen wichtigste Etablissements Eiswerder, Salzhof und Valentinswerder darstellten, die 1858 insgesamt von immerhin 222 Personen bewohnt wurden.

Obwohl niemals den Rang eines selbständigen ländlichen Bezirkes erreichend, muß doch auf 2 jüngere, zu Spandau gehörende Siedlungen hingewiesen werden: *Hakenfelde* und *Siemensstadt*. Hakenfelde entstand aus einer Meierei, die der Hofrat Haacke schon vor 1774 nördlich Spandaus angelegt hatte. Seit der Mitte des 19. Jh. entwickelte sich daraus ein kleines Gut mit mehreren Wohn- und Wirtschaftsgebäuden, auch einem Gasthaus (1817: 28, 1840: 26 und 1858: 74 Einwohner), doch weitete sich dieser Ortsteil erst stärker aus, nachdem sich zwischen 1908 und 1910 das 1858 von J. H. Wichern in Berlin begründete evangelische Johannesstift hier niedergelassen hatte. *Siemensstadt* ist seit 1914 die offizielle Bezeichnung für einen Spandauer Stadtteil, der sich seit 1898/99 zwischen Spree und Schiffahrtskanal herauszubilden begann. 1897 hatte die Firma Siemens 200 Hektar der westlich Charlottenburgs gelegenen Exklave „Nonnenwiesen" gekauft, die dann bis zur Umbenennung nach dem Hauptstraßenzug „Nonnendamm" hieß. Neben den großen Werksanlagen von Siemens entstanden bald auch zahlreiche Häuser mit Betriebswohnungen.

Spandau-Zitadelle, Verwaltungsbezirk Spandau

Der bis 1920 selbständige und zum Kreis Osthavelland gehörende Gutsbezirk Spandau-Zitadelle umfaßte im wesentlichen die Zitadelle und das Etablissement *Plan* mit dazugehörigem Land. Um 1800 waren das Vorwerk mit Schäferei und Gasthof (insgesamt 18 Feuerstellen, 90 Einwohner) noch dominierend, später wurden dann die bereits 1772 gegründete und in den folgenden Jahren ausgebaute Gewehrfabrik Plan und die Pulverfabrik nahe der Zitadelle die beherrschenden Betriebe (1858: 228 Einwohner).

Spandauer Forst, Verwaltungsbezirk Spandau

Der überwiegend aus Wald bestehende große Gutsbezirk Spandauer Forst, der 1860 17 244 Morgen Wald, 175 Morgen Acker, 61 Morgen Wiese und 150 Morgen Forst umfaßte, war bis zum Ende des 19. Jh. nur sehr dünn besiedelt (1772: 7, 1817: 18 und 1840: 7 Einwohner). Die seit 1889 im Entstehen begriffene Villenkolonie *Grunewald* wurde 1898 ausgegliedert (siehe dort). Seit 1903 erhielt der Gutsbezirk den Namen *Grunewald-Forst* (siehe dort).

Spindlersfeld, siehe Köpenick

Staaken
zum Teil Verwaltungsbezirk Spandau, zum Teil Bezirk Potsdam, DDR

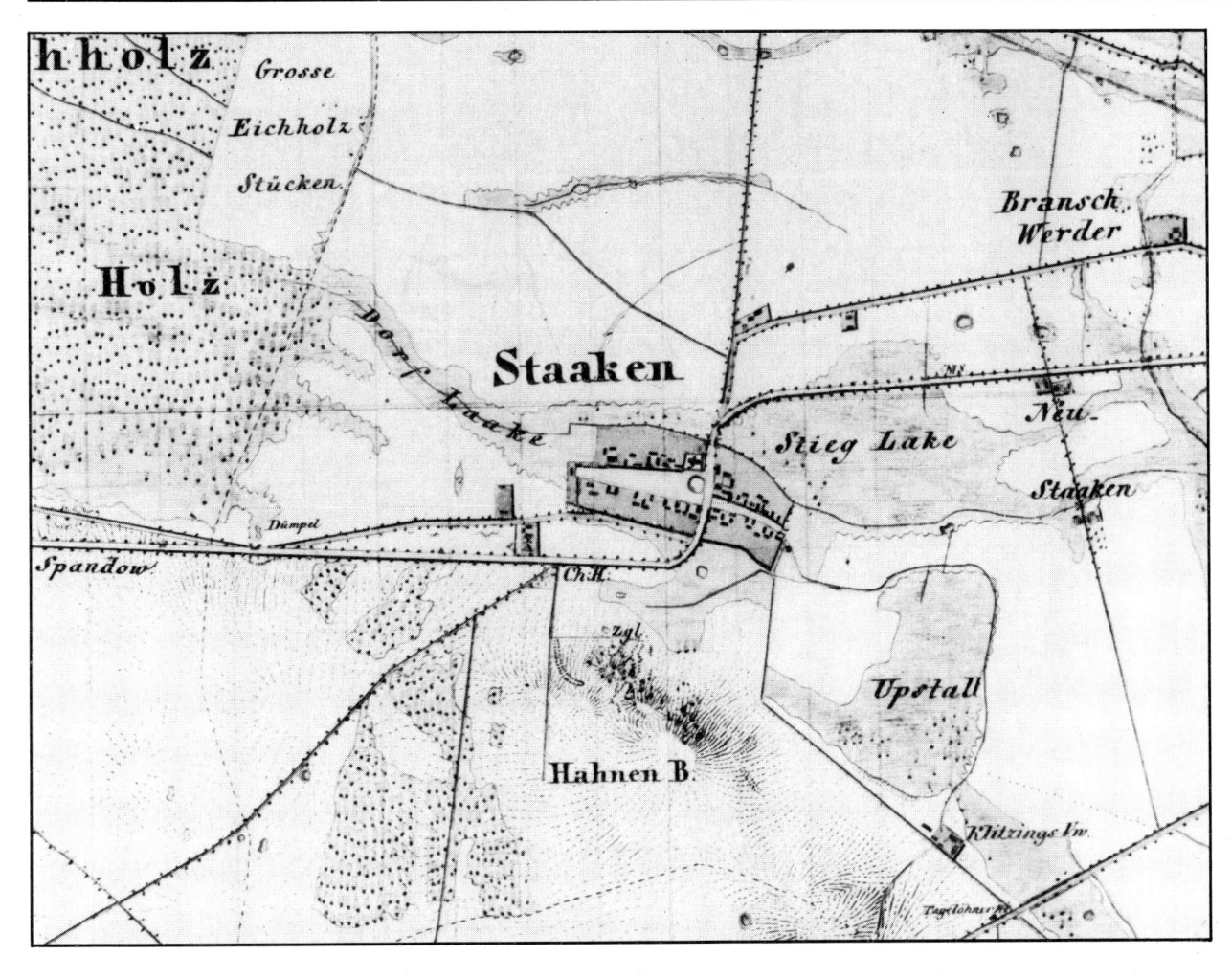

Entwicklung der Einwohnerzahlen von Staaken

Jahr	Einwohner
1800	230
1817	259
1840	341
1858	429
1871	712
1875	865
1880	923
1885	1 033
1890	1 533
1895	1 670
1900	2 061
1905	2 272
1910	2 350
1919	5 537

Abb. 523
Ausschnitt aus dem Ur-Meßtischblatt Nr. 1835 von 1835

Das 1920 aus dem Kreis Osthavelland nach Berlin eingemeindete Dorf Staaken unterstand mindestens seit 1295 größtenteils der Stadt Spandau. Einige Rechte besaßen ferner von 1273 bis 1420 das Kloster Spandau und von 1420 bis zur Reformation das Heiliggeisthospital. Die bereits um 1500 genannten 18 Hüfner und 5 Kossäten existierten auch noch 1624. Damals umfaßte das Dorf 59 Bauern- und 3 Pfarrhufen. Ferner wurden ein Laufschmied, ein Hirt mit einem Hirtenknecht und ein Meier auf dem Pfarrhof genannt. Die Zahl der Bauern- und Kossätenstellen blieb bis zur Mitte des 18. Jh. erhalten, erst dann verringerte sie sich etwas. 1772 gab es z. B. 17 Bauern und 4 Kossäten. Im Zusammenhang mit der Ablösung der Feudallasten und der Separation 1823 entstand aus einem Teil der Ablösungsländereien ein kleines der Stadt Spandau gehörendes Gut, das seitdem verpachtet und zunächst Klitzings Vorwerk, ab 1860 Amalienhof genannt wurde. 1894 bewirtschafteten 12 Großbauern insgesamt 524 Hektar, 3 Mittelbauern insgesamt 27 Hektar und 5 Pächter insgesamt 63 Hektar. Hinzugekommen waren schon vor 1860 eine Getreide- und eine Ölmühle sowie eine Ziegelei und zahlreiche Büdnerstellen.

Einschließlich der um 1840 entstandenen Kolonie

Staaken

Abb. 524
Turm der Dorfkirche
von 1712,
Hauptstraße

Abb. 525
Scheune
zum ehemaligen
Mühlengehöft,
um 1850,
Schulstraße 62 a

Neu-Staaken, die 1858 bereits 31 Einwohner zählte, hatte sich die Einwohnerzahl kontinuierlich vergrößert. Die geringe Entfernung von Spandau und die Anlage der Bahnhöfe Albrechtshof 1896 an der Strecke nach Nauen und Staaken 1898 an der Strecke nach Wustermark förderten die Bebauung mit Wohnhäusern, obwohl die Stadt Charlottenburg bereits einen Teil der Bauernländereien zur Anlage von Rieselfeldern gekauft hatte. Einen weiteren Zuwachs brachte dann die von 1914 bis 1917 für die Arbeiter der Spandauer Rüstungsbetriebe angelegte „Gartenstadt Staaken", so daß kurz vor der Eingemeindung mehr als 5000 Einwohner gezählt werden konnten.

Das große Bauerndorf präsentiert sich 1838 (Abb. 523) im Westteil mit einem keilförmigen Anger, der allerdings nicht bebaut ist, und im östlichen Teil als klares Straßendorf. Beiderseits der Kreuzung liegen bäuerliche Gehöfte, vermischt mit einigen Kossäten- und Büdnerstellen. Schon zu diesem Zeitpunkt existieren einige weitere Siedlungspunkte außerhalb des eigentlichen Dorfkernes. In der südöstlichen Feldmark befindet sich das im Zuge der Separation entstandene Vorwerk. An der Straße nach Spandau hatten sich erste Bewohner der im Entstehen begriffenen Kolonie Neu-Staaken, 1868 mit großem Gasthaus, niedergelassen.

Das eigentliche Zentrum war jedoch der alte Dorfkern geblieben, dessen ältester Bau wohl schon damals die Kirche darstellte. Sie soll nach einem Brand von 1433 in den Jahren 1436/40 entstanden sein. Diesem einfachen Saalbau aus zumeist unbehauenen Feldsteinen fügte man 1712 einen quadratischen, allerdings nicht mittig vorgesetzten Westturm und an der Südwand eine kleine „Leichenhalle" hinzu, vergrößerte die Fenster und verputzte den Gesamtbau (Abb. 524). Der ihn umgebende Friedhof scheint schon frühzeitig, vermutlich im Zusammenhang mit der Verbretterung des Fachwerkobergeschosses vom Turm und der Anlage der Empore im Jahre 1837, mit einer Ziegelsteinmauer versehen worden zu sein, deren oberer Abschluß durch eine als Satteldach gestaltete Reihe von dreieckigen Ziegelsteinen gebildet wird.

Von den für die Wende vom 18. zum 19. Jh. typischen einstöckigen reinen Wohnhäusern der größeren und kleineren Bauern sind 2 in ihrer äußeren Proportion erhalten geblieben, das eine, Hauptstraße 19, inzwischen als Garage umgebaut, das andere, Hauptstraße 26, den heutigen Bedürfnissen angepaßt. Weitgehend im Originalzustand präsentiert sich dagegen das um 1870/80 errichtete, anderthalbstöckige Wohnhaus eines Bauern in der Hauptstraße 35. Es ist bereits vollkommen unterkellert und das Parterregeschoß straßenseitig nur über eine Freitreppe zugänglich. Ein repräsentativer erhöher Mittelrisalit und die Schmuckelemente der Straßenfront, wie die Fensterbekrönungen, reihen das siebenachsige Gebäude in die Reihe der nicht mehr allzu zahlreichen unveränderten Bauernhäuser des Spätklassizismus ein.

Zwar existieren auch noch einige aus Ziegelsteinen errichtete Wirtschaftsgebäude aus der zweiten Hälfte des 19. Jh., doch ragt unter diesen die offenbar erst um 1850/60 aufgestellte Lehmfachwerkscheune heraus, die zum ehemaligen Windmühlengehöft am Ostrand des Dorfes gehörte. Sie weist zwar bereits relativ dünne Hölzer auf, ist aber noch ganz in der Tradition des späten 18. und frühen 19. Jh. konstruiert, also zweimal verriegelt, mit durchlaufenden Streben zwischen Rähm und Schwelle versehen und mit einem Kehlbalkensparrendach ausgestattet, das durch einen doppelt stehenden Stuhl gestützt wird und offenbar von vornherein mit Ziegeln gedeckt war (Abb. 525).

Unmittelbar im Einzugsbereich der Stadt Spandau gelegen, verstärkte sich Ende des 19. Jh. die Besiedlung mit nicht in der Landwirtschaft beschäftigter Bevölkerung. Während im westlichen Teil der Gemarkung ein Großteil des Bauernlandes in Rieselfelder der Stadt Charlottenburg umgewandelt wurde, entstanden erste Mietshäuser vornehmlich auf dem östlichen Teil der Flur, zwischen dem Amalienhof und Spandau sowie zwischen Neu-Staaken und der Stadt. Die unmittelbare Umgebung des Dorfkernes blieb vorerst nahezu unberührt. Dennoch errichtete man hier Ende des 19. Jh. eine neue zweistöckige Schule aus Ziegelsteinen, die schon wenig später einen Anbau erhielt (Abb. 526). Sie demonstriert die Entwicklung von dem ersten, einklassigen und direkt in der Dorfstraße gelegenen Schulbau, den der Zimmermann N. Enders im Jahre 1681 in einer Größe von 7 Gebinden und mit einem Schornstein „für 24 Taler, eine Tonne Bier und eine Tonne Speisebier" errichtet hatte [52], bis zur beinahe kleinstädtisch anmutenden mehrklassigen Anlage, die aber weiterhin mit einer Lehrerwohnung gekoppelt war.

Das bestimmende Gebäude des bereits erwähnten, etwas abseits gelegenen Gutes Amalienhof war das um 1870 errichtete, zweistöckige Herrenhaus, dessen siebenachsiger Mitteltrakt von 2 zweiachsigen, nur wenig vorspringenden Seitenflügeln flankiert und mit dezentem spätklassizistischem Zierat versehen wurde. Es diente schon Ende des 19. Jh. einer Stiftung als Altersheim und war vom eigentlichen Gut getrennt, in dessen Nähe der damalige Besitzer ab 1875 2 Ziegeleien hatte errichten lassen. Von ihm stammen auch die 15 Zweifamilienhäuser, die in unmittelbarer Umgebung als eine Art Werksiedlung entstanden.

Die bedeutendste Siedlung, die noch vor der Einge-

Abb. 526
Gemeindeschule, um 1895, Schulstraße

Abb. 527
Gartenstadtsiedlung, 1914/17, Heidbergplan 14/16

Staaken

Abb. 528
Gartenstadtsiedlung,
1914/17,
Blick in die Straße
Am langen Weg

meindung angelegt wurde, war jedoch die „Gartenstadt Staaken". Sie sollte in erster Linie zur Seßhaftmachung der zahlreichen, in der Spandauer Rüstungsindustrie, speziell den „Königlichen Werkstätten", beschäftigten Arbeitskräfte dienen. In den nur wenigen Jahren von 1914 bis 1917 wurde ein von P. Schmitthenner entworfenes Ensemble von Bauten errichtet, das 1917 bereits 804 Wohnungen in 298 Ein- und 146 Mehrfamilienhäusern umfaßte. Um einen zentralen Platz (Abb. 527) gruppierten sich mehrere, leicht gekrümmte und mit kleinen Plätzen durchsetzte Straßen, in denen die eingeschossigen Reihenhäuser oder die in lockerer Folge plazierten zweistöckigen Vierfamilienhäuser stehen. Stets mit einem kleinen Garten gekoppelt, entstand eine in bewußter Abkehr vom Mietskasernenbau und in Anknüpfung an die ältere märkische Bauweise gestaltete Siedlung, die neben Hellerau bei Dresden und der „Tuschkastensiedlung" in Altglienicke zu den bedeutendsten Gartenstadtanlagen vor 1920 gehört (Abb. 528).

Noch während des ersten Weltkrieges, im Jahre 1915, erwarb die „Luftschiffbau Zeppelin GmbH" ein größeres Terrain der Staakener Feldmark und legte auf dem damals teilweise noch sumpfigen Gebiet u. a. 2 riesige, über 250 Meter lange und 40 Meter hohe Fertigungshallen sowie etliche Büro- und Werkstatträume, aber auch eine Gasanstalt und eine Landefläche an. Staaken war binnen weniger Jahrzehnte von einem stillen Bauerndorf, in dem sich wochenlang kein Fremder sehen ließ, zu einem wichtigen Wohnvorort für die Stadt Spandau und zu einem, zunächst vorrangig militärisch genutzten Standort der Luftfahrt geworden.

Steglitz
Verwaltungsbezirk Steglitz

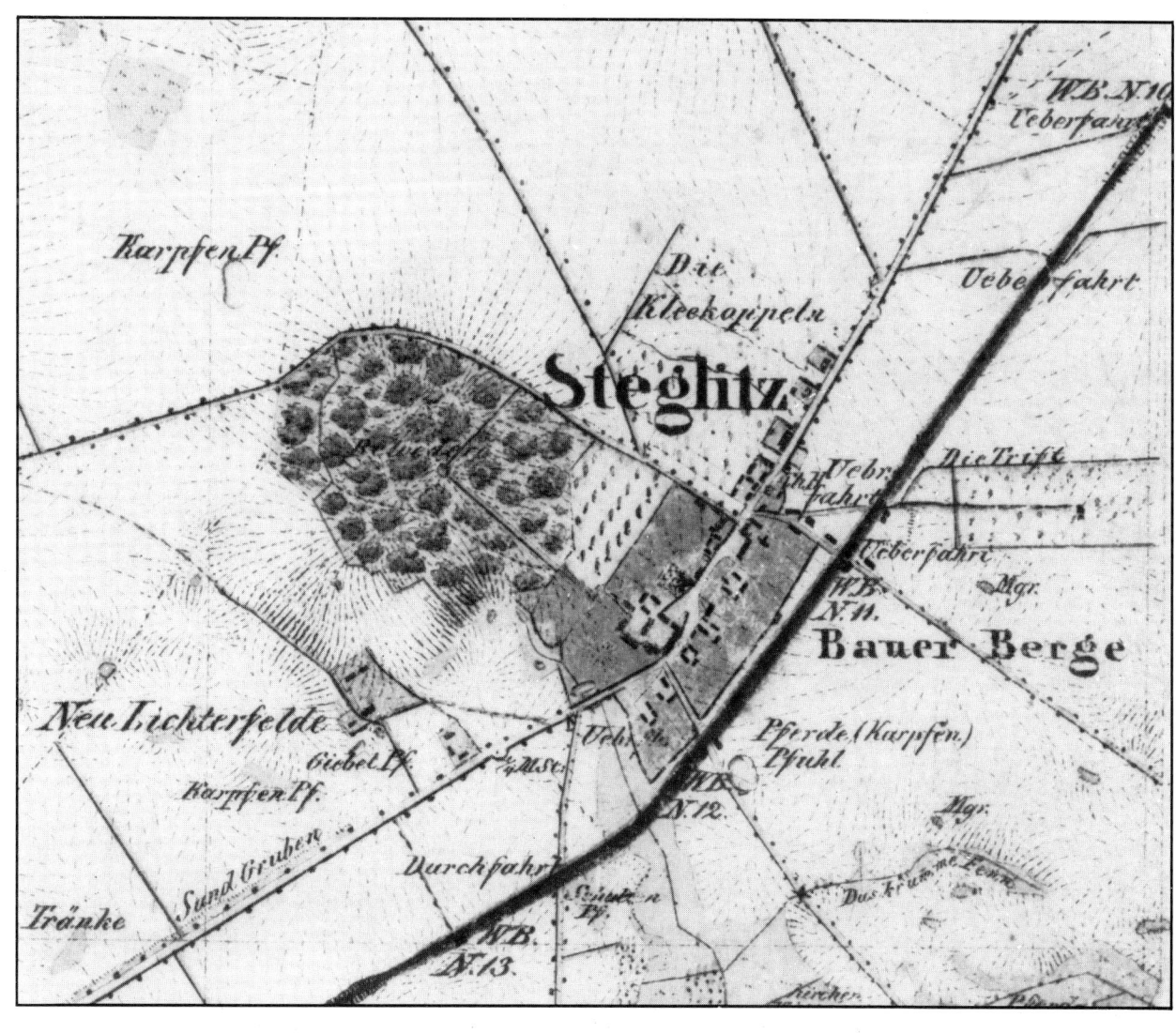

Abb. 529
Ausschnitt aus dem
Ur-Meßtischblatt
Nr. 1907 von 1836

Entwicklung
der Einwohnerzahlen
von Steglitz

Jahr	Einwohner
1734	91
1772	84
1801	137
1817	128
1840	201
1858	716
1871	1 899
1875	5 467
1880	6 476
1885	8 501
1890	12 530
1895	16 528
1900	21 425
1905	32 825
1910	62 954
1919	83 366

Da Lichtenberg, Neukölln, Schöneberg und Wilmersdorf bereits Stadtrecht erhalten hatten, war Steglitz kurz vor der Eingemeindung die größte Landgemeinde Preußens. Sie kam mit mehr als 80 000 Einwohnern aus dem Kreis Teltow nach Berlin. Das erstmals 1375 genannte Dorf besaßen bis 1478 die Herren v. Torgow (zu Zossen) als markgräfliches Lehen. Es folgte kurzzeitig der Cöllner Patrizier Schaum, der schon vorher – wie auch die Familien Paris, v. Thümen und v. Beeren – kleinere Anteile besessen hatte. Anfang des 16. Jh. gelangte der Ort an die Familie v. Spiel, die hier bereits 1517 einen Wohnsitz hatte und über einen Hof mit 10 freien Hufen verfügte. Bis 1713 blieben Dorf und Gut im Besitz dieser Adelsfamilie. Erst dann folgten andere, wie v. Kameke und v. Carmer, bis es 1801 K. F. v. Beyme erwarb, dessen Tochter es schließlich 1841 an den Domänenfiskus verkaufte. Seitdem unterstand das Dorf dem Amt Mühlenhof, dem bereits im 18. Jh. einige Dienste gehörten.

Seit dem Jahre 1450 sind 43 Hufen nachgewiesen. 1624 wurden vom Gut 10 und von 5 Vollbauern 29 Hufen genutzt. Eine Stelle mit 4 Hufen lag „wüst". Ferner nennt die Quelle 3 Kossäten und einen Hirten mit Knecht. Nach dem Dreißigjährigen Krieg existierten zunächst (1652) nur 3 Bauern, darunter der Schulze, 1688 dann wieder 5 Hüfner. Eine Hufe nutzte zu diesem Zeitpunkt ein Kossät, 5 weitere die Familie v. Spiel. Bis zum Ende des 18. Jh. blieben diese 5 Bauernstellen erhalten. Es kamen allerdings ein Krug (erstmals 1450 und dann erst 1745 wieder genannt), schon vor 1771 eine Schmiede und nach 1770 mehrere Kolonisten hinzu, so daß die Einwohnerzahl etwas anstieg. Nach einem offenbar kriegsbedingten Rückgang wuchs der Ort jedoch bald wieder und vergrößerte sich vor allem nach der Parzellierung des etwa 900 Morgen großen Rittergutes im Jahre 1848.

Die auf diesem Gelände entstandene und bis 1870 selbständige Kolonie *Neu-Steglitz* mit dem Vorwerk „Birkbusch" war zwar anfangs weitgehend auf Landwirtschaft orientiert, doch kamen bald auch etliche Handwerker und Gewerbetreibende hinzu. 1860 existierten z. B. eine kleine Wattefabrik und eine Getreidemühle. Auch im Bauerndorf hatten sich Gewerbe und kleine Industriebetriebe niedergelassen, so um 1850 eine „Seidenhaspelanstalt", die spätere Seidenspinnerei von J. A. Heese. Wesentliche Impulse verdankte die Ortschaft ferner der Tatsache, daß die Berlin-Potsdamer Landstraße – Preußens erste Chaussee – direkt durch Steglitz führte und sowohl die Berlin-Potsdamer als auch die Berlin-Anhalter Bahn seit 1838 bzw. 1841 die Feldmark durchschnitt. Bereits 1869 wurde ein Haltepunkt, 1873 das Stationsgebäude eingerichtet.

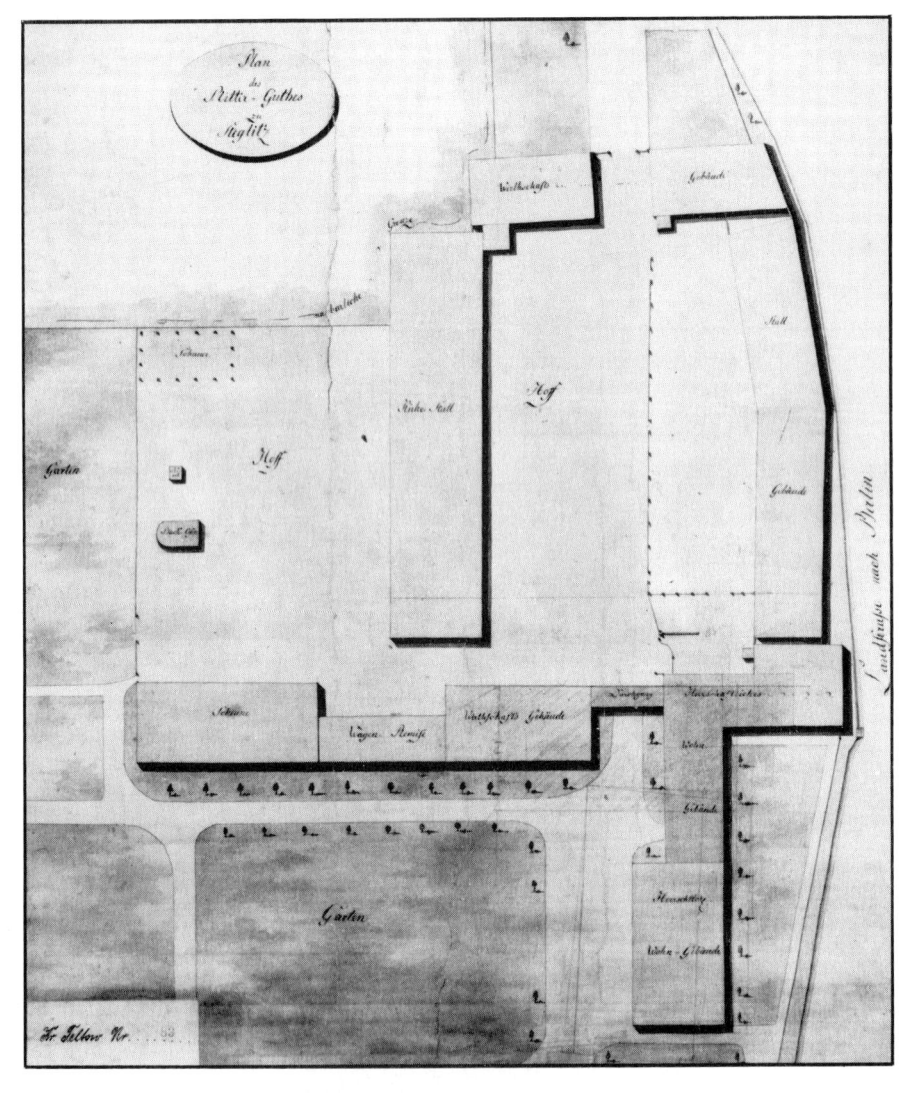

Abb. 530
Lageplan des Rittergutes, 1780

Abb. 531
Gartenseitige Ansicht des Schlosses von 1804.
Aufnahme von F. A. Schwartz, 1887

Demzufolge vergrößerte sich die Zahl der hier ansässigen Bevölkerung bis 1858 schnell auf 716, davon 317 in der Kolonie.

Als der Domänenfiskus 1872 daranging, auch noch die restlichen 33 Hektar des Schloßparks zu versteigern und die Parzellen mit Villen bebaut wurden (Kolonie am Fichtenberg), gewann der Ort weitere Attraktivität als Wohnsitz für höhere Beamte, Pensionäre, Künstler und Wissenschaftler. Andererseits entstanden im nördlichen und östlichen Teil der Gemarkung zahlreiche große Mietshäuser, so daß Steglitz zu Beginn des 20. Jh. „zu den bekanntesten und ausgebautesten Vororten Berlins" gerechnet wurde, obwohl die Landwirtschaft bis zum Ende des 19. Jh. durchaus noch eine Rolle spielte. So gab es z. B. im Januar 1883 neben 165 Pferden immerhin 77 Rinder, 148 Schweine und 302 Ziegen.

Das sowohl von der Größe als auch vom Standort beherrschende bauliche Ensemble bildete bis zur Mitte des 19. Jh. der Gutshof, der am südlichen Ortsausgang des Straßendorfes lag und dessen Linienführung dadurch deformierte (siehe Abb. 529). Der von Berlin kommende Weg führte nämlich direkt auf das von 2 Wirtschaftsgebäuden flankierte Eingangsportal des Gutshofes, während die öffentliche Dorfstraße seitlich um das Gut herumgeführt werden mußte. Dieser Gutshof bestand 1780 aus einem vierseitig umbauten Hauptwirtschaftshof, an dessen Rückseite ein L-förmiges „herrschaftliches Wohn-Gebäude" lag, dem sich ein weiteres in der südlichen Verlängerung anschloß (Abb. 530). Ein weiterer, kleinerer Wirtschaftshof, dessen Scheune diesen Bereich vom südlich gelegenen parkartigen Garten abschirmte, nahm einen großen Backofen und ein kleineres Aborthäuschen auf.

Dieser Gesamtkomplex war auch noch 1838 vorhanden, lediglich an die Stelle der beiden älteren Wohnhäuser kam ein neues Gutshaus, das sich im Jahre 1804 der Kabinettsrat K. F. v. Beyme hatte errichten lassen. Während die älteren, 1838 alle als Massivbauten gekennzeichneten Gebäude nach der Auflösung des Gutsbetriebes 1848 nach und nach abgebrochen wurden, ist das Schloß erhalten geblieben. H. Gentz baute es nach Entwürfen D. Gillys als zweigeschossigen Massivbau mit Vollwalmdach. Als Schmuckelemente treten neben einem, beide Etagen voneinander absetzenden mäanderartigen Fries lediglich an beiden Traufseiten dreiachsige Mittelrisalite auf. Der gartenseitige (Abb. 531) wird durch einen säulengestützten Vorbau vor einem großen Halbkreisfenster geprägt. Unter dem flachen Zwerchgiebel befindet sich eine Dreiergruppe von Rundbogenfenstern, die dem im Dachgeschoß ausgebauten Raum Licht bringen.

Ansonsten hat die nach 1871 im großen Stile einsetzende Entwicklung zu einem großstädtischen

Abb. 532 Dorfkirche. Tuschzeichnung von H. Wohler, 1834

Abb. 533 Villa im Heimatstil, um 1910, Lepsiusstraße 94

Abb. 534
Rathaus,
1896/97,
Schloßstraße 36/37

Abb. 535 Zweistöckiges Wohnhaus mit Mietwohnungen, um 1870, Deitmeierstraße 1

Abb. 536 Zweistöckiges Mietshaus, um 1890, Ahornstraße 15

Vorort keinerlei bauliche Zeugnisse der dörflichen Vergangenheit überleben lassen. Selbst die Dorfkirche, ein zwar kleiner, aber aus Feldsteinen errichteter Saalbau (Abb. 532) mußte 1881 weichen, nachdem bereits zuvor, 1854, der um 1730 aufgesetzte Fachwerkdachturm abgebrochen worden war. Die von E. Gette entworfene und in den Jahren von 1876/80 in ihrer unmittelbaren Umgebung erbaute große neogotische Matthäuskirche mit dem hohen, ebenfalls aus Ziegeln errichteten achteckigen spitzen Turm blieb jedoch nicht lange das einzige neue Wahrzeichen der Gemeinde. Schon 1896/97 kam ein noch aufwendigerer, der märkischen Backsteingotik nachempfundener Bau hinzu: das neue Rathaus. Beide Bauten veranschaulichen deutlich den gerade in diesen Jahren vollzogenen Verstädterungsprozeß (Abb. 534).

Dabei hatte sich die Besiedlung des gar nicht so ganz stadtnahen Dorfes zunächst recht langsam angelassen. So war nach der Versteigerung des 1848 nicht parzellierten Gutsparks im Jahre 1872 auf dem Fichtenberg sogar eine Kolonie mit Villen entstanden, von denen einige in ihrer spätklassizisti-

Abb. 537
Vierstöckiges
Luxusmietshaus,
um 1890,
Wrangelstraße 10

schen Gestaltung, z. B. Schmidt-Ott-Straße 21, noch existieren, denen sich bis 1920 zahlreiche weitere hinzugesellten (Abb. 533). Die eigentliche Verdichtung erfolgte jedoch im mittleren und nördlichen Bereich der Gemarkung, wo seit 1880/90 eine Vielzahl anfangs nur zweistöckiger, bald aber zumeist vier- und fünfstöckiger großer Mietshäuser in geschlossener Bauweise entstand (Abb. 535–538), deren Vorderhäuser teilweise überdurchschnittlich schmuckvolle Fassaden aufwiesen (Abb. 537).

Obwohl Steglitz bis 1920 den Rang einer Landgemeinde bewahrte, könnte gerade an diesem Beispiel die rapide Verstädterung seit den letzten Jahrzehnten des 19. Jh. exemplifiziert werden, was in diesem Rahmen aber nicht möglich ist. Es wäre als Indiz für diese Entwicklung etwa auf das 1873 errichtete Stationsgebäude, das 1889/91 zum Vorortbahnhof ausgebaut wurde, auf den 1886 eingeweihten Wasserturm, auf die verschiedenen Postämter, unter denen das in der Ecke Bergstraße/Heesestraße, erbaut 1909, herausragt, aber auch auf die Pflasterung der Straßen und die Erschließung des Ortes durch Pferdebahnen und -busse zu verweisen, doch seien lediglich 2 Schulgebäude ausgewählt. Das erste verdient Beachtung, weil es das erste Vollgymnasium in einer Landgemeinde vor den Toren Berlins war.

Es entstand wie so oft als Privatschule (um 1886), wurde dann aber bald eine kommunale Einrichtung und erhielt im Jahre 1890 ein eigens für diesen Zweck errichtetes dreistöckiges Backsteinhaus. Welche Landgemeinde und selbst welche der zahlreichen kleineren Städte im Umkreis von Berlin konnte schon eine derartige höhere Lehranstalt aufweisen (Abb. 539)?

Das zweite Beispiel wurde ausgewählt, weil es sich um eine Einrichtung handelt, die nicht allein, ja nicht einmal vorrangig aus Steglitzer Gemeindeinteressen entstand. Es handelt sich um die 1876 errichtete große Blindenschule, die aufgrund einer privaten Stiftung gebaut werden konnte. Die in den Folgejahren durch eine hölzerne Turnhalle, verschiedene Ökonomie- und andere Gebäude erweiterte Anlage erlitt während des zweiten Weltkrieges zwar erhebliche Schäden, doch beherrscht das dreistöckige Backsteingebäude mit seinen Stichbogen- und Rundbogenfenstern, den verschiedentlich vorgeblendeten Terrakottaformsteinen und dem prächtigen Konsolgesims trotz seines etwas in den Garten zurückversetzten Standortes noch immer diesen zumeist mit Mietvillen bebauten Straßenzug (Abb. 540).

Abb. 539 Gymnasium, 1890, Heesestraße 15

Abb. 540 Blindenschule, 1876, Rothenburgerstraße 14

Abb. 538 Vierstöckige Mietshäuser, um 1895/1900, Ahornstraße 28/29

Steinbinde, siehe Grünau-Dahmer-Forst

Steinstücken, siehe Stolpe

Stolpe
Verwaltungsbezirk Zehlendorf

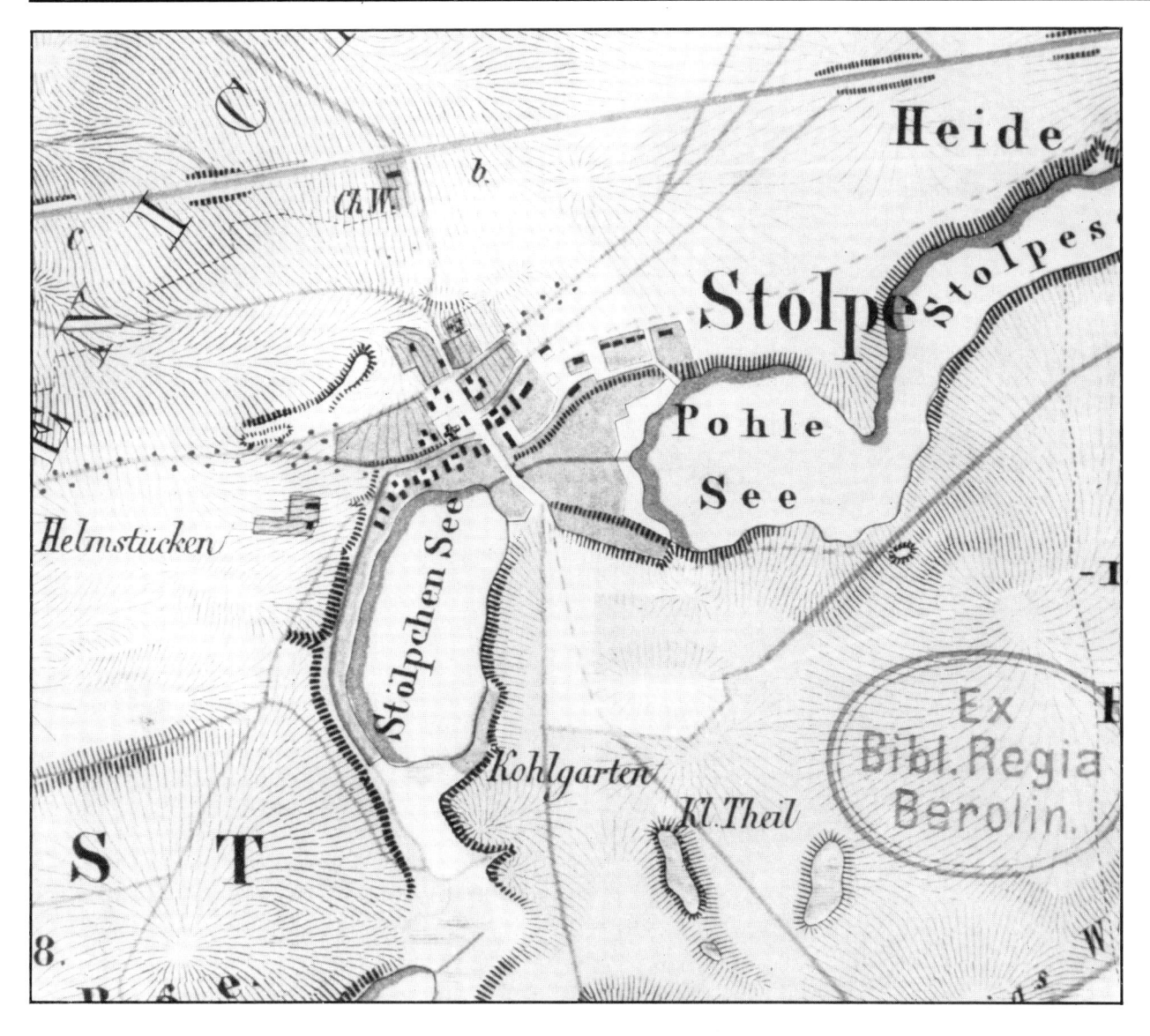

Entwicklung der Einwohnerzahlen von Stolpe

Jahr	Einwohner
1734	92
1772	112
1801	139
1817	111
1840	393
1858	407*
1871	626
1875	776
1880	760
1885	939
1890	1 263
1895	1 717

* einschließlich Nikolskoe und Steinstücken

Abb. 541 Ausschnitt aus dem „Plan von Potsdam nebst Umgegend", 1848

Im Jahre 1299 wurde das Dorf Stolpe („Slauicum Stolp") zusammen mit der Stadt Teltow und 6 anderen Dörfern vom Markgrafen Otto IV. dem Bischof von Brandenburg übereignet, dem es bis zur Reformation unterstand. Mit der Säkularisation gelangte es wieder in die Hand der Landesherrschaft. Seitdem gehörte das Dorf teils zum Amt Ziesar, teils zum Amt Potsdam, seit dem Ende des 17. Jh. ausschließlich zum Amt Potsdam. 1375 wurden lediglich 16, 1450 aber 25 und 1576 sogar 40 Hufen genannt, die sich allerdings auf 3 Feldmarken verteilten, d. h., 15 Hufen gehörten zur Wüstung Wendisch-Stahnsdorf, 9 zur Wüstung Neuendorf und nur 16 zu Stolpe. Anstelle der 1589 und 1624 erwähnten 9 Hüfner und 2 Kossäten wirtschafteten im Jahre 1700 nur 4 Kossäten. Zu diesem Zeitpunkt

Abb. 542 Dorfschule, um 1830/40, Wilhelmsplatz 1a, mit Vierungsturm der Dorfkirche im Hintergrund

Abb. 543 Stall eines Vollbauernhofes, um 1880, Glienicker Straße 1

war bereits ein großer Teil des Ackers wieder mit hohen Fichten bewachsen. Auch lagen 7 der 11 bearbeiteten Flurstücke „wüst". Hinzugekommen waren indes eine Schäferei und 2 Ziegelscheunen.
Mitte des 18. Jh. bestanden dann wieder 10 Bauern- und Kossätenstellen, darunter ein Krug, denen sich bis 1770 weitere 8 Büdnerstellen hinzugesellten. Aus der Schäferei hatte sich offenbar ein kleines Amtsvorwerk entwickelt, das 1801 zusammen mit dem Krug *Friedrichwilhelmsbrück* genannt wird. Dieses „Neue Gasthaus" war 1793 am Südende des Wannsees angelegt worden, und zwar als Entschädigung für den Gastwirt Stimmig zu Stolpe, dessen Krug durch die Verlegung der Chaussee Berlin–Potsdam vom Wege abgekommen war. Durch die Ansiedlung weiterer Büdner und Einlieger stieg die Einwohnerzahl etwas an. Zwar verringerte sie sich – offenbar infolge der napoleonischen Besetzung und der Befreiungskriege – zunächst wieder, doch erfolgte dann, verstärkt durch die zeitweise Zuordnung der Pfaueninsel (bis 1868), ein erneuter Anstieg. Einschließlich der 1860 immerhin aus 7 Wohn- und 6 Wirtschaftsgebäuden bestehenden Kolonie neben der Ziegelei am Wannsee konnten 1858 bereits 330 Einwohner, davon 59 in der Kolonie, gezählt werden.

Weitere Impulse verschafften dem Ort die 1863 vom Berliner Bankier W. Conrad für das Berliner Großbürgertum gegründete und seit 1864 *Alsen* genannte Villenkolonie, in der 1890 bereits 189 Einwohner lebten, ferner die 1874 erfolgte Anlage einer Eisenbahnhaltestelle und der Ausbau der seit 1858 zu Stolpe gehörenden Kolonie *Kohlhasenbrück*, ehemals ein Teerofen, mindestens seit 1743 Vorwerk des Amtes Potsdam, dazu ein Krug, bald darauf eine kleine Büdnerkolonie, 1840 mit 29 Einwohnern in 5 Wohnhäusern.

Unter Einbeziehung des ebenfalls zu Stolpe gehörenden Etablissements *Nikolskoe*, wo man 1819 ein Blockhaus und 1834/37 die Kirche Peter und Paul errichtete und 1858 23 Einwohner lebten, sowie der 1817 angelegten Kolonie *Steinstücken*, 1860 aus 5 Wohn- und 8 Wirtschaftsgebäuden bestehend, nahe der gleichnamigen, aber nicht zu Stolpe gehörenden Försterei, vergrößerte sich der Ort kontinuierlich. Mit der 1898 erfolgten Einverleibung der zuvor zum Gutsbezirk Düppel gehörenden Villenkolonie Wannsee, des Bahnhofs und weiterer Villen am Wannsee wurde der Ort umbenannt und 1920 als Landgemeinde *Wannsee* (siehe dort) aus dem Kreis Teltow nach Berlin eingemeindet.

„Der Name Stolpe ist in Wannsee umgewandelt, Erlaß vom 12. Oktober 1898", heißt es lakonisch in A. Hannemanns Darstellung über die Geschichte des Kreises Teltow [39]. Und in der Tat verschwand der jahrhundertealte Ortsname seitdem, fand nicht einmal als Ortsteilbezeichnung weitere Verwendung. Dennoch muß die Keimzelle der späteren, allerdings viel größeren Landgemeinde Wannsee, das Dorf Stolpe, in diesem Zusammenhang kurz behandelt werden. Immerhin existierten bis zur Eingemeindung und z. T. noch bis heute einige beachtenswerte Zeugnisse aus der einstigen dörflichen Vergangenheit. Als erstes ist auf die Anlage der Siedlung zu verweisen, die sich auf den ältesten Karten des ausgehenden 17. und des 18. Jh. als Rundplatz- oder Sackgassendorf darstellt und auch noch 1848 (Abb. 541) diese Form erkennen läßt, wenngleich sich bereits weitere Straßenzüge auszuprägen beginnen.

Das bestimmende Bauwerk an dem nur locker bebauten kleinen Platz bildete schon damals die Kirche. Sie war ein Fachwerkbau, der jedoch schon wenige Jahre später, im Jahre 1854, wegen Einsturzgefahr abgebrochen werden mußte. 1858/59 entstand nach einem Entwurf von A. Stüler ein neoromanischer Neubau aus gelben Ziegeln. Der mächtige Vierungsturm überragte seitdem alle älteren und auch die später hinzugekommenen Häuser, wie die in jüngster Zeit geschickt rekonstruierte einklassige Dorfschule (Abb. 542), die die Verhältnisse aus der ersten Hälfte des 19. Jh. veranschaulicht.

Unterhalb der Kirche, am Nordufer des Stölpchensees, lagen die meisten Grundstücke, neben mehreren bäuerlichen Gehöften zahlreiche Kossäten- und Büdnerstellen, deren Wohnhäuser um die Mitte des 19. Jh. noch fast ausschließlich mit dem Giebel zur Straße standen. Die auch in diesem Dorf seitdem häufig vollzogene Traufschwenkung der Wohnhäuser belegt der weitgehend erhaltene große Vierseithof eines Bauern Glienicker Straße 1. Hinter dem um 1870 errichteten, anderthalbstöckigen und mit Schiefer gedeckten Wohnhaus, dessen Giebelstuben mit Rundbogenfenstern ausgestattet sind, liegen an den beiden Seitenfronten ebenfalls im letzten Viertel des 19. Jh. entstandene Ställe und an der Rückseite eine etwa gleichaltrige Scheune. Lediglich das Wohnhaus ist verputzt, alle anderen Gebäude sind Ziegelrohbauten, die – wie beispielsweise der große zweistöckige Stall – nur mit relativ wenigen Ziersetzungen versehen sind (Abb. 543).

Nur wenig jünger, auf jeden Fall aber vom Ende des 19. Jh. ist das vor Jahren äußerlich originalgetreu wiederaufgebaute Haus Wilhelmplatz 2 (Abb. 544), das vermutlich den Platz des alten Dorfkruges einnimmt. Dieser wurde zwar Ende des 18. Jh. im Zusammenhang mit der Verlegung der Berlin–Potsdamer Chaussee an den Südrand des Wannsees verlegt, doch scheint er in den 80er Jahren des 19. Jh. als zweite und für den Ort wesentliche Gaststätte wieder reaktiviert worden zu sein.

Zu diesem Zeitpunkt bahnte sich nämlich im alten

Abb. 544
Rekonstruiertes Gasthaus „Stolper-Stuben", um 1880, Wilhelmsplatz 2

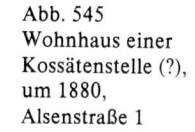

Abb. 545
Wohnhaus einer Kossätenstelle (?), um 1880, Alsenstraße 1

Abb. 546
Kolonisten-Doppelhaus, um 1790, Alsenstraße 35/36

Abb. 547 Wohnhaus eines bäuerlichen Hofes, um 1890, Glienicker Straße 2

Abb. 548 Dreistöckiges Mietshaus, um 1910, Chausseestraße 2

Dorf ein Wandel an. Bisher konnte sich die Bevölkerung von den ertragarmen Böden, von der Waldwirtschaft und vom Fischfang zwar einigermaßen ernähren, doch Reichtümer waren nicht zu erlangen. Jetzt aber entdeckten die Stadtbewohner die reizvolle Landschaft, was ja schon seit 1863 zur Anlage einer kleinen Villenkolonie auf dem nordöstlichen Teil der Feldmark, an den westlichen Ufern des Kleinen und Großen Wannsees geführt hatte und allmählich auch die Einbeziehung des Dorfes bewirkte. Dazu gehörte, daß bei finanzkräftigen neuen Bewohnern und den im Entstehen begriffenen Ausflugsstätten ein entsprechender Bedarf an Nahrungsmitteln entstand. Als solches sehr attraktiv waren fraglos die Teltower Rübchen, die – wie Th. Fontane ausdrücklich hervorhob – hier „in besonderer Vortrefflichkeit" gediehen, „nachdem die Bevölkerung jahrhundertelang vom Fisch- und Honigfang gelebt hatte" [27].

Dennoch blieb Stolpe bis zur Verschmelzung mit der Kolonie Wannsee „ein ganz einsames märkisches Fischerdorf ... mit etwa zwanzig alten Bauernhäusern, alle mit Strohdächern gedeckt, auf denen das Moos in dicken Klumpen saß wie grüner Plüsch" [77]. Gewiß mag diese Schilderung des Kunstmalers P. Franck etwas romantisierend sein, doch fällt tatsächlich noch heute die Fülle der kleinen bescheidenen Häuschen auf, von denen etliche einst mit einer solchen weichen Dachhaut versehen waren. Dazu gehören das noch Reste von Lehmfachwerk aufweisende Wohnhaus neben der Kirche, vermutlich ehemals ein Hirten- oder Armenhaus, später das „Leutehaus" zum Hof Glienicker Straße 2, die langgestreckten, einstöckigen Gebäude Grüner Weg 29/31 und Alsenstraße 1 (Abb. 545) sowie die inzwischen modernisierten Kolonistenhäuser Alsenstraße 35/36 (Abb. 546).

Natürlich entstanden seit dem letzten Viertel des 19. Jh. vereinzelt auch moderne Massivbauten, die mit mehr oder weniger repräsentativen Fassaden versehen wurden, wie Chausseestraße 3a und Glienicker Straße 2 (Abb. 547). Andererseits drückte sich selbst in diesem abgelegenen Dorf die im 19. Jh. wachsende Polarisierung der Gesellschaft auch baulich aus. Nicht selten standen zwischen oder neben den Wohnhäusern der größeren Eigentümer die kleinen, den Landarbeiterkaten ähnlichen Bauten der „kleinen Leute", zumeist für 2 Familien, wie Chausseestraße 3 und Schäferstraße 20/21.

Ende des 19. Jh. drangen vereinzelt sogar mehrstöckige Mietshäuser ins Ortbild (Abb. 548), wenngleich die größten Bauaktivitäten nach der Bildung der Gemeinde Wannsee sich weiter nach Norden verlagerten (siehe Wannsee).

Stralau
Stadtbezirk Friedrichshain

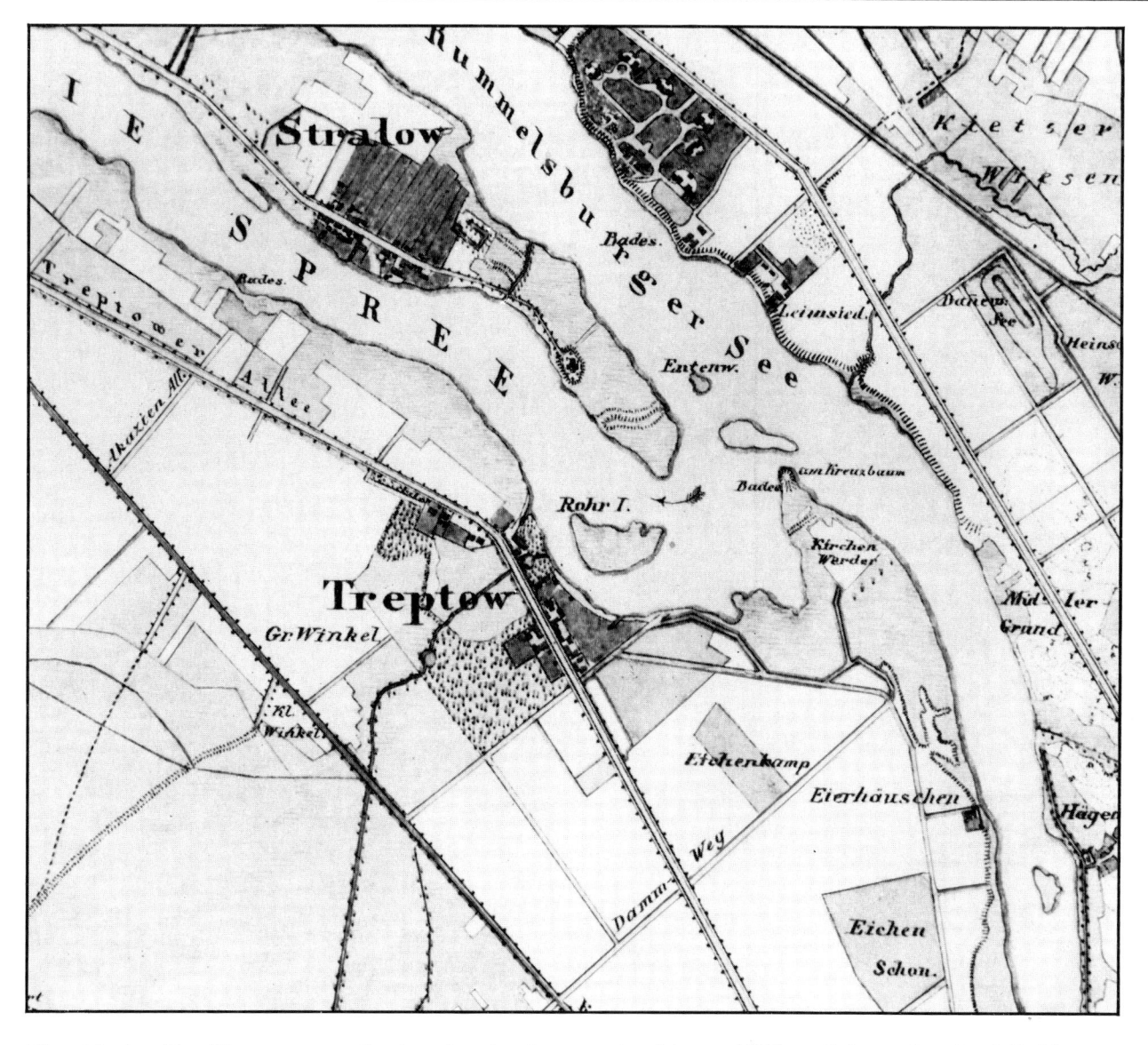

Entwicklung der Einwohnerzahlen von Stralau

Jahr	Einwohner
1734	76
1772	77
1801	75
1840	128
1858	165
1871	474
1875	498
1880	675
1885	737
1890	1 262
1895	1 750
1900	1 684
1905	3 539
1910	4 127
1919	4 957

Abb. 549
Ausschnitt aus dem
Ur-Meßtischblatt
Nr. 1908 von 1851

Obwohl der Familienname v. Stralau bereits im 13. Jh. existierte (1240 z. B. ein Thidericus de Stralow), kann der Ort erst seit der Mitte des 14. Jh. nachgewiesen werden. 1358 erwarb die Doppelstadt Berlin-Cölln von den Gebrüdern v. Bartolsdorp das Dorf Stralau, das seitdem ständig in ihrem Besitz blieb. Es war niemals mit Ackerland ausgestattet. Erst seit Beginn des 19. Jh. kamen kleine Ländereien hinzu, 1860 umfaßte es bereits 242 Morgen, darunter 129 Morgen Wiese, 69 Morgen Acker und 35 Morgen Gartenland. Bis etwa 1840 war der bestimmende Wirtschaftszweig die Fischerei. Die Regelung der entsprechenden Gerechtsamen erfolgte schon 1423. Seit 1624 werden 11, seit 1705 dann 10 und seit Beginn des 19. Jh. nur noch 5 Fischer nachgewiesen.

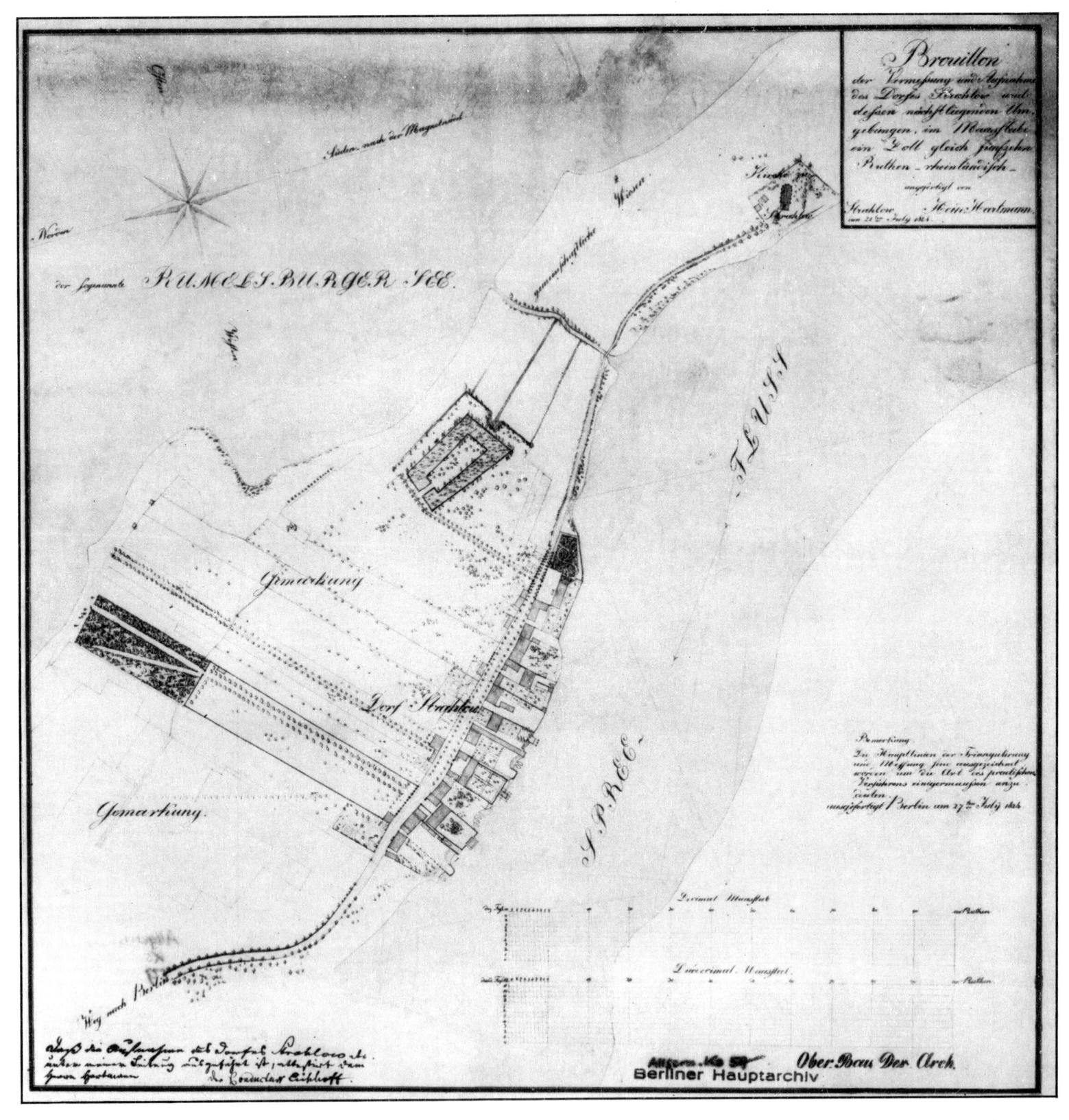

Abb. 550
Lageplan des Dorfes
aus dem Jahre 1824

Das auf einer Landzunge zwischen Spree und Rummelsburger See, für den Transport auf dem Wasserwege verkehrsgünstig gelegene Dorf besaß frühzeitig einige kleine Wirtschaftsetablissements. So bestanden hier z. B. schon 1548 ein Ziegelhof und seit der Mitte des 17. Jh. eine Meierei. Ende des 18. Jh. ließen sich ferner einige reiche Bürgerfamilien Berlins im Ort nieder und errichteten Sommerhäuser, so die Familien Splitgerber, Schickler, v. Borek, v. Cocceji u. a. Doch veränderte die seit den 80er Jahren des 19. Jh. sich hier ansiedelnde Industrie allmählich den Charakter des Ausflugs- und Erholungsortes. So vergrößerte sich die Einwohnerzahl des anfangs recht kleinen Dorfes bis zur Mitte des 19. Jh. nur zögernd, seit dem Ende des 19. Jh. jedoch deutlich. Von Bedeutung war die Nähe des Bahnhofs Stralau-Rummelsburg (seit 1871) ebenso wie die Übernahme der 1887er Berliner Bauordnung, die den Bau fünfstöckiger Mietshäuser gestattete. Bei der Ausgliederung aus dem Kreis Niederbarnim und der Übernahme in die neue Stadtgemeinde Berlin brachte der Ort neben den Industriebetrieben schon nahezu 5000 Einwohner ein.

So klein das Fischerdorf bis zur Mitte des 19. Jh. auch war, im Bewußtsein der Berliner Bevölkerung spielte es lange Zeit eine hervorragende Rolle. In erster Linie ist dabei an das seit 1574 nachgewiesene Fest des ersten Fischzuges am Bartholomäustag, dem 24. August, zu denken, das bald zu einem großen, zahlreiche Berliner anlockenden Volksfest wurde. Über einen solchen Besuch im Jahre 1830 heißt es: „Wir fuhren eine sehr lange Strecke durch die Stadt, bis ans Stralauer Thor, und rings umher wogte, obschon der Himmel mit Regen drohte, eine bedeutende Menschenmasse die Straßen durch. Die Fenster aller Häuser, an welchen der Zug vorüber ging, waren gleichfalls von Menschen besetzt. Vom Thore angefangen, führt ein Baumweg nach dem Dorfe Stralau, in welchem viele Fischer wohnen, die ihren Segen, den sie in der, dem Tage des Volksfestes vorhergehenden Nacht aus dem Wasser zu holen pflegten, in allen Gestalten des Gebackenen, Gesottenen und Gebratenen der eßlustigen Menge darbieten. Da nur ein, und noch dazu ein ziemlich schmaler Weg vom Thore nach Stralau führt, und ein großer Theil der Einwohner von Berlin, besonders der geringen Klasse, an diesem Feste theilnehmen will, so besteht begreiflich auf diesem Wege ein ungemeines Gedränge. Am Eingange des Erlustigungsplatzes sind Kaffee-Buden aufgeschlagen, dann folgt eine Reihe von Hütten und Zelten, in welchen Fische, Würste, Eier, Lebkuchen, Bier und Branntwein zu haben sind; am Ende steht eine Kirche mit einem kleinen Gottesacker ... Eng an die Kirche stößt eine schöne Wiese, auf welcher man sich in mannigfaltigen Gruppen belustigte. Gegenüber diesem Platze, am anderen Ufer der Spree, liegt das Dörfchen Trepkow, in welchem die gebildete Klasse an diesem Tage, sich zu versammeln pflegt. Kähne bringen hinüber und herüber. An diesem Platze ist nun die regste Lebendigkeit des Volksfestes zu schauen ... Freude war überall und eben nicht zu still, obwohl alles friedlich und gesittet ablief, ... Betrunkene ausgenommen." [64]

Abb. 551
Rückkehr der Berliner vom Stralauer Fischzug. Lithographie nach Zeichnung von Th. Hosemann, 1831

Abb. 552
Ansicht des Dorfes
von der Spreeseite.
Stich von
J. F. Hennig,
um 1790

Abb. 553
Dorfkirche von Süden.
Aufnahme von
F. A. Schwartz,
um 1885

Eine in jenen Jahren entstandene Lithographie (Abb. 551) zeigt nicht nur die zahlreichen Besucher, sondern auch die beschriebene große Wiese hinter der Kirche, die eigenartigerweise weit außerhalb des zunächst nur einseitig bebauten Dorfes lag. Selbst 1824 existierten nur wenige Häuser an der gegenüberliegenden Straßenseite (Abb. 550). Zwar hatten sich seit dem Ende des 18. Jh. einige begüterte Familien hier Sommerhäuser errichten lassen, doch herrschte zu diesem Zeitpunkt der für die Fischerei benötigte Baubestand noch vor. Ein Wandel trat jedoch ein, nachdem die Stralauer Be-

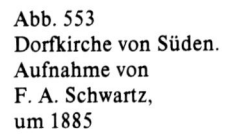

Abb. 554
Blick vom Rummelsburger See auf die Palmkernöl- und Schwefelkohlenstoff-Fabrik von Rengert & Co, 1881

sitzer im Jahre 1843 für die bis dahin ausgeübte Hütung in der Boxhagener Heide mit Land auf der Rummelsburger Flur entschädigt wurden. Seitdem sank die Fischerei zum Nebenerwerb herab, und die Milchwirtschaft (mit stallgefütterten Kühen) sowie der Gemüsebau erlangten erhöhte Bedeutung. Die 1850 auf dem gegenüberliegenden Ufer gegründete Leimsiederei (Abb. 549) leitete die allmähliche Entwicklung zum Industriestandort ein. Schon kurz nach der Eingemeindung war „von den alten Stralauer Fischerhäusern ... nur noch das vermutlich in der ersten Hälfte des 18. Jahrhunderts erbaute ‚Restaurant Tübbeke' vorhanden" [42]. Unglücklicherweise zeigen die zeitgenössischen Ansichten zumeist nur die Kirche und einige Sommerhäuser, während die profanen Bauten der Fischer entweder gänzlich fehlen oder nur angedeutet werden. Am informativsten in dieser Hinsicht ist noch der Stich von F. Hennig (Abb. 552), der wenigstens einmal einen strohgedeckten Fachwerkbau an einer Stelle eindeutig darstellt. Schon Mitte des 19. Jh. überwiegen jedoch die Massivbauten (siehe helle Signatur in Abb. 549).
Weit besser sind wir über die Kirche unterrichtet, die 1464 fertiggestellt wurde. Sie ruht auf einem Feldsteinsockel und besteht aus einem in Mischtechnik errichteten einschiffigen und überwölbten Saal mit polygonalem Chor. Die relativ breiten, spitzbogigen Fenster sind mit reich profilierten Formsteinen eingefaßt. Der ebenfalls aus dem 15. Jh. stammende, gegenüber dem Langhaus etwas schmalere Turm mußte jedoch in seinem Oberteil mehrfach erneuert werden, bis man sich schließlich entschloß, ihn 1823/24 durch einen von F. W. Langerhans entworfenen Massivbau zu ersetzen, der allerdings den ursprünglichen Fachwerkbau in seinem Innern bewahrte (1936/38 völlig erneuert). Eine Aufnahme von etwa 1885 zeigt diesen Zustand, belegt aber auch die zunehmende bauliche Verdichtung des Dorfes im Hintergrund (Abb. 553). Diese war zunächst nicht vorrangig durch die Industrie bewirkt worden – bis 1880 hatte sich lediglich die Teppichfabrik M. Protzen und Sohn von 1865 am Ortseingang etabliert –, sondern durch die Erholungsuchenden. Den bereits erwähnten Sommerhäusern folgten seit den 30er Jahren des 19. Jh. Boots- und Vereinshäuser Berliner Segler- und später auch Rudererverbände, die zunächst meist nur recht primitive Baracken und Schuppen errichteten, gegen Ende des 19. Jh. aber auf etliche, zum Teil stattliche Bootshäuser verweisen konnten.
Hinzu kamen seit etwa 1870 mehrere große Anglerkolonien – die ersten Angelbuden waren schon im Anfang der 40er Jahre im Garten von Braun in Stralau errichtet worden –, von denen es 1896 heißt: „Zu jeder Angelbude gehört ein Gärtchen, welches oft sehr schön gepflegt ist. Man sieht prächtige hochstämmige Rosen, Spalierobst und selbst Obstbäume von feinster Qualität. Die schönsten Angelbuden stehen in der Budenstadt bei der Stralauer Kirche. Dieselben sind zum Teil aus Fachwerk und haben Veranda, Stube, Kammer und Küche." [46] Weitere Anglerkolonien befanden sich am Schwanenberg, neben der Palmölsiederei und am Fuße der Ringbahn („Sperlingslust"). Logischerweise etablierten sich schon seit den 30er Jahren des 19. Jh.

zahlreiche Gaststätten im Ort, die zunächst auch noch bestehen blieben, als die Industrie den idealen Standort für sich entdeckte. Den Anfang machte 1881 die Stralauer Palmkernöl- und Schwefelkohlenstoff-Fabrik von Rengert & Co. (Abb. 554), es folgten 1883 eine Jutespinnerei und -weberei, 1887 die Schaarschuhsche (später Engelhardt-) Brauerei, 1888/89 2 Bootswerften, ein Mörtelwerk und vor allem die Stralauer Flaschenfabrik (später Stralauer Glashütte), vor 1920 der größte Industriebetrieb im Ort mit mehreren Hunderten von Arbeitskräften. Dennoch blieben „die der Erholung gewidmeten Stätten, die Ausflugslokale und die Einrichtungen der Wassersportler einschließlich der Angler-Lauben ... noch für längere Zeit neben den Fabrikanlagen, die ebenfalls meist zum Wasser drängten, erhalten, so daß ein Nebeneinander der heterogenen Elemente die Physiognomie der Ufer prägte" [46].

Neu war seit dem Ende des 19. Jh. auch, daß vor allem in der unmittelbaren Umgebung der Industriebetriebe mehrere große Mietblocks entstanden, die ebenso wie die Fabrikhallen, die Bootshäuser, Anglerkolonien und Ausflugsgaststätten den Ort zu prägen begannen (Abb. 555).

Relativ unbebaut blieb lediglich die Spitze der Halbinsel, die aber seit 1899 eine ganz besondere Attraktion aufwies, die den Besucherstrom erneut wesentlich verstärkte. Es war der seit 1895 im Bau befindliche und für die Gewerbeausstellung in Treptow 1896 geplante Tunnel nach Treptow, den seit Dezember 1899 eine Straßenbahn durchfuhr und der damit den Beweis erbracht hatte, daß die Anlage einer U-Bahn-Strecke auch unterhalb des Spreelaufs möglich ist.

Abb. 555   Mietshäuser eines privaten Bauherrn, 1912, Krachtstraße 10/12

Südende, siehe Mariendorf
Süßengrund, siehe Adlershof

Tegel
Verwaltungsbezirk Reinickendorf

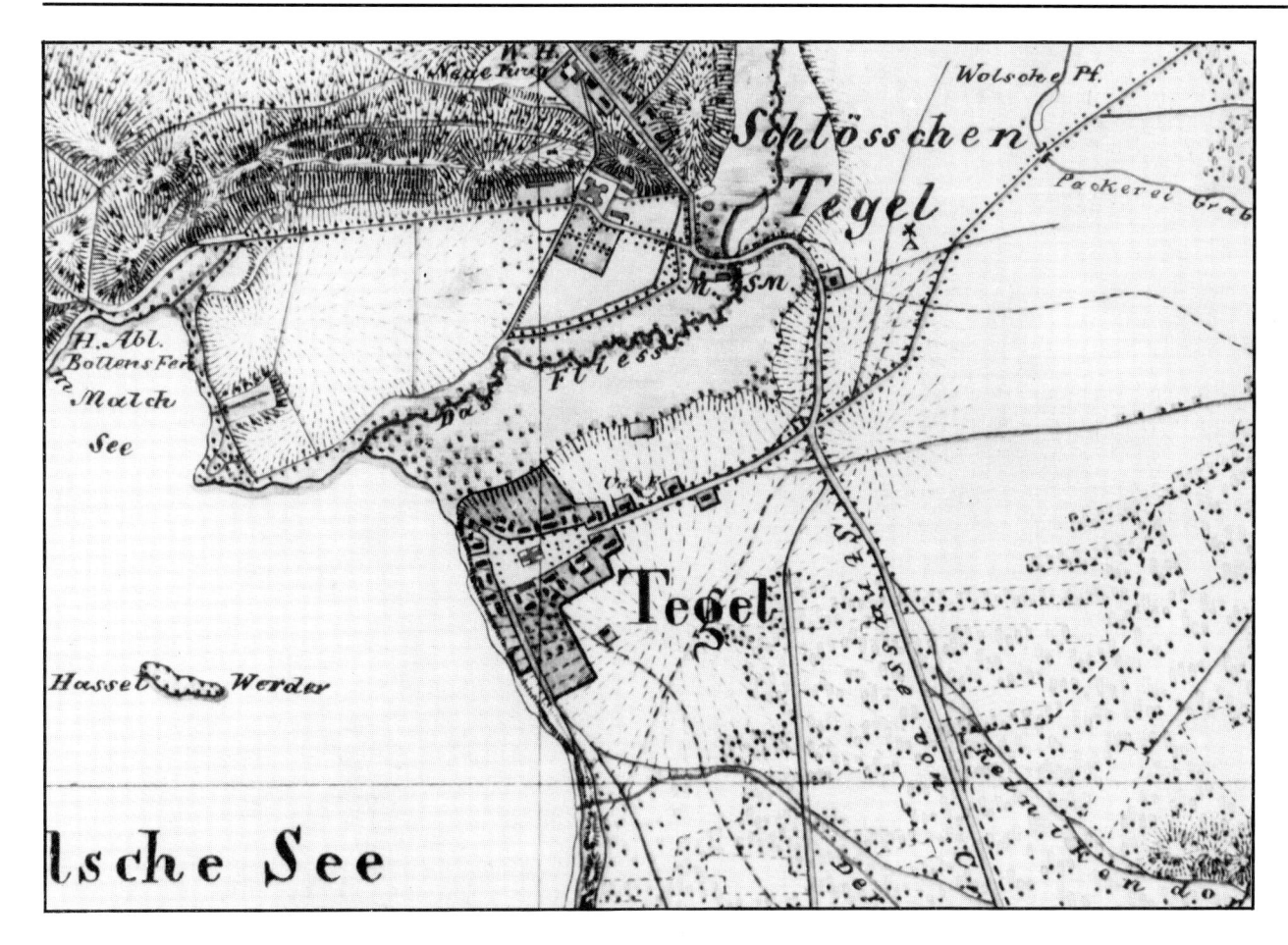

Entwicklung
der Einwohnerzahlen
von Tegel

Jahr	Einwohner
1734	120
1772	183
1801	222
1817	176
1840	218
1858	402
1871	591
1875	1 267
1880	1 319
1885	1 731
1890	2 148
1895	2 740
1900	7 022
1905	12 202
1910	18 752
1919	20 590

Abb. 556
Ausschnitt aus dem
Ur-Meßtischblatt
Nr. 1836 von 1835

Bis zur Bildung der neuen Stadtgemeinde Berlin bestand Tegel aus 2 selbständigen Verwaltungseinheiten, der Landgemeinde und dem Gutsbezirk. 1322 erstmals erwähnt, kaufte im Jahre 1361 das Benediktinerinnenkloster in Spandau das Dorf „Tygel" vom Cöllner Bürger J. Wolf. Nach der Säkularisation 1558 kamen Dorf, Mühle und Forst (siehe Tegeler Forst) zum Amt Spandau, in dessen Besitz es auch bis 1872 blieb. Daneben existierte schon Mitte des 17. Jh. ein kurfürstliches Jagdschloß mit einem kleinen Gut, das zeitweise H. Krohne und ab 1659 der Familie v. Götze gehörte. Seit 1694 wieder im Besitz des Kurfürsten, wurden Vorwerk nebst Schlößchen sowie Krug und Wassermühle dem Amt Niederschönhausen unterstellt und verpachtet, bis 1738 z. B. an den Forstrat Thielo, 1750 an den Hofrat Möring, 1760 an den Major a. D. Struve. Durch Heirat der Witwe des Barons F. E. v. Hollwede gelangte A. G. v. Humboldt nach Tegel, dessen Sohn W. v. Humboldt zwischen 1811 und 1822 die Umwandlung des Erbpachtsvorwerks in ein allodiales Rittergut erwirkte.

Bereits im Landbuch von Kaiser Karl IV. wurden neben 32 Hufen ausdrücklich ein Krug und eine Mühle genannt. 1590 wirtschafteten im Dorf ein Schulze mit 4 freien Hufen, 4 Vierhüfner, 2 Dreihüfner und ein Zweihüfner sowie 2 Kossäten. 4 Hufen gehörten zur Pfarre. Von den auch 1624 genannten 8 Bauernstellen lagen nach dem Dreißigjährigen Krieg (1652) 3 und die Kossätenstellen

Abb. 557
Ansicht des Dorfes von Osten.
Kolorierte Zeichnung, um 1790

Abb. 558
Bäuerliches Gehöft mit Wohnstallhaus, um 1780.
Zeichnung von etwa 1870

wüst. Mindestens seit 1696 bis zum Ende des 18. Jh. existierten dann wieder 7 Vollbauern und 2 bis 3 Kossäten. Da im Dorf bis auf den „Neuen Krug" (um 1790) und wenige Einlieger kaum neue Bewohner hinzukamen, blieb die Einwohnerzahl nahezu konstant. Anders war die Lage im Gutsbezirk, wo sich ab 1760 die Pächter – insbesondere aber A. G. v. Humboldt – darum bemühten, „Familienhäuser" zu errichten und Kolonisten als Tagelöhner anzusiedeln. Hier stieg die Einwohnerzahl in der Zeit zwischen 1734 und 1801 von 13 auf 98, fiel dann allerdings wieder etwas ab.

Anfang des 19. Jh. bestanden als gewerbliche Einrichtungen lediglich eine Windmühle sowie die vom Fließ angetriebenen Säge- und Getreidemühlen. Letztgenannte Wassermühle brannte 1834 ab, wurde aber im gleichen Jahr durch einen Neubau ersetzt. Seit 1848 Dampfmühle, wurde sie später durch die Humboldt-Mühlen AG wesentlich erweitert und nach einem Großbrand 1912 völlig erneuert. Bereits 1837 entstand mit dem „Eisenhammer" der Firma Egells auf der südlichen Feldmark das erste Fabriketablissement, dem schon vor 1860 eine Dampfgasometerfabrik folgte. Dennoch dominierte zunächst noch die Land- und Forstwirtschaft. 1858 gab es z. B. 112 Pferde, 196 Rinder, 48 Schweine, 1188 Stück Geflügel.

Der Bevölkerungszuwachs blieb bis 1871 gering. Erst mit Beginn der „Gründerzeit" verstärkte sich die Zuwanderung, die einerseits durch den Ausbau als beliebter Ausflugs- und Wohnort bedingt war, andererseits durch die Anlage weiterer industrieller und gewerblicher Einrichtungen gefördert wurde. Seitdem stieg die Einwohnerzahl kontinuierlich, nach 1900 sogar sprunghaft, so daß Tegel bereits mit mehr als 20 000 Einwohnern aus dem Kreis Niederbarnim ausschied. Zu diesem Zeitpunkt besaß der Ort eine eigene Gas- und Wasserversorgung, Elektrizitätsanschluß und Kanalisation, mehrere große Gemeindeschulen, ein Realgymnasium, ein

Abb. 559
Ansicht
der 1820 erbauten,
nach 1870
als Wohnhaus
genutzten Schule.
Aufnahme von
etwa 1910

Lyzeum u. a. und blieb dennoch – vor allem wegen des Tegeler Sees und des Tegeler Forstes – weiterhin ein beliebtes Ausflugs- und Erholungsgebiet.
Der Blitz, der am 4. Mai 1835 in das Lehnschulzengehöft einschlug, löste eine Feuersbrunst aus, der binnen kürzester Frist die Mehrzahl der strohgedeckten Fachwerkbauten zum Opfer fiel. Überstanden haben diese Brandkatastrophe nur die 1756 errichtete massive Kirche, die auf dem langgestreckten Platz des Sackgassendorfes stand (Abb. 557), und 2 Bauernhöfe. Einer dieser verschont gebliebenen Höfe ist im Bilde überliefert. Es handelt sich um einen lockeren Dreiseithof, an dessen Rückfront eine strohgedeckte Fachwerkscheune und an dessen beiden Seiten jeweils ein Gebäude mit dem Giebel zur Straße stand, während die Vorderfront unbebaut war. Die offenbar kurz vor dem Abbruch des Hauses im Jahre 1874 angefertigte Darstellung zeigt ein zu diesem Zeitpunkt bereits unterfangenes einstöckiges Mittelflurhaus von etwa 1780, dessen Stallteil jedoch ebenso erhalten geblieben war wie das Strohdach und die Schwarze Küche mit dem offenen Schornstein (Abb. 558). Lediglich der Zaun und die Pumpe auf dem Hof sind Zutaten des 19. Jh.
Der unmittelbar vor dem Großbrand entstandene Lageplan (Abb. 556) belegt, daß 1835 außer der Kirche nur ein Gebäude ein Massivbau war, allerdings dominierte bereits die Traufstellung bei den meisten Wohnhäusern. Doch auch die Dorfkirche bestand bis zur Mitte des 18. Jh. noch aus Lehmfachwerk. 1714 heißt es: „Die Kirche ist sehr gering, klein und von Holz erbaut mit einer schlechten Lehmwand." [107] Am 28. Dezember 1724 wird die Kurmärkische Kriegs- und Domänenkammer ange-

Abb. 560
Ehemalige Dorfschule,
1870,
Alt-Tegel 35

Tegel

Abb. 561
Gemeindeschule,
1902,
Treskowstraße 26/31

Abb. 562
Humboldt-
Oberrealgymnasium,
1911,
Tile-Brügge-Weg 3/7

wiesen, zum Wiederaufbau des inzwischen verfallenen oder abgebrannten Baues folgende Materialien unentgeltlich bereitzustellen: „20 Stück Kiehnen Bauholz, 12 Stück Sägeblöcke zu Brettern, 6 Eichen zu Dachspänen (Schindeln), 1000 Mauersteine und 2 Wispel Kalk" [107]. Auch diese Fachwerkkirche erhielt wieder einen Holzturm für die alten Glocken und die Uhr, damit – wie es in der Anweisung heißt – „die Bauern auch pünktlich ihren Hofdiensten nachkommen" können [107]. Schon 1756 machte sich jedoch ein Neubau erforderlich, der nun als Massivbau ausgeführt wurde. Die zunächst noch geringe Bevölkerungszunahme bewirkte, daß 1871/72 lediglich ein vergrößernder Umbau, Anbau einer Apsis, Vergrößerung des Chores und Erhöhung des Turmes, erfolgte. Mit dem sprunghaften Anstieg der Einwohnerzahlen seit dem letzten Viertel des 19. Jh. sah man sich jedoch gezwungen, die nur knapp 200 Sitzplätze aufweisende Kirche in den Jahren 1911/12 durch einen mindestens dreimal so großen Neubau zu ersetzen, den J. Kröger als neoromanischen Backsteinbau mit großem westwerkartigem Turm entworfen hatte. Bereits einige Jahre zuvor, 1904/05, war am Brunoplatz die neogotische Herz-Jesu-Kirche für die Ende des 19. Jh. erheblich angewachsene katholische Gemeinde errichtet worden, die bis dahin in Ermangelung eines geeigneten Raumes ihre Gottesdienste im Tanzsaal eines Gasthauses abhalten mußte.

Die Entwicklung vom abgelegenen Dorf zur städtischen Vorortgemeinde widerspiegelt sich in gleichem Maße in den Schulbauten. Der erste scheint schon unmittelbar nach 1715 errichtet worden zu sein, denn bereits 1721 wird ein „Schulmeister" genannt, der in einem Hause von 4 Gebinden wohne. Ein Nachfolgerbau beherbergte Ende des 18. Jh. in 3 Stuben den Pferdehirten, den Gänsehirten, den Nachtwächter und Feldhüter sowie in der vierten Stube den Küster und Schulmeister. Dieser gleichzeitig als Wohnung, Schulstube und Werkstatt genutzte Raum erwies sich mindestens seit 1786, wie der Ortschronist A. Wietholz belegt hat [107], als viel zu klein, so daß ein Ausbau vorgenommen werden mußte. Nachdem dieses Hirten- und Schulhaus 1806 von französischen Soldaten niedergebrannt wurde, erhielt der Lehrer in dem wiederaufgebauten Haus eine Wohnung, die aus einer Schul- und einer Wohnstube sowie 2 Kammern und einer – gemeinsam mit dem Pferdehirten zu nutzenden – Küche bestand. Diesem 1820 erneut abgebrannten Bau folgte noch im gleichen Jahr das erste ausschließlich als Schule errichtete Gebäude, in dem sich auf der einen Seite der Klassenraum und auf der anderen die Wohnung des Lehrers befand (Abb. 559). Mit der Zunahme der Einwohner- und Schulkinderzahl machte sich seit der Mitte des 19. Jh. ein größerer Neubau erforderlich, der jedoch erst 1870 bezogen werden konnte (Abb. 560). Aber auch dieses, noch weitgehend auf dörfliche Verhältnisse bezogene Gebäude erwies sich bald als viel zu klein. 1889 wurde ein zweistöckiges Schulhaus mit 12 Unterrichtsräumen eingeweiht, dem schon 1902 ein weiterer Neubau mit 22 Klassenzimmern folgte,

1904/05 und 1906/07 erneut um 14 Räume erweitert (Abb. 561). Dennoch mußten bei dem immensen Bevölkerungszuwachs jener Jahre – allein von 1900 bis 1910 um mehr als 10 000 Einwohner – zeitweise Schulbaracken genutzt werden, bis schließlich 1909 eine dritte Schule mit etwa 30 Klassenräumen den Bedarf einigermaßen deckte. Dem wachsenden Bedürfnis nach höheren Knaben- und Mädchenschulen kamen seit den 90er Jahren des 19. Jh. zunächst einige private Einrichtungen entgegen, aus denen nach wenigen Jahren staatlich anerkannte höhere Lehranstalten hervorgingen. Während die seit 1912 als Lyzeum bezeichnete Mädchenschule sogar nach der Eingemeindung noch in den Räumen der Volksschule untergebracht war, erhielt die Dr. Schulzesche Privat-Knabenschule, die 1906 als Realschule anerkannt und seit 1908 Humboldt-Oberrealschule genannt wurde, im Jahre 1911 ein repräsentatives Gebäude (Abb. 562). Die Vielzahl und die Größe dieser und weiterer kommunaler Einrichtungen hatte sich weniger aus der von innen heraus gewachsenen Entwicklung erforderlich gemacht, obwohl der Ort in der alten Wassermühle einen wichtigen Ansatz besaß, sondern war mehr eine Folge der verschiedenen von Berlin nach Tegel verlagerten gewerblichen und sonstigen Einrichtungen. Die älteste war die schon 1837 von Egells errichtete Fabrik, der sogenannte Eisenhammer, die nach 1880 durch die Germania AG und ab 1905 durch die Krupp AG noch erheblich erweitert wurde. Es folgten 1877 auf etwa 34 Hektar Bauernland die Anlage der Berliner Wasserwerke, die den Ort zwar nicht mitversorgten, aber doch zahlreiche Arbeitsplätze beim Bau und bei der Betriebsführung boten, und ab 1896 der Bau der Borsigschen Fabrik auf 14 Hektar Land am Tegeler See. Im Herbst 1898 begann der Betrieb dieses großen Industrieunternehmens in Tegel, in dem Tausende Arbeiter und Angestellte beschäftigt wurden. Neben dem Fabrikations- und Verwaltungskomplex, dem ein mächtiges burgenhaft trutziges Eingangstor vorangestellt ist (Abb. 563), prägten seitdem das Ortsbild immer mehr große Mietshäuser, die z. T. von der Fabrik als Werkswohnung errichtet worden waren (Abb. 564).

Die Mehrzahl der drei- und vierstöckigen, in geschlossener Bauweise angelegten Wohnblocks entstammte jedoch privaten Bau- und Bodenspekulationen, die – wie der Fuhrunternehmer Veit und der Bankier Schließer – bereits in den 70er Jahren größere Terrains erworben und bald darauf mit der baulichen Erschließung begonnen hatten. Eingeleitet durch die 1881 eröffnete Linie der Großen Berliner Pferde-Eisenbahn-Gesellschaft nach Tegel, verstärkt durch die 1891 eingeweihte Eisenbahnlinie Schönholz-Kremmen und entscheidend gefördert

Abb. 563   Eingangstor zum Borsigschen Fabrikgelände, 1898, Berliner Straße

Abb. 564   Wohnhaus mit Werkswohnungen der Firma Borsig, um 1900, Ernststraße 1

Abb. 565
Jagdschloß
im Zustand von 1803
in einer Darstellung
aus dem Jahre 1903

Abb. 566
Schloß nach dem
Umbau von 1822/24.
Aufnahme von
F. A. Schwartz, 1887

durch die Niederlassung der Borsigwerke, entwickelte sich die Landgemeinde schnell zu einem stadtähnlichen Vorort, der seit 1896 ein Gaswerk, seit 1898 ein Wasserwerk und eine Kläranlage sowie weitere kommunale Einrichtungen besaß. Das eigentliche Dorf, dessen agrarische Entwicklung schon seit 1828, als sich das Militär in der südlich angrenzenden Jungfernheide niederließ und bald darauf den Artillerieschießplatz Tegel einrichtete, beschnitten wurde, hatte binnen weniger Jahre seine ursprüngliche Spezifik verloren. Schon 1889 konstatierte A. Trinius: „Der Eingang von Tegel, sobald der begleitende Wald hinter uns zurückbleibt, hat in den letzten Jahren eine wenig erfreuliche Veränderung durch Bierwirtschaften, Arbeiterwohnungen und Fabrikanlagen erfahren. Auch das eigentliche Dorf, das sich mit seinem traulich im Grün gebetteten Kirchlein zur Linken der von Berlin nach Hennigsdorf führenden Landstraße abzweigt, zeigt nicht mehr den schlichten Charakter wie ehedem ..." [103]. Wie wäre sein Urteil ausgefallen, hätte er noch die Borsigschen Fabrikanlagen, die 1905 auf einer 31 Hektar großen Fläche angelegte Berliner Gasanstalt, eine der größten des damaligen Deutschen Reiches, mit den riesigen Gasometern und den 1908 eingeweihten Hafen gesehen?

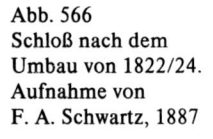

Dennoch bewahrte sich Tegel bis zur Eingemeindung eine große Anziehungskraft auf das Berliner Publikum auch als Ausflugsziel. Neben den Gewässern und den nördlich anschließenden Wäldern wirkte seit Beginn des 19. Jh. das Schloß Tegel als beachtenswerter Magnet. Dabei interessierte weniger das im 16. Jh. errichtete kurfürstliche Jagdschloß mit seinen dem 18. Jh. entstammenden Nebenbauten, die uns in einer Darstellung von 1803 überliefert sind (Abb. 565), sondern weit mehr der 1822/24 durch W. v. Humboldt nach Schinkels Plänen hergestellte Zustand des Schlosses, das sowohl wegen seiner nun klassizistischen Gestalt als auch wegen seiner umfangreichen Antikensammlung großes Interesse und Bewunderung fand (Abb. 566).

Von den anderen, in der näheren und weiteren Umgebung des Schlosses angelegten Bauten verdient das Ende des 19. Jh. zur Gaststätte umfunktionierte ehemalige Wohnhaus eines als Seidenraupenzüchter „angesetzten" Kolonisten hervorgehoben zu werden, da es trotz seiner neuen, nun aber bereits etwa 100 Jahre währenden Nutzung noch immer – wenigstens in seiner äußeren Gestalt – einen guten Eindruck von einem Ende des 18. Jh. angelegten Kolonistenhaus vermittelt (Abb. 567). Zwar ist es etwas größer und aufwendiger als die „normalen" für die Tagelöhner vorgesehenen Häuser errichtet worden und eher mit den größeren Wohnbauten der Bauern-Kolonisten im Oderbruch vergleichbar, doch stellt es mit seinen niedrigen Fachwerkwänden und dem relativ steilen, bis zur Höhe der Kehlbalken beiderseitig abgewalmten Kehlbalkensparrendach sowie der klaren Quergliederung und Traufstellung eines der wenigen im Berliner Stadtgebiet noch erhaltenen, für die zweite Hälfte des 18. Jh. in der Mark Brandenburg typischen ländlichen Wohnhäuser dar, das mehr historisches Fluidum ausstrahlt als der gegenüberliegende, etwa gleichaltrige „Neue Krug".

Abb. 567
Als Gasthaus genutztes ehemaliges Kolonistenhaus, um 1780, Karolinenstraße 10

Tegeler Forst, Verwaltungsbezirk Reinickendorf

Im Jahre 1823 wurde durch die Vereinigung der Forstreviere Charlottenburg und Tegel der Gutsbezirk *Forstrevier Tegel* gebildet. Er bestand aus dem Tegeler Forst und der Jungfernheide mit mehreren Forsthäusern und Etablissements und umfaßte 1860 eine Fläche von 12 567 Morgen, darunter 12 226 Morgen Wald, 224 Morgen Acker, 93 Morgen Wiese, 16 Morgen Gartenland und 8 Morgen Gehöfte. 1888 wurde dem inzwischen *Tegeler Forst* genannten Gutsbezirk die ehemalige Kolonie *Schulzendorf* (siehe dort) eingegliedert. Dafür schieden in der Folgezeit Teile von *Plötzensee* (siehe dort) aus. Nach dem Kauf von 800 Morgen der Jungfernheide durch die Stadt Charlottenburg 1904 und weiteren Umstrukturierungen des Forstgebietes wurde ein eigener Gutsbezirk *Jungfernheide* abgetrennt und für den erhaltenen Rest die Bezeichnung *Tegeler Forst-Nord* üblich. Wohnplätze dieses forstfiskalischen Gutsbezirks waren die *Oberförsterei Tegel* (1858: 6 Einwohner), die am Rande der Jungfernheide gelegene Berliner Scharfrichterei (1858 mit Leimsiederei und 9 Einwohnern), das am Südufer des Tegeler Sees gelegene Etablissement *Saatwinkel* mit *Blumeshof* (1858 mit Gasthaus, Holzablage und 15 Einwohnern) sowie die Forsthäuser *Königsdamm* (bis 1823 Försterei Charlottenburg, 1858: 7 Einwohner), *Rehberge* (1823 angelegt, 1858: 6 Einwohner), *Tegelgrund* (1858: 7 Einwohner) und *Tegelsee* (1848 errichtet, 1858: 9 Einwohner). Der Gutsbezirk gehörte bis 1920 zum Kreis Niederbarnim.

Tegel – Schloß, siehe Tegel

Tegelort, siehe Heiligensee

Tempelhof
Verwaltungsbezirk Tempelhof

Entwicklung der Einwohnerzahlen von Tempelhof

Jahr	Einwohner
1734	164
1772	219
1801	241
1817	346
1840	549
1858	5 967*
1871	1 417
1875	2 205
1880	3 019
1885	3 522
1890	5 248
1895	6 520
1900	9 991
1905	10 575
1910	20 733
1919	34 365

* mit der 1861 nach Berlin eingemeindeten „Tempelhofer Vorstadt"

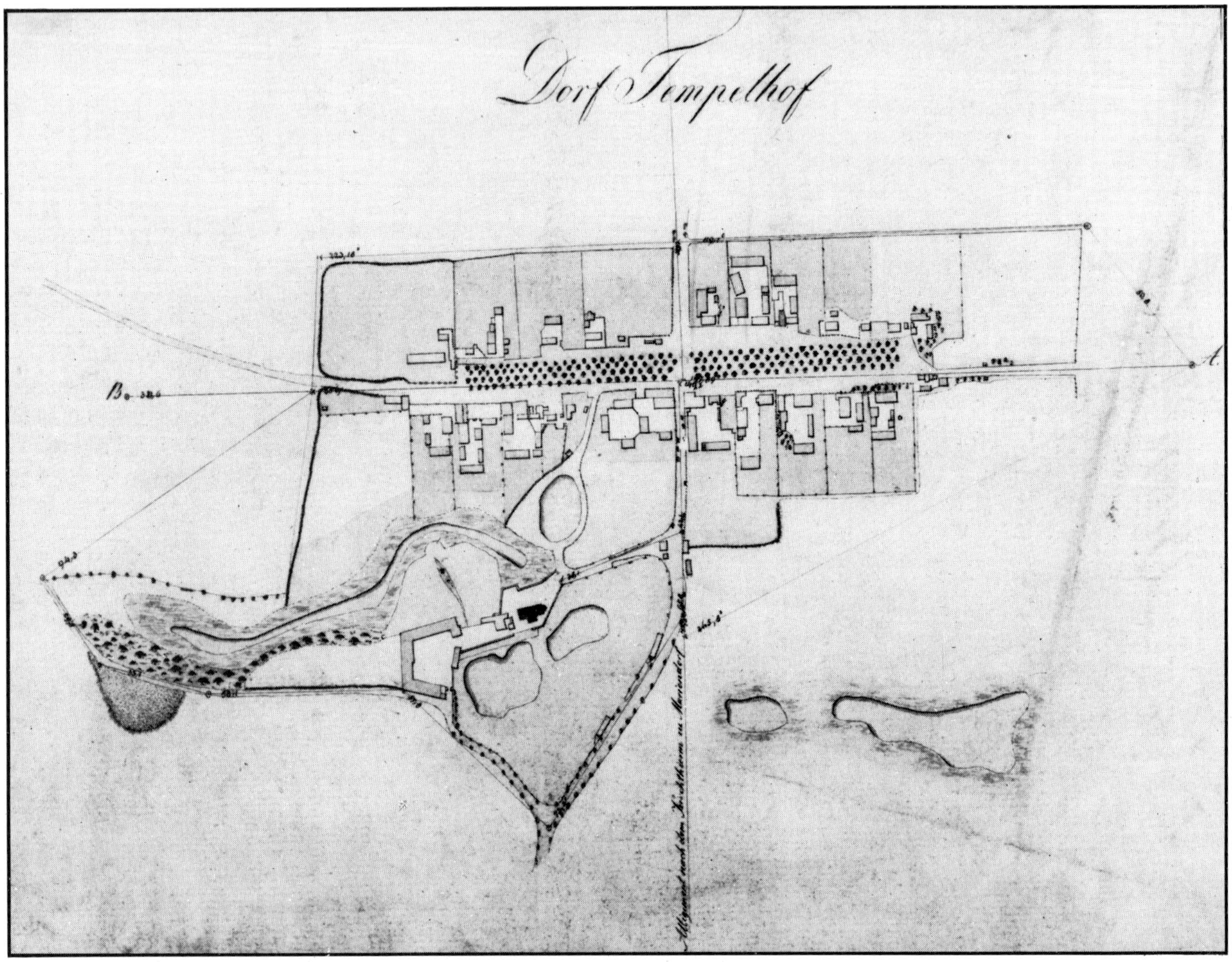

Abb. 568 Ausschnitt aus einem Lageplan von etwa 1820

Das Dorf wurde offenbar vom Templerorden gegründet, von dem es jedenfalls den Namen erhielt und der hier auch eine Komturei unterhielt. Bereits 1247 wird ein „Magister Hermannus de Templo" erwähnt. Nach der Aufhebung des Templerordens 1312 kam dessen Besitz in die Hände des Johanniterordens, der Tempelhof 1435 an die Städte Berlin und Cölln verkaufte (seit 1590 Alleinbesitz von Cölln). Bereits vorher besaßen der Markgraf sowie die Berliner und Cöllner Bürger Bever, Reiche und Landsberg Rechtsanteile. Die Komturei und ein weiterer Freihof wurden verpachtet bzw. verkauft, waren zeitweise, so 1601, 1650 und 1664, im Besitz des Kurfürsten. 1717 erwarb die Familie v. Scharden Dorf und Rittergut mit 16 Hufen. Es folgten 1750 v. Reinhardt, 1776 v. Schau, 1796/1804 v. Podewils und ab 1816 die Fürsten v. Schönburg, deren Erben es 1863 an den Bankier Jacques verkauften, der einzelne Ländereien veräußerte und das Restgut 1871 einem englischen Konsortium zur Aufteilung überließ.

Von den 1375 genannten 50 Hufen gehörten 1435 je 8 zu den beiden Freihöfen. Bis 1624 hatte sich die Anzahl der Hufen auf 67 erhöht, von denen 21 die Herrschaft nutzten und 46 durch 15 Hüfner bewirtschaftet wurden. Nach dem Dreißigjährigen

Krieg lagen 6 (1652) bis 7 (1664) Bauernhöfe „wüst", doch existierten mindestens seit 1711 bis Anfang des 19. Jh. wieder 14 Vollbauern. Auch die seit 1624 bezeugte Stelle einer Laufschmiede war bald wieder besetzt. Es kamen um die Mitte des 18. Jh. ferner ein Krug, bis 1801 außerdem eine Windmühle und eine Ziegelei sowie 2 Büdner und 17 Einlieger hinzu. Dementsprechend stieg die Einwohnerzahl bis 1801 auf 241.

Auf der Tempelhofer Feldmark, die teilweise dicht gaststätte Tivoli und seit 1839 mit einer Brauerei. Selbst etliche industrielle Etablissements siedelten sich vor dem Halleschen Tor an. 1858 existierten je eine Schrauben-, Goldleisten-, Holzstift-, Piano-, Kupferdraht- und eine Zementfabrik. Am 1. 1. 1861 wurde dieser – Tempelhofer Vorstadt genannte – bebaute Teil der Feldmark nach Berlin eingemeindet, in dem 1858 bereits 5039 Einwohner lebten.

Aber auch das eigentliche Dorf erlebte seit Beginn des 19. Jh. einen erheblichen Aufschwung. Auf dem

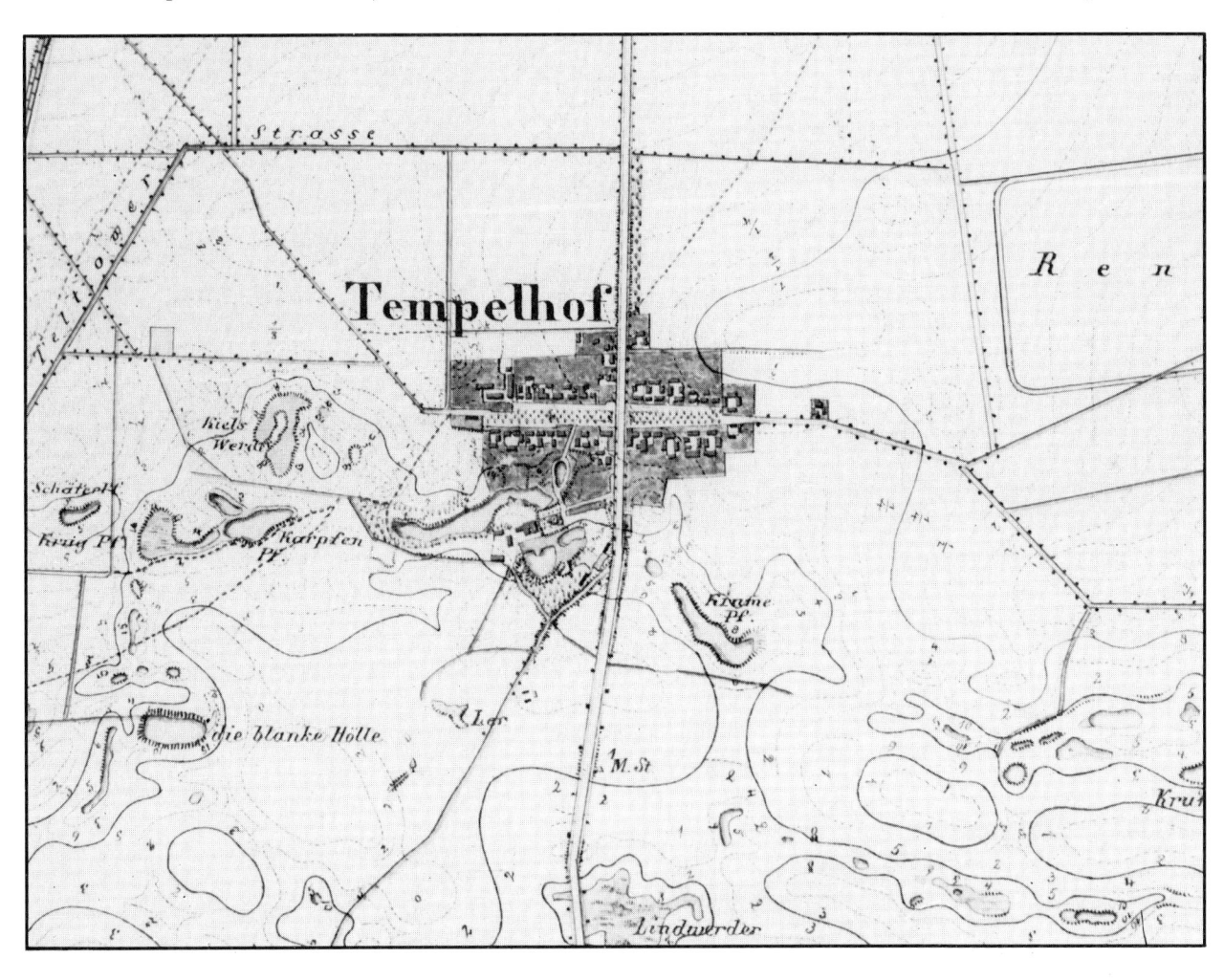

Abb. 569
Ausschnitt aus dem Ur-Meßtischblatt Nr. 1908 von 1851

bis an die Mauern Cöllns heranreichte, waren nicht nur (schon 1533) die kurfürstlichen Weinberge angelegt worden, sondern es befanden sich seit dem ausgehenden 18. Jh. auch etliche Landhäuser hier, denen sich nach 1800 und besonders nach Eröffnung der Potsdamer und Anhalter Bahn 1838 und 1840 sowie der um 1840 erfolgten Separation zahlreiche Villen und sogar vornehme Mietshäuser hinzugesellten. Doch nicht nur das Tempelhofer Unterfeld wurde bebaut, auch die Tempelhofer Berge, z. B. der Runde Weinberg, der spätere Kreuzberg, 1821 mit dem von K. F. Schinkel entworfenen Nationaldenkmal, 1829 mit der berühmten Ausflugs-

Gut war schon vor 1805 eine Branntweinbrennerei entstanden, etliche Büdner siedelten sich an, und die Einwohnerzahl stieg – trotz eines Großbrandes 1828 – kontinuierlich an. Von Belang war ferner, daß die von 1722 bis zu den Befreiungskriegen jährlich im Frühjahr auf der Brache und den noch unbestellten Sommerfeldern durchgeführten Manöver oder Paraden aufgrund der Proteste der Bauern, die jetzt zur Fruchtwechselwirtschaft ohne Brache übergegangen waren, nach 1815 zunächst nicht wieder aufgenommen wurden. Erst nachdem 1826 und 1828 insgesamt 8 Bauern ihre Höfe dem Militärfiskus verkauft und anschließend unter besonderen

Tempelhof

Abb. 570 Ansicht des Dorfes. Stich von J. F. Hennig, um 1790

Abb. 571 Bäuerliches Wohnhaus, um 1830, Alt-Tempelhof 35

Bedingungen teilweise zurückgepachtet hatten, dehnte sich die Militärpräsenz wieder aus. Hinzu kam, daß auf dem westlichen Teil dieses „Tempelhofer Feldes" um 1830 ein Rennplatz des Vereins für Pferdezucht und Pferde-Dressur – zuvor in Lichterfelde – entstand, der allerdings 1840 wegen der Anhalter Bahnlinie etwas weiter nach Osten verlegt werden mußte, bevor er 1867 schließlich nach Hoppegarten kam.

Weit gravierender für die Entwicklung Tempelhofs indes war, daß 1872 die Ringbahn mit einem Bahnhof im Ort eröffnet wurde, daß 1875 eine Pferde-Straßenbahn ihre Linie von Berlin bis ins Dorf führte, wo sie ein Depot errichtete, daß 1878 auf einem 24 Morgen großen Gelände des ehemaligen Gutes ein Militärlazarett eröffnet werden konnte, dem bald etliche Kasernen folgten, daß entlang der Ringbahn und ab 1906 auch entlang dem Teltowkanal zahlreiche Industriebetriebe entstanden, und nicht zuletzt, daß ab 1887 die fünfstöckige Bauweise mit Hinter- und Seitenflügel zugelassen wurde.

1878 erfolgte der Anschluß an die Gasversorgung; seit 1889 erhielt der Ort von den Charlottenburger Wasserwerken Leitungswasser; bald darauf gelang der Anschluß der nördlichen Teile und 1899 des gesamten Ortes an die Berliner Kanalisation. 1896 wurde sogar ein eigenes Elektrizitätswerk in Betrieb genommen. Das Dorf Tempelhof, in dem 1883 noch 332 Pferde, 96 Rinder, 89 Schafe, 228 Schweine und 70 Ziegen gehalten wurden, hatte sich binnen weniger Jahre zu einem stattlichen Vorort entwickelt, dessen Bevölkerungszuwachs bereits vor der Eingliederung des Gutsbezirkes in die Landgemeinde 1872 auch ohne das Gebiet um den Kreuzberg beachtlich war und der bis zur Eingemeindung aus dem Kreis Teltow ständig anhielt.

Ein Lageplan aus der Zeit um 1820 (Abb. 568) belegt, daß bereits vor dem großen Brand von 1828 die Mehrzahl der Wohnhäuser traufseitig entlang dem langgestreckten Anger stand und nur noch wenige ihre traditionelle Giebelstellung bewahrt hatten. Offenbar verzichteten deren Besitzer nach der Feuersbrunst ebenfalls auf die übliche überlieferte Hofgestaltung und übernahmen die zeitgemäße Traufstellung für ihre Wohnbauten. Mitte des 19. Jh. (Abb. 569) dominierten bei den größeren Bauern eindeutig Vierseit- und bei den kleineren Bauern Dreiseithöfe, während die kleineren Kossäten- und Büdnerstellen höchstens ein Nebengebäude aufwiesen.

Die schon in den 70er Jahren des 19. Jh. – also relativ frühzeitig – einsetzende Verstädterung führte dazu, daß die Häuser, deren Besitzer durch Landverkauf zu beachtlichem Reichtum gelangt waren, sich oft in stattliche Villen verwandelten und die wenigen erhaltenen Ende des 19. Jh. umgebaut und mit neuen Fassaden versehen wurden. Einen Eindruck von den um 1830 errichteten Bauernhäusern vermitteln heute nur noch die vor wenigen Jahren rekonstruierten Gebäude Alt-Tempelhof 37 und 35 (Abb. 571). Im Hof des letztgenannten befindet sich zudem ein um 1890 entstandener anderthalbstöckiger unverputzter Backsteinstall.

Anfang des 19. Jh. hatten jedoch wie in allen märkischen Dörfern noch die strohgedeckten Lehmfachwerkbauten vorgeherrscht, wenngleich einzelne Massivbauten bereits außerordentlich früh nachweisbar sind. Neben der Kirche, die völlig ungewöhnlich nicht auf dem Anger, sondern außerhalb des Dorfkernes ihren Platz gefunden hatte, gehörte

Abb. 572
Hof des Gastwirts Langen.
Kolorierte Zeichnung, um 1790

Tempelhof

Abb. 573
Dorfkirche.
Tuschzeichnung von
H. Wohler, 1834

Abb. 574
Dorfkirche von Norden.
Aufnahme von
F. A. Schwartz, 1885

dazu der ebenfalls südlich von der bäuerlichen Siedlung gelegene und aus der Klosteranlage hervorgegangene Gutskomplex. Bereits 1602 begann man hier, ein Wohnhaus aus Steinen der Berliner, Glindower, Caputher und Köpenicker Ziegeleien zu errichten, das sogar mit Schornsteinen versehen und wie ein gleichzeitig entstandener Stall mit Ziegeln gedeckt werden sollte. Der vor allem im 18. Jh. erheblich vergrößerte und ausgebaute Gutshof wies 1805 neben dem steinernen Herrenhaus u. a. eine Branntweinbrennerei, eine Meierwohnung, ein Schirrhaus, ein Schäfervorwerk und ein Tagelöhnerhaus auf, von denen nur die beiden letztgenannten noch mit Stroh gedeckt waren. [11]

Aber auch innerhalb des eigentlichen Dorfes scheinen bereits frühzeitig einige Massivbauten errichtet worden zu sein, wie die Ansicht von F. Hennig (Abb. 570) und die Zeichnung eines Gasthofes (Abb. 572) belegen. Zwar ist letztere aufgrund ihrer romantisch-idyllisierenden Darstellung in ihrem Wahrheitsgehalt anzuzweifeln, doch steht wohl die Tatsache, daß das Haupthaus ein verputzter Ziegelbau ist, außer Frage. Die Tempelhofer Gastronomie hatte ja schon seit längerem eine bedeutende Rolle für den Berliner Ausflugsverkehr gespielt, der dem kleinen Ort neben manchem Vorteil auch allerlei Beschwernisse bereitete. So beklagte sich im Jahre 1800 ein Einwohner beim Landrat, daß „sich das Dorf Tempelhoff schon seit langer Zeit als der Sammel Platz alles Berliner lustigen Gesindels auszeichnet, und daß solche von dem hiesigen Krüger

Abb. 575
Zweistöckige
Mietshäuser,
1873,
Neue Straße 20/24

sowohl, als dem Musik Pächter durch Veranstaltung allerley Festivitäten in großen Scharen herbey gelockt werden. Jetzt aber, da der Musik Pächter Schehmel auch die Krugwirtschaft übernommen, ist der Zusammenfluß des Berliner Publicums so groß, daß besonders des Dienstags, daraus nicht allein eine Störung der landwirthschaftlichen Arbeiten entsteht, sondern auch jeder Einwohner Tempelhof's die Gefahr einer vollständigen Einäscherung seiner Habseligkeiten befürchten muß. – An diesem Tage wo ein sogenanntes großes Concert die Berliner villeicht bis auf einige Tausende anlockt, steigt die Zügellosigkeit aufs höchste. Einige hundert thönerne und andere brennende Pfeifen, mehrentheils ohne Deckel paradiren in der Allée und um die Scheunen, Ställe und übrigen Gebäude des Dorfs, und ich selbst habe mehrere mahle die heraussprühenden Funken ausgetreten. Sechzig bis hundert Wagen besetzen die Pasage am Kruge, und wehe dem, der etwa mit einem beladenen Ernte Wagen oder andern Fuhrwerk passiren wollte ..." [70].

Zu den bemerkenswerten erhaltenen dörflichen Bauten gehört ferner die Kirche, die 1944 zwar völlig ausbrannte und beim Wiederaufbau 1954/56 verschiedene Veränderungen, wie den Anbau einer Sakristei an der Südseite, die Errichtung eines Dachturmes aus Fachwerk mit Zeltdach, erfuhr, doch immer noch große Teile des mittelalterlichen Feldsteinbaus bewahrte. Dennoch seien zwei ältere Abbildungen vorgestellt. Die eine zeigt den von H. Wohler noch vor dem ersten größeren Umbau von 1848 erfaßten Zustand (Abb. 573), die andere die Situation im Jahre 1885 mit dem damals noch vorhandenen kleinen Zufahrtsweg von der bereits 1869 gepflasterten Dorfstraße zum nächstgelegenen der vorhandenen Teiche (Abb. 574).

Diese noch einen weitgehend ländlichen Eindruck vermittelnde Aufnahme entsprach jedoch zu diesem Zeitpunkt längst nicht mehr den Verhältnissen, die den Ort charakterisierten. Das Gut war seit geraumer Zeit parzelliert. Auf seinem Terrain entstanden nach einem detaillierten, später jedoch modifizierten Bebauungsplan zahlreiche kleine und

Abb. 576
Dreistöckige
Mietvilla,
um 1910,
Friedrich-Franz-
Straße 45

Abb. 577 Vierstöckiges Mietshaus, um 1905, neben anderthalbstöckigem Wohnhaus, um 1880, Alt-Tempelhof 18 und 16

größere Mietshäuser, mehrfach auch Mietvillen und stellenweise sogar größere Baukomplexe, wie das Depot der Pferdebahn, das 1875/77 errichtete, am 5. 4. 1878 eingeweihte „2. Garnison-Lazareth" (heute Wenckebach-Krankenhaus, Metzplatz) und weitere militärische Einrichtungen sowie erste Industriebetriebe. Einen guten Eindruck von der frühen Bebauung vermittelt ein 1873 von der „Berlin-Tempelhofer Baugesellschaft" angelegter Straßenzug, der vom westlichen Ortsausgang in Richtung „Gürtelbahn", der 1872 entstandenen Ringbahn, führte. Die weitgehend erhaltenen oder rekonstruierten zweistöckigen Wohnhäuser mit schlichten spätklassizistischen Fassaden (Abb. 575) dienten vorrangig den Offizieren der in den umliegenden Kasernen stationierten Regimenter als Unterkunft.

Zwischen den zumeist in geschlossener Bauweise errichteten Mietshäusern, z. B. entlang der alten, den Dorfanger kreuzenden Berliner Straße (heute Tempelhofer Damm), entstanden jedoch auch Gebiete mit zumeist villenmäßiger Bebauung, seltener als Einzel-, häufiger als Mietvilla (Abb. 576). Schon vor der Eingemeindung war nicht nur das Gelände nördlich und südlich des Dorfkernes relativ dicht bebaut, auch in diesem selbst überwogen die großen Mehrfamilienhäuser, die z. T. mit Hinter- und Quergebäuden ausgestattet waren und die noch erhaltenen ein- und anderthalbgeschossigen Bauten vielfach regelrecht einschnürten (Abb. 577). Lediglich das seit langem für Truppenübungen und „Militär-Revuen" genutzte „Tempelhofer Feld" blieb unbebaut, erhielt jedoch schon Ende des 19. Jh. durch die Flugversuche der Pioniere der Luftfahrt eine zusätzliche Funktion, der es nach der Eingemeindung bald ganz gewidmet wurde. Abgetrennt wurde allerdings der westliche Teil des Terrains, dessen Bebauung 1909 von der „Tempelhofer Feld AG für Grundstücksverwaltung" eingeleitet und nach 1918 nach Entwürfen von F. Bräuning fortgesetzt wurde.

Tiefwerder
Verwaltungsbezirk Spandau

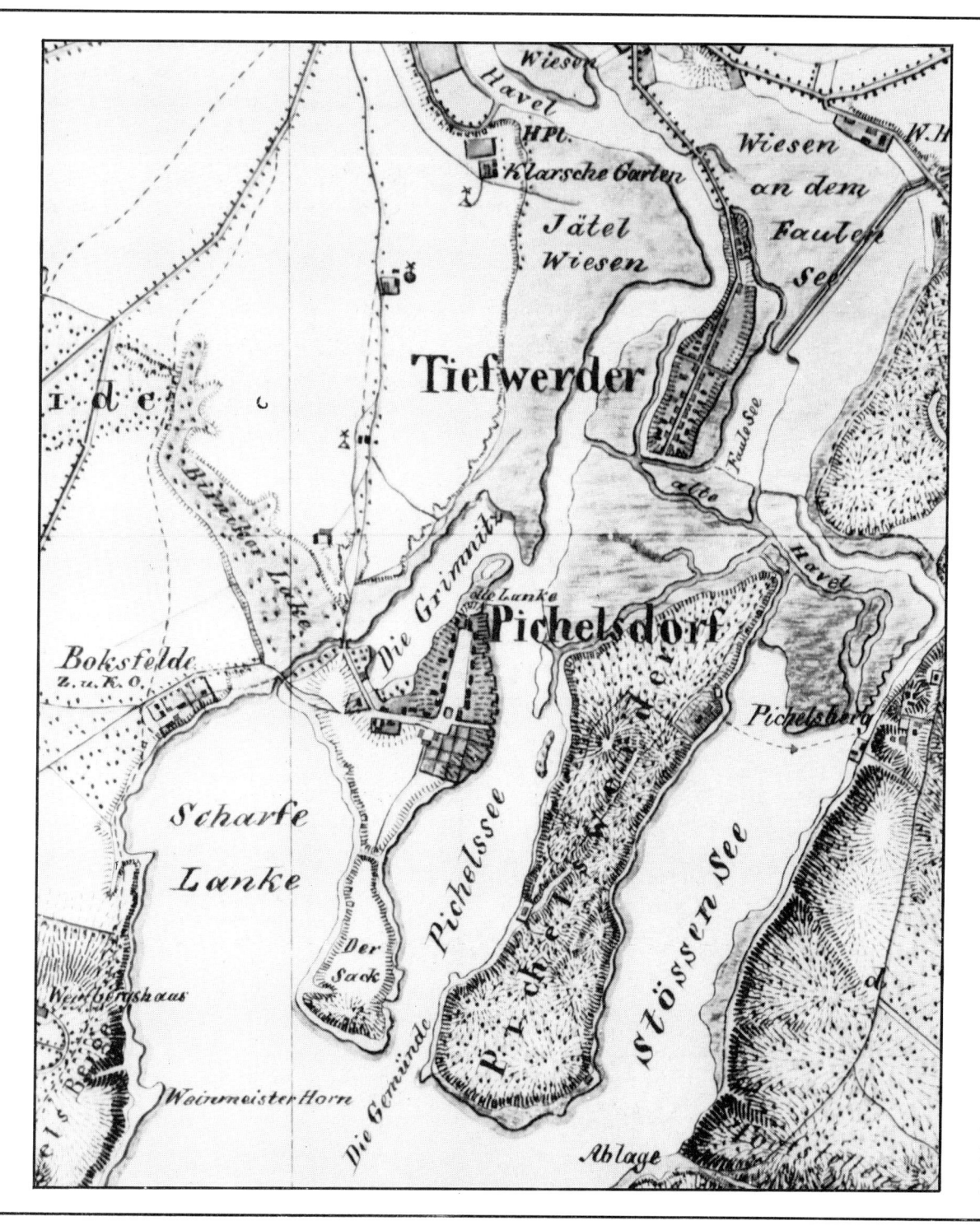

Entwicklung
der Einwohnerzahlen
von Tiefwerder

Jahr	Einwohner
1817	139
1840	275
1858	343
1871	399
1875	471
1880	525
1885	547
1890	733
1895	886
1900	1 238
1905	921
1910	854
1919	804

Abb. 578
Ausschnitt aus dem
Ur-Meßtischblatt
Nr. 1836 von 1835

Tiefwerder

Abb. 579 Wohnhaus von etwa 1815, Ende des 19. Jh. umgebaut, Dorfstraße 37/38

Abb. 580 Vierstöckiges Mietshaus, um 1890, Dorfstraße 30

Das bis 1920 zum Kreis Osthavelland gehörende Dorf wurde erst gegründet, nachdem die Siedlungen *Kietz* (siehe dort) und die Häuser am Burgwall bei Spandau bis auf geringe Reste im Jahre 1813 abgebrannt waren und der Wiederaufbau an der alten Stelle nicht mehr erfolgte. Die Abgebrannten erhielten einen Platz nahe dem Faulen See – den Tiefwerder – zugewiesen, wo binnen weniger Jahre das neue, nun *Tiefwerder* genannte Dorf entstand. Obwohl weiterhin ohne Ackerland, nun aber mit Wiesen (1860: 300 Morgen) ausgestattet, entwickelte sich das Fischerdorf schnell. Zu dem bis ins 20. Jh. bestimmenden Wirtschaftszweig, der Fischerei, kamen bald weitere Handwerker und Gewerbetreibende hinzu, so z. B. bis 1894 ein Bauunternehmer, 19 Maurer, 11 Schlosser, 7 Tischler, 2 Zimmerleute, 3 Maler und 2 Klempner, aber auch ein Drechsler, ein Böttcher, ein Bäcker, ein Schuhmachermeister und 5 Schmiede sowie 39 Arbeiter, 8 Bahnwärter und 2 Weichensteller. Die Einwohnerzahl stieg bereits in der ersten Hälfte des 19. Jh., verstärkt aber nach 1871 und pendelte sich im 20. Jh., nachdem einige stadtnahe Gebiete um die alten Siedlungsplätze nach Spandau eingemeindet wurden, bei etwa 800 ein.

Die auf den Tiefwerder verlegte ehemalige Kietz-Siedlung von Spandau stellt ein reines Straßendorf dar, dessen Grundstücke im Jahre 1835 (Abb. 578) bereits eine Vielzahl von Nebengebäuden – zumeist aus Fachwerk – aufwiesen. Von den offenbar von vornherein in Massivbauweise und größtenteils wohl als Doppelhäuser errichteten Wohngebäuden sind nur wenige erhalten geblieben. Den ursprünglichen Zustand der einstmals stets quergegliederten, mit der Traufseite zur Straße stehenden einstöckigen Bauten verdeutlichen noch am besten die Gebäude Dorfstraße 31, 37/38 (Abb. 579) und 46/47. Aber auch andere, inzwischen stärker modernisierte und veränderte Wohnhäuser weisen noch einzelne Relikte auf, wie das Gebäude Dorfstraße 23, das im Giebel ein altes Fenster zur Beleuchtung der Dachstube und 2 schmiedeeiserne Anker zur Befestigung der Dachbalken bewahrt.

Seit dem Ende des 19. Jh. drangen immer mehr zwei- und dreigeschossige Mietshäuser ins Ortsbild, von denen einige, z. B. Dorfstraße 52, sogar mit Hinterhäusern bzw. Seitenflügeln ausgestattet wurden. Vereinzelt entstanden selbst viergeschossige Bauten (Abb. 580), die die Entwicklung zum Wohngebiet für die zumeist nach Spandau auspendelnden Arbeitskräfte besonders einprägsam verdeutlichen. Eine eigene ortsansässige Industrie bildete sich bis 1920 nicht heraus, statt dessen ließen sich bald einzelne Wassersport- oder Angelvereine hier nieder, und eine größere Gartenkolonie entstand.

Treptow
Stadtbezirk Treptow

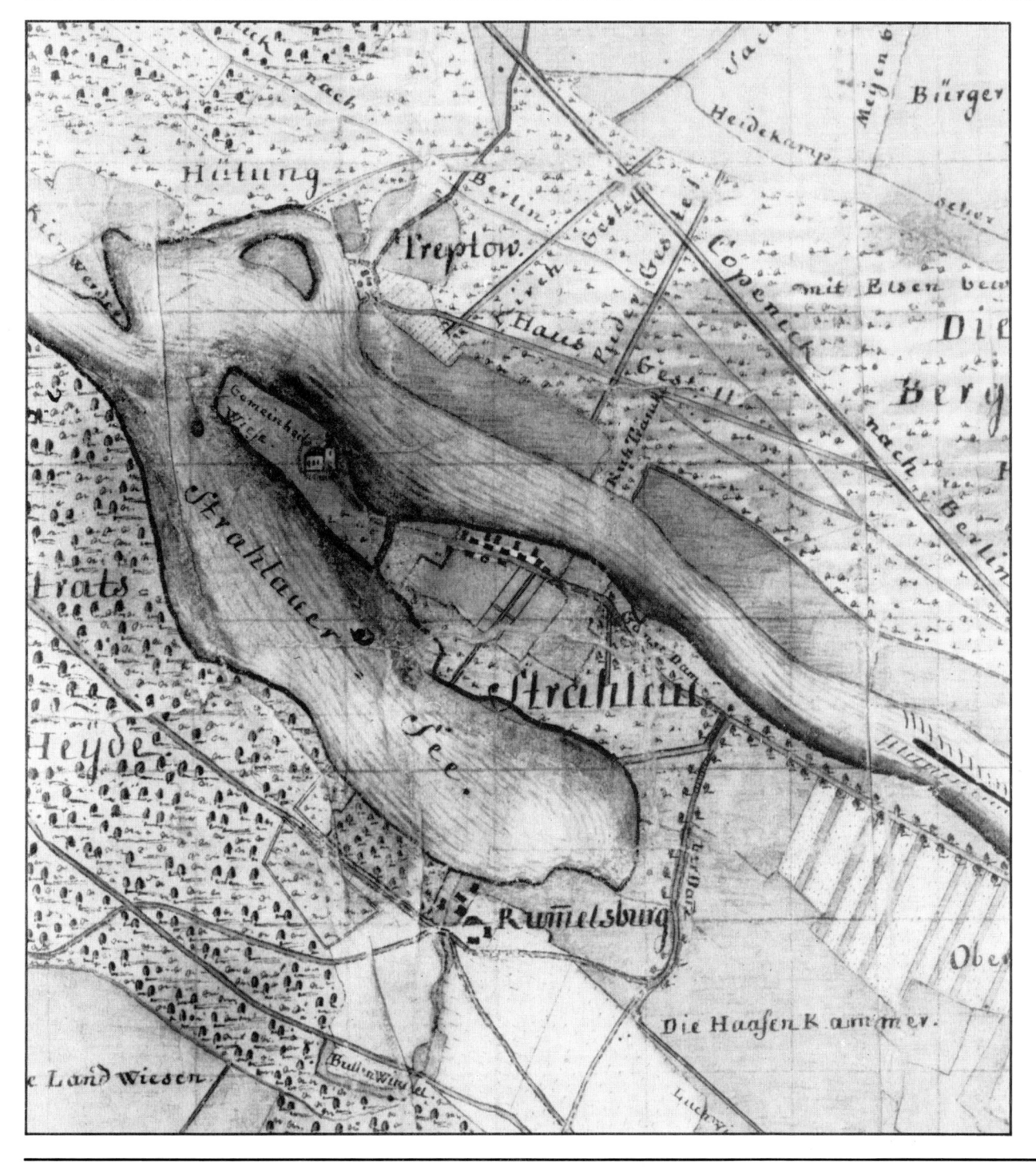

Entwicklung
der Einwohnerzahlen
von Treptow

Jahr	Einwohner
1840	82
1858	104
1871	364
1875	552
1880	803
1885	1 178
1890	1 780
1895	2 835
1900	5 348
1905	11 314
1910	24 469
1919	30 704

Abb. 581
Ausschnitt aus der „Carte zwey Meilen um Berlin", um 1770

Abb. 582
Ansicht von Süden
mit Blick
auf Berlin (Mitte)
und Stralau (rechts).
Anonyme Radierung
von 1793

Abb. 583
Ansicht des 1821/22
erbauten Gasthauses.
Stahlstich von
Frommel und Winkles,
um 1833

Von einer vermuteten und bereits früh wüst gewordenen, wahrscheinlich slawischen Siedlung sind keinerlei schriftliche Zeugnisse überliefert. Der Name Treptow taucht erst im Zusammenhang mit einer 1568 genannten Fischerei auf, die damals der Stadt Cölln gehörte und verpachtet war. Sie stellte zu diesem Zeitpunkt den einzigen Siedlungspunkt in dem großen Waldgebiet südlich der Spree zwischen Berlin und Köpenick dar. Zwar besaßen die Städte Cölln und Berlin bereits 1261 große Teile und ab 1435 die meisten Ländereien der Cöllnischen Heide, doch wurde das Gebiet bis auf das „Ausstellen von Honigbeuten" wohl kaum genutzt. Erst Anfang des 17. Jh. bildete sich ein kleines Vorwerk heraus, das, nachdem es längere Zeit wüst gelegen hatte, im Jahre 1707 durch den Kämmerer

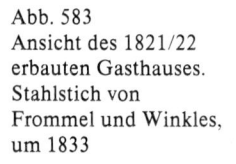

Lauern wiederaufgebaut und mit einem Wohnhaus sowie Stall und Scheune versehen wurde (Abb. 581). Seitdem stets verpachtet, bestand ein Haupterwerb des Pächters im Jahre 1745 im Verkauf von Milch an die Berliner Gäste, die seit jener Zeit immer häufiger dieses Gebiet besuchten. 1775/77 entstand neben dem Magistratsvorwerk eine kleine Büdnerkolonie für zunächst 6, später 8 Familien, denen 1779 ihre Grundstücke in Erbpacht übergeben wurden. Schon Ende des 18. Jh. besaß der Vorwerkspächter das Recht zur „Krugverlage", d. h. zum Betrieb eines Wirtshauses.

1817 löste die Stadt den Landwirtschaftsbetrieb auf, ließ die Wirtschaftsgebäude abbrechen und 1821/22 ein neues Gasthaus errichten, dem sich bald in der näheren und weiteren Umgebung andere hinzugesellten wie vor 1831 das Etablissement *Eierhaus*. Dennoch blieb die Einwohnerzahl zunächst noch gering. Infolge der seit 1829 durch den Magistrat begonnenen Holzeinschläge in der Cöllnischen Heide, des Ausbaus einer Chaussee von Berlin nach Treptow – der Krugallee, um 1849 – und der Verkäufe von Bauparzellen seit 1850 verstärkte sich der Zuzug etwas. Es schien geboten, den Gutsbezirk Treptow in eine Landgemeinde umzuwandeln, was am 22. 1. 1876 erfolgte.

Im gleichen Jahr begann der erst nach zähen Verhandlungen erreichte Ausbau des Treptower Parks, der 1896 zum Schauplatz der Berliner Gewerbeausstellung wurde. Die aus diesem Anlaß erfolgte Anlage eines Sonderbahnhofs „Treptow", die Verlängerung der Straßenbahnlinien und die Pflasterung der Straßen, aber auch die Einrichtung der Kanalisation – bereits seit 1894 erhielt der Ort Leitungswasser von den Berliner Wasserwerken – und der Anschluß an das Gasnetz verstärkten den Zuzug nach Treptow, wo sogar die Stadt selbst einen Teil des ihr gehörenden Territoriums parzellierte und ab 1897 eine Villenkolonie anlegte.

Unabhängig davon hatten sich zwei Siedlungskerne am Rande der Treptower Gemarkung herausgebildet. Der eine – 1860 als selbständiges *Etablissement Lohmühlen* geführt – befand sich unmittelbar an der Stadtgrenze, vor dem Schlesischen Tor, am Landwehrkanal. Dort existierten bereits im ersten Drittel des 19. Jh. mehrere Wind- und Lohmühlen, denen sich bis 1860 u. a. eine Dampfmaschinen- und eine chemische Fabrik hinzugesellten und wo 1858 bereits 118 Einwohner gezählt wurden. Während ein Teil dieser Siedlung 1861 nach Berlin eingemeindet wurde, kam der verbleibende (1890: 151 Einwohner) 1894 zu Treptow. Er wurde durch seine Wasser- und Bahnnähe zum bevorzugten Standort aller weiteren Industriebetriebe des Ortes wie z. B. M. Jordans Anilinfabrik und R. Stocks, später von der AEG aufgekauften Werkstätten.

Der andere Schwerpunkt, *Baumschulenweg*, lag im Südosten der Treptower Feldmark. Er erreichte niemals, obwohl die Einwohnerzahl des alten Treptower Ostkerns bald weit überflügelnd, administrative Selbständigkeit. Ausschlaggebend für die rasche Entwicklung des Ortsteils waren in erster Linie die in den benachbarten Orten Rixdorf und Niederschöneweide entstehenden Industriebetriebe sowie die Tatsache, daß auch hier 1887 die Berliner Bauordnung übernommen wurde, die die Bebauung mit fünfgeschossigen Wohnhäusern sowie Hinter- und Seitenflügeln zuließ, und nicht zuletzt 1899 die Anlage eines Haltepunktes an der Görlitzer Bahn. Die bald darauf zum Bahnhof erweiterte Haltestelle erhielt nach dem Weg, der vom Bahnhof zu der großen, zwischen Britz und Johannisthal gelegenen Baumschule von Späth führte, den Namen Baumschulenweg, der sich bald auf die ganze Siedlung übertrug.

Die Einwohnerzahl Treptows, die 1861 gerade 111 betragen hatte, stieg in der Folgezeit zunächst noch langsam. 1883 wurden sogar neben 113 Pferden noch 25 Rinder, 43 Schweine und 81 Ziegen gehalten. Seit dem Ende des 19. Jh. wuchs der Ort – un-

Abb. 584
Rathaus, 1909/11,
Neue Krugallee 2/6

Abb. 585
Straßenzug
mit fünfstöckigen
Mietshäusern,
um 1905,
Bouchéstraße 18/19

ter Einbeziehung Baumschulenwegs – jedoch sprunghaft, so von 1900 bis 1920 immerhin um etwa 25 000 Einwohner.

Trotz aller künstlerischen Freiheit scheint die anonyme Radierung von 1793 (Abb. 582) doch einigermaßen exakt die Verhältnisse in der Ansiedlung zu widerspiegeln. Dargestellt ist ein Komplex von mehreren Fachwerkbauten, unter denen neben 2 Wohnhäusern auch eine Scheune und mehrere Stall- und Schuppenanbauten erkennbar sind. Nach F. Nicolais „Beschreibung der Königlichen Residenzstädte Berlin und Potsdam" (1786) bestand dieses Ensemble aus einem „Haus im Walde an der Spree ..., woselbst der Magistratsförster wohnet" und einem „Wirtshaus, wohin aus Berlin oft Spazierfahrten geschehen" sowie einigen Kolonistenwohnungen. Letztere lagen jedoch nicht direkt am Wasser, sondern an einem nach Köpenick führenden Weg und sind daher in dieser Abbildung nicht dargestellt. Ein Lageplan von 1851 (Abb. 549) verzeichnet dagegen deutlich ihren Standort.

Zu diesem Zeitpunkt war allerdings das ursprüngliche Gasthaus längst durch ein von K. F. Langhans, offenbar unter Schinkelschem Einfluß entworfenes repräsentatives Ausflugslokal ersetzt worden, das der Magistrat von Berlin 1821/22 hatte errichten lassen (Abb. 583). Es bildete nicht nur während des Volksfestes anläßlich des Stralauer Fischzuges ein vielbesuchtes Ziel, sondern war – wie es 1830 heißt – „wegen seiner herrlichen Lage im Sommer täglich voller Berliner". Insbesondere pries man die anmutig angelegten Spaziergänge und Partien im nahen Gehölz, die vortreffliche Aussicht vom Balkon des Kaffeehauses „auf Berlin und die Umgegend, die bei voller Mondbeleuchtung unvergleichlich schön ist", sowie die seit etwa 1825 nahe dem Gasthaus durchgeführten und bald sehr beliebten „Land- und Wasserfeuerwerke" [46].

Mit dem Anwachsen der Großstadt im Verlaufe des 19. Jh. vergrößerte sich nicht nur der Besucherstrom, es entstanden auch weitere Gaststätten und etliche Sommerhäuschen begüterter Berliner Familien. Eine umfangreiche Bebauung des nach 1829 weitgehend abgeholzten Waldgebietes und entlang der ausgebauten Straße nach Köpenick und der neuen nach Treptow führenden Krugallee erfolgte jedoch vorerst nicht. Statt dessen verstärkte sich am Rande des städtischen Weichbildes, unmittelbar hinter der alten Zollgrenze am Oberbaum, die Besiedlung. Zwar wurde das Gebiet mit der am weitesten vorangeschrittenen Bebauung 1861 der Stadt zugeschlagen, doch bildeten die verbliebenen, 1894 der Landgemeinde Treptow zugeordneten Teile den wichtigsten Ausgangspunkt für die Entwicklung zum Industrie- und Wohnstandort. Hier entstand bis zur Eingemeindung ein relativ dichtes Straßennetz mit zahlreichen in geschlossener Bauweise errichteten vier- und fünfstöckigen, zumeist mit Hinterhäusern und Seitenflügeln ausgestatteten Mietshäusern (Abb. 585), durchsetzt bzw. unterbrochen durch größere und kleinere Industriebetriebe sowie die Kaserne des Telegraphen-Bataillons.

Ein weiterer Siedlungsschwerpunkt hatte sich seit dem Ende des 19. Jh. beiderseits des im Südteil der Gemarkung befindlichen Weges von der Spree zur Baumschule Späth herausgebildet. Wesentlich beflügelt durch den zunächst nach der Försterei Kanne benannten und 1902/06 zum Vorortbahnhof ausgebauten Haltepunkt Baumschulenweg, entstanden auf dem Gelände des aus dem ehemaligen Cöllnischen Forstetablissement hervorgegangenen und zeitweise, so 1860, zu Rixdorf gehörenden Guts Marienthal und benachbarter Terrains zahlreiche in geschlossener Bauweise errichtete Mietshäuser, deren Konzentration bereits 1908 zu der Feststellung führte, daß der Ortsteil Baumschulenweg „eigentlich nicht mehr unter die Vororte" gerechnet werden könne, da er „schon völlig das Aussehen der Mietviertel Berlins trägt" [16]. Es verwundert daher auch kaum, daß die erste gemeindeeigene Kirche

gerade in diesem Gebiet angelegt wurde. Sie entstand gemeinsam mit dem benachbarten Lyzeum in den Jahren 1910/11 nach dem Entwurf von H. Reinhardt/G. Süßenguth, die auch die Pläne für das 1909/11 errichtete Rathaus geliefert hatten.
Dieser repräsentative Bau (Abb. 584) fand seinen Platz freilich weder in der dichtbebauten nordwestlichen Region noch im südöstlichen Baumschulenweg, sondern in dem bis dahin nahezu unbebauten zentralen Gebiet nahe dem ältesten Siedlungskern, wo sich zwar die großen Ausflugslokale, ansonsten aber lediglich einige wenige Villen und das Realgymnasium befanden. Unbebaut heißt jedoch nicht unkultiviert, denn das einstmals bewaldete Territorium nördlich und südlich von Alt-Treptow einschließlich etlicher Acker- und Wiesenparzellen war zwischen 1876 und 1887 im Auftrag des Magistrats durch den Lenné-Schüler G. Meyer zu einem großzügigen Park umgestaltet worden, dem sich nach Süden sogar noch der ebenfalls parkartig gestaltete Plänterwald anschloß. Während dieses Terrain der Bauspekulation verschlossen blieb, entstanden seit dem Ende des 19., vor allem aber in den beiden ersten Jahrzehnten des 20. Jh. einige größere Villen und Mietshauskomplexe am Westrand des Treptower Parks (Abb. 586).
Bei der Eingliederung im Jahre 1920 brachte die Landgemeinde also außer den etwa 30 000 Einwohnern auch mehrere schon langjährig mit Berlin verbundene und für die Stadt wichtige Einrichtungen mit ein, die entweder von ihr selbst begründet, angelegt oder für sie von großem Interesse waren. Neben den weiträumigen Parkanlagen und verschiedenen Ausflugsgaststätten, dem 1911/13 errichteten Städtischen Krematorium auf dem ebenfalls städtischen Friedhof an der Kiefholzstraße und dem 1906 eingerichteten Waisenhaus Hoffmannstraße 11 sind vor allem die zwischen Oberbaumbrücke und Elsenstraße gelegenen Fabriken, die Wohngebiete und nicht zuletzt das noch vorhandene recht umfangreiche Bauland zu nennen.

Abb. 586
Ensemble
mit fünfstöckigen
Mietshäusern,
um 1910,
Moosdorfstraße 3/6

Vogtland, Stadtbezirk Mitte

Die Mitte des 18. Jh. angelegte friderizianische Kolonie „Voigtland" oder „Neu-Voigtland" gehört im eigentlichen Sinne nicht zu den Dörfern oder Landgemeinden im Umland Berlins. Sie entstand auf einem Gelände, das unmittelbar vor den Toren Berlins, zwischen dem Hamburger und Rosenthaler Tor, lag und direkt zur Stadt gehörte. Es wurde zwar durch Königliche Order dem Magistrat entzogen und den Kolonisten kostenlos zur Verfügung gestellt, doch erhielt der Ort niemals den Rang einer eigenständigen Gemeinde. Zwischen 1752 und 1754 entstanden hier 60 Doppelhäuser für insgesamt 120 Familien, zumeist Bauhandwerker aus Sachsen und Thüringen. Um 1770 kamen noch Grundstücke für 10 böhmische Gärtnerfamilien hinzu. Dieses „Vogtländische Viertel" entwickelte sich als Bestandteil der „Rosenthaler Vorstadt" schnell zu einem Arbeiterwohngebiet, das 1861 zusammen mit dem Wedding (siehe dort) und Moabit (siehe dort) auch offiziell der Stadt Berlin wieder eingegliedert wurde.

Waidmannslust, siehe Lübars

Wannsee
Verwaltungsbezirk Zehlendorf

Entwicklung
der Einwohnerzahlen
von Wannsee

Jahr	Einwohner
1900	2 378
1905	2 485
1910	2 539
1919	3 004

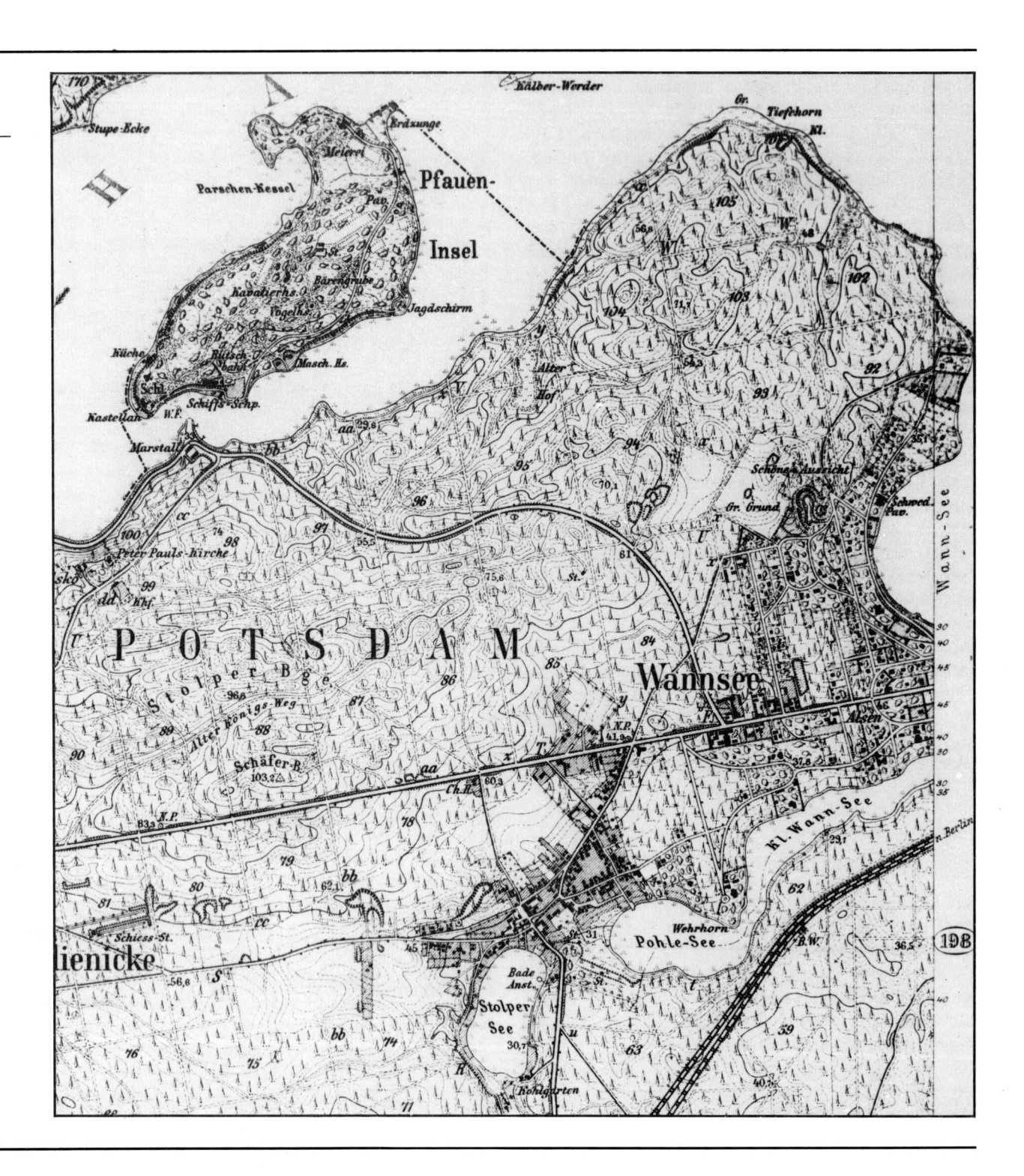

Abb. 587
Ausschnitt aus dem
Meßtischblatt Nr. 4711
von 1910

Die Landgemeinde Wannsee wurde im Jahre 1898 aus dem Dorf *Stolpe* – mit Nikolskoe und den Kolonien Alsen, Kohlhasenbrück und Steinstücken – sowie der bis dahin zum Gutsbezirk *Düppel* gehörenden Villenkolonie Wannsee, dem Bahnhof, weiteren Wannsee-Villen und umfangreichem Land (Stolpe 1860: 294,25 Hektar; Wannsee 1900: 595 Hektar) gebildet. Sie entwickelte sich seitdem weiter als bevorzugte Wohngegend kapitalkräftiger Berliner Bürger und als Ausflugsgebiet mit etlichen Gaststätten und Restaurants. Die relativ geringe Einwohnerzahl erklärt sich u. a. daraus, daß die Industriellen und Großkaufleute, aber auch zahlreiche Künstler und Wissenschaftler ihre Anwesen vielfach nur als Sommerwohnsitz nutzten. Die Gemeinde Wannsee, die 1920 aus dem Kreis Teltow ausgegliedert und nach Berlin eingemeindet wurde, genoß vor dem ersten Weltkrieg „den Ruf, in der Umgebung Berlins der schönstgelegene und distinguierteste Vorort zu sein" [16] (Abb. 587).

Als die Gemeinde Wannsee gebildet wurde, nahm sie nicht nur das alte Dorf Stolpe mit den auf seiner Gemarkung liegenden Kolonien, sondern auch weitere Siedlungskerne in sich auf, deren Entstehung teilweise mehr als 20 Jahre zurücklag. Dazu gehörte vor allem die auf Betreiben des Bankiers W. Conrad mit Unterstützung des Prinzen Friedrich Carl 1869/74 angelegte „Alte Wannseebahn" mit dem Haltepunkt Dreilinden (seit 1884 Wannsee). Sie führte damals noch durch nahezu unbewohntes Gebiet, so daß diese Linie im Volksmund bald „Wahnsinnbahn auf Conrädern" hieß. Doch schon wenige Jahre später bildete sich, wie von den Initiatoren erhofft, auf dem zumeist zum Gutsbezirk Düppel gehörenden Terrain eine Villenkolonie heraus. Zu den ersten Ansiedlern gehörten die Lampenfabrikanten Wild und Wessel, die sich bereits 1875 von dem Potsdamer Hofbaumeister Petzholtz nahe dem Bahnhof, Am Sandwerder 1 und 3, aufwendige, noch den Einfluß der Schinkel-Schule verdeutlichende spätklassizistische Wohnbauten errichten ließen, von denen einer bis heute nahezu unverändert erhalten geblieben ist (Abb. 588).

Es folgten sowohl am südwestlichen flachen als auch am südöstlichen hohen Seeufer bald weitere, zumeist zweistöckige geräumige Villen in unterschiedlichen Stilen. So waren z. B. unter den 1896 veröffentlichten „Landhäusern" die von Otzen (1882/83), Haukohl (1885/86) und Oppenheim (1886/87) weitgehend dem „Burgenstil" mit gotisierenden Elementen verpflichtet, während die von Huldschinsky (1890/91), Ebeling (1890ff.) und A. v. Siemens (1886ff.) stärker der Renaissance und z. T. der Romanik entlehnte Formen aufwiesen [6]. Hinzu kamen Paläste mit neobarocken, neoklassizistischen und stellenweise sogar Jugendstilfassaden,

Abb. 588 Villa der „Kolonie Wannsee", 1875, Am Schwanenwerder 1

Abb. 589 Eingangsportal mit Nebengebäuden zu einem Villengrundstück, um 1910, Am Sandwerder 33/35

Abb. 590
Rathaus,
1900/01,
Königstraße 42/44

Abb. 591   Gemeindeschule, um 1900, Schulstraße 4/6

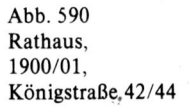

häufig und nicht nur bei den Nebenbauten vermischt mit Fachwerkelementen, wie sie der „Heimatstil" bevorzugte, vielfach mit Nebengebäuden für das Personal und von einem oft prächtigen Eisenzaun umgeben (Abb. 589). Zu den herausragenden Villen des beginnenden 20. Jh. gehörten die von A. Messel entworfenen für F. Springer, Am Großen Wannsee 39/41 (1901), und F. Oppenheim, Am Großen Wannsee 43/45 (1908), sowie die von P. Baumgarten für M. Liebermann erbaute, Am Großen Wannsee 42 (1908).

Mit der zunehmenden Verdichtung in der Bebauung und den steigenden Einwohnerzahlen reichten die bisherigen kommunalen Einrichtungen nicht mehr aus. Schon wenige Jahre nach der Bildung der neuen Landgemeinde Wannsee errichtete man ein prächtiges Rathaus, dessen Größe und Fassadengestaltung – die Baukosten betrugen mehr als 200 000 Reichsmark – allerdings mehr den Repräsentationswünschen der finanzkräftigen Einwohner als den verwaltungstechnischen Bedürfnissen entsprach (Abb. 590), ferner 1901/02 in der unmittelbaren Umgebung in der Chausseestraße 27 ein großes Gebäude der freiwilligen Feuerwehr und ebenfalls ganz in der Nähe ein mehrstöckiges Schulhaus (Abb. 591). Damit war ein neues gesellschaftliches Zentrum entstanden, das das ehemalige am Dorfplatz von Stolpe ablöste und die sich weiter verstärkende Besiedlung entlang dem Kleinen und südlich des Großen Wannsees berücksichtigte, wo sich – vor allem nach der Anlage der „Neuen Wannseebahn" 1891 und der Einführung des Vororttarifs 1891 – neben den Villen zunehmend Ausflugsgaststätten etablierten, wie im Jahre 1900 das Lokal „Schloß Wannsee", wenngleich der große Besucherstrom auch erst nach der Eingemeindung hierher kam.

Wartenberg
Stadtbezirk Hohenschönhausen

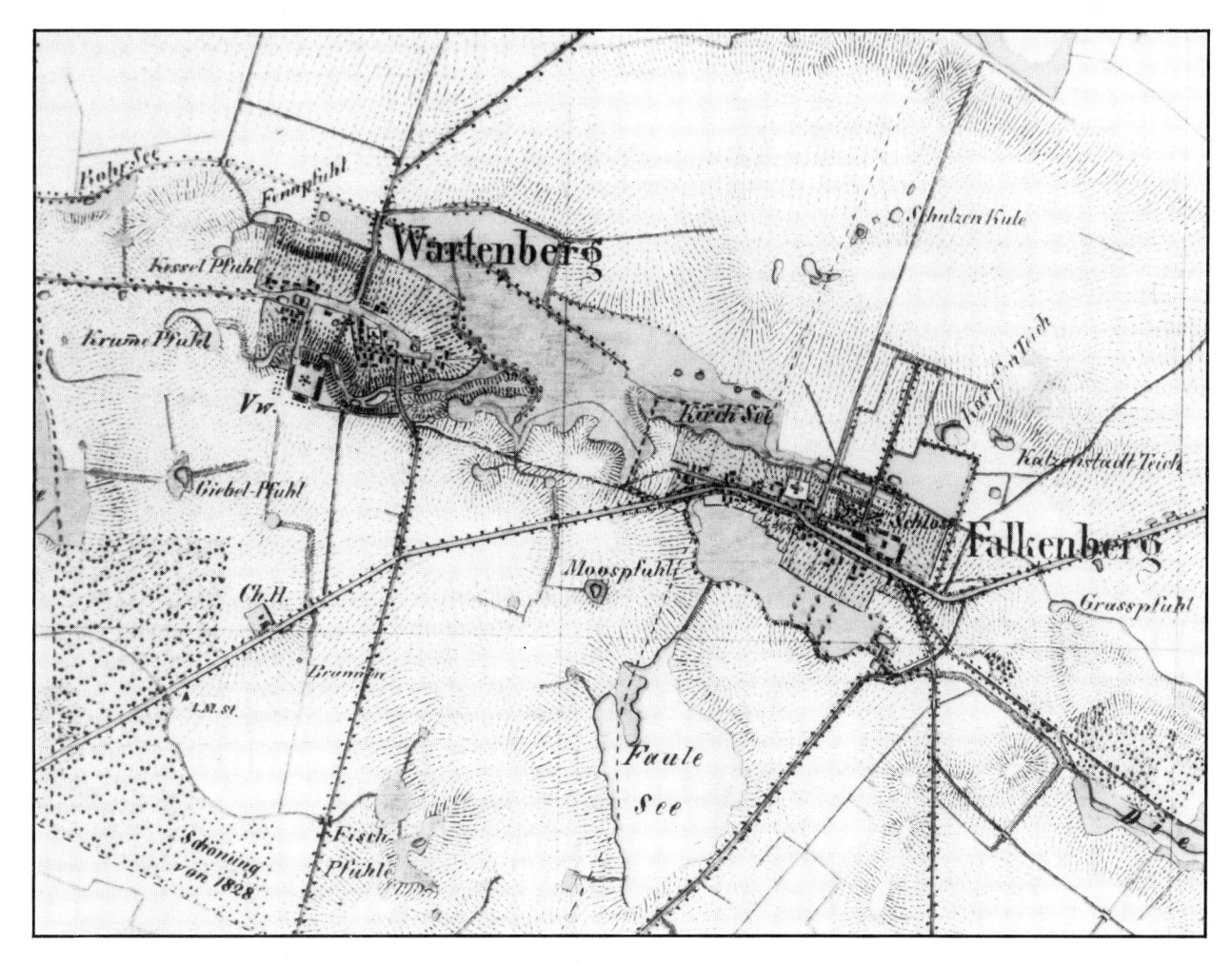

Entwicklung
der Einwohnerzahlen
von Wartenberg

Jahr	Einwohner
1734	110
1772	182
1801	144
1817	150
1840	216
1858	273
1871	299
1875	314
1880	373
1885	438
1890	486
1895	539
1900	503
1905	504
1910	439
1919	397

Abb. 592
Ausschnitt aus dem
Ur-Meßtischblatt
Nr. 1838 von 1869/71

Das bis zur Ausgliederung aus dem Kreis Niederbarnim und Einbeziehung in den neuen Stadtkreis Berlin aus einem Gemeinde- und einem Gutsbezirk bestehende Dorf wurde erstmals 1375 erwähnt. Damals besaßen die grundherrschaftlichen Rechte mehrere Berliner und Cöllner Bürgerfamilien wie die Familien Blankenfelde, Mildenhoff, Huge, später auch Heckelberg und Boytin. Seit der Mitte des 15. Jh. gehörte das halbe Dorf mit verschiedenen Anteilen der Familie v. Waldow, von 1515 bis 1719 der Familie v. Röbel, die es zeitweise weiterverpachtete, und es kam, nachdem es zwischenzeitlich die Familien Zübcke, Reismann und Deilicke besessen hatten, 1792 an die Familie v. Voß, die bereits 1784 die andere Hälfte des Dorfes von der Familie v. Hertzberg übernehmen konnte. Diesen Teil besaßen zuvor die Familien v. Beerfelde (1518 bis 1654), Kohl bzw. Kemnitz (1654 bis 1703), v. Seydel (1703/36) und v. Hertzberg (1736/84). Außer verschiedenen kleineren Anteilen, die von 1419 bis 1710 zum Gut in Blankenfelde und seitdem zum Amt in Niederschönhausen gehörten, besaß die Familie v. Voß seit 1792 also das ganze Dorf und das Gut, das 1883 schließlich von der Stadt Berlin zur Anlage von Rieselfeldern erworben wurde.

In dem 52-Hufen-Dorf bestanden bereits 1536 zwei

Wartenberg

Abb. 593
Wohnhaus eines
Großbauernhofes,
um 1890, Dorfstraße 17

Abb. 594
Ziegelziersetzungen
an einer zweitorigen
Scheune eines
Großbauernhofes,
um 1890,
Dorfstraße 8

Wohnsitze der Familien v. Beerfelde und v. Röbel, deren Güter durch den Auskauf mehrerer Bauernhöfe schon vor dem Dreißigjährigen Krieg erheblich vergrößert wurden. 1624 existierten 8 Herrschafts- und 5, seit 1665 sogar 7 freigewillige Hufen. 1652 waren von den 1624 genannten 12 Hüfnerstellen nur noch 7 und von den 5 Kossätenstellen lediglich 3 besetzt. Den größten Teil der wüsten Bauernländereien verleibten sich die Güter ein. Seit Beginn des 18. bis ins 19. Jh. wirtschafteten neben den 2 Rittergütern nur noch 5 Kossäten und 6 Bauern, deren Landbesitz sich nach der Separation und Ablösung weiter verringerte, so daß zum Bezirk der inzwischen vereinigten Güter im Jahre 1860 immerhin 1807 Morgen, davon 1517 Morgen Acker, gehörten, während die Gemeinde insgesamt nur noch 1315 Morgen, davon 1185 Morgen Acker, umfaßte.

Der bereits 1375 genannte Krug wird 1481 letztmalig erwähnt, dafür taucht seit 1624 die Stelle eines Laufschmieds auf, die Mitte des 18. Jh. in eine Wohnschmiede umgewandelt wurde. Obwohl seit Ende des 18. Jh. einige Büdner und Einlieger hinzukamen, vergrößerte sich der Ort bis zur Mitte des

Abb. 595
Blendfenster und andere Schmuckelemente am Stallgiebel eines Großbauernhofes, um 1880, Dorfstraße 19

Abb. 596
Fachwerkscheune eines Mittelbauernhofes, um 1850, Dorfstraße 11

19. Jh. nur geringfügig. Der seitdem einsetzende leichte Aufschwung wurde bald nach der Anlage der Rieselfelder wieder begrenzt und bewirkte schließlich sogar einen Bevölkerungsrückgang.
Wie der Lageplan von 1869/71 (Abb. 592) weisen auch die anderen, noch in der ersten Hälfte des 19. Jh. entstandenen Karten, wie die 1846 durch V. v. Falckenstein vom Weichbild Berlins aufgenommene, die Siedlung in einer Form aus, die eine recht unterschiedliche Zuordnung zulassen. Wenn die Einstufung als Sackgasse [24] auch nicht ganz von der Hand zu weisen ist, so scheint die Ansicht, daß es sich um ein „durch Gutsbildung deformiertes Angerdorf" handelt [21], doch überzeugender, was durch weitere Untersuchungen natürlich erst noch zu untermauern wäre. Unbestritten ist indes, daß die seit 1792 in einer Hand vereinigten Güter sich seit dem 16. Jh. auf Kosten ehemaliger Bauernhöfe ständig vergrößert hatten. Dennoch waren bis zum Verkauf des Gutes an die Stadt Berlin im Jahr 1883 und auch noch bis zur Eingemeindung 1920 mehrere Bauern- und Kossätenhöfe erhalten geblieben. Einigen gelang es sogar Ende des 19. Jh., beachtlichen Reichtum zu erwirtschaften, wie die gro-

Wartenberg

Abb. 597
Wohnhaus
eines Büdners,
um 1780,
Dorfstraße 23

Abb. 598
Dorfkirche.
Tuschzeichnung von
H. Wohler, 1834

ßen massiven Wohn- und Wirtschaftsbauten belegen. Zu diesen gehören u. a. das Wohnhaus Dorfstraße 17 (Abb. 593), die Scheune vom Hof Dorfstraße 8 (Abb. 594) und der Stall vom Hof Dorfstraße 19 (Abb. 595). Sie alle beeindrucken nicht nur durch ihre Größe und Gediegenheit in der Ausführung, sondern auch durch die Vielzahl der Schmuckelemente.

Auffallend ist allerdings, daß etliche bäuerliche Grundstücke ihre zumeist aus der ersten Hälfte des 19. Jh. stammenden Wohnhäuser bewahrten und nur modernisierten (so Dorfstraße 19) oder durch relativ bescheidene ersetzten (so Dorfstraße 8), während die für die Wirtschaft erforderlichen Gebäude den damaligen höchsten Anforderungen entsprachen. Vereinzelt blieben allerdings auch ältere Scheunen und Ställe erhalten, und die Wohnhäuser wurden durch neue ersetzt. So ließ sich der Besitzer der Mittelbauernstelle Dorfstraße 11 im Jahr 1880 ein zwar kleines einstöckiges, aber eben doch neues Wohngebäude errichten, während die noch in Lehmfachwerk errichtete Scheune von etwa 1840/50 bestehen blieb (Abb. 596).

Zu den ältesten Bauten im Ort gehört heute das Wohnhaus eines Büdners (Abb. 597). Es wurde, wie die erhaltene, nur einmal verriegelte Lehmfachwerkwand belegt, Ende des 18. Jh. errichtet, besaß ursprünglich den damals üblichen von der Vorder- zur hinteren Traufseite durchlaufenden Querflur mit der Schwarzen Küche in der Mitte und könnte sogar mit Stroh gedeckt gewesen sein. Die Ziegeleindeckung des abgewalmten Kehlbalkensparrendaches erfolgte vermutlich erst im Zusammenhang mit dem teilweisen Unterfangen der Außenwände Ende des 19. Jh.

Zeugnisse des Gutsbetriebes blieben verständlicherweise kaum erhalten. Während die Gebäude des Wirtschaftshofes zumeist abgerissen oder völlig verändert wurden, existierten nur noch einzelne Landarbeiterkaten im Dorf, von denen die einstöckige, Dorfstraße 13, in besonders krasser Weise die Wohnverhältnisse dokumentiert, die den damals zumeist aus den östlichen Provinzen kommenden Wanderarbeitern zugemutet wurden (Abb. 600). Geradezu herrschaftlich mutet dagegen die zweistöckige Arbeiterkaserne an, die Anfang des 20. Jh. für die Arbeiter auf den städtischen Rieselfeldern in der Dorfstraße 20 errichtet wurde.

Den bescheidenen Verhältnissen der kleinen Gemeinde entsprechend bestand das Schulhaus, das um 1910 einen älteren und offenbar noch primitiveren Vorgängerbau ersetzte, aus einem einfachen Backsteinbau, in dem auf der einen Seite der Klassenraum und auf der anderen die Wohnung des Lehrers untergebracht war (Abb. 599).

Im auffallenden Gegensatz zu den insgesamt einfachen Lebensbedingungen stand die aufwendige Kirche, die bereits vor 1250 erbaut worden sein soll. Darauf deuteten nicht nur das aus behauenen Feldsteinen errichtete Mauerwerk, sondern auch der aus einem Westturm, einem quadratischen überwölbten Schiff, einem ebenfalls mit Gewölbe ausgestatteten Chor mit seitlich anschließender Sakristei und einer Apsis, also einer „vollständigen Anlage" bestehende Bau hin, dessen Zustand H. Wohler vor dem

Abb. 599 Teilansicht der ehemaligen Dorfschule, um 1910, Dorfstraße 21

Abb. 600 Gutsarbeiterkate für einheimische und Saisonarbeiter, um 1880, Dorfstraße 13

Umbau von 1848 exakt dokumentierte (Abb. 598). Insgesamt war Wartenberg also bis ins 20. Jh. ein kleines Guts-/Bauerndorf geblieben, das bei der Eingemeindung in erster Linie durch die großen Rieselfelder mit Berlin verbunden war, ansonsten aber noch keinerlei Ansätze zu einem städtischen Vorort aufwies.

Wedding, Verwaltungsbezirk Wedding

Von dem offenbar im Jahre 1251 bereits wieder wüst gewordenen Dorf Wedding wurde in einer Urkunde, die die Übereignung einer Mühle an der Panke an das Benediktinerinnenkloster in Spandau bezeugt, wenigstens der Name überliefert, der auch in der Folgezeit erhalten blieb. Im Jahre 1289 überließ Markgraf Otto IV. der Stadt Berlin den Hof „Weddinge" mit der zugehörigen Feldmark. Auf dem seitdem zur Berliner Flur gehörenden Gelände legte 1601 der Kurfürstliche Oberhofkämmerer Graf Schlick, der zuvor 50 Grundstücke von Berliner Bürgern erworben hatte, einen Gutshof an, den der Kurfürst Joachim Friedrich bald darauf kaufte. Das in der Folgezeit zumeist verpachtete Vorwerk besaß seit 1797 der Geheimrat Noeldechen, von dem es im Jahre 1817 die Stadt Berlin erwarb.

1827 begann die vollständige Parzellierung des Gutes, teils in größere Gärtner-, zumeist aber in einzelne Baugrundstücke. Unweit des Vorwerkes und der Schäferei Wedding war um 1770 eine Kolonie entstanden, die sich nach der Aufteilung des Gutes schnell vergrößerte. Weitere Siedlungskerne waren die neue Mühle, die nach der Regulierung der Panke 1709 angelegt und zunächst als Walk-, von 1730 bis 1839 als Papiermühle genutzt wurde, und ein 1759/60 vom Königlichen Hofapotheker D. Behm angelegter Gesundbrunnen, in dessen Umgebung sich seit dem Ende des 18. Jh. und vor allem nach der Abholzung der nördlich angrenzenden Kämmereiheide im Jahre 1803 ebenfalls etliche Kolonisten ansiedelten. In schneller Folge kam eine stattliche Anzahl Fabriken und Mietshäuser hinzu, so daß das gesamte Gebiet bald vorstädtischen Charakter besaß. 1860 wurden 640 Wohnhäuser, 584 Wirtschaftsgebäude, darunter 4 Wachstuchfabriken, 5 Leimsiedereien, 2 Sägemühlen und 3 Ziegeleien, und 10 715 Einwohner gezählt. 1861 erfolgte die Eingemeindung nach Berlin.

Weißensee

Stadtbezirk Weißensee

Entwicklung
der Einwohnerzahlen
von Weißensee

Jahr	Einwohner
1734	82
1772	168
1801	185
1817	133
1840	372
1858	402
1871	467
1875	2 904
1880	4 616
1885	8 510
1890	19 804
1895	27 001
1900	34 453
1905	37 608
1910	43 037
1919	45 880

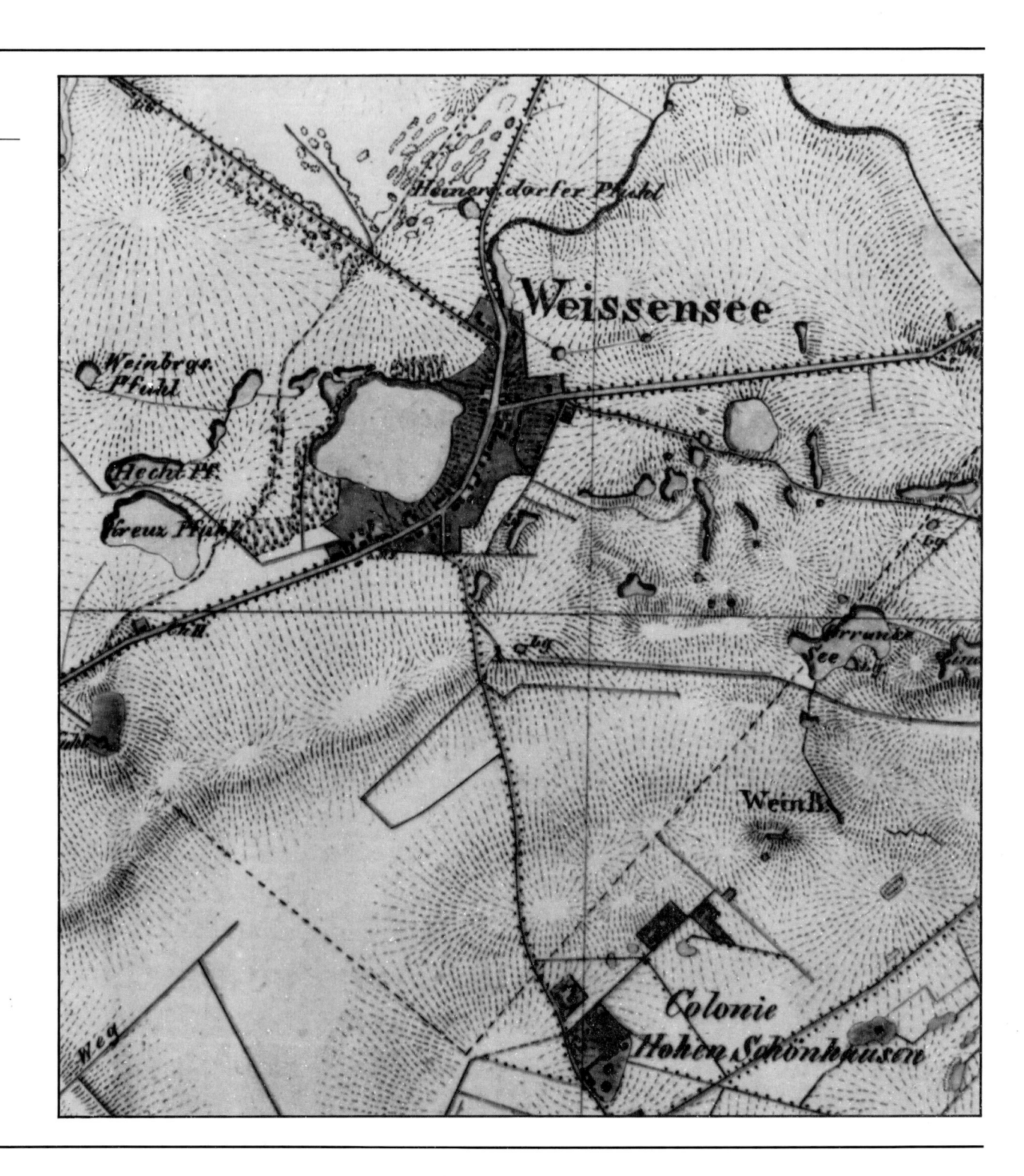

Abb. 601
Ausschnitt aus dem
Ur-Meßtischblatt
Nr. 1836 von 1835

Obwohl bereits 1242 ein „Conradus de Widense" genannt wurde, fand der Ort erst 1313 seine erste urkundliche Erwähnung. Zu diesem Zeitpunkt veräußerte B. v. Grevelhut dem Heiliggeisthospital Berlin Rechte über 4 Hufen. Mindestens seit 1375 befanden sich größere Teile des 68-Hufen-Dorfes im Besitz der Bürger Landsberg und Rathenow. Ende des 15. Jh. zeitweise ganz der Familie v. Blankenfelde gehörig, bildeten sich im 16. Jh. mehrere Teilgüter heraus, aus denen schließlich noch vor 1608 4 Rittersitze hervorgingen, die schon im Verlaufe des 17. Jh. teilweise und in der ersten Hälfte des 18. Jh. wieder vollständig zusammengelegt wurden. Bereits 1737 hatte die Familie v. d. Liepe die meisten Gutsanteile in ihrer Hand. 1745 kaufte der Landrat K. G. v. Nüßler das Gut und erwarb zudem auch alle Rechte über das Dorf. Nach seinem Tode 1776 zunächst im Besitz der Tochter, Frau v. Berg, und dann von deren Sohn, einem v. Schenkendorf, erwarb das Gut schließlich 1821 der Unternehmer L. Pistorius, von dem es nach seinem Tode 1858 dessen Neffe F. W. Lüdersdorf übernahm. 1872 erstand der Hamburger Großkaufmann G. A. Schön das Rittergut, das er jedoch sofort zur parzellieren begann und größtenteils an verschiedene Bodenspekulanten weiterverkaufte. Das Restgut ging schließlich 1874 in den Besitz der von ihm gegründeten „Weißensee-Actien-Gesellschaft" über. Die relativ schnell bebauten Gebiete des ehemaligen Gutsbezirkes bildeten seit 1880 einen eigenen Gemeindebezirk *Neu-Weißensee* (siehe dort), der aber 1905 wieder mit dem alten Dorf vereinigt wurde.

Da bereits 1624 zu den 10 Herrschaftshufen weitere 23 den Blankenfeldes „freigewilligt" worden waren und bis 1681 noch 3 hinzugekommen waren, verkleinerte sich die Zahl der Hüfner schon frühzeitig. Nach dem Dreißigjährigen Krieg lagen alle bäuerlichen Höfe „wüst". Erst im Verlaufe des 18. Jh. entstanden wieder einige Vollbauernstellen (1701: 1, 1745: 4, 1776 und 1801 dann jeweils 5 Höfe). Dagegen blieben die 1624 genannten 5 Kossätenstellen auch in der Folgezeit offenbar fast immer besetzt. Eine geringe Vergrößerung des Ortes brachte im letzten Viertel des 18. Jh. die Ansiedlung von 10 Familien, so daß die Einwohnerzahl bis 1801 auf 185 anstieg. Infolge der Kriegswirren unter der napoleonischen Fremdherrschaft verkleinerte sie sich zwar wieder, auch stellte eine große Feuersbrunst am 13./14. 7. 1823, die 8 Menschenleben forderte, eine weitere Belastung dar, doch setzte noch im ersten Drittel des 19. Jh., bedingt u. a. durch die Anlage einer Chaussee ab 1807 und die Erweiterung des Gutes durch eine Kartoffelbrennerei, eine erneute Belebung ein. Der Gutsbesitzer L. Pistorius, der 1817 einen neuen Brennapparat entwickelt und damit der Spritgewinnung einen bedeutenden Impuls verschafft hatte, baute sein 1821 erworbenes Gut zu einer vorbildlichen Wirtschaft aus, auf der die „Maschinenbau-Anstalt für landwirtschaftliche Geräte" von Eckert in Lichtenberg sogar etliche ihrer Geräte testen ließ.

Abb. 602 Ansicht des Dorfes von Norden. Anonyme Zeichnung von 1833

Abb. 603
Dorfkirche.
Tuschzeichnung von
H. Wohler, 1834

Weißensee

Abb. 604
Gutshof
mit Herrenhaus
und Ställen,
um 1855

Abb. 605
Ansicht
des Gutshauses
von 1858
aus dem Jahre 1863

Zu der erstmals 1745 genannten Windmühle und der Brennerei kam bis 1860 schließlich noch eine Ziegelei hinzu, so daß neben der Landwirtschaft auch schon erste gewerbliche Einrichtungen existierten und dementsprechend die Einwohnerzahl wieder etwas anstieg. Den eigentlichen Anstoß zur Vergrößerung des Ortes bewirkten freilich erst die 1872 einsetzende Parzellierung des Gutes und die Bebauung mit großen Mietshäusern. Eine wesentliche Rolle dabei spielten die guten Verkehrsverbindungen nach Berlin, die durch eine bereits 1883 eingerichtete Omnibuslinie und eine 1876 eröffnete Pferde-Eisenbahnlinie, der 1892 eine weitere Straßenbahnlinie folgte (beide 1901 elektrifiziert), geschaffen wurden. So konnten nicht nur die neuen Weißenseer Bewohner relativ schnell ihre städtischen Arbeitsplätze erreichen, sondern auch die Städter die sich zeitweise zum Ausflugsort entwickelnde Gemeinde leichter aufsuchen.

Die sprunghafte Vergrößerung des Ortes konzentrierte sich anfangs allein auf das südlichere, der Stadt Berlin näher gelegene Gebiet Neu-Weißensee (siehe dort). 1880 lebten 3891 Einwohner in diesem und 825 im alten Teil der Gemeinde. 1895 betrug das Verhältnis sogar 25 143:1858. Nach der Vereinigung beider Orte wuchs Weißensee weiter, so daß bei der Ausgliederung aus dem Kreis Niederbarnim und der Einbeziehung zu Berlin bereits mehr als 45 000 Einwohner gezählt werden konnten.

Der Lageplan von 1835 (Abb. 601) zeigt das langgestreckte Straßendorf noch weitgehend in seiner ursprünglichen Gestalt mit der Kirche an dem Abzweig nach Falkenberg. Die dunklen Signaturen belegen, daß auch nach dem großen Brand von 1823 die Mehrzahl der Gebäude wieder in Fachwerk errichtet wurde. Einen Eindruck von den damaligen Verhältnissen vermittelt eine 1833 entstandene Zeichnung, die nicht nur den kurz vorher (1822) fertiggestellten neogotischen Backsteinturm der Dorfkirche darstellt, sondern auch mehrere beiderseits der ungepflasterten Dorfstraße liegende Fachwerkbauten mit Strohdächern (Abb. 602).

Während die agrarisch strukturierten Höfe schon Ende des 19. Jh. immer mehr der seitdem wachsenden Verstädterung weichen mußten, blieb die um 1300 angelegte, 1943 ausgebombte und 1948/49 leicht modifiziert wiederaufgebaute Kirche bis heute erhalten. Allerdings erfuhr sie im Verlauf der Jahrhunderte mancherlei Veränderungen. So entstammt nur der aus bearbeiteten Feldsteinen errichtete Turmunterbau noch der ersten Bauperiode, das teilweise aus großformatigen Backsteinen und teilweise aus kleineren Ziegelsteinen bestehende Schiff bereits dem 15. sowie 19. Jh. (1863) und das Querschiff mit dem polygonalen Chor einem größeren Umbau von 1899/1900. Vorgestellt sei jedoch der von H. Wohler vorgefundene Zustand, der den noch dörflichen Verhältnissen entsprach (Abb. 603).

Der städtische Einbruch ins Dorf erfolgte freilich in erster Linie durch den Verkauf und die Parzellierung des Gutes, das 1706 noch aus 3 verschiedenen „Herrschafts-Häusern" bestanden hatte und erst um die Mitte des 18. Jh. zu einem einheitlichen Gutshof vereinigt und mit entsprechenden Gebäuden ausgestattet wurde (Abb. 604). Das einstöckige, mit einem Mansarddach versehene Herrenhaus blieb bis 1858/59 erhalten. Erst dann ließ es der neue Besitzer, der Königliche Landes-Ökonomierath Dr. F. W. Lüdersdorf, abreißen und durch einen zweistöckigen Neubau ersetzen (Abb. 605), welcher seit 1877 zusammen mit Gutsbrauerei und -brennerei den Kern des großen Ausflugs-Etablissements „Zum Sternecker" bildete. Es schloß den 1858 aus einem zuvor wenig kultivierten Garten hervorgegan-

Abb. 606
Ehemaliges Amtsgericht, 1904/06,
Parkstraße 71

Abb. 607
Dreistöckiges
Mietshaus,
1890,
Heinersdorfer
Straße 37

genen Park mit ein, von dem es 1873 hieß, daß in der unmittelbaren Nähe Berlins sich schwerlich eine Anlage finden ließe, die der Weißensees „an Größe, Baumwuchs und landschaftlicher Abwechslung gleich kommt". Der daraus entwickelte Vergnügungspark mit Reitbahn, Karussells, Musikpavillon, Rutschbahn und Seeterrasse war vor allem in den 70er/80er Jahren des 19. Jh. eine Attraktion für das Berliner Publikum, das besonders anläßlich der großen Feuerwerke in großen Scharen mittels Pferde-Eisenbahn oder -Omnibus und Straßenbahn herbeiströmte. Bereits 1896 hieß es jedoch, daß „das Schloß-Restaurant Weißensee, das vor wenigen Jahren in großer Blüthe stand", viel von seinen Reizen eingebüßt hat, da „die Ortspolizei dem Treiben der Halbwelt scharf aufpaßt. Das Unternehmen ist sehr zurückgegangen, die Baulichkeiten sind stark in Verfall" [6]. Am 21. 2. 1919 fiel das Schloß, in dem seit 1915 Militär untergebracht war, einem Feuer zum Opfer.

Auch ein anderer Anziehungspunkt, die am 18. 6. 1878 eingeweihte erste Trabrennbahn im Berliner Raum, verlor bald wieder seine Bedeutung. Anfangs hatte die Anlage mit einer geräumigen und in der Konstruktion gefälligen Tribüne, die annähernd 1000 Personen Platz bot, zwar Tausende Besucher angelockt, so daß 1880 immerhin 22 Renntage durchgeführt werden konnten, mit dem Ausbau der größeren Einrichtungen in Ruhleben und Mariendorf verringerte sich jedoch die Attraktivität dieser Trabrennbahn, die aber zeitweise „nicht nur der bedeutendste Steuerzahler" für die Gemeinde gewesen war, „sondern auch ein unermüdlicher und unerschöpflicher Anreger von Handel und Wandel" [26].

Von weit größerer und länger anhaltender Bedeutung war indes, daß mit der Parzellierung des Gutes und bald darauf auch der Bauernhöfe durch unternehmungslustige Bau- und Bodenspekulanten ein Wohn- und Industrierevier entstand, das nur wenige Jahrzehnte später mit der Stadt Berlin weitgehend zusammenwachsen sollte. Anfangs hatte man zwar die Aktivitäten der Hauptinitiatoren G. A. Schön, J. E. Langhans, E. W. J. Gäbler und H. Rölcke nur belächelt, da es als unklug galt, Terrains außerhalb des Friedrichshains zu erwerben und als Bauland zu erschließen. Bald jedoch stellte sich die Spekulation als außerordentlich profitabel heraus. Vornehmlich auf dem ehemaligen Gutsgelände, aber auch auf Teilen der einst den Bauern gehörenden Feldmark entstanden durch etliche Bauvereine, Gesellschaften und private Unternehmer zahlreiche Mietshäuser (Abb. 607 und 608), deren Bewohner anfangs z. T. in den Ziegeleien und anderen kleineren Gewerben des Ortes, zumeist aber in Berlin beschäftigt waren. Mit Beginn der 90er Jahre des 19. Jh. etablierten sich jedoch immer mehr Industriebetriebe auf Weißenseer Terrain, insbesondere in der zeitweise selbständigen Gemeinde Neu-Weißensee, so z. B. größere Fabriken für Lacke und Farben im Jahre 1892 oder für Gummiwaren 1897, aber auch des Maschinenbaus. Gefördert durch die 1908 in Betrieb genommene Industriebahn Friedrichsfelde–Tegel, siedelten sich weitere Wirtschaftsunternehmen in Weißensee und Umgebung an. Es hatte sich ein zwar mit Berlin verbundenes, aber doch relativ eigenständiges Industriegebiet herausgebildet, in dem ein Großteil der zur Jahrhundertwende schon mehr als 30 000 Einwohner zählenden Gemeinde beschäftigt war.

Ausdruck dieser rasanten Entwicklung zum stadtähnlichen Vorort waren zahlreiche Kommunalbauten, zu denen außer den Schulen u. a. auch ein Gaswerk, ein Krankenhaus, eine Seebadeanstalt, natürlich ein Rathaus, mehrere Kirchen und nicht zuletzt das Amtsgericht gehörten. Dieses von 1904/06 auf Kosten der Gemeinde nach Plänen von P. Thoemer und R. Mönnich „im Stile deutscher Renaissance in Verbindung mit gotischen Motiven" errichtete Gebäude (Abb. 606) verdeutlicht den in jenen Jahren erhobenen Anspruch nach städtischer Eigenständigkeit, der sich insbesondere deutlich in dem 1908 begonnenen Ausbau eines „kommunalen Forums" mit Stadthalle, Verwaltungsgebäude sowie Realgymnasium und anderen Bauten manifestierte. Dieser, auch „Munizipalviertel" genannte unvollendet gebliebene Komplex rund um den Kreuzpfuhl entstand nach den Plänen K. J. Bührings, dessen auch heute noch anerkannte städtebauliche und architektonische Leistung ihm zur Berufung als Stadtbaurat nach Leipzig verhalf, der Gemeinde Weißensee indes nicht die Erhebung zur eigenständigen Stadt einbrachte. 1920 kam sie in den neuen Gemeindeverband von Berlin, wurde aber namensgebendes Zentrum eines der 20 neugebildeten Stadt- bzw. Verwaltungsbezirke.

Abb. 608
Drei- und vierstöckige Mietshäuser, um 1880, Pistoriusstraße

Wendenschloß, siehe Köpenick

Wilhelminenhof, siehe Oberschöneweide

Wilhelmshagen, siehe Rahnsdorf

Wilhelmsruh, siehe Rosenthal

Wilmersdorf

Verwaltungsbezirk Wilmersdorf

Entwicklung der Einwohnerzahlen von Wilmersdorf

Jahr	Einwohner
1734	155
1772	242
1801	285
1817	294
1840	556
1858	1 027
1871	1 662
1875	2 367
1880	2 911
1885	3 616
1890	5 164
1895	14 351
1900	30 671
1905	63 568
1910	109 716
1919	139 406

Abb. 609
Ausschnitt aus einem Lageplan von 1716

Abb. 610
Ausschnitt aus einem Lageplan von 1771

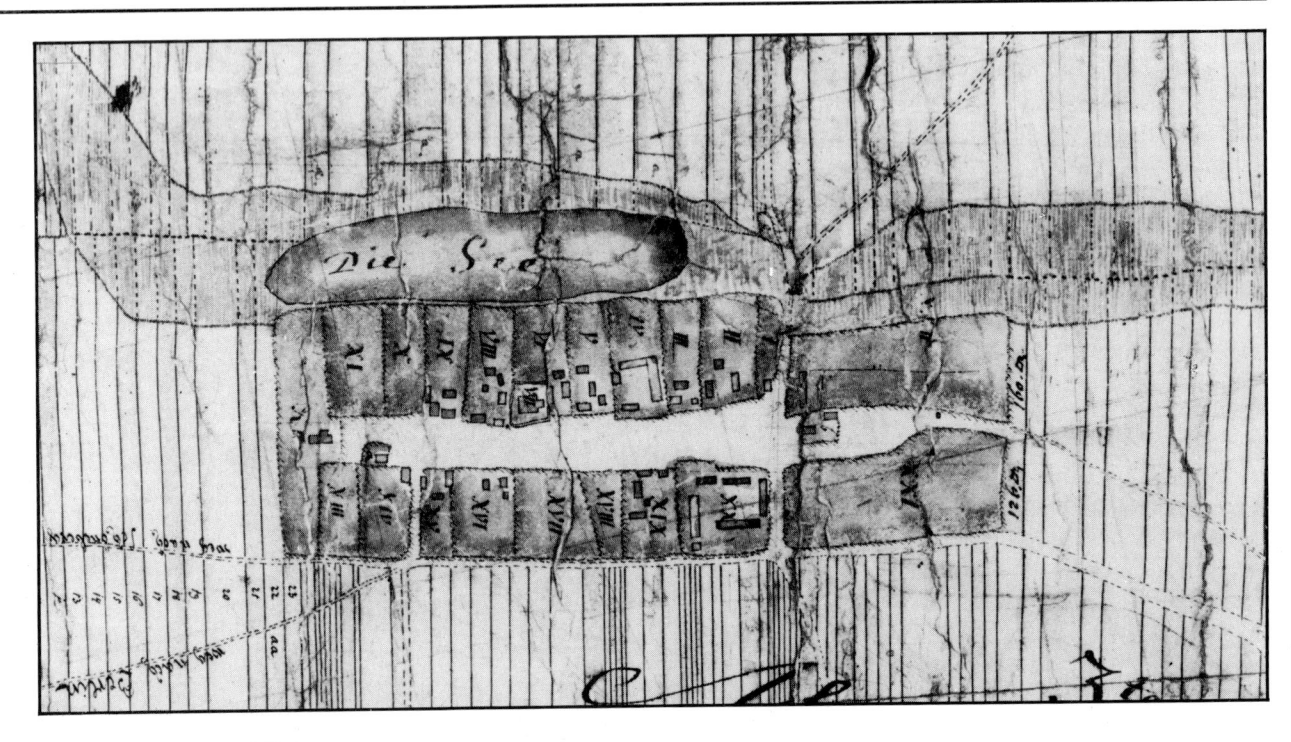

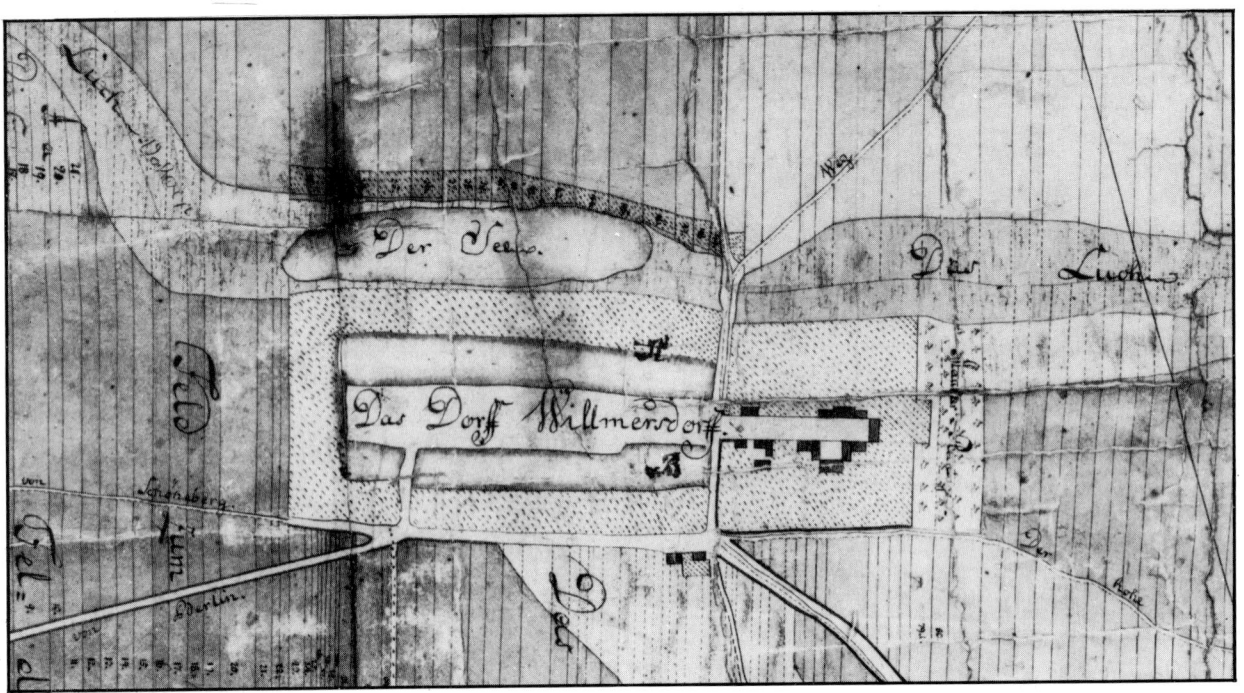

Das erstmals im Jahre 1293 erwähnte, bis 1907 zum Kreis Teltow gehörende und seit dem 19. Jh. *Deutsch-Wilmersdorf* genannte Dorf gehörte bereits vor 1300 und bis 1652 etwa zur Hälfte denen v. Wilmestorff, während die andere Hälfte zunächst (1375) die Familien Blumenhagen und Brügge und ab 1435 bis 1506 v. Hake (zu Kleinmachnow) besaßen. Außerdem hatten das Kloster in Spandau und verschiedene Cöllner und Berliner Bürger Anteile am Dorf. Der Kurfürst Joachim I. kaufte 1506 den v. Hakeschen Anteil, übernahm 1652 auch die v. Wilmestorffschen Besitzungen und 1685 schließlich das Freigut, das seit 1682 der Postmeister Hennert besessen hatte. Das Dorf wurde ab 1506 teilweise, später ganz dem Amt Mühlenhof unterstellt. Das um 1530 eingerichtete kurfürstliche Vorwerk umfaßte 1541 bereits 7 Hufen. Es wurde nach der Übernahme der v. Wilmestorffschen 2 Rittergüter und des Freigutes weiter vergrößert, im 18. Jh. verpachtet und Anfang des 19. Jh. schließlich verkauft. Mindestens seit 1817 befand es sich im Besitz des Freiherrn v. Eckardstein, der es 1859 an den Stadtrat Franke verkaufte. Um 1870 erwarb J. Carstenn das Rittergut.

In dem 1375 mit 52 Hufen ausgestatteten Dorf bestanden Ende des 16./Anfang des 17. Jh. neben den beiden Rittersitzen und dem Vorwerk 10 Hüfner- und 10 Kossätenstellen, von denen nach dem Dreißigjährigen Krieg (1652) 3 Bauernhöfe und 7 Kossätenstellen „wüst" lagen. Nachdem Anfang des 18. Jh. der Acker neu verteilt worden war, besaßen 1721 die 8 Bauern je 3 3/4 Hufen. Bis ins erste Drittel des 19. Jh. blieb die Sozialstruktur in etwa erhalten. Wie 1711 existierten auch 1801 7 Bauern und 2 Kossäten, eine Windmühle, eine Schmiede und ein Krug. Hinzugekommen waren allerdings seit der Mitte des 18. Jh. etliche Büdner, z. T. Kolonisten, und Einlieger, darunter ein Radmacher. Die Einwohnerzahl stieg – trotz eines großes Brandes 1767 – etwas an.

Einen ersten überdurchschnittlichen Aufschwung erlebte der Ort im Zusammenhang mit der Ablösung der Feudallasten, der Separation 1856 und dem gesamten bürgerlichen Reformwerk. Zahlreiche Handwerker und Gewerbetreibende siedelten sich an, auf dem Gut entstand eine Branntweinbrennerei, und die Einwohnerzahl stieg von 294 im Jahre 1817 über 556 im Jahre 1840 bis 1858 schnell auf 1027. Dann verlangsamte sich die Entwicklung wieder trotz der Stadtnähe, der Errichtung des Neubaus für das Joachimsthalsche Gymnasium 1876/80 und der Anlage eines Bahnhofs 1877 in der südlichen Feldmark, wo auf dem zum Rittergut gehörenden „Oberfeld" seit 1872 die Landhauskolonie *Friedenau* (siehe dort) entstanden war, die unter Einbeziehung weiteren Gutslandes 1874 zur Land-

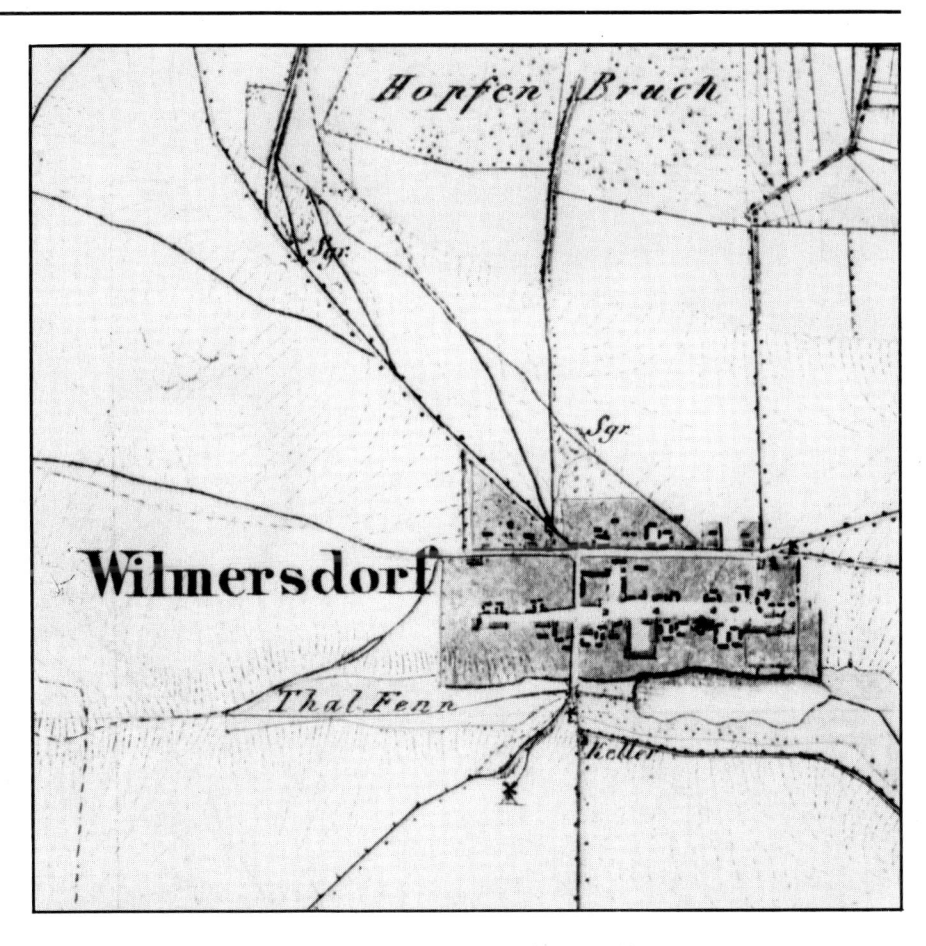

Abb. 611   Ausschnitt aus dem Ur-Meßtischblatt Nr. 1907 von 1836

Abb. 612   Dorfkirche. Tuschzeichnung von H. Wohler, 1834

Abb. 613
Ansicht des Dorfes
von Westen.
Anonyme
Tuschzeichnung
von 1797

gemeinde erhoben wurde. Mit Wirkung vom 27. 1. 1875 kam der Rest des bis dahin eigenständigen Gutsbezirkes zum Gemeindebezirk Wilmersdorf. Zwar vergrößerte sich auch in diesem Zeitraum die Zahl der Einwohner, doch stellte die Landwirtschaft noch immer einen wesentlichen, den Ort prägenden Faktor dar. So wurden 1883 neben 210 Pferden immerhin 327 Rinder, 276 Schweine und 176 Ziegen gehalten. Die eigentliche städtische Entwicklung setzte erst nach 1885, dann allerdings in einem sonst kaum bekannten Tempo ein. Innerhalb von nur 20 Jahren, nämlich von 1890 bis 1910, schnellte die Einwohnerzahl von knapp 5000 auf fast 100 000.

Erste Kristallisationspunkte waren neben dem Dorf selbst das direkt an Charlottenburg grenzende nördliche Gutsland und ein Terrain am Halensee, wo bereits 1877 eine Station der Ringbahn, Grunewald (später: Halensee), angelegt wurde und im letzten Viertel des 19. Jh. eine *Villenkolonie Halensee* entstand, der sich schnell zahlreiche Mietshäuser hinzugesellten. Zunächst erhielten nur diese Gebiete, bald jedoch auch die anderen Teile des Dorfes An-

schluß an das Netz der „Charlottenburger Wasserwerke" (seit 1887). Durch Verträge regelte die Gemeinde ab 1891 die Belieferung mit Gas und ab 1901 mit Elektrizität. In den Jahren zwischen 1902 und 1906 legte sie ferner eine eigene Kanalisation mit Rieselfeldern in Stahnsdorf an, nachdem bereits zuvor, nämlich seit 1889, die Mitbenutzung der Charlottenburger Anlagen vertraglich geregelt war. Der kaum mit größeren Industriebetrieben durchsetzte, aber als Wohngebiet außerordentlich begehrte Ort war verkehrsmäßig gut erschlossen. So bestanden seit 1872 Omnibusverbindungen, bald darauf mehrere Dampf- und Pferde-Straßenbahnen, die seit 1901 elektrifiziert waren, nach Charlottenburg und Berlin. 1883 wurde als dritte auf der alten Wilmersdorfer Feldmark gelegenen Station der Ringbahn der Bahnhof Schmargendorf eröffnet. Die nach längeren Bemühungen am 31. 10. 1906 endlich zur Stadt und am 1. 4. 1907 zum eigenen Stadtkreis erhobene Gemeinde Wilmersdorf war seit 1913 zudem mit einer U-Bahn mit Charlottenburg und Berlin verbunden. Äußeres Symbol des städtischen Charakters war neben den zahlreichen gepflastersten Straßen, den großen Gemeinde- und höheren Schulen, dem Gebäude der Berufsfeuerwehr u. a. das 1894 eingeweihte große Rathaus.

Das durch seine auffallend schnelle und besonders intensive Verstädterung gekennzeichnete Dorf wies schon 1920 kaum noch ländliche Zeugnisse auf. Selbst die zwar kleine, aber massive Dorfkirche war 1897 abgerissen worden, nachdem man die in unmittelbarer Nachbarschaft nach den Plänen von M. Spitta errichtete, weit größere neogotische Auenkirche eingeweiht hatte. Zu diesem Zeitpunkt stand die Dorfkirche erst 125 Jahre. Sie war 1772 als schlichter Putzbau mit quadratischem Dachturm und großen Korbbogenfenstern, die H. Wohler in seiner Zeichnung allerdings übertrieben breit dargestellt hat (Abb. 612), entstanden und ersetzte damals den 1766 durch die große Feuersbrunst zerstörten Vorgängerbau.

Wie die beiden Dorfkirchen fand auch der neue Backsteinbau seinen Platz etwa in der Mitte der südlichen Straßenfront und nicht auf der relativ breiten Dorfaue. Diese unbebaute Freifläche blieb trotz der vor allem zwischen 1885 und 1914 enorm zunehmenden Bebauungsdichte und der Anlage breiterer Straßen im wesentlichen erhalten und stellte seitdem das bedeutendste, noch an die dörfliche Vergangenheit erinnernde Relikt dar. Ihre bereits frühzeitig belegte beachtliche Breite führte mehrfach zur Einstufung als Angerdorf, obwohl weder die verschiedenen Pläne des 18. Jh. (Abb. 609 und 610) noch die Vermessungen des 19. Jh. (Abb. 611) die für diese Siedlungsform charakteristischen längsseitigen Zugänge und die den Anger umgebenden beiden Wege aufweisen. Sinnvoller scheint es wohl, von einem Sackgassendorf zu sprechen, das möglicherweise sogar durch noch ältere Vorläufer entstanden ist.

Anfangs standen auch in dieser Siedlung die meisten Wohnhäuser mit dem Giebel zur Straße, wie durch einen älteren Plan von 1685 [14] und den beigefügten von 1716 (Abb. 609) bezeugt ist. Nach dem Brand von 1766, dem der größte Teil der Südseite zum Opfer fiel, verlegte man offenbar einige Gehöfte an den ursprünglich weniger dichtbebauten Westrand und stellte die Wohnhäuser dort wie auf den alten Grundstücken nun mit der Traufseite zur Straße. Wenngleich einzelne Gebäude seitdem auch mit Ziegeln gedeckt waren, wie z. B. das neben der Kirche gelegene Pfarrhaus (Abb. 613), so errichtete man sie doch wieder in der traditionellen Fachwerkbauweise, so auch das Pfarrhaus, das 1823 „neu verschwellt" wurde. Selbst das Wohnhaus des Amtsvorwerks bestand mindestens bis 1791 aus einem, allerdings zweistöckigen Fachwerkbau, den in den folgenden Jahren der Pächter, der Berliner Kaufmann und Fabrikant J. G. Sieburg, durch ein

Abb. 614
„Schoeler-Schlößchen", ein um 1765/66 errichtetes Landhaus, Wilhelmsaue 126.
Aufnahme um 1900

Abb. 615
Lageplan der beiden zum Amtsvorwerk gehörenden Höfe, um 1800

Abb. 616
Annoncen der
„Berliner Morgenpost"
vom 10. 6. 1905,
unter anderem mit
der Werbung für das
„Seebad Wilmersdorf"

„ansehnliches, massives Wohnhaus" ersetzte. Die Legende zu einem Lageplan vom Anfang des 19. Jh. (Abb..615) weist eine Wandhöhe von „42 Schichten Ziegel" aus.

Das erste massive Wohnhaus im Ort war jedoch schon 1765/66 errichtet worden. Es überstand offenbar aufgrund seiner Bauweise als einziges an der Südseite gelegenes den Brand von 1766. Zunächst war freilich auch auf diesem Grundstück, einem seit dem Dreißigjährigen Krieg bis zur Mitte des 18. Jh. „wüst" liegenden Kossätenhof, ein einstöckiger Fachwerkbau angelegt worden, den kurz vor der Feuersbrunst der aus Berlin stammende Kaufmann C. A. Hesse erwarb und durch besagten zweistöckigen Massivbau mit hohem Mansarddach ersetzte. Trotz seiner schlichten Fassade mit Putzquaderung im Erdgeschoß und zierlichem Muscheldekor über den Fenstern des Obergeschosses trug das seitdem achtachsige Gebäude im Vergleich zu den es umgebenden Fachwerkbauten geradezu „Herrenhaus"-Charakter, wenngleich es nur zeitweise, 1791/1802, mit dem Amtsvorwerk verbunden war. Es wechselte in der Folgezeit mehrfach den Besitzer, blieb aber bis zur Eingemeindung im wesentlichen unverändert erhalten (Abb. 614). Nach einem der letzten Eigentümer, dem Augenarzt Prof. Dr. H. Schoeler, der es von 1893 bis zu seinem Tode 1918 bewohnte, heißt das später aufgestockte, im zweiten Weltkrieg teilzerstörte und jetzt wieder aufgebaute Gebäude „Schoeler-Schlößchen". Es ist das einzige erhaltene, noch aus der dörflichen Vergangenheit stammende Haus Wilmersdorfs.

Nicht allzu lange bestand dagegen das erste gewerbliche Etablissement, das H. Sieburg mit königlicher Unterstützung nach 1791 auf dem von ihm gepachteten Amtsvorwerk angelegt hatte. Es war ein massives „Krapp-Fabriquen-Haus", in dem aus den Wurzeln der Krapp-Pflanze das ansonsten aus Südeuropa eingeführte „türkische Rot" als wichtiges Färbemittel gewonnen wurde. Während die dazugehörigen Baulichkeiten der nachfolgende Eigentümer schon zu Beginn des 19. Jh. abreißen ließ, blieben einige andere von ihm angeregte und unterstützte Gemeindeeinrichtungen zunächst noch erhalten. Es waren dies 2 an den beiden Außenseiten des Dorfplatzes errichtete Backöfen, einer für das Gut und einer für die restlichen Dorfbewohner, die auf der Separationskarte von 1856 noch verzeichnet sind, ein in der Mitte des Platzes angelegtes Spritzenhaus, das einen älteren Feuerleiterschuppen ersetzte, und ein Dorfteich, der das Wasser sammeln sollte, das nicht allein für das Dorf und Vieh, sondern auch zur Bekämpfung des Feuers von großem Nutzen wäre.

Die in den ersten Jahrzehnten des 19. Jh. einsetzende Vergrößerung des Ortes vollzog sich bis in die 60er Jahre fast ausschließlich durch die Bebauung entlang dem nördlich vorbeiführenden Parallelweg (Abb. 611). Erst nach 1870 kamen weitere Siedlungsschwerpunkte hinzu. Zunächst entstand auf dem südlichen Gutsgelände, dem sogenannten Oberfeld, eine Villenkolonie, die 1874 als eigenständige Landgemeinde Friedenau (siehe dort) jedoch ausgegliedert wurde. Dann folgten 1875/80 auf dem nördlichen Gutsgelände die Anlage des großen Komplexes vom „Joachimsthalschen Gymnasium", dem sich schon wenig später weitere Gebäude hinzugesellten, und am Nordwestzipfel der Gemarkung die Kolonie Halensee, deren anfangs villenmäßige Bebauung bald durch große Mietshäuser verdrängt wurde, so daß es 1908 hieß, sie sei „bereits ein Stück Großstadt" und ein bevorzugter Wohnort für jene, „die in der Nähe der Kolonie Grunewald eine Mietswohnung zu beziehen wünschen, um so gewissermaßen Großstadt- und Vorortannehmlichkeit zu vereinigen" [16].

Die unmittelbare Umgebung des Dorfkernes blieb vorerst noch wenig bebaut. Der südlich der alten Gehöfte gelegene Wilmersdorfer See entwickelte sich sogar zu einem Kristallisationspunkt für den Ausflugs- und Erholungsbetrieb. Er nahm seinen Ausgang von einer 1897 eingerichteten Badeanstalt, die dessen Eigentümer, C. Schramm, bald mit einem großen Restaurant und wenig später sogar mit einem Tanzpalast verband. Es folgten weitere Ausflugsgaststätten, so daß ähnlich Reinickendorf im Norden, Weißensee im Nordosten und Treptow/Schöneweide im Südosten die Annoncen zu einem Besuch des „Seebades Wilmersdorf" einluden (Abb. 616).

Mit der 1885 erfolgten Gründung eines „Gemeinnützigen Vereins", auf dessen Veranlassung ein Bebauungsplan erstellt und von den Gemeindemitgliedern diskutiert wurde, den die königliche Regierung schließlich 1895 genehmigte, begann die rasante Entwicklung zur Stadt. In der unglaublich kurzen Zeit von 1895 bis 1914 entstanden zahlreiche in geschlossener Bauweise errichtete Mietshäuser und kommunale Einrichtungen wie Schulen, Feuerwache, Rathaus und selbst U-Bahn-Stationen. Wilmersdorf war vor allem in seinen nördlichen und östlichen Teilen wie Schöneberg und Neukölln mit Berlin und Charlottenburg derart verwachsen, daß seine Eingliederung nur noch einen administrativen Schritt darstellte, strukturell war es längst Bestandteil des Groß-Berliner Ballungsgebietes geworden.

Wittenau, Verwaltungsbezirk Reinickendorf

Die seit dem Bau der Irrenanstalt Dalldorf 1877/79 einsetzenden Bemühungen um die Umbenennung des Ortes führten 1905 schließlich zum Erfolg. Seit diesem Jahr hieß die Landgemeinde in Anlehnung an den verdienstvollen Amtsvorsteher P. Witte nun Wittenau. Mit der kontinuierlich wachsenden Zahl der Einwohner (1905: 7422, 1910: 8618 und 1919: 10 203 Einwohner) verstärkten sich auch die städtischen Züge der Landgemeinde, die bei der Ausgliederung aus dem Kreis Niederbarnim im Jahre 1920 Gas-, Wasser- und Elektrizitätsanschluß besaß. Bereits 1907 hatte, gemeinsam mit Reinickendorf und Lübars, der Ausbau der Rieselfelder in Schönerlinde begonnen.

Wuhlheide, Stadtbezirk Köpenick

Der 1920 aus dem Kreis Niederbarnim in den neuen Stadtkreis Berlin eingemeindete selbständige Gutsbezirk Wuhlheide war erst 1911 gebildet worden. Er umfaßte im Jahre 1920 zwar eine Fläche von 610 Hektar, war aber nur äußerst dünn besiedelt (1919: 54 Einwohner). Kernstück des Gutsbezirks war ein Forsthaus, das am Rande der zu den Köpenicker Amtsforsten gehörenden Wuhlheide lag, mindestens seit 1700 „Neue Scheune" oder „Neuscheune" genannt wurde und erst 1906 den Namen „Wuhlheide" erhielt. Es war zusammen mit dem großen Waldgebiet Bestandteil des Gutsbezirkes Köpenicker Forst, aus dem es 1911 ausgegliedert, 1920 dem Verwaltungsbezirk Treptow, 1939 dem Verwaltungsbezirk Köpenick zugeordnet wurde.

Zehlendorf
Verwaltungsbezirk Zehlendorf

Entwicklung der Einwohnerzahlen von Zehlendorf

Jahr	Einwohner
1734	150
1772	171
1801	262
1817	200
1840	579
1858	1 054
1871	1 442
1875	2 703
1880	2 750
1885	3 200
1890	4 283
1895	6 031
1900	8 837
1905	12 647
1910	16 864
1919	20 561

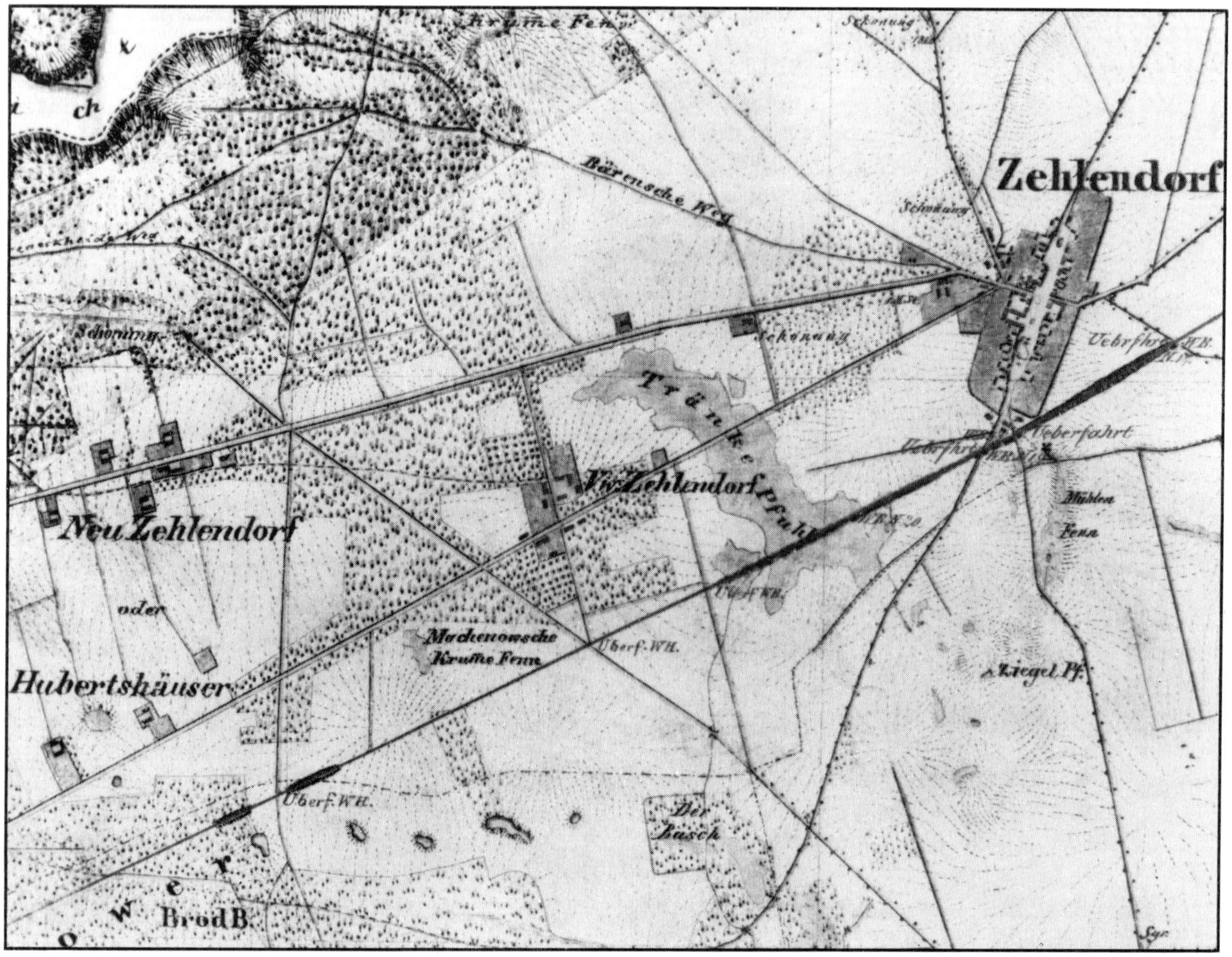

Abb. 617
Ausschnitt aus dem Ur-Meßtischblatt Nr. 1906 von 1836

Im Jahre 1242 verkaufte der Markgraf das Dorf Zehlendorf („Cedelendorp") zusammen mit „Slatdorp" (siehe Schlachtensee) und 2 Seen an das Kloster Lehnin. Nach dessen Säkularisierung 1542 wurde es wieder landesherrlicher Besitz und dem Amt Mühlenhof, vorübergehend z. T. auch dem Amt Mühlenbeck, unterstellt. Bis zur Kreisreform 1872 blieb es auch Amtsdorf.

In dem 1375 mit 50 Hufen ausgestatteten Dorf bildete sich keine Gutsherrschaft heraus, wenn auch der Lehnschulzenhof z. B. 1572 über 3 freie und 2 Pachthufen sowie etliche Hebungen verfügte. Seit dem Ende des 16. Jh. (1591) sind 13 Hüfner einschließlich Schulze und Krüger sowie 6 Kossäten, darunter ein Windmüller, bezeugt. Der Dreißigjährige Krieg scheint keine allzu großen Verluste bewirkt zu haben, denn 1652 waren noch 11 und 1684 sogar wieder alle 13 Bauernstellen besetzt. Diese blieben dann auch bis ins 19. Jh. erhalten, während sich die Zahl der Kossäten bis 1801 auf 2 verringerte. Dafür stieg schon seit der Mitte des 18. Jh. bis 1800 die Zahl der Einlieger und damit der Einwohner beachtlich.

Gefördert wurde diese Entwicklung offensichtlich durch die 1791/94 angelegte und den Ort berührende erste preußische Chaussee zwischen Berlin und Potsdam. Dafür brachte die 1806 von den Franzosen erfolgte Einäscherung einen großen Rückschlag. Zusammen mit dem Fischerhaus am Schlachtensee und der 1775 angelegten, 1776 mit 6 Büdnerfamilien besetzten friderizianischen Kolonie, die nach dem Initiator, dem Kammerrat Hubert, zunächst *Hubertshaus* später *Hubertshäuser* und seit dem Anfang des 19. Jh. auch *Neu-Zehlendorf* genannt wurde (1801: 37 Einwohner), konnten 1840 bereits wieder 579 Einwohner registriert werden. Einige davon lebten auf dem etwas außerhalb angelegten *Vorwerk-Zehlendorf*, das im Zusammenhang mit der Separation aus dem ehemaligen Lehnschulzengut und einer Kolonistenstelle entstanden war und später den Grundstock für die 1865 zum Gutsbezirk erhobene Siedlung *Düppel* (siehe dort) bildete.

Zehlendorf, das etwa in der Mitte zwischen Berlin und Potsdam lag und frühzeitig eine Poststation mit Ausspannung besaß, entwickelte sich um die Mitte des 19. Jh. zu einem der größten stadtfernen Dörfer. 1858 schon 988 Einwohner zählend, davon 116 in Neu-Zehlendorf, 7 im Forsthaus Dreilinden und 7 im Fischerhaus am Schlachtensee, existierten hier inzwischen außer den bäuerlichen Wirtschaften mit insgesamt 152 Tagelöhnern, Knechten und Mägden zahlreiche Handwerker, z. B. 2 Schmiede- und je ein Bäcker-, Fleischer-, Schuhmacher-, Stellmacher- und Tischlermeister, und sogar ein Gasthof, 3 Krüge und 3 Schankwirte.

Auch in der Folgezeit vergrößerte sich der Ort – trotz der Ausgliederung von Düppel – kontinuierlich. Insbesondere seitdem die ältere Wannseebahn, die über Zehlendorf bis Neu-Babelsberg führte, 1874 eröffnet wurde, wuchs die Landgemeinde zu einem vornehmen Villenort heran, obwohl die Landwirtschaft z. B. 1883 noch in einem beachtenswerten Umfang betrieben wurde, wie die Viehhaltung belegt; gab es doch noch 145 Pferde, 160 Rinder, 178 Schweine, 278 Ziegen und sogar 64 Bienenstöcke. Nachdem bereits 1872 das einzeln gelegene und zu Schönow gehörende Bauerngut *Charlottenau* eingemeindet worden war, folgte 1894 schließlich das gesamte Dorf *Schönow* (siehe dort), so daß eine der ausgedehntesten Gemarkungen im Kreis Teltow (1900: 2116 Hektar) entstand, auf der auch die Ende des 19. Jh. angelegte *Villenkolonie Schlachtensee* lag (siehe dort). Die Einwohnerzahl stieg bis 1890 auf 3783 und nach der Eingliederung Schönows sogleich auf 6031 (1895). Mit über 20 000 Einwohnern schied der Ort 1920 aus dem Kreis Teltow aus und bildete seitdem den Sitz eines Berliner Verwaltungsbezirkes. Entsprechend der Vielzahl der kapitalkräftigen Bewohner gelang bereits relativ früh der Anschluß ans Wasserleitungs-, Gas- und Elektrizitätsnetz sowie die Anlage eines Abwässersystems gemeinsam mit Schmargendorf

Abb. 618   Dorfkirche, erbaut 1768, Potsdamer Straße

Abb. 619   Rekonstruiertes Wohnhaus einer Büdnerstelle, um 1820, Teltower Damm 36

Zehlendorf

Abb. 620
Wohnhaus eines
Büdners,
um 1840/50,
neben großen Miets-
und Geschäftshäusern,
um 1890,
Teltower Damm 32/34

und Wilmersdorf. Mit Eröffnung des Teltowkanals 1906 siedelte sich in dessen Nähe auch etwas Industrie an, doch blieb Zehlendorf bis 1920 ein ausgesprochener Wohnort begüterter Familien.

Im Unterschied zu den meisten mittelalterlichen Dörfern auf dem Territorium der 1920 gebildeten neuen Stadtgemeinde Berlin ist die ursprüngliche Siedlungsform von Zehlendorf heute kaum noch erkennbar. Zwar führt weiterhin eine breite Straße über den alten, das Dorf von Norden nach Süden durchlaufenden Hauptweg, doch ist der langgestreckte Platz des Angerdorfes im Laufe der Zeit erheblich eingeengt worden und nur noch ein Rest erhalten. Dennoch ist der Standort gut lokalisierbar, da sowohl einige ältere Bauten als auch die auf dem Lageplan von 1836 (Abb. 617) verzeichneten Seitenwege nach Berlin und Potsdam erhalten geblieben sind.

Das älteste bauliche Zeugnis stellt heute die Dorfkirche (Abb. 618) dar, obwohl sie erst 1768 errichtet wurde. Sie ersetzte offenbar einen aus Feldsteinen errichteten Vorgängerbau, den im Verlaufe des Siebenjährigen Krieges Soldaten des österreichischen Heeres geplündert und wenigstens teilweise zerstört hatten. Unter Verwendung der älteren Baumaterialien entstand ein achteckiger Zentralbau, dessen Außenkanten durch Putzquaderung betont wurden und dessen Zeltdach bis 1788 ein Glockenturm krönte.

Ihr schräg gegenüber stand bis 1928 der ehemalige Erbbraukrug, ein zweistöckiger Massivbau mit Mansarddach, dessen Grundmauern darauf hindeuteten, daß das im 18. Jh. angelegte prachtvolle Bauwerk auf Fundamenten eines noch älteren Massivbaus ruhte. Die Mehrzahl der anderen Dorfbauten bestand sowohl vor als auch nach dem großen

Abb. 621
Dorfansicht um 1875

Brand von 1806 aus Fachwerk, wie die dunklen Signaturen in der Karte von 1836 bestätigen. Außer der Kirche, dem Krug und dem Lehnschulzenhof sowie der Schmiede südlich und den Backöfen nördlich des Teiches sind nur 5 Wohnhäuser durch ihre helle Kennzeichnung als Massivbau ausgewiesen, von denen eines am südlichen Ortsausgang, unmittelbar an der – nachträglich eingezeichneten – Eisenbahnlinie liegt. Es bildete später den Kern des Restaurants „Fürstenhof" und existiert in einem rekonstruierten Zustand noch heute (Abb. 619).

Ebenfalls der ersten Hälfte des 19. Jh. entstammen das unmittelbar neben der Kirche gelegene Schulhaus von 1828 mit Klassenraum und Lehrerwohnung sowie das schlichte Wohnhaus eines Büdners, Teltower Damm 32/34 (heute Heimatmuseum), das um 1840/50 angelegt sein wird. In beiden Fällen handelt es sich um einen eingeschossigen verputzten Massivbau mit Satteldach, das jeweils durch eine Kehlbalkensparrenkonstruktion gestützt wird. Ohne Frage hat ihre gegenüber dem Fachwerk stabilere Bauweise zum Bewahren beigetragen, dennoch ist erstaunlich, daß insbesondere letztgenanntes Gebäude nahe dem Bahnhof, wo seit den 90er Jahren prachtvolle Mietshäuser mit Geschäften entstanden, erhalten blieb (Abb. 620).

Gewiß, der Ort war trotz seiner günstigen Verkehrslage und des frühzeitigen Anschlusses an die Bahn bis in die 70er/80er Jahre des 19. Jh. noch außerordentlich stark agrarisch geprägt, wie zeitgenössische Abbildungen der Schmiede und der Gebäude entlang der ungepflasterten Dorfstraße (Abb. 621), aber auch die Tatsache, daß der Müller Radlow noch 1881 eine neue Holländerwindmühle an der Berliner Straße anlegte, beweisen, doch bildeten sich südlich der Bahn um die Schrock- (ehemals Karlstraße) und Charlottenau schon um 1870 und verstärkt seit dem Ende der 80er Jahre neuartige Wohngebiete heraus, die durch Villen und herrschaftliche Mietshäuser gekennzeichnet waren (Abb. 622) und in keinem Zusammenhang mit der Landwirtschaft standen.

Nicht minder wichtig für die Geschicke des Ortes, der eine der ausgedehntesten Gemarkungen des Kreises Teltow besaß, erwies sich, daß weitere wichtige Siedlungszentren in einiger Entfernung vom alten Dorfkern entstanden. Als erstes ist auf die Kolonie *Schlachtensee* zu verweisen, die sich – begünstigt durch einen Haltepunkt an der Wannseebahn – seit 1889/90 herausbildete. Zunächst schien sie zu einem Industriezentrum zu werden, da bereits 1890 die „Märkische Lokomotivenfabrik" mit etwa 70 Mitarbeitern die Produktion aufnahm. Dann kaufte jedoch die „Heimstätten AG" große Teile des Areals, begann mit der Parzellierung und

Abb. 622 Mietshaus, um 1900, Berlepschstraße 2

Abb. 623 Teil der geschlossenen Bebauung am Bahnhofsvorplatz von Zehlendorf-West, 1905/10, Lindenthaler Allee 2

Zehlendorf

Abb. 624 Zweistöckiges Mietshaus, um 1870, Potsdamer Straße 5

Abb. 625 Mietvilla, um 1900, Martin-Buber-Straße 3

Bebauung und „schnürte" den Industriebetrieb derart ein, daß er bereits 1898 seine Produktionsstätte verlegte. Die überwiegend mit Villen bebaute Kolonie wuchs binnen weniger Jahre zu einem fast eigenständigen Vorort heran, der seit 1912 sogar eine eigene Kirche besaß, ansonsten aber kommunal weiterhin durch Zehlendorf versorgt wurde.

Weitere Schwerpunkte lagen auf weniger weit entfernten Flächen westlich und nördlich des Dorfkernes. Das von der „Zehlendorf-West Terrain AG" seit 1901 erschlossene Gebiet beiderseits der Wannseebahn, wo 1903/04 auf Kosten der Gesellschaft ein weiterer Bahnhof angelegt wurde, sollte ausschließlich villen- und landhausmäßige Bebauung erhalten. Zwar kamen schon bald am Bahnhofsvorplatz (Abb. 623) und anderswo einige Miethäuser hinzu, doch herrschten bis zur Eingemeindung die zumeist großen, in parkähnlichen Gärten eingebundenen Einfamilienhäuser vor, deren wohlhabende Eigentümer zum überwiegenden Teil in Berlin tätig waren, wohin man per Bahn schnell und problemlos kam, in der Kolonie aber „die Freuden und Annehmlichkeiten des Landlebens" genoß, „ohne den Komfort der Großstadt zu entbehren", wie der Schriftsteller und Ortschronist P. Kunzendorf damals bemerkte [104].

Die nördlich des Dorfes gelegene und zeitweise Zehlendorf-Grunewald genannte Siedlung war ebenfalls durch eine Terraingesellschaft gegründet worden. Auch hier dominierten anfangs die Villen und Landhäuser. Die relativ geringe Entfernung vom alten dörflichen Zentrum, mit dem sie bald zusammenwuchs, führte jedoch dazu, daß nicht nur Miethäuser, sondern auch verschiedene Kommunalbauten, beispielsweise im Jahre 1908 das neue Gebäude für die 1884 gegründete freiwillige Feuerwehr, hinzukamen. Seitdem drangen auch in die alte Hauptstraße und beiderseits der dörflichen Bebauung, wo schon nach 1870 einige zweigeschossige Miethäuser den Übergang zum Wohngebiet signalisiert hatten (Abb. 624), immer mehr rein städtische, überwiegend drei- und viergeschossige Miethäuser, aber auch kleinere und größere Mietvillen ein (Abb. 625).

Bei der Eingemeindung bildete die Gemeinde ein zwar stadttechnisch gut erschlossenes und von einem überwiegend finanzkräftigen Publikum bewohntes, aber doch aus mehreren relativ eigenständigen Siedlungskernen bestehendes Gebilde, zu dem seit 1894 auch noch die einst selbständige Gemeinde Schönow gehörte. Einen gewissen Mittelpunkt stellte zwar das den Bahnhof umgebende Gebiet dar, doch besaßen die teilweise recht entfernt liegenden Ortsteile eine beachtliche Eigenständigkeit, deren Bindung an Berlin mindestens ebenso groß war wie zur eigentlichen Muttergemeinde.

Sachworterläuterungen

Afterlehen
Im Rahmen des feudalen Lehnswesens konnte zur Sicherung der Grundrente die mit verschiedenen Rechten und Pflichten verbundene Verfügungsgewalt an Grundeigentum weiter verliehen werden. Dementsprechend folgten dem Obereigentum abgestufte Formen des Untereigentums, wie das Afterlehen.

Altenteil
Wohnraum, den der Eigentümer einer Bauernstelle im Rahmen eines zumeist schriftlich fixierten Vertrages über den Umfang der Natural-, Dienst- und Geldleistungen seinen Eltern zur Verfügung zu stellen hatte. Ursprünglich nur Nutzungsrecht der einzigen Stube mit „Sitz am Ofen", später zumeist separate Stube und Kammer, vereinzelt sogar eigenes Altenteil- oder Auszugshaus.

Amt
In der Mittelmark seit dem Ende des 15. Jh. üblich werdende Bezeichnung für den Verwaltungssitz landesherrlicher Territorien, übte bis 1849 größtenteils auch die Patrimonialjustiz und bis 1872 die Polizeigewalt in den zugehörigen Dörfern aus. Häufig konnten in den außerhalb der Amtssitze gelegenen Amtsvorwerken die Dienste geleistet und die Abgaben entrichtet werden. Die wichtigsten Ämter im Berliner Raum waren Mühlenhof (in Berlin, am Mühlendamm), Köpenick, Niederschönhausen (Sitz in Blankenfelde) und Spandau. Seit 1872 wurden die Landkreise in Amtsbezirke unterteilt, in denen zumeist mehrere, nahe beieinanderliegende Gemeinde- und Gutsbezirke zusammengefaßt wurden. Ihnen stand der Amtsvorsteher vor, der im Auftrage des Staates die örtliche Polizeigewalt ausübte.

Angerdorf
Planmäßig angelegte Siedlungsform, deren zentraler, oft spindelförmiger Platz, der Anger, von 2 an den Dorfenden sich wieder vereinenden Wegen umgeben ist. Während die einzelnen Gehöfte an den Außenseiten der beiden Wege lagen, wurde der ursprünglich im Gemeinschafts- (Gemeinde-) Besitz befindliche Anger zu kommunalen Zwecken genutzt und bis zu Beginn des 19. Jh. höchstens mit diesbezüglichen Bauten (Kirche, Schmiede, Gemeindebackhaus, Hirtenhaus u. dgl.) versehen.

Arrendator
Pächter eines – zumeist der Landesherrschaft, dem Kurfürsten oder König gehörenden – Gutes oder Vorwerkes.

Bauern
Im Feudalismus durch unterschiedliche Rechts- und Besitzverhältnisse geprägte Grundklasse der Gesellschaft. In der Mark Brandenburg zumeist mit 2 bis 4 Hufen Land ausgestattet und zumeist als Hüfner bezeichnet. Die bereits im Spätfeudalismus vorhandene soziale Differenzierung der Bauernschaft führte unter kapitalistischen Produktionsverhältnissen schließlich zur Aufspaltung in Großbauern (20 bis 100 Hektar), Mittelbauern (5 bis 20 Hektar) und Kleinbauern (2 bis 5 Hektar).

Bede
Feudalzeitliche Abgabe in Geld oder Naturalien, die der Landesherr, teilweise auch der Grundherr, von Städten und den einzelnen bäuerlichen Höfen ursprünglich für seine Verteidigungsaufgaben innerhalb des Reichsheeres erhielt. Adel und Geistlichkeit waren von dieser Leistung zumeist befreit.

Bleiche
Rasenplatz am Rande des Dorfes oder vor den Toren der Stadt, auf dem selbstgewebtes Tuch oder Wäsche zum Bleichen ausgelegt wurde. Die Naturbleiche beruht auf der langsamen Zersetzung von Farbsubstanzen durch die Einwirkung von Sauerstoff, Sonnenlicht und Feuchtigkeit, auch bei der manufakturmäßigen Herstellung von Baumwollstoffen (Kattun) erforderlich.

Bohlendach
Im Rahmen der Bemühungen um eine rationellere Verwendung des Bauholzes seit dem Ende des 18. Jh. von der preußischen Landbauschule unter der Leitung von D. Gilly entwickelte und propagierte Dachkonstruktion, bei der anstelle der geraden Sparren leicht gebogene Bohlen verwendet wurden.

Büdner
Mindestens seit dem Spätfeudalismus in der Mark Brandenburg übliche Bezeichnung für einen Dorfbewohner, der zwar ein eigenes kleines Haus – eine „Bude" – und etwas Gartenland, aber kein Ackerland besitzt, siehe auch Häusler.

Darre
In einem Gebäude untergebrachte Vorrichtung zum beschleunigten Trocknen (Dörren) pflanzlicher Stoffe, vor allem von Gerstenmalz (für die Bierbrauerei) und Flachs, aber auch von Zichorienwurzeln (für den Kaffee-Ersatz), Obst und verschiedenen Samen, z. B. aus den Kiefernzapfen.

Sachworterläuterungen

Deputatarbeiter
Angehöriger der spätfeudalen Schicht der Landarmut, der – ähnlich wie das Gesinde – durch einen meist ganzjährigen Kontrakt an einen Gutsbesitzer oder großen Bauern gebunden war und für die vereinbarte, täglich (außer sonntags) zu vollbringende Arbeitsleistung neben einem geringen Geldlohn kostenlos Wohnung und Naturallohn (Deputat) erhielt. Er durfte – im Unterschied zum Gesinde – eine Familie gründen.

Doppelt stehender Stuhl
Bei Kehlbalkensparrendächern häufig verwendete Stützkonstruktion, bei der 2 Rähme unter dem Kehlbalken die Längsaussteifung und jeweils 2 senkrecht stehende Ständer je Binder die Queraussteifung bilden.

Dreifelderwirtschaft
System des Ackerbaus zur Körnerfruchtproduktion, das eine jährlich wechselnde Fruchtfolge (Brache, Wintergetreide, Sommergetreide) vorschrieb. Schon im alten Rom verbreitet, in Deutschland bis ins 19. Jh. dominierend. Bedingte die Einteilung der gesamten Ackerfläche in 3 Gewanne und die Existenz „ewigen" Weidelandes zur Viehversorgung.

Dreiseithof
Nur an 3 Seiten eines bäuerlichen Hofes mit Gebäuden besetztes Grundstück, dessen vierte Seite – zumeist entlang der Straße – unbebaut bleibt und höchstens durch einen Zaun geschlossen wird.

Drempel
Bei den Zimmerleuten und den brandenburgischen Dorfbewohnern übliche Bezeichnung für das Konstruktionselement Kniestock, siehe dort.

Einlieger
Mindestens seit dem 18. Jh. übliche behördliche und noch bis ins 20. Jh. verwendete Bezeichnung für jenen Teil der Dorfbevölkerung, der bei Hauseigentümern zur Miete wohnt (einliegt); zumeist landwirtschaftliche Lohnarbeiter, aber auch Handwerksgesellen, Industriearbeiter u. dgl.

Entrepreneur
Aus der französischen Sprache übernommene Bezeichnung für einen Unternehmer, Veranstalter von Theatern und Konzerten; im 18. Jh. häufig verwendeter Begriff für einen bürgerlichen Manufakturisten, Fabrikherrn, Verleger oder größeren Handwerksmeister.

Erbpachtgut/Erbzinsgut
Durch ein ursprünglich feudales erbliches und veräußerliches Nutzungsrecht gekennzeichnetes Bauerngut. Der Erbpächter hatte jährlich einen Erbzins in Geld oder Naturalien an den Oberherrn des Gutes zu entrichten, dieser hatte in der Regel auch das Vorkaufsrecht. Verpfändungen und Teilungen bedurften seiner Zustimmung. In Preußen am 2. 3. 1850 gesetzlich aufgehoben.

Etablissement
Vor allem im 18. und frühen 19. Jh. übliche Bezeichnung für verschiedene bürgerliche Unternehmungen wie Handelsniederlassungen, Gasthöfe, Manufakturen und kleine Fabriken, oft am Rande oder außerhalb geschlossener Siedlungen gelegen.

Exklave
Zu einem Staat bzw. einer Stadt- oder Landgemeinde gehörendes Gebiet, das außerhalb der eigenen Staatsgrenzen oder der geschlossenen Gemarkung liegt und vom Terrain eines anderen Staates oder anderer Gemeinden umschlossen ist.

Exulanten
Verbannte; ursprünglich Bezeichnung für die im 17. Jh. aus den habsburgischen Ländern vertriebenen Protestanten.

Feldmark
Gesamtheit der zu einer Gemeinde gehörenden und bewirtschafteten Fläche, umfaßt die Äcker, Wiesen und Weiden.

Fiskus
Im bürgerlichen Staat verwendeter Begriff für die Staatskasse oder den Staat als Träger von Vermögensrechten. In Preußen bezeichnete man auch die verschiedenen Verwaltungszweige z. B. als Bau-, Domänen-, Forst-, Militär- und Steuerfiskus.

Flur
Im engeren Sinne das zu einer Siedlung gehörende bewirtschaftete Land (Feldmark), im weiteren Sinne der gesamte Landzubehör einer Siedlung einschließlich Wald.

Forst
Ein für den ständigen wirtschaftlichen Betrieb eingerichteter Wald. Der dem Staat gehörende, der sogenannte forstfiskalische Besitz war in verschiedene, sich im Verlaufe der Geschichte mehrfach ändernde Verwaltungsstrukturen gegliedert. Die kleinste Einheit war ein Schutzbezirk (Revierförsterei), die größeren Forstrevieren (Oberförstereien) unterstellt waren. Diese bildeten teilweise allein oder zusammengefaßt einen eigenen forstfiskalischen Gutsbezirk.

Freigut
In der Feudalzeit eine mit 4 oder mehr Hufen ausgestattete Bauernstelle mit verschiedenen Privilegien, zumeist frei von Dienstverpflichtungen und Feudalabgaben.

Gebinde
Im Fachwerkbau bilden beim sogenannten gebundenen System Dachbinder und Wandständer das Gebinde. Im 17./18. Jh. wurde der Abstand von einem Gebinde zum nächsten häufig als Längenmaß verwendet.

Gemarkung
Gesamtheit der zu einer Gemeinde gehörenden Fläche, besteht aus der Feldmark mit Acker, Wiese und Weide sowie der Siedlung, dem Wald und den Gewässern.

Sachworterläuterungen

Gemeindebezirk
Das gesamte zur Gemeinde gehörende Terrain (einschließlich der außerhalb gelegenen Wiesen, Vorwerke u. dgl.) mit Ausnahme der Besitzungen des selbständigen Gutsbezirkes.

Gewann
Unter den Bedingungen der im Feudalismus vorherrschenden Dreifelderwirtschaft wurde der größte Teil der Ackerfläche in 3 zusammenhängende Komplexe, Gewanne, geteilt. Innerhalb jedes Gewannes hatte jeder Bauer – seiner Hufenzahl entsprechend – eine oder mehrere Parzellen, die mit anderen meist streifenförmigen Ackerflurstücken im Gemenge lagen. Die sich daraus ergebende Verpflichtung zur einheitlichen und gemeinsamen Bewirtschaftung des gesamten Ackerlandes, der Flurzwang, wurde erst mit der Separation überwunden.

Gutsbezirk
Sämtliche Besitzungen einer Gutsherrschaft bildeten in Preußen seit der Mitte des 19. Jh. einen Gutsbezirk, der auch nach der Kreisordnung von 1872 und der Landgemeindeordnung von 1891 als selbständiger Gutsbezirk weiterbestehen konnte. Während die Acker-, Wald- und Wiesenflächen seit der Separation zumeist in sich geschlossene Gebiete innerhalb der Gemarkung einer Gemeinde bildeten, lagen der Guts- und Wirtschaftshof sowie die Gebäude der Gutsarbeiter häufig mit den Gehöften des Gemeindebezirkes vermengt. Die kommunalrechtliche Unterscheidung von Guts- und Gemeindebezirk wurde in Preußen erst 1928 endgültig aufgehoben.

Haufendorf
Unregelmäßig, nach keinem festen Schema angelegte, oft historisch allmählich gewachsene ländliche Siedlung, der insbesondere eine ordnende Wegführung fehlt.

Häusler
In der Mark Brandenburg seit dem 18. Jh. häufiger als Büdner (siehe dort) verwendete Bezeichnung für einen Dorfbewohner mit Haus- und teilweise etwas Gartenlandbesitz.

Hufe
Umfang des Landes, das eine bäuerliche Familie zu ihrer eigenen Ernährung benötigte und allein bewirtschaften konnte. Unter Berücksichtigung der unterschiedlichen Ackerbonität ergaben sich im Berliner Raum Hufengrößen zwischen 7 und 13 $^1/_2$ Hektar. Später verstand man unter einer Hufe zumeist 30 (magdeburgische) Morgen, also eine Fläche von 5400 Quadratruten = 76 696,75 m^2 = 7,66 Hektar.

Hüfner
In der Feudalzeit in der Mark Brandenburg übliche Bezeichnung für einen Bauern. Er besaß eine oder mehr Hufen.

Kate
Volkstümliche Bezeichnung für ein einfaches einstöckiges Wohnhaus, in dem mindestens 2, meistens 4 Familien untergebracht waren (Hirtenkate, Landarbeiterkate).

Kehlbalken
In der Kehlung des Sparrendaches sitzender Spannbalken, der ein Durchbiegen der Sparren verhindert.

Kehlbalkensparrendach
Mindestens seit dem Mittelalter bis um 1850 in der brandenburgischen ländlichen Volksbauweise verwendete Dachkonstruktion, bei der Sparren, Dach- und Kehlbalken ein unverschiebliches Dreieck bilden.

Kniestock
Gewöhnlich weniger als einen Meter, also nur kniehohe und in den Dachraum hineinreichende Wand. Bei den älteren Wohnhäusern zumeist durch tiefer liegende Stechbalken oder auf die Brustriegel aufgelegte Deckenbalken entstanden, um die Räume in den Gebäuden mit offenen Feuerstellen und dementsprechend hohen Außenwänden niedriger und leichter erwärmbar zu bekommen, bei den neueren, nach 1850 errichteten und zumeist mit flacheren Dächern ausgestatteten Gebäuden angelegt, um den Dachraum zu vergrößern und gegebenenfalls ausbauen zu können.

Kolonie
Bezeichnung für die seit dem 18. Jh. planmäßig angelegten Siedlungen am Rande oder auf dem Territorium bestehender Dörfer oder Einzelgehöfte. Sie erreichten teilweise den Status eigenständiger Gemeinden, wurden jedoch meistens im Verlaufe der Zeit den älteren bestehenden Siedlungen wieder eingegliedert.

Kolonistenhaus
Der vor allem von der friderizianischen Kolonisation bevorzugte Haustyp, der trotz verschiedener Modifikationen fast immer ein aus dem Mitteldeutschen Ernhaus entwickeltes einstöckiges Fachwerkgebäude war, häufig für 2 Familien, also ein sogenanntes Doppelhaus.

Kossäten
Schon im Landbuch Kaiser Karls IV. (1375) genannte Gruppe der Dorfbewohner, die zunächst nur ein Haus und etwas Gartenland besaßen und zu Handdiensten verpflichtet waren. Bereits im Verlaufe des Spätfeudalismus gelang ihnen mehrfach die Übernahme von etwas Ackerland (bis zu einer Hufe), so daß ein Teil von ihnen seit dem 18. Jh. zu den kleinen Bauern zu rechnen ist. Die Mehrzahl der Kossäten blieb jedoch trotz eines gewissen Anteils agrarischer Eigenproduktion auf zusätzliche Lohnarbeit in der Landwirtschaft (vor allem bei den größeren Bauern) und im handwerklichen oder gewerblichen Bereich angewiesen.

Krüppelwalmdach
In der Mark Brandenburg häufig verwendete Variante des Walmdaches. Während beim Vollwalm die gesamten Giebelsparren nicht senkrecht stehen, sondern an das vorletzte Sparrenpaar angelehnt werden, beginnt die Schräge beim Krüppelwalm zumeist erst oberhalb des Kehlbalkens.

Sachworterläuterungen

Landhaus
Um 1900 entstandene Bezeichnung für ein schlichtes Ein- oder Zweifamilienhaus, das auf dem Lande, in einer Gemeinde, zumeist in einem stadtnahen Ort in offener Bauweise errichtet und mit einem Garten versehen wurde, dessen Bewohner jedoch niemals in der Landwirtschaft, meistens sogar außerhalb der Wohngemeinde arbeiteten.

Laufschmiede
Im Feudalismus in einem Dorf ohne eigenen Schmied gelegene Schmiedewerkstatt, die von einem Setz- oder Wohnschmied (siehe auch dort) aus einer benachbarten Stadt oder Gemeinde ein- oder zweimal wöchentlich mitbetrieben wurde. Sie konnte gewöhnlich erst nach Einführung der Gewerbefreiheit Anfang des 19. Jh. in eine Wohnschmiede umgewandelt werden.

Leersparren
Die zumeist bei der Umdeckung vom leichteren Stroh- oder Rohrdach zum schwereren Ziegeldach nachträglich eingezogenen Zwischensparren, die normalerweise nur mit einem Kehlbalken, nicht aber mit den Stützen des einfach oder doppelt stehenden Stuhles ausgestattet sind.

Lokator
Der im Rahmen der feudalen deutschen Ostexpansion mit der Errichtung einer neuen Siedlung Beauftragte, der zumeist einen größeren Landanteil als die übrigen Bauern erhielt und verschiedene Privilegien hinsichtlich der Abgaben und Dienste besaß, in der Regel zudem das Amt des Schulzen, die niedere Gerichtsbarkeit, ausübte.

Märkischer Längsverband
In der Mark Brandenburg bei den älteren Zeugnissen der ländlichen Volksbauweise übliche Längsaussteifung des Dachwerkes, die durch von außen auf die Sparren aufgeblattete oder aufgekämmte Vierkanthölzer gebildet wird. Sie wird bei den Wohnhäusern seit dem 18. Jh., bei den Scheunen und Ställen häufig erst seit Beginn des 19. Jh. durch den einfachen oder den doppelt stehenden Stuhl abgelöst.

Märkisches Mittelflurhaus
Eine vom Niederdeutschen Hallenhaus beeinflußte ländliche Hausform, deren wesentlichstes Merkmal der vom Vorder- zum Hintergiebel durchlaufende Längsflur darstellt. Im Unterschied zu dem auch in Mecklenburg auftretenden, zumeist gerüstständrigen Mittelflurhaus wird das wandständrige der Mark Brandenburg Märkisches Mittelflurhaus genannt.

Maurermeisterarchitektur
Sammelbegriff für jene ländlichen Bauten, die nicht mehr nach den Prinzipien der jahrhundertealten Zimmermannstraditionen errichtet, aber auch nicht von Architekten, sondern eben von den Maurermeistern entworfen und ausgeführt wurden. Sie entstanden vornehmlich seit der Mitte des 19. Jh. bis in die ersten Jahrzehnte des 20. Jh. und waren gekennzeichnet durch die auf den Baugewerkschulen propagierte bewußte Abkehr von den traditionellen Formen und die Einbeziehung zeitgemäßer Technologien und Schmuckelemente.

Mietshaus
Ein vorrangig zum Vermieten von Wohnungen in geschlossener oder offener Bauweise errichtetes Wohnhaus, in dem normalerweise außer dem Eigentümer 3 bis 6 Familien wohnten.

Mietskaserne
Vor allem zwischen 1870 und 1920 errichtetes, zumeist 4- oder 5stöckiges Gebäude mit zahlreichen Mietwohnungen, die sich auch in den anschließenden Hinter- und Seitenflügeln befanden. Es diente ausschließlich dem Gewinnstreben kapitalistischer Hausbesitzer und Grundstücksmakler, war fast immer durch unzureichende hygienische Verhältnisse gekennzeichnet und überwiegend vom Proletariat sowie Teilen des Kleinbürgertums bewohnt.

Mietvilla
Wie die Villa in offener Bauweise errichtetes, mit Garten umgebenes und mit repräsentativer Fassade versehenes großes Wohnhaus, in dem zumeist außer dem Eigentümer mindestens eine, häufig 2 oder 3 weitere Familien in großen und gut ausgestatteten Räumen zur Miete wohnten.

Mitteldeutsches Ernhaus
Mindestens seit dem 18. Jh. auch in der Mark Brandenburg verbreitete, einst „Fränkisches Haus" genannte ländliche Hausform, die durch den quer durch das Haus, also von der vorderen zur hinteren Traufseite hindurchlaufenden Flur gekennzeichnet wird. Ursprünglich ein Wohn-Stall-Haus mit dem Wohnraum an der einen und dem Stall an der anderen Giebelseite sowie dem Flur mit der Feuerstelle in der Mitte, entwickelte sich schon um 1750 daraus ein reines Wohnhaus, das Vorbild für die meisten Kolonistenhäuser und Ausgangsform der frühen Landarbeiterkaten im brandenburgischen Raum war.

Peuplierung
Von der Aufklärung beeinflußte Bevölkerungspolitik absolutistischer Landesherren besonders im 18. Jh., mit der durch Anwerbung, Ansiedlung und verschiedene Vergünstigungen wie der zeitweisen Befreiung von den üblichen Abgaben ein Bevölkerungszuwachs, eine Belebung der Wirtschaft und damit nicht zuletzt eine Steigerung der Einkünfte des Landesherren erreicht werden sollten.

Pfettendach
Ein in der märkischen Volksbauweise zunächst unbekanntes, seit der Mitte des 19. Jh. vereinzelt und seit den 70er Jahren des 19. Jh. häufig verwendetes Konstruktionsprinzip, bei dem die Sparren nicht – wie beim Kehlbalkensparrendach – frei stehen und mit dem Dachbalken einen stabilen Dreiecksverband bilden, sondern von kräftigen, in Firstrichtung gelegten Hölzern, den Pfetten, getragen werden, meistens für flachere

Dächer und mit Schiefer, Blech oder Dachpappe gedeckt; auch Mischformen, sogenannte Pfettensparrendächer, treten auf.

Preußische Kappe
Flaches aus Ziegelsteinen gebildetes stichbogenförmiges Gewölbe zwischen 2 eisernen I-Trägern, anfangs auch noch zwischen 2 Holzbalken.

Putzquaderung
Seit etwa 1800 häufig verwendetes, dem Natursteinbau nachempfundenes Gestaltungselement an verputzten ländlichen Ziegelbauten, zumeist an Wohnhäusern, vereinzelt sogar an nachträglich verputzten Fachwerkbauten verwendet.

Refugies
Flüchtlinge, insbesondere die im 16. und 17. Jh. aus Frankreich geflohenen Anhänger der (calvinistisch) reformierten Kirche, die Hugenotten.

Reihenkrug
In den märkischen Dörfern bis ins 18. Jh. mehrfach auftretende Erscheinung, daß die Berechtigung zum Bierausschank, die Krugberechtigung, nicht an ein Grundstück gebunden, sondern auf alle Bauernstellen verteilt war, so daß nach einem gewissen Zeitabstand jeder Hüfner einmal an die Reihe kam.

Rezeß
Alter Ausdruck für die juristische Fixierung des Ergebnisses rechtlicher Verhandlungen, besonders von erbrechtlichen Fragen (Erbrezeß), aber auch von Auseinandersetzungen etwa über die Rechtsverhältnisse zwischen dem Landesherrn und dem Adel, den Guts- und Grundherrschaften und den Bauern und anderen Untertanen (z. B. Ablösungs- und Separationsrezeß).

Rundlingsdorf
Sammelbegriff für alle jene Siedlungsformen, bei denen die Gehöfte um einen rundlichen – teils birnen-, zumeist fast kreisförmigen – Dorfplatz gruppiert sind, normalerweise mit nur einem Zugangsweg. In der Siedlungsgeographie werden insbesondere die allmählich gewachsenen kleineren Rundweiler und die planmäßig angelegten größeren Rundplatzdörfer unterschieden.

Rundplatzdorf
Siedlungsform, die durch einen größeren, häufig mit Kirche und Dorfteich versehenen rundlichen Dorfplatz und nur einen Zugang charakterisiert wird, besonders häufig in einigen Regionen der einst slawisch besiedelten Gebiete anzutreffen, offenbar jedoch erst im Zusammenhang mit der feudalen deutschen Ostexpansion angelegt.

Säkularisation
Verwandlung einer Sache oder einer Person aus einer geistlichen in eine weltliche. Vor allem seit der frühbürgerlichen Revolution für die Enteignung von Kirchenbesitztümern und die Zurückdrängung des Einflusses des Klerus gebraucht.

Schatullamt
Verwaltungskörperschaft für das Privatvermögen der feudalen Landesherren im Gegensatz sowohl zum unveräußerlichen Hausvermögen der Familie (Familien-Fideikommiß) als auch zum Staatsvermögen (Fiskus).

Schulze
In der Mittelmark während des Feudalismus rechtlich besser gestellter und mit mehreren nicht abgabepflichtigen, sogenannten Freihufen ausgestatteter Bauer, der verpflichtet war, im Bedarfsfalle der Dorfherrschaft ein Pferd zu stellen, für die pünktliche Entrichtung der Abgaben aller Dorfbewohner zu sorgen und innerhalb der Dorfgemeinschaft auftretende Streitigkeiten zu schlichten (siehe auch Schulzengericht). Es ist zu unterscheiden zwischen Lehnschulzen, die häufig anstelle eines Adelssitzes im Ort existierten, und Setzschulzen, die durch die Dorfherrschaft in ihr Amt eingeführt wurden.

Schulzengericht
Gegen verschiedene rechtliche und ökonomische Vergünstigungen von der Dorfherrschaft erteilte Pflicht des Schulzen, in Bagatell- und Streitfällen innerhalb der Dorfgemeinschaft – etwa im Zusammenhang mit den sich aus dem Flurzwang ergebenen Arbeiten – Recht zu sprechen.

Schwarze Küche
In der Mark Brandenburg sowohl bei den Märkischen Mittelflurhäusern als auch bei den Mitteldeutschen Ernhäusern seit dem Ende des 17. Jh., vor allem aber im 18. und beginnenden 19. Jh. im Zentrum des Hauses angelegter, zumeist quadratischer fensterloser Herdraum, dessen Außenwände sich nach oben trichterförmig zu einem anfangs aus Lehmfachwerk, später aus ungebrannten Lehmsteinen oder Ziegelsteinen errichteten Rauchschlot verjüngen.

Separation
Stellenweise bereits Ende des 18. Jh. begonnene, i. allg. aber erst nach 1815 durchgeführte Zusammenlegung der einzelnen Grundstücke eines Besitzers. Zusammen mit der Aufteilung des dörflichen Gemeinbesitzes (der Gemeinheitsteilung), der Ablösung der Feudallasten und der Neuregelung der Gerechtigkeiten wesentlicher Bestandteil der bürgerlichen Agrarreformen.

Sparren
In der Dachschräge verlaufende, vom First bis zur Traufe reichende Vierkanthölzer, die paarweise zusammengefaßt werden und mit dem waagerechten Dachbalken ein unverschiebbares Dreieck bilden.

Sparrendach
Dachkonstruktion, bestehend aus mehreren aus Sparren und Dachbalken zu einem festen Dreiecksverband zusammengefügten Bindern, die zur Queraussteifung vielfach nur mit Kehlbalken und zur Längsaussteifung nur mit dem Märkischen Längsverband versehen wurden, seit dem 18. Jh. bei den größeren

Gebäuden mit dem einfach oder dem doppelt stehenden Stuhl, bei den Kirchen und herrschaftlichen Bauten häufig mit dem liegenden Stuhl ausgestattet.

Staken
In der märkischen Volksbauweise zumeist durch Halbierung von etwa 7 bis 12 Zentimeter starken Baumstämmen entstandene Spalthölzer, die zur Ausfüllung der einzelnen Fachwerkfelder, der Gefache, genutzt, mit lehmgetränkten Strohzöpfen umflochten und ein- oder beiderseitig mit Lehmbewurf versehen wurden.

Straßendorf
Durch eine einzige, gerade oder leicht geschwungen verlaufende, stets aber das gesamte Dorf durchlaufende Straße mit dicht aneinander liegenden Höfen geprägte Siedlung ohne platzartige Erweiterung, so daß auch die Kirche und andere Kommunalbauten in der Flucht der Gehöfte angelegt werden mußten.

Teerofen
Mindestens seit dem 18. Jh. in verschiedenen Waldgebieten der Mark Brandenburg angelegte gewerbliche Einrichtung zur Gewinnung von Holzteer und -pech, vor allem aus dem Harz der Kiefern. Das durch Erhitzen in Kesseln, Schwelen in Meilern oder nach anderen Methoden gewonnene zähflüssig-klebrige Material diente vorrangig zum Schmieren der Wagenachsen, aber auch zum Imprägnieren von Holz, Konservieren von Seilen u. dgl.

Unterfangen
Bauhandwerklicher Ausdruck für das Ersetzen einer ehemals aus Fachwerk bestehenden Wand durch eine Ziegel- oder Feldsteinmauer.

Vierseithof
In der Mark Brandenburg sich erst im Verlauf des 19. Jh. im Zusammenhang mit der Intensivierung der Landwirtschaft in den bäuerlichen Grundstücken allgemein durchsetzende Bebauung entlang allen 4 Seiten des Hofes, gewöhnlich mit traufseitig zur Straße gestelltem Wohnhaus, der Scheune an der Rückfront und den Stallgebäuden an den beiden Hofseiten.

Villa
Dem Repräsentationsbedürfnis der Bourgeoisie entsprechendes, vor allem im letzten Drittel des 19. und ersten Drittel des 20. Jh. in offener Bauweise errichtetes und mit teilweise parkartigem Garten umgebenes Einfamilienhaus, oft mit prachtvoller, dem Historismus verpflichteter Fassade und ausgebautem Souterrain für die Küche und das Personal.

Vorwerk
Ein zu einem Hauptgut gehörendes, relativ selbständig wirtschaftendes Filialgut, das entweder in einem anderen Dorf, wie mehrfach die Amtsvorwerke, oder außerhalb der geschlossenen Siedlung lag. Letztere entstanden häufig im Zusammenhang mit den bürgerlichen Agrarreformen und dienten der rationelleren Bewirtschaftung entfernt gelegener Ländereien.

Wohnschmiede
Werkstatt eines Dorfschmiedes, der im Rahmen der Zunftregelungen berechtigt war, am Wohnort eine Schmiede zu betreiben. Sie mußte in vorgeschriebener Entfernung von den Städten liegen und betreute häufig benachbarte Dörfer mit nicht ständig besetzten Werkstätten (Laufschmieden) mit.

Zeilendorf
Nur entlang einer Seite eines Weges in relativ dichter Folge bebaute Siedlung, häufig in der Nähe von Flüssen und Seen.

Ziegelscheune
Ältere Form einer Ziegelei. Die mit Hilfe einfachen Holzgerätes aus präparierter Lehm- oder Tonmasse manuell geformten („gestrichenen") Mauersteine wurden zunächst ebenerdig oder auf Regalen unter überdachten Scheuern (Scheunen) luftgetrocknet und dann in einfachen Feldöfen gebrannt.

Literaturverzeichnis

[1] Bakschat, F.: Dorf und Kurfürstliches Jagdschloß in Schmöckwitz. In: Berliner Blätter (1935) S. 16 ff.
[2] Bardey, Ernst Georg: Geschichte von Nauen und Osthavelland, Rathenow 1892
[3] Barthel, Rolf: Neue Gesichtspunkte zur Entstehung Berlins. In: Zeitschrift für Geschichtswissenschaft, 30 (1982) S. 691–710
[4] Barthel, Rolf: Die Besiedlungsgeschichte des Barnim. In: Schlimpert, Gerhard, Brandenburgisches Namenbuch, Teil 5, Die Ortsnamen des Barnim. Weimar 1984, S. 9–88
[5] Berlin und seine Bauten. Hgg. vom Architekten-Verein zu Berlin, 2 Teile. Berlin 1877
[6] Berlin und seine Bauten. Bearbeitet und hgg. vom Architekten-Verein zu Berlin und der Vereinigung Berliner Architekten, 2 Teile. Berlin 1896
[7] Berlin und seine Bauten. Hgg. vom Architekten- und Ingenieur-Verein zu Berlin, mehrere Teile. Berlin (West) 1964 ff.
[8] Berlin und seine Eisenbahnen 1846–96. Hgg. im Auftrage des Kgl. Ministeriums für öffentliche Arbeiten, 2 Bände. Berlin 1896
[9] Brecht, Carl: Das Dorf Grünau bei Köpenick. Berlin 1875
[10] Brecht, Carl: Geschichte des Dorfes Friedrichsfelde bei Berlin. Berlin 1877
[11] Brecht, Carl: Das Dorf Tempelhof (Schriften des Vereins für die Geschichte der Stadt Berlin, H. 15). Berlin 1878
[12] Brost, Harald/Demps, Laurenz: Berlin wird Weltstadt. Leipzig 1981
[13] Büsching, Anton Friedrich: Beschreibung seiner Reise von Berlin nach Kyritz in der Prignitz. Leipzig 1780
[14] Christoffel, Udo (Hg.): Berlin-Wilmersdorf. Ein Stadtteilbuch. Berlin (West) 1981
[15] Dehio, Georg: Handbuch der deutschen Kunstdenkmäler. Bezirke Berlin/DDR und Potsdam. Berlin 1983
[16] Die Berliner Vororte. Ein Handbuch für Haus- und Grundstückskäufer, Baulustige, Wohnungssuchende, Grundstücksbesitzer, Vorortbewohner, Terraingesellschaften, Hypothekenverleiher, Architekten u. a. m., mit einer Übersichtskarte und 100 kleinen Plänen im Text. Berlin 1908
[17] Donat, Peter: Haus, Hof und Dorf in Mitteleuropa vom 7. bis 12. Jahrhundert. Archäologische Beiträge zur Entwicklung und Struktur der bäuerlichen Siedlung. Berlin 1980
[18] Duncker, Alexander: Die ländlichen Wohnsitze, Schlösser und Residenzen des ritterschaftlichen Grundbesitzes in der preußischen Monarchie, Bd. 7, Provinz Brandenburg. Berlin 1864/65
[19] Enders, Lieselott (Bearbeiterin): Historisches Ortslexikon für für Brandenburg, Teil III, Havelland. Weimar 1972
[20] Enders, Lieselott (Bearbeiterin): Historisches Ortslexikon für Brandenburg, Teil IV, Teltow. Weimar 1976
[21] Enders, Lieselott (Bearbeiterin): Historisches Ortslexikon für Brandenburg, Teil VI, Barnim. Weimar 1980
[22] Escher, Felix: Karten aus Berliner Vermessungsämtern als Quelle zur frühen Siedlungsgeschichte des Berliner Raumes. In: Jahrbuch für brandenburgische Landesgeschichte, 26. Bd., 1975, S. 55–66
[23] Escher, Felix: Britz – Geschichte und Geschichten. Berlin (West) 1984
[24] Escher, Felix: Berlin und sein Umland – Zur Genese der Berliner Stadtlandschaft bis zum Beginn des 20. Jahrhunderts (Einzelveröffentlichungen der Historischen Kommission zu Berlin, Bd. 47). Berlin (West) 1985
[25] Feige, Wilhelm: Rings um die Dorfaue. Ein Beitrag zur Geschichte Schönebergs. Berlin/Leipzig 1937
[26] Festschrift „700 Jahre Weißensee" 1937, hgg. von der Bezirksverwaltung Weißensee unter Mitwirkung von H. Ahrend ... u. a. Berlin-Weißensee 1937
[27] Fontane, Theodor: Fünf Schlösser. Altes und Neues aus Mark Brandenburg, 7./8. Aufl. Stuttgart/Berlin 1922
[28] Führer durch Lichterfelde, Groß-Lichterfelde 1901
[29] Fünfzig Jahre Berliner Elektrizitätswerke 1884–1934. Im Auftrage der Berliner Städtischen Elektrizitätswerke Akt.-Ges., bearbeitet von C. Matschoß, E. Schulz, A. Th. Groß. Berlin 1934
[30] Gehrke, Wolfgang/Müller, Adrian von: Zur mittelalterlichen Siedlungsforschung in Berlin. In: Ausgrabungen in Berlin, 1 (1970) S. 150–158
[31] Giessmann, Carl/Jacobi, Otto: Große Stadt aus kleinen Steinen – Ein Beitrag zur Geschichte des 19. Berliner Verwaltungsbezirkes (Pankow). Berlin-Pankow 1937
[32] Grigat, Willy: Britz einst und jetzt. Vom Bauern- und Kossätendorf zur Fritz-Reuter-Stadt. Berlin-Britz 1932
[33] Grossmann, Paul: Mahlsdorfer Ortsgeschichte. Mahlsdorf 1912 ff.
[34] Gundlach, Wilhelm: Geschichte der Stadt Charlottenburg, 2 Bände. Berlin 1905
[35] Gutzkow, Karl: Aus der Jugendzeit. Frankfurt (Oder) 1852
[36] Habermann/Peters/Stein, Erwin: Berlin-Wilmersdorf (Monographien deutscher Städte, Bd. IV). Oldenburg 1913
[37] Hannemann, Adolf: Beschreibung des Kreises Teltow und seiner Einrichtungen. Berlin 1887
[38] Hannemann, Adolf: Beschreibung des Kreises Teltow und seiner Einrichtungen. Erste Fortsetzung die Jahre 1886/87 bis 1893/94 behandelnd. Berlin 1894
[39] Hannemann, Adolf: Der Kreis Teltow, seine Geschichte, seine Verwaltung, seine Entwicklung und seine Einrichtungen. Berlin 1931
[40] Heinrich, Gerd (Hg.): Berlin und Brandenburg (Handbuch der historischen Stätten Deutschlands, Bd. 10). 2. Aufl. Stuttgart 1985
[41] Helbich, Peter/Gnewuch, Gerd: Pichelsdorf – Chronik von Ort und Kirchengemeinde. Berlin (West) 1971

[42] Hellmann, Otto: Stralau und seine Geschichte. In: Mitteilungen des Vereins für die Geschichte Berlins, 49. (1929) S. 73–101

[43] Helmstädt, K.: Lankwitz – Geschichtliches aus der Vergangenheit und Gegenwart. Berlin-Lankwitz 1911

[44] Hengsbach, Arne: Kladow um 1900. Siedlungsgeschichte eines Villenvorortes. In: Jahrbuch für brandenburgische Landesgeschichte, 19. Bd., 1968, S. 92–101

[45] Hengsbach, Arne: Natureiswerke im Umland Berlins. In: Jahrbuch für brandenburgische Landesgeschichte, 21. Bd., 1970, S. 88–99

[46] Hengsbach, Arne: Entstehung und Ausformung des Erholungsgebietes längs der Oberspree. In: Jahrbuch für brandenburgische Landesgeschichte, 22. Bd., 1971, S. 55–80

[47] Hennes, Aloys, 100 Nachmittags-Ausflüge. Berlin 1884

[48] Herrmann, Joachim: Köpenick. Ein Beitrag zur Frühgeschichte Groß-Berlins. Berlin 1962

[49] Herrmann, Joachim: Cölln und Berlin. Bäuerliche Rodungsarbeit und landesherrliche Territorialpolitik im Umfeld der Stadtgründung. In: Jahrbuch für Geschichte, 35. Jg., 1987, S. 9–57

[50] Hohmann, Karl: Das Berliner Fischerdorf Schmöckwitz im Wandel der Zeiten. In: Jahrbuch für brandenburgische Landesgeschichte, 11. Bd., 1960, S. 57–84

[51] Hundert Jahre Architekten-Verein zu Berlin. Berlin 1924

[52] Jahn, Gunther (Bearbeiter): Stadt und Bezirk Spandau (Die Bauwerke und Kunstdenkmäler von Berlin). Berlin (West) 1971

[53] Jahn, Hans: Vom Bauerndorf zum Großstadtbezirk: Reinickendorf. In: Pauls/Tessendorf, Der Marsch in die Heimat. Frankfurt (Main) 1937

[54] Jahrbuch für brandenburgische Landesgeschichte. Berlin (West) 1950ff.

[55] Junker, Land und Leute. Landwirtschaft in Brandenburg. Das Beispiel Britz (Ausstellungskatalog). Berlin (West) 1985

[56] Kaeber, Ernst: Lichtenberg – Bausteine zur Geschichte eines Weltstadt-Bezirkes. Berlin o. J. (1935)

[57] Kaiser, Kurt/Weinrich, Richard und Stein, Erwin (Hg.): Neukölln (Monographien deutscher Städte, Bd. 1). Oldenburg 1912

[58] Kiessling's Grosser Verkehrs-Plan von Berlin mit Vororten. Berlin 1919

[59] Kockroy, Reinhold: Wahres und Sagenhaftes aus Schöneberg. Berlin (West) 1956

[60] Koischwitz, Gerd: Sechs Dörfer in Sumpf und Sand. Geschichte des Bezirkes Reinickendorf von Berlin. Berlin (West) o. J. (1985)

[61] Krenzlin, Anneliese: Die mittelalterlich-frühneuzeitlichen Siedlungsformen im Raum von Groß-Berlin. In: Die Erde, Zeitschrift der Gesellschaft für Erdkunde zu Berlin, 90 (1959) S. 327–343

[62] Liesfeld, Ursula: Lübars und Waidmannslust (Chronik des Bezirkes Reinickendorf von Berlin, Teil 4). Berlin (West) 1983

[63] Mechow, Max: Frohnau – Die Berliner Gartenstadt, 2. Aufl. Berlin (West) 1985

[64] Merbach, Paul Alfred: Eine Schilderung Berlins aus dem Jahre 1830. In: Brandenburgia XXI (1912/13) S. 65–87

[65] Methling, Harry: Mittelraddampfer „Prinzessin Charlotte von Preußen", das erste in Deutschland gebaute Dampfschiff. In: Jahrbuch für brandenburgische Landesgeschichte, 12. Bd., 1961, S. 72–74

[66] Motel, Manfred: Das Böhmische Dorf in Berlin. Berlin (West) 1983

[67] Muhs, Ulrich: Aus der Vergangenheit von Giesensdorf und Lichterfelde. Groß-Lichterfelde 1904

[68] Müller, Adrian von: Die Ausgrabungen auf dem Burgwall von Berlin-Spandau. Berlin (West) 1983

[69] Müller-Mertens, Eckhardt: Hufenbauern und Herrschaftsverhältnisse in den brandenburgischen Dörfern nach dem Landbuch Kaiser Karls IV. von 1375. In: Wissenschaftliche Zeitschrift der Humboldt-Universität zu Berlin, Gesellschafts- und sprachwissenschaftliche Reihe 1 (1951/52) S. 35–79

[70] Mussehl, Fritz: Das Berliner „lustige Gesindel" um die Wende des 18. Jahrhunderts in Tempelhof. In: Teltower Kreiskalender, 7 (1910) S. 55–58

[71] Nitschke, Günter: Malchow nach dem Dreißigjährigen Kriege. Berlin-Weißensee 1961

[72] Oehlert, Wilhelm: Moabiter Chronik. Berlin 1910

[73] Ortschaftsverzeichnis des Regierungsbezirks Berlin. Berlin 1817

[74] Pappenheim, Hans E.: Das Belvedere auf dem Pichelsberg. In: Jahrbuch für brandenburgische Landesgeschichte, 7 (1956) S. 25–35

[75] Pauls, Walter/Tessendorf, Wilhelm (Hg.): Der Marsch in die Heimat – Ein Heimatbuch des Bezirkes Reinickendorf. Frankfurt (Main) 1937

[76] Pomplun, Kurt: Berlins alte Dorfkirchen, 6. Aufl. Berlin (West) 1984

[77] Pomplun, Kurt: Großes Berlin-Buch. Berlin (West) 1986

[78] Rach, Hans-Jürgen: Die Wohnbauten der Gutstagelöhner im östlichen Brandenburg. Ein volkskundliches Problem des 19. und 20. Jahrhunderts. In: Probleme und Methoden volkskundlicher Gegenwartsforschung, hgg. von W. Jacobeit und P. Nedo. Berlin 1969, S. 133–144

[79] Rach, Hans-Jürgen: Zu den Wohnverhältnissen der kontraktgebundenen Landarbeiter im östlichen Teil Brandenburgs im 19. Jahrhundert. In: Kultur und Lebensweise des Proletariats, hgg. von W. Jacobeit und U. Mohrmann. Berlin 1973, S. 159–184

[80] Rach, Hans-Jürgen: Bauernhaus, Landarbeiterkaten und Schnitterkaserne – Zur Geschichte von Bauen und Wohnen der ländlichen Agrarproduzenten in der Magdeburger Börde des 19. Jahrhunderts. Berlin 1974

[81] Rach, Hans-Jürgen: Untersuchungen zur Geschichte von Lebensweise und Kultur der werktätigen Bevölkerung in der Magdeburger Börde. In: Jahrbuch für Volkskunde und Kulturgeschichte, 24. Bd. (Neue Folge Bd. 9). Berlin 1982, S. 152–167

[82] Radig, Werner: Die Siedlungstypen in Deutschland und ihre frühgeschichtlichen Wurzeln. Berlin 1955

[83] Radig, Werner: Das Bauernhaus in Brandenburg und im Mittelelbegebiet. Berlin 1966

[84] Radig, Werner: Die Oberlauben an Stallgebäuden in Brandenburg. In: Deutsches Jahrbuch für Volkskunde, 12. Bd., Berlin 1966, S. 267–287

[85] Radig, Werner: Alte Dorfkerne in Berlin. Kaulsdorf – Heinersdorf – Marzahn. In: Miniaturen zur Geschichte, Kultur und Denkmalpflege Berlins, Nr. 12, Berlin 1983, S. 5–51

[86] Rehfeldt, Ernst: Geschichte von Niederschönhausen. Ein Beitrag zur Kulturgeschichte des Barnimer Landes. Berlin-Niederschönhausen 1920

[87] Riehl, W./Scheu, J.: Berlin und die Mark Brandenburg mit dem Markgrafenthum Nieder-Lausitz in ihrer Geschichte und ihrem gegenwärtigen Bestande. Berlin 1861

[88] Riesel, C.: Das romantische Spreeland, Teil 2. Berlin 1869

[89] Rixdorf in alter und neuer Zeit, o. O. (Schöneberg) o. J. (um 1908)

[90] Schmidt, Wilhelm/Winz, Helmut: Von Rixdorf zu Neukölln. Die Entwicklung der Stadtlandschaft eines Berliner Ortsteiles.

In: Jahrbuch für die Geschichte Mittel- und Ostdeutschlands, **15** (1966) S. 175–202
[91] Schneider, Wolfgang: Berlin – Eine Kulturgeschichte in Bildern und Dokumenten, 2. Aufl. Leipzig/Weimar 1983
[92] Schultze, Johannes: Rixdorf – Neukölln. Die geschichtliche Entwicklung eines Berliner Bezirkes. Berlin-Neukölln 1960
[93] Schulz, Joachim/Gräbner, Werner (Bearbeiter): Berlin – Hauptstadt der Deutschen Demokratischen Republik (Architekturführer DDR), 3. Aufl. Berlin 1986
[94] Schwarzlose, Karl: Geschichte der Gemeinde Müggelheim. Köpenick 1897
[95] Seyer, Heinz: Die Burg in Berlin-Blankenburg und die altslawische Besiedlung des Niederen Barnim. In: Archäologie als Geschichtswissenschaft. Berlin 1977, S. 381–395
[96] Siebert, H.: Berlin-Grunewald. Ein Heimatbuch. Berlin 1930
[97] Spatz, Wilhelm: Aus der Geschichte Schmargendorfs. Berlin 1902
[98] Spatz, Willy: Aus der Geschichte Schönebergs. In: Verwaltungsbericht des Magistrats der Stadt Schöneberg, Teil 1, 1899, S. 1–60, Teil 2, 1904, S. 1–43
[99] Spatz, Willy: Das Jagdschloß zu Rudow. In: Teltower Kreiskalender. 1910, S. 59–61
[100] Stein, Erwin (Hg.): Boxhagen-Rummelsburg (Monographien deutscher Landgemeinden, Bd. 1). Oldenburg 1912
[101] Terrain- und Grundstücksofferten für Berlin und seine Vororte. Berlin o. J. (um 1905)
[102] Torge, Paul: Rings um die alten Mauern Berlins. Historische Spaziergänge durch die Vororte der Reichshauptstadt. Berlin 1939
[103] Trinius, August: Die Umgebungen der Kaiserstadt Berlin in Wort und Bild. Berlin 1889
[104] Trumpa, Kurt: Zehlendorf gestern und heute – Ein Ort im Wandel der Zeiten, 3. Aufl. Berlin (West) 1983
[105] Türck, Walter C.: Die Dorfkirchen von Berlin. Berlin 1950
[106] Unger, E.: Geschichte Lichtenbergs bis zur Erlangung der Stadtrechte. Berlin 1910
[107] Wietholz, August: Geschichte des Dorfes und Schlosses Tegel in drei Teilen. Berlin-Tegel 1922
[108] Wille, Klaus-Dieter: Spaziergänge in Schöneberg, Berlin (West) 1981
[109] Winz, Helmut: Geschichte der äußeren Berliner Stadtteile bis zu ihrer Eingemeindung. In: Gandert, O. F., Heimatchronik von Berlin. Köln 1962
[110] Winz, Helmut: Es war in Schöneberg. Aus siebenhundert Jahren Schöneberger Geschichte. Berlin (West) 1964
[111] Zimm, Alfred: Die Entwicklung des Industriestandorts Berlin. Tendenzen der geografischen Lokalisation bei den Berliner Industriezweigen von überörtlicher Bedeutung sowie die territoriale Stadtentwicklung bis 1945. Berlin 1959
[112] Zwietlow, Gustav: Durch Friedenszeiten und Kriegsstürme – Dalldorfer Bauernschicksale. In: Pauls/Tessendorf (Hg.), Der Marsch in die Heimat. Frankfurt (Main) 1937

Orts- und Ortsteilregister
(ohne Berlin, Cölln und die Berliner Vorstädte)

Adlershof (Adlershof-Süßengrund, Süßengrund) 7, 10, **16 ff.**, 22, 113, 233, 285
Ahrensfelde 226
Alsen, siehe Stolpe
Alt-Bohnsdorf, siehe Bohnsdorf
Altglienicke (Glienicke, Neu-Glienicke) 7, 10, 17, **19 ff.**, 113, 233, 316
Altlandsberg 150
Alt-Moabit, siehe Moabit

Baumschulenweg, siehe Treptow
Bernau 11, 29, 58
Biesdorf 7, 10, 14, **24 ff.**, 131
Birkenwerder 133
Birkholz 127
Blankenburg 7, 8, 10, 11, 14, **29 ff.**, 63
Blankenfelde 7, 10, 11, **32 ff.**, 242, 357
Blumberg 130
Blumeshof, siehe Tegeler Forst
Böhmisch-Rixdorf 10, **37 ff.**
Bohnsdorf (Alt-Bohnsdorf, Neu-Bohnsdorf) 7, 10, 18, **41 ff.**
Borsigwalde, siehe Dalldorf
Boxhagen-Rummelsburg (Boxhagen) 10, **45 ff.**, 87, 174
Brandenburg 8, 108, 304, 323
Britz (Berlin-Britz, Neu-Britz) 7, 10, **50 ff.**, 184, 351
Buch 7, 10, **55 ff.**, 146
Buchholz (Berlin-Buchholz, Französisch-Buchholz) 7, 10, **59 ff.**, 88, 251
Buckow 7, 10, **64 ff.**, 285
Bücklein, siehe Buch
Bürknersfelde, siehe Marzahn

Charlottenburg 7, 8, 10, 11, 14, 69, 121, 196, 315, 370, 373

Dahlem (Berlin-Dahlem) 7, 10, **70 ff.**, 120, 291, 293
Dahlwitz 200, 263
Dalldorf 10, **74 ff.**
Damm, siehe Spandau
Diedersdorf 217
Döberitz 121
Dreilinden, siehe Düppel
Dresden 316
Deutsch-Rixdorf, siehe Rixdorf
Deutsch-Wilmersdorf, siehe Wilmersdorf
Düppel 5, **79**, 243, 324, 355, 375

Eiche 130
Eichkamp, siehe Grunewald-Forst
Eichwalde (Radeland) 296

Eierhaus, siehe Treptow
Erkner 264

Fahlenberg, siehe Grünau-Dahmer Forst
Falkenberg 7, 10, 11, 14, **80 ff.**, 365
Falkenberg (Ortsteil von Altglienicke) 20, 22
Frankfurt (Oder) 25, 87, 200
Französisch Buchholz, siehe Buchholz
Friedenau (Berlin-Friedenau) 7, **85 ff.**, 299, 369, 372
Friedrichsberg 10, **87**, 173
Friedrichsfelde (Berlin-Friedrichsfelde, Neu-Friedrichsfelde, Rosenfelde) 7, 9, 10, **88 ff.**
Friedrichshagen 7, 10, **96 ff.**, 166, 201
Friedrichshain 14
Friedrichwilhelmsbrück, siehe Stolpe
Frohnau 7, 10, **102 ff.**
Fürstenwalde 11

Gatow 7, 10, **104 ff.**
Giesensdorf 10, **108 ff.**, 184, 219
Glasow 179
Glienicke, siehe Altglienicke oder Klein-Glienicke
Görlitz 17
Großbeeren 304
Groß-Glienicke 159
Groß-Lichterfelde, siehe Lichterfelde
Großmachnow 210
Groß-Ziethen 17, 233, 285
Grünau 7, 10, 17, 18, 22, **112 ff.**, 166, 233, 292
Grünau-Dahmer Forst 116 ff.
Grünerlinde, siehe Köpenick
Grunewald (Berlin-Grunewald, Neu-Grunewald) 7, 10, 71, **117 ff.**, 312
Grunewald-Forst 120, 121

Hakenfelde, siehe Spandau
Halensee, siehe Wilmersdorf
Hamburg 311
Haselhorst 121, 312
Hasenheide 121
Heerstraße 7, **121**, 243
Heiligensee 7, 10, **122 ff.**
Heinersdorf (Berlin-Heinersdorf) 7, 10, 14, 58, **126 ff.**, 252, 255
Heinersdorf (bei Teltow) 79
Hellerau 316
Hellersdorf 7, 10, 14, 24, **130 ff.**, 226
Hermsdorf 7, 9, **133 f.**, 194
Hessenwinkel, siehe Rahnsdorf
Hirschgarten, siehe Köpenick-Forst
Hohenschönhausen (Berlin-Hohenschönhausen, Neu-Hohenschönhausen) 7, 10, 14, 127, **138 ff.**, 173, 226

Orts- und Ortsteilregister

Hoppegarten 203, 342
Hundekehle, siehe Grunewald-Forst

Joersfelde, siehe Heiligensee
Johannisthal (Berlin-Johannisthal) 7, 10, 17, **142 ff.**, 233, 285, 351
Jungfernheide, siehe Tegeler Forst

Kanne, siehe Grünau-Dahmer Forst
Karlshorst, siehe Friedrichsfelde
Karolinenhof, siehe Schmöckwitz
Karow 7, 10, 11, 14, 58, **146 ff.**
Kasow (Wüstung) 10
Kaulsdorf 7, 8, 9, 10, 14, **150 ff.**
Kiekemal, siehe Mahlsdorf
Kietz (bei Köpenick) 9, **155 ff.**, 166
Kietz (bei Spandau) 157, 259, 348
Kladow (Cladow, Neu-Kladow) 7, 10, **158 ff.**
Kleinbeeren 304
Klein-Glienicke 9, 10
Klein-Glienicke Forst 7, **163 ff.**
Kleinmachnow 305, 369
Klosterfelde, Klosterhof und Klostermühle, siehe Spandau
Koblenz 71
Kohlhasenbrück, siehe Stolpe
Königswusterhausen 11, 16, 295
Köpenick (Cöpenick) 7, 8, 11, 14, 16, 17, 19, 41, 96, 101, 116, **166**, 198, 199, 200, 201, 203, 221, 233, 248, 263, 276, 284, 285, 295, 350, 352
Köpenicker Forst 155, **166**
Konradshöhe, siehe Heiligensee
Krampnitz 159
Kreuzberg 14
Kyritz 309

Lankwitz (Berlin-Lankwitz) 7, 10, **167 ff.**, 217, 219
Lehnin 374
Lichtenberg (Berlin-Lichtenberg) 7, 8, 10, 11, 14, 24, 45, 87, **172 ff.**, 199, 221, 317
Lichtenberger Kietz 10, 45, 46, 48, 173, **177**
Lichtenrade 7, 10, **178 ff.**
Lichterfelde (Berlin-Lichterfelde, Groß-Lichterfelde, Neu-Lichterfelde) 7, 10, 109, 170, **183 ff.**
Lübars 7, 10, 135, **190 ff.**, 373
Lützow (Lietzow) 8, 10, **196 ff.**

Mahlsdorf 7, 8, 9, 10, 14, **198 ff.**
Malchow 7, 10, 11, 14, **205 ff.**
Mariendorf (Berlin-Mariendorf) 7, 10, 143, 179, **210 ff.**, 216, 366
Marienfelde (Berlin-Marienfelde, Neu-Marienfelde) 7, 10, **216 ff.**
Marzahn (Neu-Marzahn) 7, 8, 10, 11, 14, 24, **221 ff.**
Meißen 8
Mitte 14
Mittenwalde 285
Moabit (Alt-Moabit, Neu-Moabit) 8, 10, **226**, 353
Möllersfelde, siehe Blankenfelde
Müggelheim 7, 10, 11, **227 ff.**
Mühlenbeck 122, 279, 308

Nauen 314
Neu-Ahrensfelde, siehe Falkenberg
Neu-Babelsberg, siehe Klein-Glienicke Forst
Neu-Bohnsdorf, siehe Bohnsdorf
Neuendorf (Wüstung) 323
Neu-Glienicke, siehe Altglienicke
Neu-Grunewald, siehe Grunewald
Neu-Hohenschönhausen, siehe Hohenschönhausen
Neu-Kladow, siehe Kladow
Neukölln 7, 11, 14, 37, **231**, 274, 317, 373
Neu-Lichterfelde, siehe Lichterfelde
Neu-Marzahn, siehe Marzahn
Neu-Moabit, siehe Moabit
Neu-Rahnsdorf, siehe Rahnsdorf
Neu-Schöneberg, siehe Schöneberg
Neu-Staaken, siehe Staaken
Neu-Steglitz, siehe Steglitz
Neu-Weißensee 231
Neu-Zehlendorf, siehe Zehlendorf
Niederschöneweide (Berlin-Niederschöneweide, Schöneweide) 7, 10, 17, **232 ff.**, 351, 373
Niederschönhausen (Berlin-Niederschönhausen) 7, 10, 33, 74, 126, 133, 206, **237 ff.**, 250, 279, 281, 282, 303, 333, 357
Nikolassee 7, 10, 79, **243 ff.**
Nikolskoe, siehe Stolpe
Nordend, siehe Rosenthal

Oberschöneweide (Berlin-Oberschöneweide) 7, 10, 17, 166, 232, **246 ff.**
Oranienburg 11, 74
Ostend, siehe Oberschöneweide

Pankow (Berlin-Pankow) 7, 10, 14, 63, 127, 242, **250 ff.**
Pfaueninsel 7, **256 ff.**, 324
Pichelsberg, siehe Pichelswerder
Pichelsdorf 7, 9, **259 ff.**
Pichelswerder 7, 121, **262**
Plan, siehe Spandau-Zitadelle
Plötzensee 7, **262**, 339
Potsdam 7, 11, 163, 165, 257, 299, 304, 323, 324, 352, 376
Potsdamer Forst 262
Prenzlauer Berg 14

Rahnsdorf (Neu-Rahnsdorf) 7, 9, 99, 166, **263 ff.**
Rauchfangswerder, siehe Grünau-Dahmer Forst
Rehberge, siehe Tegeler Forst
Reinickendorf (Berlin-Reinickendorf) 7, 10, 14, 192, **268 ff.**, 373
Rixdorf (Deutsch-Rixdorf) 10, 11, 37, 54, **273 ff.**, 351, 352
Rosenfelde, siehe Friedrichsfelde
Rosenthal (Berlin-Rosenthal) 7, 10, **279 ff.**
Rudow 7, 10, **284 ff.**
Ruhleben 70, **289 ff.**, 366
Rummelsburg 248, **290**

Saatwinkel, siehe Tegeler Forst
Sacrow 262
Schlachtensee (Slatdorp) **290**, 375, 377
Schmargendorf (Berlin-Schmargendorf) 7, 10, 70, 75, **291 ff.**
Schmöckwitz 7, 9, **294 ff.**
Schmöckwitzwerder, siehe Grünau-Dahmer Forst
Schöneberg (Alt-Schöneberg, Berlin-Schöneberg, Neu-Schöneberg) 7, 8, 10, 11, 14, 54, 73, 85, 293, **298 ff.**, 317

389

Schönerlinde (Grünerlinde), siehe Köpenick
Schönerlinde (bei Mühlenbeck) 192, 373
Schönholz 7, 10, **303**
Schönow 10, **304 ff.**, 375, 378
Schönwalde 98
Schulzendorf 10, 123, 125, **308 ff.**, 339
Siemensstadt, siehe Spandau
Spandau 7, 8, 11, 14, 74, 105, 121, 122, 157, 158, 167, 191, 196, 237, 250, 259, 298, **311**, 313, 315, 316, 333, 348, 369
Spandau-Zitadelle 312
Spandauer Forst 312
Spindlersfeld, siehe Köpenick
Staaken (Neu-Staaken) 7, 10, **313 ff.**
Stahnsdorf (bei Teltow) 370
Steglitz (Berlin-Steglitz, Neu-Steglitz) 7, 10, 14, 85, 170, **317 ff.**
Steinbinde, siehe Grünau-Dahmer Forst
Steinstücken, siehe Stolpe
Stolpe 9, 18, **323 ff.**, 355
Stolpe (bei Velten) 102
Storkow 296
Stralau (Berlin-Stralau) 7, 9, **327 ff.**
Südende, siehe Mariendorf
Süßengrund, siehe Adlershof

Tegel (Berlin-Tegel) 7, 9, 75, 311, **333 ff.**
Tegeler Forst 262, 309, 333, **339**
Tegelort, siehe Heiligensee
Teltow 11, 304, 307, 323
Tempelhof (Berlin-Tempelhof) 7, 8, 10, 14, 54, 121, 171, 216, **340 ff.**
Tiefwerder 7, 157, **347 ff.**
Tiergarten 14
Treptow (Berlin-Treptow, Trepkow) 7, 10, 14, 41, 54, 329, 332, **349 ff.**, 373

Vogtland 10, **353**

Waidmannslust, siehe Lübars
Wannsee 7, 79, 324, 326, **354 ff.**
Wartenberg 7, 10, 11, 14, 207, **357 ff.**
Wedding 8, 10, 14, 353, **361**
Weißensee (Berlin-Weißensee) 7, 10, 14, 127, **362 ff.**, 373
Wendenschloß, siehe Köpenick
Wendisch-Stahnsdorf (Wüstung) 323
Werneuchen 226
Wilhelminenhof, siehe Oberschöneweide
Wilhelmshagen, siehe Rahnsdorf
Wilhelmsruh, siehe Rosenthal
Wilmersdorf (Berlin-Wilmersdorf, Deutsch-Wilmersdorf) 7, 8, 10, 11, 14, 85, 317, **368 ff.**
Wittenau (Berlin-Wittenau) 7, 75, 192, **373**
Wuhlheide 7, 166, 243, **373**
Wustermark 314

Zehlendorf (Neu-Zehlendorf) 7, 9, 10, 14, 73, 79, 305, 307, **373 ff.**
Zeuthen 116
Ziesar 304
Zossen 179

Abbildungsnachweis

Archive

Büro für stadtgeschichtliche Dokumentation und technische Dienste, Berlin: 29, 37, 125, 150a, 150b, 256, 260, 288, 314, 339, 340, 345, 346, 369, 370, 391, 412, 433, 434, 475, 557 und 572

Deutsche Staatsbibliothek Berlin, Kartenabteilung: 2, 7, 16, 25, 31, 57, 67, 78, 96, 99, 111, 120, 128, 144, 149, 159, 175, 188, 199, 207, 214, 224, 229, 238, 244, 253, 262, 268, 274, 278, 287, 295, 296, 305, 317, 330, 336, 343, 348, 357, 371, 389, 392, 399, 423, 432, 441, 448, 456, 467, 468, 478, 486, 495, 499, 505, 519, 523, 529, 541, 549, 556, 569, 578, 581, 587, 592, 601, 611 und 617

Geheimes Staatsarchiv Preußischer Kulturbesitz, Berlin (West): 42, 49, 88, 142, 156, 181, 183, 187, 194, 206, 218, 219, 237, 267, 318, 334, 335, 347, 382, 383, 385, 407, 408, 418, 431, 444, 465, 474, 476, 483, 506, 514, 530, 550, 568, 609 und 610

Heimatgeschichtliches Kabinett, Berlin-Köpenick: 398a und 398b

Institut für Denkmalpflege, Berlin, a) Abteilung Meßbildarchiv: 1, 18, 22, 30, 38, 50, 79, 97, 110, 113, 121, 136, 146, 186, 190, 208, 230, 254, 281, 289, 308, 332, 333, 350, 356, 367, 374, 384, 390, 394, 397, 409, 410, 438, 457, 458, 466, 469, 477, 482, 484, 487, 496, 507, 509, 531, 532, 553, 566, 570, 573, 574, 598, 603, 612, 613 und 615, b) Fotoarchiv: 6, 143 und 584

Magistrat von Berlin, Abteilung Denkmalpflege: 34, 41, 89, 94, 133, 141, 246, 247, 248, 249, 479 und 481

Märkisches Museum, Berlin: 68, 436, 551, 582, 583 und 604

Rat des Stadtbezirkes Berlin-Lichtenberg, Abteilung Kultur: 59 und 60

VEB Wasserversorgung und Abwasserbehandlung Berlin: 155, 161, 162 und 163

Archiv Jürgen Lampeitl, Berlin (West): 322 und 521

Archiv Hans-Jürgen Rach, Berlin: 11, 19, 20, 21, 90, 100, 129, 157, 158, 167, 189, 212, 269, 338, 504 und 616

Archiv Mathias Rohde, Berlin: 52

Bücher und Zeitschriftenartikel

Berlin und seine Bauten, I, 1896: 400 und 554
Berlin und seine Bauten, X, B (2), 1984: 280
Christoffel, Udo (Hg.), Berlin-Wilmersdorf, 1981: 614
Duncker, Alexander, Die ländlichen Wohnsitze ..., 1864/65: 605
Escher, Felix, Britz – Geschichte und Geschichten, 1984: 72
Feige, Wilhelm, Rund um die Dorfaue, 1937: 510
Führer durch Groß-Lichterfelde, 1901: 312 und 315
Fünfzig Jahre Berliner Elektrizitätswerke, 1934: 424 und 425
Grossmann, Paul, Mahlsdorfer Ortsgeschichte, 1912ff.: 341 und 344
Hannemann, Adolf, Der Kreis Teltow ..., 1931: 316
Helmstädt, K., Lankwitz, 1911: 279 und 283
Hundert Jahre Architekten-Verein zu Berlin, 1924: 406
Jahrbuch für brandenburgische Landesgeschichte, 1950ff.: 273, 501 und 513
Junker, Land und Leute (Ausstellungskatalog), 1985: 70
Kaeber, Ernst, Lichtenberg, 1935: 63
Kiessling's Großer Verkehrs-Plan von Berlin mit Vororten, 1919: 137
Koischwitz, Gerd, Sechs Dörfer ..., 1985: 124, 222 und 464
Mechow, Max, Frohnau, 1985: 174
Motel, Manfred, Das Böhmische Dorf in Berlin, 1983: 47 und 48
Muhs, Ulrich, Aus der Vergangenheit von Giesensdorf ..., 1904: 182 und 184
Pauls, Walter/Tessendorf, Wilhelm (Hg.), Der Marsch in die Heimat, 1937: 127, 460, 558 und 559
Rehfeldt, Ernst, Geschichte von Niederschönhausen, 1920: 411
Schneider, Wolfgang, Berlin – Eine Kulturgeschichte ..., 1983: 443a
Spatz, Wilhelm, Aus der Geschichte Schmargendorfs, 1902: 497
Terrain- und Grundstücks-Offerten für Berlin und seine Vororte, o. J. (um 1905): 58
Torge, Paul, Rings um die alten Mauern, 1939: 71, 220, 231, 275, 302, 306, 331, 437, 446, 508, 552, 565, 602 und 621
Türck, Walter C., Die Dorfkirchen von Berlin, 1950: 8 und 435
Trinius, August, Die Umgebungen der Kaiserstadt, 1889: 500

Neuaufnahmen

Martin Dettloff, Berlin: 13, 62 und 451
Mathias Rohde, Berlin: 3, 4, 5, 9, 10, 12, 14, 15, 17, 23, 24, 26, 27, 28, 32, 33, 35, 36, 39, 40, 51, 53, 54, 55, 56, 61, 64, 65, 66, 80, 81, 83, 84, 85, 86, 87, 91, 92, 93, 95, 99, 130, 131, 132, 134, 135, 145, 147, 148, 151, 152, 153, 154, 160, 164, 165, 167, 168, 169, 170, 171, 191, 192, 193, 209, 210, 211, 213, 215, 216, 217a–d, 232, 233, 234, 235, 236, 239, 240, 241, 242, 243, 245, 250, 251, 252, 255, 257, 259, 261, 263, 264, 265, 266, 290, 292, 293, 294, 336, 341, 349, 351, 352, 353, 354, 355, 386, 387, 388, 393, 395, 396, 401, 402, 403, 404, 405, 413, 414, 415, 416, 417, 426, 427, 428, 429, 430, 439, 440, 449, 450, 452, 453, 454, 455, 480, 502, 503, 555, 585, 586, 593, 594, 595, 596, 597, 599, 600, 606, 607 und 608
Hans-Jürgen Rach, Berlin: 43, 44, 45, 46, 69, 73, 74, 75, 76, 77, 101a, 101b, 102, 103, 104, 105, 106, 107, 108, 109, 112, 114, 115, 116, 117, 118, 119, 122, 123a–d, 126, 138, 139, 140,

Abbildungsnachweis

172, 173, 176, 177, 178, 179, 180a, 180b, 185, 195, 196, 197, 198, 200, 201, 202, 203, 204, 205, 221, 223, 225, 226, 227, 228, 270, 271, 272, 276, 277, 282, 284, 285, 286, 297, 298, 299, 300, 301, 303, 304, 307, 310, 311, 313a, 313b, 319, 320, 321, 323, 324, 325, 326, 327, 328, 329, 358, 359, 360, 361, 362, 363, 364, 365, 366, 368, 372, 373, 375, 376, 377, 378, 379, 380, 381, 419, 420, 421, 422, 442, 443b, 443c, 445, 447, 459, 461, 462, 463, 470a, 470b, 471a, 471b, 472, 473, 485, 488, 489, 490a, 490b, 491, 492, 493, 494, 498, 511, 512, 515, 516, 517, 518, 520, 522a, 522b, 524, 525, 526, 527, 528, 533, 534, 535, 536, 537, 538, 539, 540, 542, 543, 544, 545, 546, 547, 548, 560, 561, 562, 563, 564, 567, 571, 575, 576, 577, 579, 580, 588, 589, 590, 591, 618, 619, 620, 622, 623, 624 und 625

ISBN 3-345-00243-4

© VEB Verlag für Bauwesen · Berlin · DDR
1. Auflage 1988
VLN 152 · 905/50/88
Printed in the German Democratic Republic
Gesetzt aus: 10/11 Timeless
Satzherstellung: (140) Druckerei Neues Deutschland
Reproduktion und Druck: Volksstimme Magdeburg
Buchbinderische Weiterverarbeitung:
GG INTERDRUCK Leipzig
Lektor: Renate Marschallek
Gesamtgestaltung: Mathias Rohde
DK 12 · 184 · LSV 8114
Bestellnummer: 562 294 6
07500